普通高等教育"十二五"规划教材

高等院校市场营销类教材系列

消费者行为学

江 林 主编

科学出版社

北京

内 容 简 介

　　本书以市场营销学、心理学、社会心理学、行为学、社会学、人类文化学等相关学科理论为基础，以消费者的心理和行为为研究对象，系统分析和研究消费者的心理活动过程、个性心理特征、需要与动机、购买行为与决策模式、绿色消费心理与行为、个人理财心理与行为、消费者满意和消费者忠诚、体验心理与行为、品牌心理与行为、网络消费心理与行为、不同消费者群体的心理与行为特点、消费者权益与保护、消费者关系和危机管理，以及社会文化、社会阶层、参照群体等社会环境对消费者心理与行为的影响等，以此揭示消费者心理与行为的主要特征和一般规律。在此基础上，进一步深入分析消费者对新产品推广、商品命名、商标、包装、价格、广告、购物环境及销售服务等市场营销刺激的心理反应和行为表现。上述内容可以为企业在营销管理中进行市场细分、选择目标市场、确定产品定位、制定营销战略和综合设计运用"4P"营销组合等提供重要的依据。

　　本书适用作为高等院校市场营销、经济管理等相关专业的教材，也可供企业管理和市场营销人员学习。

图书在版编目（CIP）数据

消费者行为学 / 江林主编. —北京：科学出版社，2007
　（普通高等教育"十二五"规划教材·高等院校市场营销类教材系列）
ISBN 978-7-03-018171-8

I. 消… II. 江… III. 消费者行为论-高等学校-教材

IV. F713.55

中国版本图书馆 CIP 数据核字（2006）第 125755 号

责任编辑：李　娜　范博涛 /责任校对：赵　燕
责任印制：吕春珉 /封面设计：飞天创意

科学出版社 出版
北京东黄城根北街 16 号
邮政编码：100717
http://www.sciencep.com

铭浩彩色印装有限公司印刷
科学出版社发行　各地新华书店经销
*

2007 年 3 月第 一 版　　开本：B5（720×1000）
2013 年 11 月第六次印刷　　印张：31 1/2
字数：610 000

定价：44.00 元

（如有印装质量问题，我社负责调换〈路通〉）

销售部电话 010-62136131　　编辑部电话 010-62138978-8005（HF02）

序

市场营销学在 20 世纪初产生于美国，50 年代形成较为成熟的体系。西方企业在市场竞争激烈、产品销售额下降、销售增长缓慢、销售成本增加、消费者购买行为改变等诸多因素的刺激下，逐渐认识到市场营销的重要性，并以极大的热情学习和应用市场营销学的思想和方法，先行一步运用市场营销方法和理论的企业都已经发展成为国际著名的大公司。近二十多年来，市场营销思想已经渗透到各国的非营利部门，如学校、医院、博物馆、乐团和各级政府部门等。

我国学习和应用市场营销学走过了一段曲折的道路。20 世纪 30 年代，中国留学生曾经在国外学习"市场营销学"课程，市场营销学也被介绍到中国，国内的少数经济管理专业的高等院校曾开设这门课程，翻译或编写过教材。但由于当时的生产力水平十分低下，市场营销学的研究和应用不可能得到发展。中华人民共和国成立之初，经济处于恢复时期，市场营销学的研究及应用也未提到日程上来，各类高等院校也未开设这门课程，市场营销理论和方法在我国未能得到传播和应用。

20 世纪 70 年代末期，党的十一届三中全会做出了把全党工作的重点转移到经济建设上来和实行改革开放的重大战略决策，实现了伟大的历史性转折。经济学界解放思想，日益重视流通和市场问题，为我国重新引进、研究、传播和应用市场营销学创造了有利的环境。

1992 年春，邓小平同志"南巡讲话"以后，我国走上了改革开放的道路，市场营销学得到了重视，获得了迅猛发展。社会主义市场经济理论的提出，使企业家学习和应用市场营销学的热情空前高涨，社会对市场营销人才的需求也急剧上升。1994 年，国家统计局组织了全国人才需求预测，市场营销专业人才的需求量独占鳌头，当年高校市场营销专业毕业生的可供量和社会需求量之比不足 1/10。此后，全国各综合大学和财经院校纷纷开设市场营销专业，仍然供不应求。1999年，市场营销学被国家教育委员会（现为中华人民共和国教育部）列为工商管理类专业的核心课程，极大地提高了市场营销学原理的普及和应用的程度。

随着中国加入世界贸易组织，企业面临的来自国内与国外的竞争也日趋白热化，市场营销作为企业竞争制胜的武器就更加受到重视。随着我国中西部大开发进程的加快，中西部地区在思想观念、竞争意识、市场体系培育、改革开放力度和人员素质等方面逐步接近或达到东南沿海和发达地区的水平，市场营销的学习和应用也将迅速赶上，使全国各地区的市场营销应用达到较为普及和均衡的程度。

在科学出版社的倡导和大力支持下，我国知名高校从事市场营销教学研究与实践应用的十几位专家、教授聚集一堂，经过深入、细致的探讨，就市场营销专业本科系列教材的科目构成、教材建设的任务和原则、每本教材的编写大纲达成了共识，组织了"全国高等院校市场营销系列规划教材"。与以往的同类教材相比，本系列教材具有以下特点。

1. 注重基础，体系完整。在市场营销专业本科教材的建设过程中，曾经出现的一种偏颇是过分地追求教学内容的前沿性和理论创新，而忽视了基础理论的阐述和学习，以至于学生仅仅是了解市场营销专业相关科目的新概念、新名词，而对本科目的基础理论、基本内容和完整体系缺乏了解。本系列教材的编写遵照教育部关于高等院校教学与教材建设的精神，保证市场营销专业各科目基本理论和内容体系的完整阐述，符合市场营销专业、管理类专业和参加辅修学习的本科学生这一特定对象的学习要求。

2．观点新颖，研究前沿。高等院校市场营销学本科专业教材必须反映本学科的基础内容，以适合于初学者阅读学习，但是也应适当反映国内外市场营销专业相关科目研究的新动态和新发展，以使学习者能够从较高的层面上把握和应用市场营销专业知识，与世界先进水平保持同步。本系列教材在保持每一科目基本内容完整、丰富的同时，给予足够的篇幅论述国内外市场营销学和相关科目研究与应用的新领域和新动态，实现"基础"与"前沿"的良好结合。

3．联系实际，突出应用。国内外对市场营销学有两种截然不同的看法：有人认为它是一门科学，研究和反映企业市场营销的客观规律，运用了科学的理论与方法；有人认为它只是一种艺术、一种技巧，因为它没有严格的定律和公理，难以提出放之四海而皆准的客观规律，在应用过程中个人的主观因素如经验、能力、技巧等起着主导作用。在这两种看法中，后者得到了更多人的支持和认同。其虽有偏颇，但是也说明了市场营销学是一门应用型学科，市场营销专业是一个应用型的专业。为此，市场营销本科专业系列教材的编写应当突出其应用性，以与专业的性质相一致。本系列教材的编写过程中力求突出专业的应用性特点，作者在编写过程中密切结合自己多年运用市场营销学和相关科目理论为企业营销实践服务的经验，在内容选择方面重视实用性，在不影响体系完整性和不妨碍理解的前提下尽量减少纯理论的叙述，并采用大量实战性强的案例加以论证说明，使高等院校市场营销本科专业和经济管理类专业的学生以及企业界的学习者能够更好地学以致用，收到实效。

4．风格清新，形式多样。本系列教材在贯彻知识、能力、技术三位一体教育原则的基础上，力求在编写风格和表达形式方面有所突破，运用了大量的图表、案例、专栏等形式，以降低学习难度，增强学习兴趣，强化学生的素质，提高学生的操作能力。

本系列教材在编写过程中得到了许多国内外知名市场营销学者的帮助和指导，参考了国内外同行市场营销学研究的新成果，在此谨向他们表示衷心的感谢！

由于编者水平有限，加之时间仓促，本系列教材难免存在一些不足之处，恳请广大同行、专家与读者批评指正。

龚　振

2005 年 8 月于华南理工大学

前　　言

消费者行为是伴随商品经济发展而产生的一种社会经济现象。21 世纪初，以 W. 斯科特（W. Scott）为首的美国学者开始从事有关消费者行为的研究。他们广泛借鉴心理学、社会学、社会心理学、人类文化学、市场营销学、行为学等相关学科的理论与方法，取得了一系列宝贵的研究成果。随着理论和实践的发展，有关消费者行为的研究已形成独立的学科体系，并在企业营销实践中得到广泛应用。

在以消费者为导向的现代市场经济条件下，研究消费者行为已成为企业开展营销活动的基础。在一定意义上，不了解目标市场消费者的心理与行为特点，就无从谈起制定正确的营销策略和取得最佳的营销效果。正因为如此，消费者行为研究在市场营销理论体系中占有重要的基础性地位，是研究市场细分、目标市场选择、市场定位、营销战略与策略组合的基本出发点。在世界各国大学的工商管理的课程的设置中，消费者行为学（亦称消费者心理学）均占有重要的地位。许多大企业都设有专门的研究机构，把对消费者行为的调查研究作为制定营销战略目标的重要依据。

过去很长的时期，我国关于消费者行为的研究几近空白。近年来，随着社会主义市场经济的迅速发展和买方市场的逐步形成，消费者日益成为影响市场运行的支配性力量和决定性因素。与此同时，有关消费者行为的研究及应用也取得了可喜的进展。在引进西方研究成果的基础上，我国许多学者开始致力于消费者心理与行为的研究工作，相继发表、出版了一系列有价值的论文、教材和专著。越来越多的企业将关注重点投向目标市场消费者的心理与行为特点；一些专门从事消费者行为研究的专业调研机构相继涌现；政府决策部门亦把有关消费者研究作为制定宏观经济政策的重要依据。

但是，与实践发展的要求相比，有关理论研究仍显不足。特别是在研究体系的系统性，对相关学科借鉴的广泛性，研究方法的完整性，以及如何将西方理论与我国实际相结合，探索有中国特色的消费者行为理论体系方面，尚有待进一步完善。这一状况为从事该领域教学与理论研究工作者提出了更高的要求。不仅如此，随着社会经济发展和收入水平的不断提高，我国广大消费者在消费观念、消费内容和消费方式上发生了深刻、巨大的变化，呈现出许多新的心理与行为特点。为此，研究不断涌现的新的消费心理与行为现象，发现其中的发展趋势及其内在规律，就成为摆在我们面前亟待解决的重要课题。

在编写本书的过程中，我们广泛地借鉴了国内外有关研究成果，力求反映出消费者行为研究领域的最新水平，并力求在以下方面有所发展和创新：

1）在研究体系上，对体系结构进行了精心设计和编排，以便尽可能完整、全面地涵盖该研究领域的各个方面。

2）在研究内容上，对近年来消费领域出现的许多新现象、新问题进行了真实反映和探索性研究，增添了许多新的研究内容，如现代消费需求发展的最新趋向、消费者的逆反和预期心理、绿色消费心理与行为、消费者个人理财心理与行为、消费者满意和消费者忠诚、消费者体验心理与行为、消费者品牌心理与行为、网络消费心理与行为、消费者权益与保护、消费者关系和消费者危机管理等，从而使研究内容更加丰富和充实。

3）在研究方法上，注重理论与企业营销实践的紧密结合，运用有关原理具体分析了消费者在广告宣传、商品命名、商标、品牌、包装、价格制定、新产品设计推广、购物环境、销售服务等营销活动中的心理反应与行为表现，并有针对性地提出了各种心理策略，以求为企业开展营销活动提供切实有效的方法和手段。

4）在编写体例上，强调体例的新颖性和实用性，在各章节中穿插了大量实例，并在每章后配有小结和思考题，以帮助读者加强对有关理论及方法的理解和掌握。

由于时间和水平所限，不足之处在所难免，敬请同行不吝赐教，以便今后不断完善。本书如能对相关专业的教学与理论研究工作者、学生、企业管理和营销人员有所裨益，我们将不胜欣慰。

目　录

第一章　消费者行为与消费者行为学 1
　第一节　消费者行为学的研究对象和内容 1
　　一、消费、消费者与消费者行为 1
　　二、消费者行为学的研究对象 3
　第二节　消费者行为学的学科性质和特点 5
　　一、综合性 5
　　二、经济性 6
　　三、发展性 6
　　四、应用性 7
　第三节　消费者行为学的演进与发展 7
　　一、消费者行为学产生的社会历史条件 7
　　二、消费者行为学的学科化和发展 8
　　三、消费者行为学的研究现状与发展趋向 10
　第四节　消费者行为学在我国的应用 11
　小结 15
　思考题 16
第二章　消费者购买决策与消费者行为 17
　第一节　消费者购买行为模式 17
　　一、消费者购买行为分析 17
　　二、消费者购买行为模式类型 18
　第二节　消费者的购买程序与类型 22
　　一、消费者的购买过程 22
　　二、消费者行为的类型 24
　第三节　信息获取与决策参与度 28
　　一、消费者信息获取与处理 28
　　二、消费者购买决策参与度 33
　第四节　购买评价与选择 36
　　一、购买决策原则 37
　　二、评价标准 38
　第五节　购买后评价与行为反应 39

一、购买后评价 ……………………………………………………………… 39

二、消费者购买后行为反应 ………………………………………………… 42

三、消费者不满意的产生及处理 …………………………………………… 44

小结 ……………………………………………………………………………… 46

思考题 …………………………………………………………………………… 47

第三章　消费者的认知和学习 ……………………………………………… 48

第一节　感知与消费刺激 ……………………………………………… 48

一、消费者的感觉 …………………………………………………… 48

二、消费者的知觉 …………………………………………………… 50

三、错觉 ……………………………………………………………… 53

第二节　消费者的注意和记忆 ………………………………………… 53

一、消费者的注意 …………………………………………………… 53

二、消费者的记忆 …………………………………………………… 57

第三节　消费者的思维、想像与联想 ………………………………… 63

一、消费者的思维 …………………………………………………… 63

二、消费者的想像 …………………………………………………… 65

三、联想 ……………………………………………………………… 69

第四节　学习和消费经验 ……………………………………………… 71

第五节　消费者的情绪和意志 ………………………………………… 76

一、消费者的情绪过程 ……………………………………………… 76

二、消费者的意志过程 ……………………………………………… 78

小结 ……………………………………………………………………………… 80

思考题 …………………………………………………………………………… 82

第四章　消费者的个性、自我概念与生活方式 ………………………… 83

第一节　个性心理与消费爱好 ………………………………………… 83

第二节　消费者的兴趣与能力 ………………………………………… 84

一、兴趣的本质与特点 ……………………………………………… 84

二、兴趣与消费者购买行为 ………………………………………… 85

三、消费者的能力与行为 …………………………………………… 86

第三节　气质、性格与消费者行为 …………………………………… 87

一、气质学说与类型 ………………………………………………… 87

二、气质与消费者行为 ……………………………………………… 89

三、消费者的性格特征与行为差异 ………………………………… 90

第四节　消费者的自我概念 …………………………………………… 94

一、自我概念的含义和构成 ………………………………………… 94

二、消费者的自我概念与行为 95
第五节 生活方式的测量与影响 97
一、生活方式的含义 97
二、生活方式的测量 98
小结 105
思考题 107

第五章 消费者的需要与购买动机 108
第一节 需要、欲望和需求 108
一、消费者的需要 108
二、消费者的欲望 110
三、消费者的需求 111
第二节 消费者需要的特性和分类 111
一、消费者需要的特性 111
二、消费者需要的分类 112
第三节 动机的含义和动机理论 115
一、动机的含义 115
二、动机的特征 116
三、动机理论 118
第四节 购买动机的形态分类 122
一、求实购买动机 122
二、求新购买动机 122
三、求美购买动机 122
四、求廉购买动机 123
五、求名购买动机 123
六、求便购买动机 123
七、自我表现购买动机 124
八、好胜购买动机 124
九、好癖性购买动机 124
十、惠顾性购买动机 124
第五节 动机测量与营销策略 125
一、购买动机测量方法 125
二、基于动机冲突的营销策略 126
小结 128
思考题 129

第六章　消费者态度的强化与转变 130

第一节　消费者态度的构成与功能 130

一、消费者态度的基本构成 130

二、消费者态度的一般特点 132

三、消费者态度的功能 134

第二节　影响态度改变的因素与条件 135

一、影响态度改变的因素 135

二、影响态度改变的条件 137

三、态度变化的理论 139

第三节　态度强化与改变的策略 139

一、态度强化的策略 140

二、态度改变的策略 141

三、影响态度形成和改变的营销传播特点 143

第四节　根据态度预测购买行为 146

一、态度的测量 146

二、费舍宾模型 149

三、费舍宾行为意向模型 149

第五节　消费者的逆反心理与行为 150

一、逆反心理的表现与形成原因 150

二、消费者的逆反行为模式 152

三、调整逆反心理及行为的策略 153

小结 154

思考题 155

第七章　消费者满意和消费者忠诚 156

第一节　消费者满意与消费者满意度 156

一、消费者满意 156

二、消费者满意度 158

第二节　消费者忠诚的形成 159

一、消费者满意和消费者忠诚 160

二、品牌忠诚和商场忠诚 162

第三节　消费者不满反应与消费者流失 165

一、消费者不满反应 165

二、消费者流失 166

三、消除消费者不满 170

第四节　提高消费者的满意度、忠诚度和消费者保留 171

　　一、实施消费者满意战略，提高消费者满意度 ……………………… 172

　　二、通过消费者保留项目，提高消费者忠诚度 ……………………… 175

　小结 ………………………………………………………………………… 177

　思考题 ……………………………………………………………………… 178

第八章　消费者体验心理与行为 ………………………………………… 179

　第一节　体验与体验经济 ………………………………………………… 179

　　一、体验的含义 …………………………………………………………… 179

　　二、体验经济的兴起 ……………………………………………………… 180

　　三、体验经济时代的消费者需求特征 …………………………………… 182

　第二节　消费者体验的心理基础 ………………………………………… 183

　　一、感觉体验 ……………………………………………………………… 184

　　二、感受体验 ……………………………………………………………… 184

　　三、思维体验 ……………………………………………………………… 185

　　四、行动体验 ……………………………………………………………… 186

　　五、关系体验 ……………………………………………………………… 186

　第三节　消费者体验行为分类 …………………………………………… 187

　　一、派恩和吉尔摩关于体验类型划分的观点 …………………………… 187

　　二、娱乐体验 ……………………………………………………………… 188

　　三、教育体验 ……………………………………………………………… 188

　　四、逃避现实体验 ………………………………………………………… 189

　　五、审美体验 ……………………………………………………………… 189

　第四节　体验营销 ………………………………………………………… 190

　　一、体验营销的含义与特征 ……………………………………………… 190

　　二、体验营销的模式 ……………………………………………………… 192

　　三、实施体验营销的策略 ………………………………………………… 195

　小结 ………………………………………………………………………… 198

　思考题 ……………………………………………………………………… 199

第九章　品牌消费心理与行为 …………………………………………… 200

　第一节　品牌的内涵与构成 ……………………………………………… 200

　　一、品牌的内涵 …………………………………………………………… 200

　　二、品牌的构成 …………………………………………………………… 201

　　三、品牌的功能 …………………………………………………………… 202

　　四、品牌资产 ……………………………………………………………… 203

　第二节　品牌偏好的心理形成机制 ……………………………………… 204

　　一、品牌知名度形成的心理机制 ………………………………………… 204

二、品牌联想度形成的心理机制 206

三、品牌美誉度形成的心理机制 206

四、品牌忠诚度形成的心理机制 206

第三节 消费者的品牌购买行为 208

一、品牌对消费者购买行为的影响 209

二、新时代消费主体和特点 210

三、新时代消费主体的消费心理和行为特色 211

第四节 增强消费者的品牌偏好与忠诚 212

一、在消费者认知品牌的各阶段适时加大吸引程度 212

二、时刻了解消费者，加大品牌的差异化程度，提高品牌的领导地位 215

三、争做市场先入者，保持目标市场不变 215

四、巧用整合营销传播 216

小结 220

思考题 221

第十章 消费者个人理财心理与行为 222

第一节 个人理财概述 222

一、关于个人理财 222

二、影响个人理财的因素 222

第二节 消费者的信贷消费心理与行为 224

一、信贷消费简述 224

二、信贷消费心理 225

三、信贷消费行为类型 226

四、影响信贷消费行为的因素 228

五、我国发展信贷消费面临的任务 228

第三节 消费者的储蓄心理与行为 229

一、储蓄简述 229

二、消费者的储蓄心理 230

三、影响消费者储蓄行为的因素 232

四、我国消费者储蓄的动机 233

第四节 消费者的保险心理与行为 235

一、保险概述 235

二、消费者的保险心理 236

三、消费者的保险行为 239

第五节 消费者的投资心理与行为 240

一、消费者投资简述 240

二、消费者债券投资的心理和行为 244

三、消费者股票投资的心理和行为 245

第六节　消费者个人理财的发展趋势 246

一、投资品种将真正多元化 246

二、信用消费将大大普及 247

三、金融品牌化 247

四、专家理财 247

五、网上理财 248

六、个人金融服务 249

七、差别化服务 250

小结 250

思考题 252

第十一章　绿色消费心理与行为 253

第一节　绿色浪潮与绿色消费的兴起 253

一、绿色浪潮的兴起 253

二、绿色消费的发展 256

三、绿色浪潮在中国 257

第二节　消费者的绿色消费心理及行为特征 258

一、绿色消费的概念 259

二、绿色消费的内涵及成因 259

三、绿色消费的心理过程 262

四、绿色消费者的组成与分类 266

五、影响绿色消费行为的因素 269

第三节　绿色产品的开发与消费 270

一、绿色产品的含义 270

二、绿色产品的开发 272

三、我国消费者对各种绿色产品的消费表现 273

第四节　促进绿色消费的营销策略 276

一、政府对绿色消费的宏观管理 276

二、企业的绿色营销管理 277

小结 280

思考题 281

第十二章　网络消费心理与行为 282

第一节　网络时代的消费者 282

一、网络消费者的群体特点 284

二、网上消费者的基本类型 284

三、网络消费的特征 286

第二节 网络消费的心理特征 287

一、影响网络消费行为的心理因素 287

二、网络消费利弊的心理分析 289

第三节 网络消费行为的过程与特点 292

一、网络消费的购买过程 292

二、网络消费行为产生的原因 294

三、网络消费行为的特点 295

第四节 网络营销策略的选择 297

一、营销理念的变化及网络营销的发展趋势 297

二、网络营销的功能 300

三、网络营销组合 303

四、网络营销对消费者的挑战 305

五、网络营销案例——亚马逊的成功 306

小结 309

思考题 310

第十三章 家庭角色、分工与购买行为 311

第一节 家庭结构与角色影响 311

一、家庭构成类型 311

二、家庭角色 311

三、我国家庭的变化趋势 312

第二节 家庭生命周期及消费变动 314

第三节 家庭成员与购买决策 317

一、家庭决策的方式 317

二、家庭决策制定的过程 320

三、不同家庭成员对家庭购买决策的影响 323

四、家庭中代与代之间的影响 327

五、决策冲突及其解决 329

第四节 影响家庭购买行为的营销策略 331

一、发现新的市场机会 331

二、针对家庭购买的营销策略 332

三、向孩子进行营销 333

小结 334

思考题 335

第十四章 群体消费心理与行为 336

　　第一节 消费者群体的内容特征 336

　　　　一、消费者群体 336

　　　　二、消费者群体的划分 336

　　　　三、消费者群体的演变 337

　　　　四、消费者群体的特征 337

　　　　五、不同的消费者群体特征对企业营销的影响 338

　　　　六、消费者群体的群体机制 338

　　第二节 暗示、模仿与从众行为 339

　　　　一、暗示 339

　　　　二、模仿 340

　　　　三、从众行为 341

　　第三节 群体规范、群体压力与内部沟通 344

　　　　一、消费者群体规范 344

　　　　二、群体压力 345

　　　　三、群体内部沟通 345

　　第四节 参照群体的影响 346

　　　　一、参照群体的概念 346

　　　　二、参照群体的类型 347

　　　　三、参照群体的影响方式 348

　　　　四、决定参照群体影响程度的因素 350

　　　　五、建立在参照群体影响基础上的营销策略 352

　　第五节 口碑传播和创新扩散 353

　　　　一、口碑传播 353

　　　　二、创新与创新扩散 356

　　第六节 消费习俗和消费流行 360

　　　　一、消费习俗 360

　　　　二、消费流行 361

　　小结 364

　　思考题 365

第十五章 社会文化与消费者行为 366

　　第一节 文化、亚文化与消费差异 366

　　　　一、文化及其特征 366

　　　　二、中国传统文化观念 369

　　　　三、亚文化与消费差异 371

第二节　跨文化、全球文化与全球营销 372

一、影响消费者行为的文化差异 372

二、全球化对消费者行为的影响 375

三、跨文化分析 375

四、全球营销的战略选择 377

第三节　社会阶层与消费者行为差异 381

一、社会阶层概述 381

二、当代中国社会分层情况 384

三、不同社会阶层所引起的消费者行为差异 386

四、社会阶层理论在营销策略中的应用 388

第四节　社会角色及参照群体对消费者行为的影响 389

一、消费者的社会角色定位 389

二、消费者选择产品时的角色心理特征 391

三、角色与消费者购买行为的关联集合 393

四、参照群体对消费者购买行为的影响 394

第五节　消费者行为中的文化价值观与消费崇拜 395

一、文化价值观与消费者购买行为 395

二、购买行为中的消费崇拜 397

小结 398

思考题 400

第十六章　消费者行为与营销组合策略 401

第一节　新产品开发与推广心理策略 401

一、消费者的新产品购买动机 401

二、新产品开发的类型 402

三、新产品开发必须适合消费需求的变化 403

四、基于消费者利益的新产品定位 405

五、新产品推广的心理策略 407

第二节　价格制定与调整的心理机制 408

一、价格感知 408

二、价格制定的心理依据 410

三、调整价格的心理策略与技巧 413

第三节　广告的心理功能与诱导方式 415

一、广告的心理功能 415

二、广告的心理机制 417

三、广告的诱导方式 419

第四节　基于消费者的整合营销传播与品牌战略...........................420

一、整合营销传播概述...........................420

二、品牌战略与消费者...........................421

三、运用整合营销传播理论建立品牌忠诚...........................423

第五节　购物环境与消费者心理反应...........................425

一、商场布局...........................425

二、商场内部刺激...........................426

第六节　销售服务与消费者购买行为...........................428

一、售前、售中、售后与消费者心理...........................428

二、提高以顾客满意为核心的服务技能...........................429

三、购买冲突心理分析...........................430

小结...........................432

思考题...........................433

第十七章　消费者权益与消费者保护...........................434

第一节　消费者权益保护运动的兴起和发展...........................434

一、消费者权益保护运动产生的原因...........................434

二、消费者权益保护运动兴起和发展的过程...........................438

第二节　消费者权利...........................443

一、西方国家对消费者权利内容的规定...........................443

二、我国消费者权利的内容...........................444

第三节　消费者权益保护机制的建立...........................446

一、从个体层次上来看消费者权益保护机制的建立...........................446

二、从社会层次上来看消费者权益保护机制的建立...........................449

第四节　政府、企业、消费者的共同责任...........................454

一、消费者利益就是政府利益...........................454

二、消费者利益就是企业利益...........................456

小结...........................457

思考题...........................459

第十八章　消费者关系和消费者危机...........................460

第一节　消费者关系和关系营销...........................460

一、消费者关系...........................460

二、关系营销...........................463

第二节　消费者危机...........................467

一、消费者危机及其特点...........................467

二、消费者危机产生的原因及其后果...........................471

第三节　加强消费者危机管理 473

小结 481

思考题 482

参考文献 483

第一章　消费者行为与消费者行为学

消费者行为是客观存在的社会现象，是商品经济条件下影响市场运行的基本因素。现阶段，加强消费者行为研究，对于我国发展社会主义市场经济和企业开展营销活动具有极为重要的理论与现实意义。为深入研究消费者行为的特点及其规律，有必要先了解消费者行为学的基本内容，把握有关理论研究的历史演进过程，明确其学科性质及发展趋向，以及该研究领域在我国的发展与应用状况。

第一节　消费者行为学的研究对象和内容

消费者行为学以消费者个体和群体心理与行为为研究对象，重点研究消费者在消费活动中心理与行为活动的特点、方式及规律。消费者行为学既是一门在多学科交叉融会基础上形成的综合性、边缘性学科，也是现代经营管理科学体系的重要组成部分。该学科的产生和发展始终与社会经济的发展进程以及相关学科的不断完善紧密相伴。

一、消费、消费者与消费者行为

（一）消费与消费者

消费与消费者是两个不同的概念。广义的消费包括生产消费和生活消费。生产消费指生产过程中工具、原材料、燃料、人力等生产资料和劳动力的消耗。它包含在生产活动之中，是维持生产过程连续进行的基本条件。生活消费又称个人消费，是指人们为满足自身需要而对各种物质生活资料、劳务和精神产品的消耗。它是人们维持自身生存和发展的必要条件，也是人类社会最大量、最普遍的经济现象和行为活动。在社会再生产过程中，生产消费与生活消费处于完全不同的地位。如果将前者作为这一过程的起点的话，后者则处于这一过程的终点，即生活消费或个人消费是一种最终消费。马克思称之为"原来意义上的消费"。通常情况下，消费一词狭义地专指个人生活消费。

消费者与消费既紧密联系，又相互区别。如上所述，消费是人们消耗生活资料及精神产品的行为活动，而消费者则是从事消费行为活动的主体——人。这里，由于研究角度的不同，对消费者概念的界定也有广义和狭义之分。

广义的消费者是指所有从事物质产品和精神产品的消费活动的人。在一定意义上，社会中的每一个人，无论其身份、地位、职业、年龄、性别、国籍如何，为维持自身的生存和发展，都要对衣食住行等物质生活资料或精神产品进行消费，因而都是消费者。换言之，广义的消费者是等同于全人类的、最大的社会群体。

狭义的消费者概念是从市场需求的角度界定的。将消费者放在市场需求的框架中加以考察，可以认为消费者是指那些对某种商品或服务有现实或潜在需求的人。由于对商品需求的表现不同，狭义的消费者又可相应地分为现实消费者和潜在消费者。

现实消费者指对某种商品或劳务有现实需要，并实际从事商品购买或使用活动的消费者。潜在消费者指当前尚未购买、使用或需要某种商品，但在未来可能产生需求并付诸购买及使用的消费者。例如，青少年消费者大多对厨房炊具用品缺乏现实需要，但在将来独立组建家庭后，就会对其产生实际需求。因此，就现阶段而言，青少年是厨房炊具用品的潜在消费者。通常，消费者需求的潜在状态是由于缺乏某种必备的消费条件所致，诸如需求意识不明确、需求程度不强烈、购买能力不足、缺乏有关商品信息等。而一旦所需条件具备，潜在消费者随时有可能转化为现实消费者。

显然，对企业而言，更有实际意义的是狭义的消费者概念。因为没有任何一个企业能够面对等同于全人类的所有消费者，满足其全部消费需要，而只能从中选取对本企业特定产品及服务有现实或潜在需求的消费者，通过不断向市场提供适销对路的商品，来满足其现实需求并促进潜在需求向现实需求转化，以求得自身的生存和发展。

（二）消费者心理与行为

值得指出的是，无论是广义还是狭义的消费者，都是首先作为人而存在的，因而必然具有人类的某些共有特性，如有思想、感情、欲望、喜怒哀乐，有不同的兴趣爱好、性格气质、价值观念、思维方式等。所有这些特性，构成了人的心理，也称为心理活动或心理现象。心理活动是人脑对客观事物或外部刺激的反应活动，是人脑所具有的特殊功能和复杂的活动方式。它处于内在的隐蔽状态，不具有可直接观察的现象形态，因而无法从外部直接了解。但是心理活动可以支配人的行为，决定人们做什么，不做什么，以及怎样做。换言之，人的行为尽管形形色色，千变万化，但无一不受到人的心理支配。因此，观察一个人的行为表现，即可间接了解他的心理活动状态。

同样，人作为消费者在消费活动中的各种行为也无一不受到其心理活动的支配。例如，是否购买某种商品，购买何种品牌、款式，何时、何地购买，采取何种购买方式，以及怎样使用等，其中每一个环节步骤都需要消费者做出相应的心理反应，通过一系列心理活动加以分析、比较、选择、判断。所以，消费者的各种消费行为都是在一定心理活动支配下进行的。这种在消费过程中发生的心理活动即为消费心理，又称消费者心理。而消费者行为则是消费者在消费心理的支配下，对商品、服务等消费对象加以选择、评价、购买和使用的一系列行为活动。

二、消费者行为学的研究对象

消费者心理与行为作为一种客观存在的经济现象，如同其他经济现象一样，有其特有的活动方式和内在运行规律。消费者行为学就是研究消费者在消费活动中的心理与行为特点及规律，以便适应、引导、改善和优化消费行为的一门现代经营管理学科。

消费者行为学以消费者在消费活动中的心理和行为现象作为研究对象。这些心理和行为现象表现形式多样，涉及消费者个人心理特征、行为方式、消费群体、市场营销、社会文化环境等诸多方面和领域。为此，消费者行为学的研究对象在具体内容上又可分为以下几个方面。

1. 消费者的心理活动基础

心理活动基础是消费者赖以从事消费活动的基本心理机制及其作用方式，包括消费者心理活动的一般过程、消费者的个性心理特征、消费需要和动机等。消费者行为学运用心理学有关原理和要素分析法对上述方面进行系统研究，通过对心理过程中认识过程、情感过程、意志过程等基本活动过程，以及知觉、注意、记忆等心理要素的分析，揭示消费者心理现象的一般规律，把握其心理和行为活动的共性。

另外，通过研究消费者的能力、气质、性格、自我概念等个性心理特征，了解消费心理现象的个别性或特殊性，进而解释不同消费者在行为表现上存在的种种差异。同时对影响消费者行为的诸多心理因素中最重要、最直接的因素——需要和动机加以深入研究，系统分析现代消费者的需求内容、动机类型及其发展变化趋势，从而为购买行为的研究奠定基础。

2. 消费者的购买行为

购买行为是消费者心理活动的集中体现，是消费活动中最有意义的部分。在消费者行为学的研究中，将影响消费者的心理因素与其行为表现紧密联系起来，深入探讨消费者的购买行为过程，购买决策的制定，以及态度、偏好、逆反心理、预期心理等对购买决策与行为的影响。通过对购买过程中产生消费需求、驱动购买动机、搜集有关信息、进行比较选择、制定购买决策、实际从事购买、评价所购商品等若干阶段及其相互联系的逐一考察，抽象出消费者购买行为的基本模式。在购买过程中，决策居于关键性环节。决策的正确与否、质量高低，将直接影响消费者购买行为的效率和效果。分析消费者的决策方式和决策依据，可以发现引导和促成消费者制定正确决策的有效途径。消费者对商品、厂商、广告宣传等所持的态度，以及偏好、预期等心理倾向，对决策方案的制定、抉择以及购买行为的最终实现有着重要影响。为此，有必要深入研究消费者态度的形成原因，发现影响和引导消费者态度、偏好及预期的有效途径。储蓄和投资是相对于即期购买行为的中长期消费行为，在现代消费者的行为体系中占有重要地位，并有其特殊的表现形式和运动规律，因而在消费者行为学中亦对此进行专门探讨。

3. 消费者群体心理与行为

消费在直接形态上表现为消费者个人的行为活动。但从社会总体角度看，消费者行为又带有明显的群体性。现实生活中的某些消费者由于年龄、性别、职业、收入水平、社会地位、宗教信仰相同或接近，而在消费需求、消费观念、消费习惯以及消费能力等方面表现出很大的相似性或一致性。具有上述相同消费特征的若干消费者构成一定的消费者群体。消费者群体是社会消费活动的客观存在。研究不同消费者群体在消费心理和消费行为方式上的特点与差异，有助于从宏观角度把握社会总体消费的运动规律，同时对商品生产者和经营者准确地细分消费者市场，制定最佳营销策略，无疑具有重要的指导意义。因此，消费者的群体心理与行为特点，如群体规范、群体压力、群体内部沟通、模仿、暗示、从众，以及消费习俗、消费流行等，就成为消费者行为学的研究对象之一。此外，少年儿童、青年、老年、女性消费者群等是市场需求中具有重要意义的消费者群体，因而需要加以专门研究。

4. 消费者心理、行为与社会环境

在现实当中，消费者及其所从事的消费活动都是置于一定的社会环境之中的，在某种特定的环境条件下进行的。因而，一方面，消费者个人亦或消费者群体，其心理活动的倾向及其行为表现，在很大程度上要受到社会环境因素的影响和制约；另一方面，消费者在适应环境的同时，也会以不同方式影响和作用于环境。具体分析各种社会环境因素，诸如社会文化和亚文化、社会阶层、参照群体、家庭、舆论导向等与消费者心理及行为的相互影响和作用方式，对了解消费者心理与行为活动的成因，掌握其运动规律具有重要意义。

5. 消费者心理与市场营销

现代市场经济条件下，消费者与之大量接触，受其影响最为深刻、直接的环境事物就是企业的市场营销活动。市场营销是商品生产者和经营者围绕市场销售所从事的产品设计、制造、包装装潢、命名、定价、广告宣传、渠道分销、购物环境布置、销售方式、服务等一系列活动，其目的在于通过满足消费者的需要，激发购买动机，促成购买行为，来实现商品的最终销售。因此，一方面，市场营销的一切活动都是直接围绕消费者进行的。例如，改善商品包装以引起消费者的注意；通过广告宣传向消费者传递有关信息；提供良好服务以赢得消费者的好感

等。显然，上述营销活动会对消费者心理及购买行为产生直接影响。另一方面，企业所采取的全部营销策略、手段又必须以消费者的心理与行为为基础，最大限度地迎合消费者的需求、欲望、消费习惯、购买能力等。换言之，市场营销活动的效果大小和成功与否，主要取决于企业对消费者心理及行为的适应程度。

由此可见，在消费者心理和行为与企业的市场营销活动之间有着极为密切的内在联系，二者相互影响，又互为作用。而市场营销既是适应消费者心理的过程，同时又是对消费心理加以诱导，促成其行为实现的过程。探讨这一过程中的消费者如何对各种营销活动做出反应，以及怎样针对消费者的心理特点改进营销方式，进而提高营销效果，是消费者行为学研究的主要对象和内容之一，也是其研究目的和任务所在。

第二节　消费者行为学的学科性质和特点

作为现代经营管理科学体系的一个重要组成部分，消费者行为学在学科性质上具有综合性、经济性、发展性和应用性等特点。

一、综合性

现实生活中，消费者的心理和行为现象纷繁复杂，变化多端，其影响因素更是多种多样。如果仅从单一角度，运用单一学科的知识进行研究，很难完整、准确地把握其中的全部特点和规律。因此，长期以来，有关学者和专家不断尝试从多维角度，运用多门学科的理论和方法对消费者心理与行为进行综合性研究，并由此积累了大量实证性材料。这一领域的研究实际上涉及了心理学、社会心理学、社会学、人类文化学、经济学、市场营销学、广告学、企业经营学、商品学等学科的许多研究成果，并直接借鉴采用了这些学科的部分研究方法。

例如，心理学作为专门研究个体的人的心理活动及其规律的科学，有关心理过程、个性心理以及知觉、注意、需要、动机、态度等基本理论和概念，构成了研究消费者个体心理活动及行为表现的理论基础。

又如，社会学中有关社会组织方面的研究，如家庭、职业团体、相关群体、社会阶层、人的社会角色等，为探索社会环境与消费者心理的相互关系提供了重要依据。

再如，社会心理学有关个体与群体的互动关系、群体功能特性等方面的研究，尤其是关于社会知觉、社会态度、群体规范、群体压力、人际关系、交往沟通、服从心理等内容，对研究消费者的态度形成，消费者群体心理与行为特点、从众行为、消费习俗与流行的形成等具有直接的指导意义。

还有，文化人类学关于人与所处文化、亚文化的研究，则给消费者心理与行为研究以重大启示，即存在于一定文化背景中的消费者，其心理与行为必然带有该文化的鲜明烙印，只有从社会文化这一广阔的视野和角度出发，才能深刻理解不同国家、民族、地域以及不同时代的消费者心理与行为的种种差异。

以上诸学科分别从不同角度揭示了社会环境中人的心理与行为的一般规律，从而成为这一领域不断丰富和发展的重要理论基础和主要科学来源。除此之外，其他学科如经济学、经营学、广告学等，都在各自的研究领域内不同程度地涉及到消费者的消费行为活动问题。例如，经济学研究消费在经济运行中的地位和作用，以及驱动消费者进行行为选择的利益机制；广告学则探讨怎样利用传播媒介传递商品信息，激发消费者的购买欲望和引导其行动等。由此可见，对消费者心理与行为的研究始终带有明显的多元化特征，消费者行为学是一门在多学科交叉融会的基础上形成的综合性、边缘性学科。

二、经济性

消费者行为学是一门有自己独立研究范围的学科，就其性质来说属于经营管理科学的范畴。该学科主要是从社会经济运行角度出发，把人作为市场活动的主要参与者和消费活动的主体加以研究，目的在于从消费心理及行为的层面上揭示社会再生产过程中消费运动的内在规律，从而引导和促进生产、流通与消费的协调发展。

现代经济科学是一个极其广泛的研究领域。随着生产力的迅速发展和人类知识水平的提高，该领域的学科不断趋于细分，并出现了宏观经济学、微观经济学、管理学、经营学、市场学等一系列分支学科。其中对消费活动的专门研究分两个领域：一是侧重于从宏观角度探讨消费在社会再生产过程中的地位作用、消费者的总量与构成、消费方式以及发展趋势等，而对消费活动的主体——消费者自身很少做深入分析的消费经济学；二是专门以消费者自身为研究对象，剖析消费者心理与行为的研究。从这一意义上说，消费者行为学弥补了经济科学对消费研究的不足，并因此在现代经济科学的庞大学科系列中占有一席重要位置，成为其中不可或缺的组成部分。

三、发展性

消费者行为学至今虽然有了长足的发展，但在体系设置、理论构造、内容方法等方面尚有待完善。尤其对消费者心理与行为规律的探索还远未达到穷尽的地步。随着各相关学科自身的发展，该学科赖以存在和借鉴的某些理论、观点被加以补充和修正，甚至受到否定和替代。某些新的理论、观点被不断充实到原有的研究体系中。这一状况的继续，使得研究对象、范围和内容亦处于不断更新、扩大和发展之中。

不仅如此，随着社会环境和自身条件的变化，消费者的心理倾向和行为表现也会相应改变。旧的消费观念、消费方式将不断被新的观念、方式所取代，消费需求的内容将不断更新并趋于多样化。因而，人们对消费者心理与行为的探索和研究也是无止境的，将随着时代的发展而不断发展。凡此种种，都决定了消费者行为学本质上是一门发展中的学科。

四、应用性

消费者行为学的研究目的在于帮助商品生产者和经营者掌握消费者的心理与行为特点及一般规律，并运用这一规律预测消费变化趋势，及时采取最佳营销手段，激发消费者的购买欲望。促成有效购买，在满足消费者需要的基础上提高企业的经济效益。因而消费者行为学的有关理论与方法必须具有实用性，即能够给商品生产者和经营者以实际的指导和帮助。为此，消费者行为学特别注重具体方法、措施、手段的研究。例如，采取何种方法激发消费者的消费欲望；通过哪些措施诱导消费者的购买动机；如何运用各种促销手段促成消费者的购买行为；怎样运用心理学、社会学、社会心理学等方法调查消费者的需求动机，测量其消费态度等。

通过上述研究，可以帮助企业营销人员掌握满足消费需要、引导消费行为的技能与技巧，提高市场营销活动的效果。可见，消费者行为学是一门注重和强调紧密联系营销实践，给实践以理论和方法上的有效指导的应用性学科。

第三节　消费者行为学的演进与发展

消费者行为学成为一门独立的学科体系大约在 20 世纪 60 年代，距今不过 40 多年的历史。但在此之前，有关研究却经历了漫长的理论与实践的积累和演变过程。其间，理论研究前进的每一步，都始终与社会经济的发展进程以及相关学科的不断完善紧密相连。因此，二者构成消费者心理与行为研究产生和发展的坚实基础。

一、消费者行为学产生的社会历史条件

消费者心理与消费者行为是客观存在的现象。但人们对消费者心理与行为的重视和研究却是随着商品经济的发展而逐渐加深和开展的。

在小商品生产条件下，由于受到手工工具和以家庭为单位的小规模劳动的限制，生产力发展缓慢，可供交换的剩余产品数量十分有限，市场范围极其狭小，小生产者和商人无须考虑如何扩大商品销路、促进成交，因而客观上没有专门研究消费者心理与行为的必要。

到了 18 世纪中叶，以工业革命为标志的资本主义生产方式的确立，为商品经济的发展提供了有利的契机。但是由于大机器生产体系尚未形成，生产的社会化

程度较低，社会商品供应总量远低于需求总量，产品一旦生产出来，便不愁没有销路。因此，工商企业在生产经营中都无需担心销路和考虑消费者的选择意愿，有关消费者心理和消费者行为问题在这一时期依然没有引起人们应有的重视。

直至 19 世纪末 20 世纪初，资本主义经济进入繁荣发展阶段。随着大机器生产体系的确立和生产社会化程度的提高，企业的劳动生产力水平和生产能力迅速上升，产成品数量大幅度增加。与此同时，资本主义经济固有的生产能力相对过剩与有支付能力的需求相对不足之间的矛盾日益突出。市场需求的有限性使得产品能否销出成为决定企业盈利与否的关键。为此，一些企业主开始把注意力转向寻求开拓市场的途径。其中，了解消费需求、引起消费者对商品的兴趣和购买欲望、促成购买行为等问题，日益引起工商企业的兴趣。至此，对消费者心理和行为进行专门研究的必要性才变得十分明显。

这一时期，心理学的迅速发展也为消费者行为学的产生提供了理论基础。自19 世纪末德国心理学家冯特（Wunlt）在莱比锡创立了第一个心理学实验室之后，心理学领域出现了众多流派，如结构学派、功能学派、行为学派、格式塔学派等。各种学术观点的激烈争论促成了认知理论、学习理论、态度改变理论、个性理论、心理学分析方法等各种理论和方法的创立。正是这些理论和方法为消费者行为学的产生奠定了坚实的科学基础。

伴随理论研究的深入，心理学在应用方面也有了长足的发展。越来越多的心理学家不满足于在实验室从事纯学术研究，而是纷纷把目光投向工业、军事、教育、医学等社会领域，尝试运用心理学的理论和方法来解释和指导人们的社会实践。有关消费者心理与行为的研究也在这一潮流的推动下应运而生。1901 年，美国心理学家斯科特（Scott）首次提出将心理学应用到广告活动中的可能性。其后，斯科特将有关理论进一步系统化，出版了《广告心理学》一书，而广告心理学成为消费心理学的前身。

由上述历史演进过程可见，消费者行为学的产生一方面是商品经济和生产力发展的客观要求；另一方面也是心理学等相关学科日益扩展、深化的产物。

二、消费者行为学的学科化和发展

自 21 世纪初以来，有关消费者心理与行为的研究经历了不断丰富、发展和完善的过程。成为这一过程现实推动力的，是市场结构和企业营销观念的变化。

20 世纪 20 年代以前，在物资紧缺、商品供不应求的卖方市场形势下，多数企业奉行以生产为中心的"生产观念"，认为消费者欢迎那些可以买得到和买得起的产品，企业只需集中精力发展生产、增加产量、降低成本，就不愁产品卖不出去，因而完全无视产品推销。受生产观念的束缚，这一时期关于消费者心理与行为的研究进展缓慢，仅仅局限于有关广告心理的零散实验与调查，研究成果也微乎其微。

20 世纪 20 年代至第二次世界大战期间，西方主要资本主义国家处于由"卖方市场"向"买方市场"过渡的阶段。由于产品积压、销售不畅，多数企业从重生产、轻销售的传统思想转而遵从"推销观念"，即认识到如果企业采取适当的推销措施，消费者有可能购买更多的产品。受这一观念的驱使，越来越多的企业求助于广告宣传和其他推销手段，努力探索如何引起消费者的兴趣，争取潜在顾客。

为了适应企业界的这一要求，有关学者开始了对消费者心理的系统研究，并首先在广告心理研究和销售心理研究方面取得进展。一些心理学家用心理学原理系统地研究广告设计和手段的运用对消费者产生的影响。例如，采用何种版面设计、色彩、插图和文字可以更好地引起消费者的注意？广告应该刊登在杂志的前半部还是后半部？同时就各种不同形式的广告对消费者的说服、记忆效果等进行了比较。

此外，一些学者围绕推销人员的心理素质、如何针对消费者心理特点进行推销等问题进行了探讨。1929 年爆发的世界性经济危机进一步推动了理论界对消费需求、消费者心理、消费趋势等课题的研究，并利用多种方法对消费者需要进行市场调查。由此，一个从多层次、多角度研究消费心理的趋势逐步形成，并为第二次世界大战后这一研究领域的全面发展奠定了基础。

20 世纪 50 年代以来，以美国为首的资本主义国家相继进入发达阶段。随着战争结束和经济的迅速增长，以商品供过于求、卖主之间竞争激烈、买方处于优势地位为特征的"买方市场"逐步形成。为了在买方市场下扩大销售、增加盈利，企业纷纷转向奉行"市场观念"，即以消费者及其需要为中心，集中企业的一切资源力量，千方百计满足顾客需要。在经营方式上，也由以产定销改为以销定产。

上述形势推动了消费者心理与行为研究的全面展开。首先取得进展的是关于消费动机的研究。一些心理学家尝试把心理分析理论和心理诊疗技术应用于研究中，试图找出隐藏在各种购买行为背后的深层动机。美国学者迪德等人在 1950 年进行的销售速溶咖啡的研究中取得了重要的成果，并引起企业界的广泛重视。

在这一时期，一些工程师、制造商在新产品研制过程中发现，产品的外观、造型、性能等对消费者心理有重要影响。为此，他们运用心理学中有关知觉的理论和方法，开展了"新产品初步设计研究"、"产品定位研究"等，从而为消费者心理与行为研究开辟了一个新的领域。

在消费需求调查方面，社会学、社会心理学等有关理论和概念被相继引入，由此推动了一系列新的研究的发展，例如，社会群体、社会阶层、家庭结构等对消费者行为的影响，意见领袖在新产品推广中的作用，信息传递中的群体影响等。

进入 20 世纪 60 年代，随着市场的高度繁荣和人们收入水平的提高，消费者的心理和行为趋向复杂，企业间争夺买主的竞争空前激烈。与此相适应，对消费者心理与行为的研究进入蓬勃发展阶段。1960 年，美国心理学会成立了消费心理学科分会，标志着消费心理学作为一门独立的学科正式诞生。心理、经济、法律等各界人士又共同成立了顾客研究会。一些学者就态度因素及个性特点与消费者行为的关系开展研究，进一步拓宽了消费者心理与行为的研究范围。

三、消费者行为学的研究现状与发展趋向

20 世纪 70 年代以来，有关消费者心理与行为的研究进入全面发展和成熟阶段。前人的研究成果经过归纳、综合，逐步趋于系统化，一个独立的消费者行为学学科体系开始形成。有关的研究机构和学术刊物不断增多。除大学和学术团体外，美国等国的一些大公司也纷纷附设专门研究机构，从事消费者心理和行为研究。有关消费者心理与行为理论和知识的传播范围日益广泛，并且越来越受到社会各界的高度重视。综观近年来消费者心理与行为的研究现状，可以发现如下新的发展趋势。

1. 研究角度趋于多元化

长期以来，人们恪守从商品生产者和经营者的单一角度研究消费者心理与行为，关注点集中在帮助工商企业通过满足消费需要来扩大销售，增加盈利。目前，这种单一局面已被打破，许多学者开始把消费者心理及行为同更广泛的社会问题联系在一起，从宏观经济、自然资源和环境保护、消费者利益、生活方式等多种角度进行研究。

例如，研究作为买方的消费者行为对市场变动的影响，各种宏观调控措施对消费者的心理效应，政府部门在制定经济规划时如何以消费者心理作为重要参考依据等。又如，顺应 20 世纪 70 年代以来消费者权益保护运动的广泛兴起，许多学者注重从消费者利益角度研究消费者心理，从而帮助消费者提高消费能力，让消费者学会保护自身权益不受损害。再如，开展有关生活方式的专门研究，即把消费者作为"生活者"，研究不同类型消费者生活方式的特点，及其与消费意识、消费态度、购买行为的关系，从而帮助消费者提高生活质量。上述方面的探讨为消费者心理与行为的研究提供了更加广阔、新颖的角度。

2. 研究参数趋于多样化

在最初的研究中，人们主要利用社会学、经济学的有关概念作为参数变量，根据年龄、性别、职业、家庭、收入等来分析和解释各种消费心理与行为的差异。以后，随着研究的深入，与心理因素和社会心理因素有关的变量被大量引入，如需要、动机、个性、参照群体、社会态度、人际沟通等。今天，由于社会环境急剧变化和消费者自身素质的提高，消费行为比以往任何时期都更为复杂，已有的变量已很难对此做出全面的解释。例如，为什么已成为世界最富裕的国家之一的日本，国民却仍崇尚节俭，储蓄率居发达国家之首，而美国人却寅吃卯粮，热衷于"借债消费"。

为准确把握日益复杂的消费行为，研究者开始引入文化、历史、地域、民族、

道德传统、价值观念、信息化程度等一系列新的变量。新变量的加入为消费者心理与行为精细化研究提供了可能性，同时也使参数变量在数量和内容上更加丰富多样。而这一现象正是消费者行为学多学科、综合性趋势进一步加强的反映。

3．研究方法趋于定量化

新变量的加入使各参数变量之间的相互关系更加复杂，单纯对某一消费现象进行事实性记述和定性分析显然是不够的。为此，当代学者越来越倾向于采用定量分析方法，运用统计分析技术、信息处理技术以及运筹学、动态分析等现代科学方法和技术手段，揭示变量之间的内在联系，如因果关系、相关关系等。定量分析的结果，使建立更加精确的消费行为模式成为可能。而各种精确模型的建立，又进一步推动了对消费现象的质的分析，从而把消费者行为学的研究提高到了一个新的水平。

除上述方面外，近期的消费者心理与行为研究在内容上更为全面，理论分析更加深入，学科体系趋于完善，研究成果在实践中得到越来越广泛的应用。以上趋势表明，有关消费者心理与行为的研究已经进入更成熟的发展阶段。

第四节　消费者行为学在我国的应用

消费者行为学是 20 世纪 80 年代中期从西方引入我国的。在此之前，我国在该领域的研究基本处于空白状态。不仅绝少有人从心理学角度研究消费和消费者，甚至连消费心理、消费行为一词也鲜为人知。这种情况的形成有其深刻的历史原因。一方面，在过去长时期内，由于受极左观念的严重束缚，把个人消费与资产阶级生活方式等同起来，在理论研究上被视为禁区，因而绝少有人敢于从心理和行为角度探讨消费问题；另一方面，在高度集中的计划管理体制下，企业无需直接面对市场和消费者，从而丧失了关注研究消费者的心理特点，并千方百计满足消费者需要的基本动力。此外，商品长期短缺、市场严重萎缩，也使得我国消费者处于消费水平低下、消费结构畸形、消费观念陈旧、消费方式单一的不正常状态，消费心理发育的成熟度明显不足。上述状况严重阻碍我国关于消费者心理与行为研究的理论发展和实际应用。

改革开放以来，随着传统经济体制的逐步废除和社会主义市场经济体制的逐步确立，我国消费品市场得以迅速发育，以消费者为主体的"买方市场"格局逐步形成。与此同时，广大消费者在消费水平、结构、观念和方式上都发生了巨大变化，逐渐由温饱型、单一化、被动式消费向小康型、多样化、选择式消费转化。消费者自身的主体意识和成熟程度也远远高于以往任何时期，从而在社会经济生活中扮演着日益重要的角色。正是在这一背景下，我国理论界及工商企业一改以往的漠视态度，对消费问题予以前所未有的关注，关注的重点也由宏观消费现象向微观的消费者心理与行为扩展。

20 世纪 80 年代中期，我国一些学者开始从国外直接引进有关消费者心理与行为的研究成果。近年来，随着研究工作的深入，这一新兴研究领域在我国已由介绍、传播进入普及和应用阶段。各种调研机构纷纷开展消费者态度、居民家计、消费趋势预测等调查研究，并及时跟踪分析我国消费者心理和行为的变化动态。政府有关部门亦将消费者的态度、预期、行为趋向等作为制定宏观经济决策的重要依据。工商企业则将消费者心理与行为研究的有关原理直接应用到市场营销活动中，用以指导和改进产品设计、广告宣传和销售服务等。

实践证明，在我国发展社会主义市场经济的进程中，深入开展消费者心理与行为的研究具有极其重要的现实意义，具体如下所述。

1. 有助于提高宏观经济决策水平，改善宏观调控效果，促进国民经济协调发展

在社会主义市场经济条件下，市场作为经济运行的中枢系统，是国民经济发展状况的晴雨表。而处于买方地位的消费者，对市场的稳定运行，以及国民经济的协调发展具有举足轻重的作用。消费者心理与行为的变化会直接引起市场供求状况的改变。从而对整个国民经济产生连锁式的影响。不仅影响市场商品流通和货币流通的规模、速度及储备状况，而且对生产规模、生产周期、产品结构、产业结构以及劳动就业、交通运输、对外贸易、财政金融、旅游乃至社会安定等各个方面造成影响。

近年来，我国经济生活中发生的几次重大波折都有力地证明了这一点。例如，1984 年和 1988 年因消费者对物价上涨的心理预期过强，而两度造成全国性的商品抢购风潮，并直接导致国家商品储备下降，银行存贷出现逆差，企业贷款严重不足等后果。又如，1989 年下半年，受多方面因素影响，长时间持续的消费热潮骤然降温，社会消费由购买旺盛转向谨慎克制，广大消费者或持币观望，或储币保值。大面积的消费萎缩引起全国性市场疲软，给工业生产和商品流通带来致命影响，以致国民经济出现大幅度滑坡，整个社会经济一度面临极为严峻的局面。由此可见，消费者心理是影响国民经济协调稳定发展的重要因素。

不仅如此，近年来的改革实践还表明，消费者心理是影响改革进程和国家宏观调控效果的重要因素。重视和顺应消费者心理，改革方案就能为广大消费者接受和支持，各种调控措施也能达到预期效果；相反，忽视或违背消费者心理趋向，则有可能引起决策失误，导致宏观调控无力，甚至失灵。

历史和现实的经验教训一再告诉我们，为保证国民经济的协调、稳定发展，国家在进行宏观调控时，必须高度重视对消费者心理与行为的研究。尤其在与消费者利益密切相关的物价、税收、工资、利率等改革与调整方面，应特别注意预先对消费者的心理承受能力、心理预期倾向以及行为反应的方式、强度和持续时间等进行系统调查和准确的分析预测。根据预测结果制定和调整决策方案，选择实施措施和时机，以便提高宏观决策的准确性，增强宏观调控措施的灵敏度和有效性。

从我国经济 50 多年的成长特性来看，经济的原动力正在发生着变化。第一个阶段经济的推动者更多的是政府，在计划经济下，政府是经济的发动机。改革开放以来，我国经济步入第二个阶段，企业逐步成为经济的发动机。企业的行为直接左右了经济的发展。而现阶段，我国经济正步入第三个阶段，消费者正在成为经济的发动机。谁拥有消费者，谁能够左右消费者，谁就拥有了经济效益，谁就拥有了市场的成长空间。从这个角度来说，消费者越来越成为各级经济的主导性力量。正由于此，研究消费者心理和行为对国内消费市场的宏观调控和国民经济的稳定运行具有更为重要的意义。这一重要性已为市场经济成熟的国家的经验所证明。

2. 有助于企业根据消费者需求变化组织生产经营活动，提高市场营销活动效果，增强市场竞争能力

随着我国经济的发展和人民收入水平的提高，一方面，我国广大消费者的消费需求日趋复杂多样，不仅要消费各种数量充足、质量优良的商品，而且要求享受周到完善的服务；不仅要满足生理的、物质生活的需要，而且希望得到心理的、精神文化生活等多方面的满足。另一方面，随着市场经济的迅速发展，所有企业都无一例外地被卷入市场竞争的激流之中。而市场供求状况的改善和多数商品买方市场的形成，使企业间竞争的焦点集中到争夺消费者上来。谁的商品和服务能够赢得更多的消费者，谁就在竞争中处于优势地位，就能获得较大的市场份额；反之，如果失去消费者，则会丧失竞争力，进而危及企业的生存。因此，企业为在激烈的竞争中求得生存和发展，必须千方百计开拓市场，借助各种营销手段争取消费者，满足其多样化的消费需要，不断巩固和扩大市场占有率。

市场营销是企业通过市场媒介向消费者提供商品和服务，在满足消费者需要的基础上获取最大经济效益的经济活动。其实质是将各种营销手段或诱因作用于消费者，以引起心理反应、激发购买欲望、促进购买行为的实现。企业要使营销活动取得最佳效果，必须加强消费者心理研究，了解和掌握消费者心理与行为活动的特点及规律，以便为制定营销战略和策略组合提供依据。例如，在开发新产品时，可以根据目标消费者群的心理需求和消费偏好设计产品的功能、款式、使用方式和期限等，针对消费者对产品需求的心理周期及时改进或淘汰旧产品，推出新产品；在广告宣传方面，可以根据消费者在知觉、注意、记忆、学习等方面的心理活动规律，选择适宜的广告媒体和传播方式，提高商品信息的传递与接收效果。

实践证明，只有加强对消费者心理与行为的研究，根据消费者心理活动的特点与规律制定和调整营销策略，企业才能不断满足消费者的消费需要，在瞬息万

变的市场环境中应付自如，并具备较高的应变能力和竞争能力。

3. 有助于消费者提高自身素质，科学地进行个人消费决策，改善消费行为，实现文明消费

消费就其基本形式来说，是以消费者个人为主体进行的经济活动。消费活动的效果如何，不仅受社会经济发展水平、市场供求状况及企业营销活动的影响，而且更多地取决于消费者个人的决策水平和行为方式。而消费决策水平及行为方式又与消费者自身的心理素质状况有着直接的内在联系。消费者的个性特点、兴趣爱好、认知方法、价值观念、性格气质、社会态度、消费偏好等，都会在不同程度上对消费决策的内容和行为方式发生影响，进而影响消费活动的效果乃至消费者的生活质量。

在现实生活中，消费者由于商品知识不足、认知水平较低、消费观念陈旧、信息筛选能力较低等原因，致使决策失误、行动盲目、效果不佳，甚至利益受到损害的现象随处可见。为此，就消费者角度而言，加强对消费者心理与行为的研究也是十分必要的。通过传播和普及有关消费者心理与行为的理论知识，帮助消费者正确认识自身的心理特点和行为规律，全面了解现代消费者应具备的知识、能力等素质条件，掌握科学地进行消费决策的程序和方法，学会从庞杂的信息中筛选有用信息的基本技能，懂得如何以较少的花费获取更多的收益，以及如何改善、美化生活，提高生活质量。由此增强广大消费者的心理素质，提高他们的消费决策水平，使消费行为更加合理化。

此外，在消费变革的时代大潮中，面对丰富多彩的商品世界、变化多端的流行时尚，以及外来生活方式的冲击，某些畸形的消费心理和行为现象也开始在部分消费者心中滋生蔓延，如盲目模仿、攀比消费、超前超高消费、挥霍消费、人情消费等，从而反映出部分消费者素质较低，距离文明消费尚有较大差距的现实状况为此，有必要加强消费者心理与行为研究，结合实际剖析我国现阶段各种畸形消费心理与行为现象的作用机制及其成因，树立文明消费的基本标准与模式，从而一方面促使消费者自动纠正心理偏差，改善消费行为，实现个人消费的合理化；另一方面，利用示范效应、从众效应、群体动力效应等社会心理机制影响各个消费者群，引导社会消费向文明适度方向发展。

4. 有助于推动我国尽快加入国际经济体系，不断开拓国际市场，增强企业和产品的国际竞争力

在当今时代，开放、合作已成为社会发展的主旋律。随着社会主义市场经济的发展和世界经济全球化、一体化趋势的加强，以及我国加入世界贸易组织，越来越多的企业将直接进入国际市场，加入到与国外企业竞争的行列中。为使我国产品顺利打入和占领国际市场，有关企业必须研究和了解其他国家、地区、民族

的消费者在消费需求、习惯、偏好、禁忌以及道德观念、文化传统、风俗民情等方面的特点和差异，对世界消费潮流的动向及变化趋势进行分析预测，并在此基础上确定国际市场营销策略，使产品在质量、性能、款式、包装、价格、广告宣传等方面更符合销往国际市场上特定消费者的心理特点。

唯有如此，我们的企业和产品才能在激烈的国际竞争中立于不败之地。反之，如果忽略不同社会文化条件下的心理差异，就往往会遇到某些意想不到的销售障碍，甚至引起消费者的反感和抵制。因而，加强消费者心理与行为研究，对我国进一步开拓国际市场，增强企业及产品的国际竞争力具有十分重要的现实意义。

小　结

本章重点阐述消费者行为学的研究对象和内容，消费者行为学的学科性质和特点，消费者行为学的历史演进与发展现状，我国研究消费者行为的现实意义等。

1) 消费、消费者、消费者心理与行为。狭义的消费又称生活消费或个人消费，是指人们为满足自身需要而对各种物质生活资料、劳务和精神产品的消耗。生活消费或个人消费是一种最终消费。马克思称之为"原来意义上的消费"。

消费者是从事消费行为活动的主体——人。广义的消费者是等同于全人类的、最大的社会群体。狭义的消费者是指那些对某种商品或服务有现实或潜在需求的人。由于对商品需求的表现不同，消费者又可相应地分为现实消费者和潜在消费者。

在消费过程中发生的心理活动即为消费心理，又称消费者心理。而消费者行为则是消费者在消费心理的支配下，对商品、服务等消费对象加以选择、评价、购买和使用的一系列行为活动。

2) 消费者行为学是研究消费者在消费活动中的心理与行为特点及规律，以便适应、引导、改善和优化消费行为的一门现代经营管理学科。具体研究内容包括消费者的心理活动基础、消费者的购买行为、消费者群体心理与行为、社会环境对消费者心理与行为的影响、消费者心理与市场营销。

3) 作为现代经营管理科学体系的一个重要组成部分，消费者行为学在学科性质上具有综合性、经济性、发展性和应用性等特点。

4) 消费者行为学成为一门独立的学科体系大约在 20 世纪 60 年代，有关研究经历了漫长的理论与实践的积累和演变过程。人们对消费者心理与行为的重视和研究是随着商品经济的发展而逐渐加深的。综观近年来消费者行为学的研究现状，可以发现如下新的发展趋势。研究角度趋向多元化；研究参数趋向多样化；研究方法趋于定量化；

5) 在我国发展社会主义市场经济的进程中，深入开展消费者心理与行为的研究具有极其重要的现实意义。具体体现在：有助于提高宏观经济决策水平，改善宏观调控效果，促进国民经济协调发展；有助于企业根据消费者需求变化组织生产经营活动，提高市场营销活动效果，增强市场竞争能力；有助于消费者提高自身素质，科学地进行个人消费决策，改善消费行为，实现文明消费；有助于推动我国尽快加入国际经济体系，不断开拓国际市场，增强企业和产品的国际竞争力。

<h1 style="text-align:center">思　考　题</h1>

1. 准确理解消费者、消费者心理及消费者行为的概念。
2. 消费者行为学的研究内容主要包括哪些方面？
3. 如何理解消费者行为学的学科性质？
4. 简述学习消费者行为学的现实意义。

第二章 消费者购买决策与消费者行为

消费者的购买行为是由一系列环节、要素构成的完整过程。在这一过程中，购买决策居于核心地位；决策的正确与否直接影响购买行为的发生方式、指向及效用大小。市场营销人员必须了解目标消费者的欲望、观念、偏好和行为方式，以便全面把握消费者的行为特点与规律。

第一节 消费者购买行为模式

一、消费者购买行为分析

所谓消费者购买行为是指消费者为满足自身需要而发生的购买和使用商品的行为活动。消费者的购买行为是满足其消费需要的前提条件，购买行为受消费者心理活动的支配。心理学和消费心理学研究表明，消费者的购买行为虽有很大的差别，但也存在若干共性，并可以用基本的行为模式对其进行表述。

心理学认为，人的行为是大脑对刺激物的反应，在这个过程里，人的心理活动支配着人的行为。消费者购买商品是人类行为的重要领域和表现形式之一，这个行为产生的原因同样是源于某种刺激，而购买行为则是对这种刺激的反应；贯穿于"刺激"与"反应"这两点之间的是消费者通过大脑进行的各种思考。例如，保健品广告中关于对身体不健康症状的分析，使得消费者会对自身身体状况做出审视，分析自己是否存在类似状况。此时，广告对于消费者来说就是一个刺激物，它提醒消费者对自身状况进行分析比较。有些消费者在进行比较后会找到类似症状，于是便产生对保健品的消费需要或需求。消费者的需要有生理上的，也有心理上的，很多情况下这两种需要互有交叉。如当人们食用方便面时要求不含有防腐剂，这似乎是出于生理方面对自身健康的一种保障，但也可以解释为人们在心理上惧怕防腐剂的损害。

一般而言，当刺激开始作用于消费者的时候，人们便会产生对某种消费对象的生理或心理需要，这种未满足的需要会激发消费者的购买动机，在动机的驱使下人们寻求购买目标并采取购买行动，一旦实施购买行动并使用商品后，便需要得到相应满足，一次购买行为过程也告结束。

这里特别要指出的是，接受相同刺激的消费者往往会产生不同的需求内容和需求指向。例如，当天气炎热时人们会感到口渴，于是产生喝水的需要。这时的"口渴"就是刺激，但在这个刺激下人们的需要内容和对象可能是不完全一样的，有人想喝冰牛奶，有人想喝"可口可乐"，当然也有人认为喝什么都可以。这时，不同的消费者就有了不同的购买动机和购买目标。此外，人们还会把接触到的商品与自己心目中的预期目标进行比较，这种比较因为产品种类的不同，有时会延伸得很广。当人们看到预期的购买目标近似于预期目标时，才会采取购买行动，而远离目标的其他商品因不能完全满足自己的需要，往往不会成为消费者的购买对象。·

需要和购买动机产生之后，在比较评价和选择购买目标的过程中，消费者还要进行一系列的购买决策，包括谁（who）参与购买活动？购买什么（what）商品？为什么（why）要购买？在什么时候（when）购买？在什么地方（where）购买？准备购买多少（how much）？将如何（how）购买？这些决策的制定和实施直接决定着购买行为的指向和结果，进而影响着消费者需要的满足程度，并对其以后的购买行为产生影响。因此，购买决策在消费者行为过程中具有极其重要的关键性作用。

由上述分析可见，研究消费者的购买行为，关键是弄清刺激、消费需要、购买动机、购买决策以及购买行为之间的关系。为此，有必要对形形色色、纷繁复杂的消费者行为加以归纳、总结和抽象，从中发现消费者购买行为的基本特性和活动方式，并以购买行为模式的形式加以描述，进而为人们更加深刻地认识和把握消费者购买行为的共性和规律性提供依据。

二、消费者购买行为模式类型

西方学者在深入分析的基础上，揭示了消费者购买行为中的一些共性和规律性，并将其归结为多种消费者购买行为模式。

（一）消费者刺激-反应模式

购买行为是人类行为的一个组成部分。因此，任何消费者的购买行为都脱离不了人类行为的一般模式，即 S-O-R 模式。其中"S"代表刺激，"O"代表个体心理、生理特征，"R"代表反应。也就是说，个体通过接受刺激，经历心理活动，最后产生行为反应。所有消费者的行为都是由刺激引起的，这种刺激既来自外界环境，也受制于内部生理与心理因素。有学者把消费者接收外部刺激后，经过一定的心理过程，产生看得见的行为反应的过程，叫做消费者的刺激-反应模式，如图 2-1 所示。

图 2-1　消费者刺激-反应模式（一）

其中，介于消费刺激与购买行为之间的心理过程也称消费者黑箱。所谓黑箱，是指人们不能或暂时无法分解或剖开以直接观察其内部结构，或分解、剖开后其结构和功能即遭到破坏的系统。黑箱的概念只有相对的意义，同一系统对不同主体来讲，可能是黑箱，也可能不是黑箱；随着主体认识的提高，黑箱也可转化为灰箱或白箱。因为消费者心理过程对企业而言是不易捉摸的，故借用此概念。而对企业来讲，对消费者购买行为的分析和研究最重要的恰恰是对消费者黑箱中发生的情况的分析和研究，以便安排适当的消费刺激，使消费者产生有利于企业市场营销的反应。

经验表明，消费者黑箱中包括两个主要方面：一是购买者特性，它会影响购买者对外界刺激的反应；二是购买者决策过程，它会直接决定购买者的选择。由此，可以将消费者刺激-反应模式扩展为较为详细的消费者刺激-反应模式，如图 2-2 所示。

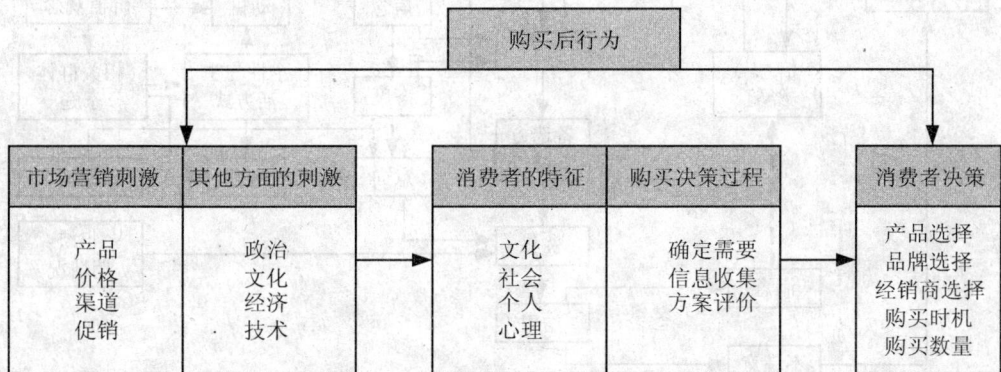

图 2-2　消费者刺激——反应模式（二）

根据刺激-反应模型学者的观点，首先，市场营销本身各个主要要素结合政治、经济、文化、技术等外界环境对消费者进行刺激，使消费者产生消费需求和购买动机；在此基础上，具有不同文化背景、社会环境、个人特征和心理特征的消费者对刺激作出反应；消费者在反应过程中大都经历确定需要、信息收集、方案评价等过程，在此模型中被称为购买者的决策过程；在经历上述过程后，消费者会针对商品的品牌、经销商、购买时机、购买数量等相关方面做出购买决策，进而实施购买行为。购买过程结束后，消费者还会根据此次购买行为对自己需要的满足程度做出评价，并对今后的购买行为施加影响，构成了下次购买过程的影响因素之一。这一过程不断往复，构成了消费者的购买行为模式。

（二）恩格尔-克拉特-布莱克维尔模式

恩格尔-克拉特-布莱克维尔模式（Engle-Kollat-Blackwell，EKB）（见图 2-3）

对消费者购买行为进行了更详尽的描述。比较而言，该模式更强调购买者进行购买决策的过程。这一过程始于问题的确定，终于问题的解决。在这个模式里，消费者心理成为"中央处理器"（central processing unit，CPU），外部刺激信息输入"中央处理器"，在"控制器"中，输入内容与"插入变量"（态度、经验、个性等）相互作用，便得出最终输出结果——购买决定，故而完成一次购买行为。

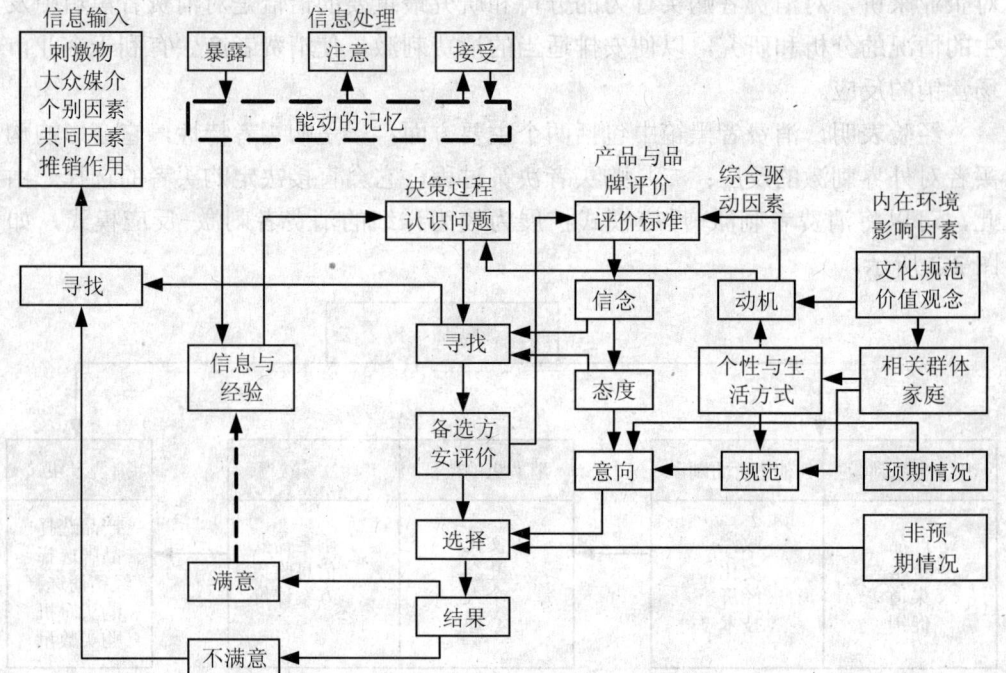

图 2-3　恩格尔-科拉特-布莱克维尔购买行为模式

恩格尔-克拉特-布莱克维尔模式主要描述了在外界刺激等因素的综合作用下，消费者对某种暴露的商品产生知觉、注意和记忆，并形成一定信息储存起来，由此构成对商品的初步认识。在动机、个性及生活方式的参与下，消费者对问题的认识逐渐清晰，并根据自身知识的积累，在暴露的商品中寻找适合自己的商品。经过寻找商品、信念、态度等因素的相互作用，消费者逐步做出自己的购买决策。在获得商品或服务后，消费者将对商品满足自己需求的程度予以分析比较，并对现有刺激做出新的反映，开始下一个消费行为过程。

（三）霍华德-谢思模式

美国市场学家霍华德（Howard）和谢斯（Sheth）把消费者的购买行为视同解决问题的活动（见图 2-4），他们认为可分为三种类型。

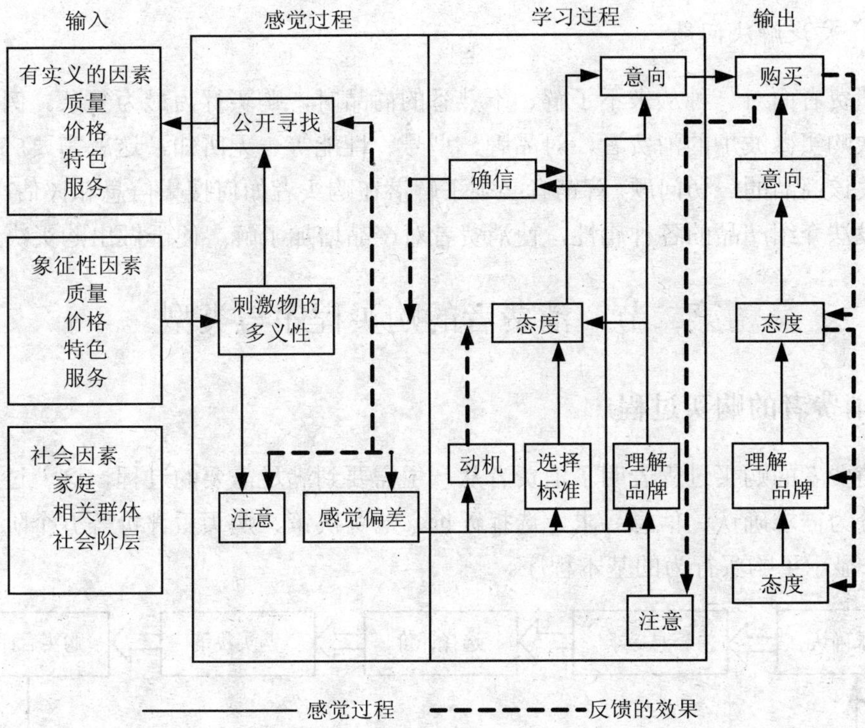

图 2-4　霍华德-谢思购买行为模式

1. 常规反应行为

这是最简单的购买行为，一般指价值低、次数频的商品的购买行为。购买者已熟知商品特性和各种主要品牌，并在各品牌中有明显的偏好，因此购买决策很简单，如每天买一包香烟，每月买一支牙膏等。但由于缺货、商店的优惠条件、或喜新尝鲜心理的影响，有时也会更换品牌。但一般说来，这类购买行为如同日常的例行活动，不需花费太多的时间和精力。营销者在此种情况下的对策是，质量和价格尽量保持稳定，以便保住现有顾客，同时，宣传自己品牌较其他品牌优越的方面，尽量吸引其他品牌的顾客。

2. 有限解决问题

消费者熟悉某一类商品，但不熟悉所有的品牌，要想买一个不熟悉的品牌的商品时，购买行为就较为复杂。例如，有人想买自行车，也懂行，但对某一新品牌尚不熟悉，这就需要进一步了解情况，解决有关这个新品牌的问题，然后才能做出决策。对此，营销者应通过各种促销手段，加强信息传递，增强消费者对新品牌的认识和信心。

3. 广泛解决问题

消费者面对一种从来不了解、不熟悉的商品时，购买行为最为复杂。例如，第一次购买微波炉的消费者，对品牌、型号、性能等一无所知，这就需要广泛解决有关该商品的一切问题。营销者必须了解潜在购买者如何搜集信息和评估产品，多方设法介绍产品的各种属性，使消费者对产品增加了解，便于做出购买决策。

第二节　消费者的购买程序与类型

一、消费者的购买过程

消费者的购买过程表明了消费者从产生需要到满足需要的过程，这一过程大致可分为需求确认、信息寻求、选择评价、购买决策、购买后评价等五个阶段。图 2-5 显示了购买行为的基本程序。

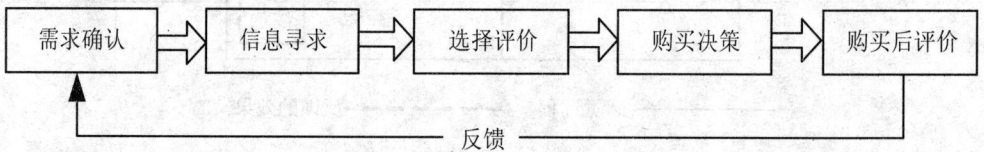

图 2-5　消费者购买过程

1. 需求确认

购买行为始于购买者对某个问题或需要的确认。市场营销人员或企业要确定激发某种需要的环境，即找出可引起对某类产品感兴趣的常见刺激因素。消费者觉察到目前实际状况与理想状况的差异，从而认识到一个问题或需求。需求可能由内部刺激引起，也可能由外部引起。

2. 信息寻求

产生需求的消费者会努力寻求更多的信息。如果消费者的动机很强烈，通过信息搜寻发现了可达到满意的产品，那么消费者极有可能直接进行购买。消费者可以从下列来源中寻求信息。

1）个人来源：家庭、朋友、邻居、熟人。
2）商业来源：广告、销售人员、经销商、包装、陈列。
3）公共来源：大众媒体、消费者信誉机构。
4）经验来源：接触、检查及使用某产品。

3. 选择评价

消费者在获得全面的信息后，会根据这些信息和一定的评价方法进行对同类产品的不同品牌进行评价。一般涉及到四个方面：

1）产品属性。指产品所具有的能够满足消费者需要的特性。而这些属性往往表现为属性的集合，如冰箱，制冷效率高、耗电少、噪音低、经久耐用等属性。

2）品牌信念。指消费者对某品牌优劣程度的总的看法。每一品牌都有一些属性，消费者对每一属性实际达到了何种水准给予评价，然后将这些评价汇总起来，就构成他对该品牌优劣程度的总的看法，即他对该品牌的信念。

3）效用要求。指消费者对该品牌每一属性的效用应当达到何种水准的要求，或者说，该品牌每一属性的效用必须达到何种水准他才会接受。

4）评价模式。明确了以上三个问题之后，消费者会有意无意地运用一些评价方法，对不同品牌的产品进行评价和选择。

4. 购买决策

购买决策是指消费者作为决策主体，为了实现满足需求这一特定目标，在购买过程中进行的评价、选择、判断、决定等一系列活动。购买决策在消费者购买行为中处于极为重要的关键性地位。

消费者购买商品通常有两种情况，一种是带有尝试性的购买；另一种是重复购买。对于消费者陌生的、从未使用过的商品，消费者往往会进行尝试性购买，以便通过直接消费获得对商品的感性知识。当然不是所有的商品都可以进行尝试性购买，一般高档耐用消费品就不可能进行试购。

对于某些经常消费的商品。在消费者尝试购买后，如果感觉很好，则有可能经常、重复的购买，从而形成对某种品牌商品的偏爱，这对企业非常有利，可以使企业的生产和销售趋于稳定。

一般来说，消费者购买的是他最喜爱的品牌的商品，但购买意向的形成和购买决策的产生还会受到其他因素的影响。第一是他人的态度；第二是不可预料的情况。消费者会在这两个因素的影响下做出购买决策，如图 2-6 所示。

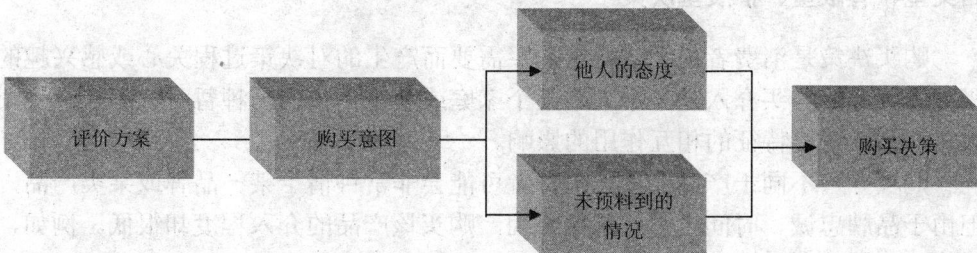

图 2-6　购买决策影响因素

5. 购买后评价

购买产品后，消费者可能会满意，也可能会不满意。是否满意取决于消费者的期望和产品被觉察到的性能之间的关系。如果产品未达到消费者期望，消费者就会失望；如果达到了期望，消费者就会满意；如果超出了期望，消费者就会惊喜。假如所购商品完全符合自己的意愿，甚至比预期的还要好，消费者不仅自己会重复购买，还会积极地向别人宣传推荐；相反，假如所购商品不符合其意愿，或效用很差，消费者可能会采取行动，这样不仅自己不再购买，还会发泄其不满情绪，甚至阻止别人购买。

可见购买后评价常常作为一种经验，反馈于购买活动的初始阶段，对消费者的购买行为产生影响。关于消费者的购买后行为，将在本章的第四节予以详细论述。

通过上述五个阶段，消费者就完成了其购买活动。从以上分析不难看出，企业需要根据消费者购买过程的不同，制定不同的营销对策，给消费者以支持，促成良性购买行为的实现。具体来说，识别需要阶段是消费者需求确定的前夕，大量的广告宣传，会对消费者起诱导作用；信息寻求阶段，企业应在大量广告宣传的基础上，展示商品的特性和优点；选择评价阶段，企业应开展试销和赠与活动，宣传一系列售前、售中、售后服务的措施；购买决策阶段，要为消费者提供全方位优质服务。另外，在购买活动中，因不同的消费者或同一消费者购买不同的商品，其经历的阶段及阶段的长短是不一样的，有的完整经历五个阶段，有的在产生动机后，可能直接进入购买阶段，有的收集资料和选择评价是合一进行的。企业也应根据这些特点对消费者购买过程予以充分分析。

二、消费者行为的类型

在购买过程中，消费者行为之间存在着诸多差异，这使得对消费者行为的分析日趋复杂，因此需要按照一定标准对消费者行为进行分类。有关对消费者行为进行分类的方法很多，在此只从几个方面予以介绍。

（一）根据消费者在进行购买决策过程中的介入程度不同，购买决策可以分为名义型、有限型、扩展型决策

购买决策是消费者由某一特定购买需要而产生的对决策过程关心或感兴趣的程度。因此，购买介入是某个人、某个家庭或某个单位的一种暂时状态，它受个人、产品、情境特征的相互作用的影响。

购买介入不同于产品介入。消费者可能会非常钟情于某一品牌或某类产品，但由于品牌忠诚、时间压力或其他原因，购买该产品的介入程度却很低。例如，对于最喜欢的饮料品牌，消费者可能对该品牌非常忠诚，觉得它胜过其他任何品牌，从而对其形成强烈的偏好。当购买饮料时，消费者往往无需多加思考，总会

毫不犹豫地选择自己所喜爱的这一品牌。另一种情况是，消费者可能对某一类产品的介入程度相当低（如文具或汽车轮胎），但购买时的介入程度却很高，原因可能是想为孩子们做个榜样，给一位同事或朋友留下深刻印象，或者纯粹为了省钱。

1. 名义型决策

名义型决策，有时也称习惯型购买决策，在这种决策模式下，实际上不涉及购买决策的过程。当一个问题被认知后，仅仅在长期记忆中的内部搜索，当浮现一个偏爱的品牌后，该品牌随之被选择和购买。只有当被选产品未能像预期那样运转或表现时，购后评价才会产生。名义型决策往往发生在对购买的介入程度很低的情况之下。

一个纯粹的名义型决策甚至丝毫不考虑选择其他品牌的可能性。名义型决策通常分为两种：品牌忠诚型决策和习惯型购买决策。下面将简单地介绍这两种决策。

1）品牌忠诚型决策。在这种购买决策过程中，也许顾客曾经介入程度很高，但是，随着对某一品牌忠诚程度的提高，消费者在购买过程中会体现出对此品牌的忠诚，不去考虑其他品牌的产品。此时，尽管消费者对这种商品的产品介入程度很高，但其在购买决策过程中的介入程度很低。

2）习惯购买型决策。与以上所述决策类型相反，消费者在购买该产品时，对产品选择的介入程度本身就很低。盐的购买就是很能说明该问题的一例。消费者很少介入于这类产品，他们走进商店随手拿起一种品牌就买下了。由于对于消费者来说，产品间并不存在太多差异，所以并不关心所购商品的购买决策。实例证明消费者对大多数经常购买的产品介入度低。在这种情况下，消费者有时购买某一商品，并不是因为特别偏爱某一品牌，而是出于习惯。通常，消费者对大多数价格低廉、品牌间差异不大、经常购买的产品参与程度较低。

2. 有限型决策

有限型决策是介于名义型决策和扩大型决策之间的一种决策类型。从最为简单的情形看（购买介入最低时），它与名义型决策相似。

在这种决策过程中，消费者在对商品进行选择时最多会为买不买略为犹豫，而不会再考虑选择其他品牌，还有一种情况是，消费者可能遵循某一决策规则，比如选择最便宜的速溶咖啡品牌。当家里的咖啡用完时，你若置身于商店，就会查看一下各种咖啡的价格，挑选一个最便宜的牌子。

有限型决策有时会因情感性需要或环境性需要而产生。例如消费者决定买一个新的产品或品牌，此时，他并不是对目前使用的产品和品牌不满，而是因为对它们产生了厌倦感。这类决策可能只涉及对现有备选品的新奇性或新颖程度的评价，而不涉及其他方面。消费者也可能会根据别人实际的或预期的行为对购买进行评价。比如，会通过观察或猜测同桌的人就餐时点不点、点什么样的葡萄酒来决定自己的选择。

总的来说，有限型决策涉及对一个有着几种选择方案的问题的认知。信息的搜集主要来自内部，外部信息搜集比较有限，备选产品不太多，而且运用简单的选择规则对相对较少的几个层面进行评价。除非产品在使用过程中出问题或者售后服务不尽如人意，否则，事后很少对产品的购买与使用进行评价。

3. 扩展型决策

扩展型决策发生在购买介入程度很高的情况下。这种类型的决策涉及广泛的内、外部信息搜集，并伴随对多种备选商品的复杂比较和评价。消费者在购买商品之后，很容易对购买决策的正确性产生怀疑，从而引发对购买的全面评价。相对来说，达到如此复杂程度的决策并不多。然而，在诸如房屋、个人电脑及多功能性休闲商品（如背包、帐篷）等产品的购买上，扩展型决策比较多见。

即使带有强烈情感色彩的决策也可能涉及相当程度的认知努力。例如，当我们在做出是否外出旅游的决定时，被满足的需要和被评价的标准均是情感因素而非属性特征。而且，由于外部信息的缺乏，所采用的评价标准也比较少。即使这样，在做决定时我们仍然会左思右想、举棋不定。

（二）根据消费者性格分析划分，可以分为习惯型、理智型、经济型、冲动型、想像型、不定型决策

从一般的意义来分析，不同的人有不同的性格，不同的性格就有不同的消费习惯和购买行为。具体有以下几种。

1. 习惯型决策

习惯型的购买行为是由信任动机产生的。消费者对某种品牌或对某个企业产生良好的信任感，忠于某一种或某几种品牌，有固定的消费习惯和偏好，购买时心中有数，目标明确。

2. 理智型决策

理智型购买行为是性格偏于理性的消费者发生的购买行为。他们在做出购买决策之前一般经过仔细比较和考虑，胸有成竹，不容易被打动，不轻率做出决定，决定之后也不轻易反悔。这就要求企业必须真诚地提供令顾客感到可信的决策信息，如果你提供的信息真实可信，这类消费者就会对你产生信任而再度光临。反之，如果企业提供了虚假不实的信息，他们则会因一次上当受骗而永远将企业和产品拒之门外。

3. 经济型决策

这类消费者特别重视价格，一心寻求经济合算的商品，并由此得到心理上的满足。针对这种购买行为，在促销中要使消费者相信他所选中的商品是物美价廉的、最合算的，要称赞他很内行，是很善于选购的顾客。

4. 冲动型决策

冲动型消费者往往容易由情绪引发购买行为。他们易受产品外观、广告宣传或相关人员的影响，决定轻率，易于动摇和反悔。这是在促销过程中可以大力争取的对象。

5. 想像型决策

这样的消费者往往有一定的艺术修养，善于想像和联想。针对这一特点，可以在产品造型、包装设计上下功夫，或在促销活动中加入特殊的内涵，让消费者产生美好的联想。比如，耐克公司让著名球星乔丹穿着耐克运动鞋驰骋在 NBA 球场上，使崇拜乔丹的球迷感觉到穿上了耐克鞋就离乔丹近了一步。又如，商务通广告通过著名演员濮存昕塑造了中年男人的成功形象，使得拥有商务通的人士感到离成功男人的目标又近了一步等。

6. 不定型决策

不定型购买行为常常发生于那些没有明确购买目标的消费者当中，表现为漫无目的，随意浏览，问的多、看的多，选、买的少，缺乏主见，易受他人和环境影响。他们往往是一些年轻的、新近开始独立购物的消费者，易于接受新事物，消费习惯和消费心理正在形成之中，尚不稳定，没有固定的偏好。

对于这样的顾客，首先要满足他问、选、看的要求，即便这次没有购买，也应热情相待，要想到今天的观望者可能就是明天的顾客，热情周到的服务可以给他留下深刻的印象，以后需要时他可能首先会想到你。这是营销人员必须考虑到的。

（三）根据消费者行为的复杂程度和所购商品本身的差异，可以分为复杂型、和谐型、习惯型、多变型决策

1. 复杂型决策

这是消费者初次购买差异性很大的耐用消费品时发生的购买行为。购买这类商品时，消费者通常要经过一个认真考虑的过程，广泛收集各种有关信息，对可供选择的品牌反复评估，在此基础上建立起品牌信念，形成对各个品牌的态度，最后慎重地做出购买选择。

2. 和谐型决策

这是消费者在购买差异性不大的商品时发生的一种购买行为。由于商品本身的差异不明显，消费者一般不必花费很多时间去收集并评估不同品牌的各种信息，而主要关心价格是否优惠，购买时间、地点是否便利等。因此，和谐型购买行为从引起需要、产生动机到决定购买，所花费的时间比较短，精力比较少。

3. 习惯型决策

这是一种简单的购买行为，属于一种常规反应行为。消费者已熟知商品特性和各主要品牌特点，并已形成品牌偏好，因而不需要寻找、收集有关信息，即可作出决策和实施购买。

4. 多变型决策

这是为了使消费多样化而常常变换品牌的一种购买行为，一般是指购买品牌差别虽大但较易于选择的商品，如罐头食品、糖果等。同习惯型购买行为一样，这也是一种简单的购买行为。

总之，营销者应了解本企业目标市场的消费者通常采取哪种购买行为类型，然后有针对性地开展促销活动。

第三节　信息获取与决策参与度

购买决策是消费者购买行为过程的关键环节。为保证决策的科学性和有效性，消费者需要获取有关商品信息。对于不同商品，因其价格、效用、品牌差异度、购买频率等方面的差别，消费者为获取信息而投入的时间、精力有所不同，从而导致不同的决策参与度。了解消费者参与购买决策的程度差异，对企业制定广告和宣传策略具有重要意义。

一、消费者信息获取与处理

消费者为了做出购买决策，必须在各种购买方案中进行选择。而购买方案是在消费者对消费信息经过收集和加工处理后形成的。因此在需求产生之后，消费者将会对现有资源进行搜寻和加工，这就是消费者信息获取和处理的环节。

（一）信息的获取

当消费者产生对某种或某类商品的需要后，他就会有目的、有意识地广泛搜集与该商品有关的信息与情况，以帮助自己做出决策。消费者搜集信息的来源与渠道可以有很多种，既可以翻阅报刊杂志，也可以收看电视广告，还可以向朋友、同事、熟人等了解情况。消费者进行的所有这些信息搜寻和了解都是为了使自己具备两方面的知识，一是确定他将在哪些牌号的商品中做出选择；二是决定挑选时的标准。消费者将要进行挑选的品牌可以看作"可考虑品牌"，它们通常只是消费者接触到的所有品牌中的一部分。消费者广泛搜集信息的一个重要作用就是帮助他们从所接触的众多品牌中筛选出很小一部分，以简化自己的决策过程。

消费者要搜集多少商品信息、对商品有关情况了解到什么程度，往往取决于消费者的购买经验以及所购商品的特性，在消费者做出购买决策以前，消费者常根据以往经验的多少来决定收集多少外部信息。

消费者为了使自己的需求能够满足，需要对商品种类、规格、型号、价格、质量、维修服务、有无替代品、何时何处购买等信息予以搜集。信息的来源主要有个人来源、商业来源（如广告、经销商包装、展览等途径）、公共来源（如大众传媒、监测机构等）和经验来源等。上述信息来源通过各种渠道传递给消费者，如报纸、杂志、广播、电视、街头招贴等宣传媒介提供的广告；交谈、会议、道听途说等口头传播提供的信息；个人记忆存储或经验中的信息；从他人或群体行为方式中获得的启示等。

根据消费者获取信息的方法和渠道不同，对消费者的信息获得方式会有不同的分类。其中，对营销工作具有较大价值的分类方法之一是消费者获取信息的方式和营销人员对信息的控制程度的交叉分析框架，如表 2-1 所示。

表 2-1　消费者信息获取方式分析

获取方式 营销人员控制程度		个人		非个人
营销人员控制	第一项限	销售人员 远程营销信息 贸易展示	第二项限	广告 店内布置 促销 包装
非营销人员控制	第三项限	朋友或家人口头传播 专家建议 消费者经验	第四项限	出版物和新闻媒介

在消费者获取信息的渠道中，可分为营销人员可控制的渠道和营销人员不可控制的渠道；在消费者获取信息的方法中，又可分为个人获取途径和非个人获取途径，从而形成了消费者获取信息方式的四个象限。显然，企业营销人员对第一、第二象限消费者信息获取方式的控制力和影响力要大于第三、第四象限的控制力和影响力。

根据消费者在信息收集过程中的参与程度不同，消费者获取外部信息的方法可分为三种：持续不断地搜寻、在具体购买中搜寻和消极地搜寻，如表 2-2 所示。

表 2-2　消费者获取信息的方法

获取方法	参与类型
持续不断地搜寻	持续性参与
在具体购买中搜寻	境况性参与
消极地搜寻	低度参与

在持续不断搜寻的过程中，消费者并不仅仅根据需求而对产品信息予以关注，而且还时刻关注市场信息，随时搜集信息，为将来的购买提供足够信息；在具体购买中搜寻过程中，消费者只是根据本次需求，对市场信息予以关注，并且仅仅关注与本次购买相关的信息；在消极地搜寻的过程中，消费者并不会为了购买，主动去了解、获取商品信息，他对于商品信息的获得仅仅是通过被动接收而获取。

例如，一个手机爱好者往往会随时关注手机功能的更新，款式的更新，并为自己在选择时提供依据。一般消费者则只是在需要购买手机时向手机销售商了解手机的各种功能和价位。消极地搜寻信息是不参与消费者的特点，他们不刻意付出努力去搜寻信息，认为主动搜寻额外信息的利益抵不上成本。

消费者对信息的搜集状况是由诸多因素决定的，影响消费者参与信息搜集的因素主要存在于以下方面。

1. 可预见风险

如果所购买产品对消费者来说存在较高的可预见性风险，则消费者会更大程度的介入信息的搜集过程，以搜集更多的信息从而降低风险对自身的影响。

2. 产品知识和经验

如果消费者对产品具有更多的了解，同时具备更多的购买经验，则会在信息搜集过程中更加熟练，并通过更有效的方式和渠道获得商品信息。

3. 目标的清晰程度

一方面，当消费者对能够满足自身需求的商品十分明确和清晰时，他可以更有针对性的搜集自己所需要的信息；另一方面，消费者清楚地了解自己想要的产品特性，搜寻信息也会更积极、更具体。

4. 时间压力

当消费者有充裕的时间进行比较选择时，他们会更多地搜集所需信息，以做出最佳购买决策；但是如果购买时间紧迫，消费者将减少信息搜集的时间。

5. 花费占收入的比重

当购买商品的必要支出在消费者收入中占较大比例时，消费者倾向于更大程度的介入信息搜集，在搜集过程中也更加慎重；如果购买商品的支出占消费者收入比重较小，消费者介入信息搜集的程度将会降低。

6. 商品的差异程度

当各种所购买商品存在较大差异时，消费者将更多介入信息搜集，以从较大差异的商品中找到更适合自己需求的商品。

7. 搜寻信息的有效成本

搜寻信息的有效成本包括货币交通成本、时间成本和心理成本。在信息搜集过程中，消费者会根据经济性原则决定只搜寻自己需要的信息。当信息搜寻的有效成本很大，超过所得收益时，尽管更多介入信息搜寻会给自己带来更大程度的满足，消费者也不会将更多成本花费在信息搜寻的过程中。

但是，由于信息传播的不对称，消费者不可能获得企业向消费者提供的所有信息。每一个消费者会通过自身获取信息的渠道和方式，获得对商品的认识。根据这样的事实，便产生了向消费者最大程度地提供信息的观点。然而向消费者提供尽可能多的信息，允许消费者对各种品牌进行比较，在一定程度上只是理论的假定。实际上，消费者很少搜寻所有的可用信息。相反，一方面，企业向消费者提供更多的信息，意味着企业将负担更多的成本；另一方面，会造成信息超负荷，使消费者决策过程出现混乱，并导致无效的决策。过多的信息对消费者决策造成的影响体现在以下方面。

1）太多品牌信息造成正确分类和评估品牌的能力减弱。

2）太多可选品牌数量，使得消费者并不容易做出决策，由此使得多样化和个性化的好处被购买者决策过程的复杂化所抵消。

此外，消费者获取信息的介入程度还和产品的性质有着必然联系。对消费者来说，各类产品根据其用途不同，可以分为功利性产品和享乐性产品。消费者在购买功利性产品的过程中，主要搜集产品的属性信息，并且只是在具体购买时才会注意对其信息的搜集。此时消费者获取信息的主要方式是非个人途径，而是通过广告宣传、出版物、大众媒介等渠道获取商品的信息。而对于享乐性产品而言，消费者在搜集产品信息时，主要以感观感受为主，并且会持续不断的关注产品信息。获取产品信息的途径主要通过非个人途径。

根据以上分析，对于不同的产品，应当通过不同的方式向消费者提供信息。对于享乐性产品信息可以通过符号和形象来传递，而对于功利性产品的信息可通过文字来传递。另外在信息传递过程中，应充分考虑消费者获取信息时的有效成本，可以通过以下方式降低消费者获取信息的成本：

1）提供产品使用经验来减少成本。

2）加强产品分销。

3）增加店内信息，减少产品价格等信息的比较时间。

4）向有高信息搜寻成本的群体提供信息。

（二）信息的处理

消费者从获取信息到购买和使用并不是一个简单、即时的过程，其中需经历不同的信息处理环节，有时甚至要经历较漫长的过程，才能实现最终购买和消费。

消费者在获取信息之后，便开始了对信息的处理过程。消费者对信息的处理是从感知开始的，消费者从不同渠道获取信息后，消费者便对这些信息产生感知。感知的过程可能是漫长的，也可能在一瞬间完成。感知到的信息，便会进入消费者的短期记忆，与此同时，消费者在短期记忆中简单地对其进行评估，以确定是将它存储于长期记忆中，还是作为不重要或不想要的信息过滤掉。消费者通过将信息与已存在于记忆中的信息相联系，以确定是保留还是过滤。如果信息足够重要，消费者将会将信息储存于长期记忆；如果认为信息不太重要，消费者便会将其作为不想要的信息过滤掉。

通过这一过程，重要的信息被消费者储存于长期记忆中。由于这些信息来自于消费者对信息的感知，而消费者的感知又是通过一些符号、形象或词语获得的，所以长期记忆中的信息也是以反映对过去事件记忆的形象（情节记忆）或以反映了事实与概念的词语（语义记忆）来存储的。例如，消费者的品牌记忆就包含有词语记忆和形象记忆。

消费者通过短期记忆过滤了信息并将其存储在长期记忆中，信息恢复就成为可能。在必要的时候，储存在长期记忆中的信息会恢复过来，这些恢复的信息，将短暂地存储在消费者的短期记忆中，并用它来评估品牌。处理信息的最后　步是评估品牌。消费者用一系列决策规则来评估品牌，这些规则是消费者在评估品牌时所用的信息处理策略。消费者对信息的处理过程如图 2-7 所示。

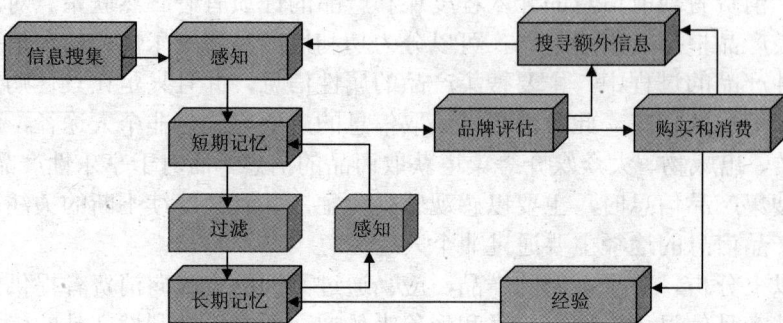

图 2-7　消费者的信息处理过程

二、消费者购买决策参与度

决策是指为了达到某预定目标，在两种以上的备选方案中选择最优方案的过程。就消费者而言，购买决策是指消费者作为决策主体，为了实现满足需求这一特定目标，在购买过程中进行的评价、选择、判断、决定等一系列活动。购买决策在消费者购买行为中占有极为重要的关键性地位。

首先，消费者决策进行与否，决定了其购买行为是否发生；其次，决策的质量决定了购买行为对消费者的效用大小；再次，决策内容规定了购买行为的方式和指向。因此，企业营销人员除了解消费者购买行为的基本模式外，还必须掌握消费者购买决策的特点和规律，以便采取相应措施，促进消费者作出有利于实现企业营销目标的购买决策。

1. 购买决策的参与者

消费者的许多消费活动是以家庭为单位进行的，但参与购买决策的通常并非家庭的全体成员，而是由家庭的某个成员或某几个成员做出决策。不同的家庭成员在一项购买活动过程中可能充当以下不同角色。

1）发起者。首先想到或提议购买某种产品或劳务的人。

2）影响者。其看法或意见对最终决策具有直接或间接影响的人。

3）决定者。能够对买不买、买什么、买多少、何时买、何处买等问题做出全部或部分最后决定的人。

4）购买者。实际采购的人。

5）使用者。直接消费或使用所购商品或劳务的人。

了解每一购买者在购买决策中扮演的角色，并针对其角色地位与特性，采取有针对性的营销策略，就能较好地实现营销目标。比如，购买一台空调，提出这一要求的可能是子女，是否购买由夫妻共同决定，而丈夫对空调的品牌做出决策，这样空调厂商就可以针对丈夫作更多品牌方面的宣传，以引起丈夫对本企业空调产品的注意和兴趣。而妻子在空调的造型、色调方面有较大的决定权，公司则可设计一些在造型、色调等方面受妻子喜爱的产品。总之，只有充分了解购买决策过程中各个参与者的作用及特点，企业才能够制定出有效的营销计划。

2. 购买行为类型与购买决策的投入程度

消费者在制定购买决策时，会因商品价格、购买频率的不同而采取不同的投入程度。西方学者阿萨尔（Assael）根据购买者的参与程度和品牌间的差异程度，确定出四种类型的消费者购买行为，如表2-3所示。

表 2-3　消费者购买行为分类

	高度介入	低度介入
厂牌之间差异极大	复杂的购买行为	要求多样性的购买行为
厂牌之间差异极小	减少失调感的购买行为	习惯性的购买行为

（1）复杂的购买行为

如果消费者购买昂贵的、不常购买的、高风险和高度自我表现的产品，则属于高度介入购买。通常这种情况是消费者对此类产品知道不多且要了解的地方又很多，比如，一个购买个人电脑的消费者可能连基本的电脑配置属性都不了解。事实上，许多产品属性是不具有什么意义的，如"16K 内存"、"磁盘存储量"、"屏幕分辨率"、"BASIC 语言"等。

当消费者初次选购价格昂贵、购买次数较少的、冒风险的和高度自我表现的商品时，则属于高度介入购买。而在高度购买介入的情况下，消费者如果了解现有各厂商品牌之间存在显著的差异，则会产生复杂的购买行为。比如，一个缺乏电脑知识的消费者初次购买个人电脑，由于对电脑的性能及各电脑厂商的品牌差异缺乏了解，为慎重起见，他们往往需要广泛地收集有关信息，并经过认真地学习，产生对个人电脑这一产品的信念，形成对品牌的态度，在此基础上慎重地做出购买决策。

在上述情况下，这个购买者将经过认知性的学习过程，其特征是首先逐步建立对该产品的信念，然后转变成态度，最后做出谨慎的购买决定。营销者应了解高度介入的消费者的决策过程，以制定相应的营销策略。

首先，营销者应设法帮助消费者了解与该产品有关的信息，制定出各种策略来帮助消费者了解产品的各种属性、属性的重要程度以及公司品牌在比较重要的属性方面的名望，让他们知道和确信本产品在比较重要的性能方面的特征及优势，从而树立对本产品的信任感。同时，营销者应赋予其品牌与众不同的特征和内涵，并通过各种形式的媒体将有关品牌信息传递给消费者，同时发动现场销售人员和购买者的相关群体成员，如朋友等，影响其品牌选择的最终决定。这期间，企业要特别注意针对购买决定者做介绍本产品特性的多种形式的广告。

（2）减少失调感的购买行为

有时消费者高度介入某项购买行为，但同类产品之间的品牌差异较小，其高度介入的原因只是在于该项购买是昂贵的、不经常的和冒风险的。在这种情况下，购买者将四处察看以了解何处可以买到该商品，但由于厂牌差异不明显，故其购买将极为迅速。购买者可能主要因价格的吸引力或某时、某地方便而决定购买，选购地毯就是其中一例，购买地毯属高度介入的决策，因为地毯价值昂贵而且与个人的自我认同有关，但购买者可能认为在某一价格范围内的大多数地毯是没有什么区别的。但在购买之后，消费者可能会感到购买后的失调，因为他发现该地毯的某些缺陷，或听到其他地毯的一些好处。这时该消费者将着手了解更多的信息，并力图证明其原决定是有道理的以降低失调感。

由此可知，当消费者高度介入某项产品的购买行为，但又看不出各厂牌有何差异时，对所购产品往往产生失调感。因为消费者购买一些品牌差异不大的商品时，虽然对购买行为持谨慎的态度，但他们的注意力更多地集中在品牌价格是否优惠、购买时间、地点是否便利，而不是花很多精力去收集不同品牌间的信息并对其进行比较，而且从产生购买动机到决定购买之间的时间较短。因而这种购买行为容易产生购后的不协调感。即消费者购买某一产品后，或因产品自身的某些方面不称心，或得到了其他产品更好的信息，从而产生不该购买这一产品的后悔心理或心理不平衡。为了改变不协调的心理，追求心理平衡，消费者会广泛地收集各种对已购产品的有利信息，以证明自己购买决定的正确性。

在这种情况下，营销沟通的主要作用在于，提供能有助于购买者在购买后感到心安理得的信念与评价。为此，企业应通过调整价格和售货网点的选择，并向消费者提供有利的信息，帮助消费者消除不平衡心理，坚定其对所购产品的信心。

（3）要求多样性的购买行为

又叫做广泛选择的购买行为。有些购买情境的特征是消费者低度介入，但有着显著的厂牌差异，此时可看到消费者经常转换品牌。饼干的购买就是一例，消费者具有一些饼干产品信念，但没有作太多评估便选择了某品牌的饼干，然后在消费时才加以评估。但消费者在下一次购买时可能会因为厌倦原有口味或想试试新口味而寻找其他饼干品牌，比如，上次买的是巧克力夹心，而这次想购买奶油夹心。这种品种的更换并非因为对上次购买的饼干不满意，而是想换换口味。

可见，如果一个消费者购买的商品品牌间差异虽大，可供选择的品牌又很多时，他们往往并不花太多的时间选择品牌，而且也不专注于某一产品，而是经常变换品种和品牌。品牌转换的原因是贪图多样性，而不是有什么不满意之处。

面对这种广泛选择的购买行为，占据领先地位的市场领导者将企图通过占有货架、避免脱销和提供能提醒消费者购买的广告来鼓励习惯性购买行为，并应注意以充足的货源占据货架的有利位置，通过提醒性的广告促成消费者建立习惯性购买行为；反之，欲挑战对手的公司则应以提供较低的价格、折扣、赠券、免费赠送样品和强调试用新产品的广告等营销方式，来鼓励消费者进行多种品种的选择和新产品试用。

（4）习惯性的购买行为

许多产品是在消费者低度介入和品牌没有什么差异的情况下被购买的。例如盐的购买，消费者很少介入于这类产品，他们走进商店随手拿起一种品牌的盐就买下了。如果他们一直在寻找某一品牌，也只是是出于习惯，并没有强烈的品牌忠诚感。实例证明，消费者对大多数价格低廉、品牌间差异不大且经常购买的产品介入度较低。此时，消费者有时购买某一商品，并不是因为特别偏爱某一品牌，而是出于习惯。

在此情形下的消费者行为并不经过信念—态度—行为的正常顺序，其购买过程是：通过被动学习而形成品牌信念，随后采取购买行为，购买后也未必做出评价。他们并不真正关心品牌，而是靠多次购买和多次使用形成的习惯去选定某一品牌。消费者也并未深入地寻找与该品牌相关的信息，并评估其特性以及对应该买哪一种品牌做出最后决定，而只是被动地接受电视或印刷广告所传递的信息。结果，广告的重复只造成他们对品牌的熟悉而非被品牌所说服。也就是说，消费者选择某种产品并非是由于他对它持有什么态度，而只是熟悉程度。

对于低度介入且厂牌差异极小的产品而言，营销者发现利用价格与销售促进作为产品试用的诱因是一种很有效的方法。因为购买者并未对任何品牌有高度的承诺。为此，在为低度介入产品做广告时，必须注意许多问题。如广告词只能强调少数几个重要的论点，视觉符号与形象也很重要，因为它们很容易被记住并易与品牌联系起来；广告的信息应简短有力且不断地重复；电视比印刷媒体有效，因为它是低度介入的媒体，容易引起他人的模仿；广告规划应以古典控制理论为根据，这种理论认为，通过不断重复代表某产品的符号，购买者就能从众多的同类产品中认出该种产品。

市场营销者也可尝试将低度介入产品转换成某种较高度介入的产品，如将某些相关论点与产品联系起来，例如，将某种牙膏与保持牙齿健康联系起来；或者将产品与一些个人的相关情境联系起来，例如，早上当消费者寻找消除睡意之物时，告知某品牌的咖啡广告是最好选择；或者可藉能引出与个人价值观或自我防卫相关的强烈情绪的广告来吸引消费者，例如，突出保健品排除体内毒素、保持肌体健康的功能；或者可在不重要的产品中加入一个重要的特性，例如，在一种清淡、好喝的饮料中加入某种维生素成分。然而，必须指出的是，这些策略最多只能将消费者的介入程度从低度提高到中度的水平而已，它们无法推动消费者形成高介入度的复杂购买行为。

在作上述尝试时，企业要特别注意强调本产品的主要特点，要以鲜明的视觉标志、巧妙的形象构思给消费者留下深刻印象，赢得消费者对本企业产品的青睐。

第四节　购买评价与选择

消费者在制定购买决策时，总是依据一定的标准、尺度，对各种购买方案予以评价和选择，并从中选定最优方案，这就是消费者决策过程中的评价和选择过程。在这一过程中贯穿着消费者的决策原则。

一、购买决策原则

在实践中，消费者通常依据以下几种原则做出购买决策。

1. 最大满意原则

在最大满意原则的指导下，消费者进行购买决策时一般追求最大限度地满足自身需求。他们一般要把评价商品的标准一一列出，评价出商品综合的满意度，选择其最满意的商品。消费者总是力求通过决策方案的选择、实施，取得最大效用，使某方面需要得到最大限度的满足。按照这一原则进行决策，消费者将不惜代价追求决策方案和效果的尽善尽美，直至达到目标。

针对消费者的最大满意决策原则，企业应充分了解他们对多种品牌、方案、价格进行比较和预测的标准及内容，有针对性地提供本企业产品的相关信息，并尽力说服消费者，使他们相信选择你的商品就是最佳决策。对消费者而言，在实际生活中要实现最大满意原则需要许多复杂条件，如详尽的占有全部商品信息，科学精确地比较所有备选方案及其效果，而这些条件往往是消费者难以完全具备的，所以人们往往以其他原则来补充或代替最大满意原则。

2. 相对满意原则

这是比较常见和现实的决策原则，即不对所购商品期望过高，只要求一些主要方面符合自己的要求即可。该原则认为，现代社会的消费者面对多种多样的商品和瞬息万变的市场信息，不可能花费大量时间、金钱和精力去搜集用来制定最佳决策所需的全部信息，即使有可能，与所付代价相比也绝无必要。这一决策原则可以大大减轻消费者购买前后的紧张心理及患得患失的心理压力，放宽了对商品的条件要求，节约了选购的时间和精力、从而以较小代价取得较大利益和效用。

因此，在制定购买决策时，消费者只需做出相对合理的选择，达到相对满意即可。例如，在购置皮鞋时，消费者只要经过有限次数的比较选择，买到质量、外观、价格比较满意的皮鞋，而无须花费大量时间跑遍所有商店，对每一双皮鞋进行挑选。贯彻相对满意原则的关键是以较小的代价取得较大的效用。由于任何决策的后果都不可能使消费者绝对满意，企业产品所提供的质量保证和售后承诺，如退货保证等，可以将消费者的风险减至最小，顾虑降到最低。

3. 遗憾最小原则

当任何决策结果都不能使消费者获得完全满意时，最小遗憾原则就随之产生。即尽量将购买风险和购买后的不满程度降低到最低限度，尽可能减少损失和造成的不利后果。若以最大或相对满意作为正向决策原则，遗憾最小则立足于逆向决策。由于任何决策方案的后果都不可能达到绝对满意，都存在不同程度的遗憾，因此，有人主张以可能产生的遗憾最小作为决策的基本原则。消费者在进行购买决策时，为尽可能减少风险，可以采取该原则。

运用此项原则进行决策时，消费者通常要估计各种方案可能产生的不良后果，比较其严重程度，从中选择情形最轻微的作为最终方案。例如，当消费者因各类皮鞋的价格高低不一而举棋不定时，有人便宁可选择价格最低的一种，以便使遗憾减到最低程度。遗憾最小原则的作用在于减少风险损失，缓解消费者因不满意而造成的心理失衡。

4. 预期-满意原则

有些消费者在进行购买决策时，往往带有明显的主观色彩，事先形成心理期望，以达到预期标准作为其购买的依据。如果达不到预期标准，则可能会选择与预期标准差距最小的商品。

由于这些消费者在进行购买决策之前，已经预先形成对商品价格、质量、款式等方面的心理预期，在对备选方案进行比较选择时，只需与个人的心理预期进行比较，从中选择与预期标准吻合度最高的作为最终决策方案。运用预期—满意原则可大大缩小消费者的抉择范围，迅速、准确地发现拟选方案，加快决策进程。

二、评价标准

评价标准是消费者为满足某种需求，在评价过程中选择商品所具有的一组特性或属性。比如，在购买汽车时，消费者会考虑价格、款式、舒适程度、安全、操作便利性等方面的情况。这些因素可能成为消费者选择汽车的评价标准。同样是购买汽车，其他的人可能会选择一套完全不同的评价标准。

典型的评价标准一般是与消费者期望获得的利益或与必须付出的代价有关的产品特征或属性。例如，同样购买洗发水，有的消费者可能为了达到去屑的效果而购买 A 品牌，而另一消费者可能为了实现专业护发而选择 B 品牌。在这种情况下，评价标准和欲获取的利益是不同的，而在另外的情况下它们可能完全相同。例如，价格作为评价标准与成本的某一层面（我们知道，价格具有很多含义）是同一的。评价标准可能在类型、数量和重要性上有差异。某一消费者在一次购买决定中采用的评价标准类型可能很多，从显性的成本、功能特性到无形因素如样式、味道、声望以及品牌形象等方面不等。在很多购买决策中，具有同等重要性的是我们对某一品牌的感觉。对某一品牌所产生的情感或情绪，消费者很难用语言表达出来,营销管理者也很难衡量和操纵。然而,无论是购买软饮料还是购买汽车,各种决策中情感因素确实扮演着重要角色。

对不同的消费者,各种评价标准的重要性是不同的。即使对同一个消费者来说,评价标准的重要性也会因环境或情景而异。例如,消费者购买自己消费的香烟的标准和购买礼品所用的香烟,会有不同的评价标准。

评价标准及个体赋予它的重要程度不但会影响品牌选择,还会影响到是否及何时认识到某一问题,以及是否和何时做出购买决定。例如,那些关注汽车样式、品牌形象更甚于舒适度和价格的顾客,比那些具有相反重要性排序的顾客更频繁地购买新车。

第五节 购买后评价与行为反应

消费者购买商品后,往往通过对该商品的使用来对自己的购买行为进行检验和反省,并重新考虑这种购买是否正确、效用是否满意、服务是否周到等问题。消费者通过购买商品以及对商品的使用,使自己某些方面的需要得到满足,从而获得生理或者心理上的愉悦。商品的这种能满足人们某种需要的特征,就是商品对于消费者的效用。消费者在使用或者消费商品或服务时得到的快乐和满足,是从心理学角度对消费效用的定义。消费者对自己满足程度的检验和反省即是消费者的购买后评价。这种购后评价往往决定了消费者今后的购买动向,以及消费者今后对此商品的评价,并且消费者还会将自己的感受传播给其他消费者,从而影响更多人的消费行为。

一、购买后评价

商品的实际的使用和消费过程从消费者买到商品后便开始了,在使用和消费的过程中,消费者获得商品体验。与此同时,消费者也开始了自己对商品的质量、功能、价格、使用效果、便利程度等一系列商品特征的体验过程。与此过程相伴随的是消费者根据自己的价值判断,对商品做出的综合评价,这便是消费者对产品的购后评价过程。

从消费者需求的满足程度看,商品所具有的特性对消费者需求的满足程度越高,消费者对商品产生满足的体验越深刻;商品与消费者需求之间的距离越远,在消费后,消费者产生不满足的体验越深刻。消费者对商品价值的认同、对商品价格的接受、对销售企业和销售人员的信赖、对商品总体的肯定等一系列反应均是对商品满意的体现;相反,消费者对商品价值的不认同、对价格的不满、对销售企业和销售人员的怀疑等一系列反应,则可以看作是消费者对商品不满情绪的明显体现。

消费者对商品的评价，主要表现在三个方面：对商品质量的评价、对商品品牌的评价和对商品经营企业的评价。

1. 购买后的评价内容

（1）消费者对商品质量的评价

消费者对商品质量的评价，是消费者购后评价最基本的组成部分。消费者根据自身对产品质量的评价标准同所购产品的实际情况进行比较，并通过各种其他渠道获得他人评价结论来共同形成自己对该商品的质量评价。消费者对商品的质量评价包括商品包装、功能、使用效果的综合评价。要想得到消费者对商品的满意评价，需要产品在消费者评价的各个方面都达到满足消费者需求的程度；然而，消费者不满意的评价的得出，很可能只是由于其中的某一个方面或者某几个方面没有达到消费者对产品的期望或者需求。

（2）消费者对产品品牌的评价

在对商品进行消费或使用后，大多商品的品牌名称会留在消费者的长期或短期记忆中，构成消费者记忆和印象的一部分。经过和他人交流、消费者对自身感受的传播，这种记忆和印象便构成了商品的知名度的重要决定因素，也构成了消费者进行下一次购买决策选择商品的重要依据。

（3）消费者对商品经营企业的评价

消费者购买后评价中对企业的评价，不仅包括消费者对生产厂商的评价，也包括对经销商、销售人员等的评价。商品对消费者的满足程度、购物场所设施的完备程度，环境的优雅舒适，销售人员的专业知识和服务态度等都是消费者进行企业评价的基础。生产厂商对商品的宣传与消费者购得的产品越接近，或者实际购买的商品优于消费者对产品的期望，消费者也会对企业形成较好的评价。

2. 购买后的评价过程

以上介绍了消费者购买后评价所能涉及到的内容，然而消费者形成购买后评价并不是一蹴而就，而是需要一个过程的。

（1）消费者期望

在购买某一商品之前、购买中和购买后，消费者均会对所购买的产品产生心理的期望。无论是基于何种原因选择某一产品或商店，消费者都会对其应当提供的表现或绩效有一定的期望。消费者期望水平可以从很低（我很饿，买到的食品能充饥就行）到很高（所买食品营养要丰富全面、食品安全要达到国家或国际标准、品牌知名度要高、出售商店要规模大、信誉度好）。在大多数情况下，人们之所以选择某种产品、品牌或零售店是因为人们认为它在总体上比其他备选对象更好。正如我们所预料的，期望水平和感知到的功效或表现水平并非相互独立。一般来说，我们倾向于将产品或商店的表现感知为与我们的期望相一致。

（2）消费者感知

消费者对产品的实际感知起始于消费者对产品的使用或消费过程。在产品使用过程中或产品使用之后，消费者会对产品的功效或表现形成感知。这一感知水平可能明显高于期望水平，也可能明显低于期望水平或与期望水平持平。对购买的满意程度取决于最初的期望水平和实际感知水平。如果一个商店或品牌的功效或表现符合一个低水平的期望，则结果通常既不是满意也不是不满意，而是非满意。即你可能不会失望，也不会抱怨该零售店或产品。但下一次遇到类似购买问题时，消费者可能会寻找更好的备选对象。

（3）消费者评价形成

对一个品牌的感知功效低于期望水平通常会导致消费者的不满。如果感知水平与期望水平差别过大或原先的期望水平过低，消费者可能会重新开始整个决策过程，不尽如人意的品牌很可能被排除，从而在新一轮决策中不再被考虑。不仅如此，抱怨和负面的传言也可能由此产生。当对产品功效的感知与最小期望水平匹配，即功效水平等于或高于最小期望水平时，通常会导致消费者的满意。消费者满意度会降低下次面临同样问题时的决策水平，即顾客满意的购买具有奖赏激励作用，它将鼓励消费者在将来重复同样的购买行为。另外，满意的消费者可能会对所选品牌做正面的口头传播。产品实际性能超过期望的功效时一般会导致满意甚至忠诚。在下一部分将深入讨论的"忠诚"是指消费者忠于某一品牌并对竞争品牌采取某种程度的漠视态度。

创造满意的顾客对促销水平的确定有重要的意义。既然"不满意"从某种程度上是由期望水平与实际感知的差别所决定，夸大和不实际的宣传应当尽量避免，因为它会促长消费者期望水平的上升，最终导致不满。

如何影响消费者期望，使之保持在适当的水平上，这对营销经理提出了挑战。对希望被消费者选择的品牌或商店来说，它必须被视为在整体上优于其他被选对象。因此，营销经理很自然地要强调品牌或商店的好的方面。然而，如果这样的强调导致消费者形成某种较高的预期，而产品本身并不能满足这种预期，负面的评价就会由此引发。负面评价会导致品牌转换、消极的传言和抱怨行为。所以，营销经理必须在对产品的热情宣传和对产品品质的现实评价之间找到平衡点。

既然功效的期望水平与实际功效之间的差别是消费者满意与否的主要决定因素，因此我们需要对产品与服务的功效予以了解。一项关于消费者转换服务提供商的原因的研究表明，竞争者的行动相对而言是较次要的因素。绝大多数消费者不会从一个满意的服务商那里转向更好的服务商，相反他们转换服务商是因为他们感到当前的服务商存在问题。

对许多产品而言，功效包括两个层面：工具性的和象征性的。工具性功效与产品的物理功能相关，如对洗碗机、缝纫机或其他主要电器产品而言，正常运转和发挥作用至关重要。象征性功效同审美或形象强化有关。运动衣的耐穿性是工具性功效，而式样则是象征性功效。象征性功效与工具性功效在消费者评价产品时哪一个更为重要呢？这个问题的答案无疑随产品种类和消费者群体的不同而异。

一项关于功效期望、实际功效和服装购买满意情况之间关系的研究，得出了以下一般性结论：不满意是由工具性功效令人失望造成的，而对工具性功效完全满意的同时需要象征性功效达到或高于期望水平。如果不做进一步研究，上述关于服装类产品的功效的发现肯定不能推广到其他类别的产品上。然而，这些发现提醒营销经理应致力于将导致不满意的属性功效保持在最低期望水平，同时要尽量将导致满意的属性功效保持在最高水平。

3. 关于消费者购买后评价的其他理论

消费者购买产品以后对产品的评价不仅仅取决于产品的质量和性能，心理因素的影响也是十分重要的，说明消费者购后评价行为有两个基本理论：预期满意理论和认识差距理论。

"预期满意理论"认为，消费者对产品的满意程度取决于预期希望得到实现的程度，如果购买的产品符合消费者的期望，购买后就会比较满意，如期望低于现实就感到"物超所值"，期望高于现实就会不满。

"认识差距理论"认为，消费者在购买和使用产品之后对产品的主观评价与客观实际之间总会存在一定的差距，都会引起程度不同的不满意感，原因是任何产品总有它的优点和缺点，消费者往往更多地看到缺点、夸大缺点而忽视优点，当想象中同类型的、未购品牌越有吸引力、"优点"越多时，消费者对所购买的产品的不满就越大。

因此，企业一方面在广告宣传中要尽量实事求是，不要夸大其词，否则消费者的期望不能实现，就会产生强烈的不满；另一方面要积极进行购后沟通，从而将消费者的不满意感降低到最低限度。

二、消费者购买后行为反应

在购买了某种产品之后，人们有时或许会对自己所做出的购买决定感到怀疑或忧虑。这种怀疑或忧虑可能发生在产品使用之前，即所谓的购买后的不协调。了解导致购买后产生不协调的原因以及消费者所采取的缓和不协调的步骤，对制定企业的长期经营及营销策略，吸引消费者再次购买、防止退货有极其重要的意义。

大多数的购买行为结束之后紧跟着的是使用。对产品使用方式进行分析，能为营销人员在改进营销方案和新产品开发计划等方面提供很有价值的意见。

产品的使用经常伴随着或跟随着对产品或其包装的处置，了解处置行为也是很重要的，对产品或包装的处置能影响对产品的评价。同时，人们对交货环境和能源保护也日益关注。

消费者购买后行为反应如图 2-8 所示。

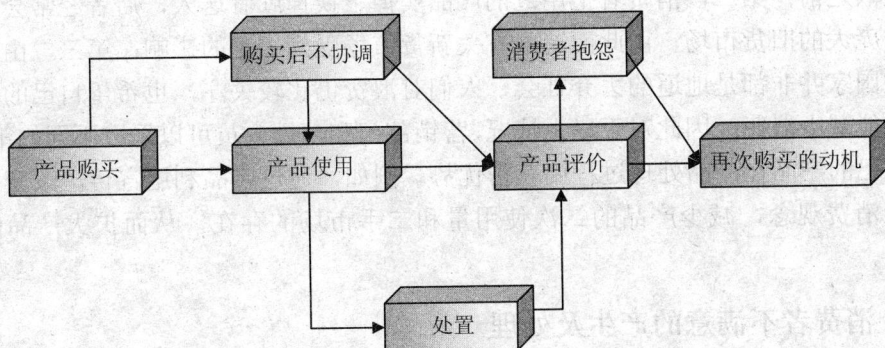

图 2-8　消费者购买后行为反应

消费者对产品进行评价的结果将影响消费者再次购买的动机，决定了消费者是否再次购买此产品。于是消费者再次购买的动机成为大多数营销人员所关注的焦点。营销人员希望消费者能再次购买同一产品、或同一厂商生产的各种有关的产品、或同一商店所经营的各种有关的产品。从图中不难看出，对消费者评价产生影响的不仅仅是产品使用的过程，还包括消费者对所购买的产品的处置和消费者因使用所购买的产品而产生的抱怨。因此，使消费者产生再次购买动机的活动，还包括引导消费者对产品的处理过程和消除消费者抱怨的过程。

产品使用前、使用后及使用过程中均可能发生产品或产品包装容器的处置。只有完全消费掉的产品如蛋卷冰淇淋才不涉及产品处置问题。消费者对产品的处置包括对产品包装的处置和对产品主体的处置两部分。消费者对产品包装的处置是消费者对产品进行认识的重要组成部分。每天有数百万的产品包装被处理掉。这些包装容器有的被消费者使用，更多的则是作为垃圾被扔掉或循环利用。用尽可能少的资源制造包装既是企业的一项社会责任，在经济上也具有重要意义。生产易于回收和再利用的容器，影响之大远非社会责任所能概括。在有些细分市场，消费者将产品包装能否回收视为产品的一项重要属性。同样，这些消费者在选择评价阶段就将包装的处置看作是品牌特点。因此，在赢得这类消费者的过程中，包装处理的简单易行（包括不使用包装）可作为营销组合中的重要变量。产品包装可以使消费者加深对产品的认识，也可能对产品认识不起任何作用。因此，企业需要通过包装改进，引导消费者对包装的处置过程，从而充分利用消费者认识产品的这一重要途径。

对许多产品来说，消费者使用产品之后，虽然其物质产品依然存在但却不再符合消费者的需要。消费者便会对产品进行处置。消费者处置产品的办法主要有：保留该产品、永远抛弃和暂时抛弃。在对产品进行处置的过程中，消费者市场可能受到如下影响：第一，由于自然空间或财源限制，有时处置必须发生在替换物的获取之前；第二，消费者把用过的产品卖掉、换掉或者送人，后者经常会形成一个庞大的旧货市场，由此而造成有关新货市场受到一定的影响；第三，由于大多数国家并非都是地道的丢弃社会，人们对浪费仍比较关注，也希望自己的购买决策能减少浪费。因此对于以上情况,营销部门和营销人员可以采取不同的策略,使自己的产品在产品处理过程中获得优势。例如，通过产品利用宣传，改变消费者的消费观念，减少产品的二次使用量和二手市场的存在，从而扩大产品的使用量。

三、消费者不满意的产生及处理

尽管在消费者满意调查中，消费者对产品的不满所占比例不大，但是消费者的不满是普遍存在的，如果处理不当会给企业造成很大损失。消费者产生不满后，会有以下几种反应。消费者进行的第一个选择便是判断是否对不满采取措施。如果消费者不对不满采取措施，就意味着他或她决定容忍这种不满意状况。若消费者决定对于自己的不满采取行动，他可能通过图 2-9 中所列的几种不同的行为表现表达。

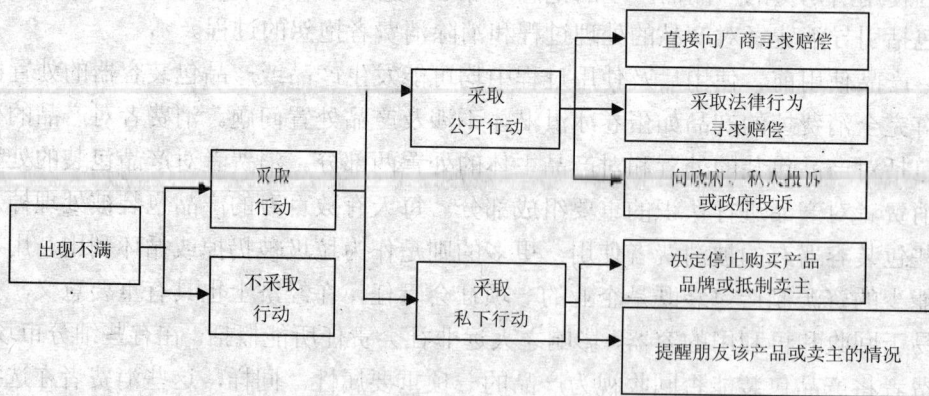

图 2-9　消费者对不满的处理方式

对于消费者的各种对不满的表达方式，消费者仅仅向厂商表达他的不满企业最期望的处理方式。这不仅可以使消费者的不满情绪不再传播，还可以使企业认识到自身所存在的不足，并使其做出必要的改进，使负面的宣传得到控制。战略大师迈克尔·E. 波特（Michael E.Porter）认为挑剔的顾客甚至是增强企业竞争力的重要因素。企业在消费者的不断抱怨中、在努力满足挑剔顾客的需求从而减少不满的过程中，会不断创新，使企业的产品和服务更加具有竞争优势，从而促进企业的发展。

对不满的购买是否采取行动取决于购买的产品对消费者的重要程度、采取行动的难易程度和消费者本身的特点。大多数做法都会损害作为当事者的厂家的利益，这种损害可能是直接的，如失去销售机会，也可能是间接的如形成负面的态度。因此，营销者一方面必须设法将消费者不满降至最低水平；另一方面，一旦发生不满，就应采取有效的补救办法。

当顾客表现出不满意时，企业应该迅速了解顾客产生不满的原因，这就要求营销人员学会倾听、安抚和平息顾客不满情绪的技巧。

1. 学会倾听

1）以诚恳、专注的态度来听取顾客对产品、服务的意见，听取他们的不满和牢骚。在倾听顾客表达不满过程中要看着顾客，使其感到企业对他们的意见非常重视；同时，必要时营销人员还应在倾听时用笔记下顾客所说的重点，这些虽不能彻底安抚顾客，却可以平息顾客的怒火，防止事态进一步扩大。国内某空调厂家在接受顾客投诉时，两名接待人员在顾客陈述事情时聊了几句"足球"，导致顾客更加不满，认为厂家对消费者漠不关心，一怒之下将事情在媒体上曝光，使得厂家的产品再也无法打入该市场。这个案例给我们的教训是，在倾听顾客的投诉时，一定要以诚恳、专注的态度来听取顾客的诉说。

2）确认自己理解的事实是否与对方所说的一致，并站在顾客的立场上替顾客考虑，不可心存偏见。每个人都有自己的价值观和审美观，很可能对顾客来讲非常重要的事情，而你却感到无所谓，因此在倾听过程中你的认识与对方所述可能会有偏差。这时一定要站在顾客的立场上替顾客考虑，同时将听到的内容简单地复述一遍，以确认自己能够把握顾客的真实想法。

3）倾听时不可有防范心理，不要认为顾客在故意吹毛求疵。绝大多数顾客的不满都是因为营销工作失误造成的，即使部分顾客无理取闹，我们也不可与之争执。

2. 倾听时安抚顾客，平息顾客怒火

1）顾客在开始陈述其不满时，往往都是一腔怒火，我们应在倾听过程不断地表达歉意，同时允诺事情将在最短时间内解决，从而使顾客逐渐冷静下来，怒火平息。

2）控制局面，防止节外生枝、事态扩大。有许多顾客往往因自己的不良动机而故意夸大自己的不满意程度，以求"同情"，达到自己的"目的"。如一顾客家中冰箱出现了问题，他在陈述中就说冰箱是如何如何耗电，保鲜箱与冷冻箱设计是多么不合理、容易出现异味、容量太小等，这时就需要营销人员在倾听过程中准确判断顾客的"真正"不满之处，有针对性地进行处理，从而防止节外生枝，事态扩大。

综上所述，消费者购买产品以后对产品的评价不仅仅取决于产品的质量和性能，心理因素的影响也是十分重要的。当消费者产生不满时，营销者也要从产品和顾客希望两个方面来缓解消费者的不满情绪。满足或影响消费者期望的方法一般包括：一方面通过促销来创造消费者合理的期望；另一方面，保持质量的一致和稳定以达到消费者所期望的水平。由于不满意的消费者倾向于向其朋友和熟人表达内心的不满，这会使厂商不仅失掉这些不满的消费者，而且可能由于负面的口传效应而失去对其他消费者的销售机会。企业可以通过改进自身的营销方法来影响消费者的期望。

小　　结

本章主要研究消费者在现实消费活动中购买行为过程及其内在规律。消费者购买行为是指消费者为满足自身需要而产生的购买和使用商品的行为。研究消费者的购买行为，关键是理解刺激、消费需要、购买动机、购买决策以及购买行为之间的关系。

1）西方学者总结出多种消费者购买行为模式，主要有消费者刺激-反应模式、恩格尔-克拉特-布莱克维尔模式和霍华德—谢思模式等。

消费者的购买过程表明了消费者从产生需要到满足需要的过程，这一过程大致可分为需求确认、信息寻求、选择评价、购买决策、购买后评价等五个阶段。企业需要根据消费者购买过程的不同，制定不同的营销对策，给消费者以支持，促成良性购买行为的实现。

2）消费者的购物行为可以从不同角度加以归类。根据消费者在进行购买决策过程中的介入程度不同，购买决策可以分为名义型、有限型、扩展型决策。其中名义型决策通常分为品牌忠诚型决策和习惯型购买决策两种。根据消费者性格分析划分，可以分为习惯型、理智型、经济型、冲动型、想象型、不定型决策。根据消费者行为的复杂程度和所购商品本身的差异，可以分为复杂型、和谐型、习惯型、多变型决策。营销人员应了解目标市场的消费者通常属于哪种购买行为类型，然后有针对性地开展营销活动。

3）消费者产生对某种商品的需要之后，将会搜集和整理有关该商品的信息。消费者获取信息的方法和渠道不同，信息获取方式也就会有不同的分类。根据在信息收集过程中的参与程度，获取信息的方法可分为持续不断地搜寻、在具体购买中搜寻和消极地搜寻三种。影响消费者参与信息搜集的因素主要有：可预见风险、产品知识和经验、目标的清晰程度、时间压力、花费占收入比重、商品的差异程度和搜寻信息的有效成本。

消费者获取有关该商品的信息后，便对这些信息产生感知。感知到的信息，便会进入消费者的短期记忆。经过过滤后，重要的信息被储存于长期记忆中。储存的信息有时会恢复过来，在购买时用来评估产品或品牌。

4）购买决策是指消费者作为决策主体，为了达到满足需求这一特定目标，在购买过程中进行的评价、选择、判断、决定等一系列活动。西方学者阿萨尔根据购买者的参与程度和品牌间的差异程度，确定出四种类型的消费者购买行为，分别是复杂的购买行为、要求多样性的购买行为、减少失调感的购买行为和习惯性的购买行为。

在实际购买中，消费者通常依据以下几种原则做出购买决策：最大满意原则、相对满意原则、遗憾最小原则和预期—满意原则。评价标准是消费者为满足某种需求，在评价过程中选择的商品所具有的一组特性或属性。评价标准及个体赋予它的重要程度不但会影响品牌选择，还会影响到是否及何时认识到某一问题，以及是否和何时做出购买决定。

5）消费者在购买商品后，根据自己的价值判断，对商品做出购后评价。消费者对商品的评价，主要表现在三个方面：对商品质量的评价、对商品品牌的评价和对商品经营企业的评价。消费者形成购买后评价并不是一蹴而就，而是需要一个过程的。消费者期望、感知会影响购后评价过程。消费者购后评价行为有两个基本理论，即预期满意理论和认识差距理论。

6）消费者购买后产生不满是普遍存在的，如果处理不当会给企业造成很大损失。营销人员应学会倾听、安抚和平息顾客怒火的技巧。

思 考 题

1. 试从心理学角度分析刺激、消费需要、消费动机、消费决策和购买行为之间的关系。

2. 简述消费者刺激-反应模式及其在营销学上的意义。

3. 霍华德-谢思模式把消费者购买行为分为哪些类型？

4. 购买决策的重要性体现在哪些方面？

5. 阿萨尔确定出四种类型的消费者购买行为是哪些？针对每种不同的购买行为类型，可以采取什么营销措施？

6. 消费者购买后行为模式是什么？

7. 消费者处理不满意的行为方式有哪几种？

8. 你在生活中是否曾经有过一次复杂的购买决策过程？如果有，请你描述一下。

第三章 消费者的认知和学习

　　心理活动是消费者行为的基础，是诸多行为影响因素中的首要因素。消费者在寻找、购买和使用商品与劳务的过程中，无时无刻不受到各种心理机能或心理要素的支配。其中某些带有共性的心理机能或要素相互联系，相互制约，共同作用于消费者行为活动的始终，由此构成一个统一的消费心理过程。消费心理过程的实质是客观事物在消费者头脑中的动态反映。依照反映的形式和性质不同，这一过程又可具体分为认识过程、情感过程和意志过程。其中认识过程占有特殊重要的地位，是消费者心理过程的主要内容和基础。了解认识过程的心理构成要素如感觉、知觉、注意、记忆、学习、联想等，是把握消费者心理活动过程共性规律的基础。

第一节　感知与消费刺激

　　消费者通过大脑对外部信息加以接收、整理、加工、储存，从而形成对商品或服务的认知，这一过程即心理活动的认识过程。认识过程是消费者心理过程的起点和第一阶段，也是消费者行为的主要心理基础。各种消费心理与行为现象，诸如消费动机的产生，消费态度的形成，购买过程中的比较选择等，都是以对商品及服务的认识过程为先导的。可以说，离开认识过程就不会产生消费行为。

　　认识过程不是单一的、瞬时的心理活动。消费者对商品或劳务的认识，通常经过由现象到本质、由简单到复杂的一系列环节和程序，是通过一系列心理机能的活动共同完成的，其中感觉和知觉是最重要、最基本的心理机能。消费者对一切消费对象的认识都是在感觉和知觉基础上形成的。

一、消费者的感觉

　　消费者对商品的认识过程是从感觉开始的。感觉是人脑对直接作用与感觉器官的客观事物个别属性的反映。在消费活动中，当消费者与商品等消费对象发生接触时，会借助眼、耳、鼻、舌、体肤等感觉器官感受商品的物理属性（如颜色、形状、大小、软硬、光滑、粗糙等）和化学属性（如气味、味道等），并通过神经系统传递至大脑，从而引起对商品的各种感觉，包括视觉、听觉、嗅觉、味觉、触觉等。例如，一种新型护肤品，消费者用眼睛看到奶白色膏体、用鼻子嗅到清纯馥郁的香气、用手触摸膏体细腻柔滑、搽在皮肤上有滋润感，由此产生对该护肤品颜色、状态、香型、质地等方面的感觉。

感觉是一种最简单的心理现象，是人脑对客观事物外部特征和外部联系的直觉反映。消费者通过感觉获得的只是对商品属性的表面、个别、孤立的认识。因此，若仅仅依靠感觉对商品作出全面评价和判断显然是不可靠的。但是，感觉又是认识过程乃至全部心理活动的基础和起点。通过感觉，消费者才能取得进一步认识商品的必要材料，形成知觉、记忆、思维、想像等较复杂的心理活动，从而获得对商品属性全面正确的认识。也正是以感觉为基础，消费者才能在认识商品的过程中产生各种情感认识，确认购买目标，作出购买决策，即引发和完成心理活动的情感过程和意志过程。反之，离开对消费对象的感觉，一切高级的心理活动都无从实现，消费者将失去与客观环境的联系，消费行为也无从谈起。因此，从一定意义上来讲，感觉是消费者一切知识和经验的基础。

作为认识过程的心理机能之一，感觉有其特殊的表现形态和作用方式，具体包括感受性和感觉阈限、感觉适应、联觉等。

1. 感受性和感觉阈限

感受性是指感觉器官对刺激物的主观感受能力，它是消费者对商品、广告、价格等消费刺激有无感受、感觉强弱的重要标志。感受性通常用感觉阈限的大小来度量。感觉阈限是指能引起某种感觉的持续一定时间的刺激量，如一定强度和时间的光亮、色彩、声音等。消费者感受性的大小主要取决于消费刺激物的感觉阈限值高低。一般来说，感觉阈限值越低，感受性就越大；感觉阈限值越高，感受性就越小，二者呈反比关系。

消费者的每一种感觉都有两种感受性，即绝对感受性和相对感受性。在消费活动中，并不是任何刺激都能引起消费者的感觉。如果要产生感觉，刺激物就必须达到一定的量。那种刚刚能引起感觉的最小刺激量，称为绝对感觉阈限。对绝对感觉阈限或最小刺激量的觉察能力，就是绝对感受性。绝对感受性是消费者感觉能力的下限。凡是没有达到绝对感觉阈限的刺激物，都不能引起感觉。例如，电视广告的持续时间若少于 3 秒钟，就不会引起消费者的视觉感受。因此，要想让消费者形成对商品的感受，必须了解他们对消费刺激的绝对感受性和绝对感受阈限值，并使刺激物达到足够的量。

在刺激物引起感觉之后，如果刺激的数量发生变化，但变化极其微小，则不易被消费者察觉。只有增加到一定程度，才能引起人们新的感觉。例如，一种商品的价格上涨或者下降 1%～2%时，消费者可能毫无察觉。但如果调幅达 10%以上，则会立即引起消费者的注意。这种刚刚能够觉察到的刺激物的最小差别量称为差别感觉阈限。而人们感觉最小差别的能力即差别感受性。差别感觉阈限与原有刺激量的比值为常数，与差别感受性成反比。即原有刺激量越大，差别阈限值越高，差别感受性则小，反之亦然。这一规律清楚地解释了一个带有普遍性的消费心理现象。即各种商品因效用、价格等特性不同，而有不同的差别阈限值，消费者对其有不同的差别感受性。例如，一台彩电价格上调三五元乃至十几元往往不为消费者所注意，而一盒火柴提价 2 分钱，消费者却十分敏感。了解消费者对不同商品质量、数量、价格等方面的差别感受性，对合理调节消费刺激量，促进商品销售具有重要作用。

2. 感觉适应

消费者的感受性会受到时间因素的影响。随着刺激物持续作用时间的延长，消费者因接触过度刺激而造成感受性逐渐下降，这种现象叫做感觉适应。适应是一种普遍的感觉现象。在消费实践中，人们连续品尝十几种糖果之后，对甜味的感觉会变得迟钝；连续观看同一新款服装，会丧失新奇感。显然，感觉适应对增强刺激效应，不断激发购买者的购买欲望是不利的。要改变这一现象，使消费者保持对消费刺激较强的感受性，就要调整消费刺激的作用时间，经常变换刺激物的表现形式。例如，采用间隔时间播放同一内容的广告，不断变换商品的包装、款式和色调。

3. 联觉

人体各感觉器官的感受性不是彼此隔绝的，而是相互影响，相互作用的，即一种感觉器官接受刺激产生感觉以后，还会对其他感觉器官的感受性发生影响，这种现象就是联觉。消费者在同时接受多种消费刺激时，经常会出现由感觉间相互作用引起的联觉现象。例如，在优雅柔和的音乐声中挑选商品时，消费者对色泽的感受力会明显提高。进餐时，赏心悦目的各色菜肴会使人的味觉感受能力增强。

除不同感觉器官之间的联觉之外，同一感觉器官内不同部分的感受性也会发生联觉现象。联觉对消费者行为有直接影响。热带国家某快餐店的墙壁原为淡蓝色，给人以凉爽宁静的感觉，使顾客流连忘返，影响了餐桌周转率。后来店主将墙壁刷成橘红色，顾客进店后感到燥热不安，吃完饭立刻离去，餐桌周转率明显提高。可见，巧妙运用联觉原理，可以有效地对消费者行为进行调节和引导。英国一家公司根据人的嗅觉位于大脑的情感中心，气味可以通过情感中心的直接通道对人的态度和行为产生强烈影响的原理，专门为商店提供可以给人带来宁静感的气味，以使顾客延长停留时间，产生购买欲望。

二、消费者的知觉

在认识过程中，消费者不仅借助感觉器官对商品的个别属性进行感受，而且能将所有个别属性联系、综合起来，进行整体反映，这种人脑对直接作用于感觉器官的客观事物个别属性的整体反映就是知觉。

知觉与感觉既紧密联系又相互区别。知觉必须以感觉为基础。因为任何客观事物都是由若干个别属性组成的综合体,事物的整体与其个别属性是不可分割的。消费者只有感觉到商品的颜色、形状、气味、轻重等各方面的属性,才有可能形成对商品的整体知觉。感觉到的个别属性越充分、越丰富,对商品的知觉就越完整、越准确。但是,知觉不是感觉数量上的简单相加。它所反映的是事物的个别属性之间的相互联系,是建立在所有个别属性内在联系基础上的事物的完整映象。此外,知觉是在知识经验的参与下,对感觉到的信息进行加工解释的过程。没有必要的知识经验,就不可能对客观事物的整体形象形成知觉。因此,知觉是比感觉更为复杂、深入的心理活动,是心理活动的较高阶段。

现实中的消费者通常以知觉的形式直接反映商品等消费对象,而不是孤立地感觉它们的某个属性。例如,映象在人们头脑中的是苹果、皮箱,而不是红色、圆形和黑色、长方形。因此,与感觉相比,知觉对消费者的影响更直接,也更为重要。知觉的形成与否决定消费者对商品信息的理解和接受程度;知觉的正误偏差制约着消费者对商品的选择比较;通过知觉形成的对商品的认知,是购买行为发生的前提条件。

知觉是消费者对消费对象的主动反映过程。这一过程受到消费对象特征和个人主观因素的影响,从而表现出某些独有的活动特性,具体表现在选择性、理解性、整体性、恒常性等方面。

1. 知觉的选择性

现代消费者身处纷繁复杂的商品信息的包围中,随时接受到各种消费刺激。但是,消费者并非对所有的刺激都会做出反应,而是有选择地把其中一部分刺激作为信息加以接受、加工和理解,这种在感觉基础上有选择的加工处理信息并加以知觉的特性,即知觉的选择性。

引起消费者知觉选择的原因,首先,源于感觉阈限和人脑信息加工能力的限制。凡是低于绝对感觉阈限和差别感觉阈限的较弱小的消费刺激,均不被感觉器官所接受,因而也不能成为知觉的选择对象。只有达到足够强度的刺激才能为消费者所感知。而受人脑信息加工能力的限制,消费者不能在同一时间内对所有感觉到的信息进行加工,只能对其中一部分加以综合解释,并形成知觉。有研究表明,平均每天潜在地显现在消费者眼前的广告信息达 1500 个,但被感知的广告只有 75 个,而产生实际效果的只有 12 个。因此,具有某些特殊性质或特征的消费对象,如形体高大、刺激强度高、对比强烈、重复运动、新奇独特、与背景反差明显等,往往首先引起消费者的知觉选择。

其次,消费者自身的需要、欲望、态度、偏好、价值观念、情绪、个性等,对知觉选择也有直接影响。凡是符合消费者需要、欲望的刺激物,往往成为首先选择的知觉对象;而与需要无关的事物则经常会被忽略。当消费者对某种商品有明显好感时,很容易在众多商品中对其迅速感知;反之,对不喜欢甚至持否定态度的商品，则感知速度缓慢。从情绪状态来看，一般在快乐的心境下，人们对消费刺激的反应灵敏，感知深刻；心情苦闷时，则可能对周围的事物"听而不闻，视而不见"。价值观念的差异使消费者对同一商品表现出不同的知觉反应，注重物质享受的人对奢侈品、消遣品感知深刻，崇尚节俭勤奋的人对此可能印象模糊。就个性而言，独立型、性格坚定的人通常对事物的知觉深刻，选择也明确；顺从型、性格懦弱的人对事物的知觉模糊，较容易盲从。

　　此外，防御心理也潜在地支配着消费者对商品信息的知觉选择。趋利避害是人的本能。当某种带有伤害性或对己不利的刺激出现时，消费者会本能的采取防御姿态，关闭感观通道，拒绝信息的输入。

　　2. 知觉的理解性

　　知觉是在知识经验的参与下形成的。消费者在以往的生活实践中积累了一定的商品知识和经验，借助这些知识和经验，消费者才能对各种感觉到的信息加以选择和解释，认知为可以理解的确定事物。知识经验在知觉理解中的作用主要通过概念和词语来实现。概念和词语是知觉对象的标志，如电视机、音响、汽车、软饮料等。人们借助于各种概念和词的命名，把商品的个别属性联合成为整体。相反，如果缺乏必要的知识经验和相应的概念词语，消费者就不能形成对商品的正确知觉。例如，20 世纪 70 年代以前，我国大多数消费者从未接触过（甚至从未听说过）冰箱、彩电、洗衣机、音响等家用电器，因而即使面对这些产品，也很难作出正确判断。消费实践和知识经验水平的不同，造成消费者之间在知觉理解能力和程度上的差异。知识经验的不足将直接导致消费者对商品的知觉迟缓和肤浅。

　　3. 知觉的整体性

　　心理学研究表明，尽管知觉对象由许多个别属性组成，但是人们并不把对象感知为若干个相互独立的部分，而是趋向于把它知觉为一个统一的整体。在认知商品的过程中，消费者经常根据消费对象各个部分的组合方式进行整体式知觉。之所以如此，是由于通过整体知觉可以加快认知速度，同时获得完整、圆满、稳定的心理感受。这一特性的表现形式有。

　　1）接近性。在空间位置上相互接近的刺激物容易被视为一个整体。

　　2）相似性。刺激物在形状和性质上相似，容易被当作一个整体感知。

　　3）闭锁性。刺激物的各个部分共同包围一个空间时，容易引起人们的整体感觉。

　　4）连续性。当刺激物在空间和时间上具有连续性时，易被人们感知为一个整体。

　　除根据消费对象各个部分的组合方式对商品进行整体认知外，知觉的整体性还表现在对消费对象各种特征的联系与综合上。人们通常把某种商品的商标、价格、质量、款式、包装等因素联系在一起，形成对该商品的整体印象。评价一家商店时，顾客依据的也不是某一单项因素，而是对商品种类、档次、服务质量、购物环境、企业信誉等多种因素的综合考虑。知觉的整体特性使消费者能够将某种商品与其他商品区别开来。当环境变化时，可以根据消费对象各种特征间的联系加以识别和辨认，从而提高知觉的准确度。

4. 知觉的恒常性

由于知识经验的参与和整体知觉的作用，人们对客观事物的认知更加全面深刻。即使知觉的条件发生变化，知觉的映象仍能保持相对不变，即具有恒常性。知觉的这一特性使消费者能够避免外部因素的干扰，在复杂多变的市场环境中保持对某些商品的一贯认知。有些传统商品、名牌商标、老字号商店之所以能长期保有市场份额，而不被众多的新产品、新企业所排挤，重要的原因之一就是消费者已经对它们形成恒常性知觉，在各种场合条件下都能准确无误的加以识别，并受惯性驱使连续进行购买。知觉的恒常性可以增加消费者选择商品的安全系数，并减少购买风险；但同时也容易导致消费者对传统产品的心理定式，阻碍其对新产品的接受。

三、错觉

知觉的上述特性为消费者正确全面地感知商品提供了保障。但是在现实当中，消费者并不总是能够准确无误地认知商品。由于某些因素的作用，人们的知觉经常会偏离事物的本来面目，发生歪曲。知觉歪曲又称错觉。引起错觉的原因是多方面的。消费对象的固有特征如商品与相关事物的几何图形，就经常引起消费者的视觉错觉。宽大的物体因竖条纹而显得窄小；窄小的物体又因横条纹而显得宽大。当前知觉与过去经验相互矛盾时，消费者会因固守已有经验而产生错觉。例如，许多人笃信"好货不便宜，便宜没好货"的信条，因而对物美价廉的商品产生质量错觉。此外，心理定势的形成，思维推理上的错误等，也都是造成错觉的原因。

错觉现象并不是绝对无益。在商品经营中巧妙利用消费者的错觉，有时可以取得意想不到的效果。例如，两瓶同样容量的酒，扁平包装会比圆柱形包装显得多些。又如，狭长形店堂若在单侧柜台的对面墙壁装饰镜面，可以通过光线反射使消费者产生店堂宽敞、商品陈列丰满的视觉效果。

第二节　消费者的注意和记忆

一、消费者的注意

在复杂的消费活动中，消费者经常需要把感知力、记忆力、思考力等集中在某个特定的消费对象上。这种把心理活动指向并集中于特定对象的现象就是注意。与认识过程的其他心理机能不同，注意不是一个独立的心理活动，而是各个心理机能活动的一种共有状态或特性。这一特性主要体现在指向性和集中性两方面。注意的指向性表现为心理活动不是朝向一切对象，而是有选择、有方向地指向特定的客体；集中性则指心理活动能在特定的选择和方向上保持并深入下去，同时对一切不相干因素予以排除。指向性和集中性相互联系，密不可分。正是在二者的共同作用下，人们才能在感觉、知觉、记忆、思维、情感、意志等活动中，有效地选择少数对象，并对其作出深刻、清晰、完整的反应。

（一）注意的功能

作为心理活动的一种共同特性，注意在消费者认知商品的过程中具有以下重要功能。

1. 选择功能

即选择有意义的、符合需要的消费对象加以注意，排除或避开无意义的、不符合需要的外部影响或刺激。面对浩如烟海的商品世界，消费者不可能同时对所有的对象作出反应，只能把心理活动指向和集中于少数商品或信息，将它们置于注意的中心，而使其他商品或信息处于注意的边缘或注意的范围以外。这样，消费者才能清晰地感知商品，深刻地记忆有关信息，集中精力进行分析、思考和判断，并在此基础上作出正确的购买决策。反之，没有注意，消费者心理活动就会陷入茫然无绪的状态。

2. 维持功能

即把对选择对象的心理反映保持在一定方向上，并维持到相关心理活动的终结。由于注意的作用，消费者在对消费对象作出选择后，能够把这种选择贯穿于认知商品、制定决策乃至付诸实施的全过程，而不致中途改换方向和目标，由此使消费者心理与行为的一致性与连贯性得到保证。

3. 加强功能

即排除干扰，不断促进和提高消费者心理活动的强度与效率。在注意的情况下，消费者可以自动排除无关因素的干扰，克服心理倦怠，对错误和偏差及时进行调解和矫正，从而使心理活动更加准确和高效率地进行。例如，在注意感知时，消费者对商品的感受性会大大增强，产生错觉的可能性则有所降低。

（二）注意的形式和特征

1. 注意的形式

消费者在认知商品的过程中，往往表现出不同的注意倾向。有的漫无目的，有的目标专一；有时主动注意，有时被动注意。根据消费者有无目的以及是否需要意志努力，可以将注意分为无意注意、有意注意、有意后注意等三种形式。

1）无意注意又称随意注意，是没有预定目的、不加任何意志努力而产生的注意。消费者在无目的地浏览、观光时，经常会于无意之中不由自主地对某些消费刺激产生注意。刺激物的强度、对比度、活动性、新异性等，是引起无意注意的主要原因。例如，包装色彩鲜艳的商品、散发诱人香味的食物、形体巨大的广告、与背景反差明显的商品陈列、旋转不停的电动器具、闪烁变换的霓虹灯、造型或功能奇特的新产品等，都会因其本身的独有特征形成较强的刺激信号，引起消费者的无意注意。此外，消费者的潜在欲望、精神状态等，也是形成无意注意的重要诱发条件。

2）有意注意又称不随意注意，是有预定目的、需要经过意志努力而产生的注意。在有意注意的情况下，消费者需要在意志的控制之下，主动把注意力集中起来，直接指向特定的消费对象。因此，有意注意通常发生在需求欲望强烈、购买目标明确的场合。例如，急需购买某名牌彩电的消费者，会刻意寻找、收集有关信息并在众多同类商品中，把注意力直接集中于预期的品牌上。这期间需要消费者付出意志努力，采取积极主动的态度，克服各种困难和障碍。与无意注意相比，有意注意是一种更高级的注意形态。通过有意注意，消费者可以迅速地感知所需商品，准确地作出分析判断，从而缩短对商品的认知过程，提高购买效率。

3）有意后注意又称随意后注意，指有预定目的、但不经意志努力就能维持的注意。它是在有意注意的基础上产生的。消费者对消费对象有意注意一段时间后，逐渐对该对象产生兴趣，即使不进行意志努力，仍能保持注意，此时便进入有意后注意状态。在观看趣味性、娱乐性广告，或时装表演时，人们就经常会出现有意后注意现象。这种注意形式可使消费者不致因过度疲劳而发生注意力转移，并使注意保持相对稳定和持久。但有意后注意通常只发生在消费者感兴趣的对象和活动中。

以上三种注意形式并存于消费者的心理活动中。它们之间既交替作用，又相互转化，如无意注意可以转化为有意注意，有意注意进一步发展便转化为有意后注意。在交替作用与转化过程中，三种注意形式共同促进消费者心理活动的有效进行。

2. 注意的特征

在消费实践中，消费者的注意经常表现出一系列活动特征，诸如范围、分配、紧张、分散、稳定、转移等。

注意的范围指消费者在同一时间内所能清楚地把握消费对象的数量。在多个消费对象中，人们往往只能同时注意到少数几个对象。实验表明，成人在 1/10 秒的时间内能注意到 4～6 个彼此不相联系的物体或符号，幼童只能注意 2～3 个。

但是，如果消费对象的位置集中，彼此具有内在联系，消费者注意的范围就会扩大。

注意分配使消费者能在同一时间内把注意分配到两种或两种以上的消费对象或活动上。例如，在注意倾听广播广告的同时，注意观察某种商品。注意分配的重要条件是，在同时存在的两种以上的消费对象中，只能有一种是消费者不太熟悉、需要集中注意感知或思考的，其他则是消费者相对熟悉或了解的，无需过分注意。

注意紧张指消费者集中注意一定对象时聚精会神的程度。当消费者进入紧张的注意状态时，他的意识会极其清晰和鲜明地反映这一对象。同时，其他对象将远离注意中心。此时，消费者的注意范围和注意分配能力有所降低，但是注意的效果将明显提高。

长时间、高度的紧张注意会导致疲劳，从而使注意力趋向于分散。注意分散指消费者无法控制和集中自己的注意力。这种情况通常发生在生理疲劳、情绪激动或意志薄弱的消费者身上。当处于注意分散状态时，消费者对商品的感知和思考能力都会大大降低。

注意的稳定指消费者在一定时间内把注意保持在某一消费对象或活动上。稳定是与分散相反的注意状态。显然，当消费者稳定地保持注意时，他对商品的了解将更加全面、深入。能否保持注意稳定与消费对象是否单调枯燥有关，但更主要取决于消费者的主观状态和意志努力。

注意转移指消费者根据新的消费目标和任务，主动把注意力从一个对象转移到另一个对象。转移注意力是一种有意识的、需要意志加以控制的注意状态，它要求消费者具有较高的灵活性和适应性。如果能迅速自如地转移注意力，将有助于消费者更好地适应外部环境的变化，高效率地从事消费活动。

以上各种特征表明，注意在消费者的心理活动中具有重要作用。它可以维持和增加心理活动的强度，也可以降低或减弱心理活动的效率。为此，在商品设计、包装、广告宣传等营销活动中，应有针对性地采取多种促销手段，以引起和保持消费者的有效注意。

首先，可以通过增加消费刺激强度来引起消费者的无意注意。无意注意是有意注意的先导。许多消费者都是在无意注意的基础上对某种商品产生有意注意，进而引发购买行为的。因此，通过增加消费刺激的强度，诸如商品的色彩明艳度，款式新奇度，广告的音频高度，构思的巧妙程度等，来提高消费者感觉器官的感受性，并在更大范围内促进无意注意的产生。

其次，可以通过明确消费目标，培养间接兴趣，来维持消费者的有意注意。有意注意是促进消费者购买的直接条件，是各种注意形态中最有意义的一类。但有意注意的形成不完全取决于消费对象的刺激强度，而主要决定于预先确定的消费目标。显然，预定目标越明确，有意注意的形成就越顺利。为此，广泛利用各种宣传媒体，帮助消费者在充分了解商品的基础上明确目标，不失为赢得消费者有意注意的有效途径。此外，无意注意以直接兴趣为基础，即消费对象具有趣味性，对消费者具有强烈的吸引力。而有意注意以间接兴趣为基础，即消费对象本身缺乏吸引力，消费者的主要兴趣在于消费活动的结果。由此，充分展示商品效能和使用效果，增加消费者的间接兴趣，也是维持有意注意的重要途径。

最后，消费者自觉排除外部干扰，加强意志努力，是从主观方面保持注意稳定和集中的重要条件。随着市场竞争的加剧，消费者在把注意指向某商品时，经常受到其他消费刺激的干扰，造成注意分散和非主动转移。这就需要消费者增强自我控制能力，通过意志努力使注意力保持在稳定状态。就经营者而言，也应力求突出商品的独特性，采取多样化的促销手段，帮助消费者克服无关因素的干扰，尽快将有意注意转入无须意志努力即可保持相对稳定的有意注意状态。

二、消费者的记忆

（一）记忆的概念

记忆是过去经验在人脑中的反映。具体地说，是人脑对感知过的事物、思考过的问题或理论、体验过的情绪或做过的动作的反映。与感知相同，记忆也是人脑对客观事物的反映。二者的区别在于，感知是人脑对当前直接作用的事物的反映；而记忆是人脑对过去经验的反映。也就是说，记忆中保留的映像是人的经验。

记忆是人脑的重要机能之一，也是消费者认识过程中极其重要的心理要素。在消费的实践中，消费者感知过的广告、使用过的商品、光顾过的商店、体验过的情感以及做过的动作等，在经过相应刺激之后，刺激物并非消失得无影无踪，而是在大脑皮层留下兴奋过程的痕迹。当引起兴奋的刺激物离开之后，在一定条件影响下，这些印迹仍然能够重新活跃起来。这样消费者就能重新再现已经消失的消费对象的表象。表象即过去感知过的事物在头脑中再现出来的形象。

记忆在消费者的心理和行为活动中具有重要作用。正因为有了记忆，消费者才能把过去的经验作为表象保存起来。经验的逐渐积累推动了消费者心理的发展和行为的复杂化。反之，离开记忆则无法积累和形成经验，也不可能有消费心理活动的高度发展，甚至连最简单的消费行为也难以实现。例如，如果丧失对商品外观、用途或功效的记忆，消费者再次购买同一商品时，将无法辨认并作出正确的判断和抉择。

记忆作为人脑对客观事物的一种反映形式，其生理基础是大脑神经中枢对某种印迹的建立和巩固。人类在长期进化的过程中具备了惊人的记忆能力。人脑可以储存 10 比特的信息，这个数字相当于人脑将地球上所有的文字信息全部接收下来和记忆下来。因此，记忆的容量是十分巨大的。而且，记忆保存的时间也很长。人的有些记忆常常能保持七八十年或更长一些。有的推销商或广告制作人认为，消费者是非常健忘的，几乎什么都记不住。实际上，对于消费者来说不是能否记住的问题，而是如何根据人的记忆规律，赋予消费对象以鲜明特征，把不好记忆的变为好记忆的，不便回想的变为便于回想的，短时记忆的变为长久记忆的，使消费者能够更快、更多和长时间地记住有关商品的信息。

（二）记忆过程

消费者对过去经验的反映，是经历一定过程的。心理学研究表明，这一过程包括识记、保持、回忆、再认等几个基本环节。

1. 识记

识记是一种有意识的反复感知，从而使客观事物的印迹在头脑中保留下来，进而成为映像的心理过程。整个记忆过程是从识记开始的，它是记忆过程的第一步。识记的分类如下。

（1）根据消费者在识记时是否有明确目的和随意性，又分为无意识记和有意识记

1）无意识记是事先没有明确目的，也没有经过特殊的意志努力的识记。当消费者随意浏览商品、或阅读报纸、观看电视时，虽然没有明确的目的和任务，也没有付出别的努力，但某些商品或广告的内容却有可能被自然而然的识记下来。这就是无意识记。无意识记具有很大的选择性。一般来说，那些在消费者生活中具有重要意义、适合个人需要、兴趣、偏好、能激起情绪和情感反应的消费信息，给人的印象深刻，往往容易被无意识记。

2）有意识记是有预定目的并经过意志努力的识记。例如，欲购买汽车的消费者，对各种汽车的牌号、性能、质量、价格、外观等特性，均须进行全面的了解和努力识记。可见，有意识记是一种复杂的智力活动和意志活动，要求有积极的思维参与与意志努力。消费者掌握系统的消费知识和经验，主要依靠有意识记。

（2）根据所记忆的材料有无意义和记忆者是否理解其意义，可以分为机械识记和意义识记

1）机械识记是在对事物没有理解的情况下，依据事物的外部联系而机械重复进行的识记。例如没有意义的数字、生疏的专业术语等。机械识记是一种难度较大的识记，容易对消费者接受信息造成阻碍。因此，企业在宣传产品、设计商标、或为产品及企业命名时，应当坚持便于消费者识记的原则。例如，上海某出租汽车公司在成立之初无人问津，后来公司不惜重金买到一个"×0000000"的电话号码。这个电话号码非常好记，对公司开展电话叫车业务起到了举足轻重的作用。

2）意识识记是在对事物理解的基础上，依据事物的内在联系所进行的识记。它是消费者通过积极的思维活动，揭露消费对象的本质特征，找到新的消费对象和已有知识的内在联系，并将其纳入已有知识系统中来识记。运用这种识记，消

费者对消费对象的内容形式容易记住，保持的时间较长，并且易于提取。大量的实验表明，以理解为基础的意义识记，在全面性、速度、准确性和巩固性方面，都比机械识记优越得多。

2. 保持

保持是过去经历过的事物映像在头脑中得到巩固的过程。但巩固的过程并不是对过去经验的机械重复，而是对识记的材料做进一步加工、储存的过程。即使储存起来的信息材料也不是一成不变的。随着时间的推移和后来经验的影响，保持的识记在数量和质量上会发生某些变化。一般来说，随着时间的推移，保持量呈减少的趋势，也就是说，人对其经历过的事物总是要忘掉一些。此外，储存材料的内容、概要性、完整性等，也会发生不同程度的改变。

记忆保持的数量或质量变化有的具有积极意义，如消费者在识记商品的过程中，逐渐了解并概括出商品的基本特性，对无关重要的细节忽略不计，从而把有关的重要信息作为经验在头脑中储存起来。但有的变化也会产生消极作用，如把主要的内容遗漏，或者歪曲了消费对象的本来特征。后者主要表现为遗忘。

3. 回忆

回忆又称重现，是对不在眼前的、过去经历过的事物表象在头脑中重新显现出来的过程。例如，消费者购买商品时，往往把商品的各种特点与其在其他商店见到的或自己使用过的同类商品在头脑中进行比较，以便做出选择，这就需要回想。这个回想过程就是回忆。按不同的划分标准，可将回忆分为如下几类。

（1）根据回忆是否有预定目的或任务，可以分为无意回忆和有意回忆

无意回忆是事先没有预定目的，也无需意志努力的回忆。有意回忆则是有目的的、需要意志努力的回忆。例如，消费者在作出购买决策时，为慎重起见，需要努力回忆以往见过的同类商品或了解到的有关信息。

（2）根据消费者唤起经验的方式，消费者对消费信息的回忆又有直接性和间接性之分

直接性就是由当前的对象唤起旧经验。例如，一见到瑞士某表广告，就想起了过去了解的瑞士钟表技术及各种溢美之词。这种直接的回忆或重现相对比较容易。所谓间接性，即要通过一系列的中介性联想才能唤起对过去经验的回忆。例如，在购买商务通掌上电脑时，消费者一时想不起商务通的品牌，通过"呼机、手机、商务通，一个都不能少"的脍炙人口的广告词，则可能很快回想起来。这种回忆有时需要较大的努力，经过一番思索才能完成。这种情况叫做追忆。运用追忆的心理技巧，如提供中介性联想，利用再认来追忆，或暂时中断追忆等，有助于帮助消费者迅速回忆起过去的经验。

4. 再认

对过去经历过的事物重新出现时能够识别出来，就是再认。例如，消费者能够很快认出购买过的商品、光顾过的商店、观看过的广告等。一般来说，再认比重现简单、容易，能重现的事物通常都能再认。

上述四个环节彼此联系、相互制约，共同构成消费者完整统一的记忆过程。没有识记就谈不上对消费对象内容的保持；没有识记和保持，就不可能对接触过的消费对象回忆或再认。因此，识记和保持是再认和回忆的前提，而回忆和再认则是识记和保持的结果和表现。同时，通过再认和回忆还能进一步加强对消费对象的识记和保持。消费者在进行商品选择和采取购买行动时，就是通过识记、保持、回忆和再认来反映过去的经历和经验。

（三）消费者记忆的类型

消费者的记忆有多种不同的类型，根据不同的划分标准，消费者记忆可分为以下几种。

（1）根据记忆内容或映像的性质，可以分为形象记忆、逻辑记忆、情绪记忆和运动记忆

1）形象记忆是指以感知过的消费对象的形象为内容的记忆，如对商品形状、大小、颜色的记忆。心理学研究表明，人脑对事物形象的记忆能力往往强于对事物内在逻辑联系的记忆，二者的比例约为 1000∶1。所以，形象记忆是消费者大量采用的一种主要记忆方式。其中，视觉形象记忆和听觉形象记忆起主导作用。

2）逻辑记忆指对概念、判断、推理等内容的记忆，如关于商品质量、功能、质量标准、使用效果测定等的记忆。这种记忆是通过语言的作用和思维的过程来实现的。它是人类所特有的、具有高度理解性、逻辑性的记忆，是记忆的较高形式。但因对消费者的逻辑思维能力要求较高，在传递商品信息时要酌情慎用。

3）情绪记忆是以体验过的某种情绪为内容的记忆，如对过去某次购物活动的喜悦心情或欢乐情景的记忆。这种形式在消费者的记忆过程中经常使用，它可以激发消费者重新产生过去曾经体验过的情感，成为出现某种心境的原因。这种记忆的映像有时比其他记忆的映像更为持久，甚至终身难忘。因此，在商品宣传时，恰当调动消费者的情感体验，可以使之形成深刻的情绪记忆。

4）运动记忆指以做过的运动活动作为内容的记忆，如消费者对在超级市场购买商品的过程，即由进场挑选到成交结算的动作过程的记忆。运动记忆对于消费者形成各种熟练选择和购买技巧是非常重要的。

（2）根据记忆保持时间的长短或记忆阶段，可以分为瞬时记忆、短时记忆和

长时记忆

1）瞬时记忆也叫感觉记忆，是极为短暂的记忆。据研究，视觉瞬时记忆在 1 秒钟以下，听觉瞬时记忆在 4～5 秒钟以下。瞬时记忆的特点是，信息的保存是形象的；保存的时间很短，且保存量大。消费者在商店等购物场所同时接收到大量的消费信息，但多数呈瞬时记忆状态。在瞬时记忆中呈现的信息如果没有受到注意，很快就会消失。如果受到注意就转入短时记忆。

2）短时记忆的信息在头脑中储存的时间长一些，但一般不超过 1 分钟。例如，消费者对广告中出现的某生产厂家电话号码边看边记，依靠的就是短时记忆。如果不重复记忆，短时记忆的信息在 1 分钟内就会衰退或消失。此外，短时记忆的容量也不大。因此，在告知消费者数字、符号等机械性信息时，不宜过长或过多。

3）长时记忆是指 1 分钟以上的记忆，直至数日、数周、数年甚至保持终身的记忆。与短时记忆相比，长时记忆的容量是相当大的，并且以有组织的状态储存信息。长时记忆对消费者知识和经验的积累具有重要作用，它会直接影响消费者的购买选择和决策。就企业而言，运用各种宣传促销手段的最佳效果，就是使消费者对商品品牌或企业形象形成长时记忆。

在了解消费者记忆类型及其特点的基础上，企业在传递商品信息时，首先要考虑消费者接受信息的记忆极限问题，尽量把输出的信息限制在记忆的极限范围内，避免因超过相应范围而造成信息过量，使消费者无法接受。例如，在电视的"五秒标版广告"中，播出的信息应尽量安排在 7～8 个单位内，超出这一范围，就会大大降低广告的宣传效果。

其次，从记忆类型的效果看，情绪与情感因素对记忆效果的影响最为明显。消费者在愉快、兴奋、激动的情绪状态中，对商品及有关信息极易形成良好、鲜明、深刻的记忆表象，并将这一表象保持较长时间。在适当的环境下，消费者也会迅速回忆和再认原有表象及情绪体验。例如，消费者在某商店受到售货员热情周到的服务，由此形成良好的心理感受，这一感受会长久地保存在他的记忆中。所以，企业在行销活动中应特别注重发挥情绪记忆的作用，如在广告和公共关系活动的创意设计中，就可以利用情感性的诉求手段来加强消费者对企业与商品的良好印象。

（四）消费者遗忘

在消费实践中，无论何种类型的记忆都难以做到长久保持。这是由于在记忆过程中存在着另一个重要的心理机制，即遗忘。对识记过的事物不能再认或回忆，或者表现为错误的再认或回忆，称为遗忘。遗忘是与保持相反的过程，其实质是由于不使用或别的学习材料的干扰，导致记忆中保持的材料丧失。遗忘可能是永久性的，即不再重复时就永远不能再认或重现。例如，许多文字或电视广告，倘若不加注意和有意识记，就很可能会完全忘记。但遗忘也可能是暂时的，消费者叫不出熟悉商品的名称，想不起使用过商品的操作程序，都属于暂时性遗忘。

　　关于消费者遗忘的原因，有关学者提出两种假设，即衰退说和干扰说。衰退说认为遗忘是由于记忆痕迹得不到强化而逐渐减弱、衰退以致消失的结果；干扰说则认为遗忘是因为在学习和回忆之间受到其他刺激干扰的结果。他们认为记忆痕迹本身不会变化，它之所以不能恢复，是由于存在着干扰。干扰一旦被排除，记忆就能恢复。这个学说最有力的证据就是前摄抑制和倒摄抑制。前摄抑制是指先前学习的材料对后学习的材料的干扰作用。后摄抑制是指后学习的材料对先前学习的材料的干扰作用。在消费活动中，前摄抑制和后摄抑制的影响是十分明显的。消费者在连续接受大量消费信息后，往往对开始和最后的信息记忆最深刻，中间内容则记忆不清。

　　消费者的遗忘是有规律的。根据心理学家艾宾浩斯（Ebbinghaus）的研究，消费者的遗忘过程大致如图 3-1 所示。

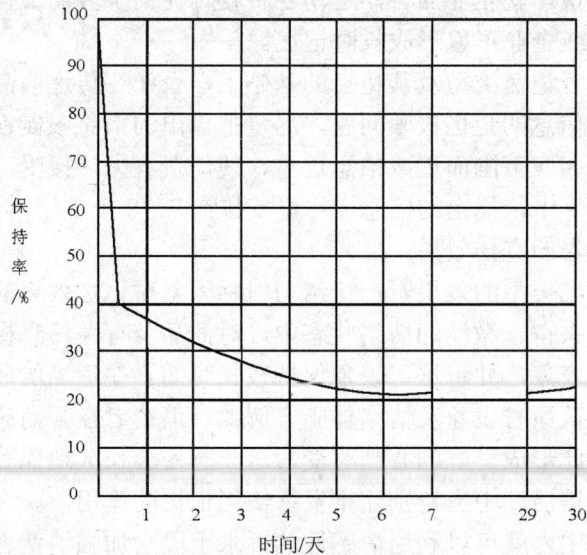

图 3-1　遗忘曲线

　　从图 3-1 中可以看出，消费者在识记后其头脑中保持的材料会随时间的推移而递减，这种递减在识记后的短时间内特别迅速，即遗忘较多。一项实验表明，某广告最后一次重复播出后，只相隔 4 个小时，消费者记住它的百分数就下降了50%。此后，随着时间的推移，遗忘的速度减慢下来，保持渐趋稳定地下降。也就是说，遗忘的过程是"先快后慢"。了解消费者遗忘的这一规律，对于企业有针对性地采取措施，帮助消费者减少遗忘，保持有效记忆，具有重要启示。

　　首先，由于独特的、不寻常的信息较少受遗忘的干扰，具有更大的记忆潜力，因此，广告等消费信息必须具有鲜明的主体和特色。

其次，由于呈现信息的顺序会影响对它的保持，如信息的中间部分最易被遗忘，因此在提供消费信息时，应尽可能将最重要的部分放置在开头与结尾，以免出现前摄抑制和后摄抑制。

再次，由于重复可以增加信息在短时记忆中停留的机会，不断地重复还有助于将短时记忆转化为长时记忆，所以在传递消费信息时，应尽可能多次重复有关内容，但应注意表现形式的多样化和重复时间的间隔性与节奏性，避免引起消费者的厌烦情绪或使之感到乏味。

最后，遗忘的恢复依赖于某些线索，这些线索反过来又会促进对识记材料的回忆。为此，商品的包装、陈列以及广告设计等都应考虑利用相同的线索，来帮助消费者回忆已经遗忘的信息材料。

第三节　消费者的思维、想像与联想

一、消费者的思维

1. 思维的含义与特点

思维是人脑对客观现实的间接和概括的反映，是揭示事物本质特征的理性认识过程。思维具有以下特点。

（1）间接性

间接性指思维能够凭借已有的知识经验或其他事物的媒介，理解或把握那些没有直接感知过的或根本不可能感知的事物，以推测事物的过去、现在和未来。比如，消费者会根据当前物价的趋势性变动去推测未来市场景气和个人未来收入变化，进而确定自己当前的消费支出状况。股民会根据政治、经济、自然、技术等市场环境因素的微小变化去推测股票价格走势。

（2）概括性

概括性包含两重含义：一是把同类事物共同的本质特征抽象出来加以概括。比如，把形状和大小各异但都依靠人力驱动的两轮交通工具称为自行车，把不依靠肌肉收缩力驱动的两轮交通工具称为摩托车；把不依靠肌肉收缩力驱动的四轮以上的交通工具成为汽车；把空中飞行的交通工具成为飞机；把所有可以载人并可在外部空间移动位置的物体称为交通工具或运输工具。二是把多次感知到的事物之间的联系加以概括，找出事物之间的内在联系。比如，把较高的收入与较高的消费相联系，把商品粗糙的外观与较次的内在质量相联系，把新奇的广告与销售增长相联系。这种概括性促进了人对客观事物内在规律的认识，也有利于人对客观环境的适应、改造与控制。

思维的间接性与概括性紧密联系，间接性以概括性为前提。比如，消费者能够根据物价的趋势性变动推测市场景气，是因为知道物价变动与景气变动之间的因果关系，而这种认识是先由思维的概括性获得的。思维的间接性和概括性可归结为一点，即思维是对客观事物的本质特征或内在联系的反映。

由思维的特点可以看出，思维与感觉和知觉有显著区别：感觉和知觉是人脑对客观现实的直接反映，而思维是间接反映；感觉和知觉是对客观事物的具体特征的反映，而思维是对客观事物的概括性反映；感觉和知觉是对客观事物外部现象的反映，而思维是对客观事物的内在规律的反映。

2. 思维的分类

（1）根据思维过程中凭借物的不同，可分为动作思维、形象思维和抽象思维

1）动作思维。动作思维也称为操作思维或实践思维，是以实际动作为支柱的思维。3 岁前儿童的思维离不开触摸、摆弄物体的活动，属于动作思维。成人的动作思维以丰富的知识经验为中介，并在整个动作思维过程中由此进行调节和控制，与完全没有掌握语言的儿童不同。

2）形象思维。形象思维指以事物的具体形象和表象为支柱的思维。比如，消费者在决定装修房屋时，头脑中会出现若干种装修方案的形象并进行分析比较，以选择最佳方案。学龄前儿童的思维主要是形象思维。成人也会借助于形象思维去推动思维过程的顺利进行，以便解决较为复杂的问题。广告设计则更多地运用形象思维。

3）抽象思维。抽象思维也称为逻辑思维，指以概念、判断、推理等形式进行的思维。例如，消费者运用数学符号和概念计算自己的购买支出和所得利益，根据所得到的商品信息进行判断和推理等。

（2）根据思维探索目标的不同，分为聚合思维和发散思维

1）聚合思维。聚合思维也称为求同思维、集中思维、会聚思维，是指把问题所提供的各种信息聚合起来，朝着同一个方向得出一个正确答案的思维。其主要特点是求同。聚合思维是利用已有的知识经验或传统方法解决问题的一种有方向、有范围、有组织、有条理的思维形式。

2）发散思维。发散思维也称为求异思维、分散思维、辐射思维，是指从一个目标出发，沿着各种不同途径去思考、探求多种答案的思维。发散思维的特点是求异与创新。比如，新产品开发中征求消费者的创意，要求消费者想出一切能够保暖的东西，于是，棉花、毛皮、毛线、取暖器、空调、火炉、热水器、核能、阳光、太阳能、温泉、柴火、干草、房屋、纺织品等都可能被提出。发散思维不墨守成规，其主要特点是随机应变的变通性、迅速敏捷的流畅性、新颖独到的独特性。

（3）根据思维有无明确的过程或方法，可分为直觉思维和分析思维

1）直觉思维。直觉思维是一种非逻辑思维，是人脑对客观事物的内在本质特

征直接或突然领悟并作出判断的思维方式。比如，牛顿因为看到苹果落在地上而突然悟到万有引力定律；我国消费者根据国家改革开放政策的深化而预感到经济景气会进一步高涨，自己的收入也会进一步增加；某工程师因为经常在冬天感到桌面的玻璃台板太冷而突然萌发了制造电热台板的想法。直觉思维是逻辑思维的凝聚或简缩，具有敏捷性、直接性、简缩性和突然性等特点。

2）分析思维。分析思维也称为逻辑思维，是严格遵守逻辑规律，逐步分析与推导，最后得出合乎逻辑的正确答案或结论。比如，理智性消费者根据所掌握的资料对同类不同品牌产品的质量、功能、价格、服务等进行详细分析，最后判断哪种产品最好并作出购买决策。

（4）根据思维的创新程度，可分为常规性思维和创造性思维

1）常规性思维。常规性思维也称为再造性思维，指人们运用已获得的知识经验，按照现成的方案或程序，用惯常的模式或方法来解决问题的思维方式。比如，车间的生产者习惯于用固定的机器和方法来生产产品，而很少考虑对机器和方法加以改造；饭店的厨师和家庭主妇习惯于使用通常的配菜和调料，而较少加以更新。常规性思维缺乏新颖性和独创性。

2）创造性思维。创造性思维指用新颖独到的方式来解决问题的思维。比如，消费者根据自己的需要提出产品构思或改变产品的用途。比如，有的消费者用洗碗机洗菜，用洗衣机洗红薯；有的消费者根据自己的需要自行设计服装甚至汽车等产品。创造性思维的主要特点是新颖性，有时以灵感的形式表现出来。它是发散思维与聚合思维、直觉思维与分析思维、形象思维与抽象思维等多种思维的综合。

思维活动受到各种因素的影响，其中，"非理性因素"是主要影响因素之一。对于"非理性因素"，目前尚无一致的看法。"非理性"也称为"非逻辑"、"非理智"或"非认识"，基本含义是指理智之外的因素，主要有情绪、情感、意志、动机、态度、兴趣、性格等因素。每个人都有不同层次的非理性因素，它们也是客观现实的反映。比如，动机太强或太弱都会对思维产生不利影响。在思维活动中，应当尽量发挥非理性因素的积极作用，克服消极影响。

二、消费者的想像

消费者的想像是在表象基础上建立和发展起来的。为此，有必要首先了解表象的心理作用机制。

1. 表象

表象指事物不在眼前时，头脑中出现的关于事物的形象。表象是人脑中的知觉痕迹经信息加工后的再现。它以知觉提供的材料为基础，又不仅仅是知觉的重复，而是经过了人脑的加工信息。表象不仅可以储存，还可以被加工和编码。它

不需要客观事物的直接作用，不受时间和空间的限制，对想像、思维等高级心理活动具有重要意义。

（1）表象的特征

1）直观性。表象是人脑对外界事物的感性反映，同感觉、知觉一样具有直观形象性。但它所反映的通常是事物的大体轮廓和主要特征，没有感知的形象那样鲜明、精细、完整和稳定。

2）概括性。表象往往反映同一事物或同一类事物在不同条件下所表现出来的一般特点，而不是某一次感知的个别特点。知觉是对直接作用于感觉器官的客观事物的整体反映，需要借助于过去的知识经验。表象比知觉具有更大的概括性，是以多次知觉为基础，经信息加工后产生的概括形象。表象的概括性与词语的概括性不同，表象是形象的概括，所概括的既有事物的本质属性又有非本质属性，而词语所概括的是事物的本质属性，已摒弃其非本质属性。因此表象被视为从感知到思维的中间环节。

（2）表象的分类

根据不同的标准，可将表象分为以下几类。

1）根据人脑对知觉痕迹的信息加工程度，表象可以分为记忆表象和想像表象。记忆表象基本上是过去感知的事物形象的简单重现；想像表象是原表象经过头脑的加工改造、重新组合而创造出的新形象。这两种表象往往交织在一起，难以绝对地分开。

2）根据表象形成的主要感知通道，可分为视觉表象、听觉表象、动觉表象、嗅觉表象、味觉表象、触觉表象等。不同的实践活动需要不同的表象形式，各种表象形式又往往是综合起作用的。比如，表演歌舞既需要听觉表象，又需要动觉表象。

3）根据对象范围和概括程度，表象可分为个别表象和一般表象。对某一具体事物的表象称为个别表象；对某一类事物的表象称为一般表象。比如，对家中长虹牌20英寸彩色电视机的表象是个别表象，对电视机的表象是一般表象。个别表象是一般表象的基础和核心，一般表象是对个别表象的高度概括。

此外，遗觉象也是表象的一种重要作用形式。在刺激停止作用后，脑中继续保持异常清晰鲜明的表象，称为遗觉象。遗觉象是表象的一种特殊形式，几乎与感知形象一样鲜明生动，似乎是介于知觉和幻觉之间的状态。据心理学家研究，遗觉象是部分学龄儿童所特有的，随着年龄的增长会逐渐消退。约40%~70%的儿童有遗觉象，且能保持半分钟左右。如在一幅画拿掉以后，仍然能够在原处看见那幅画的清晰图像，这种遗觉象的表现，在人的11~12岁时最为明显。较为多见的是视觉遗觉象，有些研究也发现了听觉遗觉象、嗅觉遗觉象和味觉遗觉象。

从表象的直观性来看，它和知觉相似；从其概括性看，又与思维相似。表象是介于知觉和思维的中间环节，是从感知到思维的过渡阶段。从事各项活动前都应当在头脑中形成"做什么"和"怎么做"的鲜明、稳定、完整的表象。运用表象训练可以更好地挖掘潜能、发展智力，表象训练在儿童的数学学习、运动员的训练中都取得了显著成效。

2. 想像的含义与类别

（1）想像

想像是人脑对已有表象进行加工改造而创造新形象的过程。通过想像过程创造的新形象就是想像表象。想像表象具有形象性和直观性的特点。想像在记忆表象的基础上进行，以直观形式来呈现头脑中具有形象性特征的表征，而不是言语符号。

通过想像过程创造出来的新形象可以是主体从未感知过的事物的形象，也可以是世界上根本不存在的或者还未出现的形象。尽管这些新形象可能表面离奇，但也不是凭空产生的，其构成材料只能来自于对客观现实的感知。想像是反映客观现实的各种成分的形象组合过程，是人脑对客观现实的一种反映形式。想像的内容和其他心理过程一样，来自于客观现实。社会实践是想像的源泉，是检验想像正确性的标准。对想像的发展既有促进作用又有约束作用。

（2）随意想像与不随意想像

根据想像的目的性和计划性的不同，可分为随意想像和不随意想像。不随意想像指没有预定目的，不自觉的想像。不随意想像不需要人的意志努力，一般是突然出现，对思维具有启发作用。梦是不随意想像的一种形式。随意想像，是有预定目的，自觉进行的想像，是意识活动的一种形式。随意想像具有一定的预见性、方向性，受到主观意识的控制。

（3）随意想像的分类

随意想像可分为再造想像、创造想像和幻想三种形式。

1）再造想像。是根据别人的言语叙述、文字描述或图形示意而在头脑中形成相应的新形象的过程。再造想像是再造别人想像过的事物，但又不完全是别人想像的再现，而是受到个体的经验、兴趣和个性等因素的影响。具有差异性，每人再造的形象是各不相同的。比如，小说对人物的外貌、性格作了生动细致的描写，但是每个读者再造的人物形象是各不相同的。再造想像是掌握知识的必备条件。在接受间接经验时，在头脑中运用实物模型、标本、图表等直观化、形象化的教具和生动的语言，有利于想像的发展和知识的掌握。再造想像对人格的塑造也有重要的作用。是榜样言行的内化过程的一种形式。有些人在看了电视甚至广告后，往往沉浸在故事情节引发的想像中，并想亲自体验一下。所以常常有人模仿电视和广告中的形象和行为。企业在广告和促销宣传中正确地引导和利用顾客的想像，将有助于商品销售。

形成正确的再造想像需要两个条件：一是正确理解词与实物标志的意义。再造想像由言语描述或图形示意引起，如果言语和实物标志不能引发表象，就不会产生想像。二是丰富的语言储备。表象为想像提供素材，表象的数量多、质量高、种类丰富，才能引发生动、准确的再造想像。

2）创造想像。是不依据现成的描述而独立创造出新形象的过程。与再造想像相比，创造想像具有首创性、独立性和新颖性的特点。创造想像是技术发明、科学研究、艺术创作等一切创作性活动的必要条件。创造问题情境，引导学习者自己去发现问题、解决问题，是培养创造想像能力的重要途径。

发展创造想像需要以下条件：一是创造动机。社会实践对个体提出的创造新事物，解决新问题的需要是个体的创造动机。二是扩大知识范围，增加表象储备。创造想像不能脱离客观现实基础，有将相关表象的某些因素重新组合排列而创造出新形象的"组合式想像"；有将几种表象融合成新形象的"融合式想像"；有对旧表象作部分或全面改变的"改换式想像"；有对现实形象的某些特征加以扩大的"扩张式想像"；有抽取某些事物本质特征的"典型式想像"，这些创造想像的活动都需要丰富的知识和表象储备。三是积极的思维活动。创造想像受思维的调节，思维活动总是由一定的问题引起，并指向问题的解决。有积极的思维，才有创造想像。四是灵感。灵感指创造活动接近突破时出现的思想。当人的注意力高度集中在创造对象上，对创造对象有较深刻的了解，思维极其活跃时，易于产生灵感。灵感看似偶得，实际是长期积累的结果，有些灵感稍纵即逝，创造者要善于捕捉。

3）幻想。幻想是创造想像方式的一种，是与主体的愿望相结合并指向未来的想像。幻想可分为科学幻想、理想和空想三种形式。科学幻想是科学预见的一种形式，是创造想像的准备阶段和发展动力。理想是符合事物发展规律，有可能实现的积极幻想。空想是与客观现实相违背的不可能实现的幻想。爱因斯坦指出，想像力比知识重要，因为知识是有限的，而想像力概括着世界上的一切，推动着进步，并且是知识进化的源泉。严格地说，想像力是科学研究中的实在因素。

（4）消费者的想像与消费者行为

想像与人的思维、情感、意志乃至感知等心理活动过程都有深刻的内在联系。想像以记忆为基础，记忆表象是想像的素材，同时在一定程度上被想像补充着。想像参与思维过程，任何一种思维过程特别是形象思维过程都离不开想像。想像过程总会伴随着一定的情感体验，情感体验也是想像的内容之一。想像可以成为意志过程的内部推动力。想像对人的个性发展、特点的形成甚至发展方向的选择都起着重要作用。

许多企业的名称、品牌的名称和企业的广告语都能引起一定的想像。比如，长虹、牡丹、长城等品牌名称；尊贵的凤凰、美丽的孔雀、绿色的草原、浩瀚的大海、明朗的蓝天等品牌图案；家的感觉、亲情服务等广告语都会引起消费者的想像和对产品的良好情感。同时，形象化的语言更容易增强消费者的记忆，其理论依据是，形象化的语言具有双重编码，同时以语言和形象两种方式储存在记忆中。

消费者的想像在一定程度上支配了消费行为，使某些产品建立起特定的象征意义，成为吸引购买的关键因素。比如，人们会把佩带名贵钻石戒指和满天星手表的人想像成为成功的企业家；把使用笔记本电脑的人想像成为较高知识水平、较高收入、较好的职业的专业人员，把吃快餐的人想像成一般工薪族；把在酒吧的情侣包间用餐的男女想像成一对浪漫的情人。这些想像使上述商品有了特定的象征意义。

消费者的想像是企业形象设计和形象定位的客观依据。企业应当根据自身条件和外部环境因素，对未来形象提出多种构思，并在综合分析评价的基础上确定有利于公众认知和认同的形象。企业的形象定位可以从多种角度进行，比如，在理念形象方面，可考虑强调造福社会、回馈社会、顾客至上、信誉为本等理念。在行为形象方面，可考虑强调优质产品、特色服务、快速服务等；在产品形象方面，可考虑定位于高档、中档或低档，定位于时代性或传统性等。然后把选择确定的形象以可感知的方式，鲜明准确地表达出来，即把理念形象概括为简洁明确的语言，把行为形象转变为统一的行为规范和严格的管理制度，把视听形象设计为具体的视听信息要素，如企业标志、标准色、标准字等。为保证最佳效果，应设计多种方案，反复比较、探讨、修改、直到最后确定。

三、联想

联想是由一种事物想到另一种事物的心理活动过程，在消费心理中是比较重要的一种心理活动。联想可以由当时的情境引起，如当时注意、感知到的事物，也可以由内心回忆等方式引起。在消费心理的研究中，主要着重于注意、感知等因素所激发的联想，因为开展行销活动时，可以控制消费者所处的购物环境，使用各种各样的方法来激发消费者形成有益于营销活动的联想。

1. 联想的一般规律

联想是心理学家研究较早的一种心理现象，迄今为止，已经总结出来的人们的一般性联想规律主要有四种，即接近联想、类似联想、对比联想、因果联想等。除此之外，还有一种形式的联想即特殊联想。以下我们来介绍这些联想的规律在消费心理学中的一些应用。

（1）接近联想

由于两种事物在位置、空间距离或时间上比较接近，所以看到第一种事物的时候，很容易联想到另一种事物。上午 12 点左右人们一般会想到要吃午饭；到了北京，人们一般会想到长城、故宫；到了西安，人们一般会想到兵马俑、华清池等，这就是接近性联想。

（2）类似联想

两种事物在大小、形状、功能、地理背景、时间背景等方面有类似之处，认识到一种事物的同时会联想到另一种事物。一对有孩子的夫妻在看到周围的邻居或亲友带自己的孩子出外旅游散心之后，也会想到要带自己的孩子出去走一走。

（3）对比联想

两种事物在性质、大小、外观等一些方面存在着相反的特点，人们在看到一种事物的同时也会从反面联想到另一种事物，如通过节假日到公园游玩的人太多一事，就会不由自主地想起平时人少的时候。

（4）因果联想

两种事物之间存在着一定的因果关系，由一种原因会联想到另一种结果，或由事物的结果联想到它的原因等。如在一次对产品售后服务的电视跟踪调查中，电视台选择了某知名家电品牌作为代表，不禁让人联想到这其中的原因，这就是因果联想。

（5）特殊联想

指由一种事物联想到另一种事物的时候，不一定是按以上的规律进行的，事物之间不存在必然的联系，而是由消费者所经历过的某些特殊事件造成的，消费者见到一种事物时就会自然地联想到另一种事物。如一位顾客在购买商品时受到了良好的服务，以后他每一次对服务十分满意的时候就会想到那位热情的服务员。

2. 联想的主要表现形式

（1）色彩联想

由商品、广告、购物环境或其他各种条件给消费者提供的色彩感知而联想到其他事物的心理活动过程，叫做色彩联想。色彩联想在人们的日常消费行为中表现得十分普遍，尤其是在购买服装、化妆品、手工艺品、装饰品，以及其他一些需要展现产品外观的商品时，必然要从商品的色彩上产生相应的联想。

色彩联想有多种形式，如从色彩联想到空间、从色彩联想到事物的温度、从色彩联想到事物的重量等。

此外，人们在服饰方面的色彩还可以使人联想到这个人的性格特点，如穿红色衣服的人给别人的联想是，这个人比较活泼，可爱，也可能爱表现等；而穿白色服装或素色服装的人，给人的印象是爱清洁，为人比较稳重，不大合群等。

（2）音乐联想

音乐联想虽然比较重要，但是在实际工作中却较少遇到。音乐给人们的联想形式较多，如单纯的音乐给人的联想、音乐的题材和内容给人的联想、音乐的音量和音质给人的联想。前一种情况主要在实验条件下研究，后两种与实际工作的关系较为密切。

第四节　学习和消费经验

1. 学习概述

学习是大脑的重要功能。从心理学角度看，学习是某种体验（如直接经验、间接经验）所产生的一种相对持久的行为变化，是通过神经系统不断接受环境变化信息，以获得新的行为模式的过程。在环境条件基本不变的情况下，这种行为模式被固定下来，形成记忆。

我们可以简单地把学习理解为经验的习得，把记忆理解为经验的保持。通过学习和记忆，人们才能在与环境相互作用的过程中习得新的经验，并不断的积累和扩大经验，使自己的行为与外部多变的环境相适应。学习和记忆是人及高等动物对外界环境最主要的一种适应方式。

学习引起的行为变化包括如下几个主要方面：习得经验、知识、形成某种态度，产生某种兴趣等。记忆是学习反复体验（训练）的结果，通过学习引起的行为变化被保留下来，形成记忆。

2. 学习理论

（1）经典性条件反射理论

经典性条件反射理论是由俄国生理学家伊万·巴普洛夫（Ivan Pavlov）提出来的。该理论认为，借助于某种刺激与某一反应之间的已有联系，经由练习可以建立起另一种中性刺激与同样反应之间的联系。

一般来说，在低介入情境下，经典性条件反射比较常见，因为此时消费者对产品或产品广告可能并没有十分注意，也不关心产品或产品广告所传达的具体信息。然而，在一系列对刺激物的被动接触之后，各种各样的联想或联系可能会由此建立起来。应特别指出的是，在低介入情境下，消费者所学到的并不是关于刺激物的信息，而是关于刺激物的情感反应。正是这种情感反应，将导致消费者对产品的学习和试用。

（2）操作性条件反射理论

操作性条件反射理论是由美国著名心理学家斯金纳（Skinner）提出来的。该理论认为，学习是一种反应概率上的变化，而强化是增强反应概率的手段。

操作性条件反射理论的基本思想实际上很简单，归结为一点就是强化会加强刺激与反应之间的联结。联结学习或刺激与反应之间的学习，在很大程度上取决于对强化物的安排。另一美国心理学家金伯尔（Kimble）发现，如果给予连续强化，即在每次正确反应后就给以强化物，个体对正确反应的消退速度也很快。相反，如果强化是间断性的或部分的，即不是对所有正确反应而只是对部分正确反应予以强化时，虽然最初对正确反应的学习速度较慢，但在强化物消失后，行为消退的速度也比较慢。

一般来说，操作性条件反射作用更适合于高介入度的购买情境。因为在高介入情境下，消费者对购买回报将会有意识地予以评价。以购买西服为例，消费者将西服购买回家后很可能会从象征性和功能性两个方面对购买行为作出评价，在此情形下，强化无疑会在消费者心理上产生重要影响。比如，如果有别人对消费者所买的西服予以赞许，或者在某些场合目睹他人穿同样品牌西服时的风采，均会对消费者起到正面的强化作用。在低介入的购买情境下，除非产品的功效远远低于预期，否则消费者不会对购买做太多的评价。故此，低介入情境下的满意购买虽然对行为也具有强化作用，但相对而言不如高介入情境下的作用那么大。

（3）认知学习理论

德国心理学家柯勒（Kohler）通过观察黑猩猩在目的受阻的情境中的行为反应，发现黑猩猩在学习解决问题的同时，并不需要经过尝试的过程，而是通过观察发现情境中各种条件之间的关系，然后才采取行动。柯勒称黑猩猩此种类型的学习为顿悟（insight）。在柯勒看来，顿悟是主体对目标和达到目标的手段之间关系的理解，顿悟学习不必靠练习和经验，只要个体理解到整个情境中各部分之间的相互关系，顿悟就会自然发生。

继柯勒的顿悟学习试验之后，美国心理学家托尔曼（Tolman）与霍齐克（Honzik）于1930年所做的关于潜伏学习的试验，对行为主义的强化学习原理做了进一步反驳。该项实验发现，在既无正面强化也无负面强化的条件下，学习仍可以采用潜伏的方式发生。关于这一点，现实生活中的很多现象都可以对此提供支持。比如，在接触各种广告的过程中，消费者可能并没有有意识地对广告内容予以学习，在其行为上也未表现出受某则广告影响的迹象，但并不能由此推断消费者没有获得关于该广告的某些知识与信息。也许，当某一天消费者要达成某种目的时，会突然从记忆中提取源自该广告的信息，此时，潜伏的学习会通过外显行为表现出来。

（4）社会学习理论

社会学习理论又称观察学习理论，主要有美国心理学家班图纳（Bandura）所倡导。班图纳学习理论的一个最显著的特点就是强调学习过程中社会条件的作用，下面对他的这一理论作一简要介绍。

班图纳认为，人的许多行为都是通过观察学习而获得的。所谓观察学习或称替代学习，是"经由对他人的行为及其强化性结果的观察，一个人获得某些新的反应，或使现有的行为反应得到矫正，同时在此过程中观察者并没有外显性的操作示范反映。"观察学习具有以下特点：首先，观察学习并不必然具有外显的行为反应；其次，观察学习并不依赖直接强化，在没有强化作用的情况下，观察学习同样可以发生；第三，观察学习不同于模仿。模仿是指学习者对榜样行为的简单复制，而观察学习则是从他人的行为及其后果中获得信息，它可能包含模仿，也可能不包含模仿。例如，两辆汽车行驶在公路上，前一辆车不小心撞上了路桩，后一辆车急忙绕行，以避免和前一辆车碰撞。在这个例子中，后一辆车的司机的行为是观察学习的结果，但并不涉及任何模仿的因素。

3. 学习进程

人们的所有经验、知识都是通过学习得来的。个体学习的具体途径、方式和方法多种多样，每人、每时、每地的情况也有差异。但学习也有一些普遍的规律，这些规律在消费者消费活动的各个方面都有着不同程度的表现。

学习者的学习效果是以学习后正确反应的次数（比率）或在单位时间内完成操作的次数来衡量的。如果我们以学习的次数作为横坐标，以学习的效果为纵坐标，则学习曲线有下列两种典型情况。

（1）先快后慢

即学习初期效果大、进步快，随着练习次数的增加，进步逐渐缓慢。这种状况产生的原因多种多样，如动机、兴趣由强到弱，内容由易到难；学习者能力限制；学习开始可以利用一些已有的经验，到一定阶段经验影响减弱等，如图 3-2 所示。

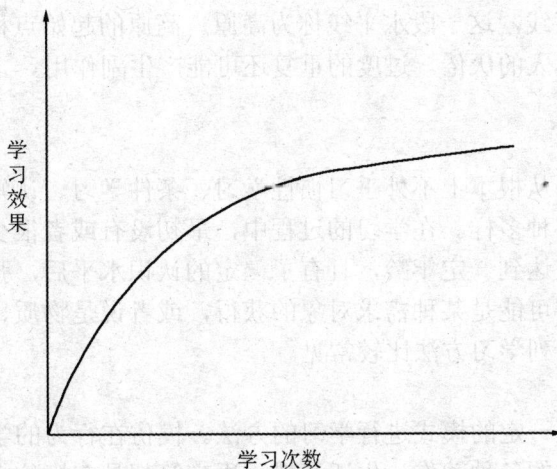

图 3-2　先快后慢的学习曲线

（2）先慢后快再慢

即刚开始学习时进步较慢，经过一定的学习次数后，进步变快。这可能是由于开始学习新东西时经验不丰富，甚至由于以前的经验对现在的学习起了阻碍作用，需要一段时间来适应新的情境，而在有相当经验后，学习的速度就会迅速提高。

不过，这样较快进步到一定程度，又会出现前一种曲线的情况，如图 3-3 所示。

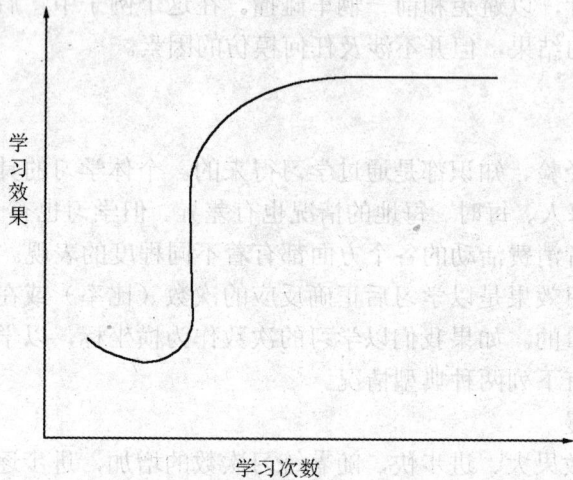

图 3-3　先慢后快再慢的学习曲线

无论是先慢后快还是先快后慢，学习效果到后来都在表面上相出现对停滞，我们称之为学习的高原现象。在学习曲线上表现为学习效果上升到某一程度后停滞不前，呈水平直线，这一段水平线称为高原。高原的起始点称为学习极限。这一阶段，学习引起人的厌倦。过度的重复还可能产生副作用。

4. 学习方法

消费者的学习从根本上不外乎习惯性学习、条件学习、认知学习几种。但是学习的具体方法多种多样。在学习的过程中，最初没有或者很少有自我意识的习惯化毋庸赘言，在达到一定年龄，且有了一定的认识水平后，强化因素的作用则是极为重要的，它可能是某种需求对象的获得，或者说是物质、心理上的满足。在这种情况下，下列学习方法比较常见。

（1）模仿法

模仿法即按照一定的模式进行学习的方法。模仿在行为的学习过程中起着重要作用。我们儿时的各种动作、生活习惯、语言等都是在模仿中学习的。模仿的情况大致有下列两种。

1）模仿可以是有意的、主动的，也可以是无意的、被动的。

2）模仿可以是重复的，也可以是主动的、有变化的。完全照原样模仿成为重复模仿；有所变化创新的模仿称之为主动的、有变化的模仿。

模仿行为在消费者的购买活动中大量存在。例如，在穿着方面，时装展示、表演在现代社会具有越来越大的影响。名人、明星的衣着打扮常常成为大众效仿的对象。因此，一些厂商、经销商经常会花大价钱请名人、明星做广告。

（2）试误法

消费者在积累经验的过程中，总是要经历一些错误的尝试，以后随着不断地反复，错误逐渐减少，成功逐渐增多。

试误不一定要亲身经历，从间接经验（别人的经验）中同样可以认识错误。消费中的错误是消费的失败、消费的不满足。导致消费失败的原因是多种多样的。企业的任务是尽量避免自己的产品、服务成为消费者消费失败的原因；相反，企业要尽量使消费者消费的满足与自己的商品、服务相关。

（3）发现法

所谓发现法，即消费者建立在对消费过程各方面的认识、发现的基础上的和其他主动应用自己头脑获得知识的一切方法。如某消费者在商店里对某种商品产生兴趣后，主动积极地收集有关的信息，或者当场询问售货员，或者经过一段时间留心，通过比较、判断最后做出决定。一般购买价格较高的商品时，用这种方法进行学习；而对小商品、日常用品则大多数用试误法完成学习。

（4）对比法

对比是人们认识事物很常用的一种方法。简单的对比比较直观，即使动物也会进行简单对比，当然与人的水平不一样。消费者在消费中的对比可以是消费的对象、方式、时间、地点，甚至是消费观念等因素，如果孤立地看可能是随机的，但是通过适当的消费需求调查分析，还是可以找到一定的统计规律。

消费对象的对比在消费者的消费行为活动中具有重要意义。对比的结果直接决定着消费者的消费选择和购买决策。因此，在竞争激烈的市场上，如何使自己的产品、服务在消费者的对比中脱颖而出，成为其首选，是企业经营的一个重点。

5．学习效果

由于消费者通过学习可以改变自身的某些行为方式，而这些行为方式的改变对于企业经营及商品销售具有直接意义，所以研究学习之后的效果是相当重要的一个问题。一般来说，学习之后对于原来的改变有四种效果。

（1）加强型学习

在一段时间的学习之后，加强了原来的行为，增加了行为的频率等，都属于加强型的学习效果。

（2）稳定型学习

由于学习消费某种商品或某一类型的商品之后，逐渐形成了一定的消费需要或消费习惯，这种行为方式逐渐地被稳定下来。比如，一个人抽烟，抽烟这种行为便成了他的一种习惯。形成消费习惯后，该消费者购买香烟这种商品的直接动机就不再是为了兴趣、炫耀或新奇等，而是出于习惯性的需要了。

（3）无效型学习

即不管怎么学习（是消费过这种商品也好，还是接受了大量的有关这种商品的信息也好），都没有改变它原来对待这种商品的行为方式，学习之后没有相应的效果。出现这种情况的原因可能是消费者长期没有这一方面的需要。

（4）削弱型学习

由于接受了商品的信息，了解到企业的某些特点，而削弱了原来的行为方式，或将原来的行为方式转变为另一种行为方式，如原来购买该商品的行为减少了或干脆中止了或不购买这种商品而去购买另一种商品了等。

第五节　消费者的情绪和意志

消费者的心理活动是一个完整的过程，其中除认识过程外，还包括情绪过程和意志过程。情绪和意志是两种相对对立的心理要素，有着各自独特的作用机制和表现形式，并在消费者的心理与行为活动中发挥着特殊的影响和制约的作用。

一、消费者的情绪过程

1. 情绪或情感

情绪或情感是人们对客观事物是否符合自己的需要时所产生的一种主观体验。消费者在从事消费活动时，不仅通过感觉、知觉、注意、记忆等认识消费对象，而且还对它们表现出一定的态度，根据其是否符合消费者主体的需要，消费者可能对之采取肯定的态度，也可能采取否定的态度。当采取肯定的态度时，消费者会产生喜悦、满意、愉快等内心体验；当采取否定的态度时，则会产生不满、忧愁、憎恨等内心体验。这些内心体验就是情绪或情感。

情绪或情感是一种十分复杂的心理现象。它包括五种基本类别：第一类是喜、怒、哀、乐等经常出现的基本情绪；第二类是痛楚、压迫等纯粹由感官刺激引起的情绪；第三类是自信、羞辱等与自我评价有关的情绪；第四类是爱、憎等与人际交往有关的情绪或情感；第五类是理智感、荣誉感、美感等与学识有关的情绪或情感。消费者的以上各种情绪都有不同形式的表现。

情绪或情感是人对客观事物的一种特殊反映形式，它的产生与认识过程一样，源于客观事物的刺激。当刺激达到一定强度时，便会引起人的相应体验，从而产生各种情绪反应。这种情绪反应不具有具体的现象形态，但可以通过人的动作、语气、表情等方式表现出来。例如，某消费者终于买到盼望已久的大屏幕彩电时，其面部表情和语气会表现出欣喜的特点；而当发现买回的商品存在质量问题时，又会表现出懊丧、气愤等表情。

从严格的意义上讲，情绪和情感是既有联系、又有区别的两种心理体验。情绪一般指与生理需要和较低级的心理过程（如感觉、知觉）相联系的内心体验。例如，消费者选购某品牌的香水时，会对它的颜色、香型、包装造型等可以感知的外部特征产生积极的情绪体验。情绪一般由当时特定的条件所引起，并随着条件的变化而变化。所以情绪表现的形式是比较短暂和不稳定的，具有较大的情景性和冲动性。某种情景一旦消失，与之有关的情绪就立即消失或减弱。情感是指与人的社会性需要和意识紧密联系的内心体验，如理智感、荣誉感、道德感、美感等。它是人们在长期的社会实践中，受到客观事物的反复刺激而形成的内心体验。与情绪相比，情感具有较强的稳定性和深刻性。在消费活动中，情感对消费者心理和行为的影响相对长久和深远。例如，对美感的评价标准和追求，会驱使消费者重复选择和购买符合其审美观念的某一类商品，而排斥其他商品。情绪的变化一般受已经形成的情感的制约；而离开具体的情绪过程，情感及其特点则无从表现和存在。因此，在某种意义上可以说，情绪是情感的外在表现，情感是情绪的本质内容。实际中二者经常作同义词使用。

　　2. 消费者情绪的表现形式

　　（1）根据情绪 发生的强度、速度、持续时间的长短和稳定性方面的差异来划分

　　现实生活中，消费者表现出来的情绪类形是多种多样的，同一种情绪所具有的强度在不同场合也有一定的差别。根据情绪发生的强度、速度、持续时间的长短和稳定性方面的差异，可以将情绪的表现形式划分为以下四种。

　　1）激情。激情是一种猛烈的、迅速爆发、持续时间短暂的情绪体验，如狂喜、暴怒、恐怖、绝望等。激情具有瞬息性、冲动性和不稳定性的特点，发生时往往伴有心理状态的变化。消费者处于激情状态时，其心理活动和行为表现会出现失常现象，理解力和自制力也会显著下降，以致作出非理性的冲动式购买。

　　2）热情。热情是一种强有力、稳定、深沉的情绪体验，如向往、热爱、嫉妒等。热情具有持续性、稳定性和行动性的特点，它能够控制人的思想和行为，推动人们为实现目标而长期不懈地努力。例如，一名书画收藏家，为了不断增加藏品，以满足自己的爱好，可以常年累月压缩其他生活开支，甚至借钱来购买收藏品。

　　3）心境。心境是一种比较微弱、平静而持久的情感体验。它具有弥散性、持久性和感染性的特点，在一定时期内会影响人的全部生活，使语言和行为都感染上某种色彩。在消费活动中，良好的心境会提高消费者对商品、服务、使用环境的满意程度，从而推动积极的购买行为；相反，不良的心境会使人对诸事感到厌烦，或拒绝购买任何商品，或专买用以排愁解闷的商品。

　　4）挫折。挫折是一种在遇到障碍又无法排除时的情绪体验，如怨恨、懊丧、意志消沉等。挫折具有破坏性、感染性的特点。消费者如果处于挫折的情绪状态

下，会对商品宣传、促销劝说等采取抵制态度，甚至迁怒于销售人员或采取破坏行动。

（2）根据情绪表现的方向和强度来划分

就情绪表现的方向和强度而言，消费者在购买过程中所表现出的情绪，还可以分为积极、消极和双重等三种类型。

1）积极情绪。如喜欢、欣慰、满足、快乐等。积极情绪能增强消费者的购买欲求，促成购买行动。

2）消极情绪。如厌烦、不满、恐惧等。消极情绪会抑制消费者的购买欲求，阻碍购买行为的实现。

3）双重情绪。在许多情况下，消费者的情绪并不简单地表现为积极或消极，如满意或不满意、信任或不信任、喜欢或不喜欢等，而经常表现为既喜欢、又怀疑，基本满意、又不完全称心等双重性。例如，消费者对所购买商品非常喜爱，但价格过高又感到有些遗憾。又如，由于营业员十分热情，消费者因盛情难却而买下不十分满意的商品。双重情绪的产生是由于消费者的情绪体验主要来自商品和营业员两个方面。当二者引起的情绪反应不一致时，就会出现两种相反情绪并存的现象。

3. 消费者购买活动的情绪过程

消费者在购买活动中的情绪过程大体可分为四个阶段。

1）悬念阶段。在这一阶段，消费者产生了购买需求，但并未付诸购买行动。此时，消费者处于一种不安的情绪状态。如果需求非常强烈，不安的情绪会上升为一种急切感。

2）定向阶段。在这一阶段，消费者已面对所需要的商品，并形成初步印象。此时，情绪获得定向，即趋向喜欢或不喜欢、满意或不满意。

3）强化阶段。如果在定向阶段消费者的情绪趋向喜欢和满意，那么这种情绪现在会明显强化，强烈的购买欲望迅速形成，并可能促成购买决策的制定。

4）冲突阶段。在这一阶段，消费者对商品进行全面评价。由于多数商品很难同时满足消费者多方面的需求，因此，消费者往往要体验不同情绪之间的矛盾和冲突。如果积极的情绪占主导地位，就可以作出购买决定。

二、消费者的意志过程

1. 意志及其特征

意志是指个体自觉地确定目的，根据目的调节和支配行动，努力克服困难，实现预定目标的心理过程。在消费活动中，消费者除对商品进行认识和情绪体验外，还要经历意志过程。只有经过有目的、自觉地支配和调节行动，努力排除各种干扰因素的影响，才能使预定的购买目标得以实现。如果说消费者对商品的认识活动是由外部刺激向内在意识的转化，那么，意志活动则是内在意识向外部行动的转化。只有实现这一转化，消费者的心理活动才能现实地支配其购买行为。

消费者购买商品的意志过程有三个基本特征。

（1）有明确的购买目的

消费者在购买过程中的意志活动是以明确的购买目的为基础的。因此，在有目的的购买行为中，消费者的意志活动体现得最为明显。通常，为满足自身的特定需要，消费者经过思考预先确定了购买目标，然后自觉、有计划地按照购买目标支配和调节购买行动。

（2）与排除干扰和克服困难相联系

现实生活中，消费者为达到既定目的而必须排除的干扰和克服的困难是多方面的。例如，时尚与个人情趣的差异，支付能力有限与商品价格昂贵的矛盾、售货方式落后和服务质量低劣所造成的障碍等。这就需要消费者在购买活动中，既要排除思想方面的矛盾、冲突和干扰，又要克服外部社会条件方面的困难。所以，在购买目的确定后，为达到既定目标，消费者还要作出一定的意志努力。

（3）调节购买行为的全过程

意志对行动的调节，包括发动行为和制止行为两个方面。前者表现为积极的情绪推动消费者为达到既定目标而采取的一系列行动；后者则抑制消极的情绪，制止与达到既定目标相矛盾的行动。这两方面的统一作用，使消费者得以控制购买行为发生、发展和结束的全过程。

2. 消费者购买中的意志过程

在购买活动中，消费者的意志表现为一个复杂的作用过程，其中包括作出购买决定、执行购买决定、体验执行效果等三个相互联系的阶段。

（1）作出购买决定阶段

这是消费者购买活动的初始阶段。这一阶段包括购买目的的确定、购买动机的取舍、购买方式的选择和购买计划的制定，实际上是购买前的准备阶段。消费者从自身需求出发，根据自己的支付能力和商品的供应情况，分清主次、轻重、缓急，作出各项决定，即确定是否购买和购买的顺序等。

（2）执行购买决定阶段

在这一阶段，购买决定转化为实际的购买行动，消费者通过一定的方式和渠道购买到自己所需的商品。当然，这一转化过程在现实生活中不会是很顺利的，往往会遇到一些障碍需要加以排除。所以，执行购买决定是消费者意志活动的中心环节。

（3）体验执行效果阶段

完成购买行为后，消费者的意志过程并未结束。通过对商品的使用，消费者还要体验执行购买决定的效果，如商品的性能是否良好，使用是否方便，外观与使用环境是否协调，实际效果与预期是否接近等。在上述体验的基础上，消费者将评价购买这一商品行为是否明智。这种对购买决策的检验和反省，对今后的购买行为有着重要意义，它将决定消费者今后是重复还是拒绝、是扩大还是缩小对该商品的购买。

在经过上述各阶段的基础上，消费者完成了从认识、情绪，到意志的整个心理活动过程。如前所述，认识、情绪、意志等心理活动过程以及感觉、知觉、注意、记忆、思维、想像、学习等心理机能存在于所有消费者的各种消费活动中，是一切消费行为活动共有的心理基础，因而体现了消费者心理的共性和一般性。

小　结

本章主要以心理学为基础，介绍了消费者行为中的认知、注意、记忆、思维、想像、联想、学习和情绪等方面的知识。

1）消费者对产品的认识首先来源于感觉，感觉是人脑对直接作用于感觉器官的客观事物个别属性的反映。它具有特殊的表现形态和作用方式，包括感受性和感觉阈限，感觉适应和联觉等。知觉是指人脑对直接作用于感觉器官的客观事物个别属性的整体反映。感觉和知觉既紧密联系又相互区别。知觉由于受到消费对象特征和个人主观因素的影响，从而具有某些独有的特性，具体表现在选择性、理解性、整体性、恒常性等方面。

错觉又称知觉歪曲，它是由于某些因素的作用，人们的知觉偏离事物的本来面目，发生歪曲。引起错觉的原因是多方面的。错觉并非绝对无益，如果巧妙运用，可以得到积极的效果。

2）消费者注意是指在消费过程中，消费者经常需要把心理活动（如感知力、记忆力、思考力等）指向并集中于特定对象的现象。消费者注意具有选择功能、维持功能和加强功能。根据消费者有无目的以及是否需要意志努力，可以将注意分为无意注意、有意注意、有意后注意等三种形式。在消费活动中，消费者的注意经常表现出一系列活动特征，诸如范围、分配等。这些特征使得注意在消费者的心理活动中具有重要作用。

3）记忆是过去经验在人脑中的反映。消费者记忆过程包括识记、保持、回忆、再认等几个基本环节。消费者的记忆有多种不同的类型。消费者遗忘是指对识记过的事物不能再认或回忆，或者表现为错误的再认或回忆。有关的遗忘的假说有两种，即衰退说和干扰说。认识消费者遗忘规律，有助于企业有针对性地采取措施，提高营销效果。

4）思维是人脑对客观现实的间接和概括的反映，是揭示事物本质特征的理性认识过程。思维具有间接性、概括性等特点。思维与感觉、知觉有显著区别。根据不同的分类标准，可以把思维分为不同的类型，如动作思维、形象思维和抽象思维；聚合思维和发散思维；直觉思维和分析思维；常规性思维和创造性思维。

5）表象指事物不在眼前时，头脑中出现的关于事物的形象，它是人脑中的知觉痕迹经信息加工后的再现。表象具有直观性和概括性等特征。表象可以分为记忆表象和想像表象；或者分为视觉表象、听觉表象、动觉表象、嗅觉表象、味觉表象、触觉表象等。

想像是在表象基础上建立和发展起来的，它是人脑对已有表象进行加工改造而创造新形象的过程。根据想像的目的性和计划性，可分为随意想像和不随意想像。随意想像包括再造想像，创造想像和幻想三种形式。消费者的想像在一定程度上支配了消费行为，企业可以根据这一特点，有针对性地设计企业形象和定位。

6）联想是由一种事物想到另一种事物的心理活动过程，一般性联想规律主要包括接近联想、类似联想、对比联想和因果联想，除此之外，还有一种形式的联想是特殊联想。联想的主要表现形式有色彩联想和音乐联想。

7）学习是某种体验（如直接经验，间接经验）所产生的一种相对持久的行为变化，是通过神经系统不断接受环境变化信息，获得新的行为模式的过程。学习理论主要有巴普洛夫提出的经典性条件反射理论；美国著名心理学家斯金纳提出的操作性条件反射理论；德国心理学家柯勒提出的认知学习理论；美国心理学家班图纳所倡导的社会学习理论。学习曲线有"先快后慢"和"先慢后快再慢"两种典型情况。比较常见的学习方法有模仿法、试误法、发现法和对比法。学习之后对于原来的改变有四种效果，即加强型学习、稳定型学习、无效型学习和削弱型学习。

8）消费者的心理活动除认识过程外，还包括情绪过程和意志过程。情绪或情感是人们对客观事物是否符合自己的需要时所产生的一种主观体验，包括五种基本类别。严格来讲，情绪和情感是既有联系、又有区别的两种心理体验：情绪是情感的外在表现，情感是情绪的本质内容。情绪的表现形式有以下四种：激情、热情、心境和挫折。消费者在购买过程中所表现出的情绪，可以分为积极、消极和双重等三种类型。情绪过程大体可分为四个阶段：悬念阶段、定向阶段、强化阶段和冲突阶段。

9）意志是指个体自觉地确定目的，根据目的调节和支配行动，努力克服困难，实现预定目标的心理过程。消费者意志过程有三个基本特征：有明确的购买目的、与排除干扰和克服困难相联系和调节购买行为的全过程。在实际购买活动中，消费者的意志表现为一个复杂的作用过程，其中包括做出决定、执行决定、体验执行效果等三个相互联系的阶段。

思　考　题

1. 举出几个例子，说明消费者在实际购买活动中感受性、感觉阈限、感觉适应和联觉是如何发挥作用的。

2. 感觉和知觉有何联系和区别？

3. 消费者是如何形成对产品质量的知觉的？了解这方面的知识对企业开展营销活动有何意义？

4. 根据消费者注意有关理论，讨论一下企业如何利用这一理论来指导实际的营销活动。

5. 记忆在消费者购买过程中有何作用？

6. 企业如何认识和利用消费者遗忘规律来提高营销活动的有效性？

7. 根据思维的创新程度，思维可分为哪些类型？

8. 学习的一般特点有哪些？学习对消费者的经验积累有何影响？

9. 描述在实际购买活动中消费者意志作用的过程。

第四章 消费者的个性、自我概念与生活方式

第一节 个性心理与消费爱好

个性在心理学中也称为人格，是指个体带有倾向性的、比较稳定的、本质的心理特征的总和。它是个体独有的并与其他个体区别开来的整体特性。正如自然界没有两片完全相同的树叶，人类没有完全相同的面孔一样，世界上也没有两个人具有完全相同的个性。在消费实践中，正是由于个性的绝对差异性，决定了消费者心理特征和行为方式的千差万别，同时显示出各个消费者独有的个人风格和特点。例如，面对消费时尚，有的消费者亦步亦趋，从众逐流；有的则固守己见，不为潮流所动。选购商品时，有的消费者审慎考虑，独立决策；有的则盲目冲动，缺乏主见。如此纷繁复杂的行为表现，正是消费者个性心理作用的结果。

心理学认为，人的个性是在先天生理素质的基础上，在后天社会环境的影响下，通过其本身的实践活动逐步形成和发展起来的。这里的生理素质是个性心理的生物属性，是人生来就有的解剖生理特点，主要包括感觉器官、运动器官、神经系统等的特点和类型。生理素质通过遗传获得，是个性心理产生的物质基础。后天实践则是个性心理的社会属性。个人所处社会环境、生活经历、家庭影响等方面的因素，对个性心理的形成、发展和转变具有决定性的作用。正是由于先天遗传因素与后天社会环境的不同，决定了消费者个性心理各个相异。

个性作为反映个体基本精神面貌的本质的心理特征，具有相对稳定性、可变性、整体性、独特性或差异性等基本特性。这些特性在消费者的个性心理中同样明显地显现出来。个性的相对稳定性是指经常表现出来的表明消费者个人精神面貌的心理倾向和心理特点。偶尔的、一时的心理现象，不能说明消费者的全部特征和面貌。但稳定性并不意味着一成不变，随着环境的变化、年龄的增长和消费实践活动的改变，个性也是可以改变的。正是个性的可变性特点，才使消费者的个性具有发展的动力。个性的整体性是指消费者的各种个性倾向、个性心理特征以及心理过程，不是彼此分割、孤立的，而是有机地联系在一起、紧密结合，相互依赖，并形成个性的整体结构。个性的独特性是指某一具体的、不同于他人的精神风貌。正是这些独具的精神风貌，使不同消费者的个性带有明显的差别性。

从内部结构看，消费者的个性心理主要由个性倾向性和个性心理特征两部分组成。所谓个性倾向性，是指个人在与客观现实交互作用的过程中，对事物的看法、态度和倾向。具体包括需要、动机、兴趣、爱好、态度、理想、信念、价值观等。个性倾向性体现了人对社会环境的态度和行为的积极特征，对消费者心理

的影响主要表现在心理活动的选择性，对消费对象的不同态度体验，以及消费行为模式上。

个性心理特征是能力、气质、性格等心理机能的独特结合。其中能力体现个体完成某种活动的潜在可能性特征；气质显示个体心理活动的动力特征；个性则反映个体对现实环境和完成活动的态度上的特征。上述三者的独特结合，构成个性心理的主要方面。研究消费者的个性心理与其行为的关系，主要就是研究不同消费者在能力、气质、性格方面的差异及其在消费行为上的反映。

第二节　　消费者的兴趣与能力

一、兴趣的本质与特点

兴趣是指一个人积极探索某种事物的认识倾向。当一个人经常主动地观察某种事物时，我们就说他对这一事物产生了兴趣。所以说，兴趣不是天生的，它是在社会实践活动中产生和发展起来的。

需要是兴趣产生和发展的基础。由于人们的需要是多种多样的，因此，兴趣的内容也十分广泛。但是，由一般生理性需要所引发的兴趣是暂时的，需要得到满足后，兴趣就会消失或转化。而建立在高层次需要基础上的兴趣，是较为长远和持久的。一般随认识的不断加深，兴趣会更加强烈和浓厚。

兴趣也与注意密切相关。如果我们对某一事物有兴趣，常常表现为特别注意它，对事物的了解也就越多。有时也表现为某事或某物引起了我们的注意，由此引发了好奇，产生了兴趣。可以说，凡是能引起人们兴趣的事物必然能引起人们的注意，但引人注意的东西却不一定引起人们的兴趣。

在社会实践活动中，人们的兴趣是多种多样的。

首先，根据兴趣的内容或倾向性，可以把兴趣分为：物质的兴趣和精神的兴趣。物质的兴趣是指人们对物质产品的兴趣，如对衣、食、住、用商品的渴望。精神兴趣是指人们为满足精神要求而形成的态度倾向，如对文学艺术的爱好等。

其次，根据兴趣与不同对象的关系，兴趣可以分为直接兴趣与间接兴趣。直接兴趣是指对事物和活动过程本身的兴趣，如消费者在商店看到一套漂亮的时装，引起了要购买的欲望。间接兴趣是指人们对某种事物本身并没有兴趣，而对这种事物可能导致的预想结果感兴趣。如消费者对某一商品引起注意并不一定是喜欢商品本身，可能是预想使用这种商品会提高自己的身价。

最后，根据人们的意识对兴趣参与的程度不同，可把兴趣分为情趣和志趣。情趣是指感情作用于兴趣的结果，一般体现在人们对某一事物或某项活动的喜爱和追求上。如消费者喜欢某一商品，尽管他目前并不需要，但他还是买下它。志趣是指意志作用于兴趣的结果，它可以使人的兴趣保持长久。如集邮爱好者总是千方百计收集甚至不惜花高价购买邮票。所以，这种兴趣人们也称之为爱好。

尽管兴趣可以分为各种类型，但都有以下共同的特点。

1. 兴趣的倾向性

这是指兴趣指向的具体对象。人们的任何兴趣都是针对一定的事物而发生的。至于人们的兴趣对象是什么却因人而异，差别极大。如调查中发现许多女性消费者对逛商店，买东西有极大的兴趣，把这看成是一种消遣或享受。国外诸多女性享有"购物狂"的称号。而大部分男性消费者将逛商场购物视为负担。

2. 兴趣的广泛性

这是指兴趣所包括的具体对象的范围。有的人兴趣单一，对事物的关注与指向特别集中；有的人则兴趣广泛，对许多事物都容易产生好奇。在购买活动中，兴趣贫乏的消费者联想、想像力里都较差，行为活动也比较教条。而兴趣广泛的消费者想像力和接受力都很好，常常能高质量地完成购买行为。

3. 兴趣的稳定性

这是指兴趣持续时间的长短。人们对各种事物所产生的兴趣、既可能长久不变，也可能经常改变。如缺乏稳定兴趣的顾客，在选购商品时容易见异思迁、喜新厌旧、而兴趣稳定的顾客则对商品了解细致深入，购买活动有条不紊。

4. 兴趣的效果性

这是指兴趣对人的活动所产生的结果。有些人兴趣的能动性比较好，一旦对某一事物产生了兴趣，就会迅速地把兴趣变为行动，产生一定的结果。但有些人的兴趣却缺乏推动活动的力量，往往会停留在好奇和期望状态中，不能产生实际效果。

二、兴趣与消费者购买行为

兴趣对人的行为活动有着重要的影响，它可以使人积极主动地认识、了解外界客观事物，更有效地参与社会活动。兴趣对购买行为的影响主要有以下三点。

1. 兴趣有助于消费者积极认识商品，促发购买动机

从心理学上讲，兴趣具有很大的动机成分。在许多情况下，人们是为了兴趣的缘故进行活动，满足兴趣就成为活动的动力。消费者在购买商品时，常常没有明确的目的，在许多情况下凭兴趣选择商品。我们经常在商场中见到一些顾客在商场漫步浏览时，突然被某个商品吸引住了，说明他对这一商品产生了兴趣。在兴趣的作用下，他很可能详细了解商品的具体情况，导致购买行为的产生。一般

认为，消费者兴趣越浓厚，动机形成越迅速，作用越大。国外消费者行为研究专家指出，消费者购买活动中的舆论指导者对商品的兴趣要大大高于舆论接受者。由于他对商品的兴趣，可能获得更多的信息，其他人也会把他看成是舆论指导的权威。

2. 兴趣使消费者具有不同的偏好，选择不同的商品

俗话说："穿衣戴帽，各好一套。"这是说人们对事物都有各自不同的爱好。这种爱好是在兴趣的基础上形成和发展的。比如，有人对音乐有兴趣，并付诸一定的行动；有人经常参加体育活动，我们说他爱好体育。消费者在购买商品时，其兴趣更是千差万别；各有所好。国外学者曾对兴趣与商品牌号的偏好提出许多研究报告，并指出：兴趣是影响消费者偏好某品牌商品的主要因素。如极端偏爱，表示消费者持续购买某一品牌的商品，甚至会千方百计地克服购买困难而不改变用其他品牌。

专家们认为，这种极端偏爱实际上是一种消费习惯，它是兴趣稳定性和集中性的极端表现，这在性格固执的消费者身上尤为明显。当然，也有人认为，没有偏爱的购买行为是兴趣广泛的极端表现。现在，在市场营销活动中所体现的消费者购买行为个性化趋势，进一步反映出随着消费者素质的提高，经济收入的增加，兴趣越来越作用于购买行为，人们可以随心所欲地购买各种自己喜欢的商品。企业也要适应这种个性化的消费者市场，不仅创造出更多的个性化产品，更要利用人们的个性化心理，引导消费。

3. 兴趣使消费者集中精力获得各种知识，更好地完成购买活动

兴趣是人们积极探究某种事物的认识倾向。所以，人们做某件事的兴趣越浓厚，行动积极性就越高。当消费者积极为购买活动做准备时，他的思想就会活跃起来，注意力也放到与活动有关的事物上来，收集商品信息、确定购物地点、选择付款方式等，这时消费者购买的积极性也会大大提高。当活动遇到困难时，兴趣还有助于消费者克服困难、排除阻力，完成购买行为。长此以往，消费者就会积累更多的经验，兴趣也有助于稳定动机，促发更多的类似购买行为。

三、消费者的能力与行为

心理学研究指出，人的知觉、思维等心理机能是在从事各种实际活动的过程中实现的。为了顺利、成功地完成这些活动，人们必须具备相应的能力。所谓能力，就是指能顺利完成某种活动所必须具备的并直接影响活动效率的个性心理特征。在实践中，任何单一能力都难以完全胜任某种活动。要成功地完成一项活动，往往需要具备多种能力。活动的内容、性质不同，对能力的构成要求也有所不同。此外，能力的水平高低会影响个人掌握活动的快慢、难易和巩固程度，从而直接影响活动的效率与效果。由此，在同一活动中，能力的综合构成与活动的要求相符，并具有较高水平的，往往可以取得事半功倍的效果；反之，则会事倍功半。

人的能力是由多种具体能力构成的有机结合体。其中根据作用方式的不同，可以分为一般能力和特殊能力。所谓一般能力是顺利完成各种活动所必须具备的基本能力，如观察能力、记忆能力、思维能力、想像力等。具备一般能力，是从事各种活动的前提条件。特殊能力是顺利完成某些特殊活动所必须具备的能力，如创造力、鉴赏力、组织领导能力等。这些能力是从事音乐、绘画、领导等特殊或专业活动所必不可少的。

根据在能力结构中所处地位的不同，可以将各种能力区分为优势能力和非优势能力。所谓优势能力是指在能力结构中处于主导地位，表现最为突出的能力。非优势能力则是处于从属地位，表现比较微弱的能力。优势与非优势能力在每个人身上相比较而存在。任何人都不可能是全才，但只要具备某一方面的优势能力，同样可以取得成功。

人与人之间在能力上存在着个别差异。

第三节　气质、性格与消费者行为

一、气质学说与类型

长期以来，心理学家对气质这一心理特征进行了多方面的研究，从不同角度提出了各种气质学说，并对气质类型作了相应分类。

1. 主要的气质学说

1）体液说。古希腊的著名医师希波克拉底（Hippocrates）最早提出气质的体液学说，认为人体的状态是由体液的类型和数量决定的。他通过临床实验提出，这些体液类型有四种：即血液、黏液、黄胆汁、黑胆汁。根据每种体液在人体内所占比例不同，可以形成四种气质类型。血液占优势的属于多血质，黏液占优势的属于黏液质，黄胆汁占优势的属于胆汁质，黑胆汁占优势的属于抑郁质。希波克拉底还详细描述了四种典型气质的行为表现。由于它的理论较易理解，所以这一分类方法至今仍为人们所沿用，但其关于体液存在的观点始终未得到生理学和现代医学的验证。

2）血液说。日本学者古川竹二等人认为气质与人的血型有一定的联系，四种血型即 O 型、A 型、B 型、AB 型，分别构成气质的四种类型。其中 O 型气质的人意志坚强、指向稳定、独立性强、有支配欲，积极进取；A 型气质的人性情温和、老实顺从、孤独害羞、情绪波动、依赖他人；B 型气质的人感觉灵敏、大胆好动、多言善语、爱管闲事；AB 型气质的人则兼有 A 型和 B 型的特点。这种理论在日本较为流行。

　　3）体形说。德国的精神病学家克瑞奇米尔（Kertschmer）根据临床观察研究，认为人的气质与体形有关。属于细长体形的人具有分裂气质，表现为不善交际、孤僻、神经质、多思虑；属于肥胖体形的人具有躁狂气质，表现为善于交际，表现活跃，热情；属于筋骨体形的人具有黏着气质，表现为迷恋、一丝不苟、情绪有暴发性。

　　4）激素说。这种学说认为人体内的各种激素在不同的人身上有着不同的分布水平。某种激素水平较高，人的气质就带有某种特点。例如，甲状腺激素水平高的人，容易精神亢奋，好动不安。

　　5）高级神经活动类型说。心理学家巴甫洛夫通过对高等动物的解剖实验，发现大脑两半球皮层和皮层下部位的高级神经活动在心理的生理机制中占有重要地位。皮层的细胞活动有两个基本过程：兴奋和抑制。兴奋过程引起和增强皮层细胞及相应器官的活动；抑制过程阻止皮层的兴奋和器官的活动。这两种神经过程有三大基本特性，即强度、平衡性、灵活性。所谓强度，是指大脑皮层细胞经受强烈刺激或持久工作的能力；平衡性是指兴奋过程的强度和抑制过程的强度之间是否相当；而灵活性是指对刺激的反应速度和兴奋过程的强度与意志过程相互替代、转换的速度。巴甫洛夫根据上述特性的相互结合提出高级神经活动类型的概念，并据此划分出高级神经活动的四种类型：即兴奋型、活泼型、安静型、抑制型。并指出所谓气质就是高级神经活动类型的特点在动物和人的行为中的表现。

　　具体来说，兴奋型的人表现为兴奋过程时常占据优势，且与抑制过程不平衡，情绪易激动，暴躁而有力，言谈举止有狂热表现。活泼型的人神经活动过程平衡，强度和灵活性都高，行动敏捷而迅速，兴奋与抑制之间转换快，对环境的适应性强。安静型的人其神经活动过程平衡，强度高但灵活性较低，反应较慢而深沉，不易受环境因素影响，行动迟缓而有情绪性。抑制型的人其兴奋和抑制两种过程都很弱，且抑制过程更弱一些，难以接受较强的刺激，是一种胆小而容易伤感的类型。

　　由于巴甫洛夫的结论是在解剖实验基础上得出的，并得到后人的研究证实，因而具有较强的科学依据。同时由于各种神经活动类型的表现形式与传统的体液说有对应关系，因此，人们通常把二者结合起来，以体液说作为气质类型的基本形式，而以巴氏的高级神经活动类型说作为气质类型的生理依据。

　　2. 基本气质类型

　　基于以上认识，我们可以把消费者的气质类型划分为以下四种基本类型。

　　1）胆汁质。这种气质的人的高级神经活动类型属于兴奋型。其情绪兴奋性高、抑制能力差、反应速度快、直率热情、精力旺盛、但不灵活、脾气暴躁、容易冲动、心境变化剧烈。

2）多血质。这种气质的人高级神经活动类型属于活泼型。一般表现为情绪兴奋性高，外部表露明显，反应速度快而灵活、活泼好动、动作敏捷、喜欢交往、乐观开朗、兴趣广泛而不持久、注意力易转移、情感丰富但不够深刻稳定。

3）黏液质。这种气质的人高级神经活动类型属于安静型。他们的情绪兴奋性低，外部表现少、反应速度慢、一般表现为沉静安详、少言寡语、动作迟缓、善于克制忍耐、情绪不外露、做事踏实、慎重细致、但不够灵活、易固执己见。

4）抑郁质。这种气质的人高级神经活动类型属于抑制型。其特性为情绪兴奋性低、反应速度慢而不灵活、具有刻板性、敏感细腻、脆弱多疑、孤僻寡欢、对事物反应较强、情感体验深刻、但很少外露。

应当指出的是，上述四种类型是气质的典型形态。现实当中，大多是消费者的气质介于四种类型的中间状态，或以一种气质为主，兼有另一种气质的特点，即属于混合型气质。

二、气质与消费者行为

消费者不同的气质类型会直接影响和反映到他们的消费行为中，使之显现出不同甚至截然相反的行为方式、风格和特点。概括起来，大致有如下几种对应的表现形式。

1. 主动型和被动型

在购买现场，不同气质的消费者其行为主动与否会有明显差异。多血质和胆汁质的消费者通常主动与售货员进行接触，积极提出问题并进行咨询，有时还会主动征询其他在场顾客的意见，表现十分活跃。而黏液质和抑郁质的消费者则比较消极被动，通常要由售货员主动进行询问，而不会首先提出问题，因而不太容易沟通。

2. 理智型和冲动型

在购买过程中，消费者的气质类型差异对购买行为方式有显著影响。黏液质的消费者比较冷静慎重，能够对各种商品的内在质量加以细致的选择比较，通过理智分析作出购买决定，同时善于控制自己的感情，不易受广告宣传、外观包装及他人意见的影响。而胆汁质的消费者容易感情冲动，经常凭个人的兴趣、偏好，以及对商品外观的好感选择商品，而不过多考虑商品的性能与实用性，他们喜欢追求新产品，容易受广告宣传及购买环境的影响。

3. 果断型和犹豫型

在制定购买决策和实施购买时，气质的不同会直接影响消费者的决策速度与购买速度。多血质和胆汁质的消费者心直口快，言谈举止比较匆忙，一旦见到自己满意的商品，往往会果断地作出购买决定，并迅速实施购买，而不愿花费太多时间去比较选择。抑郁质和黏液质的消费者在挑选商品时则优柔寡断，十分谨慎，动作比较缓慢，挑选的时间也比较长，在决定购买后易发生反复。

4. 敏感型和粗放型

在购买体验方面，消费者的气质不同，体验程度会有明显差异。黏液质和抑郁质的消费者在消费体验方面比较深刻，他们对购买和使用商品的心理感受十分敏感，并直接影响到心境及情绪，在遇到不满意的商品或受到不良服务时，经常作出强烈的反应。相对而言，胆汁质和多血质的消费者在消费体验方面不十分敏感，他们不过分注重和强调自己的心理感受，对于购买和使用商品的满意程度不十分苛求，表现出一定程度的容忍。

三、消费者的性格特征与行为差异

（一）性格的含义与特征

1. 性格的含义

性格一词源于希腊语，原意为"印记"、"特色"、"记号"、"标示"，主要用来表示事物的特性。在现代心理学中，性格是指个人对现实的稳定态度和与之相适应的习惯化的行为方式。性格是个性心理特征中最重要的方面，它通过人对事物的倾向性态度、意志、活动、言语、外貌等方面表现出来，是人的主要个性特点（即心理风格）的集中体现。人们在现实生活中显现的某些一贯性的态度倾向和行为方式，如大公无私、勤劳、勇敢、自私、懒惰、沉默、懦弱等，即反映了自身的性格特点。

性格有时易与气质混为一谈。实际上二者既有联系，又有区别。气质主要指个体情绪反应方面的特征，是个性内部结构中不易受环境影响的比较稳定的心理特征；性格除了包括情绪反应的特征外，更主要地还包括意志反映的特征，是个性结构中较易受环境影响的可变的心理特征。另一方面，性格与气质又相互影响、互为作用。气质可以影响性格特征的形成和发展速度，以及性格的表现方式，从而使性格带有独特的色彩。性格则对气质具有重要的调控作用，它可以在一定程度上掩盖或改造气质，使气质的消极因素受到抑制，积极因素得到发挥。

人的性格是在生理素质的基础上，在社会实践活动中逐渐形成和发展起来的。由于先天生理素质如高级神经活动类型、神经系统的暂时神经联系、血清素和甲肾上激素的比例等各不相同，后天所处的社会环境及教育条件千差万别，因而人们的性格存在着明显差异。这种差异性是绝对的，也是性格最本质的属性之一。此外，由于性格的形成主要取决于后天的社会化过程，而社会环境是不断变化的，因此，性格虽然也是一种比较稳定的心理特征，但与气质相比更易于改变，即具有较强的可塑性。

性格是带有一定社会倾向性的个性品质。性格虽然并非个性的全部，但它却是表现一个人的社会性及基本精神面貌的主要标志，因而具有社会评价意义，在个性结构中居于核心地位，是个性心理特征中最重要的方面。

2. 性格的特征

性格是十分复杂的心理构成物，包含多方面的特征。一个人的性格正是通过不同方面的性格特征表现出来，并由各种特征有机结合，形成独具特色的性格统一体。性格的基本特征包括以下四个方面。

1）性格的态度特征。即表现个人对现实的态度倾向性特点，如对社会、集体、他人的态度；对劳动、工作、学习的态度；对自己的态度等。

2）性格的理智特征。即表现心理活动过程方面的个体差异的特点，如在感知方面，是主动观察型还是被动感知型；在思维方式方面，是具体罗列型还是抽象概括型，是描绘型还是解释型；在想像力方面，是丰富型还是贫乏型。

3）性格的情绪特征。即表现个人受情绪影响或控制情绪程度状态的特点，如个人受情绪感染和支配的程度，情绪受意志控制的程度，情绪反应的强弱、快慢、情绪起伏波动的程度，主导心境的程度等。

4）性格的意志特征。即表现个人自觉控制自己的行为及行为努力程度方面的特征，如是否具有明确的行为目标；能否自觉调试和控制自身行为；在意志行动中表现出的是独立性还是依赖性；是主动性还是被动性；是否坚定、顽强、忍耐、持久等。

上述性格特征，反映在消费者对待商品的态度和购买行为上，就构成了千差万别的消费性格。例如，在消费观念上，是简朴节约还是追求奢华；在消费倾向上，是求新还是守旧；在认知商品上，是全面准确还是片面错误；在消费情绪上，是乐观冲动还是悲观克制；在购买决策上，是独立还是依赖；在购买行动上，是坚定明确、积极主动，还是动摇盲目、消极被动。这些差异都表现出不同的消费性格。

（二）性格理论与类型

鉴于性格在个性结构中的重要地位，长期以来，许多心理学家高度重视对性格理论的研究，并尝试从不同角度对人的性格类型进行划分。这些理论和分类方法对研究消费者的性格类型具有重要的指导意义和借鉴作用。有关学说中比较主要的有以下几种。

1. 即能类型说

这种学说主张根据理智、情绪、意志等三种心理机能在性格结构中所占的优势地位来确定性格类型。其中以理智占优势的性格，称为理智型。这种性格的人善于进行理智的思考、推理，用理智来衡量事情，行为举止多受理智的支配和影响。以情绪占优势的性格，称为情绪型。这种性格的人情绪体验深刻，不善于理性思考，言行易受情绪支配，处理问题喜欢感情用事。以意志占优势的性格，称为意志型。这种性格的人在各种活动中都具有明确的目标，行为积极主动，意志比较坚定，较少受其他因素干扰。

2. 向性说

美国心理学家艾森克（Eysenck）提出按照个体心理活动的倾向来划分性格类型。并据此把性格分为内倾、外倾两类。内倾型的人沉默寡言、心理内倾、情感深沉、待人接物小心谨慎、性格孤僻、不善交际。外倾型的人心理外倾，对外部事物比较关心、活泼开朗、情感容易流露、待人接物比较随和、不拘小节、但比较轻率。

3. 独立—顺从说

这种学说按照个体的独立性，把性格分为独立型和顺从型两类。独立型表现为善于独立发现和解决问题、有主见、不易受外界影响、较少依赖他人。顺从型则表现出独立性差、易受暗示、行动易为他人左右、抉择问题是犹豫不决。

4. 特质分析说

美国心理学家卡特尔（Cattell）通过因素分析，从众多行为的表面特性中抽象出 16 种特质，如兴奋、稳定、怀疑、敏感、忧虑、独立、自律、紧张、乐群、聪慧、持强、有恒、敢为、幻想、泄欲、实验等。根据这 16 种特质的不同结合可以区分出多种性格类型。

5. 价值倾向说

美国心理学家阿波特根据人的价值观念倾向对性格作了六种分类。

1）理论型。这种性格的人求知欲旺盛、乐于钻研、长于观察、分析和推理、自制力强，对于情绪有较强的控制力。

2）经济型。这种性格的人倾向于务实，从实际出发，注重物质利益和经济利益。

3）艺术型。这种性格的人重视事物的审美价值，善于审视和享受各种美好的事物，以美学或艺术价值作为衡量标准。

4）社会型。这种性格的人具有较强的社会责任感，以爱护关心他人作为自己的职责，为人善良随和、宽容大度、乐于交际。

5）政治型。这种性格的人对于权力有较大的兴趣，十分自信、自我肯定，也有的人表现为自负专横。

6）宗教型。这是指那些重视命运和超自然力量的人，一般有稳定甚至坚定的信仰，逃避现实，自愿克服比较低级的欲望，乐于沉思和自我否定。

6. 性格九分法

近年来，性格九分法作为一种新的分类方法，在国际上引起重视并逐渐流行开来。这种分类把性格分为九种基本类型。

1）完美主义型。谨慎、理智、苛求、刻板。

2）施予者型。有同情心、感情外露、但可能具有侵略性、爱发号施令。

3）演员型。竞争性强、能力强、有进取心、性情急躁、为自己的形象所困扰。

4）浪漫型。有创造性、气质忧郁、热衷于不现实的事情。

5）观察者型。情绪冷淡、超然于众人之外、不动声色、行动秘密、聪明。

6）质疑者型。怀疑成性、忠诚、胆怯、总是注意危险的信号。

7）享乐主义者型。热衷享受、乐天、孩子气、不愿承担义务。

8）老板型。独裁、好斗、有保护欲、爱负责任、喜欢战胜别人。

9）调停者型。有耐心、沉稳、会安慰人、但可能因沉于享受而对现实不闻不问。

从上述理论介绍中可以看出，有关学者在划分性格类型时的研究角度和所持的依据各不相同，因而得出的结论也各不相同。这一现象给我们一重要启示，即性格作为主要在社会实践中形成并随环境变化而改变的个性心理特征，具有极其复杂多样的特质构成与表征，单纯以少数因素加以分类，是难以涵盖其全部类型的。这一状况同样适用于对消费者性格类型的研究。而且由于消费活动与其他社会活动相比更为复杂、丰富、变化多端，因此，消费者的性格类型更难作出统一的界定，而只能在与消费实践的密切结合中加以研究和划分。

（三）性格与消费者的购买行为

消费者的性格是在购买行为中起主要作用的个性心理特征。消费者之间不同的性格特点，同样会体现在各自的消费活动中，从而形成千差万别的消费行为。性格在消费行为中的具体表现可从不同角度作多种划分。

1. 从消费态度角度划分

从消费态度角度，可以分为节俭型、保守型、随意型。

1）节俭型的消费者。在消费观念和态度上崇尚节俭，讲究实用。选购商品过程中较为注重商品的质量、性能、实用性，以物美价廉作为选择标准，而不在意商品的外观造型、色彩、包装装潢、品牌及消费时尚，不喜欢过分奢华、高档昂贵、无实用价值的商品。

2）保守型消费者。在消费态度上较为严谨，生活方式刻板，性格内向，怀旧心理较重，习惯于传统的消费方式，对新产品、新观念持怀疑、抵制态度，选购商品时，喜欢购买传统的和有过多次使用经验的商品，而不愿冒险尝试新产品。

3）随意型消费者。在消费态度上比较随意，没有长久稳定的看法，生活方式自由而无固定的模式。在选购商品方面表现较大的随意性，且选择商品的标准也往往多样化，经常根据实际需要和商品种类不同，采取不同的选择标准和要求，同时受外界环境及广告宣传的影响较大。

2. 从购买行为方式角度划分

从购买行为方式角度看，可以分为习惯型、慎重型、挑剔型、被动型。

1）习惯型的消费者。在购买商品时，习惯性地参照以往的购买和使用经验。一旦他们对某种品牌的商品熟悉并产生偏爱后，便会经常重复购买，形成惠顾性购买行为，同时受社会时尚、潮流影响较小，不轻易改变自己的观念和行为。

2）慎重型的消费者。在性格上大都沉稳、持重，做事冷静、客观、情绪不外露。选购商品时，通常根据自己的实际需要并参照以往购买经验，进行仔细慎重的比较权衡，然后作出购买决定。在购买过程中，受外界影响小，不易冲动，具有较强的自我抑制力。

3）挑剔型的消费者。其性格特征表现为意志坚定、独立性强、不依赖他人。在选购商品时强调主观意愿，自信果断，很少征询或听从他人意见，对营业员的解释说明常常持怀疑和戒备心理，观察商品细致深入，有时甚至过于挑剔。

4）被动型的消费者。在性格特征上比较消极、被动、内倾。由于缺乏商品知识和购买经验，在选购过程中往往犹豫不决，缺乏自信和主见；对商品的品牌、款式等没有固定的偏好，希望得到别人的意见和建议。由其性格决定，这类消费者的购买行为常处于消极被动状态。

值得指出的是，上述按消费态度和购买方式所做的分类，只是为了便于我们了解性格与人们的消费行为之间的内在联系，以及不同消费性格的具体表现。现实购买活动中，由于周围环境的影响，消费者的性格经常难以按照原有的面貌表现出来。所以在观察和判断消费者的性格特征时，应特别注意其稳定性，而不应以意识的购买表现来判断其性格类型。

第四节　消费者的自我概念

一、自我概念的含义和构成

自我概念也称自我形象，是指个人对自己的能力、气质、性格等个性特征的感知、态度和自我评价。换言之，即自己如何看待自己。现实中，每个人内心深处都持有关于自我形象的概念，这一概念以潜在的、稳定的形式参与到行为活动中，对人们的行为产生极为深刻的影响。同样地，自我概念也渗透到消费者的消费活动中。对消费者的自我概念进行探讨，有助于从更深层次上研究个性对消费者行为的影响。

自我概念是个人在社会化过程中，通过与他人交往以及与环境发生联系，对自己的行为进行反观自照而形成的。其中主要受到四个方面因素的影响。

1）通过自我评价来判断自己的行为是否符合社会所接受的标准，并以此形成自我概念。例如，把有的行为归入社会可接受的范畴，把有的行为归入社会不可接受的范畴。人们对自己的行为进行反复不断的观察、归类和验证，就形成了有关的自我概念。

2）通过他人对自己的评价来进行自我反映评价，从而形成自我概念。他人评价对自我评价的影响程度取决于评价者自身的特点和评价的内容。通常，评价者的权威越大，与自我评价的一致性越高，对自我概念形成的影响程度也就越大。

3）通过与他人的比较来观察自己而形成和改变自我概念。人们对自己的自我评价还受到与他人比较的影响，比较的结果相同或不同，超过或逊于他人，都会在一定程度上改变人们的自我评价，并驱动他们采取措施修正自我形象。

4）通过从外界环境获取有利信息，来促进和发展自我概念。人们受趋利避害的心理驱使，往往希望从外界环境中寻找符合自己意愿的信息，而不顾及与自己意愿相反的信息，以此证明自己的自我评价是合理、正确的，这一现象证明了人们经常从自己喜欢的方面来看待评价自己。

从上述影响因素中可以看出，自我概念实际上是在综合自己、他人或社会评价的基础上形成和发展起来的。这其中包含四个基本组成部分或要素：实际的自我，即目前我是如何现实地看待自己；理想的自我，即我希望如何看待自己；他人实际的自我，即我是如何现实地被他人所看待的；他人理想的自我，即我希望如何被他人看待。四项要素之间存在着明确的内在联系。通常情况下，人们都具有从实际的自我概念向理想的自我概念转化的意愿和内在冲动，这种冲动成为人们不断修正自身行为，以求自我完善的基本动力。不仅如此，人们还力求使自己的形象符合他人或社会的理想要求，并为此而努力按照社会的理想标准从事行为活动。正是在上述意愿和动机的推动下，自我概念在更深层次上对人们的行为发生影响，制约和调节着行为的方式、方向和程度。

二、消费者的自我概念与行为

自我概念作为影响个人行为的深层个性因素，同样存在于消费者的心理活动中，并对其消费行为有着深刻的影响作用。这是由于消费者在长期的消费实践中，通过与他人及社会的交往逐步形成关于个人形象的自我概念，这一概念涉及个人的理想追求和社会存在价值，因而每个消费者都力求不断促进和增强它。而商品和劳务作为人类物质文明的产物，除具有使用价值外，还具有某些社会象征意义。换言之，不同档次、质地、品牌的商品往往蕴含着特定的社会意义，代表着不同的文化、品位和风格。通过对这些商品或劳务的消费，可以显示出消费者与众不同的个性特征，加强和突出个人的自我形象，从而帮助消费者有效地表达自我概念，并促进实际的自我向理想的自我转化。

运用自我概念的理论可以清楚地解释消费者购买动机和购买行为中的某些微妙现象，并揭示这些现象背后的深层原因。例如，有的消费者非常偏好某家商店，即使该商店地理位置偏远，商品价格明显高于其他商店，他也乐此不疲，常常光顾。从表面看，消费者的这一行为似乎是不合理和不可理解的，实际上，可能由于该商店的购物环境舒适优雅，服务完善周到，或者店名及商品品牌具有独特性，能够显示出特定消费阶层的身份地位，与消费者的自我概念相吻合，因而受到消费者的特殊青睐。

大量实践证明，消费者在选购商品时，不仅仅以质量优劣、价格高低、使用性能强弱为依据，而且把商品品牌特性是否符合自我概念作为重要的选择标准，即判断商品是否有助于"使我成为我想像或期望的人"，以及"我希望他人如何看待我"。如果能够从商品中找到自我印象或评价一致（相似）之处，消费者就会倾向于购买该商品。例如，一个自认为气质不凡、情趣高雅、具有较高欣赏品位的消费者购买服装时，会倾心于那些款式新颖、色调柔和、质地优良、做工考究、设计独特的服装，而不喜欢大众化、一般化的种类。又如，在一项小汽车购买行为的研究中，随机选取了若干购买小汽车的消费者，让他们对自我形象、自己的汽车以及另外 8 辆汽车作出评价。结果表明，这些消费者的自我认识与他们对自己的汽车的认识比较一致，而与对其他 8 辆车的认识相比则差异很大。由此可以得出结论，消费者购买某种品牌的商品与他们的自我概念是比较一致的。这一现象在品牌、特性、档次差异较大的商品如化妆品、家用电器、服装、礼品消费上表现尤为明显。

对消费者的自我概念作深层研究，可以进一步得出结论，消费者购买某种商品，不仅是为了满足特定的物质或精神需要，同时还出于维护和增强自我概念的意愿。在这意义上，购买商品成为加强自我概念的手段，自我概念则成为控制购买行为的中心要素。

就生产厂商和销售商而言，关于消费者自我概念的研究，对于产品设计和销售具有重要的指导作用。新产品设计的主要依据应当是符合消费者某种特定的自我概念。也就是说，当现有产品不能与消费者的自我概念相匹配时，才有必要设计和生产新产品。而新产品不仅要在质量、外观、性能上有别于老产品，更要具有独特的自我形象和社会象征意义，能够体现出尚没有特定商品与之相匹配的消费者的自我形象。在商品销售中，了解消费者的自我概念，告诉他们哪些商品与其自我形象一致，哪些不一致，向消费者推荐最能反映其形象特征的商品，可以有效地影响和引导消费者的购买行为，因而是商品销售的重要方式和成功要诀。

第五节　生活方式的测量与影响

生活方式就是我们如何生活，它几乎影响消费者行为的所有方面。本节重点介绍生活方式的含义、测量和 VALS 生活方式系统。

一、生活方式的含义

关于生活方式的说法很多。简言之，生活方式就是人如何生活。具体地说，它是个体在成长过程中，在与社会诸因素交互作用下表现出来的活动、兴趣和态度模式。个体和家庭均有其生活方式。家庭生活方式部分地由家庭成员的个人生活方式所决定，反过来，个人生活方式也受家庭生活方式的影响。

生活方式与前面讨论的个性既有联系又有区别。一方面，生活方式很大程度上受个性的影响。一个具有保守、拘谨性格的消费者，其生活方式不大可能太多地包容诸如登山、跳伞、丛林探险之类的活动。另一方面，生活方式关心的是人们如何生活、花费、消磨时间等外显行为，而个性则侧重从内部来描述个体，更多地反映个体思维，情感和知觉特征。可以说，两者是从不同的层面来刻画个体。区分个体和生活方式在营销上具有重要的意义。一些研究人员认为，在市场细分过程中，过早以个性区分市场，会使目标过于狭窄。因此，他们建议营销者应先根据生活方式细分市场，然后再分析每一细分市场内消费者在个性上的差异。如此，可使营销者识别出具有相似生活方式特征的大量消费者。

研究消费者生活方式通常有两种途径：一种途径是研究人们一般的生活方式模式；另一种途径是将生活方式分析运用于具体的消费领域。如户外活动，或与公司提供的产品、服务最为相关的方面。在现实生活中，消费者很少明确地意识到生活方式在其购买决策中所起的作用。例如，在购买登山鞋、野营帐篷等产品时，很少有消费者想到这是为了保持其生活方式。然而，追求户外活动和刺激生活方式的人可能不需多加考虑就购买这些产品，因为这类产品所提供的利益与其活动和兴趣相吻合。

营销者应意识到，不同群体的生活方式存在明显的差别。表 4-1 显示了广告从业人员与一般公众在生活方式上的差别。很显然，广告人员如果缺乏对这些差别的认识，传播活动很可能失之偏颇。

表 4-1　公众与广告从业人员生活方式之比较

反映生活方式的活动、兴趣与看法	广告从业人员	一般公众
去年我打过保龄球	46%	30%
去年我买过彩票	75%	61%
我想与众不同	82%	62%
黄金时段的暧昧性电视节目太多	50%	78%
看电视是我的主要娱乐方式	28%	53%
每家应有防身用具	9%	32%
我最喜欢的是古典摇滚乐	64%	35%
夫妇在结婚前应加强接触	50%	33%
我在未来将取得更大成就	89%	65%

资料来源：Engel JF, Blackwell R D , Miniard P W. Consumer Behavior. FL: The Dryden Press, 1995, 451

二、生活方式的测量

1. 活动、兴趣、意见测量法

这一方法又称为 AIO 方法。其基本思想是通过消费者的活动、兴趣和意见来描述其生活方式。研究人员设计一份 AIO 问卷表，要求被试者对表中的问题予以回答。AIO 问卷表主要由 3 部分构成，如表 4-2 所示。第一部分是有关活动方面的问题，如消费者从事哪些活动、购买哪些产品、如何支配时间等。第二部分是有关兴趣方面的问题，如消费者有什么偏好、对哪些事物特别关心。第三部分是意见方面的问题，如对世界和地方事务、人生、道德、经济发展等方面的看法和感受。

表 4-2　AIO 问卷的主要构成

活动	兴趣	意见	活动	兴趣	意见
工作	家庭	自身	购物	休闲	教育
爱好	工作	社会问题	社区活动	食物	产品
社会活动	家务	政治	体育活动	媒体	未来
度假	社区事务	商业	成就	文化	
娱乐	流行	经济			

AIO 问卷表中具体设计哪些项目并没有一个一成不变的标准，应视研究目的和研究所涉及的领域及其性质来决定。表 4-3 列举了 AIO 问卷中的一些典型问题。一般来说，AIO 问卷中的问题可分为具体性问题和一般性问题两种类型。前者与

特定产品相结合，测量消费者在某一产品领域的购买、消费情况；后者与具体产品或产品领域无关，意在探测人群中各种流行的生活方式。两种类型的问题均有各自的价值。具体性问题提供关于消费者是如何看待某些产品的信息，使营销者了解消费者喜欢产品的哪些方面、不喜欢哪些方面和希望从中获得哪些利益，从而有助于企业改进产品和提高服务水平。一般性问题提供的信息为营销者勾勒出目标市场上消费者的一般生活特征，从而有助于企业从中发现市场机会和据此拟定有关营销策略。

表 4-3　AIO 问卷表中的一些典型问题

1. 活动方面的问题

1）你每月至少参加两次何种户外活动

2）你一年通常读多少本书

3）你一个月去几次购物中心

4）你是否曾经到国外旅行

5）你参加了多少个俱乐部

2. 兴趣方面的问题

1）你对什么更感兴趣？运动、电影还是工作

2）你是否喜欢尝试新的事物

3）出人头地对你是否很重要

4）星期六下午你是否愿意花两个小时陪你妻子还是一个人外出钓鱼

3. 意见方面的问题（回答同意或不同意）

1）俄国人就像我们一样

2）对于是否人工流产，妇女应有自由选择的权利

3）教育工作者的工资太高

4）CBS 是由东海岸的自由主义者在运作

5）我们必须做好应付核战争的准备

资料来源：Mowen J C. Consumer Behavior. New York: Macmillan Publishing Company, 1993, 238

2. 综合测量法

虽然采用 AIO 调查获得的数据是对人口统计数据的有益补充，但 AIO 数据过于狭窄。为了进行有效的市场细分，需要拓展数据搜集范围。综合测量法是在活动、兴趣、意见测量的基础上，加上对态度、价值观、人口统计变量、媒体使用情况、产品使用频率等方面的测量。研究人员从大量消费者（人数通常是 500 人或更多）身上获取数据，然后使用统计技术将他们分组。大多数研究是从两个或三个层面对消费者分组，其余层面的数据则用来对每个小组提供更完整的描述。

表 4-4 列出了对年龄在 15～44 岁的英国女性生活方式进行分析所得的一小部分结果。这是一种产品或活动相关的生活方式分析，分析重点集中于外表、时尚、运动和健康。根据消费者在上述 4 个领域的态度和价值观，这些妇女被分为 6 个组。分析表明，在产品使用、购物行为、媒体使用模式和人口统计方面各个组存在显著的差异。如果仅用人口统计变量细分市场，所产生的结果显然不可能有如此丰富和富有价值。

表 4-5 关于英国化妆品市场生活方式分析与特定产品相关，它属于比较具体的生活方式分析。同样，综合测量法也可用于一般生活模式的测量。下面介绍的 VALS 生活方式系统就属于后一类型的研究。

表 4-4　15～44 岁的英国女性生活方式分析

类　型	化妆品使用指数	口红使用指数	Wallis	Miss Selfridge	Etam	C&A	年龄 [1]	社会阶层 [2]
自我意识型	162	188	228	189	151	102	51%	60%
时尚导向型	147	166	153	165	118	112	43%	56%
绿色美人型	95	76	74	86	119	103	32%	52%
不在乎型	82	81	70	89	74	95	44%	64%
良心惶恐型	68	59	53	40	82	99	24%	59%
衣冠不整型	37	19	17	22	52	85	20%	62%

1）表示 15~44 岁年龄的人在该组占的比例。

2）表示该组人员在工薪和中低收入阶层中占的比例。

资料来源：Bowles T. Does Classfying People by Life Really Help the Advertiser? European Research, 1988 February, 17~24

表 4-5　对英国化妆品市场的生活方式分析

化妆品市场生活方式细分

1. 自我意识型：关心外表，时尚，注意锻炼

2. 时尚导向型：关系时尚和外表，对锻炼和体育不甚关心

3. 绿色美人型：关心体育运动和健康，较少关心外表

4. 不在乎型：对健康和外表持中立态度

5. 良心惶恐型：没有时间从事"自我实现"，忙于应付家庭事务

6. 衣冠不整型：对时尚漠不关心，对运动不感兴趣，穿着讲求舒服

3. VALS 生活方式分类系统

迄今，最受推崇的关于生活方式的研究是斯坦福国际研究所（SIR）于 1978 年做的价值观与生活方式项目，即 VALS 系统或 VALS 生活方式分类系统。该系统以动机和发展心理学作为理论基础，将美国成年人的生活方式分为 9 种类型。如表 4-6 所示。由于 2/3 的人口被划在其中的两种类型里，加上该系统过多地依赖人口统计数据，因此使其运用价值受到影响。基于此，SRI 于 1989 年引进了被称为 VALS2 的新系统。下面将对原 VALS 系统和新的 VALS2 系统作一简要介绍。

（1）原 VALS 生活方式分类系统

1）需求驱动型。这类消费者的购买活动被需求而不是偏好所驱动，他们可进一步分成求生者（survivors）和维持者（sustainers）。前者生活在社会的底层，是社会中处境最困难的群体。

2）外部引导型。该类消费者可分成归属者（belongers）、竞争者（emulator）和成就者（achivers）3 种类型。他们是大多数产品的消费主体，非常在意别人的评价，紧跟时代潮流。

3）内部引导型。这类消费者的生活更多地被个人需要、内心的情感体验而不是外界的价值观所支配。他们可进一步分为我行我素者（I-am-me）、体验者（experiential）、社会良知者（socially conscious）、综合者（integrated）。

一些企业和组织运用上述分类系统获得不同生活类型的消费者在某些具体活动和产品消费上的差异，并以此指导营销策略的制定。20 世纪七八十年代，因人均牛肉消费量下降，美国的牛肉行业很不景气。为了更好地把握消费趋势，美国牛肉行业协会做了一项消费者调查。该调查根据 VALS 系统的分类法，将消费者分成 8 个群体，并分析每个群体对牛肉、羊肉、鲜鱼、鸡肉等主要肉制品的消费情况。表 4-7 列出了这 8 个群体对前述肉制品的消费指数。从表中可以看出，求生者和维持者也许是受资源的制约，对肉制品的消费并不太多。成就者和社会良知者是各类肉制品的大量消费者。收入高低可能是形成上述结果的重要原因，然而生活方式亦发挥着不可忽视的作用。例如，体验者在很多肉制品的消费上低于平均水平，尤其是羊肉消费特别少，这在很大程度上与其生活方式有关。部分基于 VALS 分析，牛肉协会的广告代理商建议，促销活动应重点瞄准成就者、体验者、我行我素者和社会良知者。原因是这些群体人数增长较快，同时成就者和社会良知者是意见领袖，而我行我素者与体验者对牛肉有某种偏见。

表 4-6　VALS 生活方式细分

消费者类型	在 18 岁以上人口中占的百分比	价值观与生活方式	人口统计情况	购买模式
求生者	4%	为生存而挣扎多疑、社会处境不佳、被食欲所支配	收入在贫困线以下、教育程度很低、大多是少数民族、生活在贫民窟	价格处于第一位考虑、集中于基本必需品、购买是为了即时需要

续表

消费者类型	在18岁以上人口中占的百分比	价值观与生活方式	人口统计情况	购买模式
维持者	7%	关注安全、时时有不安全感、较求生者自信且较乐观	低收入、低教育较求生者年轻、很多是失业者	对价格很敏感、要求保证、谨慎的购买者
归属者	35%	从众、传统、怀旧、家庭观念强	低于中等收入、低于社会平均教育水平、蓝领工作	家庭、住宅、追求时尚、中低大众化市场购物
竞争者	10%	雄心勃勃、好炫耀、重地位和身份、上进心和竞争意识强	年轻、收入高、大多住市区、传统上男性属多但正在经历变化	炫耀性消费、模仿、追逐流行、更多地花费而不是储蓄
成就者	22%	成就、成功、声望、物质主义、领导、效率和舒适	收入丰厚、商界或政界名流良好教育、住城市或郊区	显示成功、高品质、奢侈品和礼品、新产品
我行我素者	5%	极度个人主义、求新求变、情绪化、冲动、重情绪体验	年轻、大多未婚、学生或刚开始工作、富裕的家庭背景	展现品味、购买刚上市的时尚品，结伴购买
体验者	7%	受直接体验驱动、活跃、自信、好参与和尝试新事物	中等收入、良好教育、大多在40岁以下、成家不久	喜欢户外活动喜欢自己动手
社会良知者	8%	社会责任感强、生活简朴、重内在成长	较高收入、良好教育、年龄和住地呈多样化、白领为主	关注环境、强调自然资源的保护，节俭、简单
综合者	2%	心智成熟、内外平衡、宽容、自我实现感、具有全球视野	良好收入、一流的教育、多元化的工作和居住分布	各式各样的自我表现、讲究美感、具有生态意识

资料来源：Engel J F , Blackwell R D, Miniard Paul W. Consumer Behavior. FL: The Dryden Press, 1995, 457
　　　　Mowen J C. Consumer Behavior. New York: Macmillan Publishing Company, 1993, 241

表 4-7　与鱼、肉消费相关的 VALS 分析

消费者类型	牛肉	羊肉	鲜鱼	新鲜鸡肉	火鸡肉
求生者	64	21	62	69	41
维持者	77	54	111	93	62
归属者	98	96	90	97	75
竞争者	102	62	111	107	63
成就者	115	125	108	107	155
我行我素者	90	174	119	90	110
体验者	95	36	79	100	85
社会良知者	109	160	121	108	154

注：表中数字是消费指数，100代表平均水平。
资料来源：Thomas T C, Crocker S. Values and Lifestyles——New Psychographics. Menlo Park, CA: SRI, 1981

1) VALS2 生活方式分类系统。较之于 VALS 系统，VALS2 具有更广泛的心理学基础，而且更加强调对活动与兴趣方面的问题的调查。VALS2 根据两个层面将美国消费者分成 8 个细分市场：第一层面是资源的多寡；第二层面是自我取向。消费者资源不仅包括财务或物质资源，而且包括心理和体力方面的资源。自我取向则被分成 3 种类型：原则取向。持原则取向的人主要是依信念和原则行事，而不是依情感或获得认可的愿望作出选择；地位或身份取向。持这种取向的人很大程度上受他人的言行、态度的影响；行动取向。持这一取向的人热心社会活动，积极参加体能性活动，喜欢冒险，寻求多样化。如图 4-1 所示。

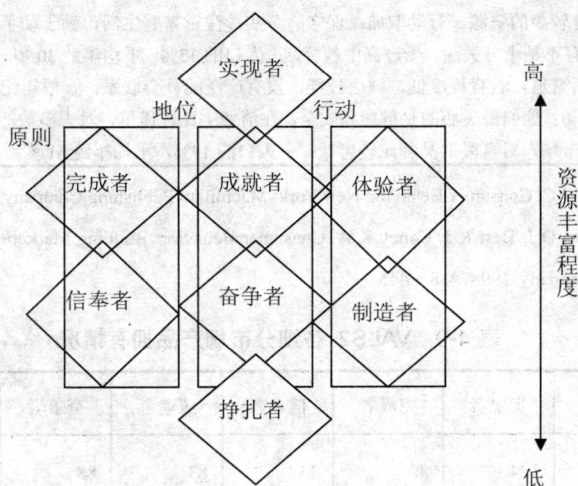

图 4-1　VALS2 生活方式分类系统

表 4-8 对每一细分市场作了大致的描述。表 4-9 和表 4-10 列出了 8 个细分市场产品拥有与活动方面的情况。应当指出虽然 VALS2 较 VALS 系统有较大的改进，但它同样存在 VALS 系统所具有的某些局限。例如，VALS2 中数据是以个体为单位做出或很大程度上受家庭其他成员的影响。另外，很少有人在自我取向上是"纯而又纯"的，SRI 所识别的 3 种导向中的某一种可能对消费者具有支配性影响，然而支配的程度及处于第二位的自我取向的重要性会因人而异。尽管如此，VALS2 仍是目前运用生活方式对市场进行细分的最完整的系统，它已经并将继续被企业广泛地运用。

表 4-8　对 VALS2 8 个细分市场的简要描述

　　1）实现者。拥有丰富的资源，坚持一定的原则和行动取向；活跃，购买活动体现趣味、独立和个性；大学文化占人口的 8%，平均年龄 43 岁，平均收入 58 000 美元

　　2）完成者。拥有较丰富的资源，有原则取向；成熟、满足、富于思考，受过良好教育，从事专业性工作；一般已婚并有年龄较大的小孩，休闲活动以家庭为中心；占人口的 11%，平均年龄 48 岁，平均收入为 38 000 美元

3）信奉者。资源较少，原则取向；传统、保守、信守现成规则，活动很大程度上是以家庭、社区或教堂为中心；垂青于美国产品和有声望的产品，不喜欢创新；高中文化程度，占人口的 26%，平均年龄 58 岁，平均收入 21 000 美元。

4）成就者。拥有丰富资源，地位取向；成功、事业型、重视一致和稳定甚于风险和自我发现；注重形象、崇尚地位和权威；受过大学教育，占人口的 13%，平均年龄 36 岁，平均收入 50 000 美元。

5）奋争者。拥有资源较少，地位取向；寻求从外部获得激励、赞赏和自我界定；将金钱视为成功的标准，因常感经济的拮据而抱怨命运的不公，易于厌倦和冲动；他们中的许多人追赶时尚，企图模仿社会资源更为丰富的人群，但总是因超越其能力而倍感沮丧；占人口的 13%，平均年龄 34 岁，平均收入 25 000 美元。

6）体验者。拥有较丰富的资源，行动取向；年轻、充满朝气、喜欢运动和冒险；单身、尚未完成学业，属冲动性购买者；占人口的 12%，平均年龄 26 岁，平均收入 19 000 美元。

7）制造者。拥有较少的资源，行动取向；保守、务实，注重家庭生活，勤于动手；怀疑新观点，崇尚权威，对物质财富的拥有不是十分关注；受过高中教育，占人口的 13%，平均年龄 30 岁，平均收入 30 000 美元。

8）挣扎者。生活窘迫，教育程度低，缺乏技能，没有广泛的社会联系；一般年纪较大，常为健康担心，常受制于人和处于被动；他们最关心的是健康和安全，在消费上比较谨慎，对大多数产品和服务来说，他们代表了一个中等程度的市场，对喜爱的品牌比较忠诚；占人口的 14%，平均年龄 61 岁，平均收入 9000 美元。

资料来源：Mowen J C. Consumer Behavior. New York: Macmillan Publishing Company, 1993, 244

Hawkins D J, Best R J, Coney K A. Consumer Behavior: Building Marketing Strategy. The McGraw-Hill Company, 1998, 438~445

表 4-9　VALS2 各细分市场产品拥有情况

	挣扎者	实现者	完成者	信奉者	成就者	奋争者	体验者	制造者
拥有 SLR 照相机	163	124	80	138	83	88	115	29
拥有超过 150 美元的自行车	154	116	90	33	83	120	88	43
拥有 CD 唱机	133	108	119	97	96	94	94	69
拥有钓鱼器具	87	91	114	87	84	113	142	67
拥有家用电器	196	112	64	100	56	129	148	29
拥有个人电脑	229	150	59	136	63	82	109	20
拥有中小型汽车	133	117	89	101	112	92	112	54
拥有卡车	72	96	115	104	103	91	147	52
拥有运动小汽车	330	116	43	888	102	112	90	5

注：细分市场下面的数字是该市场的综合指数（以 100 为基数）。

表 4-10　VALS2 各细分市场的活动和媒体使用情况

	挣扎者	实现者	完成者	信奉者	成就者	奋斗者	体验者	制造者
室外烧烤	50	125	93	82	118	111	109	123
园艺活动	80	155	129	118	109	68	54	104
进行美食烹饪	47	217	117	96	103	53	133	86
每天喝咖啡	116	120	119	126	88	87	55	91
喝药茶	68	171	125	89	117	71	115	81
喝国产啤酒	50	141	88	73	101	87	157	123
喝进口啤酒	12	238	93	41	130	58	216	88
与孩子们一起活动	32	155	129	57	141	112	89	1116
参加集体体育活动	34	44	73	69	104	110	172	135
进行文化活动	14	293	63	67	96	45	154	63
锻炼	39	145	114	69	123	94	143	102
做家庭维修	58	161	113	86	82	53	88	171
进行冒险活动	7	190	48	36	52	59	283	171
每周社交	62	109	105	73	90	96	231	94
汽车杂志	22	92	227	50	79	50	254	157
阅读商业杂志	8	255	143	74	179	37	71	33
评论性杂志	15	274	83	106	87	66	109	49
看读者文摘	130	58	115	150	90	63	57	87
看钓鱼与游戏杂志	79	56	120	119	46	37	130	209
看人类兴趣杂志	46	83	199	113	129	93	135	86
看文学杂志	31	533	143	29	77	44	105	45
观看"面对这个国家"	126	161	50	161	62	42	35	37

注：每个细分市场下面的数字是该市场的综合指数（以 100 为基数）。

小　　结

　　本章对导致消费者行为差异性的心理基础——个性心理进行了系统阐述。重点分析了构成个性的主要心理因素如兴趣、能力、气质、性格等，并着重研究了自我概念和生活方式对消费者心理与行为的影响。

1）个性在心理学中也称为人格，是指个体带有倾向性的、比较稳定的、本质的心理特征的总和。个性具有相对稳定性、可变性、整体性、独特性或差异性等基本特性。从内部结构看，消费者的个性心理主要由个性倾向性和个性心理特征两部分组成。个性倾向性，是指个人在与客观现实交互作用的过程中，对事物的看法、态度和倾向；个性心理特征是能力、气质、性格等心理机能的独特结合。

2）兴趣是指一个人积极探索某种事物的认识倾向。人们的兴趣是多种多样的。根据不同的分类标准可以把兴趣分为不同的类型。尽管兴趣可以分为各种类型，但都有其共同的特点：倾向性、广泛性、稳定性、效果性。兴趣对购买行为的影响主要有以下三点：兴趣有助于消费者积极认识商品，促发购买动机；兴趣使消费者具有不同的偏好，选择不同的商品；兴趣使消费者集中精力获得各种知识，更好地完成购买活动。

3）能力是指人顺利完成某种活动所必须具备的并直接影响活动效率的个性心理特征。

4）长期以来，心理学家对气质这一心理特征进行了多方面的研究，从不同角度提出了各种气质学说，如体液说、血液说、体形说、激素说、高级神经活动类型说等。根据这些理论，我们可以把消费者的气质类型划分为以下四种基本类型：胆汁质、多血质、黏液质、抑郁质。消费者不同的气质类型会直接影响和反映到他们的消费行为中，大致有如下几种对应的表现形式：主动型和被动型、理智型和冲动型、果断型和犹豫型、敏感型和粗放型。

5）性格指个人对现实的稳定态度和与之相适应的习惯化的行为方式。性格的基本特征包括以下四个方面：态度特征、理智特征、情绪特征和意志特征。许多心理学家尝试从不同角度对人的性格类型进行划分，提出许多重要的性格理论，包括机能类型说、向性说、独立—顺从说、特质分析说、价值倾向说和性格九分法等。消费者的性格是在购买行为中起核心作用的个性心理特征。从消费者的性格出发，可以把消费者分为不同的类型。例如，从消费态度的角度来划分，可以分为节俭型、保守型、随意型；从购买行为方式角度看，可以分为习惯型、慎重型、挑剔型、被动型。

6）自我概念也称自我形象，是指个人对自己的能力、气质、性格等个性特征的感知、态度和自我评价。它主要受到四个方面因素的影响，即实际的自我、理想的自我、他人实际的自我和他人理想的自我。自我概念作为影响个人行为的深层个性因素，同样存在于消费者的心理活动中，并对其消费行为有着深刻的影响作用。运用自我概念的理论，可以清楚地解释消费者购买动机和购买行为中的某些微妙现象，并揭示这些现象背后的深层原因。

7）生活方式是指我们如何生活。它与个性既有联系又有区别，一方面，生活方式很大程度上受个性的影响。另一方面，生活方式关心的是人们如何生活，而个性则侧重从内部来描述个体，两者是从不同的层面来刻画个体的。研究消费者生活方式通常有两种途径。一种途径是研究人们一般的生活方式模式，另一种途径是将生活方式分析运用于具体的消费领域。生活方式的测量方法主要有以下几种。活动、兴趣、意见测量法。这一方法又称为 AIO 方法。其基本思想是通过消费者的活动，兴趣和意见来描述其生活方式；VALS 生活方式分类系统。斯坦福国际研究所（SIR）于 1978 年做的价值观与生活方式项目，即 VALS 系统或 VALS 生活方式分类系统。SIR 于 1989 年引进了被称为 VALS2 的新系统。

思　考　题

1. 简述个性的含义及其特征。
2. 兴趣有什么特点？它对消费者的购买行为有什么影响？
3. 气质有哪几种类型？它如何影响消费者的行为？
4. 性格与气质之间的关系是什么？
5. 简述主要的性格理论。
6. 自我概念有哪几种类型？营销者如何运用关于自我概念的知识？
7. 生活方式与个性有何联系和区别？
8. 活动、兴趣、意见测量法（AIO）主要内容是什么？
9. VALS2 的构建是基于哪两个层面？请描述这两个层面。

第五章　消费者的需要与购买动机

如前所述，消费者的消费行为受到诸多心理因素影响，其中需要和动机占有特殊重要的地位。现实生活中，各种各样的购买行为都是由消费者的购买动机引起的，而购买动机以消费者的需要为基础。这是因为人们的任何消费行为都是有目的的，这些目的或目标的实质是为了满足人们的某种需要或欲望。消费者个体行为的一般规律是：需要决定动机，动机支配行为，这是一个不间断的循环过程。

正是因为需要、动机与行为之间有着紧密的内在联系，任何消费者行为都是在需要和动机的直接驱动下进行的，因而有必要深入研究消费者需要与动机的内容、特性和变化趋势，以便把握消费者心理与行为的内在规律。

第一节　需要、欲望和需求

市场营销的核心和实质是最大限度地满足消费者的需求和欲望。一般而言，人们不仅要求衣、食、住、行等基本需要得到满足，还有更高层次的对娱乐、教育等精神产品的需要。消费者对满足基本需要的商品和服务的品牌和形式有着强烈的偏好。

一、消费者的需要

1. 消费者需要的含义

消费者需要是指消费者对以商品和劳务形式存在的消费品的要求和欲望。消费者需要是包含在人类一般需要之中的。个体在其存在和发展过程中会有各种各样的的需要，如饥饿的时候有进食的需要，口渴的时候有饮水的需要，在与他人交往中有获得友情、被人尊重的需要等。随着社会购买力的不断提高，消费者会不断提出数量更多、质量更好、品种式样更多样化的商品及服务的需要。当然，这些需要都有一定的时间界限、数量界限和支付能力的限制。

在市场营销活动中，由其影响因素的复杂性所决定，消费者的需要不应是一个笼统的概念，而是由各种相关因素构成的组合体。具体包括以下构成要素。

1）需要的消费者构成，即产生需要的消费者的总体数量及性别、年龄、职业、消费习惯、收入水平等基本特征。

2）需要的消费品种类与总量，即消费者实际需要何种商品，商品的性能、质量、价格、款式如何，以及所需消费品的总量大小。

3）需要的时机与时限，即需要发生的时间、场合以及持续的期限；是突发的、短暂的，还是常规的、常年性或季节需要。

4）需要的市场区域，即需要表现为整体市场的，抑或细分市场的，以及市场的空间分布如何。

5）需要的实现方式，即消费者通过何种方式满足需要，如选购、定购或租用；分期付款、预付定金、现款交易或赊购；代运或自取等。

6）需要的市场环境，包括自然、经济、法律、社会文化等宏观环境对消费者需要的影响；企业的营销策略、营销组合运用等对消费者需要的诱导、激发与制约。

对上述构成要素加以明确分析和确认，消费者需要就成为现实的、具体的和可以测量的。这样，有关消费者需要的研究对企业营销才具有实际指导作用。

2. 消费者需要的基本形态

现实生活中，各种各样的消费需要并非都同时处于显现状态，而是存在于各种不同的形态中。这种形态差异对消费者需要激发购买动机的强度以及促成购买行为的方式，有着直接影响。从消费需要与市场购买行为的关系角度分析，消费者需要具有以下基本存在形态。

（1）现实需要

现实需要是指消费者已经具备对某种商品的实际需要，且具有足够的货币支付能力，而市场上也具备充足的商品，因而消费者的需要随时可以转化为现实的购买行为。

（2）潜在需要

是指目前尚未显现或明确提出，但在未来可能形成的需要。潜在需要通常由于某种消费条件不具备所致，例如，市场上缺乏能满足需要的商品；消费者的货币支付能力不足；缺乏充分的商品信息；消费意识不明确；需求强度低弱等。然而，上述条件一旦具备，潜在需要可以立即转化为现实需要。

（3）退却需要

退却需要，是指消费者对某种商品的需要逐步减少，并趋向进一步衰退。导致需要衰退的原因，通常是由于时尚变化，消费者兴趣转移；新产品上市，对老产品形成替代；消费者对经济形式、价格变动、投资收益的心理预期变化等。

（4）不规则需要

又称不均衡或波动性需要，是指消费者对某类商品的需要在数量和时间上呈不均衡波动状态，例如，许多季节性商品、节日礼品、以及对旅游、交通运输的需求，就有明显的不规则性。

（5）充分需要

充分需要又称饱和需要，是指消费者对某种商品的需求总量及时间与市场商品供应量及时间基本一致，供求之间大体趋向平衡，这是一种理想状态。但是，由于消费需要受多种因素的影响，任一因素变化如新产品问世、消费时尚改变等，都会引起需求的相应变动。因此，供求平衡的状况只能是暂时的、相对的，任何充分需要都不可能永远存在下去。

（6）过度需要

过度需要又称超饱和需要，是指消费者的需要超过了市场商品供应量，呈现供不应求的状况。这类需要通常由外部刺激和社会心理因素引起。例如，多数人的抢购行为，对未来经济形势不乐观的心理预期等。

（7）否定需要

否定需要是指消费者对某类特定商品持否定、拒绝态度，因而抑制其需要。之所以如此，可能是商品本身不适合其需要，也可能由于消费者缺乏对商品性能的正确认识，或者因旧的消费观念束缚，错误信息导致所致。

（8）无益需要

无益需要是指消费者对某些危害社会利益或有损于自身利益的商品或劳务的需要。例如，对香烟、烈酒、毒品、色情书刊或服务的需要，无论于消费者个人或社会都是无益的。

（9）无需要

无需要又称零需要，是指消费者对某类商品缺乏兴趣或漠不关心，无所需求。无需求通常是由于商品不具备消费者所需要的效用，或消费者对商品效用缺乏认识，未与自身利益联系起来。

从上述分析可以看出，并非任何需要都能直接激发动机，进而形成消费行为。现实中，有的需要如潜在需要、零需要、否定需要、退却需要等，必须给予明确的诱因和强烈的刺激，加以诱导、引发，才能达到驱动行为的足够强度。此外，并不是任何需要都能够导致正确、有益的消费行为。有些需要如过度需要、无益需要等，就不宜进一步诱导和满足，而必须加以抑制或削弱。应该根据具体需要形态的特点，从可能性和必要性两方面确定满足需要的方式和程度。

二、消费者的欲望

欲望是指人们希望得到更深层次的需要的满足。例如，英国人要求吃牛排喝威士忌，上班时穿职业套装，社交时穿礼服，休闲时打高尔夫球，这就是欲望。在不同的社会里，这些欲望满足的方式是不同的。马来西亚人以当地食物为主，在特殊场合穿特殊服装，休闲时去购物或去看电影。尽管人们的需要种类有限，但欲望却可以很多。消费者欲望的不断形成和再形成受到自身需要和社会力量诸如宗教团体、学校、家庭和企业的影响。

三、消费者的需求

需求是指针对特定产品的欲望，这种欲望的实现必须有两个条件：有支付能力且愿意购买。只有在有购买能力支持时，欲望才能变成需求。许多人都想要保时捷跑车，但只有少数人才有能力支付并愿意购买。因此，公司不仅要预测有多少人喜欢自己的产品，更重要的是了解到底有多少人愿意并能够购买。

第二节　消费者需要的特性和分类

一、消费者需要的特性

消费者需要千变万化，各不相同，并随着时代和社会的进步而不断发展变化。尽管如此，消费者需要仍有某些共同的趋同性和规律性，这些共性体现于消费者需要的基本特征之中。

1. 多样性

多样性是消费需要最基本的特征。它首先表现在不同消费者之间多种需求的差异上。由于各个消费者的收入水平、文化程度、年龄、职业、性格、民族和生活习惯不同，对于商品和服务的需求是千差万别和丰富多彩的。每个消费者都按照自身的需要选择，购买和评价商品。

其次，消费需要的多样性还表现在同一消费者对某一特定消费对象常常同时兼有多方面的要求，如既要求商品质量好，又要求外观新颖美观。这充分体现出消费需要在同一个体内部仍具有绝对的多样性。

2. 发展性

消费者需要不是一成不变的，随着社会经济发展和人民生活水平的不断提高，人们对商品和服务的需要不论是数量上还是质量上都在不断发展。总的趋势是由低级向高级发展，由简单向复杂发展。例如，随着生活水平的提高，人们对衣食住行的需要由吃饱穿暖发展为吃要营养，穿要漂亮，用要高档，住要宽敞。

3. 层次性

人们的消费需要是有层次的，并总是由低层次向高层次逐渐延伸和发展的。当低层次的、最基本的生活需要被满足后，就会产生高层次的社会需要和精神需要，这就是消费需要的层次性。

4. 周期性

人的消费是一个无止境的活动过程，一些消费需要在获得满足后，于一定时间内不再产生需要，但随着时间推移还会重新出现，并具有周期性。消费需要的周期性主要是由人的生理机制运行引起的，并受到自然环境变化周期、商品变化周期和社会时代变化周期的影响。

5. 伸缩性

伸缩性是指消费者对某种商品的需要，会因某些因素如支付能力、价格、储蓄利率等的影响而发生一定程度的变化。当客观条件限制需要的满足时，需要可以抑制、转化和降级，可以停留在某一水平上。从消费者自主选择看，伸缩性还表现在消费者对需要追求的层次高低、内容多寡和程度强弱等方面。

6. 可诱导性

消费者的需要是可以加以诱导、引导和调节的，即可以通过环境的改变或外部诱因的刺激、引导，以诱发消费者需要发生变化和转移。消费者需要的可诱导性，为企业提供了巨大的市场潜力和市场机会。企业可以通过卓有成效的市场营销活动，使企业由被动地适应、迎合消费者需要，转化为积极的引导、激发和创造需要。

7. 互补性和互替性

消费者需要对某些商品具有互补的特点。例如，购买钢笔时可能会附带购买墨水等。经营互有联系的商品，不仅会给消费者带来方便，还能扩大商品销售额。

此外，许多商品有互相替代的特点。例如，面包的销售量增加，可能会导致馒头和包子的销售量相对减少。这就要求企业及时把握消费需要变化趋势，有目的、有计划地根据消费需要变化规律供应商品，以便更好地满足消费者的需要。

二、消费者需要的分类

人类消费需要是多方面的，且纷繁复杂，可以从不同角度对消费需要进行分类。其中，最常用、最基本的分类方法是根据购买目的划分，可以分为生产消费需要和生活消费需要两大类。生产消费需要是指生产者为了满足生产过程中物化劳动和活劳动消耗的需要，也可称之为生产者需要；生活消费需要是指消费者为了满足个人生活的各种物质产品和精神产品的需要，又称之为消费者需要，消费者需要是最终的消费需要，是我们研究的重点。

为了更好的认识和分析消费者需要，学者们从不同角度对其进行分类研究。

1. 按照需要的起源划分

按需要的起源划分，可以分为自然需要（又称生理需要）、社会需要（又称心理需要）。

1）自然需要又称生理性需要，是指个体为维持生命和延续后代而产生的需要，如进食、饮水、睡眠、运动、排泄、性活动等。这种需要是人作为生物有机体与生俱来的，是由消费者的生理特性决定的，因此又称生理性需要。自然需要是人类最原始、最基本的需要，是人和动物共有的，而且往往带有明显的周期性。比如，受生物钟的控制，人需要有规律的、周而复始的睡眠，需要日复一日的进食、排泄，否则，人就不能正常的生活，甚至不能生存。人的生理需要和动物的生理需要有本质区别。人类在满足其生理需要的时候，并不象动物那样完全受本能驱使，而是要受到社会条件和社会规范的制约。

2）社会需要又称心理性需要，是指人们在社会生活中形成的，为维护社会的存在和发展而产生的需要，如求知、求美、友情、荣誉、社交等需要。社会需要是消费者在社会环境的影响下形成的，带有人类社会特点。这种需要是人作为社会成员在社会生活中形成的，是基于消费者的心理特性产生的，因而又称心理需要。它往往被打上时代、阶级、文化的印记。人是社会性的动物，只有被群体和社会所接纳，才会产生安全感和归属感。社会性需要得不到满足，虽然不直接危及人的生存，但会使人产生不舒服、不愉快的体验和情绪，从而影响人的身心健康。一些物质上很富有的人，因得不到友谊、爱，得不到别人的认同而产生孤独感、压抑感，恰恰从一个侧面反映出社会性需要的满足在人的发展过程中的重要性。

2. **按照需要的对象划分**

按需要的对象划分，可以分为物质需要和精神需要。

1）物质需要。这是指对与衣食住行有关的物品的需要。这种需要反映了消费者在生物属性上的欲求。其中又有低级和高级之分。低级的物质需要指向维持生命所必需的基本对象；高级的物质需要是指人们对高级生活用品，如现代家用电器、高档服装、美容美发用品、健身器材等的需要。在生产力水平较低的社会条件下，人们购买物质产品，在很大程度上是为了满足其生理性需要。但随着社会的发展和进步，人们越来越多地运用物质产品体现自己的个性、成就和地位。因此，物质需要不能简单的对应于前面所介绍的生理性需要，它实际上已经越来越多的渗透着社会性需要的内容。

2）精神需要是指消费者对于观念的对象或精神产品的需要。这主要是指认知、审美、交往、道德、创造等方面的需要。这类需要主要是由心理上的匮乏感所引起的，反映了消费者在社会属性上的欲求。

3. **按照需要的层次划分**

美国人本主义心理学家马斯洛（Maslow）将人类需要按由低级到高级的顺序分成五个基本层次或五种基本类型，即生理需要、安全需要、爱和归属的需要、尊重需要、自我实现的需要。

1）生理需要。即维持个体生存和人类繁衍而产生的需要，如对食物、氧气、水、睡眠等的需要。

2）安全需要。即在生理及心理方面免受伤害，获得保护、照顾和安全感的需要，如要求人体的健康、安全，有序的环境，稳定的职业和有保障的生活等。

3）爱和归属的需要。即希望给予或接受他人的友谊、关怀和爱护，得到某些群体的承认、接纳和重视。如乐于结识朋友、交流情感、表达和接受爱情，融入某些社会团体并参加他们的活动等。

4）自尊的需要。即希望获得荣誉，受到尊重和尊敬，博得好评，得到一定的社会地位的需要。自尊的需要是与个人的荣辱感紧密联系在一起的，它涉及独立、自信、自由、地位、名誉、被人尊重等多方面内容。

5）自我实现的需要。即希望充分发挥自己的潜能，实现自己的理想和抱负的需要。自我实现是人类最高级的需要，它涉及求知、审美、创造、成就等内容。

4. 按照需要的形式划分

按需要的形成划分，可以分为生存需要、享受需要和发展需要。

1）生存需要。包括对基本的物质生活资料、休息、健康、安全的需要。满足这类需要的目的，是使消费者的生命存在得以维持和延续。

2）享受需要。表现为要求吃好，穿美，住的舒适，用的奢华，有丰富的娱乐生活。这类需要的满足，可以使消费者在生理和心理上获得最大限度的享受。

3）发展需要。体现为要求学习文化知识，增进智力和体力，提高个人修养，掌握专门技能，在某一领域取得突出成就等。这类需要的满足，可以使消费者的潜能得到充分释放，人格得到极大发展。

5. 按照需要的商品性能不同划分

按照需要的商品性能不同来划分，可以分为对商品使用价值、审美功能、时代特征、社会象征和良好服务的需要。

1）对商品使用价值的需要是消费者需要的基本内容。消费者对商品的需要，首先表现为要求商品具有特定的使用价值，包括对商品的基本功能、质量、外观、规格、品种、安全性能、便利程度、供应数量以及同类商品可供选择的余地等方面的要求。

2）对商品审美功能的需要，体现了人类追求、向往美好事物的天性。消费者在重视商品使用价值的同时，也要求能体现良好的审美价值，希望商品在工艺设计、造型式样、色彩、装潢、风格等方面具有符合审美情趣的特点。

3）对商品体现时代特征的需要，反映了消费者需要的发展属性。体现出消费者不断感受社会环境的发展变化，调整自身的消费观念和消费方式，以顺应时代前进潮流的要求。这一需要在消费中表现为要求商品新颖、新潮、富于变化，能反映当代新鲜事物和思想，具有浓厚的时代气息。

4）对商品社会象征性的需要，是消费者希望通过购买和拥有某种商品来显示富有或身份，提高自身的社会地位或知名度，或者借以传递和表达某种情感。它是消费者的社交、尊重、自我实现等高层次需要在商品性能上的体现。对商品社会象征性的需要，具体表现为要求商品具有高档、名牌、个性化等特征。

5）对提供良好服务的需要，反映了消费者不仅购买商品，同时还购买服务的现代需求观念，是现代消费者主体意识和权益保护意识的体现。这一需要具体表现为消费者对良好的售前、售后服务、舒适的购物环境、良好的企业形象和产品信誉等方面的要求。良好的服务可以使消费者获得尊重、情感交流、个人价值认定等多方面的心理满足。

除上述分类外，消费者需要还可以从不同角度作多种分类。例如，按照商品来源可以分为自给性消费需要和商品性消费需要；按照消费需要的实现程度可以分为现实需要和潜在需要等等。各种分类对于企业研究消费者需要，制定市场营销战略与策略具有不同的意义。

第三节　动机的含义和动机理论

购买动机是在消费需要的基础上产生的引发消费者购买行为的直接原因和动力。相对于消费者的需要而言，动机更为清晰显现，与消费行为的联系也更加直接、具体。动机把消费者的需要行为化，消费者通常按照自己的动机去选择具体的商品类型。因此，研究消费动机可以为把握消费者购买行为的内在规律提供更具体、更有效的依据。

一、动机的含义

动机（motivation）这一概念是由伍德沃斯（Woodworth）于 1918 年率先引入心理学的。他把动机看作是决定行为的内在动力。一般认为，动机是引起个体活动、维持已引起的活动，并促使活动朝向某一目标进行的内在作用。

动机是所有人类行为的推动力。换言之，动机是促使行为朝向某一目标事物前进的内驱力或激发力的状态。因此，动机有两个组成部分：内驱力或激发力；目标事物。内驱力是促使人们采取行动以降低内心紧张感的内心紧张状态。目标事物是存在于外部世界的一种事物，拥有这种事物可以降低人们内心的紧张感。激发力或内驱力为行动提供力量；目标事物为人们释放力量提供了方向。有目标事物而无内驱力，或有力量却无目标事物都无法完成有效的行为活动。当力量被用来取得某种目标事物的时候，我们称这种力量的使用为目的性行为。

动机是一种基于需要而由各种刺激引起的心理冲动。它的形成要具备一定的条件。动机的产生必须以需要为基础。只有当个体感受到对某种生存或发展条件的需要，并达到足够的强度时，才有可能产生采取行动以获取这些条件的动机。动机实际上是需要的具体化。但是，并不是所有的需要都能表现为动机。动机的形成还需要相应的刺激条件。当个体受到某种刺激时，其内在需求会被激活，使内心产生某种不安情绪，形成紧张状态。这种不安情绪和紧张状态会衍化为一种动力，由此形成动机。此外，需要产生以后，还必须有满足需要的对象和条件，才能形成动机。例如，消费者普遍具有御寒的需要。但是，只有当冬季来临，消费者因寒冷而感到生理紧张，并在市场上发现待售的冬装时，才会产生购买冬装的强烈动机。

在消费者动机的形成过程中，上述三方面条件缺一不可，其中尤以外部刺激更为重要。因为在通常情况下，消费者的需求处于潜伏或抑制状态，需要外部刺激加以激活。外部刺激越强，需求转化为动机的可能性就越大。否则，需求将维持原状。因此，如何给消费者以更多的外部刺激，是推动其购买动机形成乃至实现购买行为的重要前提。

二、动机的特征

与需要相比，消费者的动机较为直接具体，有着明确的目的性和指向性，但同时也具有更加复杂的特性。具体表现在以下方面。

1. 主导性

现实生活中，每个消费者都同时具有多种动机。这些复杂多样的动机之间以一定的方式相互联系，构成完整的动机体系。在这一体系中，各种动机所处的地位及所起的作用互不相同。有些动机表现得强烈、持久，在动机体系中处于支配性地位，属于主导性动机；有些动机表现得微弱而不稳定，在动机体系中处于依从性地位，属于非主导性动机。一般情况下，人们的行为是由主导性动机决定的。尤其当多种动机之间发生矛盾、冲突时，主导性动机往往对行为起支配作用。例如，吃要营养、穿要漂亮、用要高档，是多数消费者共有的购买动机。但受经济条件所限，上述购买动机无法同时实现时，讲究家庭陈设与个人服饰的消费者，宁可省吃俭用也要满足衣着漂亮，室内陈设优雅美观的需要；而注重知识层次的消费者，却往往把主要收入用于购买书籍、订阅报纸杂志和子女培养教育方面；有些讲究饮食营养、注重身体保健的家庭，也许宁可压缩其他开支，也要把大部分收入用于购买食品和营养保健品。这些都是由于消费者的主导动机不同而导致在消费行为方面的差异。

2. 多重性

消费者对产品或品牌的选择，很可能是由某种动机所支配和主宰的。然而，这并不意味着某一购买行为是由单一的动机所驱使。事实上，很多购买行为都隐含着多种动机。消费者购买某种名牌产品，即可能是出于显示其地位和身份，同时也可能含有获得某一群体的认同、减少购买风险等多种动机。所以，企业在设计产品和制定营销策略时，既应该体现和考虑消费者购买该产品的主导动机，又应该兼顾非主导的动机。

3. 实践性与学习性

动机包含着行为的能量与行为的方向两方面内容。行为能量在很大程度上是由需要的强度所决定的，而行为方向则受个体经验以及个体对环境、对刺激物的学习的影响。现代很多动机理论不仅仅涉及建立在生理需要基础上的各种动机，而且越来越多的强调和重视动机的习得性。动机的习得性实际上意味着动机并不是一成不变，而是伴随个体的学习和社会化而不断改变的。

4. 内隐性

动机并不总是显露无遗的。消费者的真实动机经常处于内隐状态，难以从外部直接观察到。现实中，消费者经常由于各种原因而不愿意让他人知道自己的真实动机。早在20世纪40年代，美国心理学家关于速溶咖啡投放市场受到阻碍的调查结果就表明，家庭主妇之所以拒绝购买速溶咖啡，并不是如她们表面上所说的不喜欢速溶咖啡的味道，而是由于不愿被他人看作懒惰、不称职的主妇。因为当时的流行观念认为，按照传统方式煮咖啡的主妇必定是勤俭、善于持家、懂得生活的。这种自陈动机（自我陈述动机）与内在的真实动机不相一致的现象，在现代消费者当中仍然比比皆是。

动机是连接刺激与反应的中介变量，它只能通过对某些外显行为指标的研究作出推断，动机本身是无法直接观察到的。一些人购买名牌产品可能是出于显示身份、地位这一动机，企业如果据此设计高品质产品，并通过其他营销手段维持其产品的名牌形象，很可能迎合这部分消费者的需要，从而获得成功。营销实践中，企业采用的以身份、地位为追求目标的策略相当成功，恰恰印证了消费者具有追求身份、地位的强烈动机。

由于动机无法直接观察，只能靠对行为的推断来予以确定，因此，它并不具有对行为的预示作用。同时，对行为背后动机的推断，难免具有主观色彩。正因为如此，一些学者对动机研究提出了责难。虽然如此，动机研究的价值并不能被抹杀，它对解释购买行为差异是极为有用的。

动机的无法直接观察也提醒我们，在对行为背后的动机作出推断时，必须谨慎、小心。以消费者购买名牌产品为例，消费者可能是出于显示身份、地位的需要，也可能是出于避免或减少购买风险的考虑。对同一行为背后动机的不同解释，意味着完全不同的营销意义。所以，在制定和实施营销计划前，对购买动机的仔细研究和小心求证是非常重要的。

5. 复杂性

动机的复杂性至少可以从四个方面体现出来:一是任何一种行为背后都蕴涵着多种不同动机,而且类似的行为未必出自于相同的动机,相同的动机也不一定导致相似的行为;二是同一行为背后的各种动机有着强度上的差别,到底哪种动机处于优势地位,并不容易分清;三是动机并不总是处于显意识水平或显意识状态,也就是说,对为什么采取某一行为,消费者自身也不一定能给出清楚的解释。由此便提出一个问题,在研究消费者动机时,如何区分消费者不愿披露某种动机与消费者无力揭示其行为动机两种情况。四是没有但也很难完全以纯生理的因素予以解释。"饿了就要吃,吃是由于饿"似乎很圆满的解释了人要吃食物的行为。然而,为什么有些人会超过生理上的需求而猛吃不停导致肥胖症?为什么有些人置生理需求于不顾,视吃饭为畏途?这些问题看似简单,实则不然。人类的行为十分复杂,也许行为背后的动机比行为更为复杂。

三、动机理论

购买动机理论研究的中心问题是消费者行为中"为什么"的问题。例如,消费者为什么需要购买某种商品或劳务?为什么从众多的商品中选购了某种品牌的商品?为什么消费者对广告宣传会有截然不同的态度?为什么消费者经常惠顾某些零售商店等。回答上述问题,是最重要、最中心的问题,也是最难理解和调查的。这个问题弄清楚了,就找到了消费者动机的根源,对消费者行为现象的解释和说明也就有了理论基础。

1. 本能说

本能说是解释人类行为的最古老的学说之一。最初的本能理论只不过是人们对所观察到的人类行为予以简单命名或贴上标签而已。按照本能说的解释,人生来具有特定的、预先程序化的行为倾向,这种行为倾向由遗传因素所决定,无论是个人还是团体的行为,均源于本能倾向。即本能是所有思想和行为的基本源泉和动力。

本能性行为必须符合两个基本条件:第一,它不是通过学习而获得的;第二,凡是同一种属的个体,其行为表现模式完全相同。从市场营销角度来看,本能性行为的价值在于,它能使针对这些行为的特定的营销刺激更有效。例如,在广告宣传中以母爱为诉求,可能很容易唤起成年人对某些儿童用品的好感,从而有助于这些产品的销售。

相对于多样、复杂的人类行为,本能性行为只是很小的一部分,而且许多被看作具有人类天性的行为也可以通过学习来加以改变。基于此,现在很少有学者坚持用人的天性或本能作为人类复杂行为的动因。

2. 精神分析说

精神分析说认为，人的行为与动机主要由潜意识所支配，因此，研究人的动机，必须深入到人类的内心深处。为此，需要在研究方法上进行新的探索。20世纪30年代至50年代，在动机研究正值鼎盛时期时，发展并形成了诸如语意联想法、投射法等间接了解消费者动机与态度的研究方法。这些方法的大量运用，应当说与精神分析学说在行为分析领域的渗透和影响存在密切的联系。

虽然不能确切的知道消费者行为是否像弗洛伊德所描绘的那样主要受无意识的支配，但可以肯定的是，消费者确实有冲动和不理智的时候，消费者的有些行为用完全理性的模式是无法解释的，如果消费者的某些行为确实是受无意识驱动的，那么，消费者对自己购买某种商品的真实动机就不一定能清楚地意识到，因而仅仅通过观察消费者行为和询问消费者都不可能获得消费者的真实购买意图。

精神分析说还提醒我们，在分析消费者行为时，应特别重视研究消费者深层的心理需要，以及这些需要以何种形式反映到商品的购买上。人们把自己的偏好投射到各种商品中，实际上购买的商品或劳务项目是自己人格的延伸。譬如，貂皮大衣是社会地位的象征；红茶是女性的象征；树木是生命的象征等。这些研究结论无疑对企业制定广告、促销策略，决定采用何种产品外观或包装图案具有重要指导价值。

3. 驱力理论

驱力是由于个体生理或心理的匮乏状态所引起并促使个体有所行动的促动力量。驱力为个体消除匮乏感或满足其需要的各种活动提供能量。原始驱力是由消费者的内部生理需要引发的驱力，它是无须习得的。由饥、渴、性和避免痛苦所产生的驱力，通常被看作原始驱力。在一个经济较为发达的社会里，分析原始驱力的价值相对比较小。比如，用渴这一驱动力解释消费者为什么选择可口可乐或百事可乐，难以使人满意。获得驱力或衍生驱力是经由学习、条件作用而获得的驱力。人类的大多数动机，如恐惧、希望与他人交往、获得权力、取得成就等，均源于获得驱力。

驱力理论是建立在体内平衡原理基础上的。当个体因物质和能量失衡产生内在需要时，驱力促使他采取行动满足需要，消除紧张。一旦某种行为能有效地消除紧张，该种行为便为个体所习得，从而使个体在下一次面临同样紧张状态时，会产生类似的行为反应。

4. 马斯洛的需要层次理论

美国人本主义学家马斯洛于1943年提出了著名的需要层次理论，他认为，人的需要可分为五个层次，即生理需要、安全需要、爱和归属的需要、自尊的需要、自我实现的需要。上述五种需要是按从低到高的层次组织起来的，只有当较低层次的需要得到某种程度的满足，较高层次的需要才会出现并要求得到满足。一个人生理上的迫切需要得到满足后，才能去寻求保障其安全，也只有在基本的安全需要得到满足之后，爱与归属的需要才会出现，并要求得到满足，以此类推。

但是，马斯洛并没有说较低层次需要完全满足后，才会产生高一层次需要，而只是说，人的各种需要存在高低顺序，或者说各种同时出现的需要中存在优势需要。就一般情况而言，处于较低层次的需要，只有在更低层次需要得到满足或部分得到满足后才会成为优势。即已经满足的需要，不再是优势需要，也不再是行为的决定性力量。

这一理论的效用在于它可以为人们提供一种有用的思考工具。从消费者行为分析角度看，这一理论对理解消费者行为动机，对于企业针对消费者需要特点制定营销策略，具有重要价值。首先，它提醒我们，消费者购买某种产品可能是出于多种需要与动机，产品、服务与需要之间并不存在一一对应的关系。在现代社会，如果认为消费者购买面包仅仅是为了充饥，那将大错特错。其次，只有低层次需要获得充分满足后，高层次需要才会更好的得到满足。企业在开发、设计产品时，既应该重视产品的核心价值，也应该重视产品为消费者提供的附加价值，因为前者可能更多的与消费者的某些基本需要相联系，后者更多的与其高层次需要相联系，用产品的附加功能取代其核心功能是注定要失败的。再次，越是涉及高层次需要，人们对需要的满足方式与满足感越不确定。饿了要吃食物，渴了要喝水和饮料，对此，消费者十分明确和清楚。但对如何才能获得别人尊重，如何获得友谊，如何使生活更加美好，对于这一类高层次需要如何满足或以何种方式满足，消费者并不完全清楚。这实际上也意味着，越是满足高层次需要的产品，企业越有机会和可能创造产品差异。最后，越是高层次需要，越难以得到完全满足，原因在于，满足需要的愉快体验中又会产生更高的需要。消费者需要尤其是高层次的需要没有终结的时候。

5. 双因素理论

美国心理学家弗雷德里克·赫茨伯格（Frederick Herzberg）将导致对工作不满的因素称为保健因素，将引起工作满意感的一类因素称为激励因素。保健因素，诸如规章制度、工资水平、福利待遇、工作条件等，对人的行为不起激励作用，但这些因素如果得不到保证，就会引起人们的不满，从而降低工作效率。激励因素，诸如提升、提职、工作上的成就感、个人潜力的发挥，则能唤起人们的进取心，对人的行为起激励作用。要使人的工作效率提高，仅仅提供保健因素是不够的，还需要提供激励因素。一个单位固然要为员工提供具有吸引力的工资、福利待遇、生产和生活条件，但如果这些待遇和条件采用平均分配的方法，不与个人的责任大小、工作业绩或成就挂钩，就只能起一种保健作用，起一种减少牢骚和不满的作用，无法激励员工不断进取和努力作出新的成绩。

将这一双因素理论运用于消费者动机分析，也具有多重价值与意义。商品的基本功能为消费者提供的基本利益与价值，实际上可看做保健价值。这类基本的利益和价值如果不具备，就会使消费者不满。然而，商品具备了某些基本利益和价值，也不一定能保证消费者对其产生满意感。要使消费者对企业产品、服务形成忠诚感，还需要在基本利益或基本价值之外提供附加价值，比如，使产品或商标具有独特的形象，产品的外观、包装具有与众不同的特点等。因为后一类因素才属激励因素，对满足消费者社会层次的需要具有直接意义。商品的哪些特征、利益具有保健因素的成分，哪些具有激励因素的成分，不是固定不变的。此外，商品所具有的保健因素与激励因素还会因目标市场、目标消费者生活方式和价值取向的不同而存在差别。

6. 显示性需要理论

美国学者麦克里兰（McClelland）提出的显示性需要理论侧重分析环境或社会学习对需要的影响，因此，该理论又被称为习得性需要理论。该理论特别强调需要从文化中的习得性，所以，这一理论与学习、人格概念有着紧密联系。麦克里兰特别关注以下三项需要，即成就需要、亲和需要和权力需要。

成就需要是指人们愿意承担责任，解决某个问题并完成某项任务的需要。亲和需要是指个体在社会情境中，要求与他人交往和亲近的需要，以获得别人的关心、友谊、爱情，获得别人的支持、认可与合作，均可看做亲和需要。权力需要是指个体希望获得权力、权威，试图强烈的影响别人或支配别人的倾向。

麦克里兰的一个重要假设是，上述三种需要均是个体在幼年时期，在人的社会化过程中习得的。被鼓励或获得正面激励的行为，较未被鼓励或受到责备、惩罚的行为更易重复出现。因此，习得性需要可归因于那些过去经常受到奖赏或鼓励的行为。由于不同个体有因为过去行为的独特而受到而受到奖惩经历，所以，其促动未来行为的需要或许会具有自身的特点。

既然需要是习得的，同时又带有习得时所处背景的特征或影响，自然应当对需要习得时和需要被满足时的具体社会背景和情境予以分析。一些研究人员对麦克里兰的理论做了实证调查，其中一项研究发现，具有高成就动机的男性更多地购买诸如滑冰器具、潜艇之类的室外运动产品，具有高成就感动机的女性较低成就动机者更多地购买镇痛片、口腔清洗剂等产品。还有一些研究发现，高成就动机的男性喜欢从专卖店购买服装；高成就动机者更多的购买室外运动产品，较少购买流行与新潮服装，对高档、豪华轿车则不以为然。成就动机居于中游水平的人中，抽烟者的比例很高。另外，女性高、低成就动机者在某些产品的购买时机上存在着明显差别。

第四节　购买动机的形态分类

消费者购买动机与消费者需要一样，也是复杂多样的。从不同角度可以对动机的类型作多种划分。按照动机作用的形式不同，可以分为内在的、非社会的动机，外在的、社会性动机等；按照需要的层次不同，可以分为生存性动机、享受性动机和发展性动机；按照动机形成的心理过程不同，可以分为情绪性动机、理智性动机、惠顾性动机。这些分类方法对于研究消费者的动机具有重要意义。从购买活动角度来看，消费者购买动机通常是具体而复杂多样的，与购买行为的联系也更为直接。因此，对于企业经营者来说，深入了解消费者形形色色的购买动机，对于把握消费者购买行为的内在规律，用以指导企业的营销实践，具有更加现实的意义。消费者的购买动机可以做如下划分。

一、求实购买动机

它是指消费者以追求商品或服务的使用价值为主导倾向的购买动机。具有这种购买动机的消费者比较注重商品的实际效用、功能质量，要求商品具有明确的使用价值。讲求经济实惠，经久耐用，而不大追求商品外观、造型、色彩或者商品的品牌、包装、装潢和新颖性。这类消费者在选购商品时大都比较认真细致，受商品外观和广告影响较小。目前在我国，随着人民消费水平的逐步提高，人们的消费习惯、方式发生了很大变化，但求实购买动机仍然普遍存在。产生这种购买动机的原因主要有两方面：一是受经济条件的制约；二是受传统消费观念和消费习惯的影响，崇尚节俭，精打细算，讲求实用，鄙视奢华。一般来说，购买基本生活资料时，对其实用性要求较高；而购买享受资料时，则对其实用性要求较低，求实动机表现的不突出。

二、求新购买动机

它是指消费者以追求商品、服务的时尚、新颖、奇特为主导倾向的购买动机。具有这种购买动机的消费者在购买商品时特别重视商品的外观、造型、式样、色彩、装潢等，追求新奇、时髦和与众不同。相对而言，产品的耐用性、价格成为次要的考虑因素。具有这种购买动机的人，一般在城市消费者和青年当中较多。他们受广告宣传和社会环境的影响，是时装、新式家具、新发型和各种新式商品的主要购买者。

三、求美购买动机

它是指消费者以追求商品欣赏价值和艺术价值为主要倾向的购买动机。具有这种购买动机的消费者在购买商品时，特别重视商品对人体的美化作用，对环境的装饰作用，对其身份的表现作用，以及对人的精神生活的陶冶作用，追求商品的美感带来的心理享受。求美动机的核心是讲究赏心悦目，注重商品的美化作用和美化效果，它在受教育程度较高的群体以及从事文化、教育等工作的人群中是比较常见的。他们往往是高级化妆品、首饰、工艺美术品和家庭高级陈设用品的主要购买者。

四、求廉购买动机

它是指消费者以追求商品、服务的价格低廉为主导倾向的购买动机。这类消费者对价格特别重视，对价格的变化反应格外敏感，喜欢选购处理价、优惠价、特价折价的商品。在求廉动机的驱使下，消费者宁肯多花体力和精力，多方面了解、比较产品价格差异，选择价格便宜的产品。具有这种购买动机的热闹，以经济收入较低的人为主。相对而言，持求廉动机的消费者对商品质量、花色、款式、包装、品牌等不是十分挑剔，而对降价、折让等促销活动怀有较大兴趣。

五、求名购买动机

它是指消费者以追求名牌高档产品，借以显示或提高自己的身份地位而形成的购买动机。当前，在一些高收入群体、大中学生中，求名购买动机比较明显。这类消费者对商品的商标、牌号特别重视，喜欢选购名牌产品。此外，这种动机在旅游观光者中表现的比较突出。多数旅游观光者都喜欢在游览名胜古迹的同时，选购、品尝一些反映当地风格特点的知名土特产品和风味食品。形成求名动机的原因实际上相当复杂。购买名牌商品，除了有显示身份、地位、富有和表现自我等作用以外，还隐含着减少购买风险、简化决策程序和节省购买时间等多方面考虑因素。

六、求便购买动机

它是指消费者以追求商品购买和使用过程中的省时、便利为主导倾向的购买动机。受这一动机的驱使，人们把购买目标指向可以减少家务劳动强度的各种商品和服务，如洗衣机、冰箱、洗碗机、方便食品、家庭服务、家庭运输等，以求最大限度的减轻家务劳动负担。这类消费者对时间、效率特别重视，对商品本身则不甚挑剔。他们特别关心能否快速方便地买到商品，讨厌过长的等候时间和过低的销售效率，对购买的商品要求携带方便，便于使用。一般而言，成就感比较高，时间机会成本比较大，时间观念比较强的人，更倾向于持有求便动机。随着现代社会生活节奏的加快，消费者追求便利的动机也日趋强烈。

七、自我表现购买动机

这是一种以显示地位、身份和财富为主要特征的购买动机。这类消费者在选购商品时，不太重视消费支出的使用价值，而是特别重视商品所代表的社会象征意义，喜欢购买名贵商品、稀有商品、某些顶尖级的极品商品，以及价格惊人的特殊商品；选择特殊的消费方式如入住豪华宾馆的总统套间，品尝珍奇美味的宴席，选择奢华昂贵的休闲方式等，以显示其超人的财富，特殊的身份地位，或不同凡响的品位，达到宣扬自我、炫耀自我的目的。具有这类动机的人，在享有一定社会地位的政府和社会各界名流中比较多见。

八、好胜购买动机

这是一种因好胜心，与他人攀比不甘落后而形成的购买动机。这类消费者购买某种商品往往不是出于实际需要，而是为了争强好胜，赶上他人，超过他人，借以求得心理上的平衡和满足。这种购买动机具有偶然性和浓厚的情绪化色彩，购买行为带有一定的冲动性和盲目性。例如，改革开放初期，有些农村的万元户争相购买彩电、冰箱等高档消费品，而其居住的村庄还没有通电，这些高档商品放在家中并无多大实用价值，时间长了还会变坏，影响其功能。但出于争强好胜的心理，为了在攀比中胜过他人，即便用不上，也要买了放在家里作摆设，以求不落后于他人。在生活水平迅速上升，贫富差距急剧拉大的社会转型时期，好胜购买动机表现得较为普遍和强烈。

九、好癖性购买动机

这是以满足个人特殊偏好为目的的购买动机。许多消费者由于专长兴趣和个人嗜好，而特别偏爱某一类商品，如集邮、摄影、花鸟鱼虫、古玩字画、音响器材等。这些嗜好往往与消费者的职业特点、知识结构、生活情趣有关，因而其购买动机比较理智，购买指向也比较稳定和集中，具有经常性和持续性的特点。

十、惠顾性购买动机

这是一种以表示信任而购买商品为主要特征的购买动机。它是指消费者对特定商店或特定商品品牌产生特殊信任偏好，从而在近似条件反射基础上习惯性的重复光顾某一商店，或反复地、习惯性地购买同一品牌、同一商标的产品。具有这种购买动机的消费者，是企业最忠实的支持者，他们不仅经常光顾，而且会在其他消费者中起宣传、影响作用。企业应当在自己的经营中努力培养消费者的惠顾动机，不断争取更多的固定购买者。

以上列举的仅仅是现实生活中常见的一些消费者购买动机。需要指出的是，消费者仅仅由一种动机而采取行动的情况在现实生活中为数不多，其购买行为常常是多种动机共同作用的结果。因此，不能孤立的研究和看待上述各种动机。

第五节　动机测量与营销策略

一、购买动机测量方法

消费者购买行为的产生与维持直接依赖于购买动机。而动机本身是非常复杂和隐蔽的，这就需要研究购买动机的测量方法。

消费者购买动机测量，是探讨消费者为什么购买商品的问题，涉及到临床心理学、精神分析学、社会心理学等许多理论和技术，比市场调查更为深入。常用的购买动机测量方法主要有如下几种。

1. 投射法

投射法又称投影法，是指根据无意识的投射作用探询个体动机的方法，是超越表面的防御来探询潜在的动机。这种方法用来研究深层心理活动。

在投射测量中，往往要求被试者帮助别人在一种特定的情况下做出决策。人们常常不愿承认自己的某些愿望，却很愿意分析别人的心理活动。在推断他人的动机和态度时，人们会不自觉的表明自己的动机和态度。投射，就形象地表明了这种做法。常用的投射方法有以下几种。

（1）角色扮演法

即不让被试者直接说出自己对某种商品的动机和态度，而通过他对别人对这种商品的动机和态度的描述，间接暴露出自己的真实动机和态度。在美国，运用这种方法的一个典型事例是 20 世纪 50 年代有关速溶咖啡的调查。

（2）TAT（Thematic Apperception Test）法

意为主题统觉测验，又称绘图解释法。这种方法是让被试者看一些内容模糊、意义模棱两可的图片，然后让被试者根据图片编一段故事，并加以解释，依此来掌握消费者的购买动机。由于主题统觉图本身没有特定含义，让消费者把它的意义讲出来，往往就会把消费者的性格结构强加在图上，即把意义投射到这些图上，就可以根据消费者对图画的解释，判断其内心的活动，可以掌握消费者的潜在需要和动机。不过，实施和解释这个测验，必须具备专业的心理分析知识和技术。

（3）词联想法

又称语言联想法。这种方法是给被试者一个有许多意义无关的词的词表，让被试者看到词后说出最先联想到的词。通过对反应词以及反应时间的分析，了解被试者对刺激词的印象，态度和需求。词联想法包括以下几种。

1）自由联想法。即让被试者自然、任意的说出联想到的词。例如，看到苹果一词，被试者首先想到鸭梨一词，就让他说出或写出鸭梨。

2）控制联想法。即让被试者说出按某种要求联想到的词。例如，看到冰箱一词，让被试者说出联想到的商标名称。

3）连续联想法。即让被试者说出第一个联想词后，连续说出第二、第三个联想词。例如，看到电视机后，被试者首先想到录像机，接着又想到某种品牌等。

（4）示意图法

示意图法又称图画解决法，是指向被试者出示一张图画，让其写出图中所画人物提出的问题的答案，从中了解被试者的想法。例如，在示意图上画了一个男子下班回家后，对妻子说："我决定吸烟了！"就此向消费者搜集他的妻子对他吸烟的反应。据此，借第三者之口自然说出被试者对吸烟的看法和态度。

（5）造句测验法

造句测验法又称文章完成法。这种方法是给被试者一些不完整的句子，让被试者迅速造成完整的句子。例如，给出"假如您头痛，可以买……"，"男青年买自行车要选……牌的"等。这种方法对于想要调查的商品和商标，比词联想法能获得更多的信息。

2. 推测试验法

这种方法是使被试者对具备特定条件的人（如购买彩电）的人品、职业、年龄、行动的是非等加以想像和说明，从中了解被试者对特定商品的印象。例如，张先生购买了一台彩电，调查张先生的朋友李先生对彩电的看法，就可以让李先生对张先生的购买行为进行评论。李先生可能会说，张先生为人沉稳持重，在机关工作收入不高，A牌彩电质量还可以，但对于年近50岁的张先生来说，规格小了点，如果再存钱买台背投彩电，又好看又耐用。从李先生这些评论中，可以了解到李先生对彩电的印象和需求意向：A牌彩电可以接受；背投彩电耐用而且气派，看着舒服；不能因一时手头紧而凑合。

3. 语义区别法

语义区别法，又称语义分析法。这种方法可以测定被试者对商标、商品和企业的态度。一般采用7点等距离的序数量表，在表上列出几组正反意义的形容词，让被试者反复进行概念判断。

这种量表既可用于评定商品、商标、广告效果，又可用于对商店、厂家、公司的印象评定，还可用于评定对概念的态度。

二、基于动机冲突的营销策略

市场营销人员在识别消费者购买其产品的各种动机之后，接下来就应针对这些动机制定相应的营销策略。由于消费者购买某种商品具有多重动机，产品应该提供多种利益,广告则应传递、反映这些利益。对于显性动机,广告可直接迎合。对于隐性动机,由于人们不愿公开承认,因此,需要采用间接的沟通方式。在一则广告中,诉求重点只能放在一个或少数几个购买动机上,否则会冲淡广告主题。然而,在整个传播过程中,企业需要考虑目标顾客所追求的所有重要动机。换言之,应使各种传播活动与消费者的显性与隐性动机相配合,而不能对其中的一些动机视而不见。

动机冲突实际上是指消费者面临两个或两个以上购买动机,而且这些动机的诱发力大致相等但方向相反。许多情况下,企业可以对消费者面临的冲突进行分析,提供缓解的办法,以吸引消费者选择本企业的产品或品牌。通常,消费者面临三种类型的冲突。

1. 趋避冲突

这是指消费者在趋近某一目标时又想避开而造成的动机冲突。当被购买的产品既有令人心动的特征、又有某些不尽如人意的地方时,趋避冲突就会由此而生。在购买某些高档品、耐用品时,消费者可能对所选的商品爱不释手,但另一方面又觉得价格太高,或担心所选商品一旦出现质量问题会带来很多麻烦,一些消费者正是在这种犹疑不定的状态下放弃了购买。经验丰富的销售人员在发现这种趋避迹象后,常常会灵活的采用各种方法消除趋避者的冲突。比如,提供保修承诺,保证在一定时期内如果消费者发现以更低价格出售同类产品的商家,就返回差价,甚至给予奖励等。

2. 双趋冲突

这是指消费者具有两种以上倾向的目标而只能从中选择其一时所产生的动机冲突。在这种情形下,被选目标或产品的吸引力越旗鼓相当,冲突程度就越高。获得一笔年终奖金后,是到新加坡一游还是添一套高级音响?星期天是和朋友一起郊游还是去看一场精彩的电影?此类抉择均是双趋冲突的典型代表。在广告宣传中强化某一选择的价值与利益,或通过降价、延期付款等方式使某一选择更具有吸引力,均是解除双趋冲突的有效方式。

3. 双避冲突

这是指消费者有两个以上希望避免的目标但又必须选择其中之一时面临的冲突。当家里的洗衣机经常出现故障时,消费者可能既不想花钱买一台新的,又觉得请人来修理不甚合算,处于不知怎么办的境地。此时,消费者就面临双避冲突。企业应付或解除消费者双避冲突的方式很多。首先,消费者可能对冲突中的问题存在不正确的认识。此时,就应该通过宣传来消除或部分消除这种不全面或错误的认识。其次,双避冲突情形下可能恰恰为企业提供了新的市场机会。如在前述出故障例子中，通过推出以旧换新推销方式，或通过为洗衣机提供更长时间保修承诺，均可能促使消费者采取购买行动来解决冲突。有时，在没有完全令人满意的选择方案下，承认这一事实也无妨，只要能令人信服地使消费者相信所推荐的选择方案是最好的，双避冲突也可能被解除，如一些医疗机构在宣传某种戒毒方法、疾病治疗方法时常常采取这一策略。

小　结

需要是人们为了延续和发展生命，以一定的方式去适应生存环境而对客观事物的要求和欲望。需要在人们的心理活动中具有十分重要的作用；需要能影响人的情绪；需要有助于人的意志的发展；需要对人的认识与活动也具有重要影响。消费者需要是指消费者对以商品和劳务形式存在的消费品的要求和欲望。消费者需要是包含在人的一般需要之中的，消费者需要通常产生于消费者的某种生理或心理体验的缺乏状态，它是消费者购买行为的内在原因和根本动力。现实生活中，消费者需要是非常复杂的，可以从不同角度进行分类。本章从五个角度对其进行划分。消费者需要具有多样性、发展性、层次性、伸缩性、周期性、可诱导性以及互补性等特征。消费者需要具有以下基本存在形态：现实需要、潜在需要、退却需要、不规则需要、充分需要、过度需要、否定需要、无益需要、无需要等九种，营销管理者应该根据不同形态的特点从可能性和必要性两个方面决定满足需要的方式和程度。

动机是引起个体活动、维持已引起的活动并促使活动朝向某一目标发展的内在作用力。早期的动机理论包括本能说、精神分析说和驱力理论，现代动机理论主要有马斯洛需要层次理论、双因素理论和显示性需要理论。马斯洛需要层次理论认为，人的需要按从低到高依次分为生理需要、安全需要、归属和爱的需要、自尊的需要、自我实现的需要，只有未被满足的需要构成行为的动因。双因素理论将促动人们行动的因素分为保健因素和激励因素，前者未获满足会导致人的不满，但满足后也不会对人起激励作用。显示性需要理论十分强调环境和社会学习对行为的影响，认为个体的需要与过去的奖惩经历有关，带有习得时所处背景的痕迹。

购买动机可分为显性动机和隐性动机，前者可经由询问消费者了解，后者则需要通过动机研究等较为复杂的研究技术来获得。心理学认为，动机在激励人的活动方面具有始发、导向、维持、强化和终止等作用。本章概括介绍了购买动机类型及其应用。购买动机的调查方法主要有投射法、推测实验法和语意区别法。消费者的多个动机经常彼此发生冲突。企业可在了解这些冲突及其类型的基础上，通过发展合适的产品、服务和有效的营销手段帮助消费者缓解冲突。

思　考　题

1. 谈谈你对需要、欲望和需求的理解，说明它们的区别和联系。
2. 什么是动机？消费者动机形成的条件有哪些？
3. 消费者需要的特性有哪些？动机的特性有哪些？举例说明这些特性。
4. 马斯洛需要层次理论对研究消费者行为有何启示？
5. 购买动机的调查方法有哪些？请具体说明每种方法是如何实施的？
6. 描述三种动机的冲突，并为每种冲突举出例子。

第六章　消费者态度的强化与转变

消费者在了解、接触和消费企业所提供的产品与服务的过程中，会对这些产品、服务以及提供这些产品、服务的企业形成某种态度。这种态度不仅决定着消费者如何看待企业及其提供的产品与服务，而且在很大程度上影响消费者的购买行为。虽然态度反映的是一个人的内心状态和对事物的好恶倾向，但它往往是个体行为的先导，是预测个体行为的重要指标。要维持或改变消费者的行为倾向，就必须设法维持，改变其态度。所以，研究消费者态度，对了解、引导消费者行为具有十分重要的意义。

第一节　消费者态度的构成与功能

态度是我们对所处环境的某些方面的动机、情感、知觉和认识过程的持久体现。它是"对于给定事物喜欢或不喜欢的反应倾向。"态度是一种心理准备状态，是内部的行为反应倾向，而不是行为本身，但态度对消费者的购买行为具有指导性和动机性的影响，可能支配和决定消费者的购买行为。

一、消费者态度的基本构成

消费者态度是指消费者对某一消费对象或观念所持有的正面或反面的认识上的评价、情感上的感受和行动上的倾向。基于这种倾向，消费者对某一消费对象（或观念）或某些消费对象（或观念）作出特定的意见和情绪反应。

将态度视作由三个成分组成是很有用的。这三个成分是：认知成分（信念）、情感成分（感觉）、行为成分（反应倾向）。下面将对每一成分进行详细讨论。

1. 认知成分

认知成分是对于事物的具体或整体的信念，是构成消费者态度的基石。这表现为消费者对有关商品质量、价格、包装、服务与信誉等的印象、理解、观点和意见。

以消费者对某个公司产生好感为例，这种好感很可能是建立在该公司的产品卓越、能够为消费者带来额外利益的基础上，也可能是建立在该公司乐善好施、不断创新、造福社会的认识上。由此可见，态度总是与一定的认知成分相联系。认知是否正确、是否存在偏见或误解，将直接决定消费者态度的倾向或方向性。因此，保持公正准确的认知是消费者形成正确态度的前提。

2. 情感成分

情感成分是对事物具体或整体的情感或感觉，是消费者态度的动力。它表现为消费者对有关商品的质量、商标、信誉等喜好或厌恶、欣赏或反感的各种情绪反应。如果说认知是以消费者的理性为前提，那么情感则带有非理性倾向，它往往更多地受到消费者的情绪及气质、性格等心理素质的影响。

比如，一个宣称"我喜欢 A 保健品"或"A 保健品是一种糟糕的东西"的消费者所表达的就是关于产品的情感性评价。这种整体评价也许是在缺乏关于产品的认知信息或没有形成关于产品的信念条件下发展起来的一种模糊的、大概的感觉。或者，也许是对产品各属性表现进行一番评价后的结果。事实上，一个人可能在没有获得任何有关产品的认识的情况下便喜欢上该种产品。的确，我们对于某产品的最初反应（喜欢或不喜欢的感觉）可能不是建立在认知基础上的。这种最初的情感能影响我们后来对该产品的评价。

3. 行为成分

行为成分是对事物的具体或整体的行为意向，是构成消费者态度的准备状态。这表现为消费者对有关商品、劳务采取的反应倾向，其中包括表达态度的语言和非语言的行动表现。

比如，购买或不购买 A 保健品，向朋友推荐该品牌或其他品牌等一系列决定，能反映出态度的行为成分。由于行为往往是针对整个事物的，它不像信念或情感那样具有具体的属性指向。当然，这也不是绝对的。例如，许多消费者在折扣商店或仓储型平价商店购买罐头食品，而在超级市场购买肉和新鲜蔬菜。因此，对于零售店而言，消费者针对其中的某些具体属性做出不同的反应仍是可能的。但是对于单个产品来说，我们就难以针对产品的具体属性做出不同的行为反应，我们只能对整个产品做出购买或不购买的决定。

一般而言，态度的三个组成成分倾向于一致，即某个成分的变化将导致其他成分的相应变化。但是，在特殊情境中，上述三种要素成分的作用方向亦有可能发生背离，呈反向作用，致使消费者的态度呈现矛盾状态。

至少有 7 个方面的因素可以导致或影响测量出的认知、情感与可观察的行为之间的不一致。

（1）购买动机

一种积极的态度要有一种需要或动机才能转变成具体的实际行动。比如，消费者可能对某厂生产的计算机怀有好感，但他感到并不需要一台笔记本电脑，或者他已经拥有一台尽管不是很喜欢但仍可以接受的计算机。

（2）购买能力

将积极的信念和情感转化成对产品的实际拥有需要具备相应的购买能力。一个人可能买不起一台 A 牌的电脑，或者只能买一台比 A 牌便宜的电脑。

（3）其他种类产品的影响

我们上述的态度测量只是针对计算机这一类商品。实际上，购买或不购买的决定往往不只是在一类产品内而是在不同类的产品之间权衡做出的。因此，该消费者可能为了省钱去买新的滑冰鞋、照相机或者只买了一台比 A 牌便宜的电脑。

（4）态度的强烈程度

如果所持的信念和情感成分并不强烈，或者当消费者在逛商店时获得了新的信息，他最初的态度可能会发生改变。

（5）相关成员的影响

我们在前面只涉及了消费者个人的态度，然而，许多购买决定受家庭其他成员的直接或间接影响。因此，该消费者可能为了更好地满足整个家庭的需要而购买另一台计算机。

（6）情境因素

我们往往脱离购买情境而考察对事物的态度，但是许多物品却是在特定的情境下购买的。当消费者预计在不远的将来会有更复杂、高级的设备出现时，他现在可能只想购买一台很便宜的计算机。合理行为理论就是部分建立在这一概念之上的。该理论认为，行为意向是建立在对于特定行为的态度、对于行为是否恰当、是否合乎社会规范的信念和遵循这些规范性信念的动机的基础之上。例如，某位消费者也许对在餐馆就餐前喝一杯饮料持肯定态度，但他是否真的叫上一杯饮料，要受他对在该环境下（与朋友聚餐或是工作宴请）点饮料是否合乎规范、是否恰当的认识，以及他是否有遵循这类社会规范的动机等因素的影响。

（7）测度上的问题

要测量与态度有关的所有方面是很困难的。消费者也许不愿意或没有能力说明他们对各种产品或品牌的情感或信念。因此，态度的各组成成分有时比我们所测量出的要更加一致。

总之，态度的三个组成成分倾向于保持一致。但是，在认知和情感的测得值与可观察的行为之间显现的一致程度会因为一系列因素（如上述 7 个方面）的影响而降低。此外，我们必须记住，行为成分只是一种反应倾向，并不是实际的行为。反应倾向在许多情况下不一定通过购买显示出来，比如，乐于接受关于该品牌的新信息、赞扬购买了该品牌的人等均构成反应倾向。

二、消费者态度的一般特点

1. 态度的对象性

态度是针对具体的观点和事物所形成的，这种对象可以是具体的事物，也可以是某种状态，态度是主体对客体的一种反映。谈到态度自然要谈到态度的对象，比如，对某种产品的印象如何，自然涉及到产品的质量、服务等一系列具体的条件，可以说没有对象的态度是不存在的。

2. 态度的相对稳定性

由于消费者的态度是在长期的社会实践中逐渐积累形成的，因此，某种态度一旦形成，便保持相对稳定，且不会改变。如对某种品牌的偏爱，对某种老字号商店的信任等。态度的稳定性使消费者的购买行为具有一定的相对稳定性、习惯性，从而有助于某些购买决策的常规化、程序化。

3. 态度的调整性

态度的一个重要特点就是它的调整功能。这种功能有助于消费者在心理上适应新的或困难的处境。在购买活动中最常见的是人们根据他人或社会的奖惩来调整或改变其态度。例如，一个消费者购买了他自认为很好的汽车，但如果他的朋友们都纷纷表示对该汽车的不喜爱，那么他很可能由喜欢转为不喜欢，发生态度的转变。

4. 态度的知识性

态度的知识性最常见于消费者对商品和劳务的评价，如"联想电脑的质量好"、"北京饭店档次高"等。态度的知识功能对于指导消费者购买行为十分重要。企业的营销就在于帮助消费者确立对企业产品及服务的有益体验，以使消费者确立对商品的积极态度。研究表明，态度的知识功能也会影响消费者购买商品的方式与途径，如购买大型或贵重商品时，大型的百货商店或知名的购物中心是首选，这是因为对大型商场的经营管理正规、可信度高的认识。

5. 态度的价值性

态度的价值性是指态度对象对人的意义大小。消费者对事物的态度主要反映了该事物对人的意义与价值，这种价值包括很多方面，如实用价值、理论价值、道德价值及社会价值等。事物对人价值的大小，一方面，取决于事物本身；另一方面，也受人的需要、兴趣、爱好、信念、理想等因素的制约。人们的价值观不同，对同一事物也可能形成不同的态度，价值观念对人们态度的形成起到一种基本的综合作用。

6. 态度的社会性

态度虽然是人们的一种心理倾向，但它不是先天就有的，而是人们在社会实践活动中形成的。例如，消费者对一件商品的态度，或是由他自己得来的；或是根据广告宣传和其他消费者的看法、意见等形成的。这说明态度是适应环境的产物，离开了社会实践活动，也就无所谓人的态度。

三、消费者态度的功能

态度的功能理论最早由心理学家丹尼尔·卡茨（Daniel Katz）提出，并以此解释了态度是怎样促进社会行为的。根据这种实用性的方法，态度之所以存在是因为对人们具有某种功能。也就是说，态度取决于人的动机。那些预期将来会遇到某种类似情况的人们更容易在这种预期中形成一定的态度。两个人可能会因为非常不同的原因而对某一个对象持有各自不同的态度。经过发展，一般将态度的功能区分如下。

1. 效用功能

态度的功利性功能指导消费者去获取渴望的利益。我们会仅仅根据产品提供的是舒适还是痛苦就形成对产品的某些态度。如果某人爱吃乳酪汉堡包，那他对乳酪面包所持的就是肯定的态度。一位认为安全性和速效性是选择止痛剂最重要标准的消费者会直接去寻找满足这些利益的品牌。反过来讲，态度的效用性功能会引导消费者离开不太可能满足他们需要的品牌。当汽车广告以性能特点为宣传对象时，就反映了态度的效用性功能。

2. 自我防御功能

这是指形成关于某些事物的态度，能够帮助个体回避或忘记那些严峻环境或难以正视的现实，从而保护个体的现有人格和保持心理健康。比如，在脑体倒挂的情况下，一些知识分子囊中羞涩，与那些下海经商者相比，收入倍显悬殊。为了显示自身价值，恢复被损伤的自尊，他们中很多人常会显示出自命清高或鄙视"为富不仁者"的态度，以保持心理平衡。在消费生活中，常常看到一些收入水平并不是很高的消费者也不时会购买一些高级美容品、抗衰老产品，或对这些产品形成非常积极的购买态度，实际上也是出于自我防御的目的，有意识或无意识地防御由于身体衰老或自感容貌平常所滋生的不安情感。

3. 价值表现功能

具有价值表现功能的那些态度表现了消费者的核心价值观或自我概念。这时，人们对产品的态度并不取决于产品客观的益处，而是取决于产品所代表的是哪一种类型的消费者（如宝马的购买者是什么样的人）。具有价值表现功能的态度对生活方式的分析有着重要意义，后者关注消费者为了表明自己特定的社会身份，如何形成一系列的活动、兴趣和观念。

4. 知识或认识功能

这是指形成某种态度，更有利于对事物的认识和理解。事实上，态度可以作为帮助人们理解世界的一种标准或参照物，有助于人们赋予变幻不定的外部世界以某些意义。例如，消费者对某类型的销售人员形成了一种印象或态度，这种态度可能是正面的，也可能是负面的，那么，在下次再遇到该类型的销售员时，消费者可能根本就不用细听销售人员说些什么，而是根据以前所形成的态度决定是趋近还是回避该销售员。通过这种方式，可以使外部环境简单化，从而使消费者集中精力关注那些更为重要的事件。态度的知识功能，也有助于部分地解释品牌忠诚的影响。对某一品牌形成好感和忠诚，能够减少信息搜集时间，简化决策程序，并使消费者的生活更为稳定。

第二节　影响态度改变的因素与条件

我们知道，对商品积极的态度会推动消费者完成购买活动，而消极不定的态度则会阻碍消费者的购买活动。所以，要促发消费者的购买行为，就必须改变消费者的态度。态度转变有两种形式：一种形式是改变原有态度的强度，但方向不变。比如，消费者对商品持不定态度，在一定外界条件作用下由否定转变为怀疑。这种转变被称之为一致性转变。另一种形式是用新的态度取代旧的态度，即方向的改变。这种转变被称之为不一致性的转变。

一、影响态度改变的因素

在市场营销活动中，企业营销策略都是针对改变原有态度强度一步步进行的。其方法是使消费者对产品的漠不关心转变为对产品的接受，或由对产品的接受转变为对产品的偏爱乃至忠诚。我们这里将影响态度的转变因素归纳为两大方面，即态度形成特征的影响和外界因素的影响。

1. 态度形成特征的影响

1）构成态度的三要素（认知、情感、反应倾向）一致性越强，态度越不易改变；反之，态度容易改变。因为，由于不和谐的存在，使心理上感到不愉快，从而使人们为减少不和谐去争取和谐，引起动机。同时，人们也能够避免使不和谐增大的情况或信息。态度要素中的认知要素和行为倾向的不一致就是不和谐，它会使人感到不舒服，要设法消除。这就是所谓的认知不和谐理论。比如，"我知道酗酒有害身体健康"和"我总是酗酒"就互相矛盾。那么，这位酗酒者为了消除不和谐，要么减少酗酒次数，要么转变认识。

2）态度的中心性直接影响态度的转变。态度的中心性是指形成态度基础的价值观与该态度相联系的程度。生活在社会中的每一个人都有他的价值观，并通过自己对事物的各种态度反映出来。而绝大多数商品或服务都象征地代表一种特别的形象，当它与消费者所持有的价值观相吻合时，就会形成对该产品的良好印象，并难以改变。比如，看重名誉、地位的人，就喜欢象征意义显著的产品。

3）形成态度的强度直接影响态度的转变。消费者对不同程度的刺激会产生不同的心理反应。因此，形成态度的强度也有很大的区别。这直接关系到态度的转变。一般来说，消费者所受的刺激越强烈、越深刻，形成的态度越不易改变。例如，消费者购买了一台价值较高的空调产品，在使用中经常出故障，商品的质量和性能远没有期望的高，售后服务也不到位。这很可能导致消费者对其商品乃至企业形成强烈的不满，这种态度一经形成则很难改变。

4）消费者态度一经形成，持续的时间越长，则越根深蒂固，难以改变。例如，许多上年纪的人每当回忆起家乡的风味产品，总是赞不绝口、不胜感慨。国外企业都非常注重消费者的态度调查，了解企业产品在消费者心目中的形象，一旦发现问题，则立即着手解决，以防不利意象固定化。1999 年，美国某公司的产品在比利时销售时，出现了由于瓶口密封处污染而导致消费者饮用中毒的事件，经传媒报道后，在世界引起轩然大波。美国公司总部紧急召开会议，商讨对策，将在比利时全国货架上的商品全部下架，进行销毁，并承诺对受损害的消费者进行赔偿，竭尽全力消除由于消费者对产品的消极态度而对公司形象的影响，制止公司产品销售的大规模滑坡。

5）形成态度的因素越复杂，则态度的改变越困难。如果一个人的态度形成只依赖于某一个事实，那么只要证明这一事实是假的或错误的，则态度就会改变。但如果态度形成是建立在许多事实的基础上，则态度的改变就十分困难。例如，许多女性消费者把美容与化妆等同起来，所以，许多人把金钱都花在购买化妆品上，而忽视了对身体的内在调理。而由后者带来的美容比化妆更具有长久性，但要说服人们接受"内在调理的美容观"并非易事。因为，化妆的是直接的、显现的，甚至可能是成本低廉的，而调理机体的美容则很难在短时期见到效果，即使是长期以后见到了效果，也可能被其他的因素冲淡了。

2. 外界因素的影响

（1）信息的作用

信息是主体同外部客体之间有关情况的消息。客观世界到处都存在着信息。消费者对信息传达者或输送渠道越信任，所产生的态度变化就越大。在药品广告中，采用一位医生介绍的作用同一位喜剧演员介绍相比，前者会有更大的说服力。信息传达者不仅要内行，具有权威性，传达的形式还要中肯，以获得信息接受者的认可；否则，消费者怀疑信息的可靠性或不喜欢信息传达者，宣传效果会大打折扣。

（2）个体之间态度的相互影响

态度具有相互影响的特点。在个人态度受外界影响的因素中，他人的意见是很重要的因素。许多心理测试证明，当一个人首先表示他对某事的意见后，在场的其他人很容易附和。当另一种意见更有说服力时，人们又可能转变认识。这表明人们对事物的看法、见解很容易相互影响。这种相互影响的原因比较复杂，比较可信的解释就是从众心理的作用，随大流会使人感到很安全。另外，人们不愿表现出无知，附和他人意见也是一种比较好的掩饰。

（3）团体的压力

消费者的态度通常是与消费者个人所属团体的期望和要求相一致的。团体的规范和习惯力量会无形之中形成一种压力，影响团体内成员的态度。团体中的个体也愿意使自己的态度和行为与团体中的大多数成员相一致，以求得到团体的认可。人是社会的成员，有和团体在一起的强烈愿望。在多数情况下，人们是与团体中的其他成员比较来评估自己的。如果个体与团体的意见不一致，通常人们会认为是个体错了。个体对团体的依赖，同样可以用来防止其受到来自外部的交流信息的影响。更值得强调的是当消费者改变了个体所处的团体时，其态度又会同新的团体规范相适应。

二、影响态度改变的条件

若干研究表明，如果传播的信息与消费者现有的品牌态度相一致，而不是相反，那么它就更容易对消费者产生影响。比如，就消费者已知道牙膏某些重要的属性而言，传播这些属性要比转变这些属性更有效。有研究发现，与转变非用户的态度相比，强化用户对该品牌的正面态度能更有效地增加对该品牌的消费数量。所以，在转变态度比强化态度更困难的情况下，营销人员必须知道在什么时候转变态度才是可行的，即"在什么条件下，可以转变消费者的态度？"

1. 信念比追求利益更容易转变

广告心理学研究认为，可以通过寻求转变消费者对某一品牌的信念，进而实现转变消费行为。也可以通过转变消费者对品牌的价值观来转变消费者对产品的追求利益。然而消费者追求利益比信念更持久、更根深蒂固和更内在化，因为它们与消费者的价值观更为紧密。例如，一家止痛剂生产厂商生产一种被消费者认为药效更强、见效更快的产品。然而，消费者更看重的是得到医生首肯的产品温和性和安全性。该生产厂家可以试图使消费者相信，该止痛剂是一种非处方药品，无需得到医生推荐，其安全性也无需考虑，并且它是一种药效更强的药品，完全可以被人们接受。另一方面，该生产厂家也可调整其广告宣传重点，在继续强调见效快的同时，指出其完全符合 FDA 标准的安全性。后一种策略将会比前者更有效，因为广告说服是在消费者现有价值体系下来转变其对该品牌的信念。

2. 品牌信念比品牌态度更容易转变

消费者对产品的认知程度（信念）要比情感（态度）更容易转变。消费者心理学研究表明：消费者在高介入（参与）的情况下，信念变化要先于品牌态度的变化。如果消费者对产品的信念抑制了其购买行为，广告策划就要试图在不转变其信念的情况下转变他们的态度。

3. 对享受性产品，态度转变比信念转变更重要

当消费者基于情感购买某一产品时，他们依靠的是情感（态度）而不是认知（信念）。对享受性产品来说这一点更为重要。例如，沃尔沃试图将其冷酷、可靠的产品形象转变成一种欢乐与幻想结合在一起的形象，但其获得的成功相当有限。沃尔沃为了达到其目的，不得不求助于态度转变策略，而非转变信念。其相当有限的成功驱使沃尔沃回到更为注重实际的、并强化消费者原有信念的主题上去。

4. 消费者对产品参与程度不高时态度更容易转变

对于非参与产品的态度更容易转变，因为消费者对这种品牌并不关心。当产品的个性色彩不浓，对产品没有什么感情，产品没有什么象征意义时，消费者的态度更容易转变。当消费者产品参与程度高时，他们只有在信息与其信念相一致时才会接受该信息。当参与程度低时，即使该信息与其先前信念不同，消费者也更有可能接受这一信息。

5. 弱态度比强态度更易转变

如果消费者对品牌的态度不那么坚定，营销人员就能够更容易地建立起与产品的新联系。如某一种护肤品，在非用户当中形成了一种稠密、油腻的印象。非用户更多地把它看作是治疗严重皮肤病的药品，而不是普通的化妆品。营销人员深知，要扩大该品牌的销路，就必须转变非用户的态度。该公司开始在广告中将其产品宣传成一种柔润皮肤的日常用品，并把尽可能多的免费样品抹在潜在用户手上以表明该产品并不油腻。非用户之所以认可这场宣传活动，就是因为他们对该产品态度的形成并非建立在直接使用经验基础上，而只是通过试用，形成了一种微弱的态度。但是这种微弱态度也会使竞争者能更容易地将用户吸引过去。当对公司或产品的态度很牢固时，要想改变这种态度就要难得多了。

6. 当消费者就他们对品牌的评价缺乏信心时，其态度更加容易转变

对品牌评价缺乏自信的消费者更容易接受广告内容中的有关信息，其态度也更易转变。消费者在评价某一品牌时对所应采用的标准产生迷惑，将使消费者在做出决策时缺乏自信。许多年以前，地毯协会雇佣了一家调研公司要求对垫子和地毯类制品的购买过程进行研究，得出的结论是，人们对毯类制品的特性或特色的认识存在着许多混乱和误解。在这种情况下，消费者将会接受那些能提供一些关键属性的信息产品。广告策略也应是转变消费者对产品的信念。

7. 当态度建立在模糊信息基础上时，态度更容易转变

当消费者面临竞争性产品模棱两可的宣传，或遇到难以做出判断的高度技术性的信息时，消费者会努力澄清那些能够导致态度改变的信息。当信息是高度模糊时，任何对信息的澄清都可能引起态度的转变。例如，苹果对其计算机友好的人机界面做了清楚的阐述之后，苹果成功地在20世纪70年代末将其个人电脑引入了学校。这时 PC 机已成为一种令初学者觉得技术性极强且令人难以琢磨的产品。对许多学生来讲，苹果就象征着使用 PC 的不确定性会减轻。

三、态度变化的理论

态度变化的理论主要有以下三个。

1）调协理论。个体对现实中的人与物常有不同的态度，如对某位朋友怀有积极态度，而对某物就不那么积极，甚至表现出消极的态度。可是，如果把这位朋友和那件物品结合在一起，那么调协理论认为，个体对两者的态度就会有所变化，对前者的积极态度将下降，而对后者的消极态度则会有所改善。也就是说会出现一种综合的效果。调协论进一步指出，原有态度离中性态度越近，态度越容易变化；态度越极端，变化越难。

2）平衡理论。该理论认为人感知自身或外界环境是处于三角关系之中的。这种三角关系由三个元素构成，即自己、他人、某物。它们也许彼此是肯定的关系，也许是否定的关系。当人们处在肯定的三角关系当中时，态度是平衡的；而否定的三角关系便意味着不平衡。

3）认知失谐论。人们对一个对象形成新的态度时，会有一种倾向，这就使新的态度与原有的态度、价值观和个性相一致。如果感知到的新信息与原有的了解、信念或态度不一致，那么就会体验到失调，因而引起态度的变化。认知失谐论把相符合或一致的认知因子称为和谐因子，而把不相符合或不一致的认知因子称为失谐因子，并且认为认知因子失谐的程度越大，改变态度的压力也就越强。失谐程度依赖于三个因素：失谐因子对和谐因素的比例、认知因子的重要性和认知的重叠。

第三节　态度强化与改变的策略

任何消费态度的形成，都是消费者在后天环境中不断学习的过程，是各种主客观因素不断作用的结果。其中，主要的影响因素包括：消费者的需求欲望、个性特征、知识经验、生活环境、相关群体的态度等。由于促成消费者态度形成的

上述因素多具有动态性质，且处于不断变动之中，因此，某种态度在形成之后并非一成不变，而是可以给予调整和改变的。消费者态度的改变即指已经形成的态度在接受某一信息或意见的影响后而引起的变化。

一、态度强化的策略

态度强化可以用在以下三个方面：在现有用户当中强化积极的态度；把新用户吸引到现有品牌上来；把新用户吸引到一个新的品牌上来。在每一策略当中，营销人员都在强化现有态度，而不是去试图转变它们。

态度强化的策略有以下几种。

1. 通过广告强化现有用户

公司用广告来强化用户对其产品的态度。通过这种方式，公司确保其核心用户的忠诚。一般而言，对于在市场上占统治地位的公司，最有效的策略是强化现有用户的态度，而不是去试图转变非用户的态度。

2. 通过关系营销巩固现有用户

公司已日益认识到与消费者维持一种持续联系的价值，并开始转向所谓的关系营销。关系营销是指一个公司在一对一的基础上与消费者建立起持久联系。关系营销包括通过直接信函、公司代表接触或互联网方式与消费者个体进行沟通。

问题的关键在于，与消费者保持持久的沟通以维护对公司的积极态度。你不可能只同消费者交谈一次，然后告诉他们说他们很特别。你必须通过沟通或某些优惠手段来不断加强这种印象。

3. 将新用户吸引到现有产品上来

通过表明其产品能比其他产品更好地满足人们的要求，管理人员可将新用户吸引到现有产品上来。当吉列公司于1990年推出超级感应刀片时，它进行了在历史上最为成功的新产品推销活动。但公司并没有躺在荣誉中不思进取，而是试图把对吉列的积极品牌态度扩展到其他市场上去。既然妇女占所有刀片销售市场的29%，她们显然是超级感应用户的扩展对象。于是在1992年，吉列在世界范围内推出了女用超级感应刀片。平整、单薄的手柄以及坚硬的刀片使其更易于妇女在沐浴中使用。女用超级感应刀片仅用6个月就成为全美妇女除毛产品的领先产品。

4. 将新用户吸引到新产品上来

营销人员寻找各种机会以满足新兴市场的需要。在这种情形下，营销人员的意图不是强化现有态度，而是塑造新的态度。例如，20 世纪 80 年代中期，摩托罗拉推出的蜂窝电话就满足了商务市场上移动通信的需要。与普通移动电话相比，摩托罗拉不仅推动了区域蜂窝电话的发展，还推动了车内及便携式蜂窝电话的发展，这些电话有效地降低了干扰。摩托罗拉在消费者心目中的移动通信形象使其易于塑造对蜂窝电话这一新产品的积极态度。

二、态度改变的策略

1. 消费者态度改变的方式

根据改变方式的不同，消费者态度的改变可以分为性质的改变和程度的改变两种。性质的改变表现为态度发生方向性的变化，即由原来的倾向性转变为相反的倾向性。在程度的转变中，态度不发生方向性变化，而是沿着原有倾向呈现增强或减弱的量的变化。实际当中，上述两种方式的区分并非是绝对的。

2. 消费者态度改变的途径

消费者态度是在诸多影响因素的共同作用下形成的。当影响因素发生变化时，消费者的态度也将随之发生改变。态度的改变过程同时也是说服与被说服的过程。按照说服方式的不同，可以分为直接说服和间接说服两种。直接说服是以语言、文字为载体，利用各种宣传媒介直接向消费者传递有关信息，以达到改变其固有态度的目的。间接说服又称间接影响它与直接说服的主要区别在于，前者是以各种非语言方式向消费者施加影响，通过潜移默化诱导消费者自动改变态度，后者可以采用多种方式进行。

态度改变策略有如下几种类型。

（1）改变情感成分

现在，企业越来越试图在不直接影响消费者的信念或行为的条件下影响他们对品牌或产品的好感。如果企业成功了，消费者对产品的喜爱会增强其对产品的正面信念。一旦对该类产品产生需要，这些正面信念会导致他们的购买行为。或者喜爱会直接促使购买，再在使用中增强关于该产品或品牌的正面信念。营销者通常使用三种基本方法直接增强消费者对产品的好感：经典性的条件反射，激发对广告本身的情感和更多接触。

1）经典性的条件反射。在这种方法中，企业将受众所喜欢的某种刺激，如一段音乐，不断与品牌名称同时播放。过了一般时间后，与该音乐相联系的正面情感就会转移到品牌上。其他刺激，如喜爱的图画也经常被使用。

2）激发对广告本身的情感。根据经典性条件反射原理可知，消费者对广告的正面情感有助于增加其对品牌的喜爱。对广告的这种正面情感也可能提高购买介入程度或激发有意识的决策过程。使用幽默、名人或情绪诉求也可以增加受众对广告的喜爱。

3）更多接触。许多负面消费态度往往是在消费者对商品缺乏价，又不愿轻信广告宣传的情况下产生的针对这类情况，但必要条件，给消费者更多直接接触商品的机会，通过亲身体验和感受达到自己自己的效果。

（2）改变行为成分

行为具体来讲是购买或消费行为，可以先于认知和情感的发展。或者它也可以以与认知和情感相对立的形式发生。例如，一个消费者可能不喜欢A品牌饮料的口味，且认为里面所含人工甜料不利健康，但是，当一位朋友向他递过一杯A品牌软饮料时，为了不显得无礼，他还是接受了它，喝了A品牌饮料后，感到口味还不错，从而改变了以前的认知。证据显示，试用产品后所形成的态度会更持久和强烈。行为能直接导致情感或认知的形成。消费者经常在事先没有认知和情感的情况下尝试购买和使用一些便宜的新品牌或新型号的产品。这种购买行为不仅是为了满足诸如饥饿的需要，也是为了获得"我是否喜欢这个品牌"的信息。因此，营销的关键任务便是促使消费者试用或购买企业产品，并同时确保消费者的购买和消费是值得的。优惠券、免费试用、购物现场展示、搭售以及降价都是引导消费者试用产品的常用技巧。由于试用行为常常导致对于所试产品或品牌的积极态度，一个健全的分销系统和必要的库存对于防止现有顾客再去尝试竞争品牌是很重要的。

（3）改变认知成分

改变态度的一个常用和有效的方法是改变态度中的认知成分。比如，为了改变人们对吸烟的态度，癌症协会向人们提供了吸烟对健康不利的信息。该举措背后的理论基础便是，影响认知可以改变情感和行为。改变认知也可能直接导致购买行为，再导致对所购产品的喜爱。有4种基本的营销策略可以用来改变消费者态度中的认知结构。

1）改变信念。该策略是改变消费者对品牌或产品一个或多个属性的信念。例如，许多消费者认为美国制造的汽车没有日本制造的汽车好。于是美国汽车制造商设计了大量广告以改变这种信念。要想改变信念通常要提供关于产品表现的"事实"或描述。

2）转变权重。消费者认为产品的某些属性比其他一些属性更重要。营销者常常说服消费者认可自己产品相对较强的属性是该类产品最重要的属性。例如，克莱斯勒是最先将安全气囊作为标准配备的汽车制造商之一，于是它在其广告中大为强调这一点。让消费者感到安全气囊是汽车的重要部分。

3）增加新信念。另一种改变态度中的认知成分的方法是在消费者的认知结构中添加新的信念。"百威"啤酒最近在促销中强调新鲜是好啤酒的一个重要评判标准。

4）改变理想点。最后一种改变认知成分的策略是改变消费者对理想品牌的概念。基于此，许多环保组织努力改变人们关于理想产品的概念，如最低限度的包装、制造过程无污染、可回收材料的再利用，以及使用寿命结束后的无污染处置等。

三、影响态度形成和改变的营销传播特点

当某种品牌具有独特的优点，而且这种独特的优点是该种商品的核心优点所在时，消费者最容易被打动。在这一部分，我们将介绍几种加速态度改变的技术，这些技术不仅对于那些确实具有核心优势的品牌和产品是适用的，而且对于那些不具备独特优势的品牌和产品也同样适用。

1. 信息源的特征

信息源或传播源可以是一个可资识别的个体，不具名字的人、公司或组织，也可以是一个不具备生命的虚拟人物如卡通明星。同样的信息经由不同的信息源传递，效果不大相同，因此，信息源的选择十分重要。

（1）信息源的可靠性

当目标市场的消费者认为营销信息的来源是高度可靠时，营销活动就比较容易影响消费者的态度。信息源的可靠性由两个基本的层面组成，即可信度和专长性。一个信息源如果没有明显理由不提供完整、客观和准确的信息，将被视为是可信的。大多数人在大多数情况下都会认为好朋友是可信的。但是，朋友或许不具有某个领域的专业知识，从而使他们的建议虽然可信却并不可靠。同样，尽管销售人员和广告主往往具有丰富的专业知识，许多消费者却怀疑他们的可信度，因为他们可能会为了自身的利益而误导消费者。那些既有专业特长，又被认为没有明显误导动机的人，才能成为颇具影响力的信息来源者。然而，当消费者认为这些专业人士对产品的认可是因收取了企业的费用所致时，这种影响效力将会减弱。被广泛视为既可信又具有专长性的一些机构，对消费者的态度有巨大的影响力。不过，这些认证不一定总能增强消费者对营销信息的相信度。如同其他信息来源一样，这些认证信息只有在消费者缺乏对产品表现做出直接判断的能力，并充分信赖这些机构时才有效。

（2）名人信息源

有证据显示，广告中广泛采用著名人物，有助于增加企业价值。名人作为信息源有助于态度改变的原因有多种。名人也许能吸引人们更多的注意，或者人们

更信赖他们。其次，消费者也许愿意将自己与名人相提并论或效法名人。最后，消费者也许把名人的特征与产品的某些属性联系起来，而这些属性恰好是他们所需要或渴望的。如果名人的形象与产品的个性或目标市场消费者实际的或所渴望的自我形象相一致，往往能提高使用名人信息源的效果。使用名人作为企业的形象代言人也会给企业带来一些风险。很少有某种众所周知的个性是所有人都喜爱的。因此，重要的是必须保证目标市场的大多数消费者对企业所使用的形象代言人抱有好感。随着同一个人充当更多产品的形象代表，消费者对名人以及他所出现其中的广告的好感会降低。因此，营销者需要限制名人所代表的产品的数量。

2. 传播的诉求特征

（1）恐惧诉求

一则广告顶部的图片是一对年轻夫妇并排倚靠在靠椅上的快照。广告标题是："我在医院里醒了，帕蒂却再也没有醒过来。"广告文案描述了一起一氧化碳中毒引起的悲剧事件。包括该广告在内的一系列类似广告是为"第一警报"（first alert）——一种一氧化碳监测器而做的。恐惧诉求强调态度和行为如果不做改变将会面临一系列令人不快的后果。尽管大多数恐惧诉求涉及身体方面的恐惧（如吸烟引起的身体损害、不安全的驾驶等），社会恐惧（他人对于不合适穿着、口臭、做得不合格的咖啡等的鄙视目光）也被运用于广告中。要使恐惧诉求获得成功，广告中的恐惧内容应适度，以免消费者曲解或拒绝观看。而且，关键一点是恐怖事件的来源应具有高度的可信赖性。恐惧诉求常被指责为不道德。批评的焦点是那些建立在人们对于口臭、体味、头皮屑或不洁衣着的社会焦虑恐惧之上的诉求，因为这类广告引起了人们不必要的焦虑。也就是说，广告中声称将发生的伤害事实上并不真的有很大的伤害性。而那些试图让人们远离毒品、避免诸如一氧化碳中毒之类的恐惧广告，尽管使用很频繁而且恐怖刺激更强烈，却较少受到批评。有人认为，对于恐惧广告应该依据对三方面的利益相关群体——社会、消费者和企业或组织——所可能造成的影响进行评价。评价这些影响应以 4 个道德判断原则为基础。这 4 个原则是：功利主义原则（为最大多数人的最大利益）、圣经中的金科玉律（你希望别人怎样对待你，你就怎样对待别人；或"己所不欲，勿施于人"）、康德的基本人权原则、合理利己主义原则（不损害他人或尽量少损害他人的利己）。这种评价方法被称为道德的效果判断模型或 ERM（Ethical Effects-Reasoning Matrix）模型，它并不是对某一具体的恐惧广告是否道德做出判断，而是从多个道德角度考察恐惧广告对相关利益者的影响。

（2）幽默诉求

幽默诉求在广告中使用也较普遍。幽默广告似乎主要有以下影响。

1）吸引注意力。

2）一般不影响理解。

3）一般不增加说服力。

4）一般不增强可信度。

5）增加人们对广告的喜爱。

6）与产品有关的幽默比与产品无关的幽默更有效。

7）不同的细分市场对于什么是幽默有极为不同的看法。

8）产品的特性影响使用幽默的恰当性。

（3）情感性诉求

情感性广告使用率正在增长。情感性广告的设计主要是为了建立积极的情感反应，而不是为了提供产品信息或购买理由。那些能激起温馨感的广告能引起一种生理反应，它们比中性广告更受喜爱，并使消费者对产品产生更积极的态度。情感性广告能通过增加以下内容而促进态度的形成和改变。

1）广告吸引和保持受众注意力的能力。

2）大脑对广告信息的处理水平。

3）消费者对广告的记忆。

4）对广告本身的喜爱。

5）经由经典性条件反射形成对产品的喜爱。

6）经高介入状态处理而形成对产品的喜爱。

（4）价值表现诉求与功能性诉求

价值表现诉求试图为产品建立一种个性或为产品使用者创造一种形象。功能性诉求则侧重于向消费者说明产品的某种或多种对他们很重要的功用。那么，在何种情况下哪一种表现形式更好呢？理论和实践两方面的证据都表明，功能性诉求对于实用性产品较有效，价值表现广告对于表现价值的产品较有效。也就是说，对于草坪肥料一般不应采用形象广告，对于香水一般不应采用事实性广告。但是，诸如汽车、化妆品、服装之类产品既有实用功能又有体现价值的功能，哪种广告诉求更适合这些产品呢？对此不应一概而论，也没有简单的答案。有些营销者同时选择两种，有些则只使用一种，还有一些营销者根据不同的细分市场使用不同的诉求。

3．信息的结构特征

（1）单面信息和双面信息

在广告和销售展示中，营销者往往只展现产品好的一面，却一点不涉及产品可能具有的负面特征或某个竞争产品可能具有的优势。这类信息就是单面信息，因为它们只表现了一个方面的看法。而提供双面信息同时展现出产品好的和不好的方面，是一种反直觉的作法，大多数营销者都不愿意尝试这种做法。但是，对于改变那些已有的强烈态度，双面信息往往比单面信息更加有效。而且，双面信息对于受过较高教育的消费者特别有效。单面信息则在巩固已有态度方面较有效。不过，产品的类型、环境因素和广告形式都会影响这两种信息的相对有效性。

（2）非语言成分

除了影响感情，广告的非语言成分也能影响消费者对产品的认识。例如，显示一个在运动后饮用饮料的广告能够提供关于该产品的恰当使用场合的信息，而且远比"适于运动后饮用"之类文字语言所传递的信息更准确。尽管人们还没有完全弄清广告的非语言成分的影响机制，但非语言成分的巨大影响力却是不争的事实。因此，广告信息中的非语言成分应该像语言成分一样被精心设计和测试。

第四节　根据态度预测购买行为

要预测购买行为，首先要对态度进行测量，因为影响消费者购买的诸因素中，态度具有十分重要的作用。消费者在购买活动中，之所以做出这样或那样不同的购买决策，采取迥异的行为方式，无不与态度密切相关。概括而言，消费者的态度会影响其对产品、商标的判断与评价，会通过影响消费者购买意向，进而影响购买行为。在这里，费舍宾（Fishbein）的客体态度模型和行为意向模型是对态度及行为进行预测的有效工具。

一、态度的测量

态度的测量作为传统的研究项目，市场营销研究做了大量的工作，态度的测量在对消费者的研究中占有重要的地位。下面讨论的这几种典型的态度测量方法在市场研究及研究领域中得到了广泛的运用。

1. 瑟斯通量表法

该方法的特点是以等间隔方式拟订有关事物的题目，使问题按照强弱程度成为一个均衡分布的连续统一系统，并分别赋予量值。然后让被测者任意选择自己所同意的题目。主测者根据被测者所选题目的量值，来确定其态度的倾向及强弱程度。得分越高表明态度的强度越高。表 6-1 是由彼得森（Peterson）编制的瑟斯通"战争态度量表"中的部分陈述意见及其量表值。被测者赞成该题目时，在括号内画"√"，在正式测量时，各题量表值一律不在卷面上标出。

表 6-1　战争态度量表部分项目及分值

题　序	项　目	量 表 值
1	在某些情况下，为了维持正义，战争是必要的	7.5（　）
4	战争是没有道理的	0.2（　）
6	战争通常是维护国家荣誉的唯一手段	8.7（　）
9	战争徒劳无功，甚至导致自我毁灭	1.4（　）
14	国际纠纷不应以战争方式解决	3.7（　）
18	无战争即无进步	10.1（　）

运用瑟斯通量表测试消费者态度，要求被试者给予积极、诚实的回答和合作，否则，调查结果会出现偏差。同时，它需要许多评审者对数目众多的陈述意见进行筛选，并分别计算每一陈述意见的量表分值。这是一项极为费时、费力的工作，由此也极大地限制了这一方法在实际中的运用。

2. 李克特量表

李克特量表法，又叫总和等级评定法，是由李克特（Likert）于 1932 年提出来的。该量表是在瑟斯通量表基础上一种更为简便的态度测量表。该表同意使用陈述性语句提出有关态度的题目，但不将题目按内容强弱程度均衡分解为若干个连续系列，而是仅采用同意或不同意的程度作出明确回答，供选择的态度在量表中用定性词给出，并分别标出不同的量值。程度的差异一般可作 5～7 级划分。例如，对于陈述意见"某空调的质量很好"，表 6-2 就是在态度调查中采用的 5 级李克特量表。被测者可按照自己的意愿从中选择任一等级画"√"。最后由主测者根据得分情况对被测者的态度倾向进行定量分析。

表 6-2　　采用李克特量表法设计的调查问卷

题　目	某空调的质量很好				
等级分数	非常不同意 -2（　）	不同意 -1（　）	中立 0（　）	同意 1（　）	非常同意 2（　）

以上两种方法各有长短，瑟斯通量表可以比较详尽地给出供选择的题目，准确反映态度倾向的细微差异，因而对复杂态度的测量具有良好效果。但是，该表的测量程序比较复杂，对陈述项目的分类标准难于把握，因而在一定程度上削弱了其实用价值。相比之下，李克特量表法较为简单明确，易于得到被测者的配合，且包容量大，可以同时测量消费者对多方面问题的态度，因而在实际测量中得到了广泛的认可和应用。

3. 语意差别量表

语意差别量表又叫语意分析量表，是由奥斯古德（Osgood）等人于 1957 年提出来的一种态度测量方法。该方法设计一对反义形容词分置两端，中间分为 5～7 个等级，要求被试者对某一物品的形容词的两极描述做出选择，在相应的位置上打上"√"。在测量消费者态度时，该量表首先要列出消费者对品牌的态度可能涉及的不同属性和特点，这些属性可以通过集中小组（5～12 名消费者）的深度访谈、投影技术等来发现。每种属性可以用其可能有的相互对应的两极，如大与小、亮与暗、快与慢来表示。在两个极端之间划分为 5～7 个层次，在最两端表示"极为"，最靠近两端的位置表示"很"，再向里的一对位置表示"有一点"，最中间的位置表示"既不，也不"。使用语意差别法，可使市场研究者发现不同消费群体或同一消费群体对不同商品的态度差异。

下面以消费者对 A、B 两个花店的评价来进一步说明语意差别量表的具体运用。图 6-1 绘出了 100 名消费者对 A、B 两家花店评价结果的平均值。从图 6-1 可以看出，花店 A 位置较好，布置较新潮，选择余地较大，但价格较昂贵，服务态度不是太好。而花店 B 态度较好，价格也较适中，但所处位置不是十分理想，选择余地偏小，并有较为保守的形象。

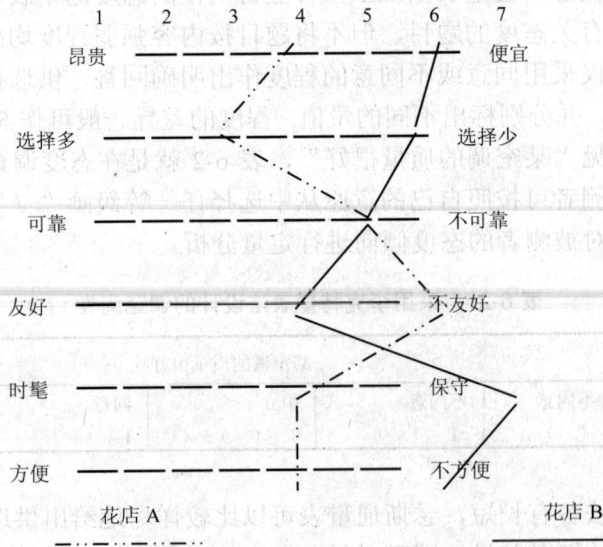

图 6-1　消费者对花店态度的语意差别量度

语意差别量表构造比较简单，适用范围广泛，几乎可以用来测量消费者对任何事物的态度。局限性是，这种态度测量方法并未摆脱被测者自我报告格式，而且量表中各评价项目的确定仍带有一定主观性。

二、费舍宾模型

费舍宾模型又称客体态度模型，这是一个预测消费者态度的多重属性模型。该模型认为，预测或决定消费者态度的因素主要有三个：一是消费者对客体的突出信念，这类信念主要是指客体所具有的、对消费者很重要或消费者很关心的属性；二是上述信念的强度；三是对每一个重要的客体属性的评价。该模型的公式如下。

$$A_o = \sum b_i e_i \qquad (i=1,2,\cdots,n)$$

A_o：主体对客体的 o 的整体态度

b_i：客体所有的第 i 个重要属性

e_i：对属性 i 的好恶程度

公式中的 b_i 是客体属性信念强度，一般可以通过消费者来做出估计。询问时通常采用的问题方式是"客体 X 多大程度上具有属性 Y？"比如，要确定消费者对"海尔冰箱质量很好"这一信念的强度，可以消费者在多大程度上认为其质量很好，并要求他在一个由 1 到 10 的分值量表上表明其确信度。

同样，e_i 即消费者对属性 i 的好恶评价，也可通过类似方式做出估计。比如，可以询问消费者"某冰箱质量很好"是一件极好的事还是一件极坏的事，并要求其在一个从 −3～+3 的七级量表上对上述属性的好坏做出评价。在这里 −3 表示"极坏的事情"、+3 表示"极好的事情"。如此，就可获得消费者关于 e_i 的评价值。

三、费舍宾行为意向模型

为了更好地解释态度与行为之间的联系，费舍宾修止了他的客体态度模型，即行为意向模型，也称为理性行为理论。修正后的理性行为理论意在更准确地预测行为，它在确定某个人对行为的态度方面比在确定此人对行为目标的态度方面更重要。即它在测度一个人购买一瓶百事可乐的态度方面，比在测度对百事品牌的态度方面更重要。恰当的态度应当是基于购买行为或对一个品牌的使用，而不是基于品牌自身。

该模型提出：第一，行为是某种特定购买意向的结果，态度本身并不能用来直接预测行为，而是用来预测行为意向的。第二，行为意向取决于主观规范这一决定行为意向的变量。所谓主观规范，是指行动者对别的消费者认为在此情此境下他应采取何种行动的主观评价。主观规范的引进，将相关群体对行为的巨大影响引入了模型之中，这使得模型更接近于反映现实。第三，该模型不是要求消费者直接对产品表达态度，而是要求他对购买该产品或商标的行为表达态度和看法。态度评价上的这一差别，使消费者更多地集中考虑行为所带来的后果，这样，可以大大提高模型预测购买意向的能力。行为意向模型可表述如下：

$$B \approx B_i = A_{act}（W_1）+SN（W_2）$$

式中：B 为一个具体的行为；

　　　　B_i 为消费者从事此行为的目的；

　　　　A_{act} 为消费者对此采取此行为的态度；

　　　　SN 为其他是否希望此消费者采取此行为的主观规范；

　　　　W_1 和 W_2 为反映 A_{act} 和 SN 部分对 B_i 的相对影响的权重，可以通过经验性的回归分析获得。

此外，A_{act} 可由以下公式估计：

$$A_{act} = \sum b_i e_i \quad （i=1,2,\cdots,n）$$

b_i：消费者对履行某种行为将导致结果 i 的信念；

e_i：消费者对结果 i 的主观评价。

主观规范可以用以下公式估计。

$$SN = \sum（NB_j）（MC_j）\quad （j=1,2,\cdots,n）$$

NB_j：个体或参照群体认为消费者或不应当采取某种行动的信念；

MC_j：消费者接受参照群体的影响或服从于参照群体的规范的动机；

n：相关群体或个体的数目。

第五节　消费者的逆反心理与行为

逆反心理是一种普遍的、常见的心理现象。它广泛存在于人类生活的各个领域和层面，也同样大量存在于消费者的消费活动中。消费者在从事消费活动时，不断接受来自商品本身、广告宣传及厂商的各种各样的消费刺激。倘若某种刺激持续的时间过长，刺激量过大，超过了消费者所能承受的限度，就会引起相反的心理体验而产生逆反心理。

一、逆反心理的表现与形成原因

在通常情况下，消费者在接受外部刺激后，按照刺激的方向强度作出相应的心理反应，即处于正常的心理状态中。但在某些特定情况下，消费者会逆刺激方向及强度作出相反的心理反应。后者就是逆反心理的表现。所谓逆反心理，就是作用于个体的同类刺激超过了其所能接受的限度而产生的一种相反的心理体验，是个体有意脱离习惯的思维轨道而进行反向思维的心理倾向。

在现实当中，由于消费者接受刺激的内容不同。消费者的逆反心理也有多种不同的表现形式。常见的逆反心理现象有以下四种。

1. 感觉逆反

消费者的感觉器官持续受到某一消费对象的过度刺激，会引起感受力下降，遂形成感觉适应。例如，连续品尝糖果，会降低对甜度的感受，遂产生味觉适应；大量吸闻香料，会减弱对香气的感受，遂形成嗅觉适应；长时间观看同一商品色彩，会使色彩的感受力下降，造成视觉适应。此时，倘若继续增加刺激量，就会引起消费者厌倦、腻烦等心理体验，对刺激物产生抵触、排斥心理。

2. 广告逆反

在广告宣传中，某些不适当的表现形式、诉求方式也会形成过度刺激，引起消费者的逆反心理。比如，表现手法单一化、雷同化，会降低消费者的兴趣和注意力；同一时间连续播放几十则广告，会造成消费者的心理疲劳；过分渲染、夸大或吹嘘，会引起消费者的怀疑和不信任感；表现内容庸俗低级，搞噱头吊胃口，反而会招致消费者的厌烦、抵触，以致产生"广告做得好的不一定是好货"、"广告宣传越多越不能买"的逆反心理。

3. 价格逆反

价格在诸多消费刺激中具有敏感度高、反应性强、作用效果明显等特点。价格涨落会直接激发或抑制消费者的购买欲望，二者的变动方向通常呈反向高度相关。但是，受某种特殊因素的影响，如市场商品供应短缺引起的心理恐慌、对物价上涨或下降的心理预期、对企业降价销售行为的不信任等，也会引起消费者对价格变动的逆反心理，产生"买涨不买落"、"越涨价越抢购"、"越降价越不买"的逆反行为。

4. 政策逆反

政府制定的经济政策，特别是对消费者收入水平、购买力及购买投向有直接影响的宏观调控措施，如工资、价格、利率、税收等的变动，是消费刺激的重要组成部分。在不成熟的市场经济条件下，由于市场运行不规范，宏观调控体系不完善，消费者成熟度较低等原因所致，使消费者对宏观政策及调控措施的心理反应经常与政府的意图相悖，以致做出与调控方向相反的行为反应，使调控难于达到预期效果。例如，我国自1997年起为启动持续疲软的市场，曾连续8次下调利率，而消费者在逆反心理驱使下，非但没有提款购物，反而纷纷增加存款，导致出现利率下调、存款上升的反常现象。

除上述方面外，消费者的逆反心理还有其他许多表现形式，如购买现场的说服逆反；名人权威的示范逆反；社会公众的舆论逆反；消费时尚的流行逆反；消费观念与方式的超前或滞后逆反等。

　　无论何种形式的逆反，在心理机制上都是由于消费者对消费刺激的感受存在一定限度，超过限度的过度刺激会削弱、抑制消费者的感受力，使之发生逆向转化。在心理形态上，逆反心理则表现为消费者态度的失衡。即态度的认知、情感、行为倾向等三种成分在作用方向上不一致，其中某种成分与其他成分发生偏离。例如，消费者对价格下降后应增加购买已形成认知，但在情绪上对降价持有怀疑、疑虑，从而导致整体态度倾向于不增加购买。

　　此外，就心理反应方式而言，在逆反心理的产生阶段，消费者通常会受到某种欲望、需求、思想观念或习惯性思维方式的影响和催动，对过度刺激下意识地产生逆反倾向。此时的逆反心理是非理性的、不自觉的、情绪化和不稳定的，是一种内在的心理冲动。而在逆反心理形成并转化为相应的购买决策及行为阶段，消费者则表现为有意识地坚持逆反倾向，并为这种心理倾向付诸实现而进行行动准备。这时的逆反心理是理性的、自觉的和稳定的，是公开的、合乎逻辑的态度倾向。相应地，当逆反心理处于产生阶段时，尚有可能并比较容易加以调节转化；进入形成阶段后，则很难扭转和改变。

　　在现实当中，导致消费者逆反心理形成的原因是多方面的，其中既有需要、欲望、个性、思维方式、价值观念等个人心理因素；也有群体压力、社会潮流等外部环境因素。例如，具有求新需要的消费者往往富有好奇心，喜欢追逐新奇，渴望变化，因而容易对传统、陈旧、一成不变的消费刺激产生逆反心理；而争强好胜的心理要求，经常驱使一些消费者无视各种限制规定，有意采取相反的行动；具有高度自主性、独立性和叛逆性格的消费者，更愿意坚持自我、不受约束，并经常逆社会规范或潮流而行；崇尚传统、因循守旧的消费者，则固守过时的消费观念，对新产品、新消费方式抱有本能的排斥心理。有的消费者，外部压力越大，抵触情绪越强，越有可能采取反向行动；有的人则当大多数人持逆反心理时，采取追随和从众方式，采取逆反行为与多数人保持一致。各种导致逆反心理的因素，在有些情况下各自起作用，有时也会交织在一起，综合发生作用。

二、消费者的逆反行为模式

　　逆反心理对消费者行为具有直接影响。在一定条件下，消费者由于受到某种刺激因素的影响产生逆反的心理倾向，其消费行为也会向逆反方向进行。这种逆反行为与正常的消费行为有着明显的差异。

　　通常，正常心理作用下的消费行为，是消费者受到内部或外部因素的刺激，产生需要，引发动机并驱动行为的结果。逆反心理作用下的消费行为则完全不同。如果输入的刺激因素超过消费者所能接受的限度，引起反感、抵触、排斥的心理体验，消费者就会在逆反心理的驱使下，改变行动方向，进行相反的新的决策过程。其行为模式如图 6-2 所示。

| 过度刺激 | → | 相反体验 | → | 否定评价 | → | 重新探索 | → | 更新决策 | → | 逆反购买行为 |

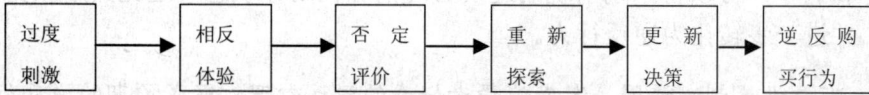

图 6-2　消费者逆反行为模式

消费者的逆反行为同样要经历一系列程序或阶段。首先对过度刺激加以认识，并产生相反的心理体验，然后在逆反心理的作用下，对各种消费刺激作出否定的评价，进而重新探索可能选择的各种相反的决策方案，并从中确定与刺激方向相反的最佳决策，最后将反向购买决策付诸实施。

以上模式是对消费者逆反行为的抽象概括。在实际当中，由于逆反心理的形成原因不同，强弱程度不一，逆反行为的表现形式也是多种多样的。因此，应该对各种逆反行为及其成因作具体分析，而不宜简单套用一种模式。

三、调整逆反心理及行为的策略

逆反心理与行为是客观存在的消费现象。就企业而言，这种心理容易导致与企业营销方向相反的作用效果，因而必须高度重视，同时采取有效措施予以引导和调节。另一方面，由于逆反心理具有可诱导性，如果善于巧妙利用，也可以使其向有利于企业产品销售的方向转化，甚至取得其他手段无法达到的特殊效果。因此，企业营销人员应当了解和掌握消费者逆反心理的特点及其活动规律，根据各种不同的逆反行为表现采取相应的心理策略。

1. 根据消费者的感受限度，调节消费刺激量和强度，避免逆反心理的产生

在多数情况下，逆反心理是由于刺激过度而造成的。因此，适当调整消费者刺激量以及时间和强度，使之与消费者的感受能力相适应，是预防产生逆反心理的首要策略。企业营销人员切不可仅凭主观意愿，任意采取高强度、全方位、连续轰炸式的宣传促销手段，如不间断地持续播放同一内容的广告、反复劝说消费者购买某一商品、连续调低或调高商品价格等。而应该采取间断式、有节奏、适度的刺激方式，使消费者在接受刺激后，形成正常的心理体验和行为反应。

2. 及时采取引导和调节措施，力求在萌生阶段使逆反心理得到扭转

某些逆反心理的产生，往往是由于信息获取不全面，接收了失真或错误信息，对信息源发出不信任，或者对未来趋势不准确的判断和预期等原因造成。针对这种情况，营销人员应采取各种引导和调节措施，向消费者全面、准确地提供有关商品信息，满足消费者的知情权；应尽量选择专家、权威部门、有影响的新闻媒介以及消费者组织或个人作为信息发出源，使消费者打消疑虑，增强信任感；同时就消费趋势作出客观科学的分析，帮助消费者纠正不正确的心理预期。通过有

效引导和调节，可以将刚刚出现的逆反心理消除在萌芽状态，避免其形成稳定的态度，并进一步转化为逆反行为。

3. 有意设置刺激诱因，激发消费者好奇的逆反心理，促成预期的逆反行为

对于不熟悉、不了解的新奇事物，消费者往往具有强烈的好奇心，特别是在信息通道受到人为阻隔的情况下，更易激发其探求真相的欲望。利用这一心理特点，企业营销人员可以对所要传递的信息采取欲扬先抑的方法，从反向促使消费者主动寻求接收信息。例如，某国外啤酒商别出心裁地在路旁设置一小木屋，四面挖有小孔，同时贴出禁止观看的字样，过往行人出于好奇争相窥视，只见屋内设置一酒桶，酒香扑鼻而来，使得人们购买欲望大增。当然，运用这种故弄玄虚的策略，必须以高质量的商品及服务为前提保证。否则，弄虚作假，名实不符，反而会弄巧成拙，使企业名誉扫地。

4. 发挥消费带头人作用，促成大规模逆反行为的转化

在大规模、群体性逆反行为的情况下，应特别注意消费带头人或意见领袖的作用。因为许多消费者之所以采取逆反行为，往往并非完全出自个人的逆反心理，而是追随大多数人的逆反行为的结果。而大多数人的行为经常出自对消费带头人的效仿，或对意见领袖的服从。因此，如果能说服消费带头人和意见领袖改变逆反态度，就能对大多数人产生广泛而有效的影响，使逆反行为在大面积蔓延时得到及时遏制，并向有利的方向转化。

需要指出的是，逆反心理对于人们的消费行为，仅在一定条件和程度上起支配作用。在许多情况下，逆反心理与正常心理之间具有复杂微妙的交错关系，并共同对消费者行为产生作用。因此，过分强调逆反心理，一味依赖和利用逆反心理来诱导消费者，推动商品销售，是不适当的。

小　　结

消费者的态度是指消费者对某一事物或观念所持的正面或反面的认识上的评价、情感上的感受和行动上的倾向。对市场营销管理和消费者研究而言，态度的重要性在于它可能会影响消费者的购买行为。态度及其结构，可被用于细分市场，开发新产品并预期成功，评估市场份额，解释产品的成败，评价广告的影响力。消费者的态度也成为用于了解和解释消费者行为模式的重要依据。当消费者对产品并不参与，态度不够坚定，在评价品牌过程中缺乏自信或者当信息传递模棱两可时，态度容易发生转变。其中，态度的某些组成部分尤其容易变化，如信念比追求利益更容易转变，也比品牌评价更容易转变。

消费者的态度与其行为并不必然的保持一致。造成这种不一致的原因除了主

观规范以外，还有很多其他因素，如购买动机、购买能力、情境因素、意外事件等。

用于影响态度的广告诉求很重要，形式也很多。对恐惧广告强调态度或行为的方式不做改变将产生的负面后果。幽默广告对态度的影响也十分有效。不过，幽默广告内容必须切合品牌或产品的卖点或诉求点。比较广告也不时被运用。这类广告对于具有强烈功能优势的不知名品牌最有效。是使用价值表现广告还是功能诉求广告，取决于品牌或产品是满足消费者的价值表现需要还是功能性需要。情感性广告被证明能有效的影响消费者对广告本身和产品的态度。

同时，应当注意消费者逆反心理的形成。逆反心理是一种普遍的、常见的心理现象，它大量存在于消费者的消费活动中。倘若某种刺激持续的时间过长，刺激量过大，超过了消费者所能承受的限度，就会引起其相反的心理体验而产生逆反心理。

思　考　题

1. 什么是态度？态度的功能有哪些？
2. 态度的组成成分是什么？这些成分是一致的吗？哪些因素削弱它们之间的一致性？
3. 态度强化的策略有哪些？
4. 请描述费舍宾行为意向模型。
5. 广告中运用恐惧诉求能有效地改变消费者的态度吗？为什么？
6. 消费者逆反心理形成的原因是什么？如何调整逆反心理及行为？

第七章　消费者满意和消费者忠诚

随着市场竞争的加剧，企业对于消费者的关注越来越集中到如何提高消费者的满意度，进而提升消费者对产品和企业的忠诚度。企业只有不断从产品、服务等各个环节增加消费者的满意度，促进消费者忠诚度不断提升，才能够更加体现以市场为导向和以消费者为中心的经营理念，才能够更好地增强企业的竞争力。随着现代消费者行为理论和实践的不断发展完善，基于消费者满意和消费者忠诚的研究取得了许多突破性的成果。这些研究试图找出消费者满意度对于消费者忠诚、企业运行成本、企业利润以及企业竞争力和企业价值之间存在的极其重要的关系，从而将消费者满意和消费者忠诚提升到企业经营战略的重要地位上来。

第一节　消费者满意与消费者满意度

一、消费者满意

消费者行为学将满意定义为消费者通过对一个产品的可感知的效果（或结果）与他的期望值相比较后，所形成的愉悦或失望的感觉状态。本质上讲，消费者满意反映的是消费者的一种心理状态，它来源于消费者对企业的某种产品或服务进行消费时所产生的感受与自己的期望所进行的对比。因此，满意水平是可感知效果和期望值之间的差异函数。消费者可以经历三种不同程度的满意。如果可感知效果低于期望，消费者就会不满意。如果可感知效果与期望所匹配，消费者就满意。如果可感知效果超过期望，消费者就会高度满意、高兴或欣喜。

"消费者满意"推进的产生是在20世纪80年代初。当时的美国市场竞争环境日趋恶劣，美国电话电报公司（AT&T）为了使自己处于有利的竞争优势，开始尝试性地了解消费者对目前企业所提供服务的满意情况，并以此作为服务质量改进的依据，取得了一定的效果。与此同时，日本本田汽车公司也开始应用消费者满意作为自己了解市场情况的一种手段，并且更加完善了这种经营战略。在20世纪80年代中期，美国政府建立了"马尔科姆·鲍德里奇全国质量奖"（Malcolm Baldrige National Quality Award），以鼓励企业应用"消费者满意"。这一奖项的设立大大推动了"消费者满意"的发展。当然，它不只是单纯考核企业消费者满意度最终得分，而是测评企业通过以"消费者满意"为中心所引发的一系列进行全面质量管理的衡量体系。IBM、MOTOROLA、先施等都是这一奖项的获得者，但至今为止，全球每年获得这一奖项的企业不超过五个。

　　在追求消费者满意的过程中，企业必须了解消费者满意的形成过程和消费者满意的决定因素，从而可以更好地实现消费者满意的目标。正如前文所述，消费者满意可以看作是可感知效果和消费者期望之间的函数关系。消费者可感知的效果是由产品本身和消费者的感知过程所共同决定的，关于消费者的感知过程，请参照本书第三章关于感知和消费者刺激的论述。决定消费者满意程度的另一个因素是消费者的期望。期望是消费者在过去的购买经验、朋友和身边其他人的各种评论、销售者和竞争者的信息与许诺等基础上形成的。如果消费者在购买前期对产品期望值太高，消费者失望的可能性就越大，越难以实现消费者满意。例如，一种产品在广告中极力宣传自己在达到某种效果上的功效，使消费者对产品在满足此种需要方面给予了较高的期望，但产品本身并没有达到消费者期望的功效，则很难实现消费者满意。

　　在前文提到的鲍德里奇全国质量奖获得者们，都达到了将消费者期望和消费者可感知的效果相对应效果。例如，摩托罗拉的"全面消费者满意"的实施，保证消费者在购买公司产品和享受公司服务过程中，得到满足并超出预先的期望，从而达到消费者满意的效果。

　　那么企业为什么要追求消费者满意，消费者满意能给企业带来什么呢？根据统计：93%的 CEO 认为消费者管理是企业成功和更富竞争力的最重要的因素；消费者忠诚度提高 5%，利润的上升幅度将达到 25%～85%；一个非常满意的消费者的购买意愿将六倍于一个满意的消费者；2/3 消费者离开其供应商是因为供应商对消费者关怀不够。

　　随着中国市场竞争的日趋白热化，企业间的较量已开始从基于产品的竞争转向基于消费者资源的竞争，消费者资源正在逐渐取代产品技术本身，成为企业最为重要的资源。关注消费者，研究消费者，探讨"如何使消费者满意"已经成为现代企业取得竞争优势不可或缺的要素。

　　随着生活条件的不断改善，人们的需求层次渐次提高，已不再满足于基本的生活需要，而是更加注重具有个性化和人情味的产品和服务。具有一定战略眼光的企业，越来越重视消费者的偏好和感受，他们时刻关注消费者需求的变化，及时与消费者沟通，并迅速采取相应的市场行动，以满足不断变化的消费需求。在激烈的市场竞争中，企业必须尽快转向"以人为本"的营销观念，使经营重点转移到以消费者服务和提高消费者忠诚度为中心，并在经营管理过程中着眼于建立持久的竞争优势。为此，企业各部门需要相互合作，共同设计和执行有竞争力的消费者价值传递系统，以满足消费者的需要，在消费者满意方面做好工作，并由此进一步加强企业美誉度和消费者忠诚度。

　　研究显示，开发一个新消费者的成本相当于维护一个老消费者所花费成本的5～10 倍。随着买方市场的到来，市场的边界和价格战的底线逐渐显现，而消费者的需求却似乎永无止境。当消费者对产品和服务不满意的感觉超出一定界限后，便有可能选择别的供应商。消费者流失的直接后果是导致消费者开发成本的上升。因此，消费者满意的核心就是让消费者有良好的条件和顺畅的渠道提出真实的意见，以使企业判断当前存在的主要问题，知道在哪些方面亟须采取行动，使失望的消费者获得满意。建立在对消费者科学抽样从而获得代表性结果基础上的消费者满意调查，就是一种对服务质量进行评估的效果显著的管理工具。

二、消费者满意度

在讨论消费者满意和企业经营的关系时，如何度量消费者的满意程度成了一个重要的问题。由于消费者满意只是一种心理感受，无法直接度量，因此我们试图设计一种指标能够实现消费者满意程度的调查与分析。我们将消费者的满意程度称为消费者满意度，并且建立一套衡量、评价、提高满意度的科学指标体系来实现对消费者满意度的度量。这套体系至少应该具有下面三点功能：测量和评价企业目前的消费者满意度；提供提高消费者满意度的思路；寻求实现消费者满意度的具体方法。

由于消费者的期望、消费者对质量的感知、消费者对价值的感知、消费者满意度、消费者抱怨和消费者忠诚均为隐变量，都不是可以直接测评的。我们需要对隐变量进行逐级展开，直到形成一系列可以直接测评的指标，这些逐级展开的测评指标构成了消费者满意度测评指标体系。

在消费者满意的概念出现之后，许多研究单位和企业都试图建立能够准确度量消费者满意程度的指标体系。为了明确在消费者满意度测评过程中应当测评什么，我们必须给出消费者满意度的概念。一般认为，消费者满意度是指组织的总产品对消费者一系列需求的实现程度。

1. 组织总产品的范围

组织的总产品包括影响消费者评价的所有因素，消费者根据这些因素来评价相当于支出而获得的全部收益。组织总产品概念的提出是因为除了核心产品外，组织的形象和消费者满意度还受到一系列其他因素的影响。为了说明这一点，我们以一个假日旅馆的总产品为例进行研究。假日旅馆所提供的组织总产品如图 7-1 所示。

很显然，住宿和饮食是假日旅馆的核心产品，是旅馆经营成功的决定因素。所以如果住宿条件令人失望，消费者满意度和再次光临的可能性都会很低，旅馆的效益就会很快下降，甚至会影响到那些从来没有在此旅馆住宿的人。另一方面，如果住宿条件舒适，这个优势本身也能够吸引消费者的再次光临和赞美，而不必关心旅馆总产品的其他方面。

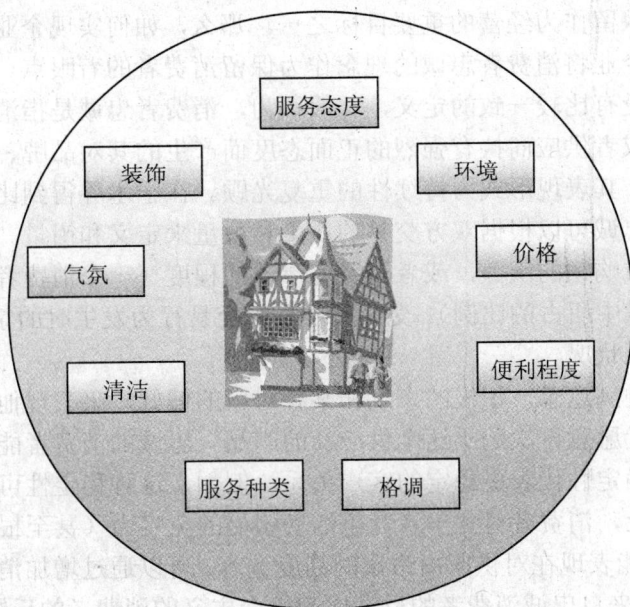

图 7-1　假日旅馆的总产品

但是，随着竞争的加剧，很少有旅馆可以仅仅依靠住宿条件的优越保持其在旅馆经营过程中的竞争优势。消费者对旅馆的期望和评价远远超出住宿条件的范围，旅馆的装饰、服务态度、到景点和其他设施的便利程度等因素将出现在消费者的期望条件之内。甚至旅馆周围的环境和旅馆所提供的服务的种类都将影响消费者在旅馆住宿的满意程度。此时，在考虑满足消费者需求时，所考虑的因素就应超出旅馆基本功能的范围。

因此，组织总产品不仅仅局限于产品的基本用途，并且随着时间的变化，形成一个动态变化的整体。如果要使得消费者满意度测评具有意义，测评指标就必须涵盖这个整体的各个组成部分。

2. 组织总产品决定

与传统观念不同，组织总产品的提供并不是由企业来决定的，而是由消费者来决定企业所提供的总产品具有哪些内涵。消费者定义组织总产品的范围，企业需要根据消费者的预期来提供并且评价公司的表现水平。

在此，本书仅提供消费者满意度的影响因素和测评指标的确定思路，不对消费者满意度的具体设计方法予以论述。

第二节　消费者忠诚的形成

在认识到保留一个老客户比争取一个新客户成本更低并且获利更多时，大多数企业将顾客保留作为经营的重要目标之一。那么，如何实现企业保留消费者的目标呢？许多企业将消费者忠诚的理念作为保留消费者的着眼点。关于消费者忠诚，理论界还没有比较一致的定义，一般认为，消费者忠诚是指消费者由于对某一品牌、商场或者供应商持有强烈的正面态度而产生的其对品牌、商场或者供应商的承诺行为，其表现形式为持续性的重复光顾。在学术界得到比较广泛认可的说法是消费者忠诚可以根据双方交易的质量和数量来定义和衡量。例如，交易的数量包括接触或购物的次数，或者消费者渗透的程度（一个消费者总的购买量在供应商的销售量中所占的比例）。交易的质量指交易行为发生时的氛围，即双方接触过程中的关系状况。

消费者通过满意感，积极的态度和某种对应的偏好，来表现他们对供应商的忠诚，即消费者愿意再次购买这个供应商的产品。忠诚的消费者能给生意带来更大的确定性。确定性代表更稳定的客户关系。例如，这种稳定性可能表现在习惯性的购买行为上，消费者对竞争者竞争活动明显的免疫力（甚至根本感觉不到这些活动），也可能表现在对供应商错误的高度宽容。可以通过增加消费者反馈达到确定性的目的，来自忠诚消费者的反馈比起机会主义的消费者的反馈更深入细致。忠诚的消费者更愿意投诉、回答问卷，甚至可能和供应商一起建立消费者满意项目。反馈的增加和接触的频繁也给供应商带来更大的市场范围。重要的一点就是，忠诚的消费者经常可以联系到个人，因为供应商已经了解他们的姓名、个人资料或消费习惯。此外，供应商和消费者之间存在着更大的信任，两者之间的协议也更可靠。

一、消费者满意和消费者忠诚

许多企业的实践证实，消费者忠诚感与企业的获利能力有密切的关系。美国学者雷奇汉（Reichheld）和赛塞（Sasser）的研究结果表明，消费者忠诚率提高5%，企业的利润就能增加 25%～85%。因此，培育消费者忠诚感是企业营销活动的重要目的。许多企业运用消费者满意程度调查来了解消费者对本企业产品和服务的评价，这些企业的管理人员想通过提高消费者的满意程度来培育消费者忠诚感。然而许多管理人员发现，企业进行大量投资，提高了消费者的满意程度，却仍有不少消费者跳槽。例如，美国汽车制造业首先开展消费者满意程度调查，并且一直努力提高消费者满意程度。现在，美国汽车制造厂的消费者满意率都超过90%，但实际再次购买相同品牌汽车的消费者只有30%～40%。

长期以来，人们普遍认为消费者满意与消费者忠诚之间的关系是简单的、近似线性的关系，即消费者忠诚的可能性随着其满意程度的提高而增大。在一般的消费者满意程度调查中，人们用 1～5 的尺度来衡量消费者满意程度，1～5 依次表示非常不满、不满、一般、满意和非常满意（完全满意）。许多企业的管理人员认为，只要消费者对企业产品和服务表示满意（评分4），企业与消费者之间的关系就已很稳固，要让消费者完全满意，企业必须大量投资，付出很大努力，但却不会因此增加多少收益，所以没有必要追求 100%的消费者满意。然而，施乐公司却向这种观点提出了挑战，该公司发现，完全满意（评分 5）的消费者在调查之后 18 个月内的再次购买率是满意（评分 4）的消费者的 6 倍。

　　然而，有研究表明消费者满意水平与消费者保持率及向其他消费者推荐所接受过的服务的程度之间并不总是强相关关系。在质量不敏感区域，消费者满意水平尽管较高，但消费者并不一定再次接受企业的服务，也没有向他人推荐所接受服务的愿望。只有当消费者满意水平非常高时，消费者忠诚现象才会出现，良好的口碑效应也才得以产生。为了提高消费者的忠诚度，使消费者成为传道者，企业必须让消费者非常满意，而不是满意或比较满意。

　　所以，消费者满意不等于消费者忠诚。90%的背离消费者对他们以前获得的服务表示满意。所以，满意分值提供了问题的有效预警，但是，满意消费者并不总是比不满意的消费者更多地购买，也不一定比不满意的消费者更加忠诚。根据一项调查，在声称对公司产品满意甚至十分满意的消费者中，有 65%～85%的消费者会转向其他公司产品。其中，汽车业 85%～90%满意的客户中，再次购买的比例只有 30%～40%，而餐饮业中，品牌转换者的比例则是高达 60%～65%。在研究消费者满意与消费者忠诚问题上，我们必须利用一种系统和动态的观点来看待问题。不能仅仅将眼光局限在服务质量这一决定要素上，而要综合地加以考虑。

　　此外，其他研究证明，消费者满意和消费者忠诚之间的关系还受到其他因素的影响。美国学者琼斯（Jones）和赛斯的研究结果表明，二者的关系会受行业竞争状况的影响。琼斯和赛斯认为，消费者忠诚包含一个态度成分和一个行为成分。前者指消费者对企业的员工、产品和服务的喜欢和留恋的情感，又称消费者忠诚感。行为成分受态度成分的影响，消费者忠诚感以消费者的多种行为方式表现出来，这些行为方式包括再次购买、大量购买、经常购买、长期购买，以及为企业的产品和服务做有利的宣传等。他们认为，在市场竞争激烈，消费者改购容易的情况下，这种衡量方法可以较准确地反映消费者忠诚感，但在低度竞争情况下，它很难提示消费者内心的真正态度。这时消费者的再次购买意向主要是由外界因素决定的，一旦外界因素的影响减弱，消费者不忠诚的态度就会通过消费者大量跳槽表现出来。只有消费者完全满意，他们的忠诚感才会比较强烈。

　　影响竞争状况的因素主要有以下四类：一是限制竞争的法律，如法律规定，电信业务为指定公司专营；二是高昂的改购代价，如患者在治疗过程中转院，或企业在广告协议未完成时更换广告公司；三是专有技术，企业采用专有技术提供某些独特的利益，消费者要获得这些利益，就必须购买该企业的产品和服务；四是有效的常客奖励计划，如航空公司推出针对经常旅行者的计划，给予常客奖励，刺激他们更多购买其机票。他们的研究表明，在高度竞争的行业中，完全满意的消费者远比满意的消费者忠诚。这表明，要培育消费者忠诚感，企业必须尽力使消费者完全满意。如果消费者未遇到产品和服务问题，接受调查时他们会感到很难做出不好的评价，而会表示满意。但是，如果企业的产品和服务过于一般，并未让消费者感到获得了较高的消费价值，就不易吸引消费者再次购买。然而，在竞争度低的情况下，消费者满意和忠诚的关系并不会如此紧密，即便消费者对供应商有较大程度的不满，也不会轻易转换供应商。但这对于低竞争度的行业来说是一个假相，如果出现激烈竞争，消费者也会出现比较大量的转移。因为在低度竞争情况下，不满的消费者很难转移，他们不得不继续购买企业的产品和服务。但消费者心里并不喜欢这家企业的产品和服务，他们在等待机会，一旦能有更好的选择，他们将很快转移。这种表面上的忠诚是虚假的忠诚，有一定的欺骗性。因此，处于低度竞争情况下的企业应居安思危，努力提高消费者满意程度，否则一旦竞争加剧，消费者大量转移，企业就会陷入困境。

二、品牌忠诚和商场忠诚

1. 品牌忠诚

品牌忠诚指消费者深深地偏爱并眷恋某一品牌，长期性地认牌购买该品牌产品，并自觉地关注和维护该品牌的声誉和市场地位。品牌忠诚赢得的是消费者忠诚，可以大大增强企业产品与竞争对手产品相抗衡的能力。因为忠诚消费者对他们所选择、所钟情的品牌有较强烈的信赖感和依赖感，他们对品牌的忠诚不是建立在直接的产品利益上，而是建立在品牌所凝练的深刻的文化内涵和精神内涵上，维系他们与品牌长期联系的是独特的品牌形象和情感因素。他们是企业的高质量、高创利消费者，很难发生"品牌转换"。此外，忠诚消费者对其他消费者群体还有较强的示范作用，对吸引新的购买者产生积极影响。企业的忠诚消费者愈多，消费者的质量就愈高，固定的消费者群就愈多，销售量就愈大，市场根基就愈牢固。一般认为，企业 80%的销售额来自于 20%的忠诚消费者。据另一项研究表明，同一品牌如果促销成果比广告好上两倍，把促销焦点放在"特定高忠诚度消费者"上，促销效果会上升 5～10 倍。如果这些消费者刚好正在使用该品牌商品，促销效果甚至会提高 20 倍。因此，企业品牌战略的核心应是品牌忠诚，即努力培养消费者对品牌的忠诚度，培养企业的忠诚消费者。

但现实中有些企业在实施品牌战略时，不是将核心任务放在品牌忠诚的塑造上，而是放在产品忠诚的塑造上。企业在品牌形象的建设和推广中，重点宣传的不是品牌的文化内涵、情感内涵、象征性价值以及精神品质，而是产品本身的功能、效用和特性。不懂得能牢固维系消费者与企业持久关系的是消费者对品牌的情感依赖和精神寄托，而不是产品的具体的利益。不注重培养广大消费者对品牌的情感依恋和忠诚，而致力于扩大产品的重复购买和大量购买。其结果往往是产品出了名，而企业的品牌却掩映在产品的阴影中。一旦某一产品的市场生命周期结束了，企业的市场知名度随之下降，企业的消费者群体也随之减少。

企业品牌战略的核心应是品牌忠诚，而不是产品忠诚，因为产品的使用价值和利益是经常变化的，具有较强的时效性。而品牌作为一种商品的标志，除了代表商品的质量、性能及独特的市场定位以外，还是一种文化，代表着一种品位、一种格调，乃至代表了一种生活模式以及一种时尚，具有更深厚的文化底蕴和情感内涵，能超越时空的限制带给消费者更多的、高层次的心理和精神的满足。单个产品要随着时间的变化而变化，而品牌则可以经久不衰，并随着时间的推移而不断增值。成功的品牌还具有强大的生命力和非凡的扩张能力，在一个品牌下可以容纳多个产品的生产，进行品牌的延伸。品牌是产品的旗帜，品牌忠诚是产品忠诚的坚实基础，只要旗帜不倒，企业产品就会赢得消费者的青睐和爱戴。

2. 商场忠诚

消费者忠诚的另一表现形式是商场忠诚，是指在正面态度的基础上所建立起来的消费者对商场的重复光顾。如果某一消费者具有某种商场忠诚，则消费者在购买某类产品时就会频繁光顾这一商场，并且对这家商场持有正面态度。

消费者商场忠诚的建立取决于两个因素：一是消费者光顾此商场时，是为了购买什么类型的产品。这是消费者走进商场的原因，而这些产品或服务大多也是消费者走出商场所带走的东西。二是消费者在购买产品或者活动所经历的过程。

（1）消费者走进商场的诱因

消费者进入商场的诱因通常包括商场所提供产品或服务的质量、种类、价格和商场品牌产品。

1）产品服务的质量。不同的商场所提供产品和服务的质量有着很大的差别，这种差别也是消费者选择进入商场首先考虑的因素。有的商场所提供的产品或服务有高档、中档、低档的区分。商场所提供产品服务的质量可以由商场对所经营品牌的选择来决定。相同条件下，消费者毫无疑问希望获得更高质量的产品和服务，然而由于价格、消费者收入状况、消费群体影响等因素，提供不同质量产品的商场会培养不同层次的忠诚消费者。

2）产品服务的种类。商场提供的产品服务的种类决定了消费者在商场中购买商品可以选择的范围。产品服务的种类包括不同产品的类别数目、同类产品的品种数目和统一类别的品种数量、款式等。消费者希望商场销售他们所偏爱的品牌和其他相关的主要品牌，这样消费者在购买过程中如果品牌偏好不太确定，他们就可以有更多的比较和选择。对于消费者所偏好的品牌，消费者也会希望在尺寸、颜色、规格等方面有所选择。此外，无论是企业市场还是消费品市场，消费者都希望自己所光顾的商场能够提供不同的产品，使得商场可以满足自己对各种产品的购买，这便是我们通常所说的一站式购物。通过一站式购物，消费者可以在一个地方或者通过一个供应商得到自己希望购买的所有产品，从而降低消费者的购买成本。

　　尽管消费者希望商场所提供的商品种类尽量多，以满足自己购买产品的便利性和选择的广泛性，但这并不意味着商场应该提供尽可能多的产品种类。一方面，太多的产品品种使消费者感觉到混乱难以选择，另一方面，经营太多的产品品种或者提供过多的服务会使得商场或厂商的经营成本过高，难以从所争取到的消费者的购买中得到补偿。

　　3）价格。消费者在购买产品或服务时希望能够找到较低的价格，这也正是"深度折扣店"在培养忠诚消费者方面的吸引力所在。需要注意的是，消费者希望较低的价格并不意味着消费者希望商场提供低价格的产品，也不意味着商场的价格要做到最低。消费者希望得到的是自己所偏爱的产品在商场中能够有较低的价格。并且，略高于最低价格的价格，对于商场忠诚的消费者也是可以忽略并顺利接受的。

　　4）商场品牌产品。商场品牌产品是指带有商场标志的品牌，商场品牌是吸引消费者的重要因素之一。商场品牌为消费者提供了更多便利和满足程度，也给他们提供了较多的机会。商场品牌产品能够为消费者创造独一无二的价值，因为商场品牌产品只有在特定的商店或者连锁店才能够买到，所以能够提供这种品牌的商场会因此吸引消费者的进入。另一方面，同著名制造商品牌产品相比，由于商场品牌产品会有比较低的价格，因此它可以为消费者提供一种从商场中获得更高价值的途径，使得消费者更容易进入这种商场。

　　（2）消费者在购买产品或者活动所经历的过程

　　消费者的商场忠诚还受到消费者在商店购物或消费过程中对其经历满意程度的影响，影响消费者购买过程满意程度的因素包括商场的信息和服务、购买的顺利程度、购物的便利性、问题的处理等。

　　1）信息和服务。信息和服务是指消费者在购买过程中，能够获得产品信息、获得帮助和店内服务的程度。在购买过程中，消费者希望从店内获得商品的相关信息，从而做出购买决策，因此消费者在店内所获得的信息和服务的多少决定了消费者做出决策的难易程度和决策的速度。

　　2）购买的顺利程度。购买的顺利程度是消费者接近、获得产品的难易程度。影响消费者购买顺利程度的因素包括：货架的设置、物品的摆放、货架的陈列、货物的标识、产品信息标注、货物通道等。为了保证消费者购买顺利，商场需要保证通畅的购货通道、清楚的标识以及产品摆放位置和高度要合理和容易接近。在货架陈列时，应当考虑不同品牌之间的易比较程度，尺寸、质量、功能相近的产品，应当尽量摆在一起，使消费者可以方便有效地进行比较和选择；商场应当设置详尽的指示牌，使消费者可以容易找到各种类型商品、货架和通道的位置。这些做法都可以使消费者轻松快速的做出购买选择，从而使购买顺利有效进行，进而使消费者对商场产生正面的评价。

3）方便性。商场的位置决定了消费者到达商场的便利程度。如果消费者容易到达商场，并且在购物后可以方便离开商场，这样就会大量减少消费者的交通成本，提高消费者购买过程的满意程度，进而产生商场忠诚。

4）问题的解决。消费者在购买过程中出现问题是难免的，出现问题后，消费者希望按照自己的意愿顺利解决。在解决问题过程中，消费者的满意程度是消费者评价购买过程顺利与否的重要因素，也是决定消费者对商场忠诚的重要考虑因素。问题出现之后，商场如果听取消费者的抱怨，满足消费者的要求（有时甚至是过分的要求），消费者将会重复光顾商场，这样商场从消费者忠诚获得的价值通常将远远大于为满足消费者而付出的成本。

第三节　消费者不满反应与消费者流失

对一个品牌的感知功效低于期望水平通常会导致消费者的不满。如果感知水平与期望水平差别过大或原先的期望水平过低，消费者可能在重新开始购买决策过程中重新选择品牌。导致产生不满的品牌很可能被排除在选择范围之外，从而在新一轮决策中不再被考虑。不仅如此，抱怨和负面的传言也可能由此产生。

一、消费者不满反应

根据美国学者的调查研究表明，一位不满意的消费者会把他的抱怨转述给8～10个人听，而企业如果能当场为消费者解决问题，95%的消费者会成为回头客；如果推迟到一定时候解决，处理得好，将有70%的回头客，消费者流失率为30%；若问题没有得到及时正确的处理，将有91%的消费者流失率。当消费者的不满得到满意的解决时，他们一般会继续做企业的忠诚消费者，并将向朋友和同事讲述自己的抱怨怎样得到解决。但是，那些被忽视的或者没得到重视的甚至得不到公正对待的消费者，可能在他们的相关群体中或通过大众传媒传播自己的经验，这样以来，企业推动的不只是消费者一人的流失，而是相关群体甚至更大范围市场的葬送。

如前所述，在消费者对企业的产品或服务产生不满后，并不是所有的消费者都会采取行动。不满意的消费者有几种可能的选择或反应，如决定是否采取外部行动。如果消费者不采取行动，就意味着消费者决定容忍这种不满意状况。对不满的购买是否采取行动取决于购买对消费者的重要程度、采取行动的难易程度和消费者本身的特点。指出下面一点很重要，即消费者即使不采取外部行动，他也很可能对该商场或品牌形成不那么好的态度，消费者将把对企业的不满情绪保留下来，从而对企业产生较为不利的态度，进而影响以后的消费。而采取行动的消费者也会将行动以不同的方式表现出来，其中包括：采取法律行动、向私人或者政府机构投诉、告诫亲友、不再购买该品牌或者不再光顾本商场、向制造商或者商场投诉等方式。由此可见，消费者不满的大多数做法都会损害作为当事者的制造商或商场的利益，这种损害可能是直接的如失去销售机会，也可能是间接的如形成负面的态度。因此，营销者一方面必须设法将消费者不满降至最低水平，另一方面，一旦发生不满，就应采取有效的补救办法。并且，向制造商或者商场投诉的消费者，仅仅占对不满采取行动消费者的一小部分。所以当商场或者制造商接受消费者的投诉后必须清楚认识到，一个消费者投诉并不代表只有一个消费者对产品或服务产生不满。

一项调查研究发现，只有 5%的不满消费者向商场或者制造商投诉。因此在处理不满的过程中，企业必须认识到投诉消费者所代表的消费者的不满程度。一项研究调查了 540 名消费者，询问他们在购买日常用品的过程中遇到了多少起产品有缺陷的情形。他们总共回忆起 1037 起不满的购买。这些不满意的购买导致了如下行为（此项研究不计消极的口传，如告诫亲友）：25%的不满购买导致了品牌转换；19%的不满购买引起消费者停止购买这些产品； 13%的不满购买导致消费者在未来购买中进行店内检查；3%的不满购买导致向生产商的投诉；5%的不满购买导致向零售商的投诉；35%的不满购买导致退货。

在对耐用品的类似调查中，54%的不满消费者声称不再购买该品牌，45%的不满消费者向其亲友数落产品。一项以香港消费者为样本的调查表明，不满时向卖主抱怨是通常的反应方式，抱怨的目的是换货，其中约一半的抱怨以获得满意的解决而告终。

二、消费者流失

由于消费者不满意会导致消费者流失，因此所有导致消费者不满的因素都有可能造成消费者流失。美国科罗拉多大学管理学院的市场学助理教授 Susan M.Keaveney 在 1995 年公布的 一项研究成果中，总结了八项对消费者流失产生关键影响的因素：价格、不方便、核心服务的失误、服务人员的失误、对失误的反应、竞争、伦理道德、非自愿的流失，并提出了消费者流失行为的模型。

1. 价格

价格因素是第三大导致消费者流失的因素。在对 500 名消费者的调查中，30%的人认为价格因素是导致他们转换商家的因素，9%的消费者把价格因素列为导致他们转换行为的唯一因素。

价格因素还细分成四种子因素，第一种因素是"高价"。消费者由于价格高于自己的参考价格而转换商家。参考价格可以是某种标准价格，可以是相对于接受的产品或服务，消费者自我认知的价格，也可以是竞争对手的价格。第二种子因素是"价格提高"。消费者由于价格提高而流失。实际上，这一类消费者的参考价格是前一次购买时的价格。第三种子因素是"不公平的价格措施"。消费者认为受到欺骗或认为价格不公平。第四种子因素是"欺诈价格"。消费者因为感到价格有欺骗成分而流失，如消费者最后偿付的价格高于商家最初的报价。

2. 不方便

不方便因素包括消费者对商家地理位置、营业时间、等待服务的时间、等待预约的时间等方面的不方便感觉。20%的被访问者把"不方便"归为导致他们流失的因素，其中21.6%的人认为不方便是导致其转换商家的唯一因素。

3. 核心服务的失误

核心服务的失误是导致消费者流失的最主要因素。44%的被调查者认为该因素是导致流失的重要因素，11%的被调查者认为该因素是导致流失的唯一因素。第一类失误是一系列失误屡次发生（如消费者每月银行的对账单屡次出现错误）、服务水平降低、在一次产品或服务过程中发生了多项失误、在一次产品或服务过程中发生一个大的失误（如药剂师提供了错误的药量），提供不完整的服务或无法提供服务（如某个汽车修理工由于经验技术的原因，无法修理消费者的汽车）等。第二类失误包括错误的账单和没有及时更正错误的账单。第三类失误指产品或服务对消费者个人、家庭、宠物或个人物品构成伤害，或导致消费者经济上受到损失。

4. 服务人员的失误

服务人员的失误是导致消费者流失的第二大因素。34%的被调查者把该因素归入导致消费者流失的原因，9%的被调查者认为该因素是导致他们转换商家的唯一原因。服务人员的失误具体表现为"不关心"、"不礼貌"、"没有反应"、"无知无能"等。

"不关心"包括产品或服务的提供者没有倾听消费者意见。在提供服务时关注别人，对消费者草率，不友好和表现出冷漠、无兴趣。"不礼貌"的雇员被消费者描述成粗鲁、怨恨和缺乏耐心。"没有反应"的服务人员包括拒绝满足消费者的特殊需求，与消费者缺少沟通，忽视了消费者的提问。"无知无能"是指那些缺乏经验、能力不足，难以使消费者对产品和服务树立信心的服务人员。

5. 对失误的反应

在对一些消费者流失行为的研究中，消费者的流失并不是因为产品或服务的失误，而是因为产品和服务的提供者对事物做出的不恰当的反应。17%的消费者流失行为是由于或部分由于商家对失误不恰当的反应造成的。

对失误的不恰当的反应包括：产品和服务供应商对消费者指出的失误虽然做出正面反应（如改正错误或补偿损失），但这种反应十分勉强和被动，显示出供应商缺乏诚意；对消费者的抱怨和投诉没有反应；对消费者指出的失误做出负面的反应，把错误归咎于消费者。

6. 竞争

消费者被竞争者吸引，而转向竞争者的产品或服务，该类型的流失在消费者的流失行为中占10%的比重。消费者因为竞争对手提供更为个性化的、更可靠或更高质量的产品或服务而转向该商家，有时这种商家转换是以损失金钱和便利为代价的。

7. 伦理道德问题

消费者由于产品或服务供应商在其经营行为中存在不合法、不道德、不安全、不健康和违背社会规范的因素，也会发生流失行为。由于该因素发生的流失行为大约占7%。伦理道德问题主要表现在不诚实、强迫不健康和不安全的服务等行为。

不诚实行为是指供应商欺骗消费者、偷窃个人财产，对没有提供的服务收费或建议消费者购买不需要的产品。强迫行为包括过分主动地兜售产品，向消费者高声叫卖，或因为消费者不购买产品而恐吓消费者。如修理工因为消费者在一次汽车维修中拒绝接受一项暂不需要的维修，进而威胁消费者说，不接受这项维修，开车就有危险。不健康和不安全的服务行为诸如餐厅里肮脏的台布、上菜的服务员用手接货币、安排消费者已经有人入住的房间等。有的商家根本不考虑消费者的利益，例如当一个消费者发现他的旅行社总是为他预定能给旅行社最高回扣的航空公司的机票时，这位消费者毫不犹豫地换了一家旅行社。

8. 非自愿的流失

非自愿的流失是由于一些消费者和商家都无法控制的因素而导致的消费者流失。如消费者迁移或商家经营地点的转移。该因素约占6%的比例。

根据对导致消费者流失的关键事件的研究分析，有些消费者流失是单一因素作用的结果，有些是多个因素共同作用的结果。根据 Susan M.Keaveney 的研究结果，在她运用关键事件方法（Critical Incident Technique，简称 CIT）所调查的468次消费者流失事件中，45%的消费者流失是由于上述八种因素中的某个单因素导致的，36%的消费者流失事件是由八种因素中的两个因素共同作用的结果，15%的流失事件是三种因素导致的，还有4%的流失事件是四种或四种以上的因素导致的，如表 7-1 所示。

表 7-1 消费者流失原因统计

被调查者声明的流失原因	单因素流失事件		双因素流失事件		三因素流失事件	
	行为数量	行为比例	行为数量	行为比例	行为数量	行为比例
价格	42	19.9%	51	15.2%	33	15.9%
不方便	21	10%	41	12.2%	27	13%
核心服务失误	52	24.6%	96	28.6%	45	21.8%
服务人员失误	42	19.9%	61	18.1%	45	21.8%
对失误的反应	0	0	38	11.3%	31	15%
竞争	14	6.6%	7	5%	11	5.3%
道德伦理	9	4.3%	11	3.3%	7	3.4%
非自愿	31	14.7%	21	6.3%	8	3.8%
事件数量	211		168		69	
行为数量	211		336		2.7	

注：四因素流失事件的数据略。总事件数 468，总行为数 838。

资料来源：Susan M Kcaveney. 1995. Customer Switching Behavior in Service Industries: An Exploratory Study. Journal of Markcting，59：78

从表 7-1 可以看出，导致消费者流失行为的因素十分复杂，不能一概而论，需要具体问题具体分析。不过，我们可以从上面的数据中得到一点启示：在八种因素中，除了竞争和非自愿流失两项外，其他都是企业的可控因素。而价格、方便性、核心服务和服务人员四项企业可控因素，在导致消费者流失的因素中占较大的比例。可以说，消费者流失在大部分情况下，是企业自身问题造成的，因此，也存在着进一步改进的可能性。

研究表明，企业吸引一个新消费者所需要花费的费用，比留住一个老客户所需费用高出 4 倍。因此对于企业来说，保持同等消费者数量的情况下，保留原有消费者将是比开发新消费者更经济的做法。越来越多的公司开始认识到降低消费者流失率，保留原有消费者的重要性。根据西方学者的研究表明，一个企业将消费者流失率降低 5%，企业利润将会有 25%～35% 的增加。为了降低消费者流失率，提高盈利水平，企业必须能够确切认识衡量消费者流失率，并且采取措施降低流失率。采取防止消费者流失的措施大致有以下几个步骤。

第一步，分析消费者流失的原因，并找到可以改进的方面。正如前文对消费者流失的原因分析，企业需要根据自身调查，分析总结出本企业消费者流失的原因。在所找出的原因中，客观原因是企业经营环境、消费者本身发生变化而产生的，是公司无法通过自身努力而改变的。因此，因客观原因而引起的消费者流失并不是企业所能够左右，也不应该是企业研究消费者流失所关注的。主观原因则不同，它是由于企业自身原因产生的，因此可以通过自身努力予以改变，从而通过努力降低消费者流失率。

第二步，计算因主观原因引起的消费者流失所导致的企业利润损失。因为消费者流失而损失的利润应当按照这些消费者对于企业的终身价值来计算，即因为消费者流失而损失的利润相当于消费者永远忠诚于企业所能带来的价值。

第三步，计算如果留住这些消费者需要付出的成本。与计算消费者忠诚产生的价值分析相似，计算留住消费者所需要的成本也应该是留住消费者，使消费者终身忠于企业所需要的费用。

第四步，计算受益和成本之间的关系，确定企业应该保持消费者保留率，并对消费者保留措施做出决策。消费者保留与否取决于消费者保留措施所付出的成本和产生收益的差值，如果保留消费者所产生的收益大于成本，则需要保留此部分消费者。

但是，在不同的消费者保留率水平上，降低相同比例的消费者流失率所需要的成本有所不同。一般认为，现有的消费者保留率越高，则保留相同比例的消费者所需要花费成本越高。因此，消费者保留措施会随着现有消费者保留率的水平而改变。

三、消除消费者不满

当某个消费者感到不满时，厂商希望的最好结果是消费者仅向厂商而不向其他任何人表达他的不满。这会使厂商警醒问题所在，使其做出必要的改进，使负面的口碑得到控制。另外，抱怨通常对消费者也是有利的。很多企业发现，其抱怨获得圆满解决的消费者比那些从未遇到产品问题的消费者满意水平更高。

不幸的是，很多人在不满时通常不向厂商抱怨。那些抱怨的人通常比不抱怨的人有更高的教育水平，更多的收入，更强的自信和独立性。因此，若厂商仅以抱怨作为信息反馈的来源，那它就可能忽略了重要的消费者所关切的问题。

有研究发现，提出抱怨的消费者，若问题获得圆满解决，其忠诚度会比从来没遇到问题的消费者要来得高。因此，消费者的抱怨并不可怕，可怕的是不能有效地化解抱怨，最终导致消费者的离去。反而，若没有消费者的抱怨，倒是有些不对劲。哈佛大学的李维特（Levitt）教授曾说过这样一段话："与消费者之间的关系走下坡路的一个信号就是消费者不抱怨了。"美国一家著名的消费者调查公司 TRAP 公司曾进行过一次"在美国的消费者抱怨处理"的调查，并对调查结果进行了计量分析，以期发现消费者抱怨与再度购买率、品牌忠诚度等参量之间的关系。从消费者抱怨处理的结果来看，消费者抱怨可能给经营者带来的利益，是消费者对经营者就抱怨处理的结果感到满意，从而继续购买经营者的产品或服务而给经营者带来的利益，即因消费者忠诚的提高而获得的利益。正确对待消费者抱怨，做好以下四方面工作相当重要。

1. 免费投诉电话

TRAP 公司的研究结果表明，对于所购买的产品或服务持不满态度的消费者，提出抱怨但却对经营者处理抱怨的结果感到满意的消费者，其忠诚度要比那些感到不满意但却未采取任何行动的人好得多。具体来说，他们的研究结果显示，在可能损失的 1~5 美元的低额购买中，提出消费者抱怨但却对经营者的处理感到满意的人，其再度购买比例达到 70%。而那些感到不满意却也没采取任何行动的人，其再度购买的比例只有 36.8%。而当可能损失在 100 美元以上时，提出消费者抱怨但却对经营者的处理感到满意的人，再度购买率可达 54.3%，但那些感到不满意却也没采取任何行动的人再度购买率却只有 9.5%。这一研究结果一方面反映了对消费者抱怨的正确处理可以增加消费者的忠诚度，可以保护乃至增加经营者的利益。另一方面也折射出这样一个事实：要减少消费者的不满意，必须妥善地化解消费者的抱怨。

免费投诉电话的开通可以增加可以用于分析的投诉量。服务资料对了解消费者流失也非常有帮助。为了提高消费者投诉和咨询的积极性，公司应该清楚地告诉消费者如何进行投诉和投诉可能会带来什么结果。在此基础上，还应该增加接受和处理投诉的透明度，建立奖励消费者投诉、督促员工积极接受并处理消费者投诉的机制。

2. 识别和建立品牌转换的障碍

局限于流失和投诉分析只是在亡羊补牢，企业应主要着眼于需要纠正的问题。一个成功的消费者忠诚策略必须超越解决问题的范畴。防止消费者流失最有效的思路就是找出防止消费者转向其他竞争的办法，这些办法甚至应该可以防止消费者转向产品更好价格更低的企业。

第四节　提高消费者的满意度、忠诚度和消费者保留

在讨论如何实现消费者保留时，首先要做的是对消费者忠诚和再购买两个概念的区分。正如我们所理解的，如果一个消费者继续购买一个品牌仅仅是因为它在促销、最便宜，或者别无选择，那么这个持续购买的行为并不表现出消费者忠诚。当竞争品牌在降价和促销时，这个消费者将会如何反应，是企业提高消费者满意度和忠诚度，实现消费者保留时必须考虑的问题。

研究表明，仅仅追求短期消费者保留率、产品使用率的消费者保留措施并不能真正实现消费者忠诚。要实现消费者保留，保证消费者长期持续购买，企业必

须从不断满足消费者需求的角度出发，提高消费者满意度和忠诚度。

在消费者保留项目实施过程中，消费者忠诚和再购买并非很容易区分。对这两个概念的区别必须从消费者再购买动机的角度予以认识。有学者提出，消费者忠诚是某决策单位在特定时间内，从一系列类似的产品（或服务）中选择一个或更多品牌的有倾向性的行为反应，并且是心理评估过程的一个功能。这表明消费者首先必须拥有产品（服务）选择；其次，消费者对此品牌的优越性进行心理评估。所以，我们必须研究形成消费者忠诚认识构架的认知机制。

重复购买率的上升可能是由于外在原因的影响。忽略外在条件对消费者行为的影响，必然会导致在实现消费者保留中虚假忠诚的形成。例如，如果在购买过程中，消费者对产品或服务只有一种选择，在未准确设置评价指标的情况下，会显示出消费者对产品、品牌或商场的绝对忠诚。但是，根据我们前文分析，如果外在条件改变，例如，竞争的加剧，将会使现有消费者不再忠诚，表现出其虚假忠诚的实质。此外，消费者具有尝试其他产品或品牌的倾向。如果有机会，消费者会主动尝试其他品牌。另一种情况，如果企业产品价格低于其他产品价格，因此会出现许多消费者重复购买的现象。按照行为评价指标，企业会判定消费者绝对忠诚。但是，如果出现一个比此产品价格更低的产品，消费者将会转变其购买倾向，那么实际上企业并没有建立起有利于长期发展的消费者忠诚。

一、实施消费者满意战略，提高消费者满意度

要实现长期消费者保留，需要提高消费者满意度来提高消费者忠诚的角度，实施提高消费者满意度的战略，进而实现消费者保留。

1. 实施消费者满意战略的五个层次

消费者满意战略的实施应当从五个层次实现消费者对产品、品牌、商场的认可，从而满足消费者需求，达到消费者满意。

（1）建立经营理念层次的消费者满意

经营理念层次的消费者满意是企业经营理念带给消费者的满足状态，是供应商或者商场建立令消费者满意的经营理念，使消费者对产品、企业、品牌产生满意的战略。包括消费者对公司经营宗旨的满意、经营哲学的满意、价值观念的满意和行为模式的满意等。如果消费者产生对企业经营理念的认同，消费者将更容易接受公司的产品、文化、品牌核心价值等元素，更有利于加强消费者对企业、商场的认同感和满足感。

（2）实现企业（商场）行为层次的满意

企业（商场）行为层次的消费者满意是指企业全部的运行状态带给消费者的满意程度，是消费者对企业经营行为的认可。包括对企业行为机制的满意、行为

规则的满意和行为模式的满意等。

（3）建立视听层次的消费者满意

这是企业可视性和可听性外在形象带给企业内外消费者的满足状态，是企业在可感知层次对消费者的满足。包括企业标志（名称图案）的满意、标准色的满意、标准字的满意等三个基本要素组成的应用系统满意等。

（4）产品层次满意

这是企业产品带给内部和外部消费者的满足状态。包括对产品设计的满意、对产品包装的满意、对产品品味的满意和对产品价格的满意。

（5）服务满意

这是企业服务带给消费者的满足状态。包括绩效满意、保证体系满意、服务的完整性和方便性满意，以及情绪和环境满意等。可见，消费者满意体现了"消费者第一"的观念、"消费者总是对的"的信条、"员工也是上帝"的思想。

消费者满意度战略是消费者对企业的理念满意、行为满意和视听满意三方面因素协调运用，全方位促使消费者满意的整合结果。这三个方面不仅有紧密的关联性，而且有很强的层次性，从而形成了一个有序的、功能耦合的消费者满意系统结构，是一项十分复杂的系统工程。它的价值取向是以消费者为中心。这里的消费者，既可以指企业内部的成员，也可以指企业的外部消费者。

2. 实现消费者满意的具体措施

现代企业实施消费者满意战略的根本目标，在于提高消费者对企业生产经营活动的满意度，创造忠诚消费者，实现企业的长期盈利。而要真正做到这一点，则必须切实可行地制订和实施一系列的对策措施。具体内容如下。

（1）塑造消费者导向性的经营理念

消费者导向指的是把消费者的需要作为营销活动的起点，从人类生活需要解决的问题入手，实实在在地为消费者着想。坚持"消费者第一"的原则，是市场经济的本质要求，也是市场经济条件下企业争取消费者满意，掌握市场主动权的法宝。长期的经营实践证明：决定企业产品价值及生命的是消费者，没有消费者的产品不是真正的产品，因而，如果脱离消费者，企业则成了"无源之水"、"无本之本"，商品则不能实现"惊险的跳跃"。为此，企业必须对消费者的行为进行研究，确定消费者需要的真正含义，同时，还要明确不同消费者的不同需求，开展市场调查，进行市场细分，确定适合自身特点的一个或几个目标市场，并针对不同的市场形成差异化的营销策略及行动方案，进而付诸实施。

（2）从企业全部产品开发出发实施整体营销的策略

作为实施消费者满意度战略的有效手段，整体营销一方面要求企业内部的生产、采购、开发、财务等部门都必须以消费者为中心，与营销服务部门积极配合，协调一致，这样通力合作才能为消费者提供满意的产品、优质的服务。另一方面，整体营销还要求营销策略配合一致，不仅仅是 4P 因素的有机结合，而且还应重视以消费者为中心的 4P 与 4C 的配合，尽量为消费者着想，最大限度地使消费者满意，为企业树立良好的信誉和形象，确保企业在市场竞争中处于有利地位。消费者满意战略的实施可以从如下方向入手。

1）塑造消费者满意的企业文化。塑造消费者满意的企业文化，最重要的就是员工们是否完全理解消费者接触点的重要性，并全力提高消费者的满意度，以及这种价值观与行动的习惯，能否真正在企业内生根。如果仅在口号中喊着消费者第一，但内心中却仍以自己企业为第一，并将消费者当作使自己企业繁荣的手段的话，反而会造成相反的效果。因为任何消费者知道自己被别人当成追求利益的工具，都不是一件高兴的事。他必然转而寻求能够为自己着想，能够使自己满意的企业。

2）开发令消费者满意的产品。消费者满意战略要求企业的全部经营活动都要以满足消费者的需要为出发点，把消费者需求作为企业开发产品的源头。所以企业必须熟悉消费者，了解用户，即要调查他们现实和潜在的要求，分析他们购买的动机和行为、能力、水平，研究他们的消费传统和习惯、兴趣和爱好。只有这样，企业才能科学地顺应消费者的需求走向，确定产品的开发方向和生产数量，准确地选择服务的具体内容和重点对象。

3）提供令消费者满意的服务。热情、真诚为消费者着想的服务能带来消费者的满意，所以企业要从不断完善服务系统的角度出发，以便利消费者为原则，用产品具有魅力和一切为消费者着想的体贴去感动消费者。谁能提供令消费者满意的服务，谁就会加快销售步伐。要让消费者满意，就应提出超出消费者期望，高于竞争对手或竞争对手做不到、不愿做、没想到的超值承诺，并及时兑现承诺。根据消费者需求变化不断推出新的承诺，创造新的消费者满意，形成一种良好的循环。

4）科学倾听消费者的意见。现代企业实施消费者满意战略必须建立一套消费者满意分析处理系统，用科学的方法和手段检测消费者对企业产品和服务的满意程度，及时反馈给企业管理层，使企业不断改进工作，及时提供能真正满足消费者需要的产品和服务。要想维护消费者利益，企业必须正确处理消费者的意见。有时即使你的产品和服务非常好，也会受到爱挑剔的消费者的抱怨。粗暴地对待消费者的意见，将会使消费者远离企业而去。根据美国学者的调查，在一个企业失去的消费者中，有 68% 转向竞争对手的是由于销售人员态度冷漠，使消费者没有受到礼貌的接待。有人可能认为，企业失去一两名消费者是正常现象，不值得大惊小怪，然而，这种情况所造成的影响却是难以估量的。据统计，在不满意的消费者中，只有 4% 会正式提出投诉，其余的人没有表示出他们的不满，但大约有90% 感到不满意的消费者不再光顾那家企业。从数字上看，每有 1 名通过口头或书面直接向企业提出投诉的消费者，就会约有 26 名保持沉默但感到不满的消费者。更重要的是，这 26 名消费者每人都会对另外 10 名亲朋好友宣传这家企业的恶名，造成消极影响。而这 10 名亲朋好友中，约有33%的人会把这一坏消息再传递给其他 20 个人。这样：（20×10）+（10×33%×20）=266，即每一名投诉的消费者背后，有 266 个潜在消费者对企业不满，他们有可能转向竞争对手，从而削弱企业的存在基础。

聆听消费者抱怨是了解其满意度的主要途径。企业应培养欢迎抱怨的文化，鼓励员工将抱怨视为赠礼；同时要制定欢迎抱怨的政策，尽可能让公司政策能照顾到提出抱怨的消费者，确保该政策经过各部门的沟通协调；要制定明确的奖励政策，鼓励员工尽量使抱怨消费者得到满意；还要形成良好的沟通体系，让消费者的抱怨能从第一线服务人员传到企业高层。获取消费者抱怨的具体做法可以是开设免付费专线，让消费者能取得意见表，设计员工表格，让员工能汇集消费者的抱怨，追踪不回应消费者意见调查的客人，随机抽样，请求消费者提出意见等。这些方法都可以使企业聆听到消费者的抱怨。同时激励员工妥当处理抱怨，并建立良好的沟通渠道，让消费者的抱怨能从第一线员工传递到管理层，以从企业内部来解决消费者提出的问题。

5）建立与员工的良好沟通。企业要建立与消费者的良好关系，必须全体员工同心协力才行，再好的消费者关系计划，若员工不能好好执行，也是枉然。所以，要想实现消费者满意就不能不重视与员工的沟通。员工是企业的内部消费者，企业要树立欢迎员工抱怨的理念，通过设立意见箱，进行门户开放，开通员工信息热线等方法鼓励员工抱怨，实现与员工的不断沟通，促进彼此的认识和了解，进而产生信任，建立起有共识的团队，

二、通过消费者保留项目，提高消费者忠诚度

消费者满意战略的实施，最终是为了提高消费者的满意度并逐渐建立消费者对企业、产品、品牌或商场的忠诚。忠诚的消费者能够为企业带来持续的竞争优势，因此，消费者保留项目成为许多企业竞相追逐的获得竞争优势的手段。消费者忠诚正如第二节所述，消费者忠诚的建立能够降低服务成本、较低的价格敏感度、消费者增加的开支和对其他潜在消费者有利的推荐。忠诚消费者被看作是企业业务的建设者，因为他们买的更多，支付较高的价格，推荐新的消费者。

消费者忠诚度的提高可以从产品、服务和消费者的投资实现。

1. 通过产品投资提高消费者忠诚度

在提高消费者忠诚的过程中，我们不能忽略产品是多数商业关系的核心这个事实。以提高消费者忠诚为导向的产品设计是提高消费者营销战略的重要挑战之

一。消费者忠诚的程度主要是由产品自身为消费者带来的利益决定，尤其在消费品领域。只有对产品设计和功能付出了明确的努力，才能在营销消费品时创造更高的消费者价值。普遍流行的产品开发的售前导向法必须被售后导向的开发和设计所替代。

2. 通过服务投资提高消费者忠诚

提高消费者忠诚的另一主要途径是提供符合或者超出消费者需求的增值服务。企业可以通过延长购买关系和创造满意度，并为消费者转换商家建立障碍来赢得消费者满意，以提高消费者忠诚。

买卖双方的关系经常被缩减到局限于交易行为自身，即产品的销售或服务的完成。这样一来，消费者是否会再次购买已经熟悉的商品或服务，或者是否会从竞争者那里购买将存在不确定性。如何保证消费者在做出再次购买决定时会购买本企业产品？企业可以通过增加增值服务来达到这个目的。通过不断在提供增值服务过程中与消费者接触，可以增强公司和消费者之间的信息交流，增强消费者忠诚。

另外，增值服务通常被用来改善产品或服务，并且补偿产品或供应结构的缺点。消费者只有在结合额外或免费服务时，才能使用产品。例如，增值服务可以使产品更安全、更快捷和实在，为消费者提供更多便利信息，增加产品服务的个性化和亲切感。当改变核心产品对企业来说，自身不经济或技术上不现实的时候，额外的服务也是特别有吸引力的选择。

3. 通过消费者投资提高消费者忠诚度

一个消费者拥有的知识、操作和社会技能决定了他们在购买后的行为。通过增加消费者投资可以增强消费者技能，从而从以下方面提高消费者忠诚度。

（1）增加消费者技能对消费者与产品相关的质量感觉的影响

通过提高消费者技能，消费者可以利用他们以前无法利用的产品功能，这样可以增加消费者利益。这种鼓励额外利益的增加在购买后评价过程中能够提高消费者满意度。消费者满意度的增加、消费者技能的提高以及它们的相互影响，都可能使其对产品的额外功能有着不同程度的兴趣。消费者对产品（服务）兴趣的增加也会加大其再次购买产品（服务）的可能性，久而久之就会提高消费者忠诚。

（2）增加消费者技能对消费者信任的影响

制造商对消费者技能的投资和消费者——制造商关系的质量，可以用消费者忠诚度来衡量。制造商对消费者技能的投资可以被理解为一种市场信号，它向消费者表明了企业对建立长期的消费者——制造商关系的兴趣。在这个意义上，制造商增加消费者技能的投资显示了企业对消费者的信任，并且自己将来也会以信任消费者的方式行动。这样会有助于建立消费者对制造商的信任。

（3）增加消费者技能对消费者承诺的影响

如果消费者将自己技能的提高归功为制造商，那么该消费者对制造商的情感关系会增进。它还会使消费者对未来的购买感受到一种"内部服务义务"。从而，把这些技能归功于制造商的努力程度，对于消费者对制造商的情感承诺水平有积极影响。

小　　结

本章主要研究消费者在购买和使用商品过程中的心理反应和态度倾向即满意程度，以及在高度满意基础上产生的消费者忠诚。满意是一种心理活动，是消费者的需求被满足后的愉悦感。消费者行为学将满意定义为消费者通过对一个产品的可感知的效果（或结果）与他的期望值相比较后，所形成的愉悦或失望的感觉状态。

1）我们将消费者的满意程度称为消费者满意度，并且建立一套衡量、评价、提高满意度的科学指标体系来实现对消费者满意度的度量。这套体系至少应该具有下面三点功能：测量和评价企业目前的消费者满意度；提供提高消费者满意度的思路；寻求实现消费者满意度的具体方法。

企业的总产品包括影响消费者评价的所有因素，消费者根据这些因素来评价相当于支出而获得的全部收益。总产品的提供并不是由企业来决定的，而是由消费者来决定企业所提供的总产品具有哪些内涵。

2）一般认为，消费者忠诚是指消费者由于对某一品牌、商场或者供应商持有强烈的正面态度而产生的其对品牌、商场或者供应商的承诺行为，其表现形式为持续性的重复光顾。有研究表明消费者满意水平与消费者保持率及向其他消费者推荐所接受过的服务的程度之间并不总是强相关关系。只有当消费者满意水平非常高时，消费者忠诚现象才会出现，良好的口碑效应也才得以产生。消费者满意不等于消费者忠诚。

品牌忠诚指消费者深深地偏爱并眷恋某一品牌，长期性地认牌购买该品牌产品，并自觉地关注和维护该品牌的声誉和市场地位。消费者忠诚的另一表现形式是商场忠诚，是指在正面态度的基础上所建立起来的消费者对商场的重复光顾。消费者商场忠诚的建立取决于两个因素：一是消费者去商场购买的商品。二是消费者购买商品所经历的过程。

3）对一个品牌的感知功效低于期望水平通常会导致消费者的不满。而消费者不满意会导致消费者流失。美国 Susan M.Keaveney 总结了八项对消费者流失产生关键影响的因素，并提出了消费者流失行为的模型。企业必须能够确切认识衡量消费者流失率，并且采取措施降低流失率。研究发现，提出抱怨的消费者，若问题获得圆满解决，其忠诚度会比从来没遇到问题的消费者要来得高。

4）要实现长期消费者保留，需要从提高消费者满意从而提高消费者忠诚的角度，实施提高消费者满意度的战略，实现消费者保留。消费者满意战略的实施应当从五个层次实现消费者对产品、品牌、商场的认可，满足消费者需求，达到消费者满意。

5）消费者满意战略的实施，是为了提高消费者的满意度并逐渐建立消费者忠诚。忠诚的消费者能够为企业带来持续的竞争优势。消费者忠诚度的提高可以从产品、服务和消费者的投资实现。

思　考　题

1．产品忠诚和品牌忠诚哪个更为重要？为什么？

2．消费者走进商场的诱因有哪些？

3．对消费者流失产生关键影响的因素有哪些？

4．怎样防止消费者流失？

5．试说明消费者忠诚和消费者再购买两个概念之间的关系。

6．如何实施消费者满意度战略？

7．如何提高消费者忠诚度？

8．在你以往和现在的生活中，有没有对某个企业、商品、品牌和商场产生忠诚？如果有，请你描述一下你的忠诚度的形成过程。

第八章 消费者体验心理与行为

随着体验经济的兴起，通过营销活动给消费者提供丰富的体验成为企业的重要创新营销思维之一。本章借助美国营销学者伯恩德·H. 施密特教授的研究成果，探讨了影响消费者体验行为的五种心理学基础。在引入美国体验经济学家约瑟夫·派恩和詹姆斯·吉尔摩的观点的基础上，进一步阐述了关于消费者体验的不同类型。同时基于消费者的体验需求，结合实例探讨了实施体验营销的模式和方法。通过本章的学习，应充分认识到体验经济的兴起是 21 世纪经济发展的必然趋势，而体验经济时代的消费者的体验需求是多种多样的，企业应当在营销战略上重视这种变化，并积极创新其体验营销策略，以适应时代发展和消费者需求变化的需要。

第一节 体验与体验经济

一、体验的含义

体验的概念来自心理学，但是，体验的含义远远超过了心理学范围。《庄子·天地》中有一个故事，子贡经过汉水南岸，看见一个老翁正在抱瓮汲水浇地，问他为何不用桔槔，用力少而见效多。而老翁答道：有了机械之类的东西必定会出现机巧之类的事，有了机巧之类的事必定会出现机变之类的心思。由此呈现出中国古人朴素的体验意识，即习惯于对自身的体悟。工作不仅仅是达到目的的手段，更是体验个人存在的"剧场"。

美国著名的体验经济学家约瑟夫·派恩（Joseph Pine）指出，所谓体验就是指人们用一种从本质上说很个人化的方式来度过一段时间，并从中获得过程中呈现出的一系列可记忆事件。在他和詹姆斯·H.吉尔摩（James H.Gilmore）于 1999 年出版的《体验经济》一书中也谈到了"无论什么时候，一旦一个公司有意识地以服务作为舞台，以商品作为道具来使消费者融入其中，这种刚被命名的新的产出——'体验'就出现了……体验事实上是当一个人达到情绪、体力、智力甚至精神的某一特定水平时，他意识中所产生的美好感觉。"体验是超越了一般经验、认识之上的那种独特的、高强度的、活生生的、难以言说的、瞬间性的深层感动。体验通常是由于对事件的直接观察或是参与造成的，不论事件是真实的，还是虚拟的。当然，体验会涉及到人们的感官、情感、情绪等感性因素，也会包括知识、智力、思考等理性因素，同时也包括身体的一些活动。我们可以这样来理解体验的含义：体验就是企业以服务为舞台，以产品为道具，以消费者为中心，能够创造使消费者参与、值得回忆的活动。其中产品是有形的，服务是无形的，而创造出的体验是令人难忘的。

体验是在某种特定的营销环境中，来自个人的心境与事件的互动，并从中获得过程中呈现出来的一系列可记忆的体验原点。体验通常并非自动产生，而是被引发出来的，体验是主体对客体的刺激产生的内在反映，体验是"关于"或"对"某些事物的体验。主体并不是凭空臆造体验，而是需要在外界环境的刺激之下才会有所体现，体验具有很大的个体性、主观性，因而具有不确定性。一方面，对于同一客体，不同主体会产生体验的差异性。另一方面，同一主体对同一客体在不同时间、地点也会产生不同的体验。

2001年10月25日，被微软公司形容为设计最佳和性能最可靠的新一代操作系统 Windows XP 在全球面世。比尔·盖茨宣称该操作系统"重新定义了人、软件和网络之间的体验关系"。"XP"来自"Experience"，其中文意思即是体验。一时间，"体验"这个词在各种媒体一下子热了起来，不但在 IT 领域，传统产业的企业也纷纷开始关注体验。

二、体验经济的兴起

1. 对体验经济的理解

美国未来学家托夫勒（Toffler）于20世纪70年代在《未来的冲击》中写到："几千年人类经济发展的总历史表现为三个阶段，即产品经济时代（包括前产品经济时代和后产品经济时代）、服务经济时代和体验经济时代。"他还进一步指出"我们正在从满足物质需要的经济迅速过渡到创造一种与满足心理需求相联系的经济"，"体验由原来作为某种服务产品的附属……越来越多地按其本身的价值出售。好像它们也是物品一样"，"未来的工业将是　种体验工业"。派恩和吉尔摩于1998年在美国《哈佛商业评论》上撰文《欢迎进入体验经济》指出："随着服务像它以前的货品一样越来越商品化，比如，只有价格的长途电话服务，体验逐渐成为所谓的经济价值的下一步……欢迎来到体验式经济时代。"所谓体验经济，是指企业以服务为重心，以商品为素材，为消费者创造出值得回忆的感受的一种经济形态。派恩和吉尔摩在《体验经济》一书中对体验经济也有过描述：体验本身代表一种已经存在的、先前并没有被清楚表达出来的经济产出类型，是自20世纪90年代继服务性经济之后的又一全新经济发展阶段。它是一种开放式互动经济形式，主要强调商业活动给消费者带来独特的审美体验，其灵魂和核心是主题体验设计。正如服务经济的地位高于产品经济一样，体验经济高于服务经济。由于一项服务被赋予个性化之后，变得值得记忆，所以一项服务的顾客定制化，就使它成为一种体验。如果顾客愿意为这类体验付费，那么体验本身也就可以看成某种经济上的给予。它创造的价值来自个人内在的反应。其实，体验一直存在于我们的周围，只是直至现在我们才刚刚开始将它作为一种独特的经济提供方式来对待。

一个有趣的例子，说的是在一家以色列企业家开的名为"真假咖啡店"的咖啡店，店里没有任何真正的咖啡，但是穿戴整齐的侍者仍有模有样地装作为客人倒咖啡、送糕点。虽然服务生送来的杯子、盘子里空无一物，但是每位顾客要付三美元，周末六美元。其经理卡斯比表示，消费者到咖啡店是来认识朋友、体验社交生活，而不是为咖啡而来。而这位老板显然从这种提供体验中赚取利润。

被引用来描述体验经济的一个经典镜头，就是在巴黎里昂火车站旁边有一家"蓝色火车"咖啡馆。在这里，一杯看似平常的苦咖啡就要 5 美元。但是，对于品尝咖啡的人而言，他们所支付的不仅仅是咖啡本身的价钱。在那里，他们可以悠闲地躺在豪华的真皮沙发中，静静地欣赏那些足以在卢浮宫展出的洛克克式绘画作品，真切地体会到巴黎"美好时代"的感受。虽然咖啡很快就会喝完。但在如此独特氛围中的体验给人留下终生难忘的回忆，它的价值恐怕已远远超过 5 美元了。

2. 体验经济兴起的原因

体验经济的兴起是经济形态演进的结果。我们人类的经济生活经历了四个发展阶段：农业经济、工业经济、服务经济、体验经济。农产品是可加工的，商品是有实体的，服务是无形的，而体验是难忘的。体验作为一种有别于产品、商品、服务之外的第四种经济提供物，创造了全新的经济形式，被誉为体验经济。在产品高度商品化的时代，同种商品间几乎是没有差异的，价格成为了主要的竞争手段。在价格战导致商品价格的差距不断缩小的情况下，服务又被当作竞争的重要差异化手段。随着服务的不断商品化趋势，为了创造新的卖点，为了使自己的产品有别于其他竞争者，厂商们不得不将体验引入进来。在表 8-1 中，我们可以看到这一变化过程。

表 8-1　经济形态区分

经济提供物	产品	商品	服务	体验
经济	农业	工业	服务	体验
经济功能	采掘提炼	制造	传递	舞台展示
提供物的性质	可替换的	有形的	无形的	难忘的
关键属性	自然的	标准化的	定制的	个性化的
供给方法	大批储存	生产后库存	按需求传递	在一段时期后披露
卖方	贸易商	制造商	提供商	展示者
买方	市场	用户	客户	客人
需求要素	特点	特色	利益	突出感受

　　体验经济的兴起也是互联网高度发展的结果之一。互联网的发展淘汰了传统买卖中很多人为的因素，使得人们能够通过无数的信息源进行实时的价格比较，从理论上可以假设消费者能够在互联网上购买到最便宜的商品，那么吸引他们到商店购物的唯一原因只能是某种特别的购物过程的体验。因此，对于供应方而言，为了生存，并使自己的商品区别于他人的商品，制造商以及服务部门必须在他们的商品中融入体验的部分，并通过这种体验获得收益。

　　体验经济的兴起是消费者需求升华的必然结果。对生活在现代社会的人们而言，时间已变得更加珍贵，人们把越来越多的时间花费在努力工作上，工作时间越来越长。与此同时，人们也积累了比以往更多的可支配收入。这种情况就意味着人们更愿意用钱来换取别人的服务，以满足自己的需要，而不是什么都自己干。事实上，整个经济发展史就是一部将原先免费的东西进行付费的历史。同样，体验原先属于个人自己的事情，现在我们让别人为我们上演体验，并以一定的支付来作为回报。从消费者心来理讲，追求自我实现是体验经济的精神核心。在体验经济中，企业主要提供的已不仅仅是商品或服务，而提供一种让客户身在其中的体验，其中充满了感性的力量，能给顾客留下难忘的愉悦记忆。在图 8-1 中，我们可以看到这样的变化。

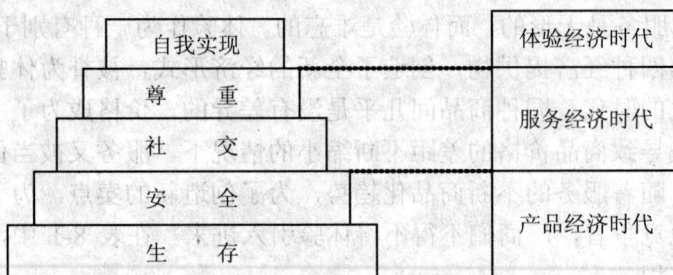

图 8-1　需求层次和经济时代对应关系

三、体验经济时代的消费者需求特征

　　我们可以这样来理解体验经济，即你创造了一种独特的氛围，用一种令人感到赏心悦目的方式提供服务，你的顾客为了获得这种舒适的过程而愿意为之付费。顾客是如何来看待这个过程的，也就是你需要去"上演"的体验提供过程。显然，顾客对这个体验过程的看法受到了社会经济发展的影响。现阶段社会经济的飞速发展，给消费者的消费观念和消费方式带来了多方面的深刻变化，并使消费需求的结构、内容、形式发生了显著变化。在体验经济时代，消费者的消费行为表现为以下趋势。

　　1）从消费结构看，情感需求的比重增加。消费者在注重产品质量的同时，更加注重情感的愉悦和满足。

2）从消费内容看，大众化的标准产品日渐失势，对个性化产品和服务的需求越来越高。人们越来越追求那些能够促成自己个性化形象形成、彰显自己与众不同的产品或服务。

3）从价值目标看，消费者从注重产品本身转移到注重接受产品时的感受。现代人消费似乎不仅仅关注得到怎样的产品，而是更加关注在哪里、如何得到这一产品。或者说，现代人不再重视结果，而是重视过程。

4）从接受产品的方式看，人们已经不再满足于被动地接受企业的诱导和操纵，而是主动的参与产品的设计与制造。从近年来的消费实践看，消费者参与企业营销活动的程度进一步增强。主要表现在：消费者从被动接受厂商的诱导、拉动，发展到对产品外观要求个性化，再发展到不再只满足于产品外观的个性化，而是对产品功能提出个性化的要求。

5）消费者的公益意识不断增强，希望自己通过消费"绿色产品"，体现自己的环保意识，成为"绿色消费者"。随着人们物质生活的满足，消费者对生存环境和生活质量越来越关心，人们比以往任何时候都珍惜自己的生存环境，反对资源的掠夺性开发和使用，追求永续消费。人们愿意为保护环境出钱出力，同时改变旧的消费习惯以利于环保的进行。

关于消费者的体验需求，在酒的消费需求中有着综合表现。酒是快乐的源泉，饮酒的目的多数是追求快乐，使客人快乐，使大家快乐，使自己快乐。合作伙伴相聚，新朋老友相逢，无不是想借酒表达尊重，以酒为媒介展开交流，或庄重，或放松。酒是人性化和高度情感化的消费品，其整个消费过程都是溢满情感的。更多的时候，酒又是群体消费品，极容易产生各种丰富的体验。在共同消费过程中，主要的体验对象是情感表达、沟通交流，乃至情感宣泄，而多数时候大家饮酒追求的是一种尊重、快乐、和谐的氛围。

以白酒为例，白酒的目标消费者所追求和期望的具体感觉主要有：第一是尊重、够面子、上档次；第二是既能传承友谊，又具有品位、时尚、身份地位和成就感；第三是快乐、放松、休闲、和谐、消愁遣兴、自由自在；第四是自然、健康，能体现人性的复归，人文的关怀。综合表现为崇尚自我实现，渴望尊重；崇尚个性张扬，追求放松与快乐；崇尚健康自然，自我回归；崇尚友谊，以酒交流情感，醇化交际。

第二节　消费者体验的心理基础

美国哥伦比亚大学商学院市场系的施密特（Schmitt）教授从大脑反应现象的角度解释了体验究竟是什么。在他的《体验式营销》一书中，他提出了"大脑的不同区域与不同的体验有关"的观点，并将这些不同的区域称之为"大脑模块视图"。在该书中他还给出了构成体验式营销框架基石的五种客户体验，即感觉、感受、思维、行动和关系。这实际上是从心理学的角度来探讨了体验的形成。也由此给出了管理消费者体验的心理基础。由于在前文中已有关于这些心理因素的介绍，这里只从营销的角度来对这五个因素进行简要探讨。

一、感觉体验

感觉体验是指人们受到各种感受器官刺激而形成的体验，包括视觉、听觉、触觉、味觉和嗅觉这些感官上的各种体验。

利用顾客的感觉体验来开展营销活动，我们可以简称之为感觉营销。感觉营销的目的就是要迎合顾客的五种感觉，从而给顾客美的享受或兴奋的心情。产生感觉体验的基本要素包括视觉上的颜色和形状、听觉上声音的大小、高低和快慢、触觉上的材料和质地等。建立在这些基本要素刺激基础之上的感觉体验可以作为区别物以显示独特性；可以作为促动力以促使顾客尝试并购买产品；可以作为价值提供者，给顾客提供特殊的体验价值。

合理地运用各种营销手段给顾客以深刻的感官体验，可以实现确立企业和品牌的独特形象，促使顾客购买，体现产品或服务的价值的战略目标。

感觉往往会直接刺激消费者，激发顾客的购买欲，并使商品产生溢价，这是最基本的体验。在广告作品中，通过广告的画面、语言、形式触发人们的基本感官来进行传播。一个好的牛排推销员，往往不会直接推销牛排本身，而是去推销煎牛排时发出的诱人的"嗞嗞"声。李奥贝纳广告公司为美国肉类协会做的广告就是："你能不能听到它们在锅里嗞嗞作响？"听到牛排在油锅里"嗞嗞"声，联想到牛排的金黄酥透、外焦里嫩、味道鲜美等，广告用听觉作诱导，唤起人们的视觉、味觉联想，从而唤起人们的食欲和购买欲。

二、感受体验

感受体验也可称之为情感体验。感受体验主要产生于消费过程之中。根据感受的程度不同，可以将感受体验划分为略微积极或消极的情绪体验和强烈的感情体验两大类。

情绪体验是一种不易察觉的情感世界。某些刺激能够引发人们的某种情绪，但是顾客一般不会注意到它们，甚至会找错导致这种情绪体验的原因。

感情体验是一种很强烈的体验，一般有明确的刺激物。它能够吸引人的注意力，甚至打断他的其他活动。感情体验都是由某种事物或人引起的。感情体验又可以分为两类，即基本情感体验和综合感情体验。基本情感体验是我们日常情感生活的基本成分，就好像化学元素一样，它包括欢乐、气愤、厌恶和悲伤等。这些基本情感体验在全球不同的文化群体中都有相似的面部表情，适合于全球性的体验传播和沟通。综合情感体验是基本情感体验的混合或集合。通过各种营销手段而建立起来的顾客情感体验多属于此类，比如，怀旧情感。随着人口的老龄化，许多营销人员开始利用怀旧情绪暗示来激发人们的怀旧情感体验。这种体验可以使得某一特定顾客群对标识及其他图标的强烈的感情依附。一句"孔府家酒让人想家"的广告词，引起游子对父母、对家乡无限的思念，使得顾客在消费中，也感受了"想家"的体验。一位清纯、可爱、脸上写满幸福的女孩子，偎依在男友的肩上，品尝着他送给她的"水晶之恋"果冻，就连旁观者也会感受到那种"美好爱情"的体验。

对于这类体验，通常是通过策划广告活动，使消费者融入活动中来，在与消费者直接接触的每一个点和面上，进行整合传播。2001 年 4 月 22 日，在西安举行的足球世界杯外围赛中，中国队以 10：1 大败马尔代夫队。这时，可口可乐推出一则"梦想不灭篇"广告，描述中国足球队屡败屡战，愈战愈勇，凝聚着 10 亿多股力量，以实现同一个梦想。另外，可口可乐还利用天气（下雨）和地利（大面积）因素，做时机性广告。可口可乐融入了比赛，融入人们的情感之中的同时，观众的心也倾向了可口可乐。

三、思维体验

思维体验是指人们通过运用自己的智力，创造性地获得认识和解决某个问题的体验。思维体验使得顾客在惊奇、计谋和诱惑的引发之下而产生了统一或各异的想法。思维体验通常有两种方式，即收敛思维体验和发散思维体验。

收敛思维体验是指顾客将思路逐渐集中，直至找到一种解决问题的办法的体验过程。它的具体表现形式为解决推理问题时所采用的分析推理的思维。然而，即使采用了启发式的研究去得到结论，对问题系统地孜孜不倦的分析过程仍可归为收敛思维体验。

发散思维体验则是拓宽思路，集思广益的体验过程。与收敛思维体验相比，联想性的发散思维体验更加随心所欲，也往往让人收获更多。发散思维体验出现在脑力激荡的过程之中，要求参加者进行自由的想像而避免做任何评价。发散思维体验也会出现在梦境之中，也就是我们那个善于进行分析的自我似乎处于休眠状态时。

1998 年苹果计算机公司的 iMac 计算机上市仅六个星期，就销售了 27.8 万台，以至《商业周刊》把 iMac 评为 1998 年的最佳产品。iMac 的创新紧随着一个引人深思的促销活动方案。该方案将"与众不同的思考"的标语，结合许多在不同领域的"创意天才"，包括爱因斯坦、甘地、拳王阿里和小野洋子等人的黑白照片，在各种大型的广告路牌、墙体广告和公交车的车身上，随处可见该方案的平面广告。当这个广告刺激消费者去思考苹果计算机的与众不同时，也同时促使人们思考自己的与众不同，以及通过使用苹果电脑，而使得他们成为创意天才。

四、行动体验

行动体验是人们在某种经历之后而形成的体验，这种经历与他们的身体有关；或与他们长期的行为方式、生活方式有关；或与他们与人接触后获得的经历有关。行动体验已超越了情感、影响及被认知的事物的范畴。这里我们简要介绍三类。

1）生理行为体验。这种体验可能是来源于肉体的、运动神经行为、肢体语言行为、或者是作用于身体渴求的环境影响。

2）生活方式体验。市场营销学中认为"生活方式"是指"通过一个人的活动、兴趣及观点所表达出来的，他或她在这个世界上生存的形式。"一个人接受某种生活方式的方式主要有三类：一是直接行动，二是角色模仿，三是诉诸社会规范。

3）相互作用体验。除了身体上的体验和长期固有的生活方式体验，还有一些体验来源于人与人之间的相互作用和相互影响联系。相互作用不会出现在一个社会真空的状态下，它依赖于个人的态度和意图以及群体的信仰和规范。

通过行动体验来改变消费者的生活方式，让消费者在新的消费方式里获得意外体验。"请朋友吃饭，不如请朋友出汗"，这是一家球馆的广告语。它的目的再简单不过，就是要把人们从饭桌上拉到球馆里，试图改变人们招待朋友的习惯。耐克每年销售逾 16 000 万双鞋，在美国，几乎每销售两双鞋中就有一双是耐克。该公司成功的主要原因之一，是有出色的"尽管去做"（just do It）广告。经常地描述运动中的著名篮球运动员迈克尔·乔丹，以升华身体运动的体验，是行动营销的经典。

五、关系体验

关系体验是指人们在追求自我完善和被他人认同的过程中而获得的体验。关系体验包含着感觉体验、感受体验、思维体验和行动体验的成分。关系体验的外在形式可能是通过感官、感受、思维和行动上的体验来表现，但是关系体验超越了这些"增加个人体验"的私有体验，它把个人和他理想中的自我、他人和文化联系起来了。

关系体验受到社会分类与社会身份、交叉文化价值取向、价值观和个人所追求的被认同感等因素的影响。美国哈雷摩托车是个杰出的关联品牌。哈雷就是一种生活形态，吸引了成千上万摩托车迷每个周末在全国各地举办各种竞赛，车主们把它的标志纹在胳膊上乃至全身。从摩托车本身、与哈雷有关的商品，到狂热者身体上的哈雷纹身，消费者视哈雷为他们自身识别的一部分。使哈雷成了一种"圈子"的象征。《纽约时报》报道："假如你驾驶一辆哈雷，你就是兄弟会的一员。"可见哈雷品牌的影响力非同小可。

第三节 消费者体验行为分类

一、派恩和吉尔摩关于体验类型划分的观点

派恩和吉尔摩在《体验经济》一书中对体验的分类进行了阐述。他们认为某种体验可能从很多方面吸引客人，他们提取了两个最重要的方面，从而建立了一个坐标系来划分体验的类型，如图 8-2 所示。

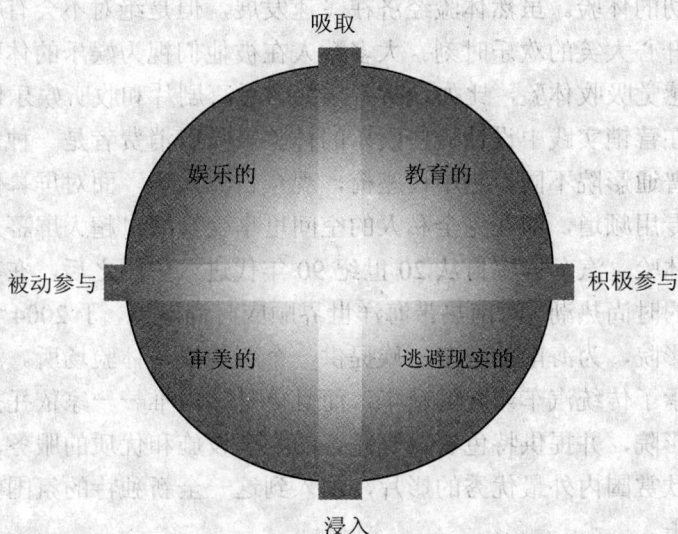

图 8-2 体验王国

第一个方面（横轴）表示热闹的参与程度。这根轴的左端表示消极的被动参与者，它意味着消费者并不直接影响提供体验的表演，这样的参与者包括看文艺晚会的人，他经历这件事情的方式纯粹是作为观众或者听众。这根轴的右端表示积极的参与者，这类消费者能够影响着这件事情并产生体验。这样的参与者包括徒步爬山旅游的人，他们积极参与了创造他们自己的体验。而那些在爬山过程中提供各种服务的人也不是完全被动的参与者，因为他们的出现本身就对他人的视觉和听觉的经历产生了影响。

第二个方面（纵轴）描述了联系的类型，或者说是环境上的相关性，它使消费者和体验事件成为一个整体。在这根轴的上端表示吸收，即通过让人了解体验的方式来吸引人的注意力，而在这根轴的下端表示沉浸，表明消费者成为真实的经历的一部分。换句话说，如果体验"走进了"客体，比如说是在听一首古筝曲子的时候，他正在吸收体验。而如果是客体"走进了"体验，比如说在在线虚拟

的游戏大厅中玩游戏的时候，那么他就是沉浸在体验之中了。

根据这两个方面的组合，派恩和吉尔摩把体验分成了四个部分——娱乐（entertainment）、教育（education）、逃避现实（escape）和审美（estheticism），如图 8-2 所示。派恩和吉尔摩也进一步指出了"事实上最好的体验包含了所有这些部分"。

二、娱乐体验

娱乐不仅是一种最古老的体验之一，而且在当今也是一种更高级的、最普通的、最亲切的体验。虽然体验经济在飞速发展，但是绝对不会有哪种体验会拒绝那些令人开心大笑的欢乐时刻。大多数人在被他们视为娱乐的体验中都不过是被动地通过感觉吸收体验，比如，听音乐会、看喜剧片和收听娱乐性的节目等。

企业在营销实践中设计一些娱乐的体验来吸引消费者是一种常见的手段。汽车影院与普通影院不同，它不设座椅，观众自驾入场，面对屏幕停好座驾，调好收音机到专用频道，即在完全私人的空间里享受高质量超大屏幕及车内音响所带来的震撼体验。汽车影院自从 20 世纪 90 年代进入中国之后，在有车一族中形成了一股新的时尚热潮。海南热带海洋世界顺应时尚潮流，于 2004 年 7 月开放海南首家汽车影院，为海南的有车一族提供一个新的娱乐体验场所。海洋世界汽车影院不仅秉承了传统汽车影院的精华，而且更是国内唯一一家依托热带滨海优美环境的汽车影院，并提供特色餐饮等完善的配套设施和优质的服务，让消费者在椰风海韵中欣赏国内外最优秀的影片，加入到这一全新独特的氛围中去，体验娱乐带来的冲击。

三、教育体验

教育体验是指使顾客能在事件发生的过程中获得知识。和娱乐体验一样，在教育体验中，客体吸收了对于他们来说并不是很熟悉的事件。但与娱乐体验不同的是在娱乐体验中人们是被动地受到吸引；而对于教育体验而言，人们为了获得某种知识技能而主动地参与到一项活动中，教育包含了客体更多的积极参与。

虽然教育是一件严肃的事情，但是从强化体验的作用的角度来设计教育体验，则可以大大提高教育体验的生动性和有效性。比如，在英语教学中，传统的英文课堂教学法忽视了语言训练的最基本环节——听说训练，结果大量的死记硬背削弱了学生学习语言的兴趣。而作为我国目前中小学生最大的英语第二课堂剑桥少儿英语则营造了一个全新的英语学习环境，它重视交际英语，学生在学中有玩，玩中有学。学生在课堂上画画、拼图、唱歌、跳舞，通过感知、体验、实践、参与与合作等方式学习语言。

四、逃避现实体验

逃避现实体验是指顾客不仅完全沉浸在某种体验里，而且还积极主动地参与到这种体验的营造过程中。逃避现实体验要远比娱乐和教育体验更加令人沉迷。它与娱乐体验完全相反，人们不仅完全沉浸在事件之中，同时他们还是更加积极的事件参与者。典型的逃避现实的体验是需要一定环境的，如主题公园、虚拟的聊天室和网络游戏大厅。网络游戏是一种典型的能够提供逃避现实体验的工具。一位网络游戏玩家对网络游戏的评价：一个人，一把剑、一个风云时代，一个悲喜、宏伟、传奇的故事，有人情、有友情、有亲情……进入了网络世界，就像读一本情节曲折的小说，看一部火暴电影，听一个动人的故事，看一部感人的电视剧。一幅幅美景、一首首音乐、一段段诗文，不断刺激着视听……网络游戏的特色魅力还不止于此，主动地参与，全身心地投入，体验另一种生活，谱写属于自己的故事……网络游戏作为一种新的娱乐方式，将动人的故事情节、丰富的视听效果、高度的可参与性，以及冒险、悬念、神秘、刺激等诸多娱乐元素融合在一起，为玩家提供了一个虚拟而又近乎逼真的世界。网络游戏因为有趣、好玩、吸引人，也容易让玩家着迷、上瘾。所以网络游戏一问世，各种批评就纷至沓来。其中来自教育界的批评尤为激烈。有人认为孩子玩游戏会影响学习，会让人"玩物丧志"；也有人认为网络游戏会让人在虚拟世界里迷失理性，走入迷途等。有人甚至将网络游戏和"色情"、"暴力"划为等号，到了谈网络游戏色变的程度。

客观地讲，网络游戏像任何娱乐产品一样，都有其积极的一面。除去一些品位不高、缺陷严重的游戏，大多数游戏都具有启迪智慧、丰满人格的作用。在网络游戏搭建的虚拟世界中，参与者除了得到娱乐、学到知识之外，还可以经历真实世界中的各种体验，如友谊、竞争、协作、团队精神等。

五、审美体验

在审美体验中，每个人沉浸于某一事物或环境之中，而由于他们是被动地参与，他们对环境或事物极少产生影响或根本没有影响，因此他们所审视的周围的环境（不是他们自己本身）基本没有改变。典型的审美体验包括在山顶上体会"一览众山小"、参观博物馆、坐在充满怀旧情调的咖啡屋里等。

北京有家名为"雕刻时光"的咖啡屋正在给它的顾客上演着审美体验。雕刻时光是一间电影咖啡馆，以电影书籍收藏和每周两次的电影观摩为外人所知。时常播放一些颇有艺术性的老影片，客人们可以一边品味着咖啡，一边欣赏着电影，悠闲地"追忆似水年华"。屋子里总是洋溢着浓浓的怀旧氛围，美其名曰"雕刻时光"。有人这么形容在雕刻时光里的感受："蓝白色调的欧式小屋，一溜青石台阶，转折而上，白色圆顶小门虚掩。临街方窗，二、三盆青翠花草，一祯浅红窗帘，映衬生色，让人仿佛浸润在南欧的温适、简淡的氛围中。步入室内，拣一圆桌旁坐定，悠悠而致的乐韵片刻间包裹住全身。懒散而不消极，优雅却不拘谨。心灵似乎沉入一片澄净天地，使人产生他乡遇故园之感。木制的桌椅已经开始泛出日久产生的浅淡光泽，一盏纸质灯罩的台灯静静置于桌子一角……不算低沉的轻音乐和乡村民谣从墙壁深处透出来。在这样的屋子里，很容易失去对时间的直觉。阴柔的光线充满质感，如水般在身边流动，仿佛伸手便可以触摸得到。"

可以这么认为，人们参与娱乐体验是想感觉，参与有教育意义的体验是想学习，参与逃避现实的体验是想去做，参与审美体验就是想到达现场。体验经济的理论认为，当一个企业所创造的商业模式为客户提供的体验形式越多的时候，客户就会得到更加丰富的体验，从体验中得到更大的满足，从而愿意为之付出更多的代价。

体验经济认为，客户能够承认价值的体验应当包括"学习体验"、"娱乐体验"、"逃避体验"和"审美体验"。国内的大多数体验经济模式基本都是从"娱乐体验"和"逃避体验"入手的，而对另外两种体验形式并没有太多的涉猎。虽然顾客在体验提供者哪里获得了某些类型的体验，但这种体验在类别上是存在某种局限性的，而这种局限性决定了顾客在这里获得的并不是最充分的体验，因而削弱了整体体验的价值。

一个体现了整体体验的例子就是"拓展训练"。拓展训练所开创的商业模式兼顾了四种体验类型，拓展训练本身就是一种培训，"学习体验"是各种体验中最核心的部分；由于"拓展训练"强调了以大自然为背景，同时在培训过程中又打破了在现实生活中的角色关系，因而给参训者提供了一种"逃避体验"；拓展训练的载体是各种游戏，这些游戏本身多变而有趣，所以参训者获得了"娱乐体验"；在培训过程中，由于受训者都非常投入，一些人性中的本善和一些人所特有的高尚素质得以充分的发挥，加之外部优美的自然环境，使受训者得以同时欣赏到自然美和人性美这两大审美主题，获得充分的"审美体验"。

"拓展训练"的成功在很大程度上上依赖了这种全面的体验兼容，这也启示有志于在"体验经济"领域拓荒的从业者们，在有可能的情况下，把尽可能多的体验类型留给客户，客户就会给你尽可能高的回报。因为创造了这种深入的体验互动，寻找到比较理想的商业模式也就相对容易一些。

第四节　体验营销

一、体验营销的含义与特征

1. 对体验营销的理解

体验营销无处不在。在各行各业的各类市场上，许多机构组织开始启用体验营销技术来开发新产品，与客户交流，改善销售关系，选择生意伙伴，设计零售环境及建立网站。所谓体验营销，就是在整个营销行为过程中，充分利用感性信息的能力，通过影响消费者更多的感官感受来介入其行为过程，从而影响消费者的决策过程与结果。体验营销以向顾客提供有价值的体验为主旨，力图通过满足消费者的体验需要而达到吸引和保留顾客、获取利润的目的。体验营销不把体验当作一种无定形的、可有可无的东西，而是将其作为一种真实的经济提供物，作为一种有别于产品和服务的价值载体。

目前在全球正在实施体验营销的公司与机构越来越多。在中国有联想集团、海尔集团、TCL、大众汽车公司等，国外有星巴克、麦当劳、戴尔等。其中，星巴克的营销方式颇为著名，使得这个曾经只是美国西雅图的一个小咖啡屋，发展成为今天国际上最著名的咖啡连锁店品牌。星巴克除了在北美、英国、欧洲大陆、中东和太平洋地区设有 5800 多个销售网点以外，还通过其专门机构销售咖啡和茶叶产品，包括其网上销售商店 Star-bucks.com。星巴克的"体验营销"方式是使它拥有独特魅力的一个法宝。深厚的文化底蕴、不懈的品位追求、时时处处体贴入微的服务、舒适优雅的消费环境带领顾客体验着不同的人文、异国风情和流行时尚。在星巴克，客人和咖啡师之间、客人和客人之间的互动是其特征之一。在都市闹中取静的幽雅环境中，有精选的轻音乐，有轻松闲适的聊天欲望。总之，星巴克经营的是以顾客的体验为核心的咖啡文化，所以有了相当的认同和忠实的客户队伍。2003 年，星巴克总公司的营业收入已达 30 亿美元以上，其中品牌价值超过 18 亿美元。这一切预示了体验营销的无尽潜力。

2.　体验营销的特征

和传统营销相比，体验营销具有以下四个方面的特点。

（1）关注顾客的体验

体验的产生是一个人在遭遇、经历、或是生活过一些处境的结果。企业应注重与顾客之间的沟通，发掘他们内心的渴望，站在顾客体验的角度去审视自己的产品和服务。

（2）把消费作为一种整体体验

体验营销人员不再孤立地去思考一个产品，要通过各种手段和途径创造一种综合效应，以增加消费体验。不仅如此，而且还要跟随社会文化的发展，思考消费所表达的内在价值观念、消费文化和生活意义。

（3）把顾客视为有理智的感情动物

体验营销人员要明白顾客同时受到感情和理性的支配。也就是说，顾客因理智和一时冲动而做出选择的几率是同等的。体验营销人员不仅从顾客理性的角度去开展营销活动，同时也考虑消费者情感的需要。

（4）使用多种方法

体验营销使用的方法和手段与传统营销有所不同，显得更为丰富和多变。体验营销人员也不拘泥于某种营销手段和现实条件，而是敢于在大胆想像创意之后再去考虑其可靠性、有效性和可行性。

从下面康佳运用体验营销推广影像手机的例子中，我们可以看到体验营销这些特点是如何得到体现的。2004 年 6 月底，康佳通信在北京宣布启动为期三个月的"康佳手机影像节"，康佳为此次"影像节"确定的主题为"消费者体验"，涵盖了现场活动体验、价格体验、服务体验、概念体验和摄影体验等五大体验活动。在此次"康佳手机影像节"中，康佳还与全国数百家手机卖场合作，大规模地开展影像手机"五大体验"活动。在活动现场，消费者可以免费使用康佳影像手机拍照，然后免费打印出照片；而且现场购买了康佳影像手机的用户，还将享受"买一送一"，凭获赠的"康佳手机体验卡"登陆康佳网站，畅意下载各种铃声、图片等；同时，康佳影像手机摄影体验大赛也将粉墨登场，消费者可以通过照相机或拍照手机捕捉生活中的动人一刻，连同创意文字上传至康佳网站参加抽奖。

二、体验营销的模式

根据前文所述消费者体验的心理基础和体验行为的分类，结合企业开展体验营销的实践，我们可以总结出体验营销的几种主要模式。

1. 娱乐营销

娱乐营销就是企业巧妙将各种营销活动寓于娱乐之中，通过精心为顾客设计的娱乐体验来吸引顾客，以实现促使顾客消费的目的。实施娱乐营销的一个典型代表就是中国移动的动感地带品牌。从请周杰伦代言，到"我的地盘听我的"这一娱乐化口号，从推广期遍及全国各地高校的娱乐活动到不定期推出的各种寻找 M-zone 人、历时两个月的"动感地带－2004QQ 之星歌手大赛"等互动活动，再到后来周杰伦为动感地带创作的主题歌"我的地盘"，无疑是对动感地带娱乐营销策略的一大升级，动感地带的娱乐营销可谓颇有成效。娱乐营销可以帮助企业迅速推广新品牌、落实品牌定位和促进销售。如淘宝网，拍卖娱乐，收买眼球，可谓一个创新的娱乐营销；再如卓越网，美女大评选，好不热闹。又如清华同方赞助央视 MTV 音乐盛典、方正借《十面埋伏》搞暑期促销、创维选女子十二乐坊代言，一连串的 IT 企业结缘娱乐，娱乐营销成为了新营销兵法之一。

2. 美学营销

美学营销是以满足人们的审美体验为重点，经由知觉刺激，提供给顾客以美的愉悦、兴奋与享受。营销人员可通过选择利用美的元素，如色彩、音乐、形状、图案等，以及美的风格，如时尚、典雅、华丽、简洁等，再配以美的主题，来迎合消费者的审美情趣,引发消费者的购买欲望。美学营销的作用在很多场合都得到了淋漓尽致的发挥,甚至在房地产领域都开始重视起来。2004 年初,备受关注的北京万科青青家园用一部成人哲理童话《小王子》中的主角来作为形象代言人,目的是为了让城里人体验一次"爱心的回家之旅"。而最近,位于北京市马连道的格调住宅也采用"体验营销"的方式,推出"体验空间"售楼处,在"可体验的空间"售楼处里,安置了水池、假山,并装饰了树和花草,更有活的虫、鸟、鱼栖居于内,走进这里,一种置身于花园的感觉迎面而来。

建设这样的售楼处,其好处在于可给人带来一种审美的体验,一种情感上的共鸣。这座售楼处的格调是面对特殊人群所量身定做的一个享受空间。购房者在"体验空间"享受到的美感,也是格调住宅所要提供给居住者的,让居住者体验到格调是一个高雅、宜居的地方。选择在此居住,也就选择了这样一种新的生活方式,可以切身感受到一种审美体验。格调的设计充满了可体验的文化元素。如用一块"有神秘色彩的砖雕"作为格调 LOGO,该砖雕类似于传统的秦砖汉瓦,设计独特,非常具有收藏价值。社区景观以江南园林为主题,与咖啡色的绅士感建筑外立面形成呼应,浑然一体。建筑立面首次采用了陶土砖,以显出格调的气质不凡,给居者以亲和之感。

作为一种新的房地产营销方式,"体验营销"改变了过去的只强调"产品"或"客户服务"营销理念,它崇尚实践"体验",让客户直接参与并成为体验的主体,造就一种"无法遗忘的感受",能够赢得客户的忠诚,从而促进产品的销售。"体验营销"是伴随着楼盘产品的逐步细化以及买家置业心理和行为的不断成熟而出现的,作为一种更注重挖掘内涵、更具深层次、更有感染力的营销模式,它更能满足购房消费者的心理需求,有可能成为房地产界的一种发展趋势。

3. 情感营销

情感营销以消费者内在的情感为诉求,致力于满足顾客的情感需要。营销人员应认真探究消费者的情感反应模式,努力为他们创造正面的情感体验,避免和去除其负面感受,从而引导消费者对公司及其产品和服务产生良好印象、直至形成偏爱的态度。情感营销在很多行业大都得到了充分的利用。清华清茶情感营销的成功就是一个很好的例子。清华清茶广告第一次在《北京广播电视报》亮相后,就初战告捷。"老公,烟戒不了,洗洗肺吧!"的广告语像一枚"情衣炮弹"一样迅速传诵全国,以至于被抄袭成"亲爱的老公,烟戒不了,洗洗肺吧!""老公,烟戒不了,洗洗废吧!"等各式版本,各种沉浸多年的戒烟产品和"清咽润喉"产品如雨后春笋纷纷登场,开创出一个全新的行业经典。继北京市场火暴启动后,短短两个月,全国市场一发不可收。清华清茶成为 2002 年中国保健品营销的独特亮点。

情感营销在汽车业中也得到了广泛应用。法国一向以浪漫多情著称于世,经营法国雷诺汽车的深圳久天泽投资有限公司也颇擅长情感营销。2002 年 10 月，深圳雷诺汽车河源之旅自驾游开创了雷诺汽车中国第一次自驾旅行，23 位雷诺车主游后成为莫逆之交；2002 年 12 月圣诞晚会、雷诺汽车塞娜威尔卡丁车之夜圣诞晚会，100 名雷诺车主在共度狂欢之夜，紧张激烈的车赛和温馨欢快的互动节目让这个夜晚情深浓浓；2003 年夏，在雷诺汽车南澳浪漫之夜，数十位雷诺车主与雷诺汽车在海边共筑了一道浪漫风景；2004 年"五一"，15 位深圳雷诺车主又接到了法国雷诺公司之邀，将共赴欧洲体会法兰克福至巴黎的雷诺异国自驾之旅。在企业服务业中，情感营销也是一种有效的方式，由上海通用直接授权的深圳地区第五家"4S"店——位于龙华工业西路的深圳安骅汽车销售服务有限公司，自开业以来始终坚持将汽车售后服务从传统的被动式维修服务带进主动关怀的服务方式中来，安骅别克特约售后服务中心的服务时间总是延长至夜晚 10 点，灯光和微笑一直为晚归的车主而守候。依据市场状况与自身条件创造更新、更有特色的差异化服务，开展多元化、个性化、人性化的服务，是安骅别克的制胜秘诀。

4. 生活方式营销

生活方式营销就是以消费者所追求的生活方式为诉求，通过将公司的产品或品牌演化成某一生活方式的象征甚至是一种身份、地位识别的标志，而达到吸引消费者、建立起稳固的消费群体的目的。在现代社会，生活方式的不断变化已经成为影响服装服饰消费的主要因素，在服装业中开展生活方式营销也是常见的手段。"与狼共舞"休闲服饰的成功便是一个例子。"与狼共舞"创建之初，就希望通过品牌来展现或者倡导一种新的生活方式，而不是仅仅卖衣服，希望通过"与狼共舞"品牌向国内的消费者展示一种追求生活品质、自由开放、充满激情、勇于尝试、敢于冒险、努力在自己人生中舞出缤纷色彩、积极向上的生活方式。在越来越强调个性、追求自我的时代背景下，他们认为这种生活方式有着更健康、更现实的意义。"与狼共舞"还在全国推行一项重大的、系统的形象再造工程，重新规划和整改销售终端形象，努力将"与狼共舞"的品牌精神和文化融入到专卖销售模式中，不仅向消费者推荐服装，而且向他们展现我们所推崇的生活方式。

5. 氛围营销

氛围指的是围绕某一群体、场所或环境产生的效果或感觉。好的氛围会像磁石一样牢牢吸引着顾客，使得顾客频频光顾。氛围营销就是要有意营造这种使人流连忘返的氛围体验，服务场所尤其适用于采取此种策略。如美国华盛顿特区的一家咖啡连锁店（barista brava）以结合旧式意大利浓缩咖啡与美国快节奏生活为主题。咖啡店内装潢以旧式意大利风格为主，但地板瓷砖与柜台都经过精心设计，让消费者一进门就会自动排队，不需要特别标志，也没有像其他快餐店拉成像迷宫一样的绳子，破坏主题。这样的设计同时也传达出宁静环境、快速服务的印象。

而且连锁店也要求员工记住顾客，常来的顾客不必开口点菜，就可以得到他们常用的餐点。

　　试想当你怀着轻松的心情去逛商场的时候，因为商场太多，令你中意的也很多，从而，你抱着一种无所谓或者是多走几家的态度进入其中某个商场，刚一进入，就被一群生意人围攻，向你兜售他们的产品，四周嘈杂一片，商场乱作一团。更为严重的是，为了找到你需要的物品和等待售货员找你需要的尺码你还等了半个小时，此时你轻松的心情将全被懊恼占据，最大的愿望就是赶快从这家商场逃走，并发誓再也不要进入这样的商场了。强烈的需求促使你又进入另一个店面装潢令你感觉舒服一些的商场，随着你的进入，一阵轻柔的音乐便围绕在你的周围，它不仅驱走了你所有的坏心情，更重要的是商场中充满了阳光、微笑，布局井井有条，售货员面带微笑，当你走过她们身边时，她们向你频频点头，你需要的时候，她们仔细向你介绍，重要的是，你没有了周围的嘈杂，轻柔的音乐令你有时间自己思考，你被这种特定的氛围所感染，从而轻松地做出了购买的决定。可见，不同的氛围其结果将导致完全不同的购买行为。

三、实施体验营销的策略

　　实施体验营销就是指企业应当如何为顾客提供体验，如何去搭建一个舞台，如何去选择道具以及如何将顾客吸引到体验事件之中来的这样一系列的过程。企业可以从以下几个方面来探索实施体验营销的操作方式。

1. 将体验融入到产品之中

　　将好的体验附加到产品之中，能对产品起到"画龙点睛"的作用，增加产品的灵性，提高产品的感知质量。因此，实体产品制造商不仅要关注产品的技术或功能质量，更要重视顾客在使用其产品时的感觉和感受。他们一方面应尽力避免在产品外观或细节上留有小小缺憾，另一方面要有意为产品增添愉悦、美感、感官享受等成分，从而使产品"体验化"。

　　位于上海市曲阳路的家乐福超市将烘焙面包的香味送到市场中，也是同样的目的，即使面包的香味不会使面包更有营养。而当你走进雨林咖啡厅时，首先听到嗞嗞嗞的声音，然后会看到迷雾从岩石中升起，皮肤会感觉到雾的柔软、冰凉，最后消费者可以闻到热带的气息，尝到鲜味，从而打动你的心。再如让消费者体验香水的气味一直是香水制造企业推广新款香水的重要手段。加拿大的一家香水制造企业创造性地将新品香水制作成扁平胶囊样品，然后用胶"镶嵌"在某时装杂志的香水广告页上。这种独创的样品派送方法不仅大大提高了这一页广告的阅读率，还让消费者体验了这些新款香水的独特气味。依靠这个体验方法，这家香水企业的市场份额很快从第八位上升到第二、三位。

2. 将体验添加到服务之中

由于服务生产和消费的不可分割性，服务是企业用以展示和传递体验的天然平台。在服务过程中，企业除了完成基本的服务提供外，完全可以有意识地向顾客传递他们所看重的体验。例如，聪明的擦鞋匠会用布拍打皮鞋，发出清脆的声音，散发出鞋油的气味。虽然声音和气味不会使鞋子更亮，但会使擦鞋的体验更吸引人。再如以往商用车市场的服务被简单定义为维修和故障的排除，而如今，随着福田欧曼大力倡导亲情体验式服务，服务正被更为多元化的内容和体验所诠释。在福田欧曼大力倡导的亲情体验服务理念中，包括上门调查、现场服务送水送饭这样的亲人般的关怀；通过回访、保养提醒来体现的爱人般的细心；统一服务规范，终生技术指导所带来的保姆般的周到；定期走访、增加保养期限等专家级多样服务。

一个经典的例子就是美国俄亥俄州的现代保险集团。它制定了一系列基本标准化模块，而后根据客户的不同需求来组合，从而能为顾客的不同需求定制汽车事故保险保单赔付的过程。当客户不幸遇上事故，该公司将立即派负责保单赔付工作的员工赶往现场。这个员工做的第一件事情是让客户给亲人打个电话，或者喝一杯咖啡，或者安排他在某处休息一下，确保其安然无恙。当客户缓过神来后，保单配保人员会立即确定保险赔款额。他会收集关于客户的保单、车子、修车地点以及修车费用等的所有信息。在 95% 的情况下，配保人员会当场给客户一份清单。这样，遭遇事故的人就不会为处理余下的事情而费心，而能把一切都交给现代保险集团来办，从而轻松自在地继续正常的生活。与之对比的是，许多其他保险公司只能给客户提供一般的大众化服务。现代保险集团还发现用这种运作方式还能大大减少成本投入。这些现代保险集团不再仅为客户提供普通的服务，而且通过为顾客提供定制化服务创造了一种全新的保险体验。

3. 开创新的体验业务

体验业务既可以是体验性产品，也可以是体验性服务，但它不同于依附在产品或服务之中的体验。虽然体验业务的生产离不开产品或服务，但此时体验才是企业真正要出售的东西，产品或服务只不过是辅助性设施。山梨县是日本著名的游览胜地，同时也是日本有名的葡萄酒酿造中心。蓝天白云下，漫山遍野的葡萄在山风习习中送来阵阵醉人的甜香。美酒、美景令人流连忘返，然而最令人难以忘怀的还是让游客充当一回果农，获取一份"收获的体验"。参加者每人交纳 2000日元，就可以领取草帽、手套和剪刀等工具，每人在园内收获三大箱葡萄后，可换取一瓶价值 2000 日元的葡萄酒。尽管这样的农活并不十分轻松，但游客们乐此不疲，兴趣盎然。又如江心洲是南京城外长江中的一个小岛，没有什么名胜古迹，有的只是油菜、小麦、鱼塘、江堤、芦苇和晚霞中一队队低飞投宿的野鸭——

派农渔生活景象。然而,"当一天农民"的体验旅游,吸引着城里人纷纷来到这个交通并不方便的江中沙洲。

体验旅游在我国旅游业中正开始受到人们的青睐。如"到美丽的呼伦贝尔做一天牧民"的旅游项目便是这样一种思路的运用。呼伦贝尔草原是世界最著名的三大草原之一,这里地域辽阔,风光旖旎,水草丰美。3000 多条纵横交错的河流,500 多年星罗棋布的湖泊,组成了一幅绚丽的画卷,一直延伸至松涛激荡的大兴安岭。31 个少数民族,各具特色的风土人情,珍贵的历史文物古迹,回味无穷的地方风味,又为美丽富饶的呼伦贝尔增添了色彩。这里夏季气候宜人,空气净透,是避暑度假的胜地。每逢夏季,牧民们便在这山清水秀、水草丰美的地方放牧,自然形成了一个游牧部落群体:蓝天白云,弯弯河水,茵茵绿草,群群牛羊,点点毡房,袅袅炊烟,使这里成为世界少有的绿色净土和生灵的乐园。由"中华假日旅游网"和"呼盟新干线旅行社有限公司"联合推出的"草原自驾车旅行"、"骑马游牧草原"做一天牧民、当一会儿蒙古人的直航包机,直抵草原城市"海拉尔"。在那里你可体验辽阔无垠的大草原,与蓝天、白云、碧草尽情交融,感受"呼伦贝尔"的无限魅力;可领略草原深处最原始、最淳朴的自然风光和风土人情,感受鄂温克、巴尔虎、布里亚特蒙古族兄弟姐妹的豪爽、奔放与深情厚意;可住进自己搭建的蒙古包,品尝亲手宰杀的牛羊,煮一煮香美的手扒肉,喝一杯醇香的奶茶和美酒,吃一顿鲜嫩的手扒肉,让朝霞般的篝火点燃你无限的热情和美好的希望。经验证明,这样美好的体验将深深根植于人们的记忆之中,永生难忘。

4. 将体验蕴含在营销传播之中

传统营销宣传专注于对产品效能、质量或价格的宣扬,这种直白的传播在同类产品竞争日益激烈的情况下,难以给消费者留下深刻印象,只能使人感到乏味;而体验营销者则会强调营销传播过程中的体验诉求。例如,在广告中的体验诉求不仅能吸引目标受众的眼球,也为产品的销售打下感性基础,即在产品被使用之前就增加了其体验价值。如农夫果园首先在定位上抛开了常规以年轻女性为目标消费者的做法,在广告诉求上同样巧妙地避开美女路线,而是启用一对穿休闲花衣的父子俩用轻松快乐的摇摆方式来表达农夫果园给他们带来的体验乐趣,这种夸张的轻松体验演绎甚至令女售货员都刮目相看,虽旁观也乐在其中。而这种快乐体验只是源于购买产品时产品包装和售点 POP 上的醒目提示:"三种果汁在里面,喝前摇一摇!"明明是告之消费者喝前要摇瓶子,两父子却旁若无人地要摇身子,效果诙谐幽默,让人看后轻松畅快,难以忘怀。

麦当劳的营销传播可谓是运用体验营销思想的典范。2002 年 11 月,麦当劳在广州地铁上大规模推出的一种新型广告——体验广告,每一则广告都经过精心设计,周密策划,包括广告张贴的位置、广告语的创意等,从而把握住了消费者的体验——刺激感觉、传播感受、影响思维,在牢牢地抓住消费者"眼球"的同时，又为人们提供更多值得回味的情境和氛围。走进广州地铁，你就会发现自己进入了一个麦当劳的世界：首先"窜进"眼帘的是地铁进口处的一则广告，广告语很特别："想吃只需多走几步"。似乎人们是为了吃麦当劳才往车内走，可是，车门一开，谁又不是往里走呢？接着就是在地铁列车的车门边，一左一右，两幅大型的以汉堡包为画面的广告，广告语说："张口闭口都是麦当劳"。随着车门的一开一合，整个广告就好像一张嘴巴在一张一合地吃麦当劳。进入地铁，车内正对着门的位置，一包薯条占据广告画面的一侧，说："站台人多不要紧，薯条越多越开心！"麦当劳连我们在车上挤来挤去的滋味都知道！车窗上也有广告："越看它越像麦辣鸡翅？一定是你饿了！"广告画面上，一块金黄色的麦辣鸡翅很是诱人。在座位的上方，原先各站点的指示牌，也被取代成麦当劳的产品图集，广告语是："站站都想吃"。每一个"站台"都逐个标出麦当劳的产品，并用连线串起：巨无霸、薯条、麦辣鸡翅、麦乐鸡、麦香猪柳、板烧鸡腿、奶昔、圆筒冰淇淋、新地、麦辣鸡腿汉堡、汉堡包、开心乐园餐……这种广告就像一个知心的老朋友，说出你想说的心里话。广告放到哪里，就说哪里的话，这种体验具有互动性，容易让人共鸣，进而产生购买产品的冲动。

5. 将体验凝聚在品牌之中

在企业开展体验营销的过程中，品牌是不可或缺的。品牌表面上是产品或服务的标志，代表着一定的功能和质量，在深层次上则是对人们心理和精神层面诉求的表达。所以，在体验营销者看来，品牌凝聚的是顾客对一种产品或服务的总体体验。品牌的价值在很大程度上是体验的价值。在功能饮料市场中，很多企业就注重运用这样的策略。作为一种新兴的饮料品种，功能饮料更多的是与时尚、个性等因素联系在一起。在市场发展的初期，功能饮料的主要目标对象是年轻人，也确实被年轻人所追逐。作为与年轻人沟通的一条有效途径，明星代言人的广告策略被功能饮料企业广泛使用。但是随着功能性饮料市场竞争的加剧，尖叫、"他+她"等另辟蹊径，在"情绪、性别、文化"等精神文化层面上进行渲染和沟通。对于饮料行业，卖功能只是一方面，在情感、体验、文化等高端层面塑造个性丰富的品牌，也许更受年轻消费者的欢迎。这意味着在功能饮料的品牌塑造中应凝聚体验的价值，这样功能饮料的品牌营销也就进入一个更高层次的体验营销时代。

小　结

随着体验经济的兴起，通过营销活动给消费者提供丰富的体验成为了企业的重要创新营销思维之一。

1）本章借助美国营销学者伯恩德·H. 施密特教授的研究成果，探讨了影响消费者体验行为的五种心理学基础。这些心理学基础分别是感觉、感受、思维、行动、关系。

2）在引入美国体验经济学家约瑟夫·派恩和詹姆斯·吉尔摩的观点的基础上，本章进一步阐述了他们关于消费者体验类型分类的思想，将体验分成了四个部分——娱乐（entertainment）、教育（education）、逃避现实（escape）和审美（estheticism）。

3）本章基于消费者的体验需求，结合实例探讨了实施体验营销的模式和方法。开展体验营销的模式主要有：娱乐营销、美学营销、情感营销、生活方式营销、氛围营销等。

4）企业实施体验营销的策略主要有：将体验融入到产品之中，将体验添加到服务之中，开创新的体验业务，将体验蕴含在营销传播之中，将体验凝聚在品牌之中。

思 考 题

1. 结合生活中的例子谈谈你对消费者体验和体验经济的认识。
2. 消费者的体验行为可以分为哪几类？试举例说明。
3. 企业开展体验营销的模式主要有哪几种？试举例说明。
4. 结合所学知识，选择某品牌的饮料，为其设计一套体验营销方案。
5. 结合所学知识，选择某一项服务，为其设计一套体验营销方案。

第九章　品牌消费心理与行为

在纷繁复杂的商品世界中，商品的品牌往往成为消费者识别商品的重要标志，也是现代消费者选择比较并制定购买决策的主要依据。因此，企业要充分了解消费者的品牌心理和品牌购买行为，从而有针对性的制定品牌营销策略。特别是现代市场竞争已进入品牌竞争阶段，品牌成为企业争夺消费者的制胜利器，进行品牌消费心理与行为研究有着更加重要的现实意义。

第一节　品牌的内涵与构成

一、品牌的内涵

在关于品牌来源的传说中，最广泛接受的说法即品牌是由美国西部的庄园主和畜牧业者最早使用的。他们在自己的牲畜上烙上标记，以表明自己的所有权，告诫他人"不要碰他，他是我的"。现今，品牌是企业和商品个性化的沉淀和凝结，是在激烈竞争的同质化市场中引起消费者注意或购买的重要识别特征，它的作用已变成"请接受我吧，我是为您准备的。"

关于品牌的定义，至今尚无统一和明确的阐述，比较有代表性的有以下四种。

D.奥格威（D. Ogilvy）认为，品牌是一种错综复杂的象征，它是品牌属性、名称、包装、价格、历史、声誉、广告风格的无形总和，同时也是消费者对其使用的印象、记忆以及自身经验的总和。

P.科特勒（P. Kotlen）认为，品牌就是一个名字、称谓、符号或设计，或是上述的总和，其目的是使自己的产品或服务有别于竞争者。

《营销术语词典》（1998）中认为，品牌是指用以识别一个（或一群）卖主的商品或劳务的名称、术语、记号、象征和设计及其组合，用以区分一个（或一群）卖主和竞争者。

国际现代营销品牌理论认为，"品牌已经不只是一个名称、一个标志或象征，而是消费者心目中的一组无形资产。品牌是一个以消费者为中心的概念。品牌不再存在于工厂或营销部门，而是存在于消费者心目中。但是品牌有一个建立过程，在品牌开发之初，它属于制造商或服务提供商。品牌建设的转折点是营销者把它'放进'消费者的心理空间"[1]。所谓把品牌"放进"消费者心中，即不是简单让

---

1) 卢泰宏，邝丹妮著. 整体品牌设计. 广东人民出版社，1998

消费者知晓品牌，而是让品牌牢牢占据消费者的心理空间，在消费者心目中树立牢固的地位。

二、品牌的构成

成功品牌的一个重要特征就是始终如一地将品牌的功能与消费者心理上的欲求联结起来，通过这种形式，将品牌信息传递给消费者，产生心理效应。品牌一般由以下三部分构成。

1. 品牌名称及标识物、标识语

品牌名称及标识物、标识语是该品牌区别于其他品牌的重要标志。三者各具个性，统一互补，极易被消费者接受、认同和产生心理效应。

品牌名称通常是由文字、符号、图案或者三个因素组合构成，涵盖了品牌的所有特征，具有良好的宣传、沟通、交流作用。一个理想的品牌名称总是和质量、利益及服务联系在一起。

标识物本身能够帮助消费者对产品产生认知、联想，并使消费者产生积极的感受、喜爱和偏好。标识物直接反映品牌，同时把名称和产品类别以及服务联系在一起。如果标识物能够引起消费者的注意和兴趣，则品牌走进消费者的心中指日可待。

标识语的作用一是为产品提供联想，如张裕葡萄酒的"爱国、敬业、优质、争雄"，可以使人联想到其创办人敢与洋酒争天下的爱国主义精神。二是能强化名称和标识物，如夏普公司的"夏普的产品来自夏普的思想"，反复强调品牌名称。标识语特殊、幽默、极具个性，既可以吸引更多的消费者，又可以促进消费者理解和记忆，达到沟通、传播的最佳效果。

2. 品牌的视觉形象

据心理学家分析，人们信息的85%是从视觉中获得的，因此，建立良好的视觉形象是品牌建设的首选目标。

品牌的视觉形象必须是统一的、稳定的，这是品牌吸引消费者的重要条件之一。美国斯坦福大学商学院1996年的一份关于世界100家最知名品牌的研究报告显示，世界著名品牌中有一半已历经百年，至今依然势头强劲，如宝洁、强生、IBM。品牌视觉形象统一和稳定主要表现在四个方面。

1）文字。如Sony、同仁堂等，几十年甚至百年不变，形成了统一稳定的固有形象。

2）图形。如海尔的海尔兄弟图形，强烈展示了品牌魅力。

3）颜色。如IBM采用博大和谐的蓝色，李宁采用热情奔放、充满活力的红色，都象征着品牌的生命力。

4）由文字、图形、颜色的有机结合，图文并茂，更反映了品牌的立体视觉形象。

品牌视觉的统一和稳定实际是相对的。随着历史和文化变迁，尤其是品牌文化取向沉淀的结果，使有的品牌进入地区、全国、世界性品牌行列，继续征服、诱惑消费者；有的品牌虽然各领风骚一段时间，但是逃脱不了销声匿迹的厄运。所以，品牌的稳定不是绝对的，任何品牌只有在相对稳定和统一的基础上，追求不断的发展和完善，才能永葆青春。

3. 独特的个性

品牌的个性特征实质上反映品牌的定位。凡成功品牌都有准确的定位，如世界级品牌"万宝路"就是在再定位后走向辉煌的。万宝路原来生产的香烟，烟味淡、香料少，没有滤嘴，白色包装，针对女性，广告诉求对象以女性为主，市场份额较低。1954 年，万宝路重新界定市场，突出了产品个性。重新定位的万宝路香料多，烟味重，有过滤嘴，红色包装，现代化形象，针对男性，广告诉求对象以男性为主。定位原则是强调万宝路的男性特征，代表人物以牛仔形象出现。由于牛仔象征着年轻、粗犷、独立、男性化，其内涵不受国度和文化限制，因此既受到男性认同，同时也得到了女性青睐。重新定位准确独到，使万宝路一举成为世界香烟品牌领袖。

三、品牌的功能

品牌的功能有以下四项。

1）识别。品牌自身含义清楚，目标明确，专指性强。只要提起某品牌，在消费者心目中就能唤起记忆和联想，引起相应的感觉和情绪，同时使之意识到品牌指的是什么。有些品牌的名称、标识物、标识语，是区别于其他品牌的重要特征，消费者早已铭刻在心。如深蓝色的 IBM 标识，给人以博大精深和值得信赖的联想，传遍全球。

2）信息浓缩。品牌的名称、标识物、标识语含义丰富深刻，幽默具体，以消费者所掌握的关于品牌的整体信息的形式出现，可以使消费者在短时间内获得高度浓缩的信息。因为人的记忆力是以网络方式存储短小的块状信息，而品牌能够提供进入网状记忆的刺激，激活相关的网状记忆块，以触发、沟通和消费者的联系。

3）安全性。一个品牌，尤其是在长期市场竞争中享有崇高声誉的著名品牌，会给消费者带来信心和保证，能满足消费者所期待获得的物质功能和心理利益的满足。

4）附加价值。附加价值是指消费者所欣赏的产品基本功能之外的东西。优秀品牌一定要给客户提供比一般产品更多的价值和利益，使消费者得到超值享受。

尽管不同的品牌提供的附加价值不同，消费者获得的利益享受不同，但是在价值享受、功能享受、心理利益等关键利益上，起码有一种或几种利益优先于其他产品。

四、品牌资产

1. 品牌资产的形成和发展

品牌的出现和运用由来已久，但是品牌得到广泛重视，被视为企业的一项资产却是近十多年来的事情。20 世纪后期，大规模接管、兼并和收购品牌企业的浪潮席卷欧美。在当时发生的几起大规模的购并案中，收购价格往往是被收购企业净资产的数倍。如达能公司以 25 亿元的价格收购欧洲纳比斯公司，相当于其净资产的 27 倍；而雀巢公司以 3 倍于股市价格、26 倍于净资产的价格收购了苹果公司。收购方之所以出此高价，就是因为被收购企业拥有享有盛誉的品牌。因此，企业界和学术界不再简单将品牌看作是一个标识，而是重新审视品牌的价值，将其看作是企业的一项资产。

品牌资产（brand equity）一词在 20 世纪 80 年代被广泛使用，被定义为品牌给产品带来的超越其功能效用的附加价值或附加利益；这种附加价值或附加利益表现为品牌给企业和顾客提供超越产品和服务本身利益之外的价值。若某品牌给消费者提供的超越产品或者服务以外的附加利益越多，则该品牌资产价值就越高。

2. 品牌资产与消费者

品牌资产的价值就在于能够吸引消费者。我们在判断品牌资产价格时，主要看品牌的市场影响力。在市场竞争中，品牌资产越高，越有利于竞争。高资产品牌更能影响消费者，留住旧的消费者。具有价值的品牌，不仅有助于消费者理解、处理和存储大量与该品牌产品有关的信息，而且还会大大增强消费者购买和使用该品牌产品的信心。

3. 培育国产品牌

随着我国市场对外开放以来，大量的外国商品相继涌入，其中很多是国际知名品牌，如可口可乐、麦当劳、柯达、摩托罗拉、爱立信、IBM、微软、东芝、松下等。这些国际名牌占领了从饮食、化妆品到家电、汽车等各种各样的消费品市场，拥有一大批不断增长的国内消费群，从而使许多民族产业和产品品牌受到严重威胁。例如，在与可口可乐、百事可乐两大国际品牌较量中，我国的"天府可乐"、"北冰洋"汽水等众多传统品牌因力量悬殊而纷纷落马，甚至被逐出市场，销声匿迹。

从产品质量来看，我国不少国产商品与世界品牌的差距并非绝对悬殊，而且这一差距正在日益缩小。重要的问题是，国内企业的品牌意识远远落后于国外企业，而且在外国强势品牌的强大宣传促销攻势面前，许多国内企业缺乏明确的品牌战略和雄厚的财力支持而无力抗争。当今消费者由广告引导而进行尝试，进而认同某产品的现象日益普遍，这使得越来越多的国内消费者成为国际品牌的追随者和使用者。为了夺回失去的市场，培育强势中国品牌已经刻不容缓。

第二节　品牌偏好的心理形成机制

品牌植根于消费者心中，品牌的成长过程就是品牌与消费者之间关系的发展过程。这一关系的发展程度可以从品牌的知名度、品牌联想度、品牌美誉度和品牌忠诚度四个方面得以体现。"四度"代表了品牌价值的层级，也构成了消费者对品牌偏好的层级过程和程度。消费者品牌偏好的心理形成机制大致可以概括为：品牌信息-注意-感知-记忆—联想-购买动机-试用-评价-态度-口碑-信任-强化-情感共鸣（忠诚），如图 9-1 所示。

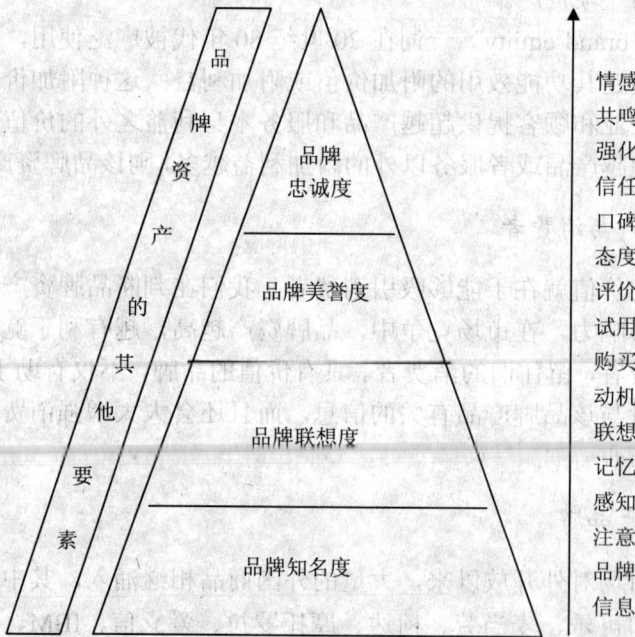

图 9-1　品牌偏好形成机制

一、品牌知名度形成的心理机制

品牌知名度（brand awareness）是指知晓品牌的目标消费者的人群及其知晓水平。知晓品牌的人数越多，品牌知名度越高；消费者对品牌的知晓水平越高，品牌知名度也越高。

　　品牌知晓水平有两个层级，即品牌再认（brand recognition）和品牌回忆（brand recall）。品牌再认是指在有提示的情况下，能够鉴别出那些以前听说过的品牌名称。例如，你到商店购买羊毛衫，售货员可能向你介绍五六个品牌，如鄂尔多斯、恒源祥、企鹅、春竹等。在给出的这些品牌名称中，你认为自己听说过、感到熟悉的那些品牌就达到了品牌再认的水平。品牌再认虽然是较低水平的品牌知晓，但对消费者的品牌选择却是非常重要。品牌回忆是指在没有任何提示的情况下，你能够回忆出某类产品的有些品牌。例如，当提及手机时，你可能会随口说出摩托罗拉、爱立信、诺基亚等，这些品牌就达到了品牌回忆的水平。显然，品牌回忆是较高水平的品牌知晓。品牌回忆要求人们不仅听过或见过某类产品的某个品牌，而且对它有一定的了解或比较深刻的印象。

　　品牌知名度的形成涉及消费者的需要、期望、注意、感知和记忆等心理活动，如图9-2所示。

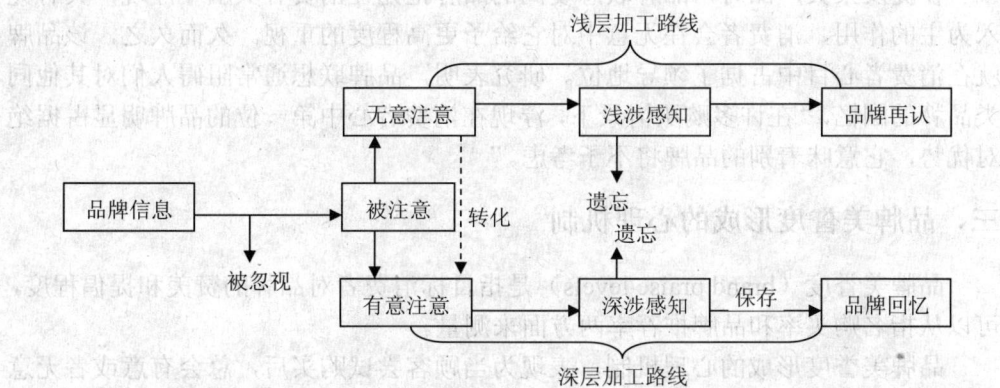

图 9-2　品牌知名度形成机制

　　消费者在日常生活中面对众多的品牌信息，每个人都不可能对所有的品牌信息加以注意，其中多半被筛选掉。只有那些与目标消费者当前需要、兴趣、期望有关的品牌信息以及新颖独特、冲击强烈、与其他信息形成明显对比的品牌信息才被消费者注意。消费者对品牌信息的加工从注意开始呈现两条路线。一条是浅层加工路线，即品牌信息引起消费者的无意注意，而该信息又不是消费者正在搜寻的信息，此时接收者对该信息只作浅涉感知（low involvement perception）。因为接收者卷入程度低，不可能对该信息做深入细致的加工，所以在大脑里只留下浅层印象，达到品牌再认的知晓水平。另一条是深层加工路线，即由于外界的品牌信息正好与信息接收者的欲求、期望有关，引起了有意注意，此时接收者倾向于对该信息作深涉感知（high involvement perception），激活已有的知识经验，对该品牌做深入细致的加工，对品牌信息寻求进一步的解释，从而在头脑里留下深刻的印象，达到品牌回忆的知晓水平。倘若无意注意到的品牌信息与接收者当前的需要有关，这种无意注意可能会转化为有意注意，进而导致接收者作深涉感知，最终达到品牌回忆水平。

二、品牌联想度形成的心理机制

每当提起某品牌，消费者就会在脑海里浮现出与该品牌有关的特性和形象，这就是品牌联想（brand association）。品牌联想度是对某品牌能够产生联想的人数及其联想水平。

从心理机制上看，品牌联想是建立在品牌认知的基础上。而且，消费者只有对品牌及其产品的功能、特性、文化意义和精神象征等有了深刻认知，并达到了品牌回忆水平，这些信息才可能在大脑皮层发生广泛的联系，形成网络系统，产生品牌联想。在品牌建设过程中，品牌联想是指由于对品牌有好感而产生的积极联想（positive brand association）。如提起农夫山泉联想到"有点甜"。

在提及某类产品时，品牌联想度高的品牌抢先在消费者头脑中浮现，具有先入为主的作用，消费者会在无意中对它给予更高程度的重视。久而久之，该品牌就在消费者心目中占据了领导地位。研究表明，品牌联想通常阻碍人们对其他同类品牌的回忆，"在许多购买情景下，浮现在消费者心中第一位的品牌明显占据绝对优势，它意味着别的品牌将不予考虑。"[1]

三、品牌美誉度形成的心理机制

品牌美誉度（brand praise levels）是指目标消费者对品牌的赞美和提倡程度，可以从指名购买率和品牌推荐率两方面来测量。

品牌美誉度形成的心理机制，表现为当顾客尝试购买后，总会有意或者无意地根据自己的期望对商品进行评价。如果该品牌产品的可感知效果与顾客的期望值相匹配，顾客就会满意；如果可感知效果超过期望，顾客就非常满意；如果不符合顾客的期望，顾客就会不满意。这些体验都会影响顾客的下一次购买决策，并且他们会把对该品牌的好感或者厌恶告诉别人。满意的顾客不仅变成重复购买者，而且会成为品牌倡导者。他们热衷于向别人说该品牌的好话，对该品牌的有利信息就不胫而走，良好的市场信誉就在这种口碑中不知不觉地建立起来。随着消费者对品牌赞誉越来越普遍，产生品牌偏好（brand preference）的人就越来越多，品牌的指名购买率随之攀升。

四、品牌忠诚度形成的心理机制

1. 品牌忠诚度的含义

品牌忠诚度是指消费者对某品牌情有独钟，以及由此产生的重复购买行为。

---

1) 王新玲. 金字塔顶的诱惑. 销售与市场，1996，第 11 期

一个品牌的忠诚度取决于忠诚于品牌的人数及其对品牌的钟爱程度，可用定牌购买顾客的数量及其定牌购买持续的时间来衡量。因此，可以说品牌忠诚度是消费者从一个品牌转向另一个品牌的可能程度。特别是当新品牌出现、品牌的价格或产品特性发生变化时，随着消费者对品牌忠诚度的增加，消费者受以上因素干扰的可能性下降。

2. 品牌忠诚的心理与行为特点

消费者的品牌忠诚度（brand loyalty）形成的心理机制是：消费者在品牌认知的基础上，通过试用感到满意，进而对品牌产生积极态度。这种态度经过人与人之间的信息交流和广告以及其他营销手段的强化，就会引发再次购买行为。当顾客又获得高度满意时，先前的肯定态度得以进一步强化，从而增加重复购买和重复使用的动机和行为，顾客对品牌的积极态度进而发展成品牌信念。这时消费者对品牌不仅有一种理性偏好，而且产生了情感上的共鸣，形成依恋感，这就是品牌忠诚的表现。

也就是说，品牌忠诚有以下两个特点。

1）品牌忠诚是一种偏向性的情感。对于消费者选择商品的心理过程来说，可以用理性和非理性忠诚来划分。所谓理性忠诚就是指消费者以产品的价格、质量、服务、声誉等指标来进行选择。理性忠诚消费者会随着产品比较利益的变化而转换品牌。非理性忠诚则是指消费者从个人感受角度出发，对人格化的品牌个性的一种偏爱情感，是一种失去理性的"疯狂的爱"。当然，非理性忠诚是理性忠诚的基础，是一种感情的升华。就一个品牌忠诚者来讲，他并非天生就是某品牌的忠诚者，他的品牌忠诚是逐步累积升华形成的。

2）品牌忠诚表现为一种重复购买行为。如果仅有对品牌的情感是不足以说明品牌的忠诚的，还必须有购买行为，忠诚的消费者必须是实际的购买者；不仅如此，这种购买行为还必须在时间上具有持续性。在一定时间内，顾客对某一品牌产品重复购买的次数越多，说明对这一品牌的忠诚度越高；反之，则越低。由于产品的用途、性能、结构等因素也会影响顾客对产品的重复购买次数，因此必须根据不同产品的性质区别对待，不可一概而论。

3. 品牌忠诚度对消费者购买心理与行为的影响

品牌忠诚表现为购买过程的非理性判断。它使品牌忠诚者不在乎价格的高低，不会因为市场上出现了质量更好的产品而见异思迁，不会随着外界环境和影响力量的影响而轻易转换。具体表现为以下四个方面。

1）品牌忠诚降低了消费者受竞争行为影响的程度。一个消费者对某个品牌形成忠诚后，就很难为其他企业的产品所动，甚至对其他企业的产品采取冷漠和抵制的态度。品牌忠诚使顾客在购买商品时，降低甚至取消对其他品牌商品的搜索，对新的更好的品牌没有太多的兴趣。人们对某一品牌态度的变化，通常是通过与竞争产品比较而得出来的。所以根据顾客对竞争品的态度，能够从反面判断其对某一品牌的忠诚度。如果顾客对竞争产品有好感，兴趣浓，那么就说明对某一品牌的忠诚度低，购买时很可能用前者取代后者；如果顾客对竞争产品没有好感，兴趣不大，或者无视竞争品的存在，则说明其对品牌的忠诚度高，购买指向比较稳定。

2）品牌忠诚缩短了顾客挑选的时间。根据消费者心理活动规律，顾客购买商品时都要经过挑选这一过程。但是由于信赖程度的差异，对不同产品的购买，顾客挑选的时间是不一样的。因此，购买挑选时间的长短也可以鉴别顾客对某一品牌的忠诚度。一般来说，顾客挑选时间越短，说明他对这一品牌的忠诚度越高；反之，则说明他对这一品牌的忠诚度偏低。如有人长期使用中华牌牙膏，并形成了偏爱，产生了高度的信任感，在需要时往往挑选时间短。在运用挑选时间评价顾客忠诚度上也应该注意产品的差异。

3）品牌忠诚降低了顾客对价格的敏感性。消费者对价格都是非常重视的，但是这并不意味着消费者对各种产品价格的敏感程度是相同的。事实表明，对于喜爱和信赖的产品，消费者对其价格变动的承受能力强，即价格敏感度低；而对于不怎么喜爱和信赖的产品，消费者对其价格变动的承受能力弱，即价格敏感度高。所以据此可以衡量顾客对某一品牌的忠诚度。运用这一标准时，要注意产品对于人们的必需程度、产品供求状况以及产品市场的竞争状况。产品的必需程度越高，则人们对价格的敏感越低。某种产品供不应求时，人们对价格不敏感，价格上涨往往不会导致需求的大幅度减少；当供过于求时，人们对价格敏感，价格稍有上涨都可能导致滞销。产品的市场竞争也影响人们对价格的敏感度。当某种商品在市场上的替代品很多时，价格上涨则会导致消费者大量流失，转向其他品牌；若某产品在市场上是垄断地位，无任何直接竞争对手，人们对他的价格往往敏感度低。实际工作中，只有排除上述三个因素，才能通过价格敏感度指标来评价消费者对品牌的忠诚度。

4）品牌忠诚增加消费者对产品质量事故的承受能力。任何一种产品都可能出现质量事故，即使是名牌产品也在所难免。顾客若对某一品牌的忠诚度高，对出现的质量事故会以宽容和同情的态度对待，不会因此而断然拒绝该产品。若顾客对某一品牌的忠诚度不高，产品出现质量事故（即使是偶然的），消费者也不原谅，产生反感，转向其他品牌。当然，运用这一指标时，要考虑事故的严重性等其他因素。

第三节　消费者的品牌购买行为

现代消费者的消费层次越来越高，对产品的要求也越来越高，越来越多样。

不同类型消费者在选择品牌时心理和行为都有所不同。本节首先分析品牌对消费者购买行为的影响，在此基础上分析不同类型消费者的品牌购买行为特点。

一、品牌对消费者购买行为的影响

正如本书在前面所提及的，消费者对品牌忠诚度的形成需要经过一系列阶段，其决策过程实际上还是比较复杂的，品牌在消费者购买过程的不同环节中起着不同的作用。

1. 品牌在寻求解决方案中的作用

消费者在寻求解决方案时，首先要广泛收集信息。这种信息收集工作可以通过多种渠道来进行，如个人的记忆和经验，从他人或群体的行为方式中得到的启示，各种媒体的宣传等。品牌的形象和品牌的独特个性使人们更容易记住品牌所代表商品的特点。而群体中，人们惯常使用和喜爱的品牌，也会不断将商品的信息提示给购买者。此外，人们对特定商品的情感也会使该品牌从大量的信息中脱颖而出，赢得消费者的注意。例如，人们在购买电脑的时候，最先想到的不同种类、款式、价格的品牌，可能有联想、方正、恒生、康柏、IBM 等；在购买彩电时，大多会从海尔、长虹、康佳、东芝、松下等品牌中加以选择。

2. 品牌在评价比较方案中的作用

在评价比较各种备选方案时，人们总是根据自身的价值观和偏好来进行决策。品牌的个性就是最强有力的决策标准。有的人可能喜欢物美价廉的商品；有的人则喜欢高新科技的产品；有的人更加关注有哪些类型的消费者曾经购买过这些商品。品牌的个性特征将商品的上述特色凸现出来，有助于消费者对各个竞争产品加以评价比较，做出正确的选择。比如，在选择酒的品牌的过程中，有的人偏爱既尊贵又独具中国特色的茅台酒；有的人更喜欢华贵却充满异国风情的"人头马XO"；有的人钟情于纯正而实惠的二锅头。所以品牌在评价方案中起到了指引的作用。

3. 品牌在购后评价中的作用

为了证实自己的方案最优，所得效用最大，消费者往往在购买结束后进行购后评价。这种评价可以由消费者自己进行，也可以征求亲友和同事的意见，或是观察社会反映。品牌文化所带来的社会影响和消费者对品牌的情感，将会给商品带来更多的附加价值，从而使消费者得到更多的效用。品牌在购后评价中起到强化作用。

据调查，目前中国消费者在购买决策过程中更加注重品牌的影响，购买力向名优品牌倾斜的特点十分显著，强势品牌的市场综合占有率不断提高。近年来，超过一半的彩电集中在长虹、康佳、TCL 三大品牌上；近一半的空调市场向春兰、海尔、美的倾斜；六成以上的电冰箱市场由海尔、容声、新飞三大品牌占据；近70%的洗衣机被小天鹅、海尔和荣事达分享。服装消费中的品牌趋势也很明显。不仅如此，农村消费者也逐渐开始形成注重品牌的消费倾向。据调查显示，长虹、熊猫、康佳、TCL、松下五大全国家电品牌在农村电视机市场的占有率已经达到32.2%。

为此，企业应对消费者的品牌消费者倾向予以足够的重视，应将建立强势品牌提到战略高度，开展全方位的品牌营销，不断提高企业产品的品牌形象，使品牌在消费者心目中享有高知名度和美誉度，成为企业的核心竞争优势和宝贵的无形资产。

二、新时代消费主体和特点

时代的变迁不仅使消费热点出现巨大变化，消费趋势也异常超乎想像，并且使消费者主体也发生了根本的变化。我们常见的消费主体主要有以下一些特征。

1. 年轻化

青年一代的消费热情引出许多的消费热点和时尚，成功人士越来越多的年轻化带动了消费主体的年轻化。年轻人在选择品牌上可能更冲动，追求独特个性，对品牌的忠诚度相对于中年人不那么高。并且年轻人寻求刺激、新鲜、实用的价值观，也将深刻影响品牌个性。年轻人对新产品接受快，接受媒体信息多且快，便于新产品和新品牌的创新。

2. 技术化

高新技术的发展产生了一大批高新科技人才，于是乎各行业对技术的要求也不断地提高，新一代的消费者对高新技术的反应极其敏感，他们善于捕捉世界的微妙变化。这就要求品牌必需提高产品的技术含量，在操作高技术产品上也必须要简单，如傻瓜相机的推出，成功的将曾经非常专业的摄影技术大众化。

3. 富裕化

随着全国各城市居民的生活水平不断提高，他们在买车、买房、旅游、办公司、留学、买股票、子女教育等方面的支出占了居民收入的绝大部分。较高的收入意味着消费者价格承受能力上升，他们有能力为中意的品牌产品支付高价。整体上来说，这意味着对品牌商品的产品质量要求也在不断提升。

4. 理想化

随着消费层次的分化日益显著，个性化消费也越来越明显。他们对新事物有着孜孜不倦的追求，讲究精致的生活享受和消费品位，这将深深影响品牌个性。那种大众化的品牌定位可能已经不再那么有效了。

三、新时代消费主体的消费心理和行为特色

任何消费者的购买行为总是在一定购买动机的作用下产生的，而购买动机又是产生于某种尚未得到满足的需求。这种需求既包括生理方面的需求，也包括心理方面的需求。随着生活水平和需求层次的不断提高，心理方面需求较之生理方面的需求对购买动机及其购买行为所起的作用更加重要。消费者的需求观念也不再停留在仅仅获得更多的物质产品以及获得产品本身；相反，消费者购买商品越来越多是出于对商品象征意义的考虑，也就是说，现在的消费者在消费商品时更加注重消费者通过消费获得个性的满足、精神的愉悦、舒适和优越感。

心理方面需求主要表现在以下几方面。

1. 求新心理

人们对新鲜事物总抱有一种好奇和新鲜感，消费者在选购商品时，尤其重视商品的款式和眼下流行的式样，即追求时髦商品。由于人们的这种求新心理仅仅是追求一种新鲜和潮流感觉，所以新产品和新品牌往往比较畅销。

2. 好奇心理

这类消费者在通常情况下都比较年轻，大多数是在校的学生，由于他们年轻而且热情奔放，有很强的好奇心，很容易被新鲜事物所吸引，非常注重所购商品的与众不同。崇尚个性化的独特风格，喜欢标新立异，相比较而言，但他们不太注重商品的实际用途和价值。

3. 求名心理

这类消费者通常以高收入者和赶时髦者居多，他们对商品品牌非常敏感，特别注重商品的威望和象征意义。讲究商品要名贵，牌子要响亮，以此来显示自己的地位和个性。其动机的核心是"显名"和"炫耀"。新一代消费者有强烈的品牌意识，求名心理一般说来多表现在对轿车、服饰、烟酒等品牌的追求上。

4. 习惯心理

在购买过程中，消费者往往是凭借自己的习惯不加过多思考地购买商品，主要表现在日常用品的购买中。

5. 同步心理

受社会因素和心理因素的影响，消费者在购买货物使用商品的时候，往往希

望与周围的相关群体保持同步，所以大众化商品更容易产生同步购买心理，此类消费者大多数都抱有这样的心理"你有，我也要有"。这样使得一些品牌在导入期非常畅销，但是一旦普及，销售又会迅速下降。

6. 求美心理

即对美的追求，强调商品的艺术美。其动机核心是讲究"装饰"和"漂亮"，即使是消费者本身不需要的商品，由于其可爱和美观也使人们想把它据为己有。这是一种长盛不衰的购买心理，因为人们对美的追求是无止境的。

第四节　增强消费者的品牌偏好与忠诚

前面阐述了品牌在消费者选择和购买商品时对其心理与行为的影响。下面将进入到市场营销人员最关心的问题，即如何增强消费者的品牌偏好与忠诚。

一、在消费者认知品牌的各阶段适时加大吸引程度

1. 提升品牌的知名度

要提升品牌的知名度，营销者必须根据消费者的认知心理规律，做好以下相应的工作。

（1）产品或服务的质量认知优良

质量是品牌的基础和保证。质量概念包括质量存在和质量认知。质量存在指产品功能、服务等特征，是产品本身的客观反映。一个成功的品牌必然是质量过硬的品牌。质量认知是消费者对产品质量的整体概念，其中加上了主观因素。在现代购买行为中，并不是质量存在决定了品牌选择；而是质量认知决定了品牌选择。因为对于产品物理属性上的好坏，消费者往往并不能做出客观准备的判断，而是基于个人的经验、感觉、媒体宣传、社会舆论等因素的综合作用形成质量认知结果。因而，企业应该首先打造质量优良的产品，并在营销活动中，时刻注意维护产品质量良好的形象，塑造良好的质量认知。

（2）品牌文化和恰当定位

品牌的文化传统和价值取向已成为品牌不可缺少的因素。一个品牌沉淀的文化传统和价值取向是企业塑造的重心所在。品牌中的文化传统部分是唤起人们心理认同的最重要因素，有时甚至作为一种象征，深入到消费者的心中。未来品牌的竞争能力，实质体现在品牌对文化传统的融合能力。一是品牌与传统文化价值的融合，如与真、善、美的融合；二是融合文化传统的品牌与消费者的文化心理和价值取向的融合，如新飞的绿色概念、海尔的无菌概念等。一个品牌的文化。必须立足于本土，包容国际间各种文化因素，如可口可乐品牌的中国式命名，中

国本土品牌奥柯玛洋化了的品牌命名。

文化是品牌的灵魂，而品牌定位是品牌文化具体的表现，是营销的灵魂。品牌建设应从目标消费者出发，根据他们的主导需要来确定产品的核心概念。只有迎合消费者需要的品牌，才能进入消费者的深层加工路线，达到品牌回忆水平。

（3）合理设计品牌形象

合理设计品牌形象分为以下三个步骤。

第一步是品牌名称的创意和视觉识别系统（visual identity）的设计，要求能恰到好处地表达品牌定位，而且要简洁独特，富有内涵和视觉冲击力。这样不但引人注意，而且有利于消费者的读、说、写、听、记和忆。

第二步是包装设计，包装好比一个人的脸。应当精心设计包装，使之容易辨认和记忆，具有亲和力，使消费者在提及该品牌时，能立即联想到产品的包装，达到品牌回忆目的。

第三步是推出形象代言人，可以帮助顾客在最短时间内识别这个品牌。在选择品牌的形象代言人时，应该注意形象代言人的性格、气质、身份等特征符合品牌形象、文化和定位。这样的形象代言人才能活化品牌的个性，使消费者觉得该品牌就是现实中真实一个人，增加消费者对品牌的再认或回忆。

2. 提高品牌联想度

提高品牌的联想度，关键要在消费者心目中塑造良好的品牌形象。我们可以从主、客观两方面入手做好品牌形象的塑造工作。

（1）突出品牌的客观特点

突出品牌的客观特点，即通过创新手段使品牌拥有独一无二的、对消费者具有特殊意义的特质。这主要指产品质量和特色，且应该与消费者的利益相吻合。例如，潘婷洗发水品牌在深入了解消费者在护理头发方面的需求后，确立了"健康亮泽"的品牌定位，并将这一定位贯穿到市场推广的每一环节，使消费者在接触该品牌时便知晓该产品特质。通过各种传播手段的强化，潘婷洗发水品牌与其产品特质在消费者大脑中形成了牢固的联系，使消费者一想到潘婷洗发水，就想到"健康亮泽"的头发。

（2）赋予品牌主观特性

赋予品牌主观特性，即通过品牌推广赋予品牌一种"后天"的心理特征，使品牌"个性化"。该方法的具体做法是通过整合营销传播手段去宣传品牌的文化价值、象征意义或情感效应等，从而在消费者头脑中形成生动的心理图式。如"红豆"牌衬衣，在广告宣传中突出"红豆最相思"的主题，把对亲人和朋友的相思和眷恋这种自古至今人际交往中最常用而又最珍贵的情谊融于品牌中。当消费者看到、听到或想到"红豆"牌时，就会联想到相思、亲切和温暖的情谊，从而引起购买动机。爱立信品牌一直通过人性化的广告诉求打动消费者，其一直沿用不变的广告语"一切尽在掌握"，经常唤起消费者接受生活挑战，把握机遇，开拓进取等联想。这些联系正好迎合了消费者渴望成功的心态，足以引起购买动机。

3. 提高品牌美誉度

要提高品牌美誉度，即要提高品牌的指名购买率和品牌推荐率，可以采取以下两个策略。

（1）实现顾客满意

根据菲利普·科特勒的观点，提供顾客让渡价值（customer delivered value）是实现顾客满意、赢得赞誉的根本途径。顾客让渡价值可以看作是顾客的利润，它等于整体顾客价值与整体顾客成本之间的差额。整体顾客价值包括产品价值、服务价值、人员价值和形象价值；整体顾客成本包括货币成本、时间成本、体力成本和精神成本。增加顾客让渡价值有两种方法：一是增加整体顾客价值，二是降低整体顾客成本。

增加整体顾客价值可以通过向顾客提供质量更好、购买更方便、价格更低廉、提供分期付款、更多的选择、更适合的包装、提供更多的增值服务等方式获得；减少整体顾客成本则可以采取减少顾客收集产品信息的难度、降低购买的风险、时间、金钱和精力成本等。详细的做法因产品、企业和消费者而有所不同，应当因地制宜。

（2）培养意见领袖，促进人际传播

最先购买该品牌的一批消费者出于各种各样的原因，会无意或有意地把自己对新购品牌的看法告诉给别人。这种以正式或非正式形式向别人提供品牌意见、影响别人选择品牌的消费者称为意见领袖（opinion leader）。

如果意见领袖对所选品牌有好感，品牌就被传为佳话，有口皆碑地被一波一波散布开来。这种口头传播对品牌选择者具有强有力的影响，比广告轰炸和雪片似的宣传单有效得多。因为口头传播是面对面的直接交流，听者不但接受说者传来的信息，同时能够听到说者的语音语调，观察其面部表情、手势和其他细微的身体语言，深受感染，印象深刻；另外，口头传播通常是在彼此熟悉或关系良好的人之间发生的，因而有更强的信任感，听者对熟人的品牌评价深信不疑，并以此为依据做出是否购买的决定。因此，企业必须真诚对待每位顾客，尽力为其提供最高的顾客让渡价值，并在顾客尝试购买阶段着力培养一批意见领袖，通过他们的口头传播来带动其他消费者购买。

4. 提高品牌忠诚度

研究表明，企业相当大一部分收入来自于一小部分忠诚的用户；获得一名新顾客要比保持一个老顾客多付五倍的代价。品牌忠诚度提高一点，品牌利润都会有较大的增加。因此，提高品牌忠诚度是企业实现利润持续增长的最有效方法。

品牌忠诚来源于顾客对品牌的积极评价,而积极的评价往往发生在购买之后。因此,企业的销售活动并不是企业营销活动的终结,销售后的营销活动与销售前的营销活动同等重要。销售之后,营销者要进一步发展忠诚营销项目——顾客关系管理(customer relation management),即发现或培养一批核心顾客群,建立顾客管理数据库,收集、分析和利用核心顾客各方面的情况,包括顾客的人口学信息、需要、偏好、收入状况以及个人生活方式等。然后据此做出有针对性的宣传和服务,并为他们提供个性化的产品和特殊服务,满足不同顾客的特殊需要,以此维系品牌与顾客长期良好的关系,实现品牌忠诚。

二、时刻了解消费者,加大品牌的差异化程度,提高品牌的领导地位

拥有成功品牌的企业,都是能够不断识别当今消费者价值观和生活方式变化的企业。因为只有产品或品牌与消费者价值观和生活方式之间具有较高的一致性,这样的产品才能为市场所接受。差别化是提高品牌忠诚度的一个非常重要的手段。产品本身的差异化,既能满足消费者个性化需要,又能在同类产品中脱颖而出,便于消费者记忆,从而大大增加产品的感知价值。品牌差异化迎合了消费者彰显个性的需要,强化品牌的个性特征,在众多的品牌中才能吸引住消费者的眼球,给消费者深刻的印象,便于消费者记忆和比较,逐渐累积差异化优势。

强者总是受到更多的崇拜,领导地位会让消费者对品牌的实力充满信心。具体来说,如果一个品牌是行业的领导品牌,会从三个方面吸引消费者的注意,并增强他们的购买信心:一是这种品牌会有大量的消费者购买,从众心理会导致现有顾客坚定自己的选择,并吸引新的消费者加入;二是领导地位同时也表明该品牌在行业的技术领先和革新能力;三是领导地位表明该品牌的时尚性,代表着消费的潮流和趋势。可以通过提高市场占有率,加大革新力度,产品专业化等措施来提高品牌的领导地位。

三、争做市场先入者,保持目标市场不变

1. 争做市场先入者

早在 1982 年,美国学者特劳特(Trout)和里斯(Ries)提出了著名的"广告定位理论"。该理论认为定位策略之一就是:广告要创造出一个独有的位置,特别是"第一个说法"、"第一事件"、"第一位置"等。因为只有创造第一,才能在消费者心理创造出一个难以忘怀、不易混淆的差异优势效果。从创造品牌的角度来说,第一个进入市场的并不意味着就是技术的第一开发者,而是要首先进入消费者心目中。市场营销实践表明,领先进入市场的品牌能获得高于后进入者 1/3 的投资收益。麦当劳、IBM、DELL 并不是其销售产品的首创者,但他们首先在消费者心目中创立了品牌,占据了消费者的头脑,形成了为消费者认可的特色而常葆青春。

2. 保持目标市场不变

企业首先要进行市场细分，然后确定品牌的目标市场，并针对目标市场的需要设计和开发产品，而不要尝试去迎合所有细分市场的需要。长期坚持下去，必然会在目标市场这一细分市场中建立该品牌的鲜明识别特征。武汉市有一条闻名于全国的"汉正街"，以中低收入者以及农村居民为目标市场，长期定位于中低价位的商品。中低收入者和农村商贩都喜欢去汉正街，因为在他们心目中形成了便宜货在汉正街的观点。保持目标细分市场不变还意味着随着市场需求的变化和新技术的产生，产品的外观、设计、功能、服务等都应迅速改变，以适应市场的需要，但是产品的核心特征以及广告宣传的关键诉求不应发生改变。

3. 慎用品牌扩展策略

如果企业要进入新的细分市场，就要根据新的细分市场与已经进入的细分市场的关系来进行品牌策略的调整。在这种情况下，有很多企业会选择品牌扩展（brand extension），即把某个商品的品牌扩展到其他同类或者不同类的新产品上，开发和利用现有品牌，而不是开创新的品牌。成功的品牌扩展能给企业带来诸如降低营销费用、强化品牌价值等好处。

但是许多研究和实际市场运作都表明，品牌扩展极可能出现"稀释效应"，即随着核心品牌在新产品上的使用，消费者对核心品牌的评价下降。如提到"凌志"牌轿车，人们都知道他属于高档类轿车，很少人知道它是"丰田"公司的产品。丰田品牌在长期的品牌资产积累中已经形成了经济、省油的中档车的形象，属于中等收入群的品牌。因此，丰田在开发高档车型时，就应该避免采用丰田品牌。因为采用丰田品牌的高档车既破坏了丰田在消费者心目中的形象，导致品牌定位感知混乱；又可能导致消费者不认可高档车的形象。所以，在进入新的细分市场时丰田起用了新的品牌。

四、巧用整合营销传播

整合营销传播即把企业的一切传播活动，如广告（电视、平面、广播、DM、POP）、促销、公关、新闻、直销、CI、包装等进行整合，让消费者从不同的信息渠道获得某一品牌一致的信息，各个渠道的信息相互参照和佐证，从而达成最深程度上的认知。同时，营销人员还要通过艺术手法和强化手段加深消费者对品牌信息的记忆，从而提高他们对品牌的知晓水平，达到提高知名度的目的。强调在众多媒体、不同消费者接触点保持信息的一致性，遵循"用同一声音说话"的营销传播原则。

整合营销思想的前提是企业的每个部门、每个成员和每项职能都承担沟通的任务，其发出的信息都会起到加强企业形象的作用。整合营销的终极目标是塑造独特的企业形象，创造最大的企业品牌价值。整合营销传播有以下优势。

1. 形象整合，声音一致，有利于品牌形象的确立

整合营销传播是将所有营销传播的技术和工具，用于同一声音、同一做法、同一概念的传播与同目标受众沟通，也就是说要做到"信息一致"、"策略一致"。

信息一致性包括纵向和横向两个维度。纵向的信息一致，就是要求企业的经营策略、企业的价值观以及大众传媒所传递的信息等，在相当长一段时间内要保持统一。这样可使同一信息接收者在不同时间收到的信息所引起的感受是一致的，从而对企业产生稳定的看法。但这里强调的一致是一种动态的一致，是在变与不变之间找到一个平衡点。

横向的一致性要求企业在同一时间内通过各个渠道传播的信息是一致的。不同的关系利益团体会按照自己的心意扭曲他们所发布的信息，并按照自己的理解把信息传播出去。这些信息的发布是不容易控制的，但对消费者的影响是巨大的。广告心理学研究显示，越是不容易控制的信息传播途径，其产生的效果越大。企业主动发布的信息，无论宣传得多么好，对消费者来说，并不会有很深刻的感受，因为这些宣传对他们没有什么切肤之痛；在实际生活中的亲身体会，才是真正进入消费者内心的、影响消费者对公司看法的决定性因素。而且，这之间的反差越大，消费者的不满情绪就越强烈。消费者对企业（品牌）的了解，不可能只从一个渠道接受信息，而是多方面的了解；如果这些信息是一致的，消费者对产品就有信心，会放心地购买使用，对企业的看法也较稳定；如果有不同的信息出现，消费者就变得无所适从，不知该听哪方面的消息，在自我保护意识的支配下，消费者会停止购买，采取观望态度，对企业的形象也会打上一个问号。

整合营销传播提倡声音一致，有利于消费者更好地认识企业，在消费者心中建立一致的企业形象。按照心理学态度协调理论，如果两个态度对象原先的态度落在肯定范畴内，则结合后的态度变化趋向两者中更肯定的一个；如果两者原先态度至少有一个是否定范畴，则整合后的态度变化，趋向于否定的一个[1]。因此，信息一致性有利于建立强有力的品牌形象。

2. 以资料库为起点，有利于同现有及潜在消费者互动

现代市场营销观念或营销哲学，已超过了以生产为中心和以推销为中心的传统观念，进入以消费者为中心的时代，从"以自我为中心"转向"以市场为中心"。现代营销沟通者应以消费者的观点看待营销价值和营销传播工具。由消费者观点而非营销者本身出发，广泛实现与消费者的互动，使得营销传播变成由下而上的传播。

1）马谋超. 广告心理学. 中国物价出版社，1997

整合营销传播强调以资料库为起点，充分掌握现有消费者及潜在消费者的需要及行为信息，包括消费者群、竞争对手、内部员工、股东和供应商等信息。而后，营销沟通者才能以消费者的观点，决定适当且有效的方式，发展传播说服的信息策略。以消费者为导向的"由外而内"的互动过程，依消费者的需求、动机情报，量身打造适合消费者的沟通模式，进而促进建立品牌忠诚[1]。

以资料库为起点，与消费者建立积极有效的互动关系是以消费者为核心的营销战略的更深一步发展。消费者在购买和使用产品的过程中必然会有各种对该产品的想法，可能是好的，也有可能是不满意的，甚至是强烈的抗议。现代心理学告诉我们，人的不满发展到愤怒是一个逐渐变化的过程，在这一过程中，如果人们的不满能找到一个宣泄的地方，那么个体的不满就不至于发展到强烈的抗议。同时，个体也在自觉或不自觉的寻找途径发泄自己的不满。消费者如果对产品有所不满，又不能向企业反映，就会把不满告知别人，听众会再次将这些对企业不利的信息传达出去，有如流言和小道消息，越传越严重，越传越失真。企业因为一个消费者的工作没有做好，最后损失的并非一个消费者，而是一大片。如果企业建立了积极有效的互动关系，就可以有效地避免这种情况发生。

互动关系最重要的两点就是倾听和反映。倾听是为了了解消费者的不满，同时也给了消费者一个倾诉不满的机会。消费者有所不满并不可怕，可怕的是让消费者的不满自由发展。企业如果认真倾听了消费者的意见，并做出了快速有效的反应，消费者不但不会继续保持不满，反而认为这家企业是值得信赖的，是尊重消费者的，并把企业的好处宣传出去，树立企业的美誉度。

互动关系不但可以有效解决消费者的问题，对企业本身的发展也是很有帮助的。消费者在使用产品的过程中，能发现产品的不足以及可以改进的地方，有时还能为企业出点子。企业如果能搜集到这些信息，对其产品的创新和完善无疑具有很大益处。

以消费者为中心和建立积极有效的互动关系，可及时消除消费者的不满情绪，满足消费者对尊重和理解的需要，降低消费者的心理风险，在消费者心理上设置较高的转换壁垒。从而可以有效地提高消费者的忠诚度，降低消费者流失率和销售成本，带来良好的口碑，为建立优秀的企业形象打下良好基础。

3. 系统综效的思考模式，有利于传播效果的最大化

整合营销传播企业的模式是以实现系统综合效果为思考基础的，其目的是希望透过事例传播工具所传播的一致信息，传达企业或品牌的一致形象给消费者，进而促使消费行为发生，并希望同消费者建立永恒的关系。整合营销传播者认为，

1) 许安淇. 郑和应销传播新趋势与台湾的广告发展. 营销传播广告新论. 北京广播学院出版社，2001

策略性的整合效果将大于广告、公关、促销等个别策略执行的结果，同时还可避免个别执行的营销工具会彼此竞争，或传递冲突的信息，从而将传播效果最大化，即起到 1+1>2 的效果。从消费者心理角度，也可以看出 IMC 的以下宣传综效。

（1）不同时空的"同一声音"有利于引起消费者的注意

人们对一般企业信息的注意多是被动的无意注意。心理学研究表明，个体对外界事物的注意多是无意注意，取决于刺激物与背景的强度、对比、动态及新异性。现代社会是信息社会，消费者每天要接触成千上万的营销传播信息，他们只会挑选少量要处理的信息，绝大多数信息人们根本不会注意，即这些信息被忽略掉了。在不同时间、不同空间传播同一种声音，可增强宣传信息的刺激强度，引起消费者注意。而引起消费者注意是广告心理效果的第一步，如果不能引起消费者的注意，再好、再有创意的广告信息其效果也近乎为零。

（2）个性化的整合信息易于打动消费者

引起消费者注意只是有效营销的第一步，最终还是要打动消费者，激发其购买欲望，从而使其产生购买行为。IMC 策略就是针对消费者的购买诱因，进而塑造出有别于竞争对手的独特品牌及品牌个性，就仿佛与消费者进行一对一的对话，因而更能打动消费者。

（3）IMC 的综效还原于消费者信息处理的累积模式

很多厂商相信，他们只靠信息力量本身就可把消费者头脑中竞争对手的品牌扫地出门。这种认为大众传播具有强大力量的观点被称为"子弹论"或者"刺激-反应论"。这种理论认为，消费者现有的偏好、经验或概念都很容易被厂商传递的信息所取代，只要能比竞争对手传递更多的信息，就能"俘虏"消费者头脑中的产品类别。然而，消费者对信息的处理很可能是按照累积模式进行的。也就是说，新信息并不能取代旧信息，而是与原有概念相结合。因此，营销传播是一个累积的过程，在这个过程中，产品的信息不断储存、处理和回想 [1]。整合营销传播在不同时间、不同空间传播"同一种声音"，便于消费者接受、处理所传播的信息，以提高 IMC 的综合效果。

4. 关系营销，有利于积累品牌资产

整合营销传播强调长期性，并有强烈愿望去建立企业、品牌与消费者之间的深层关系，而不只限于立即的销售。它离开了传统营销理论中占中心地位的 4P 理论，提出了 4C 理论，强调将产品先放在一边，研究消费者的欲望和需求（consumer wants and needs），不要只是卖所能制造的产品，而要卖消费者确实想买的东西；暂时忘记定价策略，着重研究消费者要满足其需要所付出的成本（cost）；忘掉渠道策略，而要考虑如何给消费者方便（convenience）以获得商品；

1）何佳讯. 现代广告案例——理论与评析. 复旦大学出版社，1998

忘掉促销，取而代之的是沟通（communication）。4C 理论强调以顾客的观点看待公司和品牌，与顾客进行双向沟通，充分了解沟通对象的信息及反应，将其输入资料库，通过计算机软件进行评估，掌握消费者对营销活动的看法，以便在下次活动中调整计划，如此反复，这种关系的循环就叫做关系营销（relation marketing）。

5. 注重过程评估，有利于一致性策略的执行

整合营销传播的目的在于尽可能接近消费者实际购买行为。与传统的营销传播相比，更注重顾客和潜在顾客的行为测量。整合营销的传播依赖于企业与传播代理商的密切合作，取决于代理商对"整合"的透彻认识，对一致性策略的思考能力及执行力，取决于不同团体参与企划、传达及接收各种信息的过程，也取决于企业内部的整合程度以及自主性企划的能力。因此，在效果评估外，整合营销传播还非常注重营销传播过程的评估。

通过对营销传播管理人员的关系能力、公司内部沟通的质与量、营销传播信息的一致性等指标的动态评估、检讨，进而修改、调整，从而保证信息一致性策略的执行，维护和加强与关系利益人之间的互动，最终构筑良好的品牌关系，积累品牌资产。

小　　结

商品的品牌往往成为消费者识别商品的重要标志，也是现代消费者选择比较并制定购买决策的主要依据。本章专门就消费者的品牌心理和品牌购买行为进行研究，以帮助企业充分了解现代消费者的品牌心理特点与行为规律，从而有针对性的制定品牌营销策略。

1）品牌的涵义、构成和功能。关于品牌的含义，科特勒认为品牌就是一个名字、称谓、符号或设计，或是上述的总和，其目的是使自己的产品或服务有别于竞争者。品牌的构成要素包括三部分：品牌名称及标识物、标识语；品牌的视觉形象；独特的个性。明确了品牌的功能后，在此基础上阐述了品牌资产概念和观念，结合我国目前缺乏强势国产品牌现象提出了一些思考。

2）品牌与消费者之间关系的发展过程。这一关系的发展程度可以从品牌的知名度、品牌联想度、品牌美誉度和品牌忠诚度四个方面得以体现。进而揭示了消费者对品牌偏好的层级过程和程度，并就每个层级过程消费者的主要心理特征，对品牌感情、心理和行为的变化作了简要分析。

3）不同类型消费者在选择品牌时心理和行为有所不同。本章第三节首先分析品牌对消费者购买行为的影响，在此基础上分析了不同类型消费者的品牌购买行为特点。

4）关于如何提高消费者的品牌忠诚度，主要有四个方面：在消费者认知品牌

的各阶段适时加大吸引程度；时刻了解消费者，加大品牌的差异化程度，提高品牌的领导地位；争做市场先入者，保持目标市场不变；巧用整合营销传播。重点阐述了如何在消费者认知品牌的各阶段适时加大吸引程度，增加品牌的知名度、联想度、美誉度和忠诚度。

　　本章还着重就整合营销这一热点问题进行了详细阐述。

思　考　题

1．品牌的含义和构成是什么？
2．品牌忠诚度对消费者购买心理与行为有哪些影响？
3．在品牌消费中有哪些消费主体？其各自特点是什么？
4．什么叫顾客关系管理？企业在品牌建设中应怎样实施顾客关系管理？
5．企业应如何增强消费者的品牌忠诚度？
6．如何将整合营销的作用发挥到最大？

第十章 消费者个人理财心理与行为

消费者的消费行为不仅限于即期消费，还包括各种中、长期消费行为。为此，消费者就有必要对自己的收入与财产进行即期和远期的分配，以处理即期消费和中长期消费的关系。这就涉及到消费者的个人理财问题。本章将对个人理财的有关知识进行介绍，并从信贷消费、储蓄、保险和投资四个方面分析影响消费者个人理财的因素，最后介绍了个人理财的发展趋势。

第一节 个人理财概述

一、关于个人理财

1. 个人理财的概念

个人理财是指管理个人的收入和财产，即个人或家庭通过制定个人发展目标，编制理财计划，运用各种理财工具如储蓄、信贷、保险、证券投资等，以实现合理支配收入、财产保值增值目标的一种超微观经济管理活动。

2. 个人理财的目的

个人理财不仅限于对个人或家庭收入及财产的专门管理，而且包括对个人或家庭消费支出与收入分配、储蓄、投资、信贷等之间在总量、结构、内容、时间等方面的全面筹划，统一调配和合理运作。

储蓄、投资、保险、信贷等活动的本质是将消费者的即期消费推迟转化为远期消费，或将未来的消费目标提前实现，其最终目的都是提高消费者的总体消费能力和消费生活质量。因此，就这一意义而言，个人理财属于消费活动的范畴；个人理财行为是消费者行为不可分割的重要组成部分。

二、影响个人理财的因素

与一般的商品服务消费活动不同，个人理财是一项复杂的、专业性较强的个人资产管理活动。资金、信息和知识专长是个人理财必备的三项基本要素。此外，理财还会受到理财者的心理素质和外部环境的影响。具体来说，个人理财受以下因素的影响。

1. 资金

有无资金是决定个人或家庭是否进行理财活动的前提，而资金多少又决定了如何进行理财决策。高收入的个人和家庭，由于其经济实力雄厚，如果具有冒险精神和有关的专业知识，可更多地选择风险与收益较高的投资工具。低收入者首先要保证基本生活的满足，因而应更多地在如何广开财源、增收节支、摆脱低收入的困境上做文章。

2. 信息

人们进行理财活动，不管他或她是储蓄还是投资于某一领域，都要收集大量有关信息，以支持其进行科学的理财决策。如果各种资料或信息表明，某种债券还本付息的可能性几乎等于零，而理财者没有得到这一资料或信息，继续购买该种债券，其结果是可想而知的。可见，信息对制定正确的理财决策是相当重要的。理财者必须广泛搜寻各种必备信息，并确保信息的充分性和可靠性。

3. 知识专长

理财者的知识水平、专业素质高低，对理财效果有明显的影响。而理财知识水平又与理财者的职业、受教育程度以及理财实践的多少有直接关系。所以，个人或家庭要想取得理想的理财效果，实现较高的投资收益，必须不断学习有关个人理财的专业知识，提高自身的理财素质。

4. 心理因素

理财者的心理素质会直接或间接地影响个人或家庭的理财行为。例如，当股票价格大幅波动时，决定人们购进或卖出股票的不仅是信息、专业知识水平等因素，心理因素也会起重大作用。个性沉稳、谨慎的理性投资者在冷静地分析股票走势后作出决策；冲动易变、感性化的投资者则可能盲目从众，轻易作出决策。

5. 理财环境

理财环境即个人或家庭在理财过程中所处的外部环境，包括地理位置、交通状况、市场发育程度，以及国民经济发展状况、政府的经济政策等。理财环境对个人或家庭的理财行为有着重大影响，比如，政府的产业政策会对某些产业及企业的发展给予鼓励、扶持，而对另一些产业及企业的发展予以限制，从而对个人或家庭的理财活动产生间接影响。有时，政府的经济政策还会直接影响到个人或家庭的理财行为，如国家降息和征收利息税会直接引导理财者决定是继续储蓄还是进行其他方面的投资。

第二节　消费者的信贷消费心理与行为

相对于其他消费领域来说，信贷消费者的心理受传统习俗以及经济政策等因素的影响更大。如果考虑到信贷消费的特殊情况的话，可以这么说："信贷消费者的心理是最复杂的。"因为信贷消费与风险有很大的联系，人们从事信贷消费的时候往往是在考虑自身对风险把握和对风险承受能力的程度。再有，信贷消费增加了"信用"这一社会性极强的机制，使得消费者的整个消费心理和行为都趋于复杂化。在这一章里我们将会谈到信贷消费者的各种消费心理和行为。

一、信贷消费简述

1. 信贷消费的含义

信贷消费是一种消费方式，指的是经营者向消费者提供为生活目的之需的货币、商品、服务或有价证券，消费者依约定时间、方式延迟偿还货币的消费交易行为。可以说，信贷消费的基础是"消费类型的信贷"。信贷消费具有两个特点。

其一，金融机构等贷款提供者可以通过零售商来发放贷款，也可直接与消费者签订消费贷款合同，这种信贷方式是极其灵活的；其二，信贷消费与消费信贷是相互联系的，它们是一个问题的两个方面。人们平时所说的消费信贷，一般是指商业银行、金融公司、信用社等金融机构和零售商向消费者发放的用于购买最终商品和服务的贷款。如果要强调在消费过程中信贷所起的作用，或是将信贷与消费分别运用时，信贷消费与消费信贷就是两个差异很大的概念了。但在日常生活中，人们通常对这两者之间的差异是不加以区分的。

2. 信贷消费的特点

（1）超前性

这是信贷消费的本质特点，它将人们在未来时期的消费移至当前，实行的是"花明天的钱，办今天的事"的超前消费方式。人们出于利息动机或谨慎动机，把收入的一部分存入银行，此举即为储蓄。储蓄是将现有收入在未来时期消费，是一种延期消费行为。而信贷消费正好相反，是远期消费的现期实现。这一方面解决了消费者购买动机与购买能力之间的矛盾，另一方面又推动了社会支付能力均衡化和提升社会整体消费水平。

（2）广泛性

既指消费对象的广泛，也指贷款的消费者广泛。消费对象的广泛指信贷消费的对象包罗万象，从汽车、住房、家具到医疗等。消费者的广泛指在现实社会中，进行信贷消费的并不是少数高消费阶层，而是占消费人口多数的中等收入阶层。还有一些消费信贷公司甚至将触角延伸到无收入的学生身上，可见信贷消费对象是非常广泛的。

（3）风险性

无论对于贷款提供者还是对于消费者，消费信贷业务都具有一定的风险性。在一般的商业买卖活动中，商品需求者一手交钱，商品所有者一手交货，商品实现了价值和使用价值的转换，也即完成了"惊险的一跳"。但是在信贷消费活动中，买者与卖者之间产生了债务关系，贷款能否按期收回存在着风险；而购买者也有债务风险。例如，1929～1933年资本主义经济危机的爆发就与当时信贷业的虚假繁荣有关。

二、信贷消费心理

1. 信贷消费的动机

（1）信任动机

信贷消费心理的信任动机指基于对某个信贷服务产品的信任所产生的重复性的购买动机。从消费者角度讲，消费需求是一种积极因素，必然使得消费者努力实现心中筹划的消费行为。但是，现实中并不是每一种消费需求都能实现为相应的消费行为。因此，消费者会寻求合适的方式来满足自己的消费需求。随着消费信贷方式的推广，允许消费者先于自己现实的支付能力购买并消费商品，这可以满足消费者的消费需求。

（2）理智动机

信贷消费心理的理智动机指消费者对信贷产品有了清醒的了解和认知，在对这个商品比较熟悉的基础上所进行的理性抉择和做出购买行为。部分消费者认为应该按照他们一生中所预期获得的长期收入和所积累的财产来安排一生的消费支出，如果收入出现暂时的下降，他们就会使用贷款，以保证正常生活。故消费者为了保持正常的消费水平而通过信贷消费调节资金，从而解决暂时性的短缺问题。

（3）感情动机

感情动机就是由人的感情需要而引发的购买欲望。在信贷消费中主要表现为虚荣动机，消费者对一些流行的时髦商品，以先睹先吃先用为快，并且希望买东西时得到赞赏、尊重和重视。但因为受到现实条件的制约，这些动机很多不能满足，于是人们采取信贷消费及时满足需求。

2. 信贷消费的消极心理

（1）风险

消费者在消费商品或服务时，面临着多种风险，如生理风险、金融风险、功能风险、心理风险。使风险最小化是消费者的自然选择。但是，信贷消费作为一种新的消费交易行为，大多数消费者对此毫无经验可言，因而这种购买带有更大的风险。

（2）不确定因素多

提供信贷消费的经营者比较复杂，除对诸如国有商业银行外，消费者对其他信贷经营者（如零售商等）的资信知之甚少，甚至一无所知，因而对经营者存在不信任感；同时，随着经济转型，改革的深入，人们原有的一些福利在调整，而且医疗改革、教育改革等多种涉及人们切身利益的改革使未来的发展形势不明朗，预期消费中不可知因素太多。加之职业的不稳定性加剧，一旦收入减少，不能支付，消费者的基本权益如生存权能否得到保护，能得到多大程度的保护等诸如此类的问题尚未明确。这在一定程度上阻碍了人们的信贷消费动机。

（3）不安全感

信贷消费合同一般是由在经济方面具有绝对优势地位的经营者事先拟定的格式合同，它可能将预定的合同条款强加于消费者，从而排除双方就合同条款进行协商的可能性。经营者完全可能利用格式合同处心积虑地保护自己的权利，而损害消费者的利益。诸多因素使消费者对信贷消费产生不安全感，感到风险太高，毕竟消费安全是消费者关心的首要问题，如果认为风险过大，消费者自然不会购买。

三、信贷消费行为类型

1. 根据消费者的年龄分析划分

（1）青少年信贷消费心理与行为

年轻人消费欲望强，购买时求美、求新，但往往过分追求时尚，感情冲动，不顾及现有实力超前消费。在信贷消费行为中表现以下几方面

1）求新性。年轻人处于求新求异、富有好奇心的年龄阶段，对外界新事物的接受能力特别强。于是在社会许多新鲜事物的吸引下，"试一试"的想法成了一些青年消费者选择信贷消费的源泉。

2）从众性。身在周围都是同龄人的环境中，加之有不少年轻人的家境不错，特别容易出现攀比的风气。这使许多人产生了"别人有什么，我也要有什么"的想法，加上时下的某些时尚主题，促进了这种心理的形成，从而导致信贷消费行为的发生。

3）盲目性。这种心理特点的形成是基于前面所述的心理，且从众性心理起了主导作用。另外，商家看准年轻人的盲目冲动消费心理而推出许多时尚商品和促销诱因，也引发年轻人的盲目冲动消费，为满足"见好就买"的欲望冲动，许多年轻人加入信贷消费的行列。

（2）中年人信贷消费心理与行为

中年人背负着家庭的责任，购买时求稳、求实用，但受心理定势的影响，中

国传统保守的消费观念也往往会左右着其信贷消费行为。许多人人到中年开始感到与现代生活、工作的快节奏脱节，常会出现消沉颓废、郁闷不乐等不良心理状态。出于跟上时代节奏的想法，很多中年人开始接受信贷消费这一与中国传统文化相违背的观念。

（3）老年人信贷消费心理与行为

老年人是一个特殊的社会群体，老年人特有的生理、心理和行为特征，决定了其消费观念、消费习惯、消费能力、偏好和行为方式等方面的特殊性。一般来说，老年人有一定积蓄和退休金及儿女赞助等，收入来源不困难；并且老年人受"勤俭节约，量入为出"等传统观念影响较深，长期形成的心理定式相当稳固，轻易不会改变自己的消费模式，因而他们不是信贷消费的主要对象。

2. 根据消费者性格分析划分

性格是指人对客观现实的态度和行为方式中经常表现出来的稳定性倾向，如粗心、细致、坚韧、脆弱、积极、消极等。不同的人有不同的性格。消费者的性格往往在购买行为中起着关键作用。例如，外向型的性格容易受外界影响，如广告宣传等，容易做出和改变消费决策；而内向型的消费者比较保守，做出消费决策的过程较长。理智型的人会用理智来衡量一切；情绪型的人往往缺少理智分析，购物随情感而定，随意性大，缺少必要的权衡。不同性格的消费者在信贷消费行为方面存在着明显差异。

（1）习惯型信贷消费

习惯型的信贷消费是由信任动机产生的。消费者对信贷产品产生良好的信任感，忠于信贷产品，有固定的消费习惯和偏好，购买时心中有数，目标明确。

（2）理智型信贷消费

理智型购买行为是理智型消费者发生的购买行为。他们在做出购买决策之前一般经过仔细比较和考虑，胸有成竹，不容易被打动，不草率做出决定，决定之后也不轻易反悔。

（3）经济型信贷消费

特别重视性价比，一心寻求经济合算的信贷产品，并由此得到心理上的满足。

（4）冲动型信贷消费

冲动型消费者往往是由情绪引发的，以年轻人居多。他们血气方刚，容易受广告宣传或相关人员的影响，决定比较草率，易于动摇和反悔。

（5）不定型信贷消费

不定型消费者常常是那些没有明确购买目的的消费者，他们往往是一些年轻的、新近开始独立购物的消费者，易于接受新的东西，消费习惯和消费心理正在形成之中，尚不稳定，缺乏主见，没有固定的偏好。

四、影响信贷消费行为的因素

目前，我国各商业银行已陆续开办了个人住房贷款、住房装修贷款、汽车贷款、耐用消费品贷款、教育贷款、旅游贷款等消费信贷业务，这是国家作为扩大国内需求采取的重要货币政策，且被大多数人（包括业内人士）认同。在某些消费领域如住房、汽车等，消费信贷已得到相当程度的推进，并取得显著效果。但由于种种因素，消费信贷还未能借助信用的本质优势而成为我国消费方式和商业银行信贷活动的主流。与西方发达国家相比，我国消费信贷的整体发展水平更表现出明显差距。具体来说，我国消费者的信贷消费行为受到以下因素的影响和制约。

1. 消费观念

人们的消费观念会直接影响到他们的消费行为和购买方式，从而影响其消费信贷行为。我国消费者长期受"勤俭节约，量入为出"的传统思想影响，对"借明天的钱为今天花费"的超前消费方式难以完全接受。这种观念在很大程度上制约了我国消费者的消费信贷行为。

2. 居民收入水平及其对未来收入的预期

人们的现有收入水平及其对未来收入变化的预期也会影响他们的消费信贷行为。对未来收入的预期悲观，预期的偿还能力就低，"借钱消费"的可能性就小；反之，对未来收入的预期乐观，消费信贷的欲望就高。

3. 消费信贷运作状况

这主要是指银行及其他金融机构办理消费信贷业务的效率高低，以及是否能让消费者得到心理满足。如果手续简便易行，服务周到，人们就容易接受消费信贷；贷款手续繁杂，门槛过高，会令消费者望而却步。

4. 个人信用体系的完善程度

个人信用体系完善，银行或其他金融机构就能比较准确地把握借款者的信用水平，从而决定是否将资金贷给某一个人。反之，缺乏完整的个人信用认证制度，银行或其他金融机构难以了解借款者的信用状况，贷款的风险就会加大。这在一定程度上也阻碍了金融机构开展个人消费信贷的积极性。

五、我国发展信贷消费面临的任务

针对各种制约信贷消费的因素，应该从以下几方面入手促进和规范消费信贷业务的健康有序发展。

1. 转变传统观念，大力提倡消费信贷

对我国消费者而言，消费信贷作为一种新的金融产品和消费工具，需要有一个认识和熟悉的过程。政府、新闻媒体和银行应当共同承担起向消费者宣传普及消费信贷知识的任务，积极开展信贷业务咨询，倡导新型消费观念，使广大消费者认识到消费信贷的效用和益处，从而自觉转变观念和消费方式。

2. 简化办理手续，扩大消费信贷的服务领域

金融机构要积极采取简化贷款手续，降低贷款利息，放宽贷款条件等措施，使消费者能够更加简便快捷地办理消费信贷业务。在消费水平较高的大中城市，要做好个人住房、汽车等一些大宗耐用消费品贷款业务；在收入水平较低的广大农村，应适当开办一些生活消费贷款业务、助学贷款业务等，以适应不同层次消费者的需要。

3. 尽快建立一套完整、规范的个人信用制度

个人信用制度是开展消费信贷的基础，也是发放信用贷款的基础性资料。现在我国一些地区已经开始建立个人信用信息数据中心等信用记录机构，今后应着眼于建立面向全社会的个人信用制度体系。

4. 建立和完善与消费信贷业务相配套的风险防范制度

国家应根据消费信贷的特点和现阶段消费信贷过程中出现的问题，尽快制定出有关的法律法规来规范各商业银行的操作行为，并根据现行有关信贷的法规和操作规程的要求，加强规范管理，加大对违反信用的处罚力度，防范消费信贷风险的发生。

第三节　消费者的储蓄心理与行为

一、储蓄简述

1. 储蓄的含义

储蓄指消费者在银行和其他金融机构存入各种储蓄存款的行为。储蓄是一种流动性强、安全性高、收益率较低的投资方式，是消费者个人理财的重要组成部分。

2. 储蓄的特点

（1）个体差异性

储蓄作为一种微观的个体行为有着明显的个体差异性。比如，在日常生活中，

我们不难发现消费者有了一定的积蓄或丰厚的收入后,有的急于把钱存进银行,有的则及时消费,如外出旅游、购物、娱乐;有的消费者其生活质量不敢恭维,但其银行存款却让人刮目相看;有的人家产万贯,却不愿意把富余的钱存进银行;有的消费者倾向于理性计划消费,定期定量将钱存入银行,已备将来应急所需。同样,在选择储蓄银行的时候,有的人不愿意选择利息率高的定期存款,而选利息率较低的活期存款;有的人宁愿多花时间也不愿在就近的银行存款。

（2）安全隐私性

《中华人民共和国宪法》第十三条规定:"国家保护公民的合法收入、储蓄、房屋和其他合法财产的所有权。国家依照法律规定保护公民私有财产的继承权。"这表明,国家以法律形式实施对个人储蓄所有权的保护。银行对储户的姓名、存款额、存款时间、领取次数、时间等一律严格保密。储蓄办理挂失等业务,储户不会因为自己意外丢失存折等储蓄证明而使存款受到损失。

（3）保值性和增值性

利息随着时间的增长而不断上涨;利率随着消费品价格提高会有所提高。将钱放入银行可以说是相对安全的保值增值途径。人们通过存款的增加而增加自己的消费自信心和财富,这种自信心和满足感又使得他们继续投入到储蓄中。

（4）传统性

不同国家的历史文化传统对消费者的储蓄心理也有显著影响。比如,中华民族长期奉行勤俭节约的传统美德,与西方国家"及时享受"、"超前消费、借债消费"的观念有巨大差异。另外,世代相传的社会习俗对个人的约束力也会对其储蓄心理和行为产生潜移默化的影响。

二、消费者的储蓄心理

1. 消费者的储蓄需要

根据马斯洛的需要层次论,可以把消费者储蓄的需要作如下分类。

（1）由生理需要衍生的储蓄需要

在一定条件下,人们为满足衣食住行等基本生活需要,会衍生出相应的储蓄需要。民以食为天,在以农业为主导的社会中,为预防自然灾害,以丰补歉,许多家庭仍需积累一定的积蓄,以保证未来的果腹之需。住房是消费生活中的重大开支。人们为购买住房,往往从刚参加工作起就开始储蓄,并持续十几甚至几十年。由此,购置住房成为人们储蓄的重要动因。随着生活水平的提高,购便利快捷的交通工具如汽车等,成为消费者仅次于住房之后最主要的储蓄目标。许多消费者通过一段时间的储蓄来实现拥有私家车的梦想。现阶段,对很多贫困家庭或新建家庭来说,某些耐用消费品如电视机、电冰箱、洗衣机等,还需要经过一定时期的储蓄积累才能实现购买。

（2）由安全需要衍生的储蓄需要

为了保证生命安全，防止意外灾害，人们往往需要有一定存款以备不时之需。比如，家人生病，家庭财产失窃，遭遇火灾等，都需要有一笔很大的开支。出于财产安全的考虑，人们通常将所余现金存入银行，而不是留在家里。为保证未来生活的安全，避免因失业而导致生活无着落或水平下降，人们也有意识地持续进行储蓄。根据有关调查，我国居民进行储蓄的原因大部分缘出于此。

（3）由归属与爱的需要衍生出来的储蓄需要

很多父母为子女存有教育基金，以保证子女受到良好教育，这是父母对子女无私的爱的体现。同样，子女也为父母储蓄，以备将来父母年老生病死亡之需。这些都是富有感情色彩的储蓄行为。

（4）由尊重、自我实现的需要衍生出来的储蓄需要

现实中，有人希望通过巨额的存款来获得他人的尊敬、羡慕和认可，以满足面子和虚荣心；也有许多人为了提高自身素质、发展和完善自我而进行存储，如读 MBA、出国深造、考职业证书等。这些都可以看作由尊重和自我实现等高层次需要而衍生出的储蓄需要。

当然，个人的储蓄需要决不会仅仅是其中单一的一种，大多数情况下是综合的，只不过其中某些需要比较突出。

2. 消费者的储蓄动机

储蓄动机是指消费者储蓄的目标或目的，它是在消费需要基础上产生的、引发消费者储蓄行为的直接原因和动力。储蓄动机的强度决定于消费者的收入水平和储蓄心理。这一关系可用下列公式表示：

$$I=A/B$$

其中：I——储蓄动机系数；

    A——货币收入增长幅度；

    B——消极储蓄转向积极储蓄的临界值的提高幅度。

上述公式表明，储蓄动机系数与货币收入增长幅度 A 正比，与消极储蓄转向积极储蓄的临界值的提高幅度 B 成反比[1]。

就基本类型而言，消费者的储蓄动机亦可借助储蓄需要的分类方法，分为以下类型。

1）由生存性储蓄需要引发的储蓄动机。

2）由安全性储蓄需要引发的储蓄动机。

3）由爱和归属性储蓄需要引发的储蓄动机。

4）由尊重储蓄需要引发的储蓄动机。

1）沈坤荣，魏杰. 居民储蓄分析. 经济科学出版社. 45

5）由自我实现储蓄需要引发的储蓄动机。

3. 储蓄动机与储蓄行为的关系

消费者来到银行进行储蓄，可能出自各种不同的动机，如外出旅游、购物、子女教育等。另一方面，消费者出于购物的动机，可能选择多种不同的储蓄行为方式，如进行存储，等攒够了钱再买；向朋友借钱买，有了钱直接还给朋友，不经过银行存储；压抑自己心中的愿望，不买或买便宜的替代品。

由此可见，正如动机与行为的一般关系一样，储蓄动机和储蓄行为并不是一一对应的关系。一种储蓄动机可能促成一种或多种储蓄行为；多种储蓄动机也有可能共同促成一种储蓄行为。就前一种情况来说，极有可能出现动机矛盾的情况。比如，消费者获得一笔年终奖金，如若近期外出旅游，消费者会选择活期储蓄；但为子女教育基金储备，则应选择定期存款。当动机出现矛盾时，消费者就要比较权衡各种动机中哪种更强烈，哪种是迫切需要得到解决的，由此做出行为选择。

三、影响消费者储蓄行为的因素

1. 影响消费者储蓄的内在心理因素

（1）态度偏好

这是指消费者因态度倾向性不同而产生的对银行的不同偏好。有的人倾向于A 银行的服务员微笑、礼貌、周到，而愿意到 A 银行存款；而有的人则看中 B 银行办事效率高，大厅布置宽敞开阔，环境幽雅，而选择 B 银行。

（2）过去经验的影响

储户如果享受过某银行优质的服务，则会对该银行产生一种归属感，他会很积极地去配合银行的储蓄活动；相反，如果储户受到过不好的待遇，哪怕只有一次，也会对该银行的印象人打折扣。所以，银行一定要注意维系老客户，坚持为储户提供始终如一的优质服务。

（3）从众心理的影响

有些储户缺乏主见，选择银行和储蓄品种多随大流，容易相信权威人士意见。对此，银行应该积极做好消费者"意见领袖"的工作，发挥"意见领袖"的带动效应。

（4）价值观和生活方式

有些消费者奉行勤俭节约的价值观念，有钱即存入银行，单纯追求存款数量的增加而不考虑生活质量。另一个极端的消费者则认为人生应该及时行乐，花钱消费毫无节制，完全没有储蓄意识。显然，这两种价值观念和生活方式都是不值得提倡的。

2．影响消费者储蓄的外部因素

（1）城乡居民消费差距

在城乡二元经济结构下，城镇居民消费者与农村消费者之间在消费水平上存在着明显差距。就我国而言，农村居民的消费水平约落后于城镇居民 10～15 年。这种消费水平的差距使得农村居民的储蓄水平也远低于城镇居民。

（2）收入差距

消费者收入的不均衡导致了储蓄结构的变化。比如，目前我国的城乡储蓄结构是 20%～30%的人拥有总储蓄的 70%～80%。高收入阶层的消费意愿较低，因而其收入转化为储蓄部分也就较多。

（3）制度变迁

社会制度的变化使人们对未来收入预期和支出预期的不确定性增强，为此，人们必须对当前的收入做出合理安排，将其中一部分转化为储蓄，以应对未来变化。

（4）未来市场价格的不确定性

这种不确定性给居民储蓄带来了新的意义，它不再是"消费后的剩余"，而是一种有意识的、主动的经济行为的结果。

上述内外因素共同作用于消费者，推动其在平衡自身与外部环境的过程中做出储蓄行为选择。其中，各种外部因素的变化成为主要动因，促使消费者将变化后的不平衡状态转化成自身内部的需要，并进一步影响储蓄动机和储蓄行为。

四、我国消费者储蓄的动机

1．我国消费者的储蓄动机类型

（1）勤俭节约的习惯性动机

中华民族有着勤俭节约的传统美德。人们在长期与自然环境作斗争和秉承传统文化的过程中，形成了勤俭节约的消费观念与生活习惯。"节约光荣，浪费可耻"的思想在我国消费者尤其是中老年人群中根深蒂固。而储蓄所具有的节制当前消费的性质正好与消费者的传统消费心理相吻合。因此，大多数消费者在日常生活开支中都比较节俭，储蓄意识较强。

（2）消费生命周期动机

消费者在其漫长的生命历程中，只在青年至中年后期的工作时期内同时兼有消费者和生产者两种身份，可以在消费的同时创造收入。而在此前和此后相当长的时间里，往往只消费而不创造收入。为此，消费者必须在比工作年数更长的时间范围内计划他们的消费行为，即以在整个生命周期内实现均衡消费为最佳配置目标。为实现这一目标，人们会在高收入阶段进行高储蓄，而在低收入阶段或无收入阶段进行负储蓄。

（3）积蓄子女教育费用的动机

20 世纪 90 年代以来，我国教育体制进行了重大改革。加之随着知识经济时代的到来，人们清楚地意识到知识和教育的重要性，对子女的教育支出在消费支出中所占比重越来越大。特别是那些有未接受或正在接受教育的子女的家庭，"攒钱供孩子上大学"的储蓄动机就更加突出。

（4）对突发事件的防患动机

现实世界变幻莫测，总是会发生这样或那样的难以预料的事故。所以，人们为了防患于未然，会拿出可支配收入中的一部分用于储蓄，以免在突发事件发生时陷于束手无策的窘境。在我国，由于社会保障体系还不完善，社会保险意识还不普遍，对突发事件的防患心理在消费者的储蓄行为中起了很大作用。但随着社会保障体系的逐步完善，人们对防范风险的储蓄需求会逐渐降低。

（5）养老防老的动机

此种心理在中年和老年消费者的储蓄行为中表现得尤为突出。由于即将或已经步入老年，人们的现实经济收入增长开始减缓或有所下降，对未来经济收入的预期亦有所降低。为保持经济独立及为了老年生活有所保障或较充裕，许多消费者从进入中年起就开始将一部分收入用于储蓄，以作防老之用。

（6）保值增利的动机

虽然储蓄存款在各种金融产品中获利性不是很高，但它具有风险小变现快的优点，所以很多人愿意通过储蓄来获取收益。而且储蓄不需要很强的专业知识和技巧，普通的消费者会首选银行储蓄来满足其保值增利的心理动机。

（7）购（建）房的动机

不管是在农村还是在城市，住房支出都在消费者的消费总支出中占有很大比重。对农村消费者来说，自建住房是收入水平提高后占首要地位的消费选择，大多数农村居民都抱有存钱建房的强烈动机。同时，随着城镇居民住房商品化改革步伐的加快，许多城镇消费者的储蓄购房意识也大大增强。

（8）防患失业（下岗）的动机

近年来，随着我国产业结构的全面调整，以及就业制度和国有企业改革力度的加大，致使一些知识和能力水平较低的员工不得不离开以前的工作岗位，下岗失业职工人数有较大幅度增加，这一状况对在岗职工造成压力并产生危机感。为了使自己一旦失去工作后经济上仍能保持独立，一些人将收入的一部分储蓄起来，以备不时之需。

（9）储币待购的动机

市场经济条件下，商品的价格总是围绕着其价值上下波动。有时市场价格波动过大，以致商品的价格大大超出价值。在这种情况下，部分消费者就会将货币储存起来，等到物价回落之后再实现购买。

2. 我国消费者的储蓄动机层次

储蓄动机是一个由低到高的发展过程，可以划分为如下六个阶段。

第一阶段，储蓄本身即是动机，即无意储蓄；第二阶段，保险动机（为了应付不可预测的天灾人祸和年老后的生活保障）；第三阶段，供养子女和赡养老人的动机；第四阶段，婚丧嫁娶的动机；第五阶段，改善生活的动机；第六阶段，盈利的动机。

一般说来，消费者的储蓄是按照上述六个层级逐级进行的。从整体考察，我国消费者储蓄动机更多的还处于第三、第四和第五阶段。较少一部分消费者处于第一和第二阶段，很少一部分消费者达到第六阶段。

第四节　消费者的保险心理与行为

一、保险概述

1. 保险的定义

保险是集合具有同类危险的众多单位或个人，以合理计算分担金的形式，实现对少数成员因该危险所致经济损失的补偿性行为。通常所说的商业保险是指保险双方当事人自愿订立保险合同，由投保人交纳保险费，用于建立保险基金，当被保险人发生合同规定的财产损失或人身事件时，保险人履行赔付或给付保险金的义务。

保险是一种经济补偿制度。这一制度通过对可能发生的不确定性事件的数理预测和收取保险费的方法，建立保险基金，以合同的形式，将风险从被保险人转移到保险人，由大多数人来分担少数人的损失。

对于该定义的理解，可从以下四个方面来进行：一是保险的本质特征：经济补偿。二是保险的基础：数理预测和合同关系。三是保险的费用：来源于被保险人缴纳的保险基金。四是保险的结果：风险的转移和损失的共同分担。

2. 保险的特点

1）保险商品是一种契约商品。

2）保险商品是一项专业性很强的经济活动。保险条款的制定、费率的厘定等建立在保险公司若干年基础数据的总结和长期实践经验的基础上，并经过复杂的数学计算得出。

3）保险商品是一种创造性很强的金融工具。随着现代金融一体化浪潮的发展，以保障为本色的保险商品也有了投资增值的色彩。比如，投资连结类产品要定期公布投资收益、买入卖出价格，具有明显的证券产品特征。当今国际保险市场上，这样兼具保障和投资功能的保险商品还在不断翻新。

二、消费者的保险心理

1. 消费者的保险需要

保险需求是产生保险行为的必要条件，没有保险需求，就没有保险行为的产生，保险行业也就失去了发展的动力和基础。消费者的保险需求是多种多样的，有着不同的内容，比如，消费者对人身安全的保险需求、对健康医疗的保险需要、对子女平安的保险需要、对家庭财产安全的保险需要、对失业的保险需要、对养老的保险需要等。这些不同内容的需要为保险开拓不同的市场以及保险业的发展提供了原动力。

（1）消费者保险需要产生的根源

认识问题是指消费者发现、直觉要解决的问题，就保险的购买行为来讲，是产生对保险产品的需要。对保险需要主要来源于如下心理因素。

1）安全性。安全性可以从两个角度来解释。其一，在一般情况下，危险概率非常小，近乎于不发生，使人们有安全感。其二，在危险发生之后，保证足额的补偿，也给人以安全感。

安全需要是社会人的基本需要，没有安全感，就谈不上社会交往、尊重和自我实现的需要。保险服务于人们的安全需要，各种安全需要促使了各种保险服务项目的产生。如人们对财产安全的需求，才使财产险业务得以发展；人们对人身和生命安全的需要，促使了寿险业务的发展。

保险需求源于灾害事故的客观存在，某种灾害促成了人们对某种灾害的安全需求，某种不幸事件促成了人们对某种不幸事件的安全需求。人们对某种不安全或不幸的安全需求，受着灾害发生的频率和破坏程度的影响，与人们遭到的风险大小成正比。

2）依赖性。安全性需求是根本需求，占主导地位，但是与安全性需求成反方向的依赖性是不容忽视的。过去在计划经济体制下，社会成员端的是铁饭碗，没有下岗和失业压力，对国家和企业形成依赖，这种依赖心理与投保行为成逆向运动，所以消费者个人的保险需求心理必然缩小。然而，随着市场经济的深化和国有企业体制的改革，下岗、失业成了我国目前极为普遍的现象，再加上我国社会保障制度还很不完善，人们的危机意识不断增强，对国家的依赖程度骤然下降。人们需要一种能够暂时缓解失业或其他重大变故对日常生活不利影响的社会安全保障体系。于是，失业保险、养老保险成为了人们的首要选择。

3）侥幸性。保险学称保险合同为"侥幸合同"，说明保险事故是偶然的，具有不确定性。正因为偶然性，才使人们产生侥幸心理，这种侥幸心理与保险需求同样呈反方向运动，即侥幸心理越大，保险需求越小，侥幸心理越小，保险需求越大。

首先，从自担风险的能力看，承担价值大的财产要冒很大的风险，一般说自担风险能力越低，财产价值越大，保险侥幸心理就越小。

其次，从危险损失上看，危险损失大小与保险侥幸心理也成反方向运动，危险损失越大，保险侥幸心理就越小。如9·11事件后，美国人感到恐怖分子的危险无处不在，于是安全需要极为强烈，保险需求也非常迫切。

再次，从社会职业上看，长期处于较为安全的工作或生活环境中，人们的侥幸心理就会使安全保障的绝对需求趋向疲软；但是，如果从事较为危险的职业或周围环境经常有不安全因素存在，就会刺激人们对保险的需求。危险因素像一杆天平，超过一定界限，保险需求就会成倍增加，而侥幸心理则会逐渐缩小。

4）选择性。选择性表现 在以下两方面。一是选价心理与投保行为。在市场经济条件下，消费者普遍存在一种根据价格选择商品的心理。因此，在目前多家保险公司同时存在并展开激烈竞争的市场环境下，价格已成为消费者选择保险公司和险种的重要影响因素。二是逆选择心理与投保行为。这种选择是指怀有趋险心理的人所做的选择，是在满足安全需要补偿经济损失的形式下，购买者利用这种形式来满足自己对非法利益的追求。这种追求违背了保险的根本性质，影响了保险经营的稳定。

（2）保险需求的种类

1）对人身保险的需要。生命是人类任何活动的前提和基础，自身生命安全向来是人类关注的首要问题。因此人类为了追求生命的安全和延续生命而采用了各种各样的手段，从古代人对神的期盼，对长生药的追求一直到现代高科技条件下对精密医疗器械、延长生命的药物的需要等，都充分表现了人类对生命安全的密切关注。人类由于受到时代和自身能力的局限，没有能力彻底征服自然，掌握自然规律，因而无法准确预测自然灾害对生命安全的危险。同时，不仅仅是自然灾害威胁着人类的生命，人类自己也威胁着自身的生存，尤其是当今社会受到恐怖主义的威胁，人身安全问题更加突出的摆在人类面前。人们出于对自身生命安全的需要产生了保证生命安全的动机，产生了对人身保险的需要。

2）对健康医疗的需要。生命健康是人类的一个永恒话题。健康的体魄是人们学习、工作、生活的基础。现代社会条件下，人们的生活节奏越来越紧张，快节奏的生活方式，使人们经常处于劳累、紧张之中，因此带来了许多健康问题。比如说，由于工作压力而产生的精神系统问题。调查显示，现代都市中有60%左右的人群处于亚健康状态。这些问题的出现使得人们对自身健康的关注不断强化，从而产生了保证生命健康的动机，形成了对健康医疗保险的需求。

3）对子女平安的需要。子女是父母生命的延续，是父母的第二生命，因此，父母十分关注子女的成长、发展及未来,其中子女的安全是家长关注的首要问题。

由于子女在未成年时期的不成熟性决定了他们缺乏对危险的认识和应对危险的相关技能，因而他们的生命更容易出现危险。比如，幼儿对电的认识不够，很有可能将电器当成玩具来玩耍。因此，父母十分关注孩子的生命安全问题，从而产生了保证子女生命安全的动机，产生了对子女平安保险的需要。

4）对家庭财产安全的需要。财产是一个家庭得以生存、生活的保障。家庭的组建需要一定的财产作保障，家庭成员的衣食住行等也需要财产保证。同时财富作为一种占有资源的象征，标志着个人及家庭的社会地位。此外，财产也是家庭成员再发展的经济基础。基于家庭财产安全的考虑，人们产生了对家庭财产安全的需要。

5）对失业保险的需要。市场经济条件下，由于市场对社会劳动力供给与需求的不平衡，失业在一定程度上是不可避免的。失业会对失业者及其家庭带来重大影响，甚至导致生活无法维系，所以人们非常担忧失业带来的经济损失，希望失业后生活上仍有所保证，这就产生了对失业保险的需求。

6）对养老保险的需要。人类有自身的发展规律，从孩童到少年、青年、中年再到老年直至死去，这是一个完整的生命历程。随着年龄的增长，人的劳动能力降低，身体素质下降。出于对自身或长辈老年生活的考虑，人们产生了对养老保险的需要。

2. 消费者的保险动机

需要是消费者购买保险的最初原动力，而动机则是消费者最终采取行动的直接驱动力。消费者投保的动机主要有以下几个方面。

（1）在身体或家庭财产发生意外时获得经济补偿的动机

这里讲的意外，包括意外身亡、重大意外伤害、意外事故，如车祸等以及失窃等会对个人造成重大经济损失的情况。补偿损失职能是保险的一项基本职能。大多数消费者对保险的最初认识就是它的补偿功能。人有旦夕祸福，任何人都无法预测未来会有什么不幸发生，因而在生活正常时买一份保险，以便当意外发生时得到一定的经济补偿，就成为人们求得保障的一个重要方式。

（2）储蓄动机

除了补偿功能，保险还有积蓄保险基金职能。目前，保险公司已开发出很多带有储蓄性质的险种，如定期寿险、儿童教育基金险等。这些险种的特点是，消费者每年或一次性向保险公司交纳一定金额的投保费。保险公司以 3 年或 5 年为周期，或是 20 年、30 年后一次性向投保人返还一定金额，直到合同终止。消费者交纳的保费在保险公司返还总额中所占的比例在 60%～80%，这一费率明显高于银行的存款利率。在风险方面，由于保险公司的资金运作情况受到监管部门及国家政策部门的严格监控，因而风险很小。所以，有很多消费者把钱存到了保险公司。

（3）对未来寻求保障的动机

与储蓄功能类似，消费者用今天的钱买保险，为的是退休或没有工作能力以后同样有稳定的经济收入。这种心理在我国目前社会保障体系尚不完善的情况下尤为普遍。很多人对未来的预期不十分乐观，他们希望尽可能多的为将来积累一些财产，以免晚年生活得不到保障。

（4）投资理财动机

目前我国很多银行与保险公司合作，代理一些投资理财性的保险业务。这些险种不仅具有积蓄功能，还有使现有资金增值的功能。购买这种保险的消费者手上有一定的闲置资金，具备基本的投资理财知识和意识，希望资金增值，又不愿承担过大的风险。

三、消费者的保险行为

1. 消费者购买保险产品时信息的收集

保险产品的特殊性决定了保险商品在购买时的复杂性，消费者在选择与购买保险之前，会通过多种渠道收集信息，以降低消费风险。

（1）消费者须了解的信息内容

1）消费者需要了解保险公司的情况，具体来讲包括：保险公司的历史、主要业务范围、总体经济实力、信用水平、曾受理过的对公司比较有影响的业务。

2）消费者还需要收集险种信息，包括：险种的历史、针对的顾客群、要约书的内容、费率计算方法、计费年限、保险责任、保单生效日期、保单正式条款等。

（2）消费者信息收集的渠道

1）从保险公司业务员处获得。保险公司的业务人员共分为三类：一是个人代理人员。个人代理人员是保险公司推销人员。他们的工作主要是向消费者介绍保险公司和保险产品的信息；激发潜在消费者的购买欲望；为投保人办理投保手续；为被保险人办理索赔手续等。二是兼职保险代理机构的业务人员。兼职保险代理机构是指汽车销售商、银行、港口等不以销售保险为主业的公司或机构。在这些代理机构，通常有专职负责销售保险的业务人员。这些机构销售的保险种类，通常和其经营的主业有互补关系。如汽车销售商在销售汽车的同时会销售机动车保险。三是专业保险代理机构的销售业务人员。这些机构的业务就是销售某一保险公司的保险产品（目前国内这种代理公司还比较少）。专业代理公司与保险公司签订长期合同，并从保险公司赚取手续费。与保险经纪人不同，这些专业代理机构在一个合同期限内，只可以代理一家公司的业务，而不可以为该保险公司的竞争对手服务。这些机构的人员也是销售保险的业务人员。消费者从这里同样可以获得有关保险公司和险种的信息。

2）与保险公司总部或分支机构联系，从而获取相关信息。每个保险公司，都设有接待客户的门店、电话或网站。通过这些途径，消费者可以接触到保险公司的业务人员或是公司网页，从而了解到上述两个方面的信息。

3）从广播、电视、报纸、杂志等其他各种媒体接受信息。通过这种途径获得的信息，多是保险公司为了塑造品牌形象，提高社会知名度，扩大市场占有率而发布的计划性信息。这样的信息实际上就是一种广告，在内容上比较单一，且深度不够，给人以泛泛之感。但是，这是了解一个公司总体情况，以及它的基本市场定位的较好途径。

4）从亲戚、邻居、朋友或同事那里获得相关信息。与通过以上渠道获得的信息不同，消费者从亲戚、邻居、朋友或同事那里获得的往往是非计划化性的信息。这些信息不再是单纯的介绍性的，其在传达的过程中还包含了介绍者自身的态度、意见或是批评。对于消费者而言，往往这部分信息更可靠。

2. 消费者选择和购买保险

信息的收集在消费者险种的选择与购买过程中有着举足轻重的作用，是不可或缺的一环。它一方面使没有购买意愿的消费者对保险产品有了初步认识，变潜在消费者为现实消费者；另一方面，它使得有购买欲望的消费者能够全面了解所需信息，从而消除卖方与买方之间信息的不对称，降低购买风险。

消费者在实际进行选择时还需要结合自身的需要，权衡利益得失以后，才能最终做出理性选择。每个消费者在购买产品和服务时都会成为"经济人"，通过购买所得的投入产出比来决定其购买行为。经济性的比较主要通过两个方面进行。一是对有购买欲望的产品在不同的销售方之间进行比较，例如，通过承保范围、保额和对应价格比较得出自己认为更合算的；二是在产品价格比较完之后，比较提供同类产品的不同保险人的实力。这方面的信息主要来源于日常从电视、报刊媒体和周围人员传播中获得的印象。消费者心目中的实力包括以下方面：经济实力（偿付力）、知名度和美誉度、购买的成本（完成买保险所花费的时间和精力）、售后服务质量以及延伸服务的提供。

第五节　消费者的投资心理与行为

一、消费者投资简述

1. 投资的定义

消费者投资行为是一种个人经济行为，它是消费者为了在未来可能获得但不确定的收益而放弃现在的消费，并将其转换为资产的过程。通常表现为消费者将收入的一部分用于购买股票、债券、保险等金融资产，通过持有这些生利的金融资产而取得一定收益。

2．投资的特点

投资具有两个特性：时间性与不确定性，时间性是指投入的货币或者说牺牲的消费是现在的，而可能的收益则是将来的，从支出到获得收益之间有一段时间差；不确定性是指虽然现在支付的金额是确定的，但未来的收益却是不确定的。由于投资意味着将个人收入的一部分转化为非消费支出，因此，消费者的投资行为必然对即期消费及远期消费产生影响。正是在这一意义上，投资行为成为消费者行为的重要组成部分。

投资行为既能取得收益，又带有风险。消费者进行投资所获得的报酬即为收益，如股息分红、债券利息、资产增值等。从时间上看，投入本金在前，获得收益在未来，这段时间差中存在着诸多不确定的因素，从而导致投资行为的风险性。风险是与损失相联系的一个概念。但风险并不等于损失，只是发生损失的可能性，即对投资过程和投资结果产生不利影响的可能性，只有当这种不利结果成为现实时才是损失。

3．投资工具

消费者的投资行为通常是通过一定的投资工具实现的。常用的投资工具有储蓄、债券、股票、期货、投资基金、房地产、收藏品、保险、教育及彩票等十种。各种投资理财工具均有其优缺点，投资者在选择投资工具时的心理和行为各不相同。

（1）储蓄

储蓄的优点是变现性强，存取方便灵活。但它也有不足之处，如获利性较差，属于微利型投资工具；经常遭受通货膨胀的风险影响。储蓄一般包括定期储蓄、活期储蓄及其他储蓄形式。

（2）债券

债券是发行者为筹集资金，向债权人发行的、在约定时间支付一定比例的利息，并在到期时偿还本金的一种有价证券。债券的获利性通常高于定期储蓄存款，而且它的安全性、变现性也都比较好，仅次于储蓄存款。目前可用于个人投资的债券主要有国债和企业债券。

国债适宜那些手中有剩余资金而又没有诸如炒股等其他投资经验的工薪阶层和普通百姓。因为国债是一种国家行为产生的债券，是没有违约风险的，所以它的稳定性较强，安全性较好，加之具有不被征收利息所得税的优点，因此，国债极受一般投资者的欢迎。

一般来说，企业债券逊色于国债，因为购买企业债券可能要承担企业破产、收不回本金的风险。但其中也不乏优秀品种，如1995年中国铁路建设债券便具有准国债的性质。该债券期限三年，不保值，但可以转让和抵押，年利率为15%。因此，实力强、信誉好的企业债券也能吸引很多投资者。

无论是国债还是企业债券都会受到数量和时间的制约，这在一定程度上影响了投资者的偏好。

（3）股票

股票是股份公司发给股东的所有权凭证，是股东借以取得股利的有价证券。从投资者的角度来看，股票只是一张有价证券，凭着这张有价证券他可以分享股利，或者可以将其出售并期望售价高于买价。通常，个人投资者看重的是后者，而不是获取股利。股票一般具有以下特点：获利性很高，收益包括股息、红利及转让收益等；市场公开性强，上市公司的股票可公开买卖；投资透明度大，操作性强；风险很大，炒股者有人一夜之间成了百万富翁，也有人顷刻间倾家荡产；股票不能退股，只允许到股市上自由转让；变现性适中，投机性强。

投资股票有三个必备条件：一定的资金、专业知识及足够的时间与精力。而对于个人投资者来说，还应该具有耐心和韧性，投资也应该以中长线为主，千万不可急功近利，不可人云亦云，跟风炒作，同时还要切忌"贪、馋、占"。

（4）期权

期权的获利性强，利润也比较丰厚；而且它的融资率高，只要缴纳一定的保证金，就可用小钱做大生意；期权市场公开性强，可公平买卖；它还有方便灵活的特点，可以通过套期保值降低风险。但是期权也有其局限性：由于未来不可预见因素众多，其投资风险也较大，甚至大于股票；变现性适中，与股票差不多；专业性较强，一般需要专业经纪人操作或通过投资基金代为投资。比较而言，期权是一种较高级的投资工具。

（5）基金

基金一般由专家经营，收益率通常高于储蓄、债券，但低于股票、期货；可分散风险，风险一般比债券和储蓄高，但远低于股票、期货；安全性好，流动性强，变现性也较强；成本费用相对较低。我国基金目前正处于起步阶段，尚有很多不确定因素，在投资时，应采取慎重的态度。

（6）房地产

随着我国住房制度的改革，多年沿袭的福利分房方式已被取消。单位售房价格将不断提高，并逐渐与市场价格持平。因此，早购房、早受益、早增值的道理和现实已被大众逐渐接受。尤其是房地产交易税费、户口等优惠政策的实施，更是促进了房产销售的火暴。当前，将房地产作为投资项目的个人投资者越来越多。

之所以有众多投资者钟情于房地产，主要是由于房地产作为投资工具有如下优点：可以长期使用，具有保值增值作用，获利性较强；融资性很强，可作为抵押贷款；投资越长、盈利越多。但房地产投资又有很多因素制约自身的发展，比如，房地产变现性很低；所需投资额大，对投资者的资金实力要求比较高：费用较高，如财产税、保险费、维修费等都较高；有一定的风险，当经济大衰退时，要承担房价大跌的风险；房地产的位置是固定不动的，因此地域限制性强。

总体来说，投资房地产的前景还是比较好。有专家预测，在未来的 25 年尤其是今后这 10 年内，我国的房地产增值系数较大。只要区位、地段、环境、设计比较合理，房地产的增值趋势还是很明显的。所以房地产是个人投资的热点之一。

（7）保险

保险可以把各种意外损失降低，直至为零。此类投资不但使家庭的生命财产得到保证，还为投资者今后的生活积累了一定的资金。投资者可以为父母或自己投资社会养老等保险，为子女投资平安保险或健康保险。保险投资也是当前的热门投资工具之一，但购买保险要注意适度。

（8）收藏品

人们对收藏品的投资主要集中在金银珠宝、邮品、古董字画等领域。金银珠宝本身稀少，是保值和对付通货膨胀的最好良方；此外，金银珠宝还具有升值潜力。但是投资金银珠宝也有其不利的方面，包括变现性较差；购买金银珠宝，需要较强的鉴别能力等。

邮品投资收益率很高，风险相对较低，具保值、增值作用；投资邮品，资金可多可少。但邮品投资要求具备一定的专业知识；此外，邮品的公开性、流通性及变现性都较差。

古董字画也是收益率很高的投资对象，一件珍品往往价值连城。投资古董字画，既可提高艺术鉴赏力和情趣，又具有储蓄财产和增值功能。进行古董字画投资需要极强的专业知识，有较强的财力做后盾。此外，保管、维修及保险费都很高。

收藏品投资要求具有相关的知识和学问，但也不是高不可攀的。只要勤学好问，其技巧也是完全可以掌握的。这里面有个"观念和眼光就是财富"的认识过程，当各类投资进入"微利时代"的时候，各种艺术、收藏品的增值系数显然大大超过银行利率。收藏品投资也越来越被人们看好。

（9）教育

从投资者的角度看，教育是"长线投资"的观点已成为共识。就我国来说，目前教育投资已占市场总投资的 10%，其比例还会逐年扩大。据最保守的估算，全国有高中学生 2000 万人，每人每年以投资 2800 元计，则年需投入 560 亿元；高校学生 500 万人，每人每年以投资支出 5000 元计算，则每年需投入 250 亿元。毫无疑问，教育投资的市场异常庞大。此外，其他诸如特长技能培养、职业教育培训、争读重点学校的投资、外国留学的教育投资等，已日益受到社会的关注。

（10）彩票

我们所说的彩票，从本质上说是一种"自愿税"，即一种与法定义务无关的、彩民自觉自愿缴纳、无偿征收的政府收入。这里所说的"无偿"是指政府没有责任对某一具体彩民的下注额给予相应的经济性回报。买彩票可以获奖，但那并不是彩民与政府间交易的结果，而是政府按照随机原则对自愿纳税人的一种奖励。也就是说，这种奖励的获取不依据每一彩民纳"税"额的多少，而完全凭参与者的运气。

彩票具有很高的收益性，即如果能中奖的话，中奖额将很大。相对于每一张彩票的价格来说，其收益极为诱人。但是，彩票收益有很大的偶然性，而且它与投资者——彩票购买者的专业知识没有什么关系。从某种意义上说，彩票是最具风险性和大众性的投资工具。

二、消费者债券投资的心理和行为

债券的种类依划分标准的不同而不同。目前，我国的债券按发行主体主要分为政府债券（主要为国库券）、企业债券和金融债券三种。这三种债券对投资者的投资选择有不同影响。

一般讲，政府债券由国家发行，在各类债券中信誉是最高的，资信可靠，投资风险小，但实际收益率低于其他债券的收益率；企业债券是由企业或企业集团为筹资而发行的债券，其信誉低于政府债券或金融债券；金融债券是由金融机构发行的债券，信誉高于企业债券，低于政府债券，风险和实际收益率介于二者之间。

从目前看，企业债券发展很快，但认购对象大多是企事业单位和内部职工，发行范围也比较狭窄，仅限于某一地区或某一企业。除上海等少部分地区外，绝大多数的企业债券不能上市交易，因此不能吸引全国广大的投资者。当然，具体到某一地区、某一企业，企业债券对投资者的吸引力往往会大于国库券和金融债券。但企业债券收益高，风险也大，投资前必须对发行公司的信誉和债券质量予以充分重视。

在我国，金融债券到期时，按票面金额还本付息，逾期不再计息，而且债券可以转让、继承、抵押，发行对象主要是城乡居民个人，利率高于同期同档储蓄利率水平。所以，对投资保值、减少风险的投资者或用于充当储蓄手段的广大居民，不失为一种良好的投资对象。但金融债券目前不能挂牌上市交易，债券只能在到期时到原发售银行兑付，对主要想取得收益的投资者缺少吸引力。

国库券是目前我国广大投资者交易的主要对象，并且已基本上形成了全国性的国库券交易市场。在各大城市的交易网点，全国、省、市的报刊定期或不定期地公布全国和本地的国库券交易行情，为投资者投资提供了便利。国库券的收益率一般高于同期定期储蓄存款的实际利息收入水平，越来越受到广大投资者的重视, 再加上从 1989 年起我国发行了保值公债, 在一定程度上消除了人们不愿购买国债的心理, 使国库券成为投资者最主要的选择对象和取得收益的主要手段。但也应看到, 自我国发行国库券以来, 尽管在国库券的期限、转让、种类、利率等方面有了较大的变化, 但是由于国库券的转让市场主要集中于大中城市, 国债的流通性或变现性受到限制, 交易对象仅限于个人, 向企业发行的国库券不能转让, 转让价格有时低于面值, 使持有人得不到利息或亏本, 影响单位和个人认购国库券的积极性。此外, 国库券的期限结构较为单一, 多为中长期, 流动性小, 有些地区还实行摊派, 这些都影响了国债市场的发展, 投资者也不愿再投资。所以, 只有不断开发新的金融商品, 如可转换债券存单、存折债券、可转让大额存单、浮动利率债券等, 才能使投资者有更加广阔的选择余地, 才能保护公众的投资热情, 维护投资者的利益, 发展和完善债券市场。

债券的这种特点决定了投资者在消费的时候更加注重收益的稳定性和风险的最小化, 也适合于一些保守性的投资人群。

三、消费者股票投资的心理和行为

股票市场作为现代市场经济的重要组成部分, 在融资领域发挥了越来越重要的作用。股价作为一种经济信号, 引导社会投资的方向, 以实现整个社会最优的资金分配。一般情况下, 资金流向经营好、效益好、股价高的企业; 反之, 资金则从经营差、效益差、股价低的企业流出。但是, 在过度的投机操作下, 股价变得与企业的经营业绩无关, 即股票市场调节资金有效分配的机能变得十分紊乱。买进股票的人不是出于有效利用的目的, 而是要转手倒卖。股票已经完全失去投资对象的功能, 自然也就谈不上有效的利用。而且高涨的股价并没有物质财富的实际增值作基础, 迟早会跌落, 泡沫的破裂不但使人们对股市失去热情, 还会对经济生活造成严重的冲击。

在股市中, 投机者和投资者是并存的。这两者结合在一起, 投机者起了很好的作用。但是如果市场上充斥着投机者, 那么股价就会剧烈动荡。在泡沫破碎的那一刻, 几乎所有的当事者都会损失惨重。西方经济学的一个基本假设前提是理性人, 即人会充分考虑一项投资或投机活动的期望收益和可能的风险。根据托宾 (Tobin) 的大部分人属于风险规避者理论, 历史上所发生的"投资活动的群体非理性"就难以解释。在此, 我们只能说人是有限理性的, 这也是被现代博弈论所证明的。

在一个法制社会里, 更准确的说, 在一个监管体制比较健全的市场上, 吹起泡沫的人难免遭到法律的制裁。但在一个不成熟的市场上, 则可能出现社会公众承担了全部的损失, 而吹起泡沫的人大发横财的现象。在中国, 庄家通过倒仓、对敲的暗箱操作的方式, 急剧拉升股价, 在吸引了众多小股民入局后, 再一路封杀, 让中小股民多年的积蓄化为乌有, 庄家却能借政策的空子溜之大吉。而那些在发财迷梦诱惑下奋不顾身地投入投机狂潮，最后血本无归的广大公众又是什么样的心态呢？

对于股市投机的描述，首推经济专家麦高乐。麦高乐在 1830 年所形容的投机心态是：投机如其他许多事务，一个人的信心来自另一个人的信心，一个人买入或卖出一种商品，并非因为他有绝对准确的供求资料，而只因已有别人进行同样的买卖。因此当人们沉醉于股票市场赚钱而不加判断时，投机活动就会变本加厉，结局只能是悲剧。

在经济学上，有所谓的"羊群效应"，也就是消费者行为所说的"从众效应"。通常情况下，人们在周围人的影响下会产生强烈的冲动行为，有时候甚至是不计后果的。很难想像连洗衣老妇、擦皮鞋的小男孩、烟囱清洁工人都去购买股票了，在这种情况下人们是否还能理性地分析这是不是泡沫，所有的一切是不是梦幻。因此，在从众心理的影响下，众人失去了理智，蜂拥而上加入股市投机的狂潮。而最为讽刺的是，实际上投机的始作俑者还是有"理性"的。

应当承认，并不是所有的投机者都相信他们所认购的股票是值得信任的。但是，他们也确实相信"最大笨蛋理论"——价格会上涨，买主会出现，他们会赚钱。因此多数投机者认为他们的行为是"合乎理性"的。至少过一段时间他们就可以转手赚取价差。谁知聪明反被聪明误，偏偏自己成了最后一只"老鼠"。这便是西方人提出的投机策略，名曰"博傻主义"，即傻瓜可赢傻瓜，不怕自己是傻瓜而买了高价，只要别人比自己更傻，愿意以更高的价格收购，自己就可以把股票卖给后一名傻瓜而赚钱。这种"博傻"行为，纯属一种冒险操作，其中孕育的风险越来越大，到后来难免高价套牢，跌入陷阱，损失惨重。

俗话说"接火棒烫手"，"博傻"操作就像接火棒，最后拿在手中烫手，想甩掉又没人敢接，落得可悲的下场。作为明智的投资者，股市上的每一步行动都应该以理性为指导，决不能以盲目的行动代替。许多人都不相信自己会是最后一只老鼠而去博傻，但结果偏偏自己成了最后一只老鼠，成了最大的傻瓜。

第六节　消费者个人理财的发展趋势

随着社会经济货币化程度的不断提高，在风险和机遇并存的市场环境下，个人理财的重要作用不仅为越来越多的消费者所认同，而且呈现出一些新的发展趋势。

一、投资品种将真正多元化

对我国来说，随着金融市场对外的逐渐开放，允许国外证券商参与基金管理业之后，基金品种将逐步增多，开放式基金的优点将逐渐凸现，并逐步替代目前的封闭式基金，成为基金投资的主流品种。逐步开放寿险市场，允许外资在中外合资的寿险公司中拥有 50%的所有权，会给寿险市场带来极大的冲击和震撼。发达国家科学的精算体制、"以人为本"的服务理念和完善的售前售后服务，将加剧寿险市场的竞争。新的险种将不断进入国内市场，家庭将面临更多的投资选择。全球的投资品种都将伴随着不断的金融创新而更加丰富多彩。

二、信用消费将大大普及

信用消费在发达国家已经不是什么新鲜事物，但是在发展中国家还处于初级阶段。所以，无论是在发达国家还是发展中国家，信用消费都将伴随着经济的发展，世界的进步而发展。我国社会目前尚缺乏系统的个人信用体系，信用消费受到极大的限制。尽管上海前不久已正式投入使用"个人信用联合征信体系"，开始建立个人信用制度的尝试，但对于整个社会来说，这还只是万里长征的开始。外资银行被允许经营人民币零售业务以后，将不可避免地将国外一整套发达的信用等级考核制度引入国内，推进个人信用制度建设的进程。我们的生活将因个人信用的建立而发生巨大的改变，每个消费者可以通过信用将一生的消费均衡安排。

三、金融品牌化

金融品牌是为金融产品而设计的名称、术语符号或设计，其目的是用来辨认金融机构各自的产品或服务，并使这一特色金融产品与其他金融机构的产品和服务得以区别。当今世界正在步入知识经济时代，作为金融业竞争发展新趋势的金融品牌竞争，正越来越受到各家金融机构的重视，成为现代金融企业竞争的着力点和核心所在。特别是个人理财，作为面向广大客户的服务，在金融产品易被模仿的市场背景下，一家银行要保持与众不同的竞争优势，品牌无疑是必须重视的竞争手段之一。品牌效应使得客户对银行业务的认知程度大大提高，成为吸引消费者注意力的重要手段。

个人理财品牌的形成基础是创新、积累，以及文化和服务。在创新、积累上，金融企业应通过不断更新观念，采取各种新措施，推出各项新业务，不断形成自己独特的个人理财品牌。同时，个人理财品牌需要深厚的文化底蕴作为支撑。随着人们生活水平提高，消费者对个人理财服务的要求不仅仅是一种使用价值，而是一种品牌、一种文化、一种格调、一种心理满足。同样是资源的投入，同样是业务宣传和营销，一旦从品牌的角度出发，市场的格局就清晰了，整体的观念就显现了，企业就能够成为市场竞争中的领跑者。个人理财面对的是广大个人客户，因此，个人理财品牌将进一步体现出个性化、情感化、人文化的发展趋势，体现银行服务的准确定位和文化内涵。

四、专家理财

对于消费者个人或家庭来说，资产怎样分配、如何增值是理财的关键问题。

但是，毕竟不可能人人都成为金融专家，不可能把全部的精力和时间都用于随时关注金融市场，况且当前居民大众的投资理财尚处于起步阶段，由于个人金融知识、技术手段的缺乏，往往会造成盲目投资和无谓的风险。于是，把银行作为帮助个人理财的中介金融机构或者通过金融专业人士进行理财，不失为个人或家庭理财的明智之举。

而对于银行和金融专业人士来说，客户的需要也正是他们的利益所在。消费者需要理财服务，商业银行需要拓展金融服务的空间，专家理财是皆大欢喜的"双赢"。

（1）消费者通过专家理财可以获得以下利益

1）节约信息成本。精于理财的专家掌握各种可供投资的金融工具的风险、收益率及流动性等多方面的特征，由专家理财可以免除居民个人自行去了解各种金融产品所花费的时间、精力和财力，从而节约个人乃至整个社会的信息成本。

2）提高个人的投资收益。居民可以在对金融市场、金融工具不太了解的情况下，毫不费劲地获得个人风险偏小既定下的最大化收益。较高的收益可以提高居民的投资热情，调动社会的闲散资金，对于刺激内需，促进经济增长具有不容忽视的积极作用。

3）减少个人投资的盲目性和投机性。消费者个人可以通过理财专家提供的个人理财建议，更加全面地考虑投资收益和风险的对立统一关系，从而减少对资金的不合理运用，削弱投机形成的温床，使其投资更趋合理。

（2）开办个人理财的咨询服务，对银行也具有现实性意义。专家理财可以使银行获得以下利益

1）专家理财可以增进居民和银行之间的联系，甚至是情感交流，这样有助于为银行树立为客户着想的良好形象，可以借此机会吸收和保留一部分居民存款。

2）在金融市场日益完善的条件下，专家理财使得银行在各种金融机构之间架起桥梁，从而提高银行在日益激烈的竞争中的竞争能力。

3）增加银行的服务性收益，从而使银行收入来源单一的现状得到改善。理财咨询可以分为一般性咨询服务和特殊性咨询服务。一般性咨询可以不收费，特殊性咨询服务要收取一定的服务费，这为银行开拓了新的增收渠道。

五、网上理财

随着网络经济的飞速发展和个人投资市场的不断成熟，众多的理财网站应运而生，个人理财也逐步从"算盘+流水簿"的时代进入了 e 时代的网络理财。

从某种程度上说，网上理财是专家理财的一种变换形式，只是将专家理财搬到了网络上而已。各理财网站可以将专业投资者在金融市场上用于结算和管理投资事务的知识和经验提供给个人理财者，以有效地节省投资者管理的成本和时间。除此之外，理财网站还可以对投资者的绩效进行评价，进行准确的成本收益核算

以及事后统计分析。同时，还可以帮助个人管理日常收支、储蓄、贷款、债券、保险以及股票等，使个人理财避免繁琐的手工计算，并使财务数据更加准确及时。

随着网上理财越来越受到投资者的青睐，也吸引了众多的金融机构提供网上服务。在美国，电脑和其他网上工具的普及使网民人数大增，促进了网上金融服务业的蓬勃发展。

六、个人金融服务

个人金融服务业是指金融服务机构向居民个人、家庭提供的综合银行、证券、保险等产品，并满足其理财规划的金融产品和服务的活动。目前国内主要的个人金融服务产品主要包括储蓄、消费信贷、住房信贷、信用卡、寿险、车险、股票、基金、年金等。在我国未实现金融混业经营的模式下，主要可从零售银行、个人证券和个人寿险来考察其发展状况。随着国内家庭居民的生活水平不断提高，对利用个人金融产品来达到个人理财的需求越来越旺盛，个人金融服务业发展的前景非常广阔。并且，从国外的经验来看，个人金融服务业的利润也逐渐显示出超过企业金融服务的势头，并在国外金融机构业务中占的比重越来越高。个人金融服务方兴未艾，零售银行、消费信贷、信用卡、基金、个人寿险等都发展迅速，但与国外更为成熟的个人金融服务业相比，还存在很大差距。不仅如此，国外的许多大型金融机构已经发展到综合金融大鳄的阶段，开始向客户提供一揽子的综合金融服务。综合金融服务是金融创新、全球化和金融监管放松的必然结果，也是金融机构在规模经济、信息优势下的必然选择。在市场竞争日益激烈的新形势下，个人金融服务的发展要求从整合营销的角度出发，并注意个人金融服务业中营销的特殊性，如服务营销、金融业的营销等特点，来强化营销观念、营销战略和营销技巧。

个人金融服务在我国已经有了初步发展：1996年，中信实业银行广州分行率先在国内银行界成立私人银行部，客户只要在该行保持最低10万元存款就能享受多种财务咨询服务；1997年，工行上海分行向社会推出包含理财咨询设计、存单质押贷款、外汇买卖、单证保管、存款证明等12项内容的理财系列服务；1998年，工行上海、浙江、天津等5家分行，进行了个人理财试点；1999年，建行在北京、上海等10个城市的分行建立了个人理财中心；2000年，工行上海分行举行杨韶敏等6位优秀理财服务人员的"个人理财工作室"挂牌活动，首次出现了以员工名字命名的理财服务品牌；2001年，农行推出"金钥匙"金融超市，为客户提供"一站式"理财服务；2002年，招行面向全国推出"金葵花"理财，为个人高端客户提供高品质、个性化的综合理财服务，内容包括"一对一"理财顾问服务、易贷通、投资通、居家乐等专业服务。在此之后，工行推出"幸福快车"、"理财金账户"，建行也推出"金秘书理财"、"乐当家"等个人理财产品。

七、差别化服务

　　根据意大利经济学家帕累托（Pareto）的 80/20 原则，在个人理财业务中，银行 80%的利润源自 20%的优质客户。就国外商业银行而言，对客户实行分类，明确目标客户，对不同等级的客户提供不同的服务已经是通行惯例。长期以来，个人业务仅是国内银行筹措资金的手段，银行向个人客户提供的服务是无差别的大众化服务。随着市场竞争的加剧，国内银行逐步确立以客户为中心的经营理念，引入市场细分等现代市场营销方法，以目标客户为基础，根据客户的需求开发服务新产品，有差别、选择性地进行金融产品的营销和客户服务，把有限的资源用于能为自身业务带来巨大发展空间和市场的重点优质客户。

　　因此，商业银行逐步对高低端客户服务实行分流，低端客户主要使用电话、网络、自助设备等自助服务，而高端客户则主要通过客户经理实行"一对一"服务。个人客户经理制正以其服务的全面性、主动性及人性化特点，成为各家商业银行吸引黄金客户的重要服务手段。客户经理制是商业银行适应市场和客户需求变化的一种营销导向的制度安排和组织架构设计。客户经理通过帮助客户制定理财规划策略，并通过出售相关的金融产品，以达到客户的理财目标。个人理财规划功能可对一个或多个理财目标进行综合规划，结合具体的金融产品给出理财方案，并向客户出具理财建议书。在国外，银行个人客户经理很多具有注册理财规划师（certified financial planner，简称 CFP）资格。就像律师、医师和其他职业顾问一样，候选 CFP 也需要完成教育、考试、经验和职业道德等几个步骤才能成为真正的 CFP。尽管一名 CFP 并非一定要从事个人理财服务或帮助客户实现理财目标，但这个资格在理财规划行业中得到了广泛认可和尊敬。CFP 认证自 1972 年引入理财行业以来，越来越多的客户认识到接受理财规划建议的好处，并且更愿意接受 CFP 专业人士的咨询建议。可以预见，未来国内银行个人客户经理也将逐步引入 CFP 资格认证制度，具有 CFP 资格的个人客户经理顾问式服务将逐步成为国内银行个人理财服务个性化的发展方向。

小　　结

　　消费者的消费行为不仅限于即期消费，还包括各种中、长期消费行为。为此，消费者有必要对自己的收入与财产进行即期和远期的分配，以处理即期消费和中长期消费的关系。这就涉及到消费者的个人理财问题。本章对个人理财的有关知识进行了系统介绍，并从信贷消费、储蓄、保险和投资四个方面分析影响消费者个人理财的因素，最后介绍了个人理财的发展趋势。

　　1）个人理财是指管理个人的收入和财产，即个人或家庭通过制定个人发展目标，编制理财计划，运用各种理财工具如储蓄、信贷、保险、证券投资等，以实现合理支配收入、财产保值增值目标的一种超微观经济管理活动。个人理财的目的不仅限于对个人或家庭收入及财产进行专门管理，而且包括对个人或家庭消费支出与收入分配、储蓄、投资、信贷等之间在总量、结构、内容、时间等方面的全面筹划，统一调配和合理运作。影响消费者个人理财的因素包括资金、信息、知识专长、心理因素、理财环境等。

2）信贷消费是指经营者向消费者提供为生活目的之需的货币、商品、服务或有价证券，消费者依约定时间、方式延迟偿还货币的消费交易行为。信贷消费具有超前性、广泛性、风险性的特点。消费者信贷消费的动机和消极心理会直接影响其信贷消费行为。各种不同类型的消费者其信贷消费特点有明显差异。消费者的信贷消费受多种因素影响。

3）储蓄指消费者在银行和其它金融机构存入各种储蓄存款的行为。储蓄是一种流动性强、安全性高、收益率较低的投资方式，是消费者个人理财的重要组成部分。储蓄具有个体差异性、安全隐私性、保值性和增值性、传统性等特点。消费者储蓄行为受内在心理因素和外部环境因素的影响。

我国消费者的储蓄动机类型包括：勤俭节约的习惯性动机；消费生命周期动机；积蓄子女教育费用的动机；对突发事件的防患动机；养老防老的动机；保值增利的动机；购（建）房的动机防患失业（下岗）的动机；储币待购的动机等。

4）保险是集合具有同类危险的众多单位或个人，以合理计算分担金的形式，实现对少数成员因该危险所致经济损失的补偿性行为。消费者保险需要表现为安全性、依赖性、侥幸性、选择性等方面。保险需求的种类包括：对人身保险的需要；对健康医疗的需要；对子女平安的需要；对家庭财产安全的需要；对失业保险的需要；对养老保险的需要。

消费者的保险动机有：在身体或家庭财产发生意外时获得经济补偿的动机；储蓄动机；对未来寻求保障的动机；投资理财动机。在此基础上分析了消费者购买保险过程的特点，如如何收集信息，如何比较选择保险等。

5）消费者投资行为是一种个人经济行为，它是消费者为了在未来可能获得但不确定的收益而放弃现在的消费，并将其转换为资产的过程。通常表现为消费者将收入的一部分用于购买股票、债券、保险等金融资产，通过持有这些生利的金融资产而取得一定收益。消费者投资可以选择多种投资工具，如储蓄、债券、股票、期权、基金、房地产、保险、收藏品、彩票、教育等。重点阐述了消费者投资股票和债券的心理特征及行为特点，并解释了其中存在的某些特殊现象。

6）个人理财的发展趋势表现在：投资品种将真正多元化；信用消费将大大普及；金融品牌化；专家理财；网上理财；个人金融服务差别化服务等方面。金融机构可以采取相应的营销措施顺应潮流，为消费者提供更好的个人理财服务，同时促进与消费者个人理财相关产业的更好发展。

思 考 题

1. 什么是个人理财？消费者进行个人理财的目的是什么？
2. 信贷消费与一般消费有什么不同？
3. 我国信贷消费的特点有哪些？如何解决其中的问题？
4. 我国消费者储蓄动机的特征有哪些？
5. 消费者购买保险产品的过程有什么特点？
6. 消费者如何可以实现更好地投资？
7. 个人金融服务理财趋势能为消费者带来哪些好处？

第十一章　绿色消费心理与行为

根据全球自然保护组织世界自然基金会《2004 年地球生态报告》，人类现在消耗自然资源的速度超出了地球能够再生资源能力的 20%，在 1970~2000 年间陆地、淡水和海洋物种减少了 40%。地球生态指数（living planet index）显示，由于人类对于自然资源不断增加的消耗，地球生态环境状况正以非常迅速的速度恶化。地球指数跟踪调查了 1000 多种物种种群数量的总体趋势。这一调查结果显示，在 1970~2000 年间，陆地和海洋物种数量下降了 30%，而淡水物种数量下降了 50%。世界自然基金会认为，这是由于人类对于食物、纤维制品、能源和水资源需求量急剧增加的直接结果。人类社会正在面临着一系列严峻的挑战：森林锐减、海洋污染、水土流失、草场沙漠化、生物物种减少、有毒三废剧增、生态环境破坏严重、臭氧空洞、全球变暖、资源耗竭等。越来越多的迹象表明生态环境的危机将成为本世纪人类面对的最大的生存与发展威胁，这一状况正在引起国际社会的广泛关注，全世界的人们包括越来越多的消费者已经行动起来，为创造一个崭新的绿色地球而携手行动。

第一节　绿色浪潮与绿色消费的兴起

一、绿色浪潮的兴起

世界绿色浪潮的兴起有着深刻的历史背景和现实原因。工业革命以来，由于人类片面追求自身的发展而不重视对生态环境的保护，导致地球非可再生资源逐年减少，可再生资源遭到严重破坏，从而使得人类生存环境不断趋于恶化。因此，以保护生态环境为目的的绿色浪潮的兴起并不是偶然的，绿色浪潮是人类对工业化后果进行深刻检讨以后，对绿色的、美好的生存环境的强烈渴望。应该说，这是人类理性提高的直接表现。

从历史来看，面临日益激烈的市场竞争，许多国家和企业为追逐金钱利益，不惜过度开发自然资源，以粗放型生产大量制造产品，任意排放废气、废渣、废液，甚至还生产出那些消费后会产生污染环境废弃物的产品，从而导致了非再生资源的匮乏，生态环境遭到破坏，人类身体健康受到损害，全球的生存环境日益恶化。

由于逐渐意识到环境资源破坏的严重性，人们开始携起手来，拟定各种世界性和地区性的环境保护公约，共同维护和促进人类生存环境的可持续性发展。近年来，国际上产生了大量的保护环境的协定和条约。从 20 世纪 70 年代起以保护地球生态为目的的"地球日"就诞生了，1972 年 6 月 5 日，第一次国际环保大会——联合国人类环境会议在瑞典斯德哥尔摩举行，世界上 133 个国家的 1300 多名代表出席了这次会议。这是世界各国政府共同探讨当代环境问题，探讨保护全球环境战略的第一次国际会议。会议通过了《联合国人类环境会议宣言》（简称《人类环境宣言》或斯德哥尔摩宣言)）和《行动计划》，宣告了人类对环境的传统观念的终结，达成了"只有一个地球"，人类与环境是不可分割的"共同体"的共识。同年召开的联合国第 27 届大会把每年的 6 月 5 日定为"世界环境日"。每年在此期间联合国环境规划署都要举行纪念活动，发表"环境状况年度报告书"，表彰"全球环境保护 500 佳企业"，并为每年的"世界环境日"分别设定一个主题，作为会议的指导方针（见本节末的小资料），这标志着绿色浪潮的开始。1972 年 11 月 16 日，联合国教科文组织大会第 17 届会议在巴黎通过了《保护世界文化和自然遗产公约》（1975 年生效）。1974 年，世界人口会议召开，通过了《世界人口行动计划》；世界粮食会议召开，通过了《消除饥饿及营养不良的世界宣言》。1976 年，联合国人类居住会议（HABITAT）在加拿大温哥华召开。1979 年，第二届经济合作与发展组织（OECD）环境部长级会议召开，通过了《关于预见性环境政策的宣言》。1980 年，联合国环境规划署（UNEP）及世界银行等 10 家多边援助机构通过了《关于经济开发中的环境政策及实施程序的宣言》；国际自然和自然资源保护同盟（IUCN, International Union for the Conservation of Nature and Natural Resources）和世界自然基金会（WWF, World Wide Fund for Nature）发表《世界自然资源保护大纲》；美国政府出版《公元 2000 年的地球》，预言 21 世纪将面临更严重的环境问题。1981 年，联合国召开"新能源及可再生能源会议"，通过了《增加新能源及可再生能源利用的行动计划》。1982 年，联合国人类环境会议 10 周年纪念会议在内罗毕召开，通过《内罗毕宣言》。1983 年，OECD 设置"环境影响评价与开发援助特别团体"。1984 年，联合国成立"世界环境与发展委员会（WCED）"；世界银行制定《环境政策与实施程序》。1985 年，第三届环境部长级会议召开，通过了《环境：未来的资源》宣言及《在环境援助计划和项目中有关环境影响评价的理事会建议》等。1987 年，联合国世界与环境发展委员会（WCED）通过了《东京宣言》，并公布《我们共同的未来》报告书，提出了许多以"可持续发展"为中心思想的建议。1990 年，欧盟委员会（EU）首脑会议通过环境宣言。1991 年，世界银行、联合国环境规划署（UNEP）、联合国发展计划署（UNDP）设立"全球环境基金会（GEF）"；41 个发展中国家环境与发展部长级会议在北京举行，发表了《北京宣言》。1992 年，"联合国环境与发展大会"在巴西里约热内卢召开，通过了《里约热内卢环境与发展宣言》和《21 世纪议程——可持续环境与发展行动计划》，通过了《森林原则声明》、《气候变化框架公约》、《生物多样性公约》，出席会议的非政府环保组织通过了《消费和生活方式公约》。2002 年，"联合国可持续发展世界首脑会议"在约翰内斯堡召开,《约翰内斯堡可持续发展承诺》和《执行计划》两个文件终于获得通过。据联合国环境署的统计,目前环境方面的全球和区域性国际公约与协定已达 150 多项,这反映了国际社会对绿色环境问题的日益重视,也是绿色浪潮从萌芽到发展的最直接表现。

1996 年 9 月,国际标准化组织(ISO)推出 ISO14000 标准,标志着环境保护进入一个新的发展阶段,即操作实施层面。ISO14000 是国际标准化组织(ISO)制定的环境管理体系国际标准,它包括了环境管理体系、环境审核、环境标志、生命周期评价等国际环境领域内的许多焦点问题。制定这项标准旨在:给企业提供证明他们对环保做出贡献的平台;帮助企业追求环境管理方面的持续长进;促进对有关环境的资源和意志的标准;协调各国的环境法规、标识和方法;促进对环境的预测和一致性;减少贸易的环境壁垒。该体系适用于任何类型和规模的组织,并适用于各种地理、文化和社会条件。这样一个体系可供组织建立一套机制,通过环境管理体系的持续改进,实现组织环境绩效的持续改进。ISO14001 标准是 ISO14000 系列标准的主体标准。它规定了组织建立、实施并保持的环境管理体系的基本模式和 17 项基本要求。该标准的目的是支持环境保护和污染预防,协调它们与社会需求和经济需求的关系。ISO14000 和 ISO14001 标准给各类组织提供了一整套标准化的管理工具,组织通过建立和实施适用的环境管理体系,可以使组织环境行为持续地满足各相关方在环境保护方面的要求。

20 世纪,社会生产力以前所未有的速度迅猛发展,与此同时,地球的生态环境也在以前所未有的速度急剧恶化。据统计,近10 年全世界制造业每年约产生 55 亿吨无害废物和 7 亿吨有害废物,这些废物有的具有对人体直接造成危害的毒素,有的通过对环境的破坏间接影响人类的生存。物质文明发展带来的损害令人们反省过去漠视对环境的保护,从宏观到微观,环境保护意识已经渗透到人类生活的方方面面。20世纪末,"绿色浪潮"在全球掀起了新一轮的发展高潮。纵观世界绿色文明的发展趋势,21世纪必将成为"绿色世纪",绿色浪潮也随着经济的发展而获得长足发展。

【小资料】

迄今为止,每年"世界环境日"的主题如下。

1974 年　只有一个地球

1975 年　人类居住

1976 年　水:生命的重要源泉

1977 年　关注臭氧层破坏、水土流失、土壤退化和滥伐森林

1978 年　没有破坏的发展

1979 年　为了儿童和未来——没有破坏的发展

1980 年　新的十年,新的挑战——没有破坏的发展

1981 年　保护地下水和人类的食物链，防治有毒化学品污染

1982 年　纪念斯德哥尔摩人类环境会议十周年——提高环境意识

1983 年　管理和处置有害废弃物，防治酸雨破坏和提高能源利用

1984 年　沙漠化

1985 年　青年·人口·环境

1986 年　环境与和平

1987 年　环境与居住

1988 年　保护环境、持续发展、公众参与

1989 年　警惕全球变暖

1990 年　儿童与环境

1991 年　气候变化——需要全球合作

1992 年　只有一个地球——一齐关心，共同分享

1993 年　贫穷与环境——摆脱恶性循环

1994 年　一个地球，一个家庭

1995 年　各国人民联合起来，创造更加美好的未来

1996 年　我们的地球、居住地、家园

1997 年　为了地球上的生命

1998 年　为了地球上的生命——拯救我们的海洋

1999 年　保护地球就是保护我们的未来

2000 年　2000 环境千年行动起来

2001 年　世间万物，生命之网

2002 年　使地球充满生机

2003 年　水——二十亿人生命之所系

2004 年　海洋兴亡，匹夫有责

2005 年　人人参与创建绿色家园

二、绿色消费的发展

　　"绿色消费"起源于"绿色浪潮"。随着社会的广泛宣传和倡导，许多国家消费者的绿色意识也日益增强，他们树立起"绿色环保"的消费观念，开始用"绿色观点"来选择商品，并向生产者施加影响，基于这种绿色观点的绿色消费浪潮也由此开始蓬勃发展。所谓绿色消费是指以保护环境和回归自然为主要特征的一种消费活动。这种绿色消费浪潮促进了人们对生态环境的保护和改善，适应了全球资源、环境、经济、社会的可持续发展要求，因此很快得到各国消费者的普遍认可。据有关调查表明，79%以上的美国人、67%以上的荷兰人、80%的德国人在购买商品时会考虑到环境问题；整个欧洲 40%以上的消费者也愿意消费绿色产品。

　　"绿色消费"开始时主要针对与人们日常生活直接相关的消费品，随着人们

绿色意识的逐渐增强，这股清新的绿色消费浪潮已经涌入了全世界各个角落、各行各业。从绿色食品、绿色日用品到绿色服务、绿色设计、绿色制造……"绿色消费浪潮"正在改变人类的生活和生产方式。

与此同时，很多国家也开始日益重视环境保护与消费的关系问题，并提出了一系列顺应绿色消费浪潮的政策措施。1978 年，联邦德国最早实行了绿色产品制度，要求产品的生产和使用过程都必须符合环保标准，并由国家权威部门对产品实行审查评定，对符合标准的产品授予"绿色天使"标志。日本在 1991 年推出了"绿色星球计划"和"新地球 21 计划"。英国也于 1991 年推出了"大地环境研究计划"，重点对温室效应进行了研究。加拿大也于 1991 年推出了 5 年环保计划的"绿色计划"。近年来，挪威、瑞典、法国、芬兰、瑞士等国均实施了绿色计划，加强环境保护。

三、绿色浪潮在中国

自 1998 年英国作家出版《绿色消费指南》一书，呼唤绿色消费意识的再次崛起以来。绿色消费成了一种全球性、崭新的现代消费浪潮。由于绿色浪潮包含着冷静、理性的商业逻辑，必将为制造业信息化提供庞大的消费市场和广阔的发展空间。这种绿色消费浪潮，适应了人们保护和改善生态环境、实现全球经济可持续发展的要求。因此，得到了快速发展和各国消费者的认同。作为世界上最大也是发展最快的发展中国家，我国也一直受到绿色浪潮的冲击。如何以与我国发展相适应的步伐加入这一席卷全球的浪潮之中，是我们必须面对并亟待解决的重要问题。对此我国也进行了一系列的积极探索。

1991 年 9 月 4 日第七届全国人民代表大会常务委员会第二十一次会议决定：批准中华人民共和国常驻联合国代表李鹿野于 1990 年 3 月 22 日签署的《控制危险废物越境转移及其处置巴塞尔公约》。此项公约共有 117 个国家和欧盟以及 36 个联合国组织、专门机构、非政府组织签署。我国对这项公约的签署表明了我国已经融入这场绿色浪潮之中。1992 年，中国政府批准成立中国环境与发展国际合作委员会（简称国合会）。国合会的主要职责是针对中国环发领域重大而紧迫的关键问题提出政策建议并进行政策示范和项目示范。中国政府于 1993 年 8 月首次发布了中国环境标志图形，即"十环标志"。这是为响应 1992 年世界环境与发展大会提出的可持续发展思想和在国际生态标签运动的大背景下产生的。中国环境标志是由青山、绿水、太阳和十个环组成。它的中心结构表示人类赖以生存的环境；外围的十个环紧密结合、环环相扣，表示公众参与，共同保护环境；同时十个环的"环"字与环境的"环"同字，其寓意为"全民联合起来，共同保护人类赖以生存的环境"，这是中国由政府颁布的环保产品证明性商标如图 11-1 所示。1994 年，中国环境标志计划开始正式实施。国家环保总局授权中环联合认证中心有限公司开展环境标志产品认证工作。我国已有 1.8 万种产品获中国环境标志。中国

图 11-1　中国环境标志

环境标志通过建章立制，正在以其公正性、权威性服务于我国环保事业。

　　1992 年，联合国环境与发展会议通过全球《21 世纪议程》，要求各国制定和实施相应的政策。随后，我国政府出台了《中国 21 世纪议程》，国家环保总局先后组织制定了《中国环境标志产品认证委员会章程》、《环境标志产品认证管理办法》、《中国环境标志产品认证证书和环境标志使用管理规定》等一系列工作文件，确定了中国环境标志绿色产品的实施框架，推动了绿色消费的发展，成为进一步迈向国际绿色浪潮的有里程碑意义的举措。"十五计划"中，我国政府提出重视生态建设和环境保护，实现"可持续发展"的战略目标，这实际上也是我国新世纪的发展目标。2000 年，中国消费者协会二届十次理事会确定，2001 年在全国范围内开展"绿色消费"年主题活动。我国于 2002 年 1 月 17 日成功地举办了亚欧会议环境部长会议，10 个亚洲国家、15 个欧盟国家和欧盟委员会共 26 个成员国派出高级代表团参加会议，会议通过了《亚欧环境部长会议主席声明》，将贫困、能源与环境、水环境、荒漠化防治、森林退化、化学品排放、城市环境、生物安全、沿海及海洋保护、清洁生产技术、生态保护、气候变化、环境政策与立法以及促进可持续生活等确定为亚欧环境合作的关键领域和重点。这是在绿色浪潮引领下我国举办的第一次国际性环境部长级会议。2003 年 12 月 13 至 14 日第 5 次中日韩三国环境部长会议在中国北京成功举行，会议作为东北亚地区主要的区域环境合作机制，自建立以来已对三国及东北亚地区绿色浪潮的发展产生了良好的影响与效果。2004 年，我国还举办了中德环保大会、中瑞可持续城市国际研讨会、联合国环境署 20 周年庆祝大会、核设施安全国际大会以及三届三次国合会等一系列环境保护国际会议和活动。我国参与的一系列国际活动说明，在汹涌澎湃的绿色浪潮带动之下，我国已经完全融入并且正在努力推动这一浪潮的继续向前发展。今后，我国必将能够为全球化的绿色浪潮带来更加强劲的发展动力。

第二节　消费者的绿色消费心理及行为特征

　　绿色消费是近几十年才产生的消费模式，必然有着与传统消费方式不同的心理过程和行为特征，了解这些独特之处可以为企业更好地顺应绿色消费潮流提供相应的理论支持。

一、绿色消费的概念

绿色消费是一种以"绿色、自然、和谐、健康"为宗旨的、有益于人类健康和社会环境的新型消费方式，具体指消费者意识到环境恶化已经影响到其生活质量及生活方式，要求企业生产并且销售有利于环境保护的绿色产品或者提供绿色服务，从而减少对环境危害的消费。它与传统消费的根本不同在于：不仅要满足人的生存需求，更要满足环境保护的需求。绿色消费主要有三层含义：一是倡导消费者在消费时选择未被污染或有助于公众健康的绿色产品；二是在消费过程中注重对垃圾的处置，避免环境污染；三是引导消费者转变消费观念，崇尚自然、追求健康，在追求生活舒适的同时，保护环境并节约资源，实现可持续消费。

在国际上，绿色消费已经变成了一个较为宽泛的概念，有一些环保专家把绿色消费概括成了 5R,即节约资源，减少污染（reduce）；绿色生活，环保选购（reevaluate）；重复使用，多次利用（reuse）；分类回收，循环再生（recycle）；保护自然，万物共存（rescue）。

最初绿色消费指的仅仅是对绿色食品的购买与消费，但当人们逐渐认识到对绿色的需求不能仅用食品来满足的时候，更高层次的绿色消费就产生了，包括绿色服装、绿色家电、绿色家居、绿色住宅、绿色汽车、绿色燃料、绿色装潢、绿色包装、绿色广告、绿色旅游等，这一系列绿色涵盖了人们的衣食住行，带动了绿色农业、绿色工业、绿色科技、绿色服务业的发展，从而形成了宏观层面的绿色经济这一朝阳产业。

二、绿色消费的内涵及成因

绿色消费的产生是基于消费者的绿色需要，所谓绿色需要指的是消费者为了自身的身体健康以及环境和人类的可持续发展而产生的需要，这种需要可以促使生活的健康和谐，并且可以保护并促进生态环境。美国心理学家"人本心理学之父"马斯洛把需要分成生理需要、安全需要、社交需要、尊重需要和自我实现需要五类，依次体现了需要由较低层次到较高层次的分别。

绿色需要究其根本来说正是人类的一种"生态需要"，即由于人类生理机制中内在的一种因对自然环境和生态的依赖性与不可分割性而产生的需要，同时这也是人们为了满足生理和社会的需求而对符合环境保护标准的产品和服务的消费意愿。这种绿色需要不仅表现为人们对有关衣、食、住、行、用等方面绿色产品、绿色物质、绿色环境的生理、安全的需要，而且也体现在社交、尊重、自我发展实现等高层次的需要，这反映了人们返璞归真、崇尚自然，向往绿色的价值观；不仅体现了当代人生存、安全需要这些自身的短期利益，还体现了今后数代人、数十代人的长远发展的需要，这是一种更高层次上的理性需要，也是全人类的需要，未来发展的需要，这种现象被称为"马斯洛需要理论的反弹"。正如马斯洛所指出任何生理需要与其相关的习惯行为，同时也为其他各种需要充当渠道，因此，人们对绿色产品的追求不仅仅是为了健康，同时也是为了一种高品质的生活，为了一种心理上的安全感和满足感，这种绿色需要也正是一种高尚生活品质和伦理道德的体现。根据经典的消费者需要形态分析，绿色需要大致可以分为三中存在状态：一是已经被满足的绿色需要；二是尚未被满足的绿色需要；三是人们尚未意识到的潜在的绿色需要。

1. 绿色需要产生的原因

绿色需要产生的原因主要有以下几个方面。

1）对环境日益严重的破坏所引发的一系列生态环境问题危害着人类正常的生活，从而引起人们对绿色的迫切需要，这正是绿色需求产生的多方面因素中的最重要一点。当人们逐渐意识到孕育人类文明的地球已经满目疮痍，生活在这样的恶劣环境之中，自然对人类的惩罚不仅严重威胁到了人类的身体健康，并且在人的精神方面也造成巨大压力。对环境前景的悲观以及所面临环境问题的复杂、紧迫与艰巨，使人类产生了内在的不安、挫折、绝望、愤怒与无助。这种"生存危机"无时无刻不在困扰着全人类的思维，由于这种较低层次的对生存、安全的需求并没有得到满足，人们在内心之中就会产生一种恐慌感，就会寻找各种方法来满足自身对安全和健康生活的渴望，而主旨在保护环境、节约资源、健康生活的绿色消费恰好能够填补这种渴望，因此人们对绿色消费的需求就自然地产生了。

2）绿色需要的产生也是社会经济发展的必然结果。工业化发展到今天，满足人们物质需要的产品可以说已经非常丰富了，经济的发展使人们有能力去追寻一种更高品质的生活。这种高品质不仅仅指物质上的品质，人们更注重的是精神上的品位，可以说这是一种追求和谐、自然、可持续的生活的理念。当面对众多产品有更多的选择机会时，人们当然会理性地选择对自身受益最大的绿色产品。

3）生态环境的日益恶化，使人们加紧了对环境保护的宣传和教育，环保知识的普及，提高了消费者在环保方面的认识和素质，加强了消费者的绿色环保意识和绿色需要。认识到环境危机的少数先驱者通过媒体，将这种危机意识以及绿色观念传达给更广泛的消费者群，使绿色需要在更多的消费者的购买行为中，由无意识转变成为有意识的活动。通过环保宣传的影响，使人们的环保意识逐步提高，这是绿色需要产生的又一促进因素。

4）绿色消费成为流行的消费时尚，促进了绿色需要的进一步扩展。人类的心理活动是微妙的，人们很容易受到时尚和潮流的影响。如果说绿色需要最初的产生是由于少数环保先驱者竭力推动的话，那么成熟了的绿色需求在很大程度上是追赶这一绿色潮流的产物。当周围的人越来越多地响应绿色消费呼吁时，消费者自然会产生一种从众心理，由此萌发绿色需要。对于多数消费者来说，这种被动接受过程是不自觉发生的，受到自身复杂心理因素的影响。在现代社会，绿色消费已经逐渐成为一种时尚，再生资源的利用、节约能源、反对浪费、保护生态环境、主动承担社会责任等逐渐成为个人素质、修养、身份、地位高低的重要标志，推崇理性消费已经成了文明人的追求。在这种社会环境下，消费者追求社会需求引发的人类共同情感的积极性越来越高。所有这些社会性的行为都会对消费者心理产生良性刺激，促使其产生认同、喜欢和积极接收绿色产品的态度。人们将由自发变成自觉地将绿色消费作为追求高品质消费的方式，并且将其发展成为理所当然的消费行为。

5）迫于环境的压力，企业也在社会舆论以及政治、法律的约束下，开发更加绿色的产品。随着经济全球化进程的加快和市场成熟度的提高，企业间的竞争越来越激烈。迫于成本的压力，企业再也不能用以前那种粗放的大量消耗资源的方式来生产，而生产出来的产品也更加符合消费潮流，绿色产品正在逐步取代传统产品。随着绿色产品在市场中比例的提高，消费者在选择商品时会逐渐增加对绿色产品的信赖，并由此产生绿色需要。这是一种企业推动而形成的绿色需要。

2. 绿色需要与绿色需求

需要和需求的联系与差异是和欲望结合在一起的。如果说人类的需要指的是没有得到某些基本满足的感受状态，那么人类的欲望则是指想得到基本需要的具体满足物的愿望。而当人们有了需要并且具有相应的购买能力时，欲望便转化为需求。换言之，需求即指在市场环境下，人们对某种消费对象物具有现实或潜在的购买欲望及其购买能力时的需要状态。就狭义而言，"绿色需求"指的是市场需求的生态化，是人类的生态需求在具体市场需求中的体现，或者说是人们的生态需求与物质需求在现代市场条件下的一种组合，即人类自身在日常生活中的吃、穿、住、行、用等方面的生态需求。就广义而言"绿色需求"指的是现代人类经济活动中，社会经济系统对自然生态系统的生态环境资源需要的一种现实市场表现。其中包括：人类经济活动对自然资源的消耗；人类经济活动对环境质量的消耗；以及人类自然的生态需求。绿色需要在现实市场中可以转化和表现为有货币支付能力的绿色需求。但是绿色需要和绿色需求在原则上还是有本质区别的，这种区别主要表现为以下几个方面。

1）绿色需要是客观存在的，只要有对绿色生态的欲望就会有相应的绿色需要。但是绿色需求则是生产力发展到一定程度以后，消费者具有了一定的货币支付能力，并且人类的生态环境出现危机的时候才会表现出来。绿色需求可以由主观控制，而且可以通过市场机制加以调节和改变。绿色需求和绿色产品的生产是相互依赖的。

2）绿色需要受人体自然条件的制约，由人的感觉决定；而绿色需求除了受制于绿色需要之外，还受到消费者的购买能力，可供绿色商品的数量、质量、价格水平等客观因素的影响。

3）绿色需要与绿色需求之间的非同步和非同量。由于受生产力水平和人们的货币收入量等因素的制约，绿色需求量总是远远小于同一时期的绿色需要量。

需要和需求的关系如图 11-2 所示。

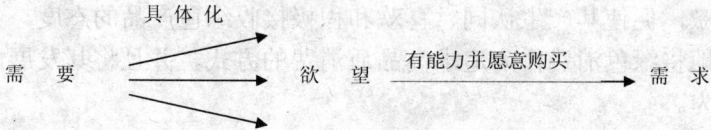

图 11-2　需要和需求的关系

"绿色需求"是现代人类最基本的需求，并可以直接转化为绿色消费行为，以"绿色、自然、和谐、健康"为主题，积极主动地引导和创造有益于人类身心健康的生活环境。因此，它不仅是一种消费心理与行为，更是一种理念与哲学。当今时代，绿色消费已经成为衡量生活质量的一个重要指标，并与经济发展程度成正比。可以不夸张地说，绿色消费将是二十一世纪以至更长远的未来的消费主流。

三、绿色消费的心理过程

与一般消费者的心理活动过程一样，绿色消费者的心理过程也大致可以分为认知过程、情感过程和意志过程三个部分。在这三个过程之中，可以直接地反映出绿色消费者的心理特性。但是与一般商品消费相比，绿色消费在消费内容和消费心理上又有明显的独有特征。

1. 绿色消费者的认知过程

绿色消费者购买商品的心理活动，是从对商品的认知过程开始的，这一过程构成了绿色消费者对所购买商品的认知需求阶段，是绿色购买行为的重要基础。在这里，认知过程指的是绿色消费者对绿色产品的基本性状（如形状、大小、颜色、气味等）的各种基本属性加以反映，并对各个属性加以联系，进行综合思考和整体反映的过程。在这一过程中，绿色消费者通过感觉、知觉、注意、记忆、思维、想像等心理机能活动，来完成对绿色产品的全部认知。

绿色消费者的感觉过程，是指绿色商品直接作用于绿色消费者的感官、对其加以刺激并引发其心理反映的过程。在这一过程中，绿色消费者获得有关绿色商品的各种特质信息，如厂家、商标、规格、用途、购买地点、购买时间和价格等，其中最重要的是了解绿色产品与可替代的普通产品之间在感觉上的差别。这一过程是绿色消费者接触绿色产品时最简单的心理过程。在购买中，绿色消费者借助于触觉、视觉、味觉、听觉和嗅觉等感觉器官来接受有关商品的各种不同信息，并通过神经系统将信息传递到大脑，产生对绿色产品各种个别属性的初步印象。

当对绿色产品产生初步印象后，绿色消费者还会对感觉到的材料进行综合加工处理，把绿色商品所包含的各种不同属性、特征和组成部分以及对自身需求的影响加以解释，在头脑中形成一种整体印象来进一步反映绿色产品。这一过程就是绿色消费者的知觉过程。在这一过程中，绿色消费者在头脑中形成了对绿色产品的完整映象，从而对绿色产品产生个性化的整体认识。当然，在日常生活中，消费者对绿色商品从感觉上升到知觉的认识过程，在时间上几乎是瞬间或同步完成的。

感知是绿色消费者对绿色产品的外在特征和内部特点的直接反映，是对绿色产品认识的初级阶段。但是消费者只有通过这一阶段，才能为进一步认识绿色产品提供必要的材料，形成记忆、思维、想象等一系列复杂的心理过程。此外，这种感知过程是一个有选择性的心理过程，通过选择性注意、选择性记忆和选择性理解，消费者才能对特定的绿色商品产生需求并采取购买行为。在实际购买中，消费者借助于记忆对过去曾经在生活实践中感知过的绿色商品、体验过的服务或相关的经验在头脑中进行决策的过程，也是一种复杂的认识过程。它包含对过去所经历过的事物、情感或知识经验的识记、保持、回忆和再认等过程，在消费者的绿色购买行为中起着协助购买决策的作用。如果在消费者的大脑中没有储存任何有关绿色商品的信息的话，就必然会影响到消费者对绿色商品的感觉、认知及购买。这就是为什么很多新产品的创用者只占总体消费者人数的5%的原因。

形成感知后，认知过程从表象形式向思维过渡，其实质是在消费者发生对绿色产品的表象认识、并在大脑中建立起绿色商品的印象后，向更全面地把握绿色商品的内在品质升华。这时就进入了认识过程的高级阶段——理性认识阶段。在这一过程中，绿色消费者对绿色产品在头脑中进行概括，产生间接的反映，从而通过对绿色商品的个别属性与整体形象的联系，理解和把握为什么绿色产品对自己及全社会会有如此大的吸引力，从而加强其购买信心。

上述认识的感性和理性两个阶段相互转化，交替发展，相互制约并相互促进，完成了对商品的认知全过程。例如，当绿色消费者看到"绿色食品"字样及绿色产品的标志出现在某一商品的包装上，这四个字以及产品说明的内容通过视觉传递到大脑；消费者拿起此种产品，触觉也将产品的质感信息传递至大脑；同时用听觉将促销人员的宣传信息通过神经传递至大脑，此时大脑在瞬间将收集到的信息加工整理，并且搜索以前的关于自己和他人购买绿色产品后所做出的评价的记忆，从而对此种绿色产品形成一定的心理概念及感觉。与此同时，消费者进行更加复杂的心理活动，对已经形成的感觉进一步加工，联系到自身的需求，经过判断和推理在头脑中形成一种能够进一步反映绿色产品的整体印象，完成对绿色产品的知觉过程。通过思维的重新整合，消费者对该绿色产品从感性认识上升到了理性认识，最终完成对绿色产品的全部认知过程。如图 11-3 所示。

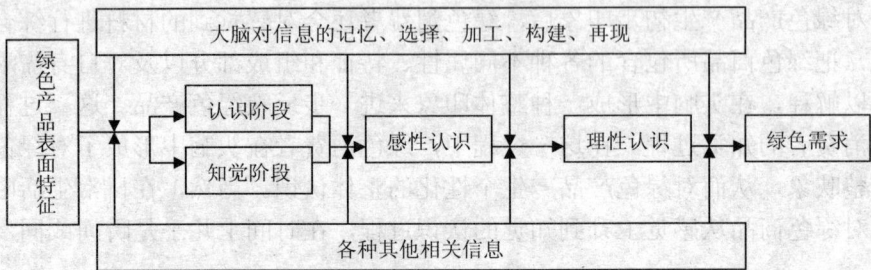

图 11-3　对绿色产品的认知过程

在绿色产品购买活动中，消费者借助于认识过程的感知与表象获得第一信号系统的信号，即形象的信息；而在思维过程中，则获得抽象思维的信息。两种系统信息在大脑的支配联系下直接影响消费者的购买决策。

2．绿色消费者的情感过程

消费者对绿色产品的认知过程，是对绿色产品信息的全加工过程，是为消费者购买提供信心的前提。但是，消费者是生活在复杂社会环境中的具有思维能力的人，在购买商品时将必然地受到生理需求和社会需求的支配，容易受到其他个体的影响。由于生理欲求和社会欲求会对消费者的情感认知产生影响，可以造成消费者对绿色商品的愉悦或厌恶情绪。从而影响到购买行为的发生。情绪过程是消费者心理活动的特殊反映形式，贯穿于购买心理活动的评定阶段和信任阶段，因而对绿色产品购买活动的进行有着重要影响。

消费者通过其神态、表情、语气和行为等来表达情绪。各种情绪的表达程度也有着明显的差异，大致可以分为三大类：积极的、消极的和中性的。在购买活动中，消费者的情绪主要受购买现场、商品、个人喜好和社会环境的影响。当这四项因素在当时的条件下符合并满足了消费者的消费需求，就会使其产生愉快、欢喜、认同等积极的态度，从而诱发消费者产生绿色产品的购买行为。反之，如果违反或不能满足当时消费者的绿色需求，则会使其产生厌恶和抵触的情绪，也就不会产生绿色需求和购买欲望及行为了。

消费者的社会需求及其所引起的情感需要是人类所共有的并且能够体现在购买行为心理过程中的高级社会性情感。这种情感具有稳定的社会内容，往往以鲜明并带有突发性的情绪表现出来，对绿色消费者的购买行为具有明显的影响力。这主要表现在整个社会对绿色产品的共同认可程度，从而使单个消费者产生强烈的认同感，促使其产生绿色需求并且产生购买行为。比如，"绿色蔬菜"指的是不使用化肥农药、不受其他化学污染的蔬菜；"绿色食品"指的是不使用防腐剂及其他人工色素和化学品的食品，这些绿色产品不仅满足了人们的基本生理需求，而且最大限度的保护了人体健康。"绿色冰箱"的制冷剂采用非氟利昂制品，可以节约能源，提高效能，保护大气层不受破坏，为冰箱产品注入了生态概念，满足了社会的绿色需求，得到了全社会的支持，因而将得到消费者的认同和积极响应。上述绿色产品如果同时辅以良好的购物环境，优质温馨的购物服务，可以使消费者产生愉悦的心理反应，从而刺激消费者的购买欲望。

3. 绿色消费者的意志过程

在购买活动中，消费者表现出有目的地和自觉地支配调节自己的行为，克服自己的心理障碍和情绪障碍，努力实现其既定购买目的，这一过程被称为消费者心理活动的意志过程。它对消费者在购买活动中的行动阶段和体验阶段有着较大影响。绿色消费者往往是具有理性的消费者，其意志过程与一般商品消费者的意志过程还有一定的差异。

绿色消费者的意志过程具有两个基本特征：一是有明确的购买目的；二是排除干扰和困难，实现既定目的。绿色消费者对商品的意志过程，可以在有目的的购买活动中明显地体现出来。在有目的的购买行为中，消费者的购买行为不仅仅是为了满足自己的需要，而是要满足自身对绿色的需求。因而，他总是在经过思考之后提出明确的购买目标，然后有意识、有计划地去支配自己的购买行为，使自己的购买行为有意无意地向着绿色贴近。他的这种意志与目的性的联系，集中地体现了人的心理活动的自觉能动性。意志对消费者的心理状态和外部行为进行调节，推动其实现绿色需求所必需的情绪和行动，同时还制止与其绿色需求相矛盾的情绪和行动。意志的这种作用，可以帮助消费者在实现绿色需求的过程中克服各种阻挠和困难，使购买目的顺利实现。在意志行动过程中，消费者要排除的干扰和克服的困难是多种多样的，既有内在原因造成的，也有外部因素影响的结果。并且，由于干扰和困难的程度不同，以及消费者意志品质的差异，消费者对绿色产品的意志过程有简单和复杂之分。简单的意志过程一般是在确立购买目的之后，立即就付诸行动，从决定购买过渡到实现购买。这种过程主要体现在绿色需求强烈的消费者行为之中，他们以选择绿色产品为主要目的，看中了便立刻将绿色需求转化为购买行为；而复杂的意志过程则是在确立购买目的之后，从拟定购买计划到实现购买计划，往往还需要付出一定的意志努力，才能把决定购买转化为实行购买。这主要是初次尝试绿色产品的消费者的意志过程，他们往往要进行多次地比较和取舍才能够尝试购买绿色产品，并且要付出较大的意志努力。

在消费者由作出购买决定过渡到实施购买决定的过程中，由于要克服主观和客观两方面的困难，使实施购买决定成为真正表现出消费者意志的中心环节，不仅要求消费者克服内在困难，还需要他创造条件，排除外部障碍，为实现既定的购买目的付出意志的力量。

总而言之，消费者心理活动的认知过程、情绪过程和意志过程是消费者决定购买的心理活动过程的统一，是密不可分的三个环节，三者之间相互作用并最终促成绿色购买。其中意志过程有赖于认知过程，并促进认知过程的发展和变化；同时，情绪过程对意志过程也具有深刻的影响；而意志过程又反过来调节情绪过程的发展和变化。这些过程对于绿色消费者也同样适用（见图11-4）。所以，企业只有充分认识各环节的内在特征，才能与绿色消费者进行有效沟通，从而实现二者利益的统一。

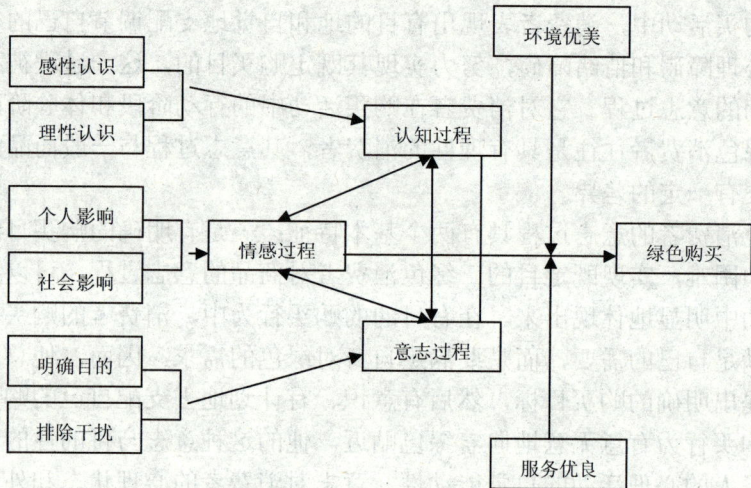

图 11-4 绿色购买心理全过程

四、绿色消费者的组成与分类

目前的绿色消费者大多是 20 世纪 60 年代生态环境恶化后出现的激进环保运动温和的延续者。他们不但追求商品明确的环保特点，而且要求所买的商品能够寄托自己的情感；不仅关切商品的价格和质量，而且更加关注该商品的环保因素和良心问题。

1. 绿色消费者的组成

当消费者在进行绿色消费时，同样也有着程度不同的消费选择。例如，对日常使用的电池的消费选择，有的人使用可以回收的电池，有的人选择一种所含有害化学物质更少的电池，尽管二者都有绿色消费的概念，但是程度却是不同的。事实上，不同的消费选择代表了消费者不同的"绿色化"程度。根据消费者在进行消费时对环境关注程度的不同，可以将消费者的"绿色化"由"浅"到"深"进行渐进的分类。这其中既有外部因素的作用，也是一种自然演进、自我改进过程。

（1）浅绿色消费者

此类消费者只有模糊的绿色意识，他们意识到应进行环保，但并没有刻意地去追寻绿色消费对象，并在消费过程中把这种绿色观念具体化。他们的绿色消费行为大多是被动的、无意识和随机的。

（2）中绿色消费者

这类消费者有较强的环保和绿色消费意识，但只是在部分消费行为中实践绿色消费，或者尚未对绿色消费产生全面的认识，同时还会受到如价格、功能等因素的影响。例如，他们只认识到可循环使用是一种绿色形式，而未意识到绿色消费更多方面的内容和更广的含义。

（3）深绿色消费者

此类消费者的绿色意识已经深深扎根，并且表现为自觉、积极的绿色消费行为，他们对绿色消费有全面和深刻的认识，他们全方位地追求各个方面的绿色消费，将绿色贯穿于个人及家庭消费的始终，可以说已经完全融入绿色。

2.　绿色消费者的分类

（1）美国调查公司的分类

在绿色消费发展较为快速的美国，曾有一个调查研究机构按照消费者绿色化的程度把绿色消费者分成了以下几类。

1）积极型（true-blue greens），指的是绿色消费中走在最前面的人群。他们的绿色意识已经深深扎根于他们的头脑中，而且已经表现为自觉、积极的绿色消费行为。积极型绿色消费者对绿色消费有着全面和比较深刻的认识，他们一直坚持不懈地追求绿色，绿色消费已经成为他们的生活方式。他们大都受过良好的教育，比一般人在社会上活跃，是社会观念的领导者，往往容易影响并带动其他的顾客。但是有一点使他们成不了最好的绿色市场，就是他们对于绿色产品只愿以付出比普通产品多 7% 的价格。

2）实利型（greenback greens），又被称为美钞型绿色消费者。一般来说，他们在绿色市场上不是特别活跃，而且忠诚度也不稳定。这类消费者有较强的环保和绿色消费意识，但只是在部分其认为有价值的消费行为中实践绿色消费。例如，有人喜欢使用无氟里昂的冰箱，却仍然会使用无法自然降解的塑料袋。但这部分人却愿意为绿色产品支付多于普通商品 20% 的价格。实利型消费者通常比较年轻，多数是白领人群，只要引导其加深对绿色消费的全面认识，他们的绿色忠诚度是可以加以培养的。

3）萌芽型（sprouts），这部分群体仍然关心绿色消费，但是不太愿意支付额外的费用。他们对环境决定论的接收比较慢，反映了一般公众的思维方向。他们愿意支付的绿色消费额外支出大约只有 4%。

4）抱怨型（grousers），他们把环境保护看作是他人的问题，在一定程度上关心环境，但却不足以让他们尽自己的能力去做些有利于环境的消费行为。抱怨型消费者表示他们太忙而无法进行绿色消费购买行为，或者抱怨绿色产品的成本和质量。这类人群所接受的教育程度较低，也比较保守。

5）厌倦型（browns），此类型可以说是消费群体中最穷困和收入最少的人群。对他们来说，价格是消费决策的重要因素，因为绿色产品相对一般产品的价格较高，他们的绿色消费意识较弱，一般不会进行绿色消费。

（2）英国奥美广告公司的分类

英国的奥美广告公司（Ogrily & Mather）综合考虑了消费者的行为因素、人口统计因素，以及心理特征等因素，将绿色消费者划分为以下四种主要类型。

1）行动者，此类消费者的特征是：了解绿色问题，可能购买绿色产品及服务；关心他们的孩子，相信人类的控制能力；对未来发展相当乐观；认为环保比经济增长更重要；对流行消费有偏见等。

2）现实主义者，此类消费者一般是年轻的团体，对有幼儿的人有偏见；对环境相当忧虑；认为盈利与环保是相冲突的；对解决问题没有信心；对绿色活动抱怀疑态度等。

3）满意者，其特征是具有年长的孩子；对上层市场消费有偏见；对经济发展和环境相当乐观；认为解决问题是他人的事；对绿色议题不甚了解。

4）疏远者，该类消费者的特征是：受教育程度低；对年轻家庭和年长市场消费有偏见；认为绿色议题只是短暂性的；对可能解决问题的办法持悲观态度。

加拿大国内最受尊重的民意测验机构安格斯·雷德集团根据一次调查结果将本国的绿色消费者分为七类：最具有绿色消费观点的消费者占总人口的63%，其中19%为乐观主义者，16%为热心人，15%为积极分子，13%为忧虑重重者。其余的人包括宿命论者15%，持冷漠态度的占13%，而对绿色消费怀有敌意的占9%。如图11-5所示。

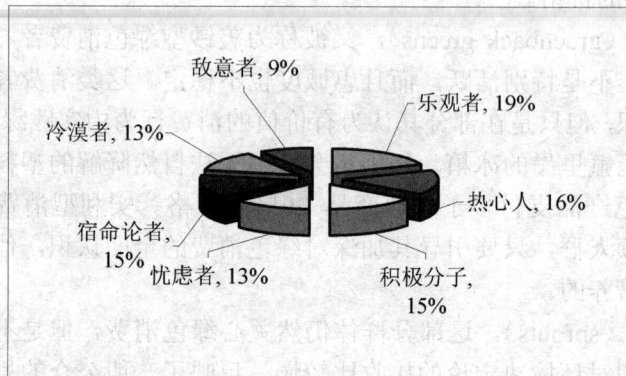

图 11-5　加拿大绿色消费者分类图

五、影响绿色消费行为的因素

由于外在因素的影响和消费者自身的原因，在每个消费者的绿色消费意识程度和消费行为模式之间有很大的差异。年龄、收入、教育水平、生活方式、价值观、爱好等因素都会大大影响绿色消费行为的发生及其消费特点，一般可以将这些因素分为人口、心理、社会、文化及其他方面的因素。其中对绿色消费行为而言，更重要和直接的影响因素是个人因素和心理因素。

1. 个人因素

绿色消费者的购买决策受其个人人口特征（包括年龄、家庭、职业、经济能力、生活方式等特征）的影响，其中支出能力、生活方式、教育水平的影响尤为突出。

消费者的支出能力在一定程度上比收入水平更能代表消费者的购买实力。绿色产品或服务的技术含量及复杂程度都比普通产品要高，因此其价格也往往相对较高，对于那些更关注价格的消费者而言，这是对其绿色消费的一种制约。许多消费者其实并非没有环境意识，而是因为可供支付的货币量有限，可见，经济实用对大多数人当然是第一位的。

博伊德和莱维认为："营销是为消费者提供一个潜在镶嵌工艺品的各种部件的过程，作为具有他们自己特定生活方式的艺术家，消费者能从这一过程中进行寻求和选择，以开发在当时看起来是最完美的工艺组合。"以这种思维方式考虑产品的营销人员就会设法了解消费者希望选择的潜在镶嵌品及其和他们生活方式其他部分的相互关系，从而增加适合这种生活模式的途径。这段话很好的表述了生活方式的真正内涵。斯坦福国际研究所的阿诺德·米切尔（Arrodnitchell）的 VALS 划分法区分了九种生活方式群体。

1）求生者。指那些绝望、压抑，被社会所抛弃的"处境不佳者"。

2）维持者。指那些敢于为摆脱贫困而作斗争的处境不利者。

3）归属者。指那些维护传统，因循守旧、留恋过去和毫无进取心的人，这类人宁愿过那种顺应性的生活方式，而不愿有所作为。

4）竞争者。指那些有抱负有上进心和追求地位的人，这类人总希望出人头地。

5）有成就者。指一个国家的那些能够影响事物发展的领袖们，他们按制度办事并享受优裕的生活。

6）我行我素者。一般指那些年轻、自我关注、富于幻想的人。

7）经验主义者。指那些追求丰富的精神生活，希望直接体验生活会向他们提供些什么的人。

8）有社会意识者。指那些具有强烈的社会责任感，希望改善社会条件的人。

9）综合者。指那些心理成熟，能够把各种内向型因素和外向型因素中的最佳部分结合起来的人。

对以上几种类型的生活方式的而言，求生者和维持者尚处于受生计影响的阶段；而归属者、竞争者和有成就者则处于"符合客观外界标准"的阶段；我行我素者、经验主义者和有社会意识者则已进入有自我看法的阶段。每一种类型的人群都有其独特的绿色态度、心理需求和购买方向，分别处于绿色消费的不同阶段。

教育是后天因素中对人影响最重要的方面。一个受过良好教育的人一方面对各种知识都有深入的了解和正确的认识，另一方面受教育的程度越高自身的素质也会越高，往往就会采取较为理性和明智的消费行为。所以教育程度在很大程度上也影响着个人的绿色消费观念和行为。

2. 心理因素

在个体消费者的购买决策过程中，也同样会受其心理因素的影响，主要的心理因素包括：信念、态度、知觉、学习和动机等。信念指的是一个人对某些事物所持有的描绘型思想，是对可感知事物的感性把握，是对理念的反映。例如，有的人坚信自己的绿色消费行为能够带动其他人的绿色消费。态度指的是个人面对特定的人、事、物的心理状态、感受以及认识上的评价、情感上的感受和行动的倾向。态度能使人们对相似的事物产生相当一致的行为。例如，对绿色食品持有认可态度的人就会产生绿色偏好，并购买其他种类的绿色产品。面对同样的物品人们会产生不同的知觉，知觉不仅取决于刺激物的特征，而且还依赖于刺激物同周围环境的关系以及个人所处的状况。人的行为来源于学习，个人的学习是由于经验而引起的行为的改变，它是通过驱使力、刺激物、诱因、反应和强化的互相影响而产生的。关于动机的研究主要有弗洛伊德的动机理论，马斯洛的动机理论和赫兹伯格的双因素理论。这三种理论皆为绿色消费者的动机分析提供了不同的研究框架。

第三节　绿色产品的开发与消费

一、绿色产品的含义

所谓绿色产品，就是符合环境标准的产品。不仅产品本身的质量要符合环境、卫生和健康标准，其生产、使用和处置过程也要符合环境标准，既不会造成污染，也不会破坏环境。因为绿色是象征生命的颜色，代表着充满生机的大自然，公众就把这类与大自然相协调的产品统称为绿色产品。绿色产品又可以分为两大类：一是"绝对绿色产品"，指的是具有改进环境条件作用的产品，如用于清除污染的设备，净化环境条件的产品以及保健服务等；二是"相对绿色产品"，指的是那些可以减少对社会和环境损害的产品，如可降解的塑料制品和再生纸类等。

绿色产品需要有权威的国家机构来审查、认证，并且颁发特别设计的环境标志，所以又称作"环境标志产品"。各国设计不同的环境标志，不一定都以绿色为主，但是通常人们仍然将这些产品称为绿色产品。1978 年，联邦德国最先开始绿色产品的认证，到现在为止，德国已经对国内市场上的 75 类 4500 种以上的产品颁发了环境标志。德国的环境标志称为"蓝色天使"，上面的图案是一个张开双臂的小人，周围环绕着蓝色的橄榄枝。1988 年加拿大、日本和美国也开始对产品进行环境认证并颁发类似的标志，加拿大称之为"环境的选择"，日本则称之为"生态标志"。法国、瑞士、芬兰和澳大利亚等国于 1991 年实行绿色标志制度；1992 年，新加坡、马来西亚和我国的台湾省也开始实行这一制度；至此，绿色标志风靡全球（各国绿色标志见图 11-6）。它提醒消费者在购买商品时不仅要考虑商品的质量和价格，还应当考虑有关的环境问题。如果大家有意识地选择和购买绿色产品，就可以促使生产厂家在生产过程中注意保护环境，减少对环境的污染和破坏，因此，绿色产品标志可以提高全民的环境意识，让消费者参与对环境问题的监督。

我国对于绿色标志的推行实施，以及绿色产业的发展起步较晚，1992 年绿色标志才作为质量证明商标在国家工商局注册。我国于 1994 年 5 月 17 日成立了"中国环境标志认证委员会"，这标志着我国的绿色产业已经进入了有组织、有计划的主动发展阶段。1995 年 3 月 20 日，国家环境局发布了首批获得"中国环境标志"的 6 大类共 18 种产品。1996 年 4 月 8 日国家环保局宣布我国全部环境标志产品将正式启用统一的环境标志，并公布了第二批环境标志卡。

中国绿色食品标志　　　中国环境标志　　　德国蓝色天使标志　　　新加坡绿色标志

英国生态标志　　北欧委员会环境标志　　日本生态标志　　加拿大环境选择标志

图 11-6 各国绿色标志一览

　　绿色产品应具有以下特征：友好的环境特性；能有效利用材料资源和能源；有利于保护生态环境；不产生环境污染或可以使污染最小化。这些特点应该贯穿于产品设计、原料获取、生产制造、销售运输、产品使用、产品废弃后的回收重用及处理等产品生命周期的全过程。

　　按照比一般同类产品更符合保护人类生态环境和社会环境的要求，大致可以把绿色产品分为以下七种类型：可回收利用型；低毒低害型；低排放型；低噪声型；节水型；节能型；可生物降解型。

二、绿色产品的开发

　　绿色产品的开发包括以下四个环节。

1. 设计

　　绿色设计是指在生产过程中采用清洁、环保技术、降低资源消耗、减少环境污染的设计，使产品在使用消费过程中，在有利于消费者身心健康的同时减少对环境的污染和破坏。这就要求企业在研制开发绿色产品时，在保证产品质量的前提下紧紧抓住绿色这个主题，用环保的观念进行设计。

2. 生产

　　绿色生产过程要求在清洁的生产环境下实现无污少废、综合利用资源。在此过程中，公司应该运用高科技生产手段在 ISO14001 环境管理体系的要求下进行规范生产。

3. 产品本身的品质

　　绿色产品比一般产品更加注重体现"以人为本"的概念，强调提高舒适度、健康保护及环境保护程度。例如，要求汽车尾气排放达到欧洲最新标准；人造木质地板的甲醛气体排放浓度符合国家标准 0.08 毫克/立方米等。

4. 废弃物的处置

　　使产品可降解，使报废的产品可加以回收利用，或者至少可以在自然条件下能被充分分解的同时，又对环境不产生任何不良影响。例如，塑料、润滑油、洗涤液等要成为绿色产品就需要达到可降解指标。

　　绿色产品也有自己的生命周期。与一般产品不同，绿色产品生命周期应扩展成从"摇篮到再现"（cradle-to-reincarnation）的过程，即除了普通产品寿命周期阶段外，还应包括废弃（或淘汰）产品的处置、回收及重用阶段。由此可见，绿色产品生命周期应包括五个过程即：绿色产品规划及设计开发过程；制造与生产过程；使用过程；维护与服务过程；废弃淘汰产品的处置、回收及重用过程。

　　绿色产品的范畴也应该包括其外包装——绿色包装，即对生态环境及人体健康无害，能循环和再生利用的包装。绿色包装应该使用无毒无害、清洁无污染、可完全降解的材料。其具体要求是：生产时要节约原材料和能源，对操作人员无害，对环境无污染；使用时，包装物可回收复用或再生利用，容易降解而不产生污染，焚烧不污染大气且可释放能量，填埋后，不长期滞留且有利于土地肥化。

　　总之，绿色产品及其包装应符合国际通行的"4R—1D"环保原则：较少的材料和能源用量（reduce）；增大再填充量（refill）；可回收循环使用（recycle）；可再生（recover）；可降解性能（degradable），再加上对人体无害。它有三层含义：一是倡导消费者在消费时选择未被污染或有助于公众健康的绿色产品；二是在消费过程中注重对垃圾的处置，不造成环境污染；三是引导消费者转变消费观念，崇尚自然，追求健康，在追求生活舒适的同时，注重环保，节约资源和能源，实现可持续消费，尽量选择无污染、无公害、有助于健康的绿色产品，把购买绿色产品视为一种时尚。

三、我国消费者对各种绿色产品的消费表现

　　中国社会调查事务所于 2005 年在北京、上海、天津、广州、武汉、南京、重庆、青岛、长沙、南宁等城市开展了一项有关绿色消费观念及消费行为的专题调查，共收到有效样本 1863 个。调查结果表明，绿色消费品以其健康、节能、无污染等特点逐渐受到了人们的青睐，正在日益走进百姓生活如图 11-7。

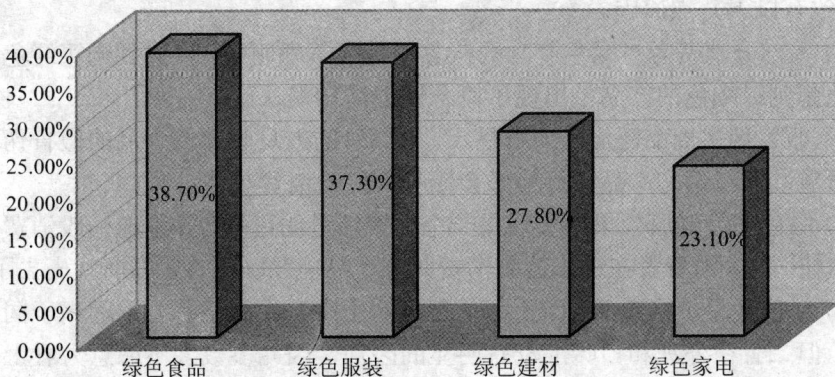

图 11-7　消费者选择绿色产品的种类比例

1. 绿色食品

绿色食品并非指一般人所理解的"绿颜色"食品，而是对无污染食品的一种

形象的表述。绿色象征活力和生命,自然资源和生态环境是食品生产的基本条件。绿色食品是指遵循可持续发展原则,按照特定的先进生产方式进行生产,经专门机构认定,许可使用绿色食品标志商标的无污染的、安全、优质、营养类食品。此类产品的生产资料来源是纯天然安全无污染的,它的制造消费过程有利于环境保护,并且它的回收与再利用过程也是环保健康的。由于与环境、健康和安全相关的事物通常冠之以"绿色",所以叫做绿色食品。生产绿色食品可以保护自然资源和生态环境;消费绿色食品有助于增进人们身体健康。

(1)绿色食品必须同时具备以下条件

1)产品原料或原料产地必须符合绿色食品生态环境质量标准。

2)农作物种植、畜禽饲养、水产养殖及食品加工必须符合绿色食品的生产操作规程。

3)产品必须符合绿色食品质量和卫生标准。

4)产品外包装必须符合国家食品标签通用标准,符合绿色食品特定的包装、装潢和标签规定。

我国的绿色食品消费自20世纪90年代问世,到21世纪初,已有900多种产品申请到了绿色食品标志。据有关调查表明,38.7%的中国人表示愿意消费绿色食品,这一比例大大低于西方发达国家。在国际上,有67%的荷兰人、77%的美国人和80%的德国人愿意消费绿色食品,购买过绿色食品的人则几乎达到100%。

(2)绿色食品之所以还没有受到人们的足够重视,绿色食品市场远未呈现热销局面

大致有以下几点原因。

1)大部分消费者对绿色产品的概念不是很清晰明了,一提到购买绿色产品就一味地想到绿颜色的产品。出现了概念性混淆和误认。

2)假冒伪劣商品泛滥,调查显示,17.3%的人反映绿色食品的假冒伪劣问题比较严重;假冒伪劣产品横行势必会影响人们的消费热情。

3)绿色产品健康效果的实现是一个缓慢渐进的过程,并不像一般消费者预想的那么快。很多消费者在还未达到消费此类产品能"质变"的量以前就失去了信心。

4)绿色食品价格不菲,因为绿色食品的生产条件和工艺要求远高于同类普通食品,但二者在外观和口味上没有明显的区别,因此多数人不愿意为看上去没什么特别的绿色食品支付较高的价格。

5)绿色食品的销售渠道不够顺畅,市场上的绿色食品缺乏或者种类不全,特别是在一些中小城市,消费者很难买到称心如意的绿色食品,由此挫伤了消费者的购买积极性。

此外,绿色需求不足也是绿色食品销售不畅的重要原因。在我国,中下层消费者占了消费者总数的大多数,其购买力相对不高;而中上层消费者中也没有形

成稳定的消费观念，他们以为天然食品、野生食品、绿颜色的食品就是绿色食品，并且因为绿色产品的效用短期内不是十分显著，因此决不会对其情有独钟。在日常生活中，廉价的食品占据优势，而在礼品与高档消费品中，人们更看重的是名牌效应，即使偶然买到绿色食品，也不一定会对其产生深刻印象，为此应从调整消费者的认知和心态入手激发其绿色需求。

2. 绿色服装

绿色服装代表着当代国际服装的流行趋势，现代消费者在追求美观的同时，更加注重舒适和健康。消费者希望有更多的无污染、耐穿、样式简洁的自然服装出现，而不再受有害服装造成的过敏之苦。绿色服装因其具有吸湿性好、透气性强、贴身穿着舒适、柔软等优点而获得了广大消费者的偏爱。相当数量的消费者愿意为绿色服装支付较高的价格。调查中，四成左右的人表示愿意消费绿色服装，说明其市场前景非常广阔。

3. 绿色家居建材

目前家居环境的美化成了人们生活质量提高的重要标志之一。随着生活水平的提高，消费者在家庭装修中不仅要求设计新颖、质量优良、价格合理，更希望家庭装修也能够绿色化。但是目前的装饰材料普遍含有大量的化学物质，装修施工中还要使用大量的化学材料，致使完工后室内空气含有高浓度的有毒有害气体，在居住时会严重影响身体健康。绿色建材指的是采用清洁生产技术、少用天然资源和能源，大量使用工业或城市固体废弃物生产的无毒、无污染、有利于人体健康的建筑材料。调查显示，近三成的人非常欢迎绿色建材，其无毒无害的特点吸引着相当一部分消费者。

4. 绿色家电

当前，家电产品掀起了绿色革命的高潮。绿色冰箱除采用无氟制冷外，还采用杀菌保鲜、抗菌保质、健康卫生的 ABS 材料，从而在确保食品新鲜的同时，有效抑制箱内有害气体、净化空气、高效节能；绿色洗衣机则将清洁衣物与消毒灭菌结合在一起，操作简便、安全卫生。与此同时，环保型的微波炉、热水器、手机、水处理机、电脑等产品也纷纷占领市场。调查显示，虽然传统的消费观念和经济条件等因素有一定的制约作用，但是仍有 23.1% 的消费者对绿色家电表示关注，并愿意在购买家电时首先考虑购买绿色产品。

总的来说，绿色消费者爱好高品质的产品，倾向于购买多用途而且是基于自然的产品，成熟的绿色消费者大多是谨慎而且要求严格的。绿色需求拉动了绿色营销，在充分了解了消费者的绿色消费心理和行为的基础上，政府和企业可以采取相应的绿色消费政策与绿色营销策略，从而更好地促进绿色消费的发展。

第四节　促进绿色消费的营销策略

所谓绿色营销策略（green marketing strategy，GMS）是指企业以环境保护观念作为其经营哲学思想，以绿色文化为价值观念，以消费者的绿色消费为中心和出发点，力求满足消费者绿色消费需求的营销策略。作为一种基于环境和利益考虑的新型营销策略，是在绿色消费的驱动下产生的，并且正逐步被企业界所采用。

在我国已经加入 WTO 的条件下，消费者中相当一部分人的购买目的不再只是考虑满足个人基本生活所需，而开始注重人类生活环境的保护，关心人类社会的可持续发展。据中国社会调查事务所（SSIC）一项有关绿色消费观念及消费行为的专题调查显示：86.7％的人认为治理环境污染问题事关重大且迫在眉睫；71.3％的人认为发展环保产业、开发绿色产品对改善环境状况大有裨益；53.8％的人乐意消费绿色产品；37.9％的人表示已经购买过诸如绿色食品、绿色服装、绿色建材、绿色家电之类的绿色产品。在此条件下开展绿色营销已经是一种势在必行的举措。由于在全世界绿色营销观念地推动下，绿色消费观念已经形成或正在形成，绿色消费成为全球新的消费时尚，因此，我国企业要顺利走出国门，适应经济全球化，必须确立绿色经营理念，积极开发绿色产品，大力发展绿色营销，以绿色形象谋求发展的良机。

绿色营销是一项系统工程，需要政府、企业、社会等各方面全方位的共同努力。而我国作为一个最大的发展中国家，在各种基础设施相对薄弱的条件下，在绿色浪潮在本国兴起之初，要想迅速培育发展绿色营销事业，既需要企业的努力，也需要政府部门的宏观管理、监督指导以及政策和资金上的支持。

一、政府对绿色消费的宏观管理

在绿色消费和绿色市场发展的初级阶段，政府的扶持具有相当重要的作用。政府通过制定政策法规，给予经济扶持和培育市场等，可以促进消费者和企业从单纯的绿色意识转换成为真正的绿色商业活动。我国已经加入WTO，各国间的贸易竞争日益激烈。面对复杂的国际竞争环境和我国国情，政府在培育绿色市场方面应担负起重要职责。具体表现在以下几个方面。

1. 建立健全适应绿色市场经济环境的法规保障体系

绿色利益需要有健全的法律体系来规范和约束各种经济主体的行为。我国应积极吸引中外资源并吸取环境管理方面的先进经验，确立、发展并完善自然资源与环境管理法律的基本原则，如可持续发展原则、公平与效率原则、公众参与原则等，确保资源环境法律的绿色化与先进性。在总体原则的指导下，建立逐步细化的规章制度，在维护法律尊严与稳定性的同时，提高绿色法律与政策的可操作性，规范绿色营销市场。

2. 倡导政府与企业在生态环境保护方面建立伙伴关系

根据政府与企业在可持续发展方面的一致性，将政府的宏观调控能力与企业的微观创新能力充分结合起来，实现优势互补。大力推行参与式的绿色政策，进一步扩展企业与社会公众的环境权益，鼓励其参与绿色政策的制定、执行与监督，积极开展绿色公益活动，通过实践来提高公众绿色意识。建立绿色协调机构、扶持绿色民间组织，鼓励它们收集绿色需求信息、宣传绿色政策、协调与处理绿色纠纷等，帮助消费者获取准确的绿色产品信息。

3. 引入竞争机制，促进绿色制度的市场化运行，严格监管绿色产品品质，加强消费者的绿色信心

加强绿色产品认证，全面推行 ISO9000 质量体系认证与 ISO14000 环境体系认证，适时施行生态环境影响评价制度，构筑绿色产品市场与绿色信息公开体系，建立科学的绿色产品评价体系，对伪劣绿色产品及其生产厂商进行严厉打击，通过政府的绿色采购、消费行为影响事业单位、企业和公众。

4. 大力弘扬民族绿色文化，刺激绿色消费

在全社会范围内开展各种层次的绿色教育，并将可持续发展与反贫困、防止返贫相结合，满足不同层次的绿色教育需求，提高国民的绿色科学文化素质与绿色意识。充分利用网络、电视、广播、报纸、杂志等媒介，开辟更多的宣传渠道，多方位多形式地进行绿色宣传，引导绿色消费，倡导绿色生活方式。利用地方与民间优势积极开展绿色小区、绿色社区、绿色学校、绿色园区、绿色城市、绿色单位等绿色文明创建活动，逐步形成全民参与绿色行动的社会风气。

二、企业的绿色营销管理

现代企业的绿色营销观念包括以下内容：一是强调需求的全面性。包括对健康、安全、无害产品的需求，对美好生存环境的需求，对安全、无害的生产和消费方式的需求，对和谐社会关系的需求；二是强调不仅要发现需求、满足需求，而且要引导需求；三是强调经营活动的可持续性。要求企业在生产和消费中，使资源可得到补充和不超过环境吸收污染能力以确保人类长期的生存和发展需要；四是要求扩展后营销的内容。即对顾客购买产品后，消费产品时和消费产品后对环境和他人的影响进行追踪，指导消费者进行绿色消费，倡导环保意识，在使用产品过程中和使用之后最大限度地减少对环境的污染；五是要求重建竞争观念。生态系统的整体性，把整个企业的命运连在一起，企业之间除了竞争，还有相互合作和联系的一面，所有企业都是经济体系的命运共同体，更是整个生态系统的

命运共同体。

（1）绿色营销策略

与传统营销策略相同，现代企业的绿色营销系统包括以下四大策略。

1）绿色产品策略。绿色产品是指从生产到使用直至最后报废都能满足"4S"（顾客满意、终身安全、社会接受和自然持续）绿色要求的产品。企业应多方筹资，引进技术，推行清洁生产和绿色包装，开发具有良好环境业绩和经济效益的绿色产品。

2）绿色价格策略。绿色产品的研发、选料、工艺、促销等都会增加企业的生产成本，使产品价格上涨。绿色企业应通过生产的规模效益来抵消成本的上升，并应加大宣传力度，扩大消费市场，从而获得更大的利润。

3）绿色促销策略。企业应从绿色大环境着手培养消费者的绿色意识，并建立一支高素质的绿色营销队伍，引导消费者的绿色认知过程，使其接受绿色观念、绿色产品，扩大消费市场。同时还应重视绿色公关，通过环保公益活动树立企业绿色形象。

4）绿色渠道策略。营销渠道绿色化要求在营销过程中加强渠道成员的绿色意识，建立绿色营销网络。最初可以通过为渠道成员绿色流转提供诱因来实现，这是作为企业的推动；当消费者认同了绿色产品的时候，就会主动向渠道要求绿色产品，这时就是消费的拉动起作用。企业还可以组建自己的专业绿色直销部门。

（2）建立绿色营销系统

一个现代企业要建立绿色营销系统，实施绿色营销策略，大致可以遵循下述7个步骤进行。

1）搜集绿色信息，分析绿色需求。通过对各种信息的搜集，进而预测绿色需求，为企业制定绿色营销战略提供决策依据。

2）制定战略规划，树立绿色形象。从战略层次上综合考虑企业的整体"绿色"，通过 CIS 战略的实施，推动企业绿色营销制度化，创立绿色企业文化、树立绿色企业形象。

3）开发绿色资源，生产绿色产品，进行绿色营销。绿色产品的开发，是企业实施绿色营销的支持点，要从设计、选材、产品结构、工艺流程、包装、运输方式、产品的使用至产品废弃物的处理等都要考虑对生态环境的影响，树立整体绿色产品意识，优化绿色产品组合，选择绿色包装。

4）制定绿色价格。企业应先分析自己的绿色成本、市场的绿色产品需求、竞争对手的产品可替代程度等价格影响因素，然后探索绿色产品的定价方略。包括：新产品定价策略。可使用撇脂定价或渗透定价；绿色产品组合定价。根据绿色产品需求、绿色产品生产成本和绿色产品生产资源，利用三方面的内在关联性实施定价；绿色产品差别定价策略。可根据消费者需求强度和对某种绿色产品的了解程度采用不同价格；绿色产品的认知价值定价策略。根据营销组合中的非价格变量在消费者心目中建立起来的认知价值来确定价格。

5）选择绿色渠道，拓展销售市场。包括：选择分销渠道类型、确定中间商数目和规定分销渠道成员的条件与责任等，可根据企业自身实力和产品属性制定出相应策略；当消费者购买模式发生改变、市场扩大或缩小、产品市场生命周期的更替、新竞争者加入以及新的分销渠道出现时，及时修改和调整渠道；建立与绿色产品分销相配套的绿色通道。将公路、铁路、航空以及水运通道等按照经济合理的原则联结起来，发挥各类运输工具的优势，构建高效率、无污染、低成本的绿色产品运输网络和联运系统。

6）开展绿色促销活动，正确引导消费者进行绿色消费。包括向消费者传递良好的绿色信息；主导并支持绿色公益活动；保持与环保组织、环境监理部门的和谐关系；主动承担环保义务。

7）努力开发、引进和利用绿色新技术。加大资金投入，加强与科研院所的合作交流，努力开发和创新绿色技术；有选择地引进国外的先进绿色技术并将其消化、吸收和创新，提高软技术的引进，发挥后发优势；推广现有绿色新技术，实现规模经济效益。

总之，巨大的绿色消费市场推动了绿色营销的发展。绿色营销已经成为现代市场营销发展的重要分支。它代表了一种可持续发展的思想，能够使经济建设健康发展，进一步提高人民生活水平，使环境得到有效保护，因而对国家、企业、个人都具有现实意义。绿色营销在中国起步较晚，目前虽得到一定发展，但面临着全社会绿色消费需求尚未形成、绝大多数企业绿色营销理念仍未确立、生产管理方式滞后、营销组合策略不相适应以及政府措施不力等问题。因此，我们必须采取相应对策，积极创造条件，努力使绿色营销逐步良性发展并与国际接轨。

人们把 21 世纪称为"绿色世纪"，为此，有关专家用十二个"绿"来进行诠释，即绿色技术、绿色设计、绿色投资、绿色产品、绿色包装、绿色营销、绿色消费、绿色文化、绿色认证、绿色标志、绿色壁垒、绿色保护。其中，绿色消费是关键环节，是一切绿色的基础。绿色消费既对经营提出要求，又能保护消费者的利益，还能表达消费者希望国家加强对绿色领域监管的迫切心情。

绿色消费是一种权益，它保障了当代人的安全与健康和后代人的生存；绿色消费是一种义务，它提醒我们环保是每个消费者的责任；绿色消费是一种良知，它表达了我们对地球母亲的孝爱之心和对万物生灵的博爱之怀；绿色消费是一种时尚，它体现着消费者的文明与教养，也标志着高品质的生活质量；作为绿色消费志愿者，我们每个人都是市场上的绿色选民。让我们把手中的钞票变成绿色选票，选择可持续的消费模式，选择绿色的生活，从而推动发展我国的绿色技术和绿色经济。为了健康，保护绿色；为了健康，选择绿色。你我携手，创造一个绿色的世纪！

小　结

　　全世界的人们已经认识到保护环境对于人类生存的重要性，越来越多的消费者开始崇尚"绿色消费"。所谓绿色消费是指以保护环境和回归自然为主要特征的一种消费活动。这种绿色消费浪潮促进了人们对生态环境的保护和改善，适应了全球资源、环境、经济、社会的可持续发展要求。

　　1）世界绿色浪潮的兴起有着深刻的历史背景和现实原因，是人类对工业化后果进行的深刻检讨。由于逐渐意识到环境资源破坏的严重性，各国携手拟定了各种世界性和地区性的环境保护公约，共同维护和促进人类生存环境的可持续性发展。1996 年 9 月，国际标准化组织（ISO）推出 ISO14000 标准，标志着环境保护进入了操作实施层面。许多国家和地区的消费者普遍认可绿色消费。中国已经完全融入绿色消费浪潮，并且正在努力推动这一浪潮的继续向前发展。

　　2）绿色消费具体指消费者意识到环境恶化已经影响到其生活质量及生活方式，要求企业生产并且销售有利于环境保护的绿色产品或者提供绿色服务，从而减少对环境危害的消费。绿色需要产生的原因主要有以下几个方面：对环境日益严重的破坏所引发的一系列生态环境问题危害着人类正常的生活；环保知识的普及加强了消费者的绿色环保意识和绿色需要；绿色消费成为流行的消费时尚；企业也在社会舆论以及政治、法律的约束下开发更加绿色的产品。

　　绿色消费者的心理过程也大致可以分为认知过程、情感过程和意志过程三个部分，三者之间相互作用并最终促成绿色购买。根据消费者在进行消费时对环境关注程度不同的选择，可以将消费者的"绿色化"由"浅"到"深"进行渐进的分类。绿色消费者的购买决策因素包括个人因素和心理因素。

　　3）绿色产品，就是符合环境标准的产品。不仅产品本身的质量要符合环境、卫生和健康标准，其生产、使用和处置过程也要符合环境标准。绿色产品的开发包括设计、生产、产品本身的品质、废弃物的处置四个环节。绿色产品生命周期为：绿色产品规划及设计开发过程；制造与生产过程；使用过程；维护与服务过程；废弃淘汰产品的处置、回收及重用过程。

　　4）绿色营销策略是指企业以环境保护观念作为其经营哲学思想，以绿色文化为价值观念，以消费者的绿色消费为中心和出发点，力求满足消费者绿色消费需求的营销策略。在绿色消费和绿色市场发展的初级阶段，政府的扶持具有相当重要的作用。现代企业的绿色营销系统包括以下四大策略：绿色产品策略、绿色价格策略、绿色促销策略、绿色渠道策略。建立绿色营销系统通过以下步骤：制定战略规划，树立绿色形象；搜集绿色信息，分析绿色需求；开发绿色资源，生产绿色产品，进行绿色营销；制定绿色价格；选择绿色渠道，拓展销售市场；开展绿色促销活动，正确引导消费者进行绿色消费；努力开发、引进和利用绿色新技术。

思　考　题

1．简述绿色消费的概念及其内涵。
2．论述绿色消费的心理过程如何产生的。
3．简述影响绿色消费行为因素。
4．企业如何制订绿色营销策略及营销系统？
5．举例说明我国绿色产品的发展。

第十二章　网络消费心理与行为

人类进入 21 世纪，一个最令人瞩目的现象便是互联网已经深入到全球的各个角落，信息革命正在对人类社会产生愈来愈重要的影响。因特网与电话网、电视网一起被称为三大社会公共系统，已经成为经济正常运转和人们日常生活必不可少的信息基础设施。Internet 经过短短二十几年的发展，成为全球仅次于电话网的第二大通信网络，已从最初的科研网络发展成为科研、教育、通讯、商业、休闲娱乐等多功能、多领域应用的综合性网络，在社会经济文化生活中发挥着越来越重要的作用。在这场网络化浪潮的冲击下，消费者也逐渐从传统的购买渠道向网络转移。但是由于网络的特殊性，消费者在网络中也表现出与普通消费环境中不同的特点。由此，对网络消费者的心理与行为的把握，是信息化时代营销领域必不可少的研究课题。

以互联网为基础的消费，既是通过网络技术进行的新型消费形式，又全面地包括了精神文化层面的内在含义。它意味着一方面，网络时代的消费者交往冲破了传统工业社会消费习惯的限制，通过网络间的混合纤维、同轴线缆、蜂窝系统及通信卫星进行信息传播，使消费活动无需通过商业中介而由网络媒介直接连通起来；另一方面，网络消费方式又具有一种精神的内在化特质，其实质上是一种联结不同网络终端的人脑思维的虚拟化、数字化的交流和互动。由此，网络时代的消费实际上是一种虚拟化、数字化的消费。

第一节　网络时代的消费者

2004 年 1 月 15 日，中国互联网络信息中心（CNNIC）第十三次《中国互联网络发展状况统计报告》指出，我国网民数量已居世界第二，每天新增 5.59 万人。截至 2003 年 12 月 31 日，我国网民数量已攀升至 7950 万，继续保持着世界第二的位置，在一年之内增长了 2040 万人，相当于每天有 5.59 万新人走进网络空间，增幅超过 48%。上网计算机数为 3089 万台，增幅为 48%。（历次调查不同年龄网民的数量如图 12-1 所示）我国的网民仍然以男性、未婚者、35 岁以下的年轻人为主体，但是女性、已婚者、35 岁以上的网民已经呈现更强的增长势头，第十一次 CNNIC 调查结果显示，网民中 18～24 岁的年轻人所占比例最高，达到 37.3%，其次是 18 岁以下（17.6%）和 25～30 岁（17.0%），30 岁以上的网民随着年龄的增加所占比例相应减少。35 岁以下的网民占 82.1%，35 岁以上的网民占 17.9%（如图 12-2 所示）。网民在年龄结构上仍然呈现低龄化的特点。受教育程度在大学本科以下的人、低收入者仍然占网民的大多数，但本科以上受教育程度的网民和月收入 2000 元以上的网民比例在增长(全国网络消费者的收入水平如表 12-1 所示)。在被调查的网民中,只有 8%的网民没有访问过购物网站,有 16.5%经常访问购物网站。而有超过 40%的网民曾上网购物,其中书籍、音像器材及制品、通讯用品等是网络购物的主要商品。这说明我国的网民结构趋向于合理。这也就是说,网络时代的消费者群体已经形成,企业实施网络营销已初具市场基础。

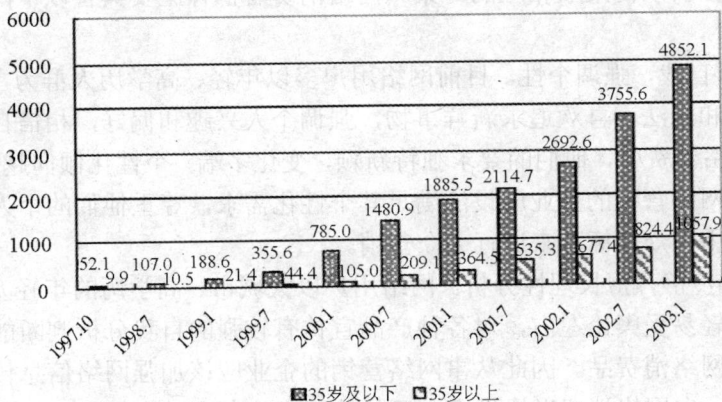

图 12-1　历次调查不同年龄网民的数量（万人）

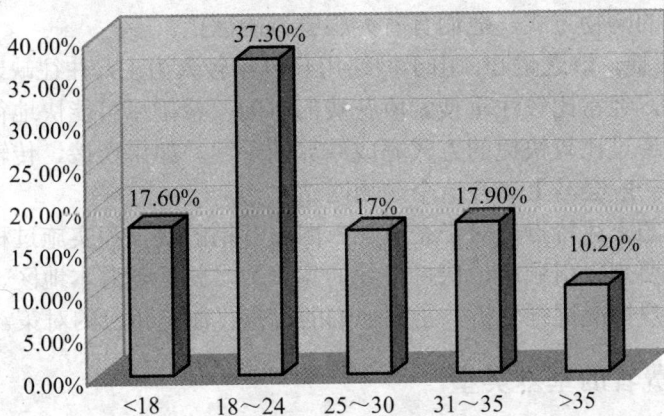

图 12-2　我国网民的年龄结构

表 12-1　全国网络用户收入水平结构

收入水平	比例	收入水平	比例	收入水平	比例
500 元以下	23.8%	501～1000 元	15.6%	1001～1500 元	16.5%
1501～2000 元	11.3%	2001～2500 元	6.2%	2501～3000 元	5.7%
3001～4000 元	4.9%	4001～5000 元	2.4%	5001～6000 元	1.2%
6001～10000 元	1.1%	10000 元以上	0.9%	无收入	10.4%

一、网络消费者的群体特点

网络消费的前提是网络的存在，而网络用户是网络消费行为发生的主体，也是推动网络消费发展的主要动力，他们的现状、特点及其发展状况决定了今后网络消费的发展趋势和道路。企业要搞好网络市场营销，就必须对网络消费者的群体特征进行分析以便采取相应的对策。网络消费者群体主要具备以下四个方面的特征。

1）注重自我，强调个性。目前网络用户多以年轻、高学历人群为主，他们有独立的见解和想法，喜欢追求新鲜事物，强调个人兴趣和偏好，相信自身的判断能力。在网络消费中，他们的要求独特新颖，变化多端，个性化倾向越来越突出。因此，从事网络营销的企业应设法满足其个性化需求，尊重他们的个人偏好和特性，而不是用大众化标准来进行大众营销。

2）头脑冷静，擅长理性分析。网络用户以大城市、高学历的年轻人为主，他们通常不会轻易受舆论左右，对各种产品宣传有较强的自我分析判断能力，能够理性地对待网络消费品。因此从事网络营销的企业应该加强网络信息传播管理，以诚信待人，向网络消费者提供真实可信的网络信息。

3）喜好新鲜事物，有强烈的求知欲。网络用户大多爱好广泛，无论是对新闻、股票市场，还是网上娱乐都具有浓厚的兴趣，对未知的领域报以永不疲倦的好奇心。面对新鲜的购物方式，他们有着大胆尝试的欲望。

4）追求快捷，缺乏耐心。由于网络用户以年轻人为主，往往缺乏耐心，当他们搜索信息时，经常比较注重搜索所花费的时间，希望尽可能快地得到需要的产品，并且能够通过比较快捷的方式完成结算的手续。如果连接、传输的速度比较慢的话，他们一般会马上离开这个购物网站。

网络用户的上述特点，对于企业加入网络营销的决策和实施过程都是十分重要的。营销者要想吸引顾客，保持持续的竞争力，就必须对本地区、本国以及全世界的网络用户情况进行分析，了解他们的特点，制定相应的对策。

二、网上消费者的基本类型

对网上购物者的类型有多种研究和划分。Ebates.com/Harris Interactive 对网上购物者的类型进行了分类，他们将网上购物者分为六种类型：初次尝试者、上网有瘾者、对时间敏感者、品牌忠诚者、商品搜索者、网上浏览网下购买者。为了了解网上购物者的购买动机，Flexo-Hiner 的研究结果将网上购物者分为七种类型：网络参与型、隐私规避型、价格折扣型、购物厌恶者、商品浏览型、贪图方便型、自动监控型。

2005 年 5 月，Brigham Young 大学通过对 4000 名网络用户（既有网上购物者，也有非购物者）态度的调查发现，消费者的在线购买行为有八种基本类型。这项调查与一般的电子商务调查的区别之处在于，并非用人口统计学的指标（如年龄、收入等）来研究人们的网上购买习惯，而是通过对人们实际的在线购买量进行跟踪，采用使用电脑应用水平和生活方式等多种变量来理解在线购买者的心理。调查结果显示，消费者在网络上选择商品有其不同的特点，可以根据这些特点对网络消费者进行如下分类。

1）网络狂热型。这类消费者是网络消费的主力军，是新鲜事物的尝试者，多以年轻人为主，他们喜欢追逐潮流，并且将其视为自己与他人不同的独特之处。他们经常上网冲浪，不仅自己经常在网上购物，还向别人讲述自己的购物经历，并且会推荐他人也上网消费。

2）冒险学习型。这类消费者对新鲜事物的好奇程度和接受程度要低于前一类消费者，他们喜欢网上购物的新奇感受并充满兴趣，但要将这种兴趣转变成真实的消费还需要商家进一步的培养。

3）初次尝试型。这类消费者的电脑应用水平比较低下，当他们听说网络消费后，觉得这是可以尝试的，并且根据自己的摸索或向别人请教开始网上购物，电脑水平是限制这些人成为长期网上购物者的因素。

4）工作需要型。这类消费者拥有较高的电脑技能，由于工作需要长期使用网络，上网工作的同时也会不由自主地看到网上商品的出售，但是他们很少实施网络消费行为。

5）担心安全型。这类消费者比较小心谨慎，他们了解购物网站并知道如何进行网上购物，但出于心理因素的考虑，他们担心信用卡安全、送货以及投诉等方面的问题。

6）生活习惯型。这类消费者大都比较保守，他们的年龄偏长，对于网络的接受能力及适应能力稍差，相对于网络来说他们更喜欢在商场中购物的感觉，

7）技能限制型。这类消费者不熟悉电脑应用，上网时间很少，对互联网兴趣不高，因此对网络消费也没有什么兴趣。

8）需求差异型。这些网络用户上网仅是为了娱乐而不是购物，这是由于安全、个人信息、收入水平低等因素，他们的网络消费需求有待于发掘。

针对上述不同类型购物者的特性，消费类电子商务网站需要对营销、安全性和购物方便等方面重新认识。网上零售商应该针对不同类别的用户采取不同的营销方式。例如，将网上购物看作初次冒险的用户，如果网上购物经历留下了好的印象，必然会增加网上购物的兴趣，并继续扩大在线消费。商家应该为他们提供方便的购物方法，以减少网上购物中的不愉快经历，并提高网上商品的质量及服务。另一方面，对于网上购物尝试型的初学者，如果能针对性地设计方便的购物页面，并给予尽可能多的帮助，对购物者进行指导，一定会增加他们网上购物的信心。

三、网络消费的特征

网络消费是新兴的消费方式，不同于传统消费行为，因此必定有着自身的特点，总结起来有以下十点。

1）网络消费的虚拟性。网络消费是在由因特网技术所构成虚拟购物空间或消费网页中进行的。这是一种非常感性化的情境，缺乏深层次的理性比较选择。

2）网络消费的个人性。网络世界拓宽了私人空间，也使公共领域的权力结构发生了变化。网络交往的高度随意性与隐匿性决定了网络主体可以不用面对面地进行交易活动，从而可以避免与人接触的很多考虑因素，这无疑强化了消费的个人选择并促使其提高对信息自我鉴别的能力。

3）网络消费的直接性。从现代经济学的角度来看，网络消费相对于传统消费而言，似乎对消费者更为偏爱。数字化网络所产生的知识经济合力，缩短了生产和消费之间的距离。使买卖的双方能在一种近乎面对面的、休闲的气氛中达成交换的目的。

4）网络消费的灵活性。网络的虚拟性和直接性，不可避免地给网络消费带来很大的灵活性。消费者可以在网络里随意轻松的寻找，而不必像传统购物模式那样，在各商场之间奔波，这显然给消费带来很大的灵活性。

5）网络消费的信用性。信用是当今信息时代网络交易的重要保证条件。由于涉及到付款和送货，无论商家还是消费者都需要提升自己的信用，网络消费活动的健康进行，有赖于网上信任观念和信用制度的建立。

6）网络消费的节约性。网络消费者只需要坐在家里轻轻点击鼠标，购物就可以轻松实现，节约了大量传统购物方式所耗费的时间、精力、交通成本等。

7）网络消费的观念性。网络消费形态是注重个人化、主流化、创新精神和价值观念的样式。现代人更注重的是休闲的方式，一定意义上可以近似的将网络消费看作是一种游戏。每个消费者在游戏中轻松快乐地完成购物过程。

8）网络消费的便捷性。消费者在网上购物主要是为了享受网络带来的快速便捷，网络购物只要下了订单就可以不再操心，十分的方便简捷。

9）网络消费的逆向性。网络消费是一个学习的过程，35 岁以下的网络消费者占了绝大多数，而多数中老年没有尝试过网络或对网络的使用不熟悉，需要学习这种全新的技术，年轻人对中老年就可以进行逆向的指导。并且其消费风格和消费文化对中老年人的消费行为也施加了一定逆向教育的作用，许多新技术的应用普遍都有这种特性。

10）网络消费的互动性。网络消费不同于传统的消费过程还表现在这是一个消费者和厂商互动的过程，而且这种互动的交流速度也比较快，消费者可以将对商品的某种不满通过网络反馈给商家，商家也可以通过电子邮件在第一时间将消费者的问题反馈回去。

第二节　网络消费的心理特征

网络对市场的影响具体体现为消费者及其心理的变化上。不同的历史文化环境、特别是不同的媒体环境孕育出不同时代的消费群。电视的普及产生了所谓"影像的一代"，互联网的兴起造就出新的传播媒体，其网络媒体的大众化普及催生出第三代消费者，又被称为网络时代的消费者，又称"N（net）时代"消费者，或为"e人类"。毋庸置疑，"e人类"是电子商务环境下企业的目标消费者群。这是一种不同于以往任何时候的一种消费者群。因为"e人类"有其内在独特的心理特征，具有不同于以往传统消费者的特点，同时还会因其独特的心理特征采取一些完全不同于以往消费者的消费行为。为此，分析网络消费者及其消费行为必先从其心理因素着手。

一、影响网络消费行为的心理因素

1. 传统消费心理性

根据现有的理论研究，传统消费者的消费行为受以下几方面心理因素的影响。

1）习俗消费心理。由于消费者来自于不同的地域，具有不同的宗教信仰、文化背景、历史渊源、传统观念等，形成了消费者惯有的消费心理和消费习惯。

2）从众消费心理。由于社会消费风气、时代潮流、社会群体等社会因素的影响，在消费者中通常会产生去迎合某种流行风尚或社会群体的从众心理需要。

3）寻求便利的消费心理。消费者在购物时往往会考虑到消费的便利性，并且在相同条件下，消费者倾向于购买更加对自己便利的商品。例如，购买房地产时往往把小孩入托上学的方便性、交通通达度、购物的便捷性等重要因素加以考虑。

4）选价消费心理。产品的价格是直接影响消费者购买行为决策的重要因素，消费者在购买行为决策时，其心理需要总是希望付出最少的资金，取得最大的效益。同时，有些消费者对特别的价格有特别的心理，这种心理也影响购买者的行为，如对"4"、"13"、"14"等数字忌讳，对"8"、"9"为尾数的数字比较偏好。

5）追求美感的消费心理。在现实生活中，虽然消费者各自的审美观念不同，在对美的标准的评判上存在差异，但追求适应自身审美观念的消费品是普遍存在的心理需要。

6）追从新奇的消费心理。有些消费者对所提供的新的、先进的或者说是与众不同的服务或产品感到新奇，总希望自己能亲自尝试，这就是追从新奇的消费心理。

7）惠顾消费心理。有些消费者由于经常购买某种产品或品牌，而对该产品或品牌产生浓厚的感情，而形成对生产商新产品的"无顾忌"接受。

8）追求优越的消费心理。有些消费者由于希望得到别人对自己的支付能力以及审美观念、挑选等能力的赞赏和尊重，在交易过程中，往往会产生不甘落后、争强好胜、展现华贵、显示能力等的追求优越心理的需要。

9）名牌消费心理。由于对名牌产品或名牌公司的信任与追求，而乐意接受该公司产品或服务的心理需要。

除此之外，还有许多心理因素影响和制约着消费者购买决定。在实际生活中，影响消费者购买决定的心理往往并不是来自某一方面，而是受到多种心理因素的共同作用和影响。

网络环境下的消费者追求并易于接受新奇的思想和事物；要求主动参与新产品开发与研究，成为企业的合作者，这也是 21 世纪网络消费者最突出的特点；喜欢张扬个性，要求每件产品都要根据他们个人爱好和需要定做；要求全球范围内的最优价格等，各类搜索引擎也让他们成为掌握信息更加完全的消费者。

2．网络消费者的购买动机

由以上分析我们可以推演出网络消费者的购买心理动机。所谓动机，是指推动人进行活动的内部原动力，即激励人们行为的原因。人们的消费心理都是由购买动机而引起的。网络消费者的购买动机，是指在网络购买活动中，能使网络消费者产生购买行为的某些内在动力。我们只有了解消费者的购买动机，才能预测消费者的购买行为，以便采取相应的促销措施。由于网络促销是一种不见面的销售方式，消费者的购买行为不能直接观察到，因此，对网络消费者购买动机的研究，就显得尤为重要。

网络消费者的购买动机基本上可以分为两大类：需求动机和心理动机。

（1）需求动机

网络消费者的需求动机是指由网络产生的需求而引起的购买动机。要研究消费者的购买行为，首先必须要研究网络消费者的需求动机。网络技术的发展使现实的市场变成了网络虚拟市场，但虚拟社会与现实社会毕竟有很大的差别，所以在虚拟的网络市场中人们希望满足以下三个方面的基本需要。

1）兴趣。即人们出于好奇和能获得成功的满足感而对网络活动产生兴趣。

2）聚集。通过网络给相似经历或心理需求的人提供了一个聚集的机会和虚拟场所。

3）交流。网络消费者可聚集在一起互相交流消费信息，分享购物经验。

4）证实。通过网络快速的信息沟通可以证实自己的购物行为是否合理。

（2）心理动机

心理动机是由于人们的认识、感情、意志等心理过程而引起的购买动机。网络消费者购买行为的心理动机主要体现在理智动机、感情动机和惠顾动机三个方面。

1）理智动机。理智动机具有客观性、周密性和控制性的特点。这种购买动机是消费者根据自身的需求在反复比较各种在线商场的商品后才产生的。因此，这种购买动机比较理智、客观而很少受外界气氛的影响。这种购买动机的产生主要用于耐用消费品或价值较高的高档商品的购买。

2）感情动机。感情动机是由人们的情绪和情感所引起的购买动机。这种动机可分为两种类型：一是由于人们喜欢、满意、快乐、好奇而引起的购买动机，它具有冲动性、不稳定的特点；另一种是由于人们的道德感、美感、群体感而引起的购买动机，它具有稳定性和深刻性的特点。

3）惠顾动机。惠顾动机是建立在理智经验和感情之上，是消费者由于对特定的网站、广告、商品品牌产生特殊的信任与偏好，而重复、习惯性的前往某一网站访问并购买商品的一种动机。由惠顾动机产生的购买行为，一般是网络消费者在作出购买决策时，心目中已首先确定了购买目标，并在购买时克服和排除其他同类产品的吸引和干扰，按原计划确定的购买目标实施购买行动。具有惠顾动机的网络消费者往往是某一网站的忠实浏览者。

二、网络消费利弊的心理分析

1. 网络消费的心理优势和吸引力

对网上购物的研究表明，消费者所以选择网上购物，心理因素是主要动因。网络消费在以下方面具有与众不同的心理优势。

（1）网络消费是一种消费者以自身需求为导向的个性化消费方式

网络消费的最大优点在于消费者导向。消费者在网络中拥有比在传统购物场所更大的选择自由。他们可根据自己的需求特点在全球范围的网站寻找可以满足自身需求的商品而不必担心受地域的限制。通过进入感兴趣的企业网址或网络商店，消费者可获取更多的有关商品的信息及组合，使购物决策过程更显个性化。消费者通过电子邮件的定制方式有权决定是否接收广告信息或接收哪些类型的信息。以个性化化妆品为例，消费者可事先根据自己皮肤的性质设定她们偏爱的栏目和版面，由此而获得一份完全依据其个性设计的厂家报告。这种个性消费的发展将促使企业重新考虑其营销战略，以消费者的个性需求作为产品服务提供的出发点。其次，随着计算机辅助设计、人工智能、遥感和遥控技术的进步，现代企业将具备以较低成本进行多品种小批量生产的能力，这一能力的增强为个性营销奠定了基础。但要真正实现个性营销还必须解决庞大的促销费用问题。网络营销的出现则为这一难题提供了可行的解决途径。企业的各种销售信息在网络上将以数字化的形式存在，可以极低成本发送并能随时根据需要进行修改，庞大的促销费用因而得以节省。企业也可以根据消费者反馈的信息和要求通过自动服务系统提供特别服务，例如，可通过电子邮件向消费者传送特定的信息或致以节日的问候，来增强对消费者的亲和力。

（2）网络消费具有极强的互动性

传统的营销管理强调 4P（产品、价格、渠道和促销）组合，现代营销管理则追求 4C（顾客、成本、方便和沟通），然而无论哪一种观念都必须基于这样一个前提：企业必须实行全程营销，即必须由产品的设计阶段就开始充分考虑消费者的需求和意愿。遗憾的是，在实际操作中这一点往往难以做到。原因在于消费者与企业之间的信息壁垒过高，缺乏合适的沟通渠道或沟通成本过高。消费者一般只能针对现有产成品提出建议或批评，对尚处于开发阶段的产品则难以涉足。此外，大多数的中小企业也缺乏足够的资源及相关经费用于了解消费者各种潜在需求，它们只能从自身能力或市场流行趋势出发进行产品开发。在网络环境下，这一状况将有所改善，即使是中小企业也可通过电子布告栏、BBS、产品线上展示和电子邮件等方式，以极低的成本在营销全过程中对消费者进行随时的信息搜集。消费者则有机会对从产品设计开发到定价和服务等一系列问题发表意见。这种双向互动的沟通方式提高了消费者的参与性和积极性，更重要的是它能使企业的营销决策有的放矢，从根本上提高消费者满意度。例如，汽车生产商可以提供相应的专题网页，在网上展示新款车的概念，让消费者就新车型的外形、内部配置、马力、颜色和价格等发表意见，有新需求的消费者必定会积极参与其中。

（3）网络消费能满足消费者对购物方便性的需求

网络提供 24 小时服务，不存在节假日或营业时间限制，消费者可随时查询所需资料或进行购物，查询和购物过程需时极短，程序简便快捷，在一些选购品或有特殊性的商品购买中这种优势更为突出。而且网络消费不必走出家门，节约了消费者的体力、时间和精力等购买成本。例如，书籍的购买，消费者不必遍寻各大书店，也不会因本地书店没进货而求之不得。这一特点使网络消费特别受那些需要大量信息进行决策的分析型消费者，以及以缩短购物时间为目标的消费者所青睐。

（4）网络消费能满足价格重视型消费者的需求

如前所述，网络营销能为企业节省巨额的促销和流通费用，仅仅只需要支付网站的维护费用，使降低产品成本和价格成为可能。而消费者则可在全球范围内找寻最优惠的价格，甚至可绕过中间商直接向生产者订货，这一点对于企业采购利益是很大的。与电视直销或多层次传销相比，消费者不必负担高昂的广告费用或传销员的多层销售提成盘剥，因而能以更低的价格实现购买。

2. 网络消费的心理不足

任何事物都是具有两面性的。作为新兴的营销方式，网络消费有很多心理优势，但就其本身特点和发展现状而言，它仍存在着心理上的不足或缺陷。

（1）消费者现阶段对网络资料的真实度缺乏信任

首先，所有企业在网上均表现为网址和虚拟环境，给人一种不真实感。在传统的现实环境中，中小企业受到经济规模和企业历史等条件的束缚，而在网上它们则更具自由度，可利用信息武装自己，缩小与大企业的差距，消费者也因此增加了鉴别、选择企业或产品的难度。一些在实体世界中可有效判别和预期产品服务质量的感觉，例如，对零售企业营业面积、店容店貌等的感受，在网上将无用武之地。消费者必须重新学习或继续以现实途径进行辅助判别，这就增大了消费者判别的难度和成本。此外，网络商店较容易设立，因而也容易作假，消费者对此也会心存疑虑。因此许多进行网络营销的企业仍会借助实体设施来提高信誉和知名度。这反过来又削弱了网络消费的优势。

其次，现阶段网上购物安全性仍然不足。目前网上购物的危险主要源于两方面：一是消费者的私人资料如信用卡资料在传输过程中可能被截取或被盗用。现时加密技术的发展仍不能圆满地解决这一问题。另一方面，计算机病毒的广泛蔓延也令人望而生畏。如果病毒一旦在网上发作，破坏力是相当大的。

最后，互联网是一个开放和自由的系统，目前仍缺乏适当的法律或其他手段进行规范。因此，如果网上购物发生纠纷，消费者的权益未必能获得足够保障。

（2）网络消费无法直接满足某些特定的心理需求

网络营销的特点决定了它不能满足某些特定的消费心理需求。由于网上购物只可替代部分人际互动关系，也就不可能满足消费者在这方面的个人社交动机。例如，家庭主妇或朋友间希望通过结伴购物来保持与左邻右舍的关系或友情等，而且网络消费也缺乏直接购物的那种"逛街"的乐趣。此外，虚拟商店也无法使消费者因购物而受到注意和尊重，同样消费者无法以购物过程来显示自己的社会地位、成就或支付能力。而且网络商品的价格欠缺灵活，会令某些喜欢在现场讨价还价的消费者大失所望。

另外，在我国现行消费者权益保护法中没有规定消费者的隐私权问题。这是因为在传统的消费关系中，商家一般不会询问顾客的姓名、地址和月收入等，所以消费者的隐私权保护在传统消费过程中也不属于消费者权益保护的内容。但是基于互联网进行的个人网络消费活动则完全不同，网上消费者一般都需要在网站注册并提供相关个人信息后才能开始购物。然而对于这些个人资料，很多网站并没有像事先承诺的那样采取措施加以保密，有的甚至还擅自将用户信息出卖给其他网站以牟取暴利，造成了对消费者隐私权的严重侵害。因而在网络上，消费者的隐私权的保护问题是应该亟待加强的。

综上所述，从消费者心理角度分析，网络消费确有过人之长，极有希望发展成为一种重要的消费方式。但也正因为它的特点使它不可能取代所有的营销方式。它只是以一种新的消费方式使买卖双方获益。

第三节　网络消费行为的过程与特点

一、网络消费的购买过程

网上购物是指用户为完成购物或与之有关的任务而在网上虚拟的购物环境中浏览、搜索相关商品信息，从而为购买决策提供所需要的必要信息，并实现购买决策的过程。电子商务的热潮使网上购物作为一种崭新的个人消费模式，日益受到人们的关注。消费者的购买决策过程，是消费者需要、购买动机、购买活动和购买后使用感受的综合与统一。与此相对应，网络消费的购买过程可分为以下五个阶段，如图 12-3 所示。

确认需求 → 收集信息 → 比较选择 → 购买决策 → 购买评价

图 12-3　网络消费的购买过程

1. 确认需求

网络购买过程的起点是诱发需求，当消费者认为缺乏某种商品或者现有的商品已不能满足需求时，才会产生购买新产品的欲望。在传统的购物过程中，消费者的需求是在内外因素的刺激下产生的，而对于网络购买来说，诱发需求的动因只能局限于视觉和听觉，消费者无法通过其他方式了解处于电脑屏幕内部的商品。因而作为企业或中介商在制作购物网站时，一定要注意了解与自己产品有关的消费者实际和潜在需求，掌握这些需求在不同时间内诱发因素的提供方式，以便设计相应的网络促销手段去吸引更多的消费者浏览网页，引起他们的需求欲望。

2. 收集信息

当需求被唤起后，每一个消费者都希望自己的需求能得到最有效地满足，因此深入全面地在网上收集信息、了解行情成为消费者网络购买的第二个环节。收集信息的渠道主要有两个方面：内部渠道和外部渠道。消费者首先在自己的记忆中搜寻可能与所需商品相关的知识经验，如果没有足够的信息用于决策，他便要到外部环境中去寻找与此相关的信息。当然，不是所有的购买决策活动都要求同样程度的信息和信息搜寻。根据消费者对信息需求的范围和对需求信息的努力程度不同，可分为以下四种模式。

（1）广泛的问题解决模式

是指消费者尚未建立评判特定商品或特定品牌的标准，也不存在对特定商品或品牌的购买倾向，而是很广泛地收集某种商品的信息。处于这个层次的消费者，可能是因为好奇、消遣或其他原因而关注自己感兴趣的商品。这个过程收集的信息会为以后的购买决策提供经验。

（2）有限的问题解决模式

处于有限问题解决模式的消费者，已建立了对特定商品的评判标准，但尚未建立对特定品牌的倾向。这时，消费者有针对性地收集信息。这个层次的信息收集，才能真正而直接地影响消费者的购买决策。

（3）特定的问题解决模式

这类消费者对所需商品已经确定了购买的品牌，但是对究竟应该选择产品线上哪一种型号的产品还无法确定，他需要进一步搜集各种产品型号的功能差异及性能价格比，在心里做出对每种商品的认知，选择最适合自身需求的型号。

（4）常规问题的解决模式

在这种模式中，消费者对将来购买的商品或品牌已有足够的经验和特定的购买倾向，它的购买决策需要的信息较少。

3. 比较选择

由于消费者需求的满足受实际支付能力的限制，为了使消费需求与自己的购买能力相匹配，就要对各种渠道汇集而来的信息进行比较、分析、研究，根据产品的功能、可靠性、性能、模式、价格和售后服务，从中选择一种自认为"足够好"或"满意"的产品。

由于网络购物不能直接接触实物，所以，网络营销商要对自己的产品进行充分的文字描述和图片描述，以吸引更多的顾客。但也不能对产品进行虚假的宣传，否则可能会永久的失去顾客。

4. 购买决策

网络消费者在完成对商品的比较选择之后，便进入到购买决策阶段。与传统的购买方式相比，网络购买者在购买决策时主要有以下三个方面的特点：首先，网络购买者理智动机所占比重较大，而感情动机的比重较小。其次，网络购物受外界影响小。第三，网上购物的决策行为与传统购买决策相比速度要快。

网络消费者在决策购买某种商品时，一般要具备以下三个条件：第一，对产品有需要感。第二，对厂商有信任感。第三，对支付有安全感。所以，网络营销的厂商要重点抓好以上工作，促使消费者购买行为的实现。

5. 购后评价

消费者购买商品后，会通过使用商品对自己的选择进行检查和反省，以判断这种购买决策的准确性。购后评价往往能够影响消费者以后的购买行为，一位满意的顾客能够带来四位新顾客，而一位不满意的顾客可以带走十位潜在的顾客。

为了提高企业的竞争能力，最大限度地占领市场，企业必须虚心听取顾客的反馈意见和建议。电子邮件以其方便、快捷、便宜的特点为网络营销者收集消费者购后评价信息提供了良好的方式。厂商在网络上收集到这些评价之后，通过计算机的分析、归纳，可以迅速找出现有商品的缺陷和不足，及时了解消费者的意见和建议，制定相应对策，改进自己产品的性能和售后服务。

二、 网络消费行为产生的原因

就消费者选择网上购物的原因而言，一些研究者发现有心理动机和非心理动机两种。

消费者选择网上购物的心理动机很多，如传统购物无法满足个人欲望，购物经验很少，不想或不习惯上街购买，商店人员态度不佳，对商店购物有强烈的排斥，所购买的东西不想让人知道或想拥有别人没有的东西，对新鲜事物有强烈的好奇和尝试心理，想紧跟时代潮流等。网络购物的隐秘性和产品独特性，恰可满足这些要求。利用家中电脑上网，便可使消费者足不出户，到世界各地采购。

消费者选择网络购物的非心理因素也有很多，比如，店铺距离远，没有时间购物，商品的体积太大，不易搬运及销售时间太过短暂等，这些问题也可以通过网上商店的 365 天、24 小时营业，送货上门等服务得以解决。

消费者选择网上购物的动机和理由，除了购物以满足个人心理生理需求外，还有人际方面的因素。对网络使用者而言，上网购物可以替代部分人际互动关系，并减轻孤独感。通常，玩电脑能进入一种忘我的境界，这其实也是一种逃避的方式。借着上网购物的过程，寻找未来可能想拥有的东西，使梦想成真。

由于网络本身的虚拟性，网络购物还可以满足消费者个人角色扮演的动机。消费者可借此扮演社会上所认可或接受的某一角色来改变自己平时的定位，或者自己希望尝试的角色。比如，扮演一位母亲、家庭主妇、顾家的丈夫等。此外，部分消费者还借花钱来减轻沮丧，为常规化的生活提供改变的机会，并能获取最新的流行信息、捕捉最新的市场动态等。同时，网上商店通常装饰得色彩纷繁，由此带来的视觉刺激和感官娱乐可在一定程度上转移或释放消费者厌烦情绪、无聊感等；琳琅满目的商品使消费者暂时忘却心中的烦忧与困惑，沮丧感得到了缓解。再者，上网漫游使得网络使用者有一种原始的放纵感，故有人认为网络消费是一种原始角色的后现代表现。

在网络营销中，每一个消费者首先是一个活跃在不断变化的虚拟网络环境之中的"冲浪者"，他一方面扮演着个人购买者的角色，另一方面则扮演着社会消费者的角色，起着引导社会消费的作用。所以，网络消费者的消费行为是个人消费与社会消费交织在一起的复杂行为。

三、网络消费行为的特点

由于互联网商务的出现，消费者的地位及其消费观念、消费方式正在发生着重要的变化，互联网商用的发展促进了消费者主导地位的提高；网络营销系统巨大的信息处理能力，将各种商品展示在消费者面前，为消费者挑选商品提供了前所未有的种类空间，使消费者的购买行为更加理性化。网络消费行为主要有以下八个方面的特点。

1. 消费者消费个性回归

在近代，由于工业化和标准化生产方式的发展，使消费者的个性被淹没于大量低成本、单一化的产品洪流之中。随着 21 世纪的到来，这个世界变成了一个计算机网络交织的世界，消费品在网络里变得越来越丰富，消费者进行产品选择的范围越来越广，产品的设计开始多样化、独特化，消费者开始重新制定自己的消费准则，整个市场营销回到了个性化的基础之上。没有一个消费者的消费心理是一样的，每一个消费者都是一个细分的消费市场，个性化消费成为网络消费的主流。

2. 消费者需求的差异性

不仅仅是消费者的个性消费使网络消费需求呈现出差异性，对于不同的网络消费者，因其所处的环境条件不同，也会产生不同的需求。不同的网络消费者，即便处在同一需求层次上，他们的需求也会有所不同。因为网络消费者来自各地，有不同的民族、信仰、价值观和生活习惯，因而会产生明显的需求差异，这些差异性的特征会带来差异化的网络消费需求。

3. 消费的主动性增强

在社会化分工日益细化和专业化的趋势下，消费者在面对日益增多的商品选择的同时，消费的风险感也随之上升。在许多大额或高档的消费中，消费者往往会主动通过各种可能的渠道获取与商品有关的信息并进行分析和比较。或许这种分析、比较不是很充分和合理，但消费者能从中得到心理的平衡，以减轻风险感或减少购买后产生的后悔感，增加对产品的信任程度和心理上的满足感。消费主动性的增强来源于现代社会不确定性的增加和人类需求心理安全、稳定和平衡的欲望。网络中这种信息的来源就比较充分，但是信任度却因人而异。

4. 消费者直接参与生产和流通的全过程

传统的商业流通渠道由生产者、商业机构和消费者组成，其中商业机构起着重要的作用，生产者不能直接了解市场，消费者也不能直接向生产者表达自己的消费需求。而在网络环境下，由于网络的互动性很强，消费者能直接参与到生产和流通中来，与生产者直接进行沟通，减少了不必要的中间环节，从而减轻了市场的不确定性。

5. 追求消费过程的方便和享受

在网上购物，除了能够完成实际的购物需求以外，消费者在购买商品的同时，还能得到许多信息，并能得到在各种传统商店仙所得不到的乐趣。今天，人们对现实消费过程出现了两种追求趋势：一部分工作压力较大、紧张程度高的消费者以方便性购买为目标，他们追求的是时间和劳动成本的尽量节省；而另一部分消费者，是由于劳动生产率的提高，自由支配时间增多，他们希望通过消费来寻找生活的乐趣，而网络消费以一种全新的方式为他们提供了这种乐趣的来源。今后这两种相反的消费心理将会在较长的时间内并存。

6. 消费者选择商品的理性化

网络营销系统巨大的信息处理能力，为消费者挑选商品提供了前所未有的空间，消费者可以利用从网上得到的信息对商品进行反复比较，以决定是否购买。对企事业单位的采购人员来说，可利用预先设计好的计算程序，迅速比较进货价格、运输费用、优惠、折扣、时间效率等综合指标，最终选择有利的进货渠道和途径，从而大大加强购物的理性因素。

7. 价格仍是影响消费心理的重要因素

从消费的角度来说，价格不是决定消费者购买的唯一因素，但却是消费者购买商品时肯定要考虑的因素。网上购物之所以具有生命力，重要的原因之一是因为网上销售的商品价格普遍低廉。尽管经营者都倾向于以各种差别化来减弱消费者对价格的敏感度，避免恶性竞争，但价格始终对消费者的心理产生重要的影响。目前网络消费的价格多由消费者竞价完成，或者由厂商定价，这两种定价方式对消费者的购买决策起着重要的影响作用。

8. 网络消费仍然具有层次性

在网络消费的开始阶段，消费者偏重于精神产品的消费，并且趋向于消费便宜的商品；到了网络消费的成熟阶段，等消费者完全掌握了网络消费的规律和操作方式，并且对网络购物有了一定的信任感后，消费者才会从侧重于精神消费品的购买转向日用消费品的购买，并且消费额度会逐渐增大。

第四节　网络营销策略的选择

网络营销是指企业利用网络资源展开营销活动。它是目标营销、直接营销、分散营销、顾客导向营销、双向互动营销、远程或全球营销、虚拟营销、无纸化营销、顾客参与式营销的综合，具有营销成本低、营销环节少、营销目标准确、市场拓展障碍少等特点，随着信息产业的飞速发展，网络营销将是企业在 21 世纪最重要的营销手段。

一、营销理念的变化及网络营销的发展趋势

营销理念是指导企业开展经营销售活动的态度、观点和思想方法。通过营销理念可以引导、组织和控制营销活动，以及在营销活动中协调企业、消费者和社会的利益关系。营销理念是企业营销管理活动的导向，市场是企业营销的风向标，因此营销理念必定要随着市场形势的变化而发展变化。营销环境和消费者及其行为的变化必然导致营销理念的变化。

传统营销理念以营利为目的，围绕该目的企业营销理念经历了生产观念、推销观念、市场营销观念和社会市场营销观念四个阶段。网络消费的产生和发展打破了消费的地域分割，缩短了流通时间，降低了物流、资金流及信息流传输处理成本，使生产和消费更为贴近，使客户有极大的商品选择空间和余地，而且此时的消费者在消费时表现出明显的"个性化"特征。在这种时代背景下，企业只能以消费者需求为导向，来开展企业营销活动消费者满意度成为企业发展的最重要指标。企业能否快速响应客户个性化需求的变化，决定了企业在激烈竞争的市场中能否生存和发展。所以网络营销对于企业来讲不仅是一种新技术，更是一种全新的经营方式和经营理念。为此，企业必须适应这种消费方式的变化，对其营销理念进行彻底的革命。这种革命所针对的正是传统的以利己为目的的个体最优的营销理念，转向整体最优的理念，具体体现为营销是一个使生产者、经营者、消费者、政府和社会都能获益的过程，其核心是"以人为本，尊重人，关心人，方便人，为他人着想，换位思考，真诚地帮助顾客"。一个具有这种理念的网络销售企业在制定营销策略时，要综合考虑各方面的利益，集中注意力于顾客的动向，更好地识别和把握市场机会，才能在网络已遍及全球的环境下立于不败之地。

1. 市场营销管理重心向消费者方向转变

网络消费的产生和发展导致企业营销理念的变化，促使企业营销的重心由"推销已有产品"转变为"满足消费者需求"；由"以产品为中心"转向"以消费者为中心"。由此导致企业的营销管理的重心由传统的"4P"，即产品、价格、渠道和促销（Product, Price, Place, Promotion）转变为"4C"，即客户、成本、方便、沟

通（Customer，Cost，Convenience，Communication），"4C"的产生也是现代营销的普遍方向。

无论营销管理的重心是"4P"还是"4C"，网络消费对这种理念都产生了重要影响。从"4P"方面来看，网络消费首先使营销产品发生变化，通过网络营销可以提供所有能够数字化、信息化的产品或服务项目，由大量销售产品转向定制销售产品，如何展示并提供这种个性化的"一对一"的产品，是网络营销首要任务；其次，在网络中各种市场信息都是充分公开的，价格、性能、样式等全部透明化，致使企业之间的价格竞争更加激烈，这对企业的定价策略提出了更高的要求；再次，网络营销都采用直销方式，实现低库存、无中间渠道的高效运作，中间渠道在网络的迅速发展中如果不能为消费者提供增值服务，将无法生存，营销渠道也因此将趋于扁平化；最后，互联网作为全新的媒体，传递的信息量是非常巨大的，在其上做广告将比传统方式的曝光度更高。大量的广告将要从荧光屏上转到与网络并存，报纸和杂志上的广告也将减少，在网上杂志和宣传网页上做广告将成为时尚；另外，由于市场细分直接面对消费个体，可能会出现为顾客制作的个人广告，这种广告不仅充当沟通的媒介，还会引起观众有意搜寻广告。

从"4C"方面来看，第一，网络营销克服了传统营销中的客户由于时间和空间的限制而具有明显的地域性局限，网络的连接可以使其客户遍及全球。第二，网上交易作为交易手段的使用因其直接便利的特点，减少了交易环节而使交易费用大为降低，使消费者直接受益；另外，使企业可以更加有效地控制库存,减少甚至取消库存,从而可以减少库存占用的资金成本，减少中间商的盘剥，大大降低了企业的成本、减少了消费者的负担。第三，网上销售、网上采购避开了很多中间渠道的环节和过程，大大降低了企业和消费者的交易成本。第四，传统的企业营销其结果在很大程度上要受企业和客户沟通程度的制约，而网络营销无疑为双方准确、有效、快捷的沟通创造了良好条件。网络消费以方便快捷的方式，全天候提供企业及其产品的信息及客户所需的服务，并且交互方式不受地域、时间的限制。只有在网络中才能真正实现"以消费者为中心"的新营销理念，真正做到以人为本、尊重人、关心人、方便人、真诚地帮助顾客，同时也使企业在激烈的竞争中得以生存和发展。

2. 网络营销给企业的发展带来了深远影响，它们可细分为十五个大趋势

1）经济自由化。在经济学中假设资源总是稀缺的，为了使资源得到最优的配置，市场是一只看不见的手，会自发地把资源通过价格工具转移到收益率最高的行业。过去的世界经济相对封闭，加上政府对企业的限制，使经济发展受到了相当程度的限制。在网络迅速发展的当今时代，随着市场经济的发展和经济全球化进程的加快，资本以及技术、劳动力、信息等资源可以无阻碍地、自由地流到赢利最高的地区和产业领域。

2）营销理念化。当前跨国公司正日益成为世界经济的载体，随着经济全球化时代的来临，企业在走向国际市场，面对不同的政治、经济、文化等环境因素的过程中，过去处于潜伏状态的管理缺点被暴露出来。面对新一轮的网络市场环境，每个公司都意识到必须适应营销环境的变化，改变过去的营销理念。

3）竞争剧烈化。由于全球市场在现实和网络中逐渐成形，各国企业在全世界范围内实行资源的最优配置，并在全球范围进行营销，这样势必会引发比过去更加剧烈的竞争。而在网络市场中，各种信息的透明化、实时传递和无疆界限制使网络营销的竞争更加剧烈。

4）企业虚拟化。由于网络经济自身的虚拟性，企业可以根本不需要生产设备、原材料、能源等传统的生产资料，只要拥有一种产品概念，然后将各项生产环节通过网络外包给其他企业，并在网络中对产品进行销售，就可以完全实现虚拟化生产经营。

5）周期缩短化。由于网络中的消费者需求的个性化，使企业再也不能像以前一样对一种产品进行大规模的生产，并且长时间不加以改变，而且消费者的这种个性化需求的变化速度也很快，这就使企业尽量降低生产的数量，并且将生产周期大幅度地缩短。

6）创新加速化。由于竞争的加剧，虚拟企业的产生以及生产周期的不断缩短，促使网络营销企业的研发部门不得不加速创新和开发，力争在最短的时间内推出新产品。

7）服务高质化。目前的网络市场属于买方市场，网络营销商都能够提供新颖且高质量的产品，消费者面对如此多的能够满足自身需求的商品，在选择时就更加注重服务的质量。快速、便捷、人性化的服务在网络营销的环境下表现得更加突出。

8）管理时间化。据专家研究发现，在决策、商品开发、生产协定和事务处理等所有业务领域中耗费的时间里，只有不到 10%的时间对消费者有附加服务价值。如何能合理地减少时间浪费，并在最短的时间内为消费者创造最大的价值，这是网络营销管理的关键所在。

9）顾客满意化。在互联网时代，企业可以即时搜集无限量的与顾客需求相关的信息。由此可以最大限度的按照顾客的个性化需求定制生产和销售，在互动的网络营销中更好地实现顾客满意。

10）产品商业化。网络环境改变了产品在制造、物流及销售上的价值概念，任何人皆可随时随地从任何来源购得任何"产品"，包括物品、专利、技术及服务。这种新的互动过程大幅度地改变了"产品"价值的定义方式。更重要的是，由于价值的定义是随时调整的，价格的制定也将变得更加即时而具弹性。

11）资讯透明化。在网络时代，封锁消息、掌握控制媒体的想法愈来愈不切实际，任何质量问题都可能在弹指间传越千里。Inter 在 1994 年发生的 Pentium 浮点运算事件，让全世界首次见识到了 e 时代资讯透明化的威力。

12）科技尖端化。网络营销中为了争取顾客，企业必须发展出更高水平的软件和产品，使网络购物环境更方便，以满足顾客多功能和使用简便的需求，这些都需要更尖端的信息网络技术。

13）高品低价化。科技的发展一日千里，如今的产品质量愈来愈高，但迫于激烈竞争的压力，价格无法随之提高，因此高品低价的趋势相当明显，产品的性价比明显提高。

14）员工知识化。由于产品的自动化生产促使员工必须具备若干与产品相关的必要基本知识，加上消费者对产品质量的坚持，如今的员工知识化已成为一种趋势。

15）上司伙伴化。由于互联网的出现，员工与管理阶层可以方便的沟通，这是推动生产变革的最大动力。企业的内网像触角般延伸至每一位人员，它具有提供即时资讯及开发内部合作新方式的能力，使普通员工和高层领导之间地信息互动更加及时。

二、网络营销的功能

在实施网络营销之前，首先要认识和理解网络营销的功能和作用，这是利用网络营销的基础和前提。网络营销主要具有八大功能。

1. 信息搜索功能

网络营销的最大功能就是提供信息，信息搜索功能是网络营销功能的重要表现。在网络营销中可以利用多种搜索方法，积极主动地获取有用的信息和商机，可以通过网络信息进行价格比较，主动地了解对手的竞争态势，主动地通过搜索获取商业情报，以便进行决策研究。搜索功能已经成为了网络营销主体能动性的一种表现，是提升网络经营能力的主要竞争手段。随着信息搜索功能向集群化、智能化发展，应用搜索技术可以使网络营销企业很方便地寻找到相应的营销目标，实现营销的定向化。

2. 信息发布功能

发布信息是网络营销的又一重要作用和基本功能。网络本身就是一种信息载体，无论哪种营销方式，都要将产品的信息传递给目标受众群体，包括现有顾客、潜在顾客、媒体、合作伙伴、竞争者等。网络营销所具有的强大的信息发布功能，是古往今来任何一种营销方式所无法比拟的。这种方式可以通过遍及全球的网络把产品信息发布到任何一个地点，既可以实现信息的广覆盖，又可以形成地毯式的信息发布网；既可以创造信息的轰动效应，又可以发布隐含信息。信息的扩散范围、停留时间、表现形式、延伸效果、公关能力和穿透能力都是最佳的。

在网络营销中，当网上信息发布以后，通过网络技术可以能动的进行跟踪并获得回复，可以进行回复后的再交流和再沟通。因此，信息发布的效果明显。

3. 商情调查功能

在激烈的市场竞争条件下，主动了解商情，研究市场发展趋势，分析消费者心理，窥探竞争对手动态，是确定竞争战略的基础和前提。通过在线调查或者电子询问调查表等方式，不仅可以节省大量的人力、物力，而且可以在线生成网上市场调研的分析报告、趋势分析图表和综合调查报告，其效率之高，成本之低，节奏之快，范围之大，都是以往其他任何调查形式所做不到的。这就为广大商家，提供了一种市场的快速反应能力，为企业的科学决策奠定了坚实的基础。

由于网络营销"咨询透明化"的发展趋势，通过网络对市场和商情的准确把握已经成为网络营销中一种不可缺少的一种方式，是现代商战中对市场态势和竞争对手情况的一种电子侦察。

4. 渠道开拓功能

互联网有着广泛的覆盖面，并且能够毫无障碍地跨过国界。传统营销时代的经济壁垒如地区封锁、政策限制、文化抵触、人为屏障、交通阻隔、资金限制、语言障碍、信息封闭等，都阻挡不住网络营销信息的传播和扩散。通过互联网可以将最新的产品信息发布到全球的各个角落，在全球范围内寻找最佳的销售渠道，通过这种方式实现和完成市场的开拓使命。扩大网上购买的前提是增加访问量，因此，网址推广就显得更为迫切和重要，网站所有功能的发挥都要以一定的访问量为基础，所以网址推广应该说是网络营销的核心工作，在渠道扩展方面起着极其重要的作用

5. 品牌价值扩展功能

美国广告专家莱利·莱特预言：未来的营销是品牌的战争。拥有市场比拥有工厂更重要。拥有市场的唯一办法，就是拥有占市场主导地位的品牌。

随着互联网的出现，不仅给品牌营销带来了新的生机和活力，而且推动和促进了品牌价值的拓展和扩散。知名企业的品牌可以在网上得以延伸，一般企业则可以通过互联网快速树立品牌形象，并提升企业整体形象。互联网本身就体现着高科技的含量，在消费者眼中拥有互联网主页的企业一定是具有较强实力的企业，其生产的产品必定具有名牌的实力，这样就会给企业自身的产品带来一种无形的价值，实现品牌价值的扩展和延伸。在这一点上，互联网取代电视广告类就像以前广播取代报纸广告，电视宣传取代广播，每一次取代的过程都会使强有力的品牌增加其价值和社会承认度。在一定程度上，网络品牌的价值甚至高于通过网络

获得的直接收益。

6. 特色服务功能

网络营销具有与传统营销方式不同的特色服务功能，使服务的内涵和外延都得到了扩展和延伸。消费者不仅可以获得传统消费方式中的各种服务项目，还可以通过购物网站的 BBS 平台与有相同购物经历的人及时地交流，并在网络中获得及时的信息服务（如最新产品的信息提供）；通过网络可以直接和服务商进行购货后的信息反馈及后续信息支持；通过对信息的了解来加深满意度，可以降低购物的后悔感以及信息不对称感。网络营销与直接或间接的销售促进有关，这并不限于网上销售的促进，更在于促进网下销售。这些网络服务以及服务之后的跟踪延伸，不仅极大地提高了消费者的满意度，使以消费者为中心的原则得以实现，而且使客户成为商家的一种重要的战略资源。

7. 顾客关系管理功能

当顾客成为一种战略资源后，客户关系管理就显得尤为突出。顾客关系管理源于以客户为中心的管理思想，是一种旨在改善企业与客户之间关系的新型管理模式，是网络营销取得成效的必要条件，也是企业重要的战略资源。

在传统的经济模式下，由于受到自身条件的限制，面对成千上万的顾客，销售企业在管理客户资源方面显得力不从心。然而在网络营销中，利用网络收集信息的方便以及计算机技术庞大的信息处理能力，使网络营销企业有可能收集到每一位顾客的信息，并对其进行及时的更新处理。将客户的信息资源与企业的整体战略结合起来，以便进行科学理性的决策，充分地体现了网络营销及现代营销的顾客导向特点，并可以针对每一位顾客进行个性化营销，这无疑有助于提高企业的竞争能力，为企业赢得商机。

8. 经济效益增值功能

随着特有功能的实现，网络营销无疑会极大地提高营销者的获利能力，使营销主体获取增值效益。这不仅仅是由于网络营销使营销成本降低，销售效率提高，并增加了更多的商业机会，更是由于网络中对各种新信息的积累和网络节点效应会使原有信息价值倍数地增长。相对传统市场调研，网上调研具有高效率、低成本的特点。通过网上调研获取的信息是企业的一种无形资产，这种无形资产的价值增值具有不同于传统资产的增值特性。通过对信息的积累增值，使网络营销企业可以全方位把握其资源，实现资源的最优利用。

总之，开展网络营销的意义就在于充分发挥各种网络营销功能，让网上经营的整体效益最大化，而网络营销的职能是通过各种网络营销方法来实现的。网络营销的各个职能之间并非相互独立，同一个职能可能需要多种网络营销方法的共同作用，而同一种网络营销方法也可能适用于多个网络营销职能。因此，仅仅由于某些方面效果欠佳就否认网络营销的作用是不合适的。

三、网络营销组合

网络营销的产生使传统的营销模式发生了深刻变化。在实际操作中，传统的市场营销组合也被赋予了新的内容，成为独特的网络营销组合。

1. 产品

网络消费是一种个性化消费，个性化的需求驱使网络营销中的产品呈现众多新的特色。网络营销企业在制定产品策略时，应力图使自己的产品满足以下特点。

1）体现高科技、现代化，或者与电脑相关。

2）以网络使用者为目标市场。

3）市场需要涵盖较大的地理范围，通常为跨国的、全球性的。

4）在网络上进行营销的费用应该远低于其他渠道的营销费用。

5）消费者可以通过网络上提供的产品信息，立即作出购买决策。

6）产品信息咨询服务及有偿信息服务在一定程度上为网络上的主流产品。

就目前网络销售现状来看，网络销售产品（服务）最成功的为书籍、电脑软件及零配件、音像制品、机票预订服务、旅馆客房预订服务及股票业务等。

2. 价格

通过使用互联网络，单个消费者可以对其想购买商品的价格进行多个网址的查询，并且理性地比较选择，从而网络营销的价格弹性较大。同样，企业在制定价格时，也可以先通过网络对各个商家的价格进行分析比较，从而做出合理的定价策略。通常在定价时可以从以下三个环节来调查相应的价格，并根据需要随时修正调整，以期得到合理的最终定价。

1）利用网上查询功能，掌握相关产品（包括原材料、半成品、替代产品、竞争企业产品等）价格，以制定适合本企业产品的合理价格。

2）由于网络资讯的透明性，价格随时都可能受到同行业竞争者的冲击，所以企业应开发能够随着季节更替、市场供需情况、竞争产品价格变动、促销活动等自动进行调节的调价系统。同时还应辅助以价格监测系统，使自动调价系统得到全面的控制，以避免其受到干扰，作出错误指令。但是这样做的成本相对较大，应把成本和自动调价系统可能带来的收益进行比较，最终做出决策。

3）采取线上会员制，根据会员已有的交易记录与编好的资料，给予其相应的折扣，鼓励消费者上线消费，培养会员的品牌忠诚度。而且能够吸引更多的人申请成为会员。

3. 渠道

网络本身就可以看作是一种销售渠道。这种新型渠道大大简化了传统营销中的多种渠道的串联，网络集销售、售前（后）服务、商品（顾）客资料查询的功能为一体，具有较大销售优势。建立网络销售渠道要做好以下三方面工作。

1）消费者在决定采购后，可直接利用电子邮件进行线上订购，并通过电汇或货到付款，由企业通过邮寄或送货上门方式进行货物交割。

2）结合相关产业的公司共同在网络上设点销售系列产品。采取该种销售方式可增加消费者上线意愿与消费动机，为消费者提供较大的便利，增加渠道的吸引力。例如，电脑厂商可结合软件商、网络服务商、零配件生产商等合并促销与销售。

3）在企业网站主页上设立虚拟店铺，通过三维多媒体设计，形成网上经营独特、优良的购物环境，并可进行各种新奇的、个性化的、随一定时期消费者类型的变化而变化的店面布置，以吸引消费者进入虚拟商店购物。

4. 促销

网络促销目前开展得比较广泛，尤其是网络上的企业广告一直比较受欢迎。网络促销可以针对不同的消费者一对一地进行，但对于企业来说，只有消费者进行了信息的反馈，才有可能了解到其特殊的个性化的需求。因此，如何吸引消费者浏览网络商店，并引发其潜在的兴趣和购买欲望才是最关键的。常用的促销方式有以下几种。

1）利用网络上的聊天功能，举行消费者联谊活动或在线产品展销推广活动。这是一种对消费者吸引力比较大的促销方式。这方面比较成功的案例如现今网上最大的书店——美国的 Amazon 书店（见 12.4.5 节），在其网站下开设聊天区以吸引读者，使公司年销售额以 34% 的速度递增，其消费者中有 44% 是回头客。

2）网络广告是目前较为普遍的促销方式。仅美国在 2004 上半年网上广告的收入就已达 46 亿美元，网络的强大数据处理能力囊括了所有广告媒体的优势。企业在进行网络广告策划时，应充分发挥网络的多媒体声光功能及数据储存量大的特性，诱导消费者做出购买决定，从而达到尽可能大地开发市场潜力的目标。

3）与非竞争性的厂商进行线上促销的策略联盟，通过相互的线上资料库联网，增加与潜在消费者接触的机会。

4）将网络文化与产品广告相融合，借以吸引消费者。这一点对于与计算机及网络有关的商品的销售比较容易实施，如新开发软件的功能性试用活动等。

从目前情况来看，网络营销的发展先声夺人，势不可挡。它作为电子商务的一部分，每一步发展都与其有着密切的关系。其中，有三点需要我们特别加以注意，第一，网络销售的基础尚未建立，如交易协议的统一性，网络交易与实物交易的互换协调机制等；第二，电子商务提供者千差万别，经营业绩也各有不同，而适当的经营规模在很大程度上决定了网络营销的成败。第三，网络营销中的纠纷协调机制尚未完整建立。这也在一定程度上给网络营销带来了不确定性和不安全因素。在这些基础性的问题没有得到解决之前，网络营销的普遍化还需待以时日。但无论如何，网络营销的普及应用将成为今后几年内商界关注的焦点。

四、网络营销对消费者的挑战

在市场经济条件下，生产者与消费者之间是互相对应的，都是市场主体，因此地位应该是平等的，然而实际上消费者在市场中总是处于相对弱势的地位，在网络中也依然如此。为此，网络消费对消费者的自我保护能力就提出了巨大的挑战。具体可以表现在以下几个方面。

1. 网络营销的虚拟性使商业欺诈更加隐蔽

由于网络的匿名性，能够找出的仅是一系列的数字化地址，因此欺诈者可以利用这种隐蔽性掩盖其欺诈行为并躲避调查，网络消费者也因很难辨别信息的真伪而受骗上当，这在一些电子商务比较发达的国家尤为明显。CyberSource 的最新研究报告指出，2004 年美国电子商务交易欺诈率为 1.8%，略高于上年的 1.7%，欺诈损失约为 26 亿美元，比 2003 年上升了 37%。2004 年 26 亿美元的欺诈损失突破了 2002 年 21 亿美元的记录。

2. 售后服务差导致网络消费落空，退货、索赔、投诉率上升

目前由于物流和配送业的发展速度远远落后于网络，因此销售商常常不能按时交付商品或交付的商品质价不符，随之而来的就是大量的退货、索赔和投诉，以及对网络营销的不信任。

3. 个人隐私权极易被侵犯

互联网技术使得对个人信息的收集、存储和整理能力大幅度提高，因此网络消费者的信息随时有被他人采集、分析和使用的危险，从而使消费者的个人隐私权极易被侵犯。

4. 电子合同的原始性难以确保

电子邮件作为书面合同也规定于《合同法》的条文中，得到法律的认可，但是电子合同在传递时极易被劫取或篡改，不利于保守用户的商业秘密，严重者能够为用户带来严重的损失。

5. 异国购物的法律救济无保障

随着网络营销、电子商务的发展，消费者或经营者有可能从遥远的外国购买

商品，由于法律条款的差异性，如果交易发生问题则很难通过法律来解决。

6. 举证困难使网上消费纠纷难以解决

由于网络的特殊性，消费者与经营者在网上进行交易的资料保存短暂、容易流失，并且内容变换非常频繁。经营者很容易对网上交易的商品、服务内容等进行修改，资料也很容易被销毁，这无形中在发生消费纠纷后对消费者的举证增加了难度。另外，在进行网络交易时，既看不见商品又看不见经营者，当出现交易纠纷时，消费者手中几乎没有购货凭证，这又给举证增加了难度。

7. 格式合同使消费者权益难以得到充分保护

根据《中华人民共和国消费者权益保护法》第35条规定："消费者在购买、使用商品时，其合法权益受到损害的，可以向销售者要求赔偿。销售者赔偿后，属于生产者的责任或者属于向销售者提供商品的其他销售者的责任的，销售者有权向生产者或者其他销售者追偿。""消费者或者其他受害人因商品缺陷造成人身、财产损失的，可以向销售者要求赔偿。""消费者在接受服务时，其合法权益受到损害的，可以向服务者要求赔偿。"但是很多网络销售的法律声明包含以下不利于消费者的条款，并且只有消费者同意接受这种条款才有可能注册成功并进行交易。例如："您在商城提交订单的行为将视为您对以下内容的接受"；"所有在商城发布的商品信息均由销售商提供，因此，该等商品信息的合法性和真实性由销售商来负责"；"如果因在商城购物而遇到诸如商品质量、发货延迟、退换货等争议和纠纷，您可与销售商协商解决，不能协商解决的，您可向消费者协会投诉或通过法律途径解决"等等。对于类似条款，消费者只能用鼠标点击"接受"或"拒绝"，而毫无讨价还价的能力。

可见，网络营销在为消费者提供快捷便利、个性化、定制化的新型消费方式的同时，也面临一系列消费困境。而走出困境的途径在于不断完善网络交易的市场、技术和法律条件。

五、网络营销案例——亚马逊的成功

亚马逊网上书店（www.Amazon.com）是美国一家独具特色的网上书店。亚马逊网上书店自1995年7月开业以来，经历了7年的发展历程，在短短的几年时间之内，从1000多家同行中脱颖而出，成为全球最大的网络书店。1997年底销售额即达1.48亿美元，1998年增至5.4亿美元，到2002年底全球已有220个国家的4000万网民在亚马逊书店购买了商品，亚马逊为消费者提供的商品总数已达到40多万种。2002年第三季度的净销售额达8.51亿美元，比上年同期增长了33.2%；2002年前三个季度的净销售额达25.04亿美元,比上年同期增长了24.8%。虽然2002年前三个季度还没有赢利，但净亏损额为1.52亿美元，比上年同期减少了 73.4%，2002 年第四季度的销售额为 14.3 亿美元，实现净利润 300 万美元。亚马逊的扭亏为盈无疑是对电子商务公司的巨大鼓舞，成为全球网络商务发展的福音。2004 年第四季度的盈利大幅超过上年同期的水平。总部位于西雅图的亚马逊指出，第四季度盈利为 3.47 亿美元，即每股盈利 82 美分，超过上年同期盈利的 7300 万美元，即每股盈利 17 美分的水平。销售额增长了 31%，至 25.4 亿美元。2005 年第一季度华尔街对此的平均预期为 18.5 亿美元。至于全年营业收入，亚马逊预计将在 80.5 亿～86.5 亿美元，市场分析师对此的平均预期为 81 亿美元。为什么在电子商务发展普遍受挫时，亚马逊的旗帜不倒？是什么成就了亚马逊今天的业绩？它获得成功的秘诀是什么呢？

1. 定位于高科技企业

亚马逊与众不同地把自己定位于高科技企业，而非流通企业。该公司 CEO 贝索斯认为："技术使亚马逊在零售业出人头地。"在亚马逊最多的雇员是软件工程师而非门市部店员。他们的应用软件不断的开发创新，是企图抄袭者难以得逞。

2. 创造方便舒适的网上购物环境

顾客可以通过"一点通"（one click）技术在网络书店任意检索、预览；而且只要用户在该网站买过一次书，其通信地址和信用卡号码就被安全的存储下来，下次购买时顾客仍然只需轻轻点击鼠标，网络系统就能够自动完成以后的手续。该公司还利用软件收集顾客的购物历史及购物爱好，随时为顾客提供购买建议。

3. 提供实实在在的折扣价格

网络商业较之传统商业来说属于规模化商业，由于没有中间商的利润分成，其商品价格应该低于传统商店的价格。以实惠的价格吸引顾客并以此提高竞争力始终是亚马逊的重要经营策略。2001 年以来，亚马逊把在线商品的价格普遍降低了 10%左右，从而使其客户群达到了 4000 万人次，其中通过网上消费的达 3000 万人次左右，其折扣率最高可达 40%。

4. free 送货提供令人满意的服务

到目前为止，亚马逊已经三次采取此种促销手段。前两次 free 送货服务的门槛分别为 99 美元和 49 美元，2002 年 8 月，亚马逊又将 free 送货的门槛降低一半，开始对购物总价超过 25 美元的顾客实行 free 送货服务，以此来促进销售业务的增长。亚马逊为顾客提供了多种可供选择的送货方式和送货期限，提供 24 小时的全天候购物，在消费者下了订单后只要 4～8 天就可以收到所购的货物了。免费送货方式产生了巨大的经济效益：2002 年第三季度书籍、音乐和影视产品的销量较上年同期增长了 17%。

5. 零库存运转

亚马逊的维持库存只有 200 种最受欢迎的畅销书。一般情况下只有在顾客下订单后，亚马逊才立即从出版商那里进货并立即送货，从而最大限度的减少库存积压。2002 年第三季度库存平均周转次数达到 19.4 次，而世界第一大零售企业沃尔玛的库存周转次数也不过在 7 次左右。而且这样经营的退书率也微乎其微，据说美国的传统书店退书率一般为 25%，有的高达 40%，而亚马逊的退书率仅有 0.25%。

6. 利用成功造势，积极开拓新业务

为了充分发挥其销售书籍的巨大成功带来的品牌效用的潜在价值，亚马逊开始全方位扩展公司的业务，向综合性网络公司发展。1997 年开始尝试并成功销售音乐 CD，第一季度销售额达到 1440 万美元；1998 年底又开通了网上录像带和礼品销售店；还进入了从软件到时装、从鲜花到日用品的广大市场。与此同时，亚马逊迈开了向国外扩张的步伐。1999 年初出资 5500 万美元收购了英国和德国的两家网上书籍销售公司，另外还收购了一家英国的网上电影公司（见图 12-4）。

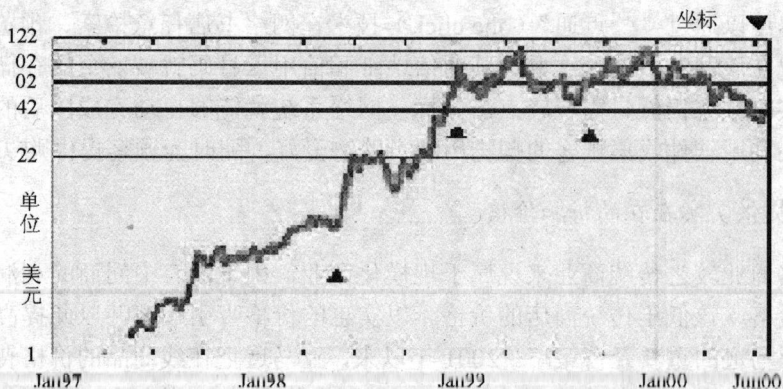

图 12-4　亚马逊公司股票上市至 07/2000 走势图

7. 开源节流是亚马逊促销成功的保证

亚马逊在财务管理上不遗余力地削减成本：减少开支、裁减人员，使用先进便捷的订单处理系统降低错误率，整合送货和节约库存成本，通过降低物流成本，相当于以较少的促销成本获得更大的销售收益，再将之回馈于消费者，以此来争取更多的顾客，形成有效的良性循环。此外，亚马逊在节流的同时也积极寻找新的利润增长点，比如，为其他商户在网上出售新旧商品和与众多商家合作，向亚马逊的客户出售这些商家的品牌产品，从中收取佣金。这样可以使亚马逊的客户一站式地购买众多商家的品牌的商品以及原有的书籍、音乐制品和其他产品，既

向客户提供了更多的商品，又以其多样化选择和商品信息吸引众多消费者前来购物，同时自己又不增加额外的库存风险，可谓一举多得。

所有这些都表明亚马逊管理上的科学化、法制化和运作组织上的规范化、精细化，为顾客提供了方便、周到、灵活的配送服务，满足了消费者的多样化需求。亚马逊以其低廉的价格、便利的服务在顾客心中树立起良好的形象，增加了顾客的信任度，并增强了其对未来发展的信心。

小　结

本章介绍了新型消费模式——网络消费，具体分析了其特征、类型、消费心理特点，描述了五步网络消费过程，并根据这种独特消费方式提出了与之相匹配的营销策略。

1）根据网络消费者的具体特征，可将该群体划分为网络狂热型、冒险学习型、初次尝试型、工作需要型、担心安全型、生活习惯型、需求差异型、技能限制型等。直接性、灵活性、信用性、节约性、观念性、便捷性、逆向性、互动性是网络消费的典型特征。

2）在传统消费心理基础上，网络消费动机可分为需求动机和心理动机，前者是指由网络产生的需求而引起的购买动机，后者是由于人们的认识、感情、意志等心理过程而引起的购买动机，是网络消费的主要动机。网络消费心理的优势在于具有极强的互动性，能满足消费者对购物方便性的需求，满足价格重视型消费者的需求；其缺点在于无法直接满足某些特定的心理需求，网络资料的真实性难以确定，消费者的隐私权没有保障。

3）网上购物是指用户为完成购物或与之有关的任务而在网上虚拟的购物环境中浏览、搜索相关商品信息，从而为购买决策提供所需的必要信息，制定并实现购买决策的过程。网络消费的购买过程可分为以下五个阶段：确认需要、收集信息、比较选择、购买决策和购后评价。

4）互联网商用的发展促进了消费者主导地位的提高，为消费者挑选商品提供了前所未有的空间，促使消费者的购买行为更加理性化。根据以上特征，网络消费行为主要有以下八个方面的特点：消费者消费个性回归、消费者需求的差异性、消费的主动性增强、消费者直接参与生产和流通的全过程、追求消费过程的方便和享受、消费者选择商品的理性化、价格仍是影响消费心理的重要因素、网络消费具有层次性。

5）网络营销是指企业利用网络资源展开营销活动。网络营销将是企业在 21世纪最重要的营销手段，营销的重心将由"推销已有产品"转变为"满足消费者需求"。网络营销具有以下功能：信息搜索功能、信息发布功能、商情调查功能、渠道开拓功能、品牌价值扩展功能、特色服务功能、顾客关系管理功能、经济效益增值功能、并通过价格、产品、渠道、促销等手段形成新的营销组合。另外，网络营销在为消费者提供快捷便利、个性化、定制化的新型消费方式的同时，也面临一系列消费困境，消费者仍处于弱势群体。

思 考 题

1. 网络营销的群体特点有哪些？可以分为哪些类型？
2. 网络消费心理特征的利弊在于哪些方面？
3. 简述网络消费的购买过程。
4. 网络消费具有哪些特点？
5. 论述网络营销的发展趋势。
6. 如何在网络营销环境下进行营销组合？

第十三章　家庭角色、分工与购买行为

社会由一个个的家庭构成，一个人的一生也基本上是在家庭中度过的。因此，家庭与消费活动有着极为密切的关系。据统计，大约80%的购买决策与购买行为是由家庭控制和实施的。家庭不仅对其成员的性格、价值观念、生活方式、消费习惯有重要影响，而且直接制约着消费支出的投向、购买决策的制定与实施。本章就主要讨论家庭的结构、家庭生命周期、家庭购买决策以及相应的营销策略。

第一节　家庭结构与角色影响

一、家庭构成类型

家庭是指建立以婚姻关系、血缘关系和收养关系为纽带而结成有共同生活活动的社会基本单位。家庭按其成员构成可分为以下几个类型。

1）核心家庭。即由夫妇或其中一方和未婚子女构成。

2）复合式家庭。也称扩大的家庭，由核心家庭和其他亲属如祖父母、叔伯姨舅、堂表兄妹等组成，即中国式的三代或四代同堂的大家庭。

3）本原家庭。即人们出生或被养育的家庭，也就是父母或养育者的家庭。

4）生育家庭。即一个人结婚、生育后组成的家庭，它标志着一个新的独立消费单位的出现。

5）联合家庭。指由父母双方或其中一方同多个已婚子女组成的家庭，或兄弟姊妹婚后仍不分家的家庭。

6）其他家庭。指上述家庭类型以外的家庭。

二、家庭角色

家庭成员的消费通常是以家庭为单位的，但在购买某些具体商品的决策方面，每个家庭成员所起的作用会有所不同。一般情况下，可将家庭成员在购买过程中扮演的角色概括为以下五种。

1）提议者。首先想到或提议购买某一商品或使其他家庭成员对某种产品产生购买兴趣的人。

2）影响者。为购买提供评价标准，提出哪些产品或品牌适合这些标准，是直接或间接影响购买决定或挑选商品的人。

3）决策者。有权单独或与其他家庭成员共同做出决策的人。

4）购买者。亲自到商店从事购买活动的人。购买者与决策者可能不同。

5）使用者。在家庭中实际消费或使用所购商品或服务的人。

在个人的购买过程中，这些角色可能是统一的一个人，但是在家庭购买过程中则不同，不同的家庭成员往往会担当不同的角色（同一家庭成员可能不会充当所有三种角色）。也可能是一个角色被不同的家庭成员共同充当（同一角色可能被一人以上所共同充当）。也正因为这样，在家庭中产品的使用者通常并不是购买者。例如，儿童所喝的饮料，其广告的诉求对象应该是母亲，因为他们才是产品的决定者及购买者。同样，在家庭里，母亲和妻子是大部分衣服的购买者，包括他们丈夫和孩子的衣服。在有的购买活动中，大部分角色都由一个人来承担。

三、我国家庭的变化趋势

随着我国经济的不断发展，我国的家庭也正经历着一系列的变化。这些变化作为环境因素的一部分不仅影响市场本身，同时也影响着消费者的行为。下面就介绍一下我国家庭的一些变化的趋势及其特点。

1. 家庭规模的缩小

从新中国成立到现在，我国的家庭规模经历了四个变化阶段[1]。

1）在新中国成立的初期，由于我国政治稳定，经济迅速发展，人民的生活水平得到很大的提高。因此，人口的数量迅速增长，家庭的规模也随之扩大。

2）20 世纪 50 年代末和 60 年代初，由于生产力受到破坏、人口自然增长率下降，家庭规模开始缩小。

3）20 世纪 60 年代，随着生产的恢复，家庭人口规模又逐渐扩大。

4）从 20 世纪 70 年代初至今，家庭规模又开始不断地缩小。表 13-1 反映了我国目前家庭人口规模变化趋势。

一方面，由于计划生育政策的实行，规定一对夫妇只生一个孩子，导致生育数量开始下降。人口出生率从 1970 年的 33.4‰下降到 1998 年的 16‰[2]，由此使人口的自然增长率由 25.8‰下降到了 9.5‰。孩子数目的减少，直接导致家庭规模的缩小。

另一方面，随着我国经济文化的不断发展，人们的社会观念也开始发生变化。子女结婚后甚至到了自立年龄后就不愿与父母同住，这也在一定程度上造成我国的家庭规模开始不断的缩小。

同时，城市化的发展和社会流动性的增加，使大量人口或短期或长期从农村流向城市，这会引起住户数量的增加。最后，离婚率的上升，独身者和单亲家庭

1）符国群. 消费者行为学. 高等教育出版社，344

2）1999 中国统计年鉴. 114～115

流向城市，这会引起住户数量的增加。最后，离婚率的上升，独身者和单亲家庭的增加均会使家庭规模缩小。

表 13-1　中国总户数和平均户规模

年份	人口数/千人	户数/千户	平均户规模	户数年平均增长率
1985	1 059 522	251 155	4.219	0.0582
1990	1 135 496	288 675	3.933	0.0573
1995	1 214 221	330 763	3.671	0.0230
2000	1 285 894	370 636	3.469	0.0171
2005	1 341 412	403 525	3.324	0.0138
2010	1 382 463	432 022	3.200	0.0123
2015	1 421 408	459 340	3.094	0.0083
2020	1 459 753	478 668	3.050	0.0104
2025	1 492 552	504 061	2.961	—

资料来源：郭志刚. 中国人口发展与家庭户的变迁. 中国人民大学出版社，1995

从上表中我们就可以看出，从 1990 年开始，我国家庭的户平均人口已降到 4 人以下，进入 21 世纪后，家庭人口规模还将继续下降。家庭规模的小型化是中国城乡家庭结构变化的重要特征；家庭结构呈现出以核心化家庭为主、小家庭式样日益多样化的趋势。2002 年，全国城乡家庭户均人口规模是 3.39，比 1973 年下降了 1.4；户均人口规模已接近美国、加拿大等发达国家户均三人左右的水平[1]。

2. 夫妻角色的变化

随着我国经济和文化的不断发展，我国妇女的角色也逐渐开始改变。在传统义化中，"男主外，女主内"的观念根深蒂固。受此影响，我国很多家庭尤其是农村家庭，洗衣、做饭、养育孩子等事务全是由妻子负责。然而，随着社会的发展，随着越来越多的女性参加工作，传统的夫妻角色关系正在发生变化。这一点，在城市家庭表现得尤为突出。

更多妇女参加工作，一方面可以增加家庭收入和家庭购买力，另一方面也会增加女性的时间压力，并使她们对某些产品、服务产生新的需要。例如，研究发现，双职工家庭在汽油、住房装修、在外用餐、孩子照看等方面的花费明显高于非双职工家庭。时间的压力，还可能促使工作妇女减少购物时间和做家务的时间，因此方便食品、快餐等食品和网上购物、电话购物等购物方式更可能受到她们的欢迎。

如同女性角色一样，家庭中的男性角色也在经历重大变化。随着社会价值观

尘器清扫房间，80%的人倒垃圾，41%的人洗碗，37%的人铺床，33%的人洗衣服，16%的人清理冰箱，超过一半的人经常去采购[1]。这些结果表明，对于很多家庭用品，男性同样是一个很有吸引力的市场[2]。

3. 结婚率降低、结婚年龄的推迟和离异家庭的增多

中国城乡社会的结婚率在 1981 年达到最高峰（2.8‰）之后，开始逐渐回落，从 1987 年至今，结婚率呈连续下降之势。除被动不婚外，选择独身和晚婚是导致结婚率下降的原因。初婚年龄推迟和独身增多影响到初育年龄后移和生育率下降。20 世纪 90 年代以来，全国妇女的平均生育年龄在 25.1 岁至 25.5 岁之间波动，2002 年为 25.5 岁[3]。

根据统计，我国妇女初婚年龄 1991 年是 22.23 岁，1994 年是 22.73 岁，1997 年是 23.39 岁，六年间增长了 1.16 岁。妇女初育年龄 1991 年是 23.28 岁，1994 年是 23.39 岁，1997 年是 24.48 岁，六年间增长了 1.2 岁[3]。

家庭变化的另一个趋势是离婚率的上升和单身家庭的增多。随着城市化和现代化的推进，中国的离婚率还将会保持继续增长的势头。而大城市离婚率的迅速攀升，挑战了婚姻所特有的双系抚育功能，使得社会学家心目中最适合子女抚养的制度环境发生了改变。此外，近年来家庭、婚姻结构的另一个重要变化是，未婚同居现象迅速发展，并被社会道德观念所默许。婚姻对两性关系的约束力在下降，越来越多的性行为不再借助于婚姻的形式，或者逃避这种形式的约束[3]。

第二节　家庭生命周期及消费变动

家庭生命周期（family life cycle，FLC）是指随着时间的推移，一个家庭在发展过程中所经历的结婚成家、生儿育女、儿女独立门户、夫妻退休、丧偶等变化的一系列不同的阶段。

在家庭生命周期的不同阶段，家庭的人数，家庭成员的生理状况与心理需求都具有不同的特点，由此，使家庭消费呈现不同的模式，在家庭用品购买过程中，不同家庭成员往往扮演不同的角色，对决策产生不同的影响。

1. 传统的家庭生命周期公共消费变动

传统的家庭生命周期理论将家庭的发展大致划分八个阶段[4]。

1）Engel J F, Black R D, Miniard P W. Consumer Behavior. FL: The Dryden Press, 1995, 775～780
2）符国群. 消费者行为学. 高等教育出版社，2001
3）张翼. 中国当前的人口态势. 中国经济时报，1999
4）Engel J F, Black R D, Miniard P W. Consumer Behavior. FL: The Dryden Press, 1995, 753～755
　Schiffman L G, Kanuk L L. Consumer Behavior. New York: Prentice-Hall, 1995, 361～367
　Mowen J. Consumer Behavior. New York: Macmillan, 1993. 586～589

（1）单身阶段

指年龄在 35 岁以下的单身汉。他们可能还在读书，也可能刚刚开始参加工作。随着结婚年龄的推迟，这一群体的数量正在增加。他们收入一般较低，但由于没有什么财务负担，因而可任意支配的收入较高。他们收入的大部分用于支付房租，购买个人护理用品、基本的家用器具，以及用于交通、度假等方面。这一群体比较关心时尚，崇尚娱乐和休闲。

（2）年轻夫妇

指结婚不久还没有小孩的年轻夫妇。他们开始正式组建家庭，为了形成共同的生活方式，双方均需要做出很多调整。一方面，他们共同决策和分担家庭责任；另一方面，他们还会遇到很多以前未曾遇到和从未考虑过的问题，如购买家庭保险、进行家庭储蓄等。建立一个家庭，需要购买很多家用产品，如各种电器、家具、地毯、床上用品、厨房设备和用具等。由于缺乏购买这些产品的足够经验，所以新婚夫妇很可能要征求其他已婚者的意见和建议。由于这类家庭大部分有双份收入，相对于其他群体较为富裕。因此他们将是名牌服装、餐馆饮食、高档家具、旅游度假等产品和服务的重要购买者。

（3）满巢的第一阶段

这一阶段通常是指由年幼（6 岁以下）的小孩和年轻夫妇组成的家庭。第一个孩子的出生常常会给家庭生活方式和消费方式带来很多变化。一方面，父母需要花费很长的时间来照顾孩子，在一定程度上可能会影响到家庭的经济收入。另一方面，由于孩子的出生，确实带来很多新的需要，给家庭带来很大的经济开销。因此这个阶段的家庭负担将有所增加。在满巢阶段，家庭需要购买婴儿食品、婴儿服装、玩具等很多与小孩有关的产品，同时，在度假、用餐、家居布置等方面均需要考虑小孩的需要。

（4）满巢的第二阶段

在这一阶段，家庭的孩子已经超过 6 岁，多在小学或中学读书。因为孩子不用由大人在家里照看，夫妻可以有更多的时间从事工作，因此，家庭经济状况可能会得到改善。但是在这一阶段，父母除了要满足孩子的衣、食、住、行等方面的需要外，还得开始考虑孩子的教育。他们可能会给孩子购买各种书籍，购置钢琴、小提琴之类的乐器，并带着孩子参加各种各样的学习班。此时，家庭为孩子的教育费用开始不断增加。

（5）满巢的第三阶段

指年纪较大的夫妇和他们仍未完全独立的孩子所组成的家庭。此时，家庭财务压力相对减轻，而且孩子也不时地能给家庭带来一些小的补贴，所以家庭经济状况明显改善。通常，处于这个阶段的家庭会更新一些大件商品，购买一些新潮的家具，还会花很多钱用于接受牙医服务、在外用餐等方面。

（6）空巢第一阶段

指孩子已经开始独立生活，但夫妇仍在工作的家庭。此时，孩子已经不再依赖父母，也不与父母同住，这一阶段延续的时间也比较长。由于孩子不在自己的身边，父母可能会感到有些孤寂，但同时，父母也有了更多自己可以自由支配的时间。因此，很多父母可以做他们以前想做而由于孩子的牵累而没有时间做的一些事情，如继续接受教育、培养新的爱好、夫妻单独外出旅游等。人生的这一阶段，也许是经济上和时间上最宽裕的时期。夫妻不仅可以频繁地外出度假，而且还会购买一些高档的物品。

（7）空巢第二阶段

指子女独立生活，但夫妇已经退休的家庭。家庭收入和社会地位都有所降低。然而退休后可用的时间特别多，所以不少人开始追求新的爱好和兴趣，如外出旅游、参加老年人俱乐部等。此阶段，家庭支出更多的侧重于健康类产品与服务。年纪大一点的消费者花相当多的时间看电视，电视成为他们主要的信息来源和娱乐方式。

（8）老年独居者（指丧偶的老年单身家庭）

这一阶段的收入水平最低，而且医疗开支增加，经济状况较差。

2. 修正的家庭生命周期（模型）

许多专家认为，家庭生命周期对于描述一个家庭所经过的那些可以识别的历程或时期，是非常有价值的。然而，随着最近几十年来的社会变迁，出现了许多新情况[1]。

1）结婚的年龄有所推迟，再加上婚礼的费用（包括购买新房，购置家具等）日益昂贵，要攒足那么一大笔开销，对于一个刚踏入社会的青年人来说，的确需要奋斗几年。

2）抚育孩子的成本增加，再加上工作紧张，许多人不愿过早为孩子所累，就推迟了生育的时间。

3）人们的平均寿命的延长，拉长了家庭的生命周期，尤其是生命周期中的空巢阶段。

4）离婚率上升，单亲与孩子构成的家庭日益增多。

5）生育率下降，很大程度上改变了各个阶段的年龄分布和时间的长短。

根据上述的这些现象，美国学者穆费（Murphy）和斯坦普利思（Staples）提出了一种"现代化了的家庭生命周期模型"[2]，见图 13-1。

1）李东进. 消费者行为学. 经济科学出版社，2001，353~354
2）Murphy Patrick E, Willianm A Staples. 1979. A Modernized Family Life Cycle. Journal of Consumer Research, 6：17

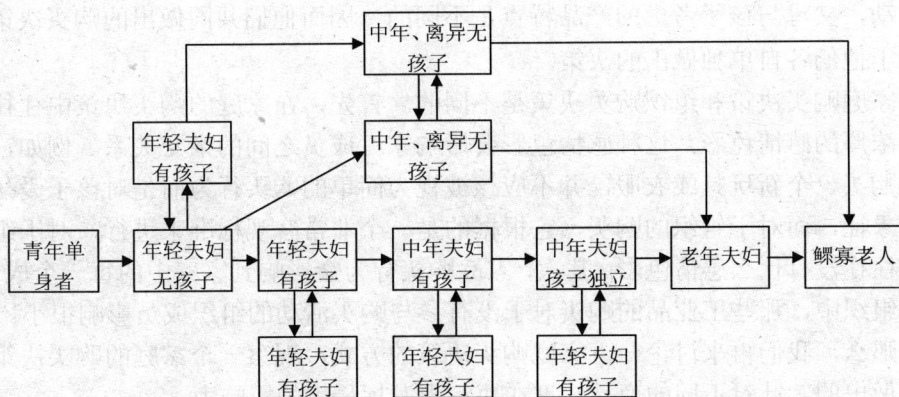

图 13-1　现代家庭生命周期模型

在穆费的现代家庭生命周期模型中，根据家长年龄从 35 岁到 65 岁划分为青年家庭、中年家庭和老年家庭，并且根据有无孩子再细分各类家庭。但是，在这一模型中还没有反映孩子的就学情况，并且由于以 65 岁的标准区分中年家庭和老年家庭，所以没有反映退休的情况。

第三节　家庭成员与购买决策

在一般情况下，一个家庭的成员应当由丈夫、妻子和孩子构成。而家庭在制定购买决策的时候，针对不同的家庭购买，家庭可能会表现出不同的决策方式，不同的家庭成员可能担当不同的角色。而且在购买决策中家庭成员之间也可能会产生冲突。本节就从不同家庭成员对家庭购买决策的影响，家庭购头决策的方式与过程，以及家庭购买决策的冲突解决这几个方面展开讨论。

一、家庭决策的方式

家庭购买与个人购买的一个显著差异就在于在家庭购买过程中，购买者、付款者、使用者的角色是分离的，因此，家庭的购买往往会体现出不同的购买过程。下面我们就主要从家庭购买的决策方式和决策步骤这两个方面来探讨不同的家庭购买过程。

1. 家庭决策的方式

家庭购买决策是一种集体决策，它是由两个或两个以上家庭成员直接或间接做出，因此，家庭购买决策在很多方面不同于个人购买决策。针对不同产品的购买活动，父母与孩子考虑的产品特点是不同的，因而他们共同做出的购买决策将不同于他们各自单独做出的决策。

家庭购买决策和组织购买决策是不同的。首先，在家庭的购买决策中往往还带有浓厚的感情色彩，这种感情色彩会影响家庭成员之间的亲密关系。例如，为孩子购买一个新玩具或衣服，并不应该被视为简单的购买行为而是对孩子爱与奉献的象征，而对于组织的购买，它根据的是一个非常客观标准来进行，对于组织成员往往没有什么感情色彩。其次，家庭购买行为会影响到家庭中的每一个成员，而在组织中，那些工业品的购买对于没有参与购买活动的组织成员影响很小。

那么，我们再来讨论一下家庭购买决策的方式，观察一个家庭的购买决策是怎样做出的，针对不同的商品，谁在决策中发挥最大的影响力。

20 世纪 70 年代，戴维斯（H.Davis）等人观察了不同的家庭在购买不同的产品时所采取的不同的决策方式。他在观察中发现，人寿保险的购买通常属于丈夫主导型决策，度假、孩子上学、购买和装修住宅则多由夫妻共同做出决定，清洁用品、厨房用具和食品的购买基本上是妻子做主，而像饮料、花园用品等产品的购买一般是由夫妻各自自主做出决定。该研究还发现，越是进入购买决策的后期，家庭成员越倾向于联合做决定。换言之，家庭成员在具体产品购买上确有分工，某个家庭成员可能负责收集信息和进行评价、比较，而最终的选择则尽可能由大家一起做出。在此基础之上，戴维斯总结了四种家庭购买决策方式，具体包括以下四种方式[1]。

1）妻子主导型。在决定购买什么的问题上，妻子起主导作用。

2）丈夫主导型。在决定购买什么的问题上，丈夫起主导作用。

3）自主型。对于不太重要的购买，可由家庭成员，包括丈夫、妻子或者孩子独立地做出决定。

4）联合型。指家庭购买决策需要由丈夫、妻子和孩子共同协商做出。

戴维斯的发现给我们研究家庭购买决策的制定方式提供了一个整体的思路，但是，他的研究也存在着一些缺陷，比如，在实际的调查过程中，妻子往往可能会低估自己对家庭购买决策的影响能力，而丈夫和孩子往往会夸大自己的作用[2]。此外，学者默文（Mowen）[3]的研究也提出，有 10%~50%的夫妇对自己在家庭决策中的相对影响存在重大的分歧。

2. 影响家庭购买决策方式的因素

上面我们讨论了家庭购买的几种不同的决策方式。我们也发现每种家庭购买

1）Davis H L, Rigaux B P. Perception of Marital Roles in Decision Processes. Journal of Consumer Research，1974
（4），51~62

2）符国群. 消费者行为学. 高等教育出版社，2001，339

3）Mowen J. Consumer Behavior. New York: Macmillan, 1993, 597

决策方式都有自己不同的特点。那么究竟是那些因素导致了各个家庭采取不同的决策方式呢？

（1）影响家庭采取不同的购买决策的主要因素

学者奎尔斯（W. Quals）[1] 在 1987 年发表的研究结果中提出，影响家庭采取不同的购买决策的因素主要有以下三种。

1）家庭成员对家庭的财产贡献

家庭的购买是需要有家庭财产做后盾的，因此不同的家庭成员对家庭财产的贡献不同，将会导致不同的家庭成员在家庭购买决策过程中的不同的地位。一般而言，对家庭的财产贡献越大的家庭成员，在家庭购买决策中的发言权也越大。

2）决策对特定家庭成员的重要性

学者认为，在家庭的内部，实际上也存在着一种所谓"交换"的过程[2]。某位家庭成员可能愿意放弃在某一领域的影响而换取在另一领域的更大的影响力。因此，不同的家庭成员就会根据购买决策对自身的重要程度，通过这样的一种交换，来增加他或她对这项决策的影响程度。

3）夫妻性别角色取向

指家庭成员在多大程度上会按照传统的关于男、女性别角色行动。例如，在我国的很多家庭中都存在着"男主外，女主内"的传统思想。研究表明，较少传统和更具现代性的家庭，在购买决策中会更多地采用联合决策的方式。

（2）影响家庭购买决策的其他因素

但是，除了上述奎尔斯提出的三个因素外，学者们还提出了许多其他影响家庭购买决策方式的因素。主要包括以下四个因素。

1）文化和亚文化

文化或亚文化中关于性别角色的态度，在很大程度上决定着家庭决策是由男性主导还是女性主导。

2）家庭决策的阶段

家庭的购买决策，还分为认知、信息搜集和最后决策等几个阶段。在不同的阶段，家庭成员在购买中的相对影响力，也可能是不相同的。例如，购买汽车的时候，在大多数购买决策阶段，丈夫都是占主导地位，而妻子一般只参与或主导颜色的选择。而在购买家具的时候，妻子在所有阶段都占有主导地位，只有在花多少钱的决策上更多的由丈夫来决定[3]。

3）个人特征

在个人特征方面，除了奎尔斯提到的家庭成员的经济实力以外，其实还包括

1）Qualls W. Household Decision Behavior: The Impact of Husband's and Wives Sex Role Orientation. Journal of Consumer Research, 1987 September （14），264~279

2）符国群．消费者行为学．高等教育出版社，2001，340

3）Shuptrrine A, Samuelson G. Dimensions of Marital Roles in Consumer Decision Making: Revisited Journal of Marketing Research, 1976 February（13），87~91

家庭成员的性格，受教育的程度，对所购买产品的信息的了解程度，所需专业知识的多少等很多方面。

4）目标产品的特点

家庭购买决策方式因产品的不同而不同。当某个产品对整个家庭都很重要、价格很高、且购买风险很高时，家庭成员倾向于进行联合型决策；当产品为个人使用、或其购买风险不大时，自主型决策居多。比如，在对我国 10 个城市的调查结果显示，消费者认为需要与家庭成员共同决策购买的每件产品的均价在 3022 元以上。而从价格分布来看，30.9%的受访者表示价格在 1000～2000 元之间的产品就需要和家人商量，占到整个受调查人数的近 1/3，由此看来，大部分人在考虑购买商品时，1000 元以上就会与家人商量。家庭集体决策的产品主要集中在住房、汽车、家电这三大类产品[1]。

此外，一些情境因素也会影响购买决策的方式，如购买产品的时间充裕时，家庭往往会选择联合型的购买决策方式，而当时间压力较大时，则往往选择丈夫或妻子主导型以及自主型的购买决策。

二、家庭决策制定的过程

1．家庭购买决策的步骤

前面我们已经提到，一个家庭的购买决策会分为认知、信息搜集和最后决策等几个阶段，在不同的阶段，不同的成员进行着不同的活动。消费者行为学及营销学学者在研究和观察的基础上提出，一个家庭购买完整的过程应当包括以下五个步骤[2]，具体如下。

1）启动购买决策制定过程。

2）收集信息并与其他成员分享。

3）评估与决策。

4）逛商场并购买。

5）冲突管理。

我们首先来看前四个步骤。其实，它和个人在制定购买决策时所采取的步骤很相似。但是由于在家庭购买中，不同的家庭成员担当着不同的角色，从事不同的活动，在购买决策过程中都发挥着不同的作用。这也就导致在家庭购买的这些步骤中，包含了更多的动态性。因此，某一个家庭成员可能想要购买某种商品，这样就启动了购买决策过程，另外一个家庭成员可能会收集信息。第三个家庭成

1）林岚. 营销新模式之家庭全户营销. 销售市场，2005

2）Jagdish N Saheth. Models of Buyer Behavior: Conceptual, Quantitative, and Empirical. A Theory of Family Buying Decisions, 17～33

员可能会评估决策，最后有一个家庭成员可能会实际购买这种商品。

　　然后，也正是由于在家庭购买决策过程中，各个角色是分离的，也将导致各个家庭成员在产品需求和产品评价方面出现矛盾，导致家庭购买决策的冲突。因此，某个成员可能会负责解决不同成员在偏好方面的不同，并解决可能出现的冲突。避免冲突的方法之一就是找到一种可以满足所有家庭成员偏好的产品或服务 [1]。

2. 家庭购买决策的一般框架

　　根据我们分析的家庭购买决策的方式，以及决策的步骤，下面我们总结出家庭购买决策的基本框架模型 [2]。如图 13-2 所示。

　　这一模型的关键就在于决策过程，这种决策过程包括决策的方式和决策的步骤这两个方面。

　　首先，在决策方式方面，我们前面已经讨论过了，包括独立的决策方式（由一位家庭成员独立制定的，包括妻子主导型、丈夫主导型和自主型的决策方式）和共同决策方式（家庭成员协商制定购买决策）。

　　其次，是家庭购买决策的步骤，包括启动阶段、信息收集、评估与决策、逛商店与购买、冲突管理。

3. 影响家庭决策制定过程的因素

　　我们从图 13-2 中看到，有很多因素会影响到一个家庭的决策制定过程。如购买的性质、购买者、付款者和使用者的角色分离程度，信息的来源，单个成员的特点以及家庭特点等。下面我们就简要地对这些因素进行分析。

　　（1）购买的性质

　　如果购买很重要并存在很高的可觉察风险，那么决策就更有可能是共同决策。如果急需某种产品或服务，而共同决策往往比较费时，从而更可能是自主决策。最后，如果产品的购买与消费是由家庭成员分享的，决策过程就可能是共同性的。

　　（2）三种角色的分离程度

　　三种消费者角色在家庭中的分离程度也会影响消费者的决策。在一些家庭中，夫妻中某一方充当所有三种角色；而在另外一些家庭中，夫妻双方对角色进行分工，或对三种角色进行分享。同样，不同家庭中孩子的影响力也有所不同。如果三种角色不是集中在一个人身上，或家庭成员不将自己的角色分配给其他人，决策就更有可能是共同性的，这样也更可能发生冲突。

　　1）Harry L Davis. Decision Making Within the Houshold. Journal of Consumer Research, 1976, 3 : 241～260
　　2）Jage N Sheth, Banwari Mittal. 消费者行为学管理视角. 罗立彬译. 北京：机械工业出版社，249

购买者/付款者/使用者角色	个人特征
角色的分离与合并	性格与生活方式 时间压力 产品专业知识 教育

购买性质	决策过程	选择
重要性 可觉察风险 是否急需 共享或个人单独使用	决策方式: 自主决策 共同决策 决策步骤: 启动决策 收集信息 评估与决策 实施 冲突管理	

信息来源
营销者 大众媒体 口碑

家庭特点		
家庭生命周期	角色分工	家庭沟通与交流模式
社会文化状态	性别地位导向	民主式或专制式
双职工		和谐或不和谐

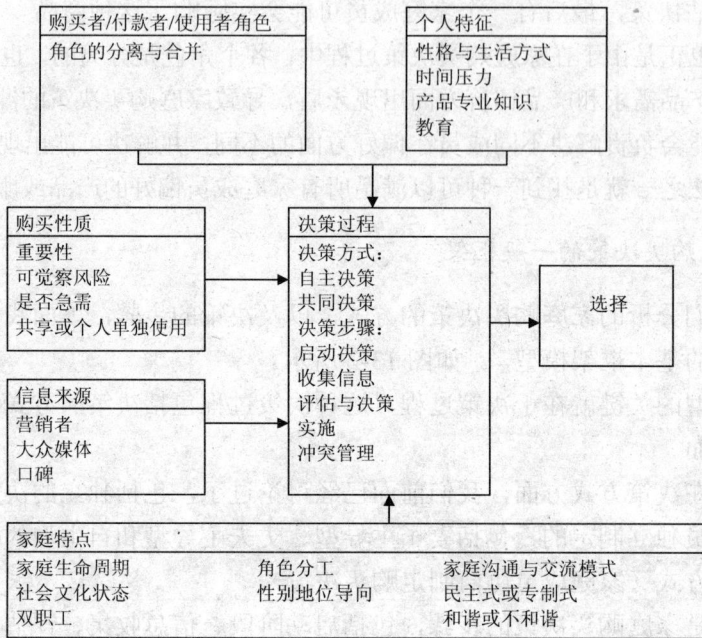

图 13-2　家庭购买决策的基本框架

（3）单个成员的特点

关于单个成员的特点，第一个因素就是家庭中是否由某一个人承担购买者、付款者和使用者所有三种角色的责任。如果这些角色都集中在一个人身上，那么决策制定就可能是独立的。三种角色在家庭成员职能感分离的程度越高，决策就越可能是共同性的。

其他特点还包括个人的性格和生活方式、时间压力、产品专业知识和教育程度。这些特点既会影响决策的共同性程度，也会影响冲突解决的方式。如果某个或某些家庭成员的时间压力很大，共同决策的可能性就更小一些。如果某个家庭所有成员的生活方式和性格都是属于个人主义的，而不是分享性或包容性的（如以"我"为中心的性格，而不是以"我们"为中心的性格），就更可能是独自决策。当然，如果某个家庭成员对某种产品具备较高的专业知识水平，他就会更多地参与决策过程。最后，教育程度对冲突的过程与解决有很直接的影响。教育程度较高的夫妻和父母更可能合理地解决冲突，通过理性化的协商和说服来解决冲突，而不可能采用投票的策略。

（4）家庭特点

能够影响决策过程的家庭特点包括家庭生命周期（family life cycle，FLC）、社会经济状态、双方工作还是单方工作。首先是家生命周期，相对于结婚多年的夫妇，新婚夫妇更可能采取共同决策过程。处在青少年阶段的孩子越来越倾向于对自己使用的产品做出独自决策。社会经济状况（socioeconomic status，SEC）会影响决策共同性程度以及冲突解决方式。虽然在这一问题上没有结论性的研究，但对于那些只由某一个家庭成员使用的产品来说，上层家庭和下层家庭（与中产阶级不同）都可能会采用独自决策：上层的家庭这样做是因为他们支付得起；下层的家庭这么做是因为资金由家长一人控制。

第二组家庭特点是两性地位倾向与角色分工。如果家庭中的两性地位属于传统型的，独自决策就比较多。同样，关于角色分工，对于那些被认为具备最多专业知识的人来说，更多的购买决策将是独立性的。另外一个相关的因素就是家庭中是一个人上班还是两个人上班。在双方都上班的家庭里，传统的两性地位倾向的可能性不大，从而使更多的决策过程属于夫妻共同决策。

最后一组家庭特点包括沟通和交流模式。一家之主在管理家庭时，是用专制的方式还是民主的方式？在民主家庭中，共同决策的可能性较大，而专制家庭里共同决策的可能性较小。另外，家庭成员间日常沟通是否和谐？对这个问题的不同回答将影响到某一个成员的影响力能不能为其他成员所接受，正如我们在谈到代与代之间影响的时候谈到的一样。同样，冲突解决的方式也会受到家庭管理风格与日常沟通能够达到的和谐程度的直接影响。最后，家庭成员间的时间与生活方式方面的共同点越多，他们就越有可能采用共同决策的方式。

（5）信息来源

信息来源也会影响决策过程。不同的成员可能会接触到不同的信息来源，他们各自的观点和感知曲解使得决策过程的介入程度和冲突程度高低不同。

三、不同家庭成员对家庭购买决策的影响

1. 夫妻角色与家庭购买决策

（1）不同的夫妻购买角色

在一个家庭中，丈夫、妻子是商品购买的主要决策者。不同的家庭中，夫妻各自在商品购买决策中的影响作用是有很大区别的。总体来讲，夫妻决策类型不外乎四种。

1）丈夫决策型。一切由丈夫支配和决定。

2）妻子决定型。一切由妻子决策。

3）夫妻共同决策型。夫妻双方共同做出大部分的购买决策。

4）夫妻自主决策型。即夫妻双方各自做出购买决定。

国外的研究人员调查了 73 户家庭，发现在 25 种有代表性的商品购买过程中，夫妻的购买决策方式基本上是按照上述四种情况做出的。

　　在具体购买活动中，夫妻购买决策的形式也因所购商品的类型不同而有所不同。一般来说，妻子对食品、化妆品、服装、生活日用品、室内装饰用品等商品的购买有较大的决策权，而在购买家电、家具、汽车、住房等大件商品时，丈夫所起的作用就要大一些。此外，夫妻在商品特性选择方面的影响作用也存在差异。美国的戴维斯发现，对于"何时购买汽车"的决策，有 68% 要受丈夫的影响，只有 3% 主要受妻子的影响，而有 29% 的情形是夫妻双方的影响力相当。另一方面，对于"购买什么颜色的汽车"这个决定，25% 是受丈夫的影响，25% 是受妻子的影响，但有 50% 是双方共同决定的。下表列举了美国研究者的一项调查结果，从表中可以看出，丈夫和妻子对购买决策的影响作用是随所购商品的不同而发生变化的。

表 13-2　丈夫和妻子对购买因素的影响

购买因素	汽车	礼服用白衬衫	电视机	洗衣机
品牌	H	=	H	W
功能	H	W	H	W
样式	W	H	W	W
规格	H	W	H	W
维修保证	=	-	H	W
价格	H	W	H	H
商店	H	=	W	H
服务	H	-H	H	H

　　说明："H"表示丈夫的影响力大；"W"表示妻子的影响力大，"="表示丈夫和妻子的影响力相同。"-"表示没有意义。

（2）影响夫妻间相对影响力的因素

　　有几个因素可以影响夫妻间的决策共享。目前已经发现的有两性地位倾向、妻子的就业状况、家庭生命周期阶段、时间压力、购买的重要性以及人口的社会经济发展水平[1]。

　　1）两性的地位倾向。夫妻间的两性地位可以放在从传统到现代的一个连续体上。某一行为和规范与一个人的性别相关而非两性共享的程度叫做"两性地位倾向"。传统观点将丈夫和妻子两者的地位分为两极，而现代观点认为两性间存在更多的责任共享。现在出现的趋势就是，在家庭购买过程中购买者、付款者和使用者三种角色常常由一个人充当，而同一个角色（如付款者）又常常由夫妻双方共同充当。

1）Jage N Sheth, Banwari Mittal．消费者行为学管理视角．罗立彬译，机械工业出版社，240

2）妻子的就业状况。妻子的就业状况对两性地位倾向有很大的影响。如果妻子在外面上班，她在一些重大的家庭决策中的作用就更容易被接受。她会独自做出决策，别人也会征求她的意见，因为她对家庭的经济做出了贡献，而且她与外面世界的接触使她的见识更加广泛。

3）家庭生命周期阶段。家庭生命周期也会对夫妻在制定家庭决策时的地位产生影响。新婚夫妇往往更多地进行共同决策；随着结婚时间的变长，夫妻逐渐对家庭事务进行分工，而与家庭事务相关的购买（如做饭时用的东西，修理汽车时所用的工具）也开始由一个人决定。不过，结婚时间的长短不会影响到重要购买决策的制定。从表 13-3 中，我们就可以看出家庭共同决策从新婚第一年到第二年就有很明显的减少。

表 13-3　不同结婚年限夫妻家庭决策的变化[1]

主要的家庭决策人	结婚年限	
	第一年	第二年
丈夫	26%	27%
妻子	25%	36%
共同决策	49%	37%

4）购买的重要性。购买的重要性是指产品对家庭的重要程度。购买的重要性主要看经济上的支出水平以及产品在多大程度上处于个人的生活中心。购买越重要，夫妻双方就越可能做出共同决策，因为购买决策会占用家庭的共同资源，而且这个决策会在很长时间内影响家庭成员的生活。

5）人口的社会经济发展水平。在不同的地区，由于文化和经济发展水平的不同，两性地位与分工也各有不同。具体来说，不发达地区中的两性地位观念比发达地区的观点更加传统。随着社会经济的发展，现代化、城市化程度越来越高，以及女性在外上班的情况越来越多，妇女对购买决策方面的影响力也会增加。

2. 子女对家庭购买决策的影响

（1）孩子在家庭决策中的作用

作为家庭购买的重要参与者，子女在家庭购买中，也占有相当重要的地位。我国自 1979 年实行计划生育以来，独生子女家庭数目迅速增长。预计在 21 世纪，独生子女家庭将成为我国城乡家庭的主体。在这些家庭中，子女在消费活动中居于重要地位，并对购买决策产生重大影响。

因此，在家庭的购买决策中，父母将会更多地考虑孩子的意见。例如，研究发现，当孩子在场时，父母的购买预算可能超支。不仅如此，孩子们还影响从食

1）R Ferber , L G Lee. Husband Wife Influence in Family Purchasing Behavior. Journal of Consumer Behavior Research

品购买到外出用餐、度假等很多类型的决策。一项关于家庭度假决策过程的调查
显示，有小孩的家庭在到哪里度假的问题上较难达成一致，且由丈夫主导决策的
可能性更高。虽然孩子们在决策中不占支配地位，但他们倾向于和父母中的一方
形成同盟，以产生决策中的"多数"[1]。

影响学者们很早便非常重视孩子在家庭购买决策中的作用。在美国，大量关
于孩子如何影响家庭决策的研究集中在早餐麦片这一产品上，因为较之其他类型
的产品，孩子们在这类产品上提出的要求更为频繁。在食品店门口接受访问的母
亲中，一半的人提到其孩子要求购买某种早餐麦片。在 10 岁以下的小孩中，其品
牌偏好也很少受母亲影响，正如研究人员所指出，"在发展麦片和饮料品牌的偏好
方面，孩子们会逐步形成自己的标准，而且这些标准通常与其母亲的标准不同。
具体的研究结果如图 13-3 所示。

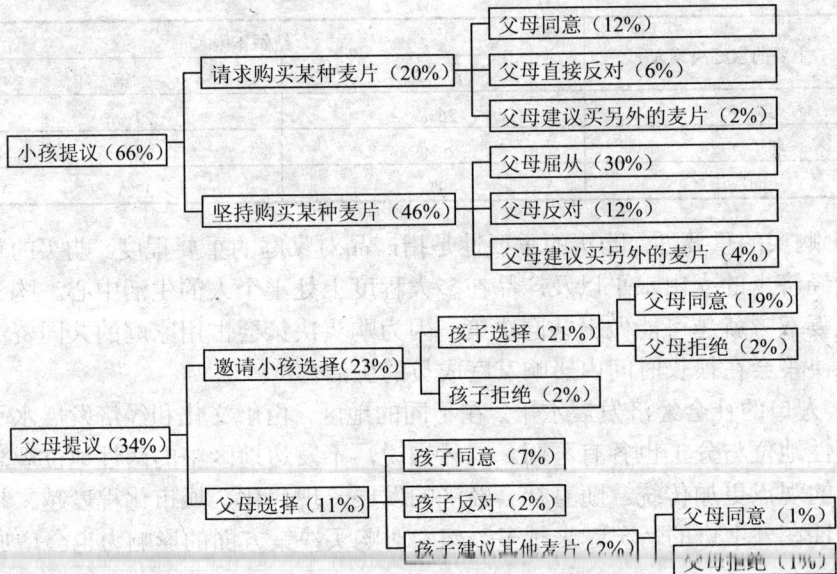

图 13-3　早餐麦片选择中父母与孩子的互动关系[2]

图 13-3 描述了早餐麦片选择过程中父母与孩子的互动关系，这是根据对 20
家超市做的一项大型调查得出来的。从图中可以看出，当孩子坚持要求购买某种
麦片时，父母屈从的比率很高，而当孩子仅仅作一般性的请求时，屈从率则要低
得多。另一方面，如果孩子被邀请选择麦片，父母在 90%的情况下会尊重孩子的
选择，而如果孩子直接要求某种麦片，父母同意的比例只有约 70%。

随着年龄的增长，孩子对于家庭决策的影响也随之增大。有趣的是，父母和
孩子在关于自己对家庭决策的影响力的评价上存在较大的认知差距。通常，少年

1）Mowen J. Consumer Behavior. New York: Macmillan, 1993, 599~600
2）符国群. 消费者行为学. 高等教育出版社，2001，343

孩子认为自己的影响力要高于父母评价的影响力，同样母亲自认的影响力比孩子评价的高。研究还发现，即使在家用汽车购买的决策上，母亲和孩子均认为孩子会对决策产生某种程度的影响[1]。

（2）决定子女对购买影响程度的因素

1）子女在家庭中的地位。许多研究表明，孩子说话的口气越是肯定，他们的父母就越是以孩子为中心。那些以孩子为中心的父母们，除了想使孩子高兴外，同时也想为孩子做他们所喜欢的事情。他们还想方设法让孩子扮演他们自己希望和要求的代理人的角色。可见，孩子在家庭中的地位越高，对家庭购买决策的影响也越大。

2）子女所在家庭的类型。一般来说，城市家庭中的父母比农村家庭中的父母更注重听取子女的意见；经济条件好的家庭比经济条件差的家庭更能满足子女的要求；民主气氛浓厚的家庭比专制的家庭在购买决策时受子女的影响更大。

3）子女的年龄。年龄是影响子女参与消费决策的一个重要因素。子女年幼时由父母代为料理生活所需的一切事务。随着年龄的增长，孩子开始有了自己选择商品的意识，特别是在购买与他们有关的商品时。这一阶段，父母也开始重视孩子的意见和要求，特别是在购买一些重大的商品时，孩子的意见有时会对父母的购买决策产生重大影响。因为进入青少年时期，子女已开始具备评判商品的能力，在某些方面甚至会超过父母。

4）所购买商品与子女的关系。一般来说，除不具备表达意见能力的婴幼儿以外，多数家庭在购买与子女有关的商品时会征求他们的意见。尤其是在独生子女家庭，这一倾向更为明显。而随着商品知识和购买经验的积累，子女在选购一些他们熟悉的商品时，往往会取代父母而成为家庭购买的决策者。

四、家庭中代与代之间的影响

在家庭成员中，可能会出现代与代之间的影响（inter generational influence, IGI），它是指一代人的价值观、习惯和行为可能会传递给另一代。20世纪七八十年代的一些研究发现了几种产品或服务偏好方面的市场价值的转移过程，这些产品或服务包括银行、汽车保险、化妆品和超市出售的日用品。

IGI可以在两个方向上发生，即前向（从父母到孩子）和后向（从孩子到父母）。无论是孩子幼时和家长住在一起，还是孩子长大后和父母分开住时，都可能发生前向IGI，大量研究都是关于孩子长大成人之后的时期的。

1. 后向影响

当孩子长大成人，接触到新知识与新的角色模仿对象时，后向影响发生了。

1）Mowen J. Consumer Behavior. New York: Macmillan, 1993, 600~601

这样，孩子们不再像以前那样将父母视为偶像，在塑造个性时不再像以前那样将父母作为指导。

这种影响来自于两种原因。第一，孩子们之所以开始影响父母的偏好和市场选择，是因为他们比父母获得了更多关于某种产品的知识和专业技能，而父母也承认这一点。孩子对父母影响发生的第二种方式就是所谓的民主公正。民主公正是一个家庭中的规范，指每个家庭成员在家庭决策中都有发言权。因此，在购买某种共用资产（如汽车、家具）或者某种只为孩子消费所用的产品时，许多家庭会觉得应该给孩子发言权，因此，也允许孩子影响父母的偏好。不过，民主公正的机制可能会导致家庭中出现紧张气氛，尤其是当孩子的偏好与父母的价值观不一致的时候。例如，如果孩子想留一个怪异的发型或者想将一个房间改成迪斯科歌厅，或者当孩子的偏好对于父母的资源来说是一种过分的要求时，父母就有可能觉得不恰当，于是出现冲突。当然，这两种冲突如何解决，还要看谁掌握资源。如果孩子在经济上完全依赖父母，孩子的偏好就更可能被放弃。而如果他们对家庭经济也有贡献，或者至少可以承担自己生活的一部分费用，那么父母可能放任不管。但是两代之间价值观方面的不一致不会因为资源的共享而消失。

2. 影响 IGI 的家庭特点

前向 IGI 与后向 IGI 都会受到家庭关系以及各代人相对的专业知识水平影响。家庭关系是指父母与成年儿女在生活各个方面（不仅仅是关于产品和购物活动）的相互尊重与信任的程度，以及他们之间沟通的融洽程度。相对专业知识是指孩子对父母所具备的某一种产品的专业知识的肯定与承认。（对于后向 IGI 来说，它是父母对孩子的专业知识的肯定与承认。）

在这两个特点的基础上会产生四种 IGI 状态[1]。（见图 13-4）。当可观察专业知识水平很高而家庭关系为负面的话，就会产生不忠诚的 IGI，即人们承认专家的建议是好的，但不按照建议做事，因为他们从心理上不服从建议的提供者。当可观察专业知识水平很高而家庭关系也是正面的，就会产生高度 IGI。孩子和父母之间会相互咨询建议并按照建议行事。相反，当可观察的专业知识水平低而家庭关系为负面的时候，就不会有 IGI。最后，当可观察的专业知识水平很低，而家庭关系是正面的话，IGI 就会打折扣，也就是说人们会礼貌地接受建议，但在心中对此建议打折扣，因为他们觉得这种建议实际不可信。

---

1) See Shah. for an annotated review of the literature covering the origins of IGI's from parent to child; D.Riesman, H. Roseborough. Careers and Comsumer Behavior. in Consumer Behavior, Vol.1; The Life Cycle and Consumer Behavior, in L.H.Clark（Ed.）. New York. New York University press,1995

家庭关系

	负面	正面
高	不忠诚的 IGI	高度 IGI
低	无 IGI	打折扣的 IGI

（可觉察的专业知识）

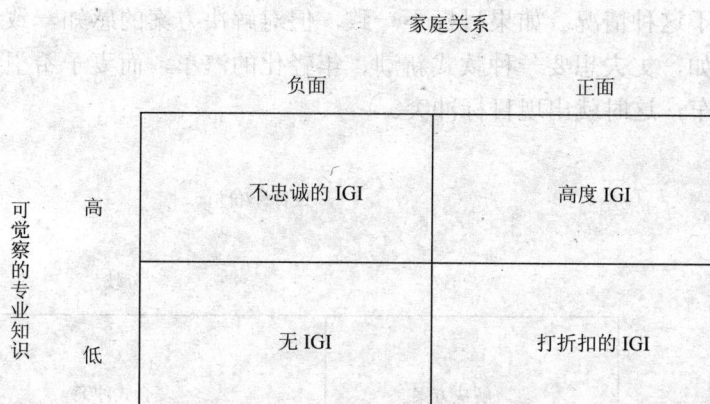

图 13-4　代与代之间的影响

五、决策冲突及其解决

日常生活中，家庭每天都要做出大量的购买决策。通常，家庭会致力于调和不同家庭成员的偏好，然而，由于各家庭成员的兴趣与优先考虑顺序不甚相同，因此符合所有成员最低期望的购买决策并不容易形成。当一项决策不能完全符合家庭中所有成员的需要和期望时，矛盾就出现了

当消费者角色被分配到各个家庭成员，即使用者、付款者和购买者由不同家庭成员充当的时候，如果选择对象（如品牌、供应商）无法满足各种角色的目标（市场价值），就会发生冲突。

当家庭成员对各种消费者角色进行分享时，即一种角色为几个家庭成员充当时，如果各个成员的目标（市场价值）不一致，就会出现冲突。例如，如果丈夫和妻子都充当付款者角色并动用家庭共有资金时，他们就可能在花多少钱来重新装修房子的问题上发生冲突。

1. 冲突类型

如果家庭决策过程中包括一些共同决策，而家庭成员在目标（市场价值）或感知（选择对象评估）方面存在不同意见，就不可避免地出现冲突。根据家庭成员的不同意见所发生的不同方面，冲突可以分为不同的类型。如图 13-5 所示。如果目标一致，但选择对象的评估不同，就会出现选择解决方案冲突。如果目标和感知都不一致，冲突就是复合性的。夫妻要购买房子，如果两人在目标上不相同（丈夫想看城市景观，而妻子喜欢自然景观），而对两套房子的某一方面的观点又不相同（如他们在哪套房子更具美感方面意见不同），这时就会出现复合性冲突。

如果家庭成员对价值和评估两方面都相互一致，就不存在冲突，许多日常消费品的选择都属于这种情况。如果目标不一致，但对解决方案的感知一致，就存在目标冲突。例如，丈夫想要一种款式新潮、年轻化的汽车，而妻子希望要又大又有安全感的汽车，这时就出现目标冲突。

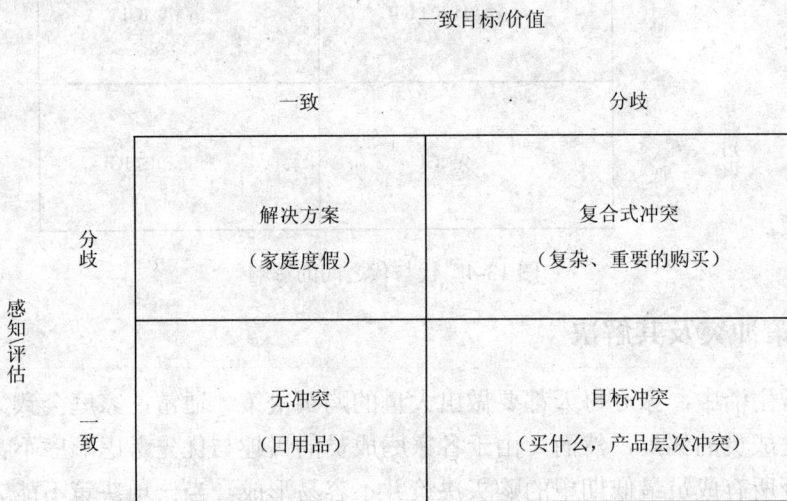

一致目标/价值

	一致	分歧
分歧	解决方案 （家庭度假）	复合式冲突 （复杂、重要的购买）
一致	无冲突 （日用品）	目标冲突 （买什么，产品层次冲突）

（左侧纵轴：感知/评估）

图 13-5　冲突的类型

2. 冲突解决

学者们提出了四个冲突的解决策略：问题解决、说服、协议及投票（见图 13-6）。问题解决策略要求家庭成员收集更多的信息，或增加新的选择对象。如果动机（目标）是一致的，只是感知不同，获取信息和分享信息（如问题解决）往往就可以解决冲突。说服策略需要进行目标层次方面的教育。妻子可能说又大又安全的车最符合全家人利益，因为他们需要带孩子。协议策略则需要交换好处（如果丈夫同意购买妻子所喜欢的汽车，作为交换，他就可以买一个带书房和地下室的房子）。如果目标和评估分歧非常大，以至协议策略都行不通的话，就要采取投票策略了。在投票策略中，家庭成员内部分成几个联盟小组，按照少数服从多数的方式来解决冲突[1]。营销者可以通过促使人们采用问题解决的模式来解决冲突。他们可以多提供一些关于选择对象的信息，尤其是在人员推销的情况下[2]。

1）Jmaes G March, Herbert A Simon. Organizations. New York: Wiley, 1958
2）A Theory of Family Buying Decisions. in Paul Pellemans ed. Insights in Consumer and Market Research 11, 1971, 32～48

目标/价值

一致 分歧

分歧 | 问题解决 | 投票解决

感知评估

一致 | 无冲突 | 说服

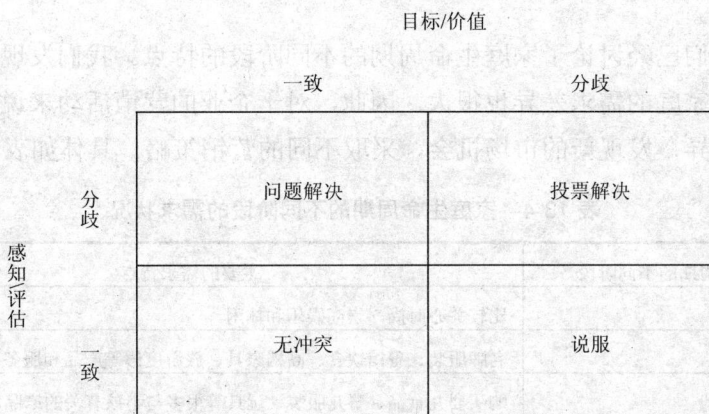

图 13-6 冲突解决方案

第四节 影响家庭购买行为的营销策略

在前面的一些章节中，我们已经讨论了家庭的特点、变化趋势、家庭购买的决策方式及决策步骤等内容。下面我们就探讨一下企业可以采取那些营销策略来影响家庭的购买行为。

一、发现新的市场机会

1. 适应家庭的变化趋势

前面我们在讨论家庭的变化趋势的时候，我们已经提到，我国的家庭正在发生着一系列的变化，如家庭的规模正在逐渐变小、单身的家庭日益增多等。而这些变化也正给企业带来新的市场机会，企业可以利用这些变化趋势，发现新的目标市场。比如：家庭规模变小，会给家庭消费行为带来很多变化。从纯粹的需求角度来看，两口或三口之家所要的住房与四口或五口之家所需要的住房是明显不同的。对于房地产开发商来说，就可以针对这种小型化的家庭，提供适应他们需求的商品房。对于一个两三口人的小家庭，像冰箱、电饭煲、袋装食品相对要求做的小一些。另外，家庭规模的变小，意味着家庭户数的增多，这会给生产家用电器、电话、住宅、厨房用具等产品的企业提供新的心得发展机会。越来越多的人过着独身生活，由此引起对小型住宅、小包装食品等产品的需求。其次，保持独身生活，使年轻男女有更多的时间参加学习、培训和进行"自我投资"。事实上，现在在西方校园里，女生数量已经超过了男生。

2. 针对家庭生命周期的不同阶段采取不同的营销策略

以前我们已经讨论了家庭生命周期的不同阶段的特点。我们发现，在各个不同的阶段，家庭的需求差异也很大。因此，对于企业的营销活动来说，应该发现这种需求差异，发现新的市场机会，采取不同的营销策略。具体如表 13-4 所示。

表 13-4　家庭生命周期的不同阶段的需求状况

家庭生命周期的不同阶段	主要的需求特点
单身阶段	比较关心时尚，崇尚娱乐和休闲
年轻夫妇	名牌服装、餐馆饮食、高档家具、旅游度假等产品和服务的重要购买者
满巢的第一阶段	购买婴儿食品、婴儿服装、玩具等很多与小孩有关的产品，同时在度假、用餐家居布置等方面均需要考虑小孩的需要
满巢的第二阶段	不仅要为孩子准备衣、食、住、行等方面的各种物品，而且还要带孩子参加各种音乐班、学习班，购置诸如钢琴、小提琴之类的乐器
满巢的第三阶段	更新一些大件商品，更买一些更新潮的家具，还会花很多钱用于接受牙医服务、在外用餐等方面
空巢第一阶段	继续接受教育、夫妻单独外出旅游，购买一些高档的物品
空巢第二阶段	外出旅游，参加老年人俱乐部，健康类产品与服务
老年独居者	医疗开支增加

二、针对家庭购买的营销策略

针对家庭购买的特点，企业首先要了解不同家庭成员在购买和消费活动中扮演的角色，掌握购买者、付款者和决定者角色在家庭成员之间是如何分配的。因此，营销者要把握以下重要问题。

1）谁最可能对企业的产品感兴趣？

2）谁将是产品的最终使用者？

3）谁最可能成为产品购买的最终决定者？

4）不同类型的商品通常是谁实际购买？

在此基础上，霍金斯（Hawkins）提出了建立在家庭购买决策过程基础上的营销策略分析框架，如表 13-5 所示。

对于大多数消费品来说，要制定有效的营销策略，就需要详尽地了解目标市场中相关产品的家庭决策程序。表 13-4 就为我们提供了这样一种分析的框架。

表 13-5　建立在家庭购买决策基础上的营销策略

决策阶段	涉及的家庭成员	家庭成员的动机和兴趣	营销战略与战术
认识问题			
搜集信息			
评价选择			
购买			
使用与消费			
处置			
评价			

　　家庭决策程序常常是不同的，这是由于细分市场处于家庭生命周期的不同阶段。因此，我们必须在确定的目标市场范围内，对家庭决策过程进行分析。具体说来，在每个市场内，我们需要了解：确定在决策的每一阶段，各有哪些家庭成员参与；确定他们的动机和兴趣所在；制定能够满足每位参与者需要的营销策略。

　　例如，对于早餐产品，儿童常常会参与到问题的确认阶段中。他们可能会注意某个以卡通人物为商标的麦片，或者注意到其他小朋友在吃的一种新麦片。如果他们喜欢那种卡通人物，或者想仿效小朋友，他们就会要求购买新麦片。这时，家长（通常是母亲）可能会对孩子要求产生兴趣，但是，她更倾向于注意营养和价格。因此，营销者在推销商品时，应当向孩子传达一种有趣、可口和令孩子兴奋的信息，而向父母传达营养、足值和口味好等信息。孩子们可以通过周六的卡通片和类似媒体得到相关产品信息；而要与母亲们进行沟通，则必须通过杂志广告或包装信息。

三、向孩子进行营销

　　在过去的营销活动中，企业关注的往往只是家庭中的父母。然而，对于家庭购买决策的重要参与者——孩子的重视程度不够。实际上，孩子对于家庭购买也起到非常重要的作用。如果能够成功地向孩子进行营销，将会大大增加家庭的购买活动。

　　向孩子进行营销，首先应当考虑到这些小消费者有限的信息吸收能力，我们必须要设计出适合孩子的、有效的营销活动，来满足孩子以及家长的需求。在营销组合的所有方面，我们都必须考虑孩子的特点。最为明显的例子是产品的安全性。孩子常常把东西放在嘴里，因此，许多东西都会噎住他们。当产品从包装内取出后，余下的包装也必须安全。广告还应当在推广产品的同时，提倡积极的价值观，如分享、注重营养等。

　　在美国，为了使信息能够到达孩子那里，企业主要在星期六的早间卡通片节目上做广告。此外，还有许多其他媒体可供选择，包括针对孩子的《芭比》、《户外孩子》和《儿童运动画报》等杂志，它们在具有阅读能力的孩子中发行很广。它们为孩子和父母都提供了娱乐、教育和接受商业信息的机会，而且互联网也开始能够为小于 3 岁的孩子提供服务。

直接邮寄可以成为使信息到达更小孩子的有效方法。此外，许多企业通过成立"儿童俱乐部"来吸引孩子或者有孩子的家庭。俱乐部也能为孩子提供既有趣又富于教育性的活动，同时还能传递负责任的商业信息。比如，在美国汉堡王儿童俱乐部。孩子（或者他们的父母）可以免费从任何汉堡王商店中领取一张会员表，把它交上去以后，就能得到一个装着会员证、不干胶标签、会员卡和 T 恤印记的信封。过生日时，他们还可以到当地的餐厅免费享用一顿午餐。一本 32 页的全彩色月刊被送到会员家里，这本杂志根据会员的年龄分为三个版本，每期有 6 页商业广告。汉堡王不出售它的会员名单。

但是，我们也应当注意到，对儿童营销面临道德上的问题。这些问题主要源自幼儿吸收信息的能力以及由此做出购买决策的能力有限。这些问题也涉及到营销活动，特别是引起孩子不良价值观、不好的饮食习惯和不健康的家庭冲突等问题的广告。因此，企业对孩子进行营销的过程中，除了保证有效外，还必须要考虑更多的道德问题。

小　　结

家庭与消费活动是密切相关的，它不仅对其成员的性格、价值观念、生活方式、消费习惯等方面产生影响，同时也直接制约着消费支出的投向、购买决策的制定与实施。

1）家庭包括核心家庭、复合式家庭、本原家庭、生育家庭、联合家庭等多种类型，在家庭的购买活动中，不同的家庭成员承担着提议者、影响者、决策者、购买者和使用者等不同的角色。

2）一个家庭是具有生命周期的。一般而言，家庭生命周期（FLC）包括单身、年轻夫妇、满巢第一阶段、满巢第二阶段、满巢第三阶段、空巢第一阶段、空巢第二阶段和老年独居阶段这八个阶段。

3）家庭购买活动的决策具有妻子主导型、丈夫主导型、自主型和联合型等很多种不同的模式。而家庭的实际购买活动主要包括：启动购买决策、收集信息并与其他成员分享、评估与决策、逛商场并购买和冲突管理这五个步骤。

4）对于企业的市场营销活动，应当针对家庭生命周期不同的阶段、不同的家庭购买决策模式以及不同的家庭成员展开不同的营销策略。

思　考　题

1. 家庭可以分为哪几种类型？家庭成员在购买决策过程中扮演着哪几种角色？

2. 家庭生命周期具体分为哪几个阶段？在各个阶段其消费活动发生哪些变动？

3. 家庭购买决策具有哪几种方式？其影响因素有哪些？

4. 家庭购买决策的冲突类型有哪些？具体该怎样解决？

5. 针对不同家庭购买决策应当采取什么样的营销策略？

第十四章 群体消费心理与行为

在本书以前的章节中，主要讨论的是单个消费者或消费单元在购买过程中所具有的心理和行为。但是在一个企业制定营销计划的过程中，不可能针对具体的每一个消费者，它所面对的实际上是一个具有某些共同特征的消费者群体。不同的消费者群体在其购买过程中具有不同的心理和行为。

本章正是在单个消费者的心理和行为的理论基础上，进一步探讨消费者群体的心理与行为特征，从消费者的从众行为、消费者群体规范、群体压力和内部沟通，参照群体的影响、口碑传播与创新扩散等几个方面对消费者群体的特征和运行机制展开研究，从而为企业的实际营销活动提供理论指导。

第一节 消费者群体的内容特征

一、消费者群体

消费者群体是由某些具有共同消费特征的消费者组成的群体。同一消费群体内部的消费者在购买行为、消费心理及习惯等方面有许多共同之处；不同消费群体之间则存在诸多差异。

消费者群体与企业的营销策略的制定密切相关。一个企业所制定的每一个营销策略实际上都是针对着某个具体的消费者群体，其 SCP 策略（包括市场细分、市场选择、市场定位策略）实际上也就是一个目标消费者群体的寻找和选择的过程。研究消费者群体的心理和行为就是要帮助企业能够更准确地识别目标消费者群体，使企业的营销活动能够更有效地刺激和诱导目标消费者群体的购买行为。

二、消费者群体的划分

消费者群体的划分，具有很多种标准。划分的标准不同，消费者群体也呈现出许多不同的类型。

（1）根据自然地理因素划分

由于地理位置的差异，各个地区的自然环境、社会政治经济环境也不同，消费者的消费需要和习惯也表现出不同的特征。例如，从不同的国家地区来看，由于国家不同而形成的消费者群体，其消费水平、消费结构、消费习惯都有所差别，欧美人购买食品偏爱肉类，而中国人购买的食品则以粮食为主体。

即使是在同一个国家和地区，由于自然条件、环境及经济发展水平的不同，消费者的购买行为也不同。比如，我国东部沿海经济发达的城市与西部经济相对落后的城市相比，居民消费水平、消费结构与消费习惯也具有显著的差别。沿海城市的居民会购买更多的非必需品。

（2）根据人口统计因素划分

人口统计因素是指人们的性别、年龄、职业、民族、经济收入、受教育程度等。按此类标准划分的不同消费者群，其消费心理和消费行为也有所不同。

（3）根据消费者心理因素划分

在现实生活中，人们会发现许多消费者尽管在年龄、性别、职业、收入等方面具有相似的条件，但表现出来的购买行为却并不相同。这种差别往往是由于心理因素的差异造成的。可以作为群体划分依据的心理因素有生活方式、性格、心理倾向等。

（4）根据消费者对商品的现实反映划分

消费者对商品的现实反映，比如，购买商品的动机、对商品品牌的偏好程度、对商品要素的敏感性、商品的使用时间、商品的使用量等方面的不同，往往导致消费者的购买行为也不尽相同。

总之，上述因素都是导致不同消费者群体类型产生的原因。应该指出的是，这些因素相互关联、相互作用，共同对消费者群体心理与行为产生影响。企业必须针对多种因素共同影响下形成的不同消费者群体类型的特点，采取营销对策，才能取得最佳的效果。

三、消费者群体的演变

我们还应注意到，消费者群体并不是固定不变的，而是随着时间、地点、环境条件的变化而不断发展变化。新的消费群体不断涌现，而原有的某些消费者群可能解体或重新组合。学者指出，消费者群体的演变会呈现出如下趋势：不同的消费者群体的数量会增加；消费者群体的划分越来越细；消费者群体的内在素质不断提高；消费者群体演变速度加快。因此，生产经营企业必须注意到消费者群体变化与发展，适时地调整自己的营销策略，才能更好地满足消费者的需要。

四、消费者群体的特征

消费者群体是由具有某些共同特征的消费者构成的，一方面消费者群体的心理和行为体现了各个消费者的心理和行为的共性；另一方面，在消费者群体中，个体消费者又受到群体规范和群体压力的限制，以及参照群体等方面的影响。因此，群体消费者的心理和行为又有别于个体消费者的心理和行为。

消费者群体中的成员在很多方面都表现出了共同性。因此，我们在分析一个消费者群体特征的过程中应当从背景、心理和行为三个层面逐步展开讨论。

　　首先，同一个消费者群体中的个体具有相类似背景，例如，他们可能具有相同的性别、相仿的年龄、类似的职业和收入等。只有具有相似背景的人群才有可能经常性地相互接触和沟通，共同形成一个消费者群体。

　　其次，在同一个消费者群体中，一方面由于各个消费者具有相类似的背景，会导致消费者之间大致相同的心理；另一方面，由于消费者的从众心理、消费者群体内部的规范和压力以及参照群体的影响，最终导致消费者群体趋同的心理和价值观取向。

　　最后，由于同一个消费者群体具有大致相同的背景和心理，导致消费者往往具有类似的行为，对同一种营销活动做出类似的反应，对同一类产品做出类似的购买决策。

　　例如，当我们在研究城市青少年群体的特征时，首先他们的背景类似，年龄相仿（15～35 岁），同样生活在经济比较发达的城市地区，家庭收入比较高。其次，他们具有类似的心理，追求时尚，体现现代，崇尚自由和个性，喜爱模仿时尚明星等。这些最终导致他们具有类似的购买行为，如冲动性购买，购买时尚品牌和个性化产品等。

五、不同的消费者群体特征对企业营销的影响

　　1）消费者群体的形成能够为企业提供明确的目标市场。通过对不同消费者群体的分类，企业可以准确的细分市场，并根据自身实际和市场需求潜力来选定目标市场，从而减少盲目性和经营风险。

　　2）企业一旦确认了目标市场，明确了其服务的消费者群体，就可以借助对群体的调查、研究和预测，寻找该群体消费需求、购买行为的运动规律，以便采取有针对性的营销策略，取得最佳经营效果。

　　3）消费者群体的形成对消费活动的意义，在于有利于调节控制消费，使消费活动向健康的方向发展。任何消费，当作为消费者个体的单独活动时，对其他消费活动的影响以及对消费活动本身的推动，都是极为有限的。但当消费活动以群体的规模进行时，则不但直接影响个体的消费活动，还会对社会整体消费状况产生重大影响，进而影响国民经济的运行和发展。例如，大规模的抢购风潮会导致市场供不应求，物价上涨和通货膨胀；而群体性的抑制消费又会引起市场疲软，通货紧缩和经济增长趋缓。

　　4）消费者群体的形成，还为政府部门借助群体对个体的影响力，对社会消费加以合理引导和控制，使其为向健康的方向发展提供了可能。

六、消费者群体的群体机制

　　综上所述，我们可以把整个消费者群体的群体机制描绘成图 14-1 的形式，大

体包括消费者群体内部机制和外部机制两大部分。

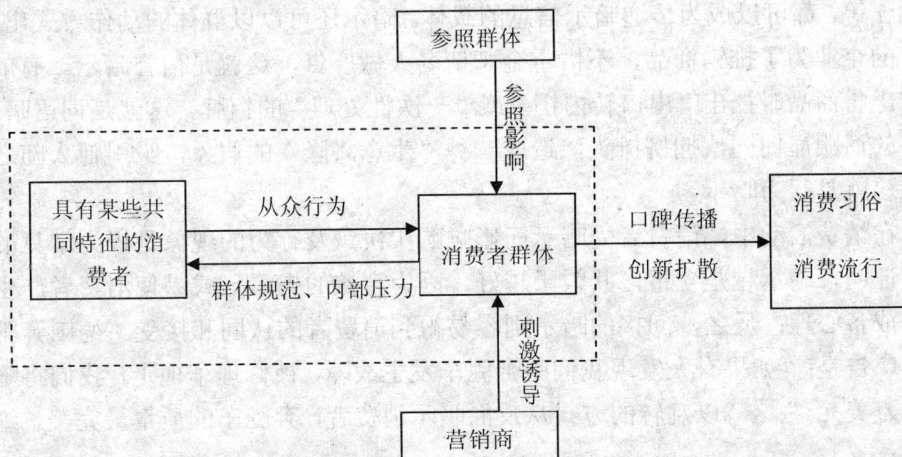

图 14-1 消费者群体的群体机制

从内部机制看，首先具有相同特征的消费者由于从众心理的作用而形成了一个消费者群体。随后，消费者群体内部又存在着群体规范和群体压力，约束了消费者的个性，从而使消费者群体具有趋同的心理和行为。

从外部机制看，消费者群体还会受到参照群体的影响以及企业的营销活动的刺激和诱导，通过群体的口碑传播和创新的扩散，最终形成了消费者群体的消费习俗和消费流行。

根据图 14-1，在本章余下的部分中，将具体针对消费者的从众行为、群体规范和群体压力、参照群体、口碑传播和创新扩散、消费习俗和消费流行以及企业的营销活动展开更加详细的论述。

第二节 暗示、模仿与从众行为

一、暗示

暗示又称提示，是在无对抗条件下，用含蓄、间接的方式对个体的心理和行为产生影响，从而使个体产生顺从性反应，或接受暗示者的观点，或按暗示者要求的方式行事。

社会心理学的研究认为，群体对个体的影响，主要是由于"感染"的结果。处于群体中的个体几乎都会受到一种精神感染式的暗示或提示，在这种感染下人们会不由自主地产生这种信念：多数人的看法比一个人的看法更值得信赖。因此，暗示的主要影响因素就是暗示者的数目，或者说暗示所形成的舆论力量的大小，暗示得当，就会"迫使"个人行为服从群体的行为。

暗示的具体方式多种多样，个人的词语和语调、手势和姿势、表情和眼神以及动作等，都可以成为传递暗示信息的载体。暗示还可以以群体的动作方式出现，如有的企业为了推销商品，不惜重金聘请名人做广告，这就是信誉暗示。有的商家在出售商品时挂出"出口转内销"或"一次性处理"的招牌，这就是词语暗示。还有的商贩雇佣同伙拥挤摊头，造成一种"生意兴隆"的假象，吸引他人随之抢购，这就是行为暗示。

在消费活动中，消费者受暗示而影响购买决策及行为的现象是极为常见的。实践证明，暗示越是含蓄，其效果越好。因为直接的提示形式易使消费者产生疑虑和戒备心理；反之，间接的暗示则容易得到消费者的认同和接受。德国奔驰汽车的广告是："如果有人发现我们的奔驰车发生故障，被修理车拖走，我们将赠送您1万美元。"这就以婉转的方式从反面暗示消费者，奔驰车的质量最完美，绝对可靠。

二、模仿

模仿是指仿照一定榜样做出类似的动作和行为的过程。社会心理学家和社会学家的研究表明，人类在社会行为上有模仿的本能。这一本能同样存在于人们的消费活动当中。消费活动中的模仿是指当消费者对他人的消费行为认可并羡慕、向往时，便会产生仿效和重复他人行为的倾向，从而形成消费模仿。

在消费活动中，经常会有一些消费者做出示范性的消费行为。这些人可能是普通的消费者，但他们消费兴趣广泛，个性独立，消费行为有独创性；也可能是一些名人，如影视明星、著名运动员、社会名流等；还可能是某类商品或服务的消费专家，如美食家、音乐"发烧友"等。这些特殊消费者的示范性行为会引起其他消费者的模仿，模仿者也以能模仿他们的行为而感到愉快。

在消费领域中，模仿是一种普遍存在的社会心理和行为现象。可供模仿的内容极其广泛，从着装、发型、家具到饮食习惯，都可成为消费者模仿的对象。例如，名人、明星的装束打扮经常为人们竞相模仿。日本皇太子妃幸子的结婚礼服曾在日本青年妇女中引起了出乎意料的追随热潮。连英国王妃戴安娜因怀孕而特地设计的一种底色鲜红夹着黑白色碎花的孕妇服，也成为当时许多英国妇女群起效仿的流行服装。

分析消费活动中的模仿行为，大致有以下特点。

1) 模仿行为的发出者，即热衷于模仿的消费者，对消费活动大都有广泛的兴趣，喜欢追随消费时尚和潮流，经常被别人的生活方式所吸引，并力求按他人的方式改变自己的消费行为和消费习惯。他们大多对新事物反应敏感，接受能力强。

2) 模仿是一种非强制性行为，即引起模仿的心理冲动不是通过社会或群体的命令强制发生的，而是消费者自愿将他人的行为视为榜样，并主动努力加以模仿。模仿的结果会给消费者带来愉悦、满足的心理体验。

3）模仿可以是消费者理性思考的行为表现，也可是消费者感性驱使的行为结果。成熟度较高、消费意识明确的消费者，对模仿的对象通常经过深思熟虑，认真选择；相反，观念模糊、缺乏明确目标的消费者，其模仿行为往往带有较大的盲目性。

4）模仿行为的发生范围广泛，形式多样。所有的消费者都可以模仿他人的行为，也都可以成为他人模仿的对象。而消费领域的一切活动，都可以成为模仿的内容。只要是消费者羡慕、向往、感兴趣的他人行为，无论流行与否，都可以加以模仿。

5）模仿行为通常以个体或少数人的形式出现，因而一般规模较小。当模仿的规模扩大，发展成为多数人的共同行为时，就衍生为从众行为或消费流行了。

三、从众行为

1. 从众行为的概念

从众行为是指个体在群体的压力下改变个人意见而与多数人取得一致认识的行为倾向。与模仿相似，从众行为也是在社会生活中普遍存在的一种社会心理和行为现象。在消费领域中表现为消费者自觉或不自觉地跟从大多数消费者的消费行为，以保护自身行为与多数人行为的一致性，从而避免个人心理上的矛盾和冲突。这种个人因群体影响而遵照多数人消费行为的方式，就是从众消费行为。

2. 从众行为产生的心理依据与原因

社会心理学研究认为，群体对个体的影响，主要是由于"感染"的结果。个体在受到群体精神感染式的暗示或提示时，就会产生与他人行为相类似的模仿行为。与此同时，各个个体之间又会相互刺激、相互作用，形成循环反应，从而使个体行为与大多数人的行为趋向一致。上述暗示、模仿、循环反应的过程，就是心理学研究证实的求同心理过程。正是这种求同心理，构成了从众行为的心理基础。如图 14-2 示。

消费者之所以产生从众行为，是由于人们需要社会认同感和安全感的结果。具体的原因有以下四个：

（1）共同心理倾向

在社会生活中，人们通常有一种共同心理倾向，即希望自己归属于某一较大群体，为大多数人所接受，以便得到群体的保护、帮助和支持。

```
        ┌──────┐
        │ 暗示 │
        └──────┘
            │
            ▼
┌──────┐  ┌──────┐    ┌────────┐    ┌────────┐
│模仿  │→ │      │ →  │求同心理 │ →  │从众行为 │
└──────┘  └──────┘    └────────┘    └────────┘
    │
    ▼
┌────────┐
│循环反应 │
└────────┘
```

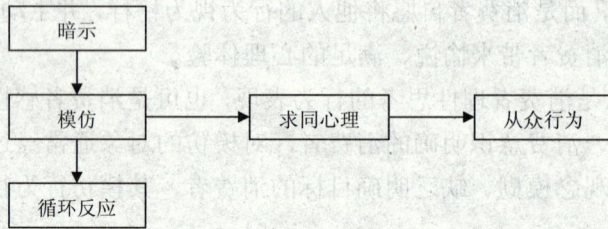

图 14-2　从众行为的心理基础

（2）行为参照

在情境不确定时，个人对自己的判断力缺乏信心，认为多数人的意见值得信赖，其他人的行为便具有了参照价值。从众所指向的是多数人的行为，自然成了最可靠的参照系统。

（3）对偏离的恐惧

研究发现，任何群体都有维持群体一致性的倾向和机制。对于同群体保持一致的成员，群体会接纳和优待，对于偏离者则会疏远、排斥和制裁[1]。

（4）群体的凝聚力

群体凝聚力越强，群体成员就越愿意采取与群体相一致的行为。

3．消费者从众行为的表现形式

消费者的从众行为多种多样，归纳起来有以下几种表现形式。

（1）从心理到行为的完全从众

当消费者对某种商品不了解时，由于群体的暗示或认为多数人行为能提供有效信息，从而产生了从众行为。

（2）内心接受，行为不从众

指对形成的消费潮流从心理上已完全接受，但是在形式和行为上予以保留。例如，多数美国人认为到市郊的超级市场购物既方便又便宜，而上层社会人士处于身份、地位等顾虑，虽内心赞成，但行动上不便支持。

（3）内心拒绝，但行为上从众

这是一种权宜从众行为。某些消费者对商品抱有抵触心理，但有无力摆脱群体的压力而不得不采取从众行为。例如，在正式场合着西装打领带是现代消费者通行的行为方式，少数消费者尽管不习惯或不喜欢，但为了避免与多数人相左，而不得不遵从这一行为规范。

4．消费者从众行为的特点

从众行为尽管在表现形式上有所区别，但也具有某些共同特征。

1）章志光．社会心理学．人民教育出版社，1996，425—427

（1）从众行为往往是被动接受的过程

许多消费者为寻求保护，避免因行为特殊引起的群体压力和心理不安而被迫选择从众。在从众过程中，消费者会产生复杂的心理感受，除安全感、被保护感等积极感受外，还会有无奈、被动等消极的心理体验。

（2）从众行为现象涉及的范围有限

就总体而言，消费者的行为表现形式是多种多样、各不相同的。这是由消费活动的个体性、分散性等内在属性决定的。因此，通常情况下，让大多数消费者对所有的消费内容都保持一致行为是根本不可能的，也就是说，从众行为不可能在所有的消费活动中呈现。它的发生需要一定的客观环境和诱因刺激，如在社会环境不稳定，人心浮动的情况下，个人容易追随多数人的消费行为；又如舆论误导，小道消息大面积蔓延，极易使消费者因不明真相、无从判断而盲目从众。

（3）从众消费行为发生的规模较大

从众现象通常从少数人的模仿、追随开始，继而扩展成为多数人的共同行为。多数人的共同行为出现后，又刺激和推动了更大范围内，更多的消费者做出相同或相似的消费行为，从而形成更大规模的流行浪潮。因此，从众行为是消费流行的先导。

5. 影响消费者从众行为的因素

从众消费行为的发生和发展受到群体及个体等多方面的影响。

（1）群体因素

主要包括群体的一致性、群体的规模和群体的专长性[1]。如果其他群体成员的意见完全一致，此时持不同意见者会感到巨大的压力，从众的可能性就大大增加。群体的规模越大，群体内持相同意见的人数就越大，所产生的群体压力也越大，此时也越容易产生从众行为。此外，如果群体领导人物的权威性越高，影响力越大，从众行为就越容易发生。再者，个体在群体中的地位越低，越容易被影响，也就越容易采取从众行为。

（2）个体因素

主要包括消费者的自信心、消费者对群体的忠诚程度等。容易发生从众行为的消费者，大多对社会舆论和别人的意见十分敏感，缺乏自信，非常注意社会和别人对自己的评价。此外，有研究资料表明，性别差异也对从众行为有所影响，在男性擅长的项目上，男性比女性较少从众；在女性擅长的项目上，女性比男性较少从众；在中性项目上，二者在从众性上存在明显差别[2]。

值得指出的是，从众消费行为作为一种多数消费者共同采取的大规模消费现

1) 符国群. 消费者行为学. 高等教育出版社, 2001, 324~325
2) 弗里德曼. 社会心理学. 高地等译. 黑龙江人民出版社, 1986, 458~459

象，必然对宏观经济运行、社会消费状况产生重要影响。这种影响既有积极的一面，又有消极的一面。

一方面，由于从众现象是通过多数人的行为来影响和改变个人的观念与行为的，因此，政府部门可以通过各种媒介宣传提倡正确的消费观念，鼓励引导健康的消费行为，使之成为大多数消费者共同遵从的行为规范。然后利用从众心理的影响，带动其他个体消费者，促进形成全社会健康文明的消费氛围。企业也可以利用从众心理，抓住时机进行宣传诱导，培育新的消费市场，引导新的消费观念和时尚的形成和改变，进而促进大规模购买行为的实现。

另一方面，在特定条件下，从众行为也有可能导致盲目攀比、超前消费、抢购风潮等畸形消费现象的发生。对于这一消极影响，国家和企业必须采取积极措施加以防范。另外，从众行为还有可能扼杀消费者的创新意识，使新的消费观念、消费方式的提倡和推行遇到阻力或障碍。对此，企业要予以格外关注，积极采取多种措施避免从众行为的负面影响。

第三节　群体规范、群体压力与内部沟通

一、消费者群体规范

1. 消费者群体规范

规范是约定俗成或明文规定的标准，通常有成文和不成文两种表现形式。在消费者群体内部，可以有成文的规范，如某些规章制度，或以法律形式规定的行为准则；但更多的规范是以不成文的形式对内部成员加以约束。比如，一个地区的风俗习惯、一个民族的传统习俗等即属于不成文的规范形式。

2. 内部规范对消费者行为的影响

消费者群体内部的规范，不论成文与否，对于该群体成员都有不同程度的约束。但二者的作用形式又有所区别。

不成文的规范表现为通过群体压力迫使消费者调整自身的行为，以适应、顺从群体的要求。例如，我国在 20 世纪 80 年代以前，穿西服或者其他非传统服装被大多数人视为不合常规的特殊行为，穿者会受到他人的注意、诘问甚至非难。迫于这种不成文规范压力，偏爱西服的消费者只有望而兴叹。

成文的规范一般通过组织、行政、政策乃至法律的手段和方式，明确规定人们可以做什么，不可以做什么，以及应当怎样做，从而强制性地影响和调节消费者的行为。例如，中小学规定，中小学生在校内不许戴首饰和穿奇装异服，课堂内不准随意吃零食等，这些规定都强制性地对学生的消费行为进行了限制。在旅游国家新加坡，国家法律明文规定，不允许在公共场合食用口香糖，以减少口香

糖造成的环境污染和不卫生。我国也有许多以法规条例形式制定的消费行为规范。例如，野生动物保护法禁止人们捕杀、食用、消费那些濒临灭绝的生物物种及其消费制品。

二、群体压力

群体行为对于个体成员存在着一种压力，使个体的行为与大多数人相一致，从而导致从众现象的产生。

20世纪50年代，一位社会心理学家阿希（S. Asch）做了一项关于群体压力的研究[1]。在一个实验中，7名被试者被分在一个实验组，他们中只有一人是真被试者，其余6人是实验者的助手。实验者向被试者出示两张卡片。两张卡片中，一张画有一条标准直线，另一张画有三条直线，其中一条同标准线一样长。被试的任务是在每呈现一套卡片时，判断三条编号依次为 1．2．3 的比较线中，哪一条与标准线一样长。实验开始后，头两次比较平静无事，群体的每一个成员都选用同一条比较线。作为第6号（第6个进行判断）的真被试者开始觉得知觉判断很容易、很快。在第三组比较时，实验助手们开始按实验安排故意作错误的判断。被试者听着这些判断，困惑越来越大。因为他要等到第6个才说自己的看法，先必须听前5个人的判断。结果，他面临一个是相信自己的判断，还是跟随大家，一起做错误判断的两难问题。实验结果表明，数十名自己独自判断时正确率超过99％的被试者，跟随大家一起做出错误判断的总比率占全部反应的37％。75％的被试者至少有一次屈从了群体压力，作了从众的判断。

由上，我们可以看出，由于群体压力的存在，将会影响消费者的判断，约束其个性和价值观取向，从而最终导致整个群体行为的趋同。

三、群体内部沟通

消费者将获取的商品信息以及购买、使用商品后的评价及心理感受，向群体内的其他消费者转告、传播、倾诉、以求得其他消费者的了解、理解和认同，这一过程就是消费者群体的内部沟通。内部沟通是群体内部消费者之间互动的基本形式。有效的沟通对消费者个人的行为以及群体的共同行为都有重要影响。

消费者群体的内部沟通可以分为积极的沟通和消极的沟通两种方式。

1．积极的沟通

积极的沟通是指消费者在购买、使用、消费某种商品后获得了满意的体验，心理上得到了极大的满足时，会出现传话效应，把自身良好的心理感受和经验转告他人。

1）S Asch. Social Psychology. New York: Prentice-Hall, 1952, 468

积极的沟通不仅使消费者满意的消费体验得到宣传，还会为企业的生产、经营活动带来良性的反馈作用。例如，在广告中使用或显示著名建筑师、影星、运动员、企业家、专家等权威人物的赞许、满意的评价；向年轻的母亲免费赠送或优惠出售幼儿营养食品，并通过他们影响其他顾客，都可以获得有效的沟通效果。

2. 消极的沟通

消极的沟通是消费者在购买商品的过程中，由于某种原因而产生不满的心理体验时，通过抱怨和发泄、投诉等方式，将消极的信息传递给其他消费者或经营企业，以求得到同情和补偿。消极沟通通常发生在以下情况中：消费者在购买过程中，遇到经营单位的欺骗、强卖、威胁、侮辱；使用商品时发现质量存在严重问题；使用中商品出现破损、腐蚀、电击、中毒、爆炸等伤害消费者身心健康的问题等。

当消费者的利益受到上述不同程度的损害时，必然会产生不满意的心理体验，从而形成消极的情绪反应，并且由此引发把不满情绪加以宣泄的强烈愿望和冲动。其结果既阻碍了消费者本人的下一次消费行为，还势必会对其他消费者的行为造成严重影响。显然，对于一个企业来说，消极沟通的传话效应是十分不利的。

消极沟通通常有以下三种表现形式。

1）抱怨。消费者会抱怨经营单位的商品质量和服务态度，主动找有关部门的负责人反映并要求协调处理质量问题。

2）传话。消费者会把自己所受到的利益损失情况转告其他消费者，希望得到他人的同情。与此同时，消费者也把对经营单位不利的消息传给了其他消费者，使接受这些信息的消费者对该经营单位产生戒备心理，从而给经营单位的形象造成了不良影响。

3）投诉。这是消费者运用舆论、行政或法律手段保护自己的权益时所采用的一种形式。当消费者受到重大利益损失、出现严重后果时，如果经营单位不能及时妥善加以解决，消费者就会诉诸舆论工具、有关政府机构或消费者权益保护组织乃至法律，希望得到公平的处理。

消费者如果出现上述消极沟通，经营单位应该及时指定专人负责解决问题，尽快赔偿利益损失，消除不满情绪，以便使传话人的传话行为尽快得到终止，并通过媒介宣传在广大消费者中澄清事实，使消费者转变态度，消除不良影响，从而使消极沟通产生的不良后果减少到最低限度。

第四节　参照群体的影响

一、参照群体的概念

美国的社会学家海曼（Hyman）于 1942 年最早提出了参照群体的概念，他所提出的参照群体是指用以表示在确定自己的地位时与之进行对比的群体。后来，谢里夫（Sherif）把参照群体划分为个人之间有实际所属关系的群体和心理上渴望所属关系的那些群体[1]。这样，参照群体的概念突破了原有的家庭、朋友等个体与之具有直接互动的群体的范畴，还涵盖了与个体没有直接面对面接触但对个体行为产生影响的个人和群体。

如今，参照群体的概念所包含的范围已经十分广泛，具体可以包括三种不同的外延：在进行对比时作参照点的群体；行动者希望在其中获得或保持承认的群体；其观点行为者所接受的群体[2]。

在本章中所讨论的参照群体的概念是指消费者在形成购买或消费决策时，用以作为参照和比较的一种社会群体，是消费者用以指导自己目前行为的，具有某种价值观念和观察事物准则的群体。它包括社会的、经济的、职业的等不同类型的团体。

参照群体并不是一成不变的。当情况发生改变时消费者可能会把另一个群体作为自己的行为准则，此时，这个群体便取代了原来的群体成为新的参照群体。

二、参照群体的类型

1. 正式群体和非正式群体

首先，可以根据群体的组织和结构状况，将参照群体划分为正式群体和非正式群体。正式群体往往具有比较大的规模，具有明确的组织结构和规章制度，如工厂、学校等。而非正式群体则往往是那些没有明确的组织结构和规章制度的小规模的群体，如家庭、社区等。

一般而言，小规模的非正式群体对人们的日常生活的介入更多，对人们也更为重要，因此，非正式群体对个体消费者的影响也更为显著。然而，对于人规模的正式群体，往往产品和活动都是特定的，因此比较容易辨认和接近，营销者也往往可以更为有效的施加影响[3]。

2. 根据群体对个体行为的影响划分

参照群体还可以根据个体的成员资格和群体对个体行为、态度的正面或负面的影响分类。表 14-1 表述了根据这一思路所划分的四种参照群体[4]：

（1）接触群体（contactual group）

消费者具有成员资格，可以与该群体的成员进行经常性的接触与沟通，消费

1）Sherif, Muzaffer. the Concept of Reference Groups in Human Relation. in M Sherif and M O Silson ed. Group Relations at the Croussroads, Harper and Row. New York, 203～231.

2）李东进. 消费者行为学. 经济科学出版社，2001，336～327

3）迈克尔·R. 所罗门. 消费者行为. 第五版，经济科学出版社，2003，328

4）Schiffman L G and Kanuk L L. Consumer Behavior. New York: Prentice-Hall, 1995, 330～332

者对群体的态度、价值观和行为标准非常认同。因此该群体对消费者的行为具有前后一致的影响。

（2）渴望群体（aspirational group）

消费者不具有成员资格，无法与该群体的成员进行经常性的接触和沟通，但该群体是他非常仰慕和希望加入的群体，对于该群体的价值观念、行为准则、生活方式、消费方式等方面非常推崇并愿意效仿。因此该群体对消费者的影响效果最大。

（3）否认或背离群体（disclaimant group）

消费者具有成员资格，也可以与该群体的成员进行经常性的接触与沟通，但是对群体的行为标准、态度和价值观持否定或反对态度，因此消费者往往会采取与该群体相反的态度或行为。

（4）避免群体（avoidance group）

指消费者既没有群体的成员资格，同时又力图避免加入或对其持否定态度的群体。

表 14-1　参照群体的类型

	成员群体	非成员群体
正面影响	接触群体	渴望群体
负面影响	否认或背离群体	避免群体

三、参照群体的影响方式

参照群体的活动、价值和目标都会直接或间接地影响消费者的行为。一般而言，参照群体对消费者的影响主要有三种方式：信息性影响、规范性影响和价值表现上的影响。

1. 信息性影响

消费者往往把参照群体成员的行为和观念当作有用信息加以参考。由于消费者往往会对厂商和营销人员所提供的信息持怀疑态度，因此他们会更希望能够从参照群体中获得所需要的产品信息。

当消费者对某种产品的知识十分有限时，他可能会认为购买该产品具有较高的社会、财务或绩效风险，因此，往往会寻求参照群体的意见和建议。如果此时参照群体十分权威，所提供的信息具有专业性，那么参照群体就会对消费者产生明显的信息性影响。

2. 规范性影响

规范性影响是指由于群体规范的作用而对消费者的行为产生的影响[1]。正是由于参照群体的内部存在着这种群体规范和群体压力，对于个人存在着一种奖励或惩罚。因此个人为了获得赞赏或避免惩罚而往往会满足群体的期望。

一般而言，影响参照群体的规范性影响的因素主要包括：消费者对参照群体的承诺程度，对其成员身份的珍惜程度；群体所提供的遵守规范的报酬或违反规范的惩罚的力度；消费者个人的人格特性和价值系统[2]。

3. 价值表现上的影响

这类影响是建立在消费者对参照群体的价值观认同的基础上，形成的个人对群体价值观和群体规范的内化。在这种情况下，不需要任何外在的奖惩，个体就会依据群体观念与规范行事，因为个体已经完全接受了群体的规范，群体的价值观实际上已成为了个体自身的价值观。

4. 参照群体的各种影响方式的内涵

参照群体的不同影响，有不同的内涵。首先，他们所追求的目标不同，有的是为了获得信息，有的是为了获得报酬或免受惩罚，有的是为了自我的实现和强化。其次，他们对参照群体的认识不同，认为有的参照群体具有权威，值得信赖，有的参照群体具有强大的权势，能够奖励和惩罚其成员，有的参照群体和自己具有相似性，受参照群体的影响只是为了使自己获得认同。再次，由于对参照群体认识的不同，使参照群体对消费者具有不同的权力，值得信赖的参照群体具有专家的权力，具有权势的参照群体具有强制力和强大的惩罚力度，而和自己相类似的参照群体则具有参考权力。最后，参照群体不同的权力影响导致了消费者不同的行为，或接纳了参照群体的建议和信息，或服从了参照群体的规范，或认同了参照群体的价值观念。

参照群体的三种不同的影响的具体内涵比较，如表 14-2 所示。

表 14-2　参照群体的三种不同的影响的内涵比较

影响方式	目标	对于群体认知的特性	权利的类型	行为
信息的影响	知识	可信赖性	专家权力	接纳
规范的影响	报酬	权利	报酬或强制权力	服从
价值表现的影响	自我维持与强化	相似性	参考权力	认同

资料来源：Robert E Burnkrant, Alain Cousineau. Informational and Normative Social Influence in Buyer Behavior. Journal of Consumer Research,1975,10：20

---

1) Mowen J C. Consumser Behavior. New York: Macmillan, 1993, 545
2) 林建煌. 消费者行为. 北京大学出版社，2004，184~185

四、决定参照群体影响程度的因素

不同的参照群体对不同的消费者的购买行为的影响程度是不同的，参照群体可能对消费者购买行为具有强有力的影响，也可能只有很微弱的影响或没有影响。决定一个参照群体对消费者购买行为的影响程度的因素主要包括：产品的特性、参照群体本身的特性以及消费者的特性三个主要方面。

1. 产品的特性

（1）产品使用时的可见性

当产品或品牌的使用可见性很高时，群体影响力最大。例如，服装的品牌以及种类和款式都是可见的，参照群体在服装的品牌、种类和款式的选择上都发挥重大影响。而其他产品，如维生素的消费，一般是隐蔽的。参照群体的影响则会很小。

（2）产品的必需程度

商品的必需程度越低，参照群体的影响越大。因此，参照群体对高级化妆品等非必需品的购买有很大影响，而对食品等必需品的购买影响则比较小。

拜尔顿（Bearden）和埃内尔（Etzel）曾经从产品消费的可见性和消费者对产品的必需程度这两个产品的特征角度分析参照群体对消费者的购买行为产生的影响[1]。如表 14-3 所示。

表 14-3　两种消费情境特征与产品或品牌的选择

	需要的程度	
	必需品 参照群体对产品有弱的影响力	非必需品 参照群体对产品有强的影响力
消费可见 　参照群体对品牌有强的影响力	公共必需品 影响力：对产品弱，对品牌强 例如，手表、汽车	公共奢侈品 影响力：对产品、品牌均强 例如，滑雪、健康俱乐部
	必需品 参照群体对产品有弱的影响力	非必需品 参照群体对产品有强的影响力
消费隐蔽 参照群体对品牌有弱的影响力	私人必需品 影响力：对产品、品牌均弱 例如，电视、冰箱	私人奢侈品 影响力：对产品强，对品牌弱 例如，家庭娱乐中心

（3）产品对群体的相关性

某种活动与群体功能的实现关系越密切，个体在该活动中遵守群体规范的压力就越大。例如，对于经常出入豪华餐厅和星级宾馆等高级场所的群体成员来说，

1）Bearden W O, Etzel M J. Reference Group Influence on Product and Brand Purchase Decisions. Journal of Consumer Research, 1982, 9:185

着装是非常重要的；而对于只是在一般酒吧喝喝啤酒的群体成员来说，着装的重要性要小得多。

（4）产品的生命周期

一般来说，对于一个产品，当它处于导入期时，消费者的购买决策受群体影响很大，但品牌决策受群体影响很小。在产品成长期，参照群体对产品及品牌选择的影响都很大。在产品的成熟期，群体影响在品牌选择上大而在产品选择上小。在产品的衰退期，群体影响在产品和品牌选择上都很小[1]。

2. 消费者的个体特性

（1）消费者的经验与信息来源

当一个消费者本身对该产品具有丰富的经验或可以取得足够的信息时，消费者受到参照群体的影响程度就会更小。

（2）个体在购买中的自信程度

最后一个影响参照群体作用力的因素，是个人在购买中的自信程度。研究表明，个人在购买彩电、汽车、家用空调、保险、冰箱、媒体服务、杂志书籍、衣服和家具时，最易受参照群体影响。这些产品，如保险和媒体服务的消费，既非可见又同群体功能没有太大关系，但是它们对于个人很重要，而大多数人对它们又只拥有有限的知识与信息。这样，群体的影响力就由于个人在购买这些产品时信心不足而强大起来。除了购买中的自信心，有证据表明，不同个体受群体影响的程度也是不同的。

自信程度并不一定与产品知识成正比。研究发现，知识丰富的汽车购买者比那些购买新手更容易在信息层面上受到群体的影响，并喜欢和同样有知识的伙伴交换信息和意见。新手则对汽车没有太大兴趣，也不喜欢收集产品信息，他们更容易受到广告和推销人员的影响。

（3）个体对群体的忠诚程度

一般而言，个人对群体越忠诚，他就越会遵守群体规范，参照群体对其购买行为的影响也就越大。

3. 参照群体的特性

（1）参照群体的声誉、在相关领域的权威性

这主要会影响参照群体的信息性影响的程度。当参照群体在该领域已经成为专家，具有很高的权威性时，消费者就会对参照群体非常信任，更愿意接受和采纳参照群体所提供的意见和建议。

1）菲利普·科特勒. 营销管理：分析、计划与控制. 上海：上海人民出版社，1990，160

（2）参照群体的权力

这主要会影响参照群体的规范性影响的程度。如果一个参照群体具有正式的组织结构，明确的规章制度，可以有效地对消费者的服从给予很高报酬，并对不服从的予以很大惩罚力度，那么该群体就会对消费者产生很强的规范性的影响。

（3）参照群体与消费者的相似性

这主要会影响参照群体价值表现上的影响。当参照群体与消费者具有很强的相似性的时候，很容易使消费者产生强烈的归属感和认同感，并使消费者接受参照群体的价值取向，从而影响消费者的行为。

总结以上分析的因素，我们可以得到如下的图形。

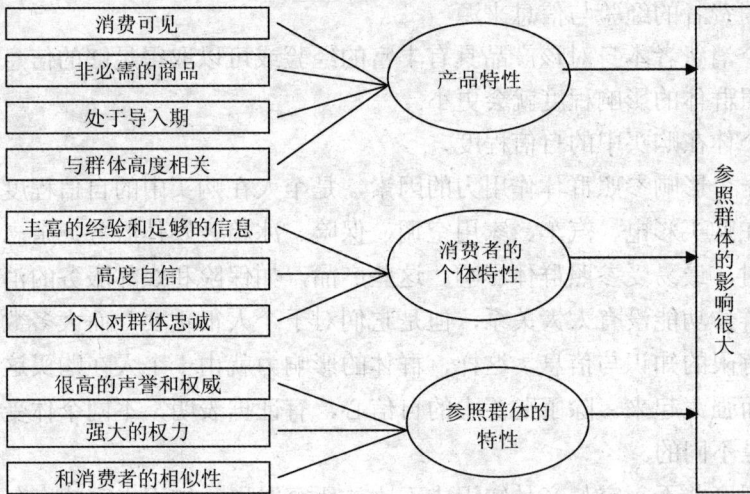

图 14-3　决定参照群体影响力的因素

五、建立在参照群体影响基础上的营销策略

上面我们讨论了参照群体对消费者的影响。在实际的营销活动中，企业首先必须准确识别能够影响消费者行为的有哪些参照群体，随后，根据参照群体的不同的影响方式来制定营销策略。营销人员可以利用专家代言人来提供信息以产生信息影响，可以介绍使用该产品所带来的利益或不使用该产品所带来的损失，从而产生规范性的影响，还可以利用典型消费者来产生价值表现方面的影响。

1. 借助信息性影响的营销策略

可以利用专家代言人来提供信息，从而产生专家效应。专家是指某一专业领域受过专业训练，具有专门知识、经验和特长的人。医生、律师、营养学家等均是各自领域的专家。专家所具有的丰富知识和经验，使其在介绍、推荐产品与服务时较一般人更具有权威性，从而产生专家所特有的公信力和影响力。当然，在运用专家效应时，一方面应注意法律的限制，如有的国家不允许医生为药品作证词广告；另一方面，应避免公众对专家的公众性、客观性产生怀疑。例如，引用专家在独立状态下获得的实验数据与结果，就比聘请专家在广告中直接赞誉企业的产品更加具有公信力。

此外，还可以利用名人、明星来做参照群体，从而产生名人效应。名人或公众人物如影视明星、个性、体育明星作为参照群体，对公众尤其是对崇拜他们的受众具有巨大的影响力和感召离。对很多人来说，名人代表了一种理想化的生活模式。正因为如此，企业花巨额费用聘请名人来促销其产品。研究发现，用名人做支持的广告较不用名人的广告受到的评价更正面和积极，这一点在青少年群体上体现得更为明显[1]。

2. 借助规范性影响的营销策略

一方面，营销可以利用广告策略，介绍和传达使用某种产品所带来的利益或不使用该产品所带来的损失，从而在消费者群内部产生规范性的影响。另一方面，针对那些具有正式的组织结构和规章制度的群体，如各种协会、企业单位等，营销人员也可以直接向其领导群体开展营销活动，从而借助该群体自身的权力而产生规范性的影响。

3. 借助价值表现影响的营销策略

营销人员可以利用与普通消费者相类似的人来传递信息，使消费者产生认同感，接受其价值观念，从而产生普通人效应。运用满意顾客的证词来宣传企业的产品，是广告中常用的方法之一。由于出现在荧幕上或画面上的证人或代言人是和潜在顾客一样的普通消费者，会使受众感到亲切，从而使广告诉求更容易引起共鸣。像宝洁公司、北京大宝化妆品公司都曾运用过"普通人"证词广告。还有一些公司在电视广告中展示普通消费者或普通家庭如何用广告中的产品解决其遇到的问题，如何从产品的消费中获得乐趣等。由于这类广告贴近消费者，反映了消费者的现实生活，因此，它们可能更容易获得认可。

第五节　口碑传播和创新扩散

一、口碑传播

1. 口碑传播

口传或口碑传播（word of mouth）是指消费者彼此之间面对面地以口头方式

1）Atkin C, Block M. Effectiveness of Celebrity Endorsers. Journal of Advertising Research, 1983, 23：57～61

传播信息。作为消费者之间信息沟通的方式，口碑传播对消费者购买行为产生着重要影响。由于消费者是从其所认识的人那里获得的消息，因此比从正规市场渠道获得的信息更具有可信度 [1]。有些时候，口碑传播的作用要远远大于企业做广告的作用。比如，莫里恩（S.P.Morin）就曾经调查了消费者对 60 种不同产品的购买，询问消费者是受何种信息渠道的影响而做出购买决定的。结果显示，口碑传播所解释的购买次数是广告的 3 倍 [2]。

然而，口碑传播不只是传达正面信息，同样，它也传达负面的信息。通常，负面的口碑传播相对于正面的口碑传播影响更大，所谓"好事不出门，坏事传千里"就从一个侧面反映了这种情况。

2. 口碑传播的条件

（1）文化背景

口碑传播是消费者群体内人与人之间信息沟通的一种方式，它首先受到消费群体文化背景的影响。口碑传播的重要性与文化价值观是密切相连的，在群体团结和遵从群体规范的占据统治地位的文化中群体成员的交流将会更有影响力。在中国和日本的文化中，遵从群体的思想在人们的心目中已经根深蒂固，因此口碑传播的影响在这些国家比美国这样崇尚自由和个人主义的国家更为重要 [3]。

（2）产品的特征

对于不同的产品，口碑传播的作用也是不相同的。当新产品刚上市或产品在技术上很复杂时，消费者对产品还不太熟悉，尚未形成印象和态度，因此，消费者认为购买该产品具有风险，此时口碑传播的作用就会非常明显。此外，如果一种产品对参照群体的规范和信仰体系很重要时，口碑传播的作用也非常显著。

（3）从消费者的特征

对于不同的消费者，其进行口碑传播的可能性也是不一样的。有的消费者可能与某一种产品密切相关而且对谈论它非常感兴趣；有的消费者可能对某种商品很有见识，并把谈论它作为向他人展示其知识的机会；有的消费者可能只是出于对他人的真正关心而对某种产品进行介绍；有的消费者认为谈论某种产品是降低购买活动的风险的一种手段，并可以从他人那里获得对购买决策的支持。

3. 口碑传播的网络

由于口碑传播是消费者彼此之间的信息沟通，而一个消费者又同时与多个群体成员具有关系。这样一来，在消费者群体的内部，就形成了一个口碑传播的

1）迈克尔·R. 所罗门. 消费者行为·第五版. 经济科学出版社，2003，341
2）Mowen J C. Consumer Behavior. New York: Macmillan, 1993, 551
3）亨利·阿赛尔. 消费者行为和营销策略. 机械工业出版社，2000，414

网络。

在一个口碑传播的网络中，存在着多个小的消费者群体，群体内部各成员之间有着紧密联系。在各个小群体之间，又通过个体之间的联系，形成信息在不同群体之间流动的桥梁。而这些相互之间信息交流的小群体共同组成了口碑传播的网络。

在服务行业，一些服务性产品的提供者，如医生、律师，虽然很少做广告或从事其他的促销活动，但他们的业务却相当地繁忙和兴旺。这些服务产品的周围，往往就已经形成了一个颇具规模的客户口碑传播的网络。

4. 意见领袖

口碑传播对消费者行为的影响和意见领袖（opinion leader）的概念是紧密相连的，其中最有可能通过口碑传播影响其他人的就是意见领袖，而最有可能被影响的就是跟随者。

当消费者购买一种自己不太熟悉并且重要的产品的时候，就会向深知这种产品的人咨询，那么这个人就成为意见领袖。但是消费者也并不是每次购买都要寻求意见领袖。比如，购买日常用的牙膏等产品的时候，消费者就很少问意见领袖。因此，消费者寻找意见领袖受产品的卷入程度和消费者对产品的了解程度。一般来看，卷入程度越高，消费者就越倾向于寻找意见领袖，而对产品了解越多，消费者就越少寻找意见领袖。如图 14-4 所示。

意见领袖的作用通常限定在特定的产品领域或特定的购买情景。比如，某位消费者是电器产品的行家，在电器领域有丰富的知识和经验。于是，其他消费者在购买电器产品的时候就会向他请教，获得他的意见和建议。在另外的产品领域如服装、家具等，该消费者不一定是意见领袖，他人在购买这些产品时可能并不征求他的意见。

产品知识

		多	少
购买卷入程度	高	中	高
	低	低	中

图 14-4　寻找意见领袖的程度

资料来源：Duhan D F, S D Jonson, J B Wilcos, G D Harrell. *Influences on Consumer Use of Word-of Mouth Recommendation Sources*. Journal of the Academy of Marketing Science, 1997, 283～295

如果企业能够准确地找出，该产品消费的意见领袖，那么就可以将信息传播的重点放在这些意见领袖上，并通过意见领袖将所要传达的信息扩散到目标消费者中。这样，不仅可以使信息传得更为有效，而且还可以极大地降低传播费用。但是，要找出一个领域的意见领袖并不是一件简单的事情，有时候我们需要借助调查问卷来识别一个领域的意见领袖。

5. 口碑传播的营销策略

充分利用口碑传播的作用，对于企业的营销活动非常重要，正如前面所述，有时候口碑传播比企业的广告更为有效。

企业在制定利用口碑传播的营销策略时，首先应当把握好口碑传播的时机和条件，在适当的群体文化中，根据具体产品的特征和消费者的特征制定营销策略。

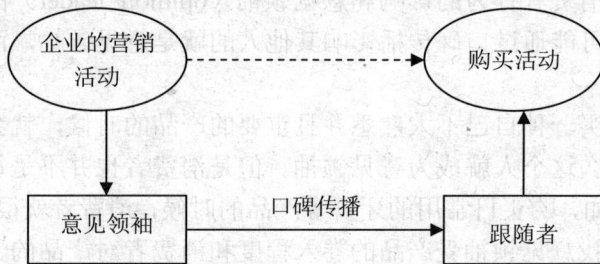

图 14-5　口碑传播与企业的营销策略

此外，企业利用口碑传播的营销活动应当有侧重点。消费者之间的信息沟通是一个非常广泛和复杂的过程，对于企业的营销活动不可能针对每一次消费者的沟通过程。此时，企业必须抓住口碑传播的中心环节，重点对中心环节开展营销活动，进而提高营销策略的有效性，而这个重点就是口碑传播的意见领袖。应当充分发挥意见领袖的领袖作用，通过他们散布信息，并影响众多的消费者，从而产生倍增的效果（见图 14-5）。具体的营销活动主要有以下三种。

1）可以通过邀请意见领袖试用免费产品来刺激口碑传播。

2）在广告中通过建议消费者告诉他们的朋友有关产品的信息来刺激口碑传播。

3）通过广告中显示典型消费者叙述使用该产品的好处，来模拟口碑传播的过程。

二、创新与创新扩散

前面所讨论的口碑传播和意见领袖是从微观的角度来讨论群体的信息沟通方式的。这种沟通发生在少数人之间。相反，对于扩散过程的研究则是从宏观角度来研究沟通的方式，研究随着时间的变化，整个消费者群体的交流和产品拥有的状况。

如前所属，只有当面对创新的时候，消费者之间的信息沟通才会变的最为广泛和重要，因此，本节中主要讨论的就是创新以及创新的扩散过程。

1. 创新

创新是指被相关的个人或群体视为新颖的构想、操作或产品。某个产品是否是创新产品，取决于潜在市场对它的感知，是否能够改变消费者现有的态度和行为，而非取决于对其技术改进的客观衡量[1]。如果一种产品没有引起消费者生活方式的任何改变，那么这种产品就不能称为新产品或创新产品。相反，如果一种产品，如电视机、计算机，能给消费者带来全新的感受，导致消费者全新的生活方式，这样的产品就是极具创新性的产品。

2. 创新的类型

根据一种产品、服务对消费者行为改变的程度，创新可以分为三种类型：连续创新、动态创新和间断创新。图 14-6 描述了上述三种类型的创新在产品创新中的百分比，以及每种创新所要求的行为改变量[2]。

连续创新（continuous innovation）是指对消费者行为影响非常小的一种创新，如对现在的产品功能、味道、可靠性等的改进等。动态连续创新（dynamic continuous innovation）是指一定程度上影响消费者生活方式的创新，这种创新一般涉及现有产品主要部门的改变。间断创新（discontinuous innovation）则是指对消费者生活方式产生重大冲击的创新，这类创新要求消费者在行为或生活方式上做重大的调整或改变，通常是由于技术上的突破所引起的。

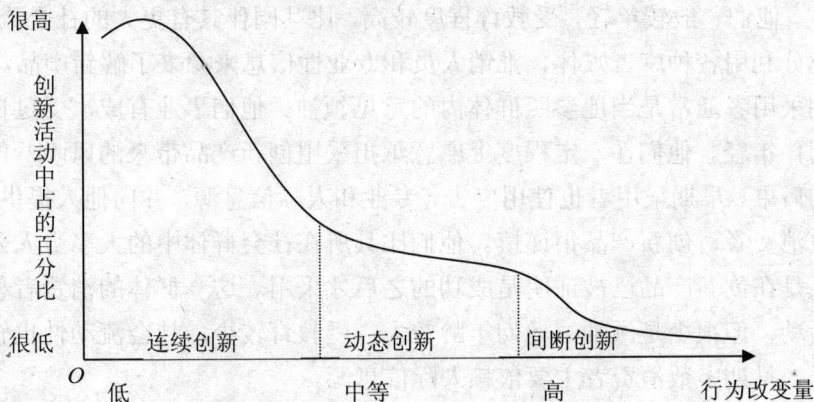

图 14-6　产品创新类型与它们对行为的影响

资料来源：符国群，《消费者行为学》，高等教育出版社，2001，362～363

1）霍金斯等. 消费者行为学. 第七版. 北京：机械工业出版社，147
2）符国群. 消费者行为学. 高等教育出版社，2001，362～363

3. 创新者

对于同一种新产品，不同消费者采用的时期是不同的。图 14-7 中的累积曲线就描述了随着时间推移，使用新产品人数增长的百分比。

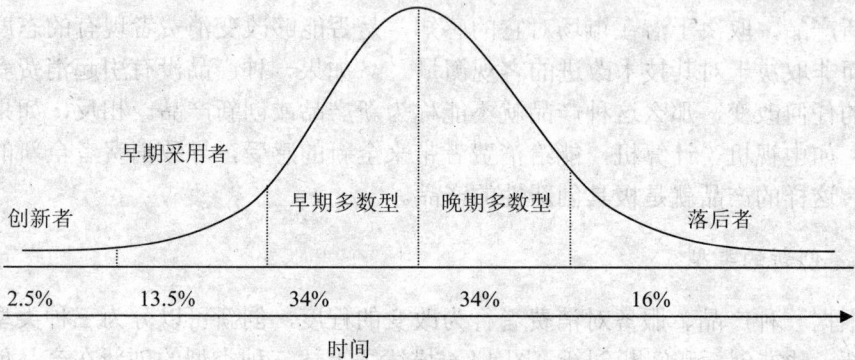

图 14-7　创新产品随时间推移的采用情况

资料来源：霍金斯等. 消费者行为学. 第七版. 北京：机械工业出版社，2006，150

图 14-7 强调这样一个事实，一小部分人会很快采用创新产品，另外一小部分人则极不情愿采用，群体中的大多数人采纳的时间介于这两者之间。

创新者是富有冒险精神的风险承担者，他们能够承担采用一种不成功新产品带来的经济和社会损失。他们视野开阔，以其他的创新者而不是当地的同伴作为参照群体。他们一般较年轻，受教育程度较高，比其同伴具有更大的社会流动性。创新者充分利用各种广告媒体、推销人员和专业性信息来源来了解新产品。

早期采用者通常是当地参照群体内的意见领袖。他们事业有成，受过良好教育，比同伴年轻。他们在一定程度上愿意承担采用创新产品带来的风险，但很关心失败的后果。早期采用者也使用广告、专业和人际信息源，并向他人提供信息。

早期多数消费者对创新产品很谨慎。他们比其所在社会群体中的大多数人采用较早，但又是在创新产品已被证明是成功的之后才采用。这一群体的消费者积极参加社交活动，但很少是领袖。他们年龄较大，受教育较少，社会流动性也较早期采用者低。早期多数消费者主要依赖人际信息源。

晚期多数成员对创新产品持怀疑态度。他们采用新产品更多是出于社会压力或者老产品越来越难取得，而不是由于对创新产品有好的评价。他们通常年纪大，社会地位和流动性较前面的采用者低。他们只在当地活动，社会活动很少。他们较为武断，怀念过去，极不情愿采纳新产品。

4. 创新扩散

创新扩散过程就是指一种创新的产品如何分布到整个市场的方式。创新扩散的方式大致可以分为三种,即典型扩散、迅速扩散和缓慢扩散。图 14-8 描述了这三种扩散类型。

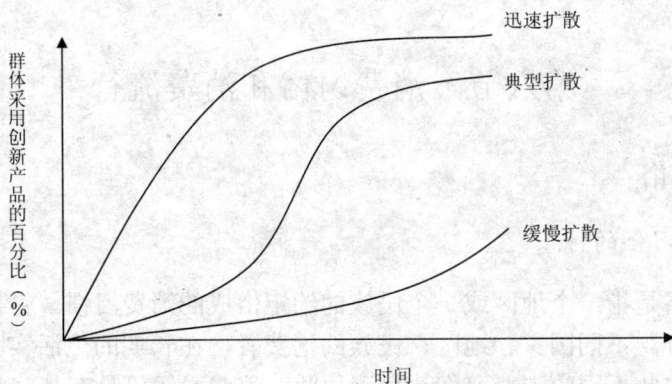

图 14-8 创新扩散过程的类型

资料来源:霍金斯等. 消费者行为学. 第七版. 北京:机械工业出版社,147

在图 14-8 中,三种扩散类型均大致呈 S 形,在新产品导入阶段,采用的人很少,当产品进入成长期,采用的人数加速增长,曲线开始向上弯曲;在成熟期,采用的人数增长放慢,然后开始出现负增长,产品也进入衰退期。但是不同的产品可能在上述的各个阶段所使用的时间不同。比如,在迅速扩散模式中,开始的慢速增长阶段可能被跳过,而在缓慢扩散的模式中,一直都没有出现快速增长阶段。

5. 创新扩散与市场营销活动

市场营销活动是影响创新扩散的重要因素,与此同时,企业在制定新产品的营销策略的时候,也必须要结合创新扩散的特点。

1)结合创新产品的特点,企业根据创新产品的类型,对于那些连续创新的产品由于产品只是对技术、性能的一种改进,企业可以在原有的营销策略的基础上加以修改;而对于那些间断创新的产品,由于产品是在技术、性能上的重大突破,因此,企业应当采取全新的营销策略。

2)结合创新者的特点,尤其是在市场细分的过程中,由于创新产品的早期采用者与晚期采用者有所不同,因此,就可以采取一种"移动的目标市场"方法。在目标市场大致选定后,企业应当首先把注意力集中在目标市场内最有希望成为创新者和早期采用者的人身上。在创新产品得到认可后,注意力就应当集中到早期和晚期多数采用者身上。因此，在产品创新的不同阶段，针对不同的目标顾客而采取不同的营销策略。

3）结合创新扩散的特点，企业应当准确把握产品的创新扩散特点，针对那些迅速扩散的创新产品，应当在短期内增加营销投入，以促进创新的快速扩散，而如果是缓慢扩散的创新产品，企业则应当制定较长期的营销策略，逐步地促进创新的扩散。

第六节　消费习俗和消费流行

一、消费习俗

1. 消费习俗的特点

消费习俗是指一个地区或一个民族的约定俗成的消费习惯。它是社会风俗的重要组成部分。不同国家、地区、民族的消费者，在长期的生活实践中形成了多种多样的、彼此不同的消费习俗。尽管如此，消费习俗仍具有某些共同特征。

（1）长期性

消费习俗是人们在长期的生活实践中逐渐形成和发展起来的。一种习俗的产生和形成，要经过若干年乃至更长时间，而形成了的消费习俗又将在长时期内对人们的消费行为产生潜移默化的影响。

（2）社会性

消费习俗是人们在共同从事消费活动中互相影响产生的，是社会风俗的组成部分，因而带有浓厚的社会色彩。也就是说，某种消费活动在社会成员的共同参与下，才能发展成为消费习俗。

（3）地域性

消费习俗通常带有浓厚的地域色彩，是特定地区的产物。如广东人素有喝早茶的习惯；东北人则习惯储藏过冬的食品；少数民族的消费习俗，更是他们长期在特定的地域环境中生活而形成的民族传统和生活习惯的反映。消费习俗的地域性使我国各地区形成了各不相同的地方民俗风情。

（4）非强制性

消费习俗的形成和流行，不是强制发生的，而是通过无形的社会约束力量发生作用。约定俗成的消费习俗以潜移默化的方式产生影响，使生活在其中的消费者自觉或不自觉地遵守这些习俗，并以此规范自己的消费行为。

2. 消费习俗对消费者心理与行为的影响

消费习俗涉及的内容非常广泛，如在饮食方面，我国有南甜北咸、东酸西辣的饮食习惯；在衣着方面，有风格各异、独具特色的各种民族服装；在传统观念、生活方式方面，城乡之间又有很大差别。多种不同的消费习俗对消费者的心理与行为有着极大的影响。

（1）消费习俗促成了消费者购买心理的稳定性和购买行为的习惯性

受消费习俗的长期影响，消费者在购买商品时，往往容易产生习惯性购买心理与行为，固定地重复购买符合其消费习俗的各种商品。例如，春节是我国广大消费者合家团聚、喜庆新春的传统节日，互赠礼品、亲友聚餐、购物逛庙会等已成为多数消费者的传统消费模式。

（2）消费习俗强化了消费者的消费偏好

在特定地域消费习俗的长期影响下，消费者形成了对地方风俗的特殊偏好。这种偏好会直接影响消费者对商品的选择，并不断强化已有的消费习惯。例如，各地消费者对本地风味小吃的喜好，各民族人民对本民族服饰的偏好等，都会使消费行为发生倾斜。

（3）消费习俗使消费者心理与行为的变化趋缓

由于遵从消费习俗而导致的消费活动的习惯性和稳定性，将大大延缓消费者心理及行为的变化速度，并使之难以改变。这对于消费者适应新的消费环境和消费方式会起到阻碍作用。

正是由于消费习俗对消费者心理与行为有极大的影响，所以企业在从事生产经营时必须尊重和适应目标市场消费者的习俗特性。尤其是在进行跨国、跨地区经营时，企业更应深入了解不同国家、地区消费者消费习俗的差异，以便使自己的商品符合当地消费者的需要。

二、消费流行

社会心理学的研究表明，在分散的社会大众中，由于人们之间的相互作用，会出现从众、模仿等现象，从而为社会流行奠定了心理基础[1]。

在消费活动中，没有什么现象比消费流行更能引起消费者的兴趣了。当消费流行盛行于世时，到处都有正在流行的商品出售；众多不同年龄阶层的消费者津津乐道正流行着的商品；各种各样的宣传媒介大肆渲染、推波助澜；一些企业由于抓住了商机，迎合了流行风潮而大获其利，而另一些企业则由于流行的冲击或没有赶上流行的节奏而蒙受巨大的经济损失。

1. 消费流行的含义及特点

消费流行是在一定时期和范围内，大部分消费者呈现出相似或相同的行为表现的一种消费现象。具体表现为多数消费者对某种商品或时尚同时产生兴趣，而

1）荣晓华，孙喜林．消费者行为学．东北财经大学出版社，2001，166

使该商品或时尚在短时间内成为众多消费者狂热追求的对象。此时，这种商品即成为流行商品，这种消费趋势也就成为消费流行。消费流行具有以下几方面的特点[1]。

（1）骤发性与短暂性

消费流行往往体现为消费者对某种商品或劳务的需求急剧膨胀，在短期内爆发、扩展、蔓延，如海潮般涌来。虽然流行周期的长短没有固定的时间界限，但相对来说，在通常情况下流行意味着时间比较短暂。

（2）周期性与循环性

消费流行也如同社会上其他的事物一样，具有发生、发展的自身规律性，这就是流行周期。一般来说，商品流行周期包括酝酿期、发展期、流行高潮期、流行衰退期等四个阶段。而且有的商品的流行具有循环性。也就是说一个"消费流行"过去，曾经为人们所偏爱的商品就会无人问津。然而过一段时间以后，这些被遗忘的东西有可能在市场上重新出现和流行。

（3）地域性和梯度性

消费流行既有一定的地域性又呈现出一定的梯度性。地域性是指消费流行常常是在一定的地理范围内发生的，因此在某地区流行的商品在另一地区就不一定流行。但是，由于消费流行具有扩散性，所以在不同的地区间，时间上就形成了流行梯度，即流行的地域时间差。这种流行的地域时间差使得流行的商品或劳务在不同的市场范围内处于流行周期的不同阶段。

（4）新奇性与反传统性

流行商品的突出特点就是它的新奇性。新奇性可以表现在商品的各个方面，如款式、色彩、包装、功能、质量等。消费者常因为好奇而引起对某些消费品的注意，进而在从众心理和模仿心理的推动下产生购买动机。与此相关的另一个特征是流行的反传统性。因为在某些情况下，传统意味着守旧，而流行意味着新奇与时尚。

2. 消费流行的周期

消费流行的形成大都有一个完整的过程。这一过程通常呈周期性发展，其中包括酝酿期、发展期、流行高潮期、流行衰退期等四个阶段。

酝酿期的时间一般较长，要进行一系列的意识、观念以及舆论上的准备；在发展期，消费者中的一些权威人物或创新者开始做出流行行为的示范；进入流行高潮期，大部分消费者在模仿、从众心理的作用下，自觉或不自觉地卷入到流行当中，把消费流行推向高潮；高潮期过去以后，人们的消费兴趣发生转移，流行进入衰退期。

1）荣晓华，孙喜林. 消费者行为学. 东北财经大学出版社，2001，167

　　消费流行的这一周期性现象，对企业具有重要意义。生产经营企业可以根据消费流行的不同阶段，采取相应的策略。酝酿期阶段，通过预测洞察消费者需求信息，做好宣传引导工作。发展期则大量提供与消费流行相符的上市商品。高潮期内，购买流行商品的消费者数量会大大增加，商品销售量急剧上升，此时企业应大力加强销售力量。进入衰退期则应迅速转移生产，抛售库存，以防遭受损失。

　　另外，还应看到，随着技术和产品更新的加速，消费流行的周期会越来越短。为此，企业应及时调整营销策略，以适应流行变化节奏越来越快的要求。

3. 消费流行的种类及方式

　　消费流行涉及的范围十分广泛。从性质上看，有吃、穿、用的商品的消费流行；从范围上看，有世界性、全国性、地区性和阶层性的消费流行；从速度上看，有一般流行、迅速流行和缓慢流行；从时间上看，有短期季节流行、中短期流行和长期流行等。

　　实际生活中，各种流行并不是单一的线形变化发展，而是交叉重叠在一起，互相影响，互相渗透。无论何种消费流行，都是通过一定的方式扩展开来的。归纳起来，消费流行的方式一般有以下三种。

　　（1）滴流

　　即自上而下依次引发的流行方式。它通常以权威人物、名人明星的消费行为为先导，而后，由上而下在社会上流行开来。如中山装、列宁装的流行等。

　　（2）横流

　　即社会各阶层之间相互渗透横向流行的方式。具体表现为，某种商品或消费时尚由社会的某一阶层率先使用、领导，而后向其他阶层蔓延、渗透，进而流行起来。如近年来，外资企业中白领阶层的消费行为经常向其他社会阶层扩展，从而引发流行。

　　（3）逆流

　　即自下而上的流行方式。它是从社会下层的消费行为开始，逐渐向社会上层推广，从而形成消费流行。如牛仔服原是美国西部牧牛人的工装，现在已成为下至平民百姓、上至美国总统的风行服装。领带源于北欧渔民系在脖子上的防寒布巾，现在则成为与西装配套的高雅服饰。

　　流行不管采取何种方式，其过程一般是由"消费领袖"带头，而后引发多数人的效仿，从而形成时尚潮流。引发流行除了上述榜样的作用外，还有商品的影响、宣传的影响、外来文化与生活方式的影响等。

4. 消费流行产生的原因分析

　　消费流行的出现，具有多方面的原因。具体包括以下四个原因[1]。

1）荣晓华，孙喜林. 消费者行为学. 东北财经大学出版社，2001，169

（1）社会生产力发展水平

社会生产力发展水平的高低以及由此决定的人们的物质生活条件的丰裕程度和人们的消费水平，是影响消费流行的最基本的条件。因为虽然消费流行在历史上很早就出现了，但是由于生产力发展水平的低下，流行的发展变化十分缓慢。只有在社会化大生产的条件下，企业能够大规模地组织生产并生产出大批量的产品，使得工业品的价格比较低，才能使普通民众也能消费得起，并加入到流行消费的行列中。否则，如果产品供不应求，消费流行就会受到抑制。另外，如果物质生活很窘迫，人们不得不为解决温饱问题而奔波的时候，就不可能会去追求时尚。

（2）社会文化因素

对于消费流行来说，社会文化的影响也是广泛的。其中，消费者的价值观、宗教信仰、人们受教育水平的高低以及人们的审美能力都能影响到消费流行的内容与形式。

（3）社会心理因素

流行是人们追求个性意识的产物，是人们渴求变化、追求新奇的社会表现。同时，流行也与人们的从众心理和模仿心理密切相关。人们为了与众不同、表现自我而去追新求异，又为了赶上潮流而去模仿那些比自己更新潮的人。正是这些社会心理因素推动的作用，才使得消费流行有了一定的社会基础。试想，如果每个人都安于现状而不愿改变，每个人都我行我素而互不影响，那么社会上就不会有任何商品、服务甚至也没有语言和思想观念的交流了。

（4）宣传因素

在一定条件下，通过各种媒体的宣传，是产生消费流行的主要方法之一。特别是大众传播媒介的独特作用，使得有关商品或服务的信息能够在最短的时间内达到目标受众，这就为消费流行提供了一定的物质条件。

小　结

本章在介绍了消费者群体的心理与行为的基础上，探讨了消费者群体的心理与行为。分析了消费者群体的特征并进一步详细论述了消费者群体的群体机制。

1）具有某些共同消费特征的消费者共同组成了一个消费者群体。这个群体一方面体现了各个消费者的共性，另一方面也具有自身的特征。我们可以从背景、心理、行为三个层面来具体分析一个消费者群体的特征。

2）在消费者群体的内部，具有某些共同特征的消费者由于暗示、模仿和从众心理的作用而形成了消费者群体。而又由于群体规范和群体压力的存在，以及消费者群体内部的信息沟通，共同约束了群体成员的个性，使消费者群体体现出了共同的消费心理和行为。

3）消费者群体还会受到很多外部的影响。一方面，参照群体会产生信息性影响、规范性影响和价值表现方面的影响。另一方面，企业的营销活动也会对消费者群体的行为产生刺激和诱导的作用。

2）在消费者群体的内部和外部因素的共同作用下，消费者通过口碑传播和创新扩散等方式进行信息沟通，最终形成了各种各样的消费习俗和消费流行。

思 考 题

1. 什么是消费者群体？其群体机制是怎样的？
2. 消费者产生从众行为的心理依据和原因是什么？
3. 参照群体对消费者具有哪几种类型的影响？其各自的内涵是什么？
4. 借助消费者之间的口碑传播，可以采取怎样的营销策略？
5. 造成消费流行的原因是什么？

第十五章　社会文化与消费者行为

　　每个消费者作为社会成员之一，他们的购买行为不可避免地受到所处社会环境的影响和制约，其中尤其以社会文化环境对消费者的影响更为直接。只有从社会文化与消费者相关关系的角度进行研究，才能科学地解释复杂多样的消费心理与行为现象，并为消费行为的预测提供切合实际的依据。本章重点阐述了社会文化及亚文化在消费者心理形成中的作用；跨文化及全球文化对消费者行为以及企业全球营销战略的影响；社会阶层与消费者行为的相关关系；社会角色及参照群体对消费者心理与行为的影响；消费者行为中的文化和伦理问题等内容，同时进一步研究了企业应如何利用社会文化环境对消费行为的影响来制定正确的营销策略。

第一节　文化、亚文化与消费差异

　　在考虑影响消费者行为的因素时，必须重视社会文化的重要作用。文化是历史的、社会的现象，每一个社会都有与之相适应的社会文化。人类创造了文化，但文化反过来对人类生活的各个方面都产生了深远的影响。消费者的各种行为也都打上了文化的烙印，无论是消费者的兴趣爱好、生活态度还是他们的购买动机、购买行为都离不开文化的作用。本章着重阐述文化的含义特征，以及在亚文化影响下的消费者行为差异。

一、文化及其特征

1. 文化的含义

　　从古至今，给文化下定义都是一件非常困难的事，这主要是因为文化的抽象、无形，以及没有界限。A.L.克劳伯和C.克拉克·霍恩把文化定义为七类，分别是：列举或记述的事物、历史的事物、规范的事物、心理学的事物、构成的事物、胚胎的事物以及不完全的事物。他们在此基础上归纳出160多种的定义。文化学奠基人泰勒在《原始文化》一书中将文化定义为"包括知识、信仰、艺术、道德、法律、习惯，以及其他人类作为社会的成员而获得的种种能力、习性在内的一种复合整体。"学者R.林顿（Linton）将文化定义为"是学习行为和行为结果的总体，即完型。""解释人类学派"创始人克利福德·格尔兹（Cliffordgeertz）认为"文化是一种通过符号在历史上代代相传的意义模式，它将传承的观念表现于象征形式之中。通过文化的符号体系，人人得以相互沟通、绵延传续并发展出对人生的知识及对生命的态度"。

目前一般认为，文化的定义有广义与狭义之分。广义的文化是指人类社会历史实践过程中所创造的物质财富和精神财富的总和，因此又称为社会文化。它着眼于人类与其他动物，人类社会与自然界的本质区别，认为正是文化的出现才将动物的人变为创作的人、组织的人、思想的人、说话的人以及计划的人。广义文化的内容非常广泛，几乎包括了全部人类社会的关系及其所获得的全部成果，它还包括风俗习惯、行为规范、宗教信仰、生活方式、价值观念、态度体系以及人们所创造的物质产品等。狭义的文化是指社会的意识形态，以及与之相适应的制度和组织机构。我们所讨论的是广义文化及社会文化对消费者行为的影响。

2. 文化的特征及其对消费者行为的影响

（1）文化的学习性

一种文化不是存在于人体的基因之中遗传下来的，而是通过人们学习而得到的。人类的文化可以概括地分为三个相互联系的部分。第一部分是物质和技术体系，如产品、设备、工具、技能、工艺等，人类正是凭借这些文化，从自然界取得和生产物质资料。第二部分是思想体系，包括人类的思想、信仰、观念和各种推理方式，人们通过学习，接受这些思想体系并以之判断所接触的事物的是非。第三部分是组织体系，如家庭、社团、社会阶层等，它们影响和制约着人与人之间的行为。人们要掌握、发展这一切，就必须经过后天的学习，而不是依靠先天的遗传。

学习有两种类型。第一种是"文化继承"，即学习自己民族或群体的文化。正是这种学习，保持了民族或群体文化的延续，并且形成了独特的民族、群体个性。第二种是"文化移入"，也称作文化借鉴，即学习外来文化。在一个民族的文化不断积累过程中，很大程度上要借鉴其他民族的优秀文化，甚至使其成为本民族文化的典型特征。比如，日本人喜欢喝酱汤的习俗就是从中国文化中吸取的。8世纪初，酱随佛教从中国传入日本，成为日本人喜爱的食品。后来酱被日本人发展为酱汤，成为他们的传统早餐必备食物。据说日本人每年人均食用酱汤400杯以上，酱汤已成为日本饮食文化中的重要内容。再比如，从洋务运动开始，西方文化逐渐融入我国的传统文化，虽然当时引进的重点是机器和技术，但它的影响首先是对中国文化的组织制度和人们的心理观念产生冲击。从文化的物质层面来看，中国人现在已经习惯穿西装，这就是学习借鉴西方文化的结果。

学习往往是双向的。一方面，父母、教师和各类文化教育机构采取各种形式的教育手段，组织和促进下一代人对社会文化传统的学习，如教育孩子学习语言，引导和影响他们掌握基本的生活方式、社交礼仪。另一方面，人们尤其是青少年通过观察、模仿和学习他人的行为，了解和接受自己的社会文化。文化的学习性对理解消费者行为有很大作用。因为，消费者的行为同样是通过灌输和学习而得来的。比如，他们并不是天生就知道水果的味道，更不懂得一些复杂设备的原理和操作。一般来说，消费者在早年学来的和建立的文化观念比起晚年所学的要牢固得多，更不容易改变。因此，面对已经根深蒂固的、受文化影响的消费者，营销人员制定的经营对策最好是迎合他们的文化观念和习惯行为，而不能强迫他们去改变已经学习到的观念。

（2）文化的发展性

文化的显著特征之一就是它的发展性。文化是不断变化的，当一个社会面临新的问题或机会的时候，人们的价值观念、习惯、兴趣、行为方式等就可能发生适应性的改变，形成新的文化内容。文化是不断发展的，但各民族文化的发展进程却不大相同。文化变化的速度和新模式的形成与引入其他民族文化模式所遭受的阻力大小有直接的关系。国外有关研究证明，决定什么样的新事物在多大程度上为人们所接受的最重要因素，是人们对这种新事物感兴趣的程度和新事物与原有价值观、行为准则决裂的程度。事实证明，那些为社会最感兴趣而又与先行价值观念、行为准则决裂程度最小的新事物最容易被人们所接受。比如，20世纪70年代的石油危机导致石油价格猛涨，在短短的10多年的时间里，节约能源迅速成为一种口号和观念，以往消费者在购买小汽车或家用电器时不重视的某些产品性能，如每加仑汽油的行车里程数、电器的能源利用效率等，都成为了影响购买决策的关键因素。文化的这种发展性为企业推广新产品提供了一种思路，有的企业敏锐地捕捉到人们观念变化的良机，在产品开发和推销上获得巨大的成功。石油危机过后，日本企业利用消费者对能源利用效率的重视，迅速推出节能型的小汽车，在国际竞争中迅速扩展了他们的市场。

（3）文化的社会性

文化是一种社会现象。它作为社会交往和人际沟通的信号系统，是把个人凝聚为社会和群体的纽带。共同的语言、对象征、符号和生活方式的共同理解，以及共同的沟通方式和信息传递方法，是某一文化区别于另一文化的重要标志。正是这些共同的语言、理解和信息传递方式，促进了同一文化中成员间的相互了解以及同一文化群体的内部和谐与群体的相对独立性。因此，社会成员在社会交往和相互沟通的作用下，在保持自己行为独特性的同时，产生了共性。企业的营销策略可以根据这种社会性，以消费者群体为单位细分市场，在分析全体消费者的共同文化特点的基础上，根据每一群体消费者的差异来确定自己的目标市场。这样，企业既能在总体上满足全体潜在顾客的需求，又能保持对这一部分目标市场顾客的吸引力。

（4）文化的民族性

每个民族在其繁衍和发展的过程中都会形成自己独特的语言、文字、风俗、习惯、仪式、民族性格、民族传统和生活方式。尽管文化的含义非常广泛，很难界定，但是不同的民族其文化的内涵差别很大。比如，英国文化的典型特征是经验的、现实主义的，由此，导致英国人重视经验、保守、讲求实际的民族性格；而法国文化更多的是崇尚理性，因此法国人更喜欢能够象征人的个性、风格、反映人精神意念上的东西。在服装风格上，英国人的时装一般给人以大方、庄重、实用、简练的印象；法国人的着装则潇洒、飘逸、抽象、具有更高的艺术性。

文化的民族性主要是针对其思想、意识、情感、心理等不同的精神特质而言。一个民族共同参与、享受一种文化制度越是久远，接受这种文化制度的社会化就越深刻，因此民族文化的传统精神就越强烈，越具有民族性。

（5）文化的观念性

在任何一个社会，文化都具有一定的职能作用，它为人们的和平相处提供了共同的信仰、价值观念、传统、行为规范等稳定可靠的准则结构。其中一部分准则是以法律和规则所规范而强制执行的，另一部分则作为被人们普遍接受的行为准则而存在。文化确定和规定了这些可接受的行为，但这种规定只是总体上，并非具体要求。比如，文化不可能具体要求某一种特别的行为，而只能提出一定范围的行为准则。一般情况下，遵循文化准则会得到一定的支持和鼓励。相反，违背了文化规范就会受到制裁。如在中国，尊老爱幼的行为是受到赞扬的，与之相反的行为则被人们所排斥。在大部分情况下，人们不假思索并心甘情愿地服从文化规范，而把不符合这些规范的行为当成不正常。当然，文化准则在很大程度上是理想化的，现实中人们的观念与行为同这些准则的要求还有一定的差距。因此，在一定限度内背离这些习惯、观念是被允许的，也是可以预料的，但背离的范围过大，超越人们的容忍程度则会引起不满和指责。

二、中国传统文化观念

虽然我国目前处于经济体制转型时期，经济高速发展，文化上大量吸收了西方文化的精髓，但我国文化依然具有浓厚的传统文化特色，这些文化特色对我国的消费者有着深远的影响。

1. 注重伦理

中国的文化非常注重伦理关系，这是因为中国人非常重视人与人之间的关系。而西方人则更加重视人与神的关系、人与自然的关系以及人与动物的关系。我国文化的核心——儒家文化的伦理观念是从最基本的血缘关系发展起来的。所以，中国传统社会的人际关系都是从夫妇、父子这些核心的关系派生出来的。社会是以家庭为单位构成的，自然消费也是以家庭为单位进行的。中国人非常看重家庭成员的依存关系，然后是以血缘为基础扩大的家族关系、亲戚关系。相互之间交往频繁、联系密切。因此，在消费者行为中，商品和劳务的口传信息备受重视，它往往比正式的信息沟通渠道更为有效。经常是某一家买了一件值得炫耀的商品，周围的邻里也效仿购买。此外，注重伦理的核心是讲辈分。在中国人的血缘关系中，父母、子女、姑嫂、叔侄都有明确的角色定位，越是辈分高，越具有权威性。

2. 重义轻利

对义利关系的处理集中体现了中国伦理道德的价值取向。中国传统义利观中虽然包含多种不同的价值取向，但总的来说，先义后利、重义轻利才是中国传统义利观的基本内容和合理内核，也是始终居于正统地位、对中国传统文化影响最为明显的一种义利观。与之相反，西方人更多的是注重个人的能力与价值，强调个人奋斗与成功。正像美国文学家本尼迪特（Benedict）在《菊花与剑》中所写到的那样"西方人极少注意到他们对世界应负的义务，极少注意到这个社会给了他们关心、教育、福利甚至他得以呱呱落地降生下来这一简单的事实，老是说他不欠别人什么。这种文化中的美国人对人际交往看得很淡，和你相处时热情友好，谈天说地，分手后马上形同路人。"中国人之间很注意小范围内的感情交流，甚至是效应放大，正常的工作来往也掺有个人的感情。一旦认为对方有恩于他，就陷入感恩图报的感情网中，觉得负担着某种义务。这种文化心态致使许多人把人们之间的交情甚至是义气看作是最重要的，为友谊要做出物质利益的牺牲也是理所应当的。

3. 群体感强，注重规范

儒家文化的核心是中庸、忍让、谦和。这种文化教化下的大多数中国人注重群体规范，尽量保持与他人同步。这同西方文化强调个性、与众不同形成鲜明的对比。中国人往往把自己看作是某一群体中的一员，竭力遵守群体规范，言行举止力求与大家一致，避免突出个人，否则，就会引起别人的议论、注意。个人的言行举止成为公众注意的中心，这是大多数中国人最不喜欢的，也是极力避免的。这种文化意识使得人们在消费方面喜欢随大流，赶潮流，消费行为趋于一致化。某一商品一旦受欢迎，在信息传播到的范围内，人们就会竞相购买。

4. 理性优先

在理欲关系上，理性优先的价值取向在中国文化中基本上居于主导的正统地位。理欲关系，即人的理性要求与感性要求的关系，是义利关系的进一步展开和延伸。在理性追求和感性追求之间，儒家学者一般强调前者的优先地位。在他们那里，个体存在的价值遭到极度贬抑，而儒学理性优先原则被强化和绝对化。在今天，特别是我国改革开放以后，随着西学东渐的影响，人的感性要求和个体价值虽然逐渐得到重视和肯定，但理性优先仍然是中国文化价值体系中的主导倾向。

三、亚文化与消费差异

亚文化是某一文化中的细分部分，在它的影响下，人们具有明显不同的行为方式。每个国家、每个民族都有许多社会集团，大社会集团中的较小的社会集团就称为亚集团，而属于亚集团的成员具有该集团的独特生活方式和思想意识形态，这就是亚文化。因此，一个国家或社会的文化由两大部分组成，一部分是全体社会成员所共有的基本核心文化，另一部分就是具有自己特点的亚文化。亚文化的划分纬度有地理、性别、年龄、民族、宗教等，下面就具体说明不同的划分方法所产生的亚文化群及其消费特点。

1. 性别亚文化

虽然现代社会倾向于缩小男女性别之间的差别，但是男人和女人之间在许多方面仍然存在显著的差异。例如，女人与男人在处理信息的方式上就不一样，女人看起来好像"更慷慨、更有教养、不像男人那样总想占优势"。从购买动机方面看，男性的购买动机形成果断，具有较强的自信，并且动机感情色彩比较单薄；而女性容易接受外界的心理暗示，购买动机稳定性差，并且从众心理强。所以，对于某些营销目标来讲，必须将男人和女人作为两个独立的市场来考虑。

2. 地理亚文化

地域群体也可以被看作亚文化，但除非营销人员可以确认出那些拥有相同需要和价值观的特定地域，否则地理上的划分也可能过于多样化，以至于无法被区分为一种亚文化。不同地域群体在口味、生活方式以及价值观上的差异是很明显的，足以对范围更大的区域亚文化进行界定。

中国是一个地域面积大、人口多且分布广的国家。由于受地理条件和气候的影响，文化差异也较明显。就饮食方面来讲，闻名全国的八大菜系就以地理划分的，它们风格各异，自成一家。对食品的选择上，南方人更注重食品的新鲜程度；在购买食品方面，北方人喜欢大包装，而南方人则偏爱小包装。在消费观念上，南方比北方要相对开放些，而北方比西部要开放些。

3. 年龄亚文化

不同年龄的人有不同的价值观，对商品有不同的爱好。老年人比较自信和保守，习惯于自己熟悉的商品，求实、求利的购买动机比较强。此外，老年人的购买动机是在追求舒适和方便的心态下形成的，而且经济基础比较雄厚。年轻人则追求新、奇、美，愿意尝试新产品，容易产生诱发性和冲动性的购买行为。年轻人的购买动机具有较强的主动性和感情色彩。即使对同一种产品的需求，这两种年龄上的亚文化群也表现出差异。比如，对药品的需要，年轻人重在治疗，而老年人重在保养。

4. 民族亚文化

任何一个民族的消费习惯都是经过长期的反复消费，才逐步集中、形成，最后稳定在某种方式上的。各民族的消费习惯是他们的基本消费行为，反映着各个民族的不同消费需求。我国是个多民族的国家，除汉族外还有 55 个民族，各民族都保持着传统的宗教信仰、图腾崇拜、消费习俗、审美意识、生活方式等。如回族对饮食的要求比较严格，只吃牛、羊、骆驼和某些家禽类；朝鲜族在饮食上喜欢吃大米、辣椒、狗肉。此外，各个民族对生老病死都有着严格的仪式和戒律。由此可见，民族亚文化的特点对消费行为的影响是巨大的、直接的。

5. 宗教亚文化

由于传统和习惯与宗教团体的信仰联系在一起，而且代代相传，所以宗教也应被认为是一种亚文化。各个宗教都有不同的价值观，天主教徒一般更为传统，强调一种紧密的家族纽带；新教徒将职业道德作为通向成功的道路；犹太教徒强调个人对自己行为的责任和自我学习；而穆斯林更为保守，强调遵守家庭准则。不同宗教团体的购买行为也遵循了他们自己的传统和习惯。犹太人不吃猪肉和贝类；天主教徒在星期五晚上吃鱼的可能性比较大。来自宗教的亲和力也会对消费者评估品牌的方式产生影响。比如，身为犹太教徒的消费者对品牌进行评价的过程中更愿意搜集信息，并且把这些关于消费经历的信息传递给其他消费者。

第二节　跨文化、全球文化与全球营销

经济全球化使跨国经营成为不可逆转的潮流，然而在不同国家，消费者的购买行为具有很大的差别，这主要是因为文化差异而产生的。我们在前一节中已经探讨了文化的含义和特征，这一节将就跨文化营销进行具体探讨。

一、影响消费者行为的文化差异

跨国公司在进行全球营销时必须考虑与本国存在差异的文化因素，这些因素不但影响消费者的行为，而且如果理解不当，还会造成营销上的一些失误。

1. 语言

语言被人们描述为文化的镜子，它从本质上讲是多层面的，有声语言和国际商务中的无声语言都是如此。信息通过语言、语言的方式（例如语气）和身体姿势、举止、眼神等无声语言来表达和传递。人们通常是在接受各种外来文化之前掌握某种语言。学习语言不能只是机械的记忆，因为字词是文化的载体，它们代表一种文化，用以反映人类生存的某些方面的特定方式。许多营销上的错误就是由于缺乏对语言的了解而导致的。比如，几年前我国出口一种品牌名称为"芳芳"

的口红到北美，但按中国拼音写成的 Fang Fang 在北美市场上却引起当地消费者的抵触心理。因为在英语中，Fang 意为狼的尖牙或毒蛇的毒牙。这么一来，当然没有人愿意购买"毒牙牌"口红了。

2. 价值观

价值是共同的信念或群体内个体认同的规范，态度是依据价值对事物的评价。传统的美国价值观重视成就、功利主义、个人主义，与之相比，中国的传统价值观则要内敛得多。中国人更加重视人际关系，谦虚、谨慎，以儒家思想为核心。这种文化价值观上的差别影响了消费者的购买行为，没能注意到这些差别可能会给国际营销造成麻烦。比如，当宝洁公司在俄罗斯推出其 Wash&Go 牌洗护二合一洗发香波时就遭到了失败。对于那些还在用肥皂洗头发的俄罗斯人来说，洗发香波还是一种新的概念，而对护发素则完全陌生。实际上，许多俄罗斯消费者误把"护发素"当成了"空调机"。Wash&Go 很快成为"出门前洗掉身上的伏特加味道"的一种很流行的委婉说法。

国家间价值观上的差别可能会导致产品偏好上的差别。在不同的国家，产品偏好存在巨大的差异，对产品偏好缺乏认识会使一个公司陷入麻烦之中。当康宝汤业在英国推出它的一系列浓缩汤料的时候，没能注意该国的文化价值观。它对英国消费者喜欢喝汤但是头脑中没有浓缩汤概念这一事实缺乏足够的重视，结果造成康宝汤业公司的听装浓缩汤在商店处于一个不利的地位，因为英国消费者认为它们太小了。此外，它也没有对各种调料进行调配使之适应英国人的口味。

3. 风俗和习惯

每个民族都保持着属于自己的风俗习惯，如果企业的营销人员不了解这些风俗习惯，就会给企业在当地的经营带来极大的麻烦。比如，赠送礼物是协调关系的一个重要手段，也是假日里用以联系合作伙伴的一种方式，但是如果送错礼物，或者选错包装，都会适得其反。表 15-1 说明了在不同的国家应该什么时候送礼，送什么礼物。

表 15-1 不同国家的送礼习俗

国家	印度	日本	墨西哥	沙特阿拉伯
送礼时间	排灯节（10月或11月）	Oseibo 节（1月1日）	圣诞节（12月15日）	Id al-Fitr 节（12月或1月）
宜送的礼品	糖果、坚果、水果、大象雕刻品、烛台	苏格兰酒、白兰地、美国纪念品、柠檬之类的圆形水果	台钟、精美的圆珠笔、金质打火机	精致的可以为祈祷者确定方向的圆规或开司米织物
送礼禁忌	不送皮革品、蛇的图像	不送4个或9个一套的礼物	不送纯银质的器物、食品篮	不送牛肉、猪皮和烈酒

营销人员还必须重视当地的民间传说，这也是风俗习惯的一部分。一家美国的糖果公司准备在日本投放一种带花生的巧克力，意图是为准备考试的青少年补充能量。后来公司得知日本有一个民间传说，内容就是吃了带花生的巧克力会鼻子出血，所以没有投放该产品。除此之外，同样的产品在不同的国家使用方式也会不同。比如，通用食品公司的 Tang 果珍，在美国是作为早餐饮料，但在法国主要是作为吃点心时的饮料。

4. 自我认同

处于不同文化氛围中的人对自我的认同是截然不同的，对自己与他人之间关系的看法也各不相同。例如，美国和西欧各国的消费者的自我认同和对周围人群的看法与亚洲、南美洲的差异是相当巨大的。美国人崇尚个人主义，自我意识特别强，倾向于从自我能力的角度思考问题，他们追求自由。与之相反，日本人崇尚集体主义，努力使自己适合他人的需要，崇尚团体中的合作精神。这些自我概念上的文化差异会影响消费者对产品文化涵义的选择，影响到他们利用产品来获得文化涵义的方式。

5. 审美观

每一种文化，如艺术、色彩、造型、音乐等都显示对审美品味的关注。即使在其他方面都很相似的国家，在审美上也可能有相当大的差异。

色彩常作为识别品牌、加强品牌特征和差异化的手段。在国际市场上，颜色的象征意义会比较多。例如，黑色在美国和欧洲象征哀悼，而在日本和中国，都用白色象征哀悼。英国银行在新加坡开展业务时，想用绿色和蓝色作为公司的象征，但咨询公司很快告诉它，在新加坡绿色代表死亡。尽管这家银行仍然坚持用绿色，但还是选择了有阴影的绿色。同样，企业在制做广告时，也必须调整广告的配乐以使其适应当地的审美文化。

6. 物质文化

物质文化来源于技术并与社会经济活动的组织方式直接相关。它通过经济、社会、金融和市场的基础设施显示出来。物质文化的水平，如工业化程度也会影响当地消费者的行为方式。比如，发展中国家市场对发电设备的需求量大，而发达国家市场对节省时间的电气设备的需求更大。

7. 技术的进步

在许多国家，技术的进步也许是导致文化变化的主要原因。例如，西方人闲暇时间在增加，这就是技术进步的结果。现在，德国人每周只工作 35 个小时，这部分人一直在寻求更大的差异化产品，以此作为满足他们高质量生活和更多闲暇时间需求的一种方法。

8. 宗教

在前一节中我们已经对宗教亚文化做了介绍，这里我们需要强调的是在大多数文化环境中，人们非常信仰宗教，把宗教视为人类生存的原因，因此宗教对消费者的影响是非常大的。宗教把理想看作生命，这反过来可以在社会和个人的价值观中得到反映。这种价值观形成和制约着社会成员的行为和实践活动。宗教中有很多禁忌，比如，信奉伊斯兰教的教徒认为猪肉是不洁净的，因此拒绝吃猪肉。伊斯兰教规还对牛肉和家禽的屠宰方式进行了严格的规定，出口到伊斯兰国家的牛肉和家禽必须按照他们要求的方式进行屠宰。

二、全球化对消费者行为的影响

随着经济全球化发展，世界各族人民的价值观、消费观将不断融合并发生显著变化，消费者的要求和期望也将不断提高。以中国消费者为例，据市场调查表明，与改革开放之初相比，中国人的消费习惯和生活方式已发生质的变化，温饱型的消费模式已经被享受型和发展型的消费模式所取代。追求时尚、追求舒适、展现个性、发展自我逐渐成为人们特别是年轻一代的愿望和需求。这意味着，如果企业现在仅仅注重和诉求产品的价格和功能性价值，已经不符合消费者更多的感性附加值要求。因此，人们的消费观念已由单纯重视商品的物质性需求，追求商品的物质性效用，转向注重商品的精神需求，追求商品的精神、形象效用，这是消费演进的必然历程，也是消费发展的自然规律。譬如，我们喝可口可乐时，不仅是解渴，更重要的是在消费一种代表美国文化的生活方式。这时，喝可口可乐就成为一种文化的象征，一种生活方式，一种时尚和追求。因此，企业如何积极提升自己的营销理念，回应各民族消费者的需求变化并不断创新，以新的营销方式满足各民族消费者多样性需求以及不同文化的要求，就成为企业成功的关键。

三、跨文化分析

为了理解和解释不同文化以及跨文化行为之间的差异，企业的营销人员可以通过有关变量及其相互关系建立跨文化行为分析模型。如图 15-1 所示。此模型的假设条件是所有国际商务都是创新和变革的过程。出口商及跨国公司从一国向他国投放的产品和服务，在当地都被看做是新的、不同的东西而加以接受。这个模型概括了绝大多数影响不同文化环境下消费者购买、评价和接受新消费行为的变量。

此模型的关键变量是变革倾向，它是三个因素的函数：文化生活方式，即个人如何坚持自己的传统信仰和态度，哪些文化因素起主导作用；变革的代表者，

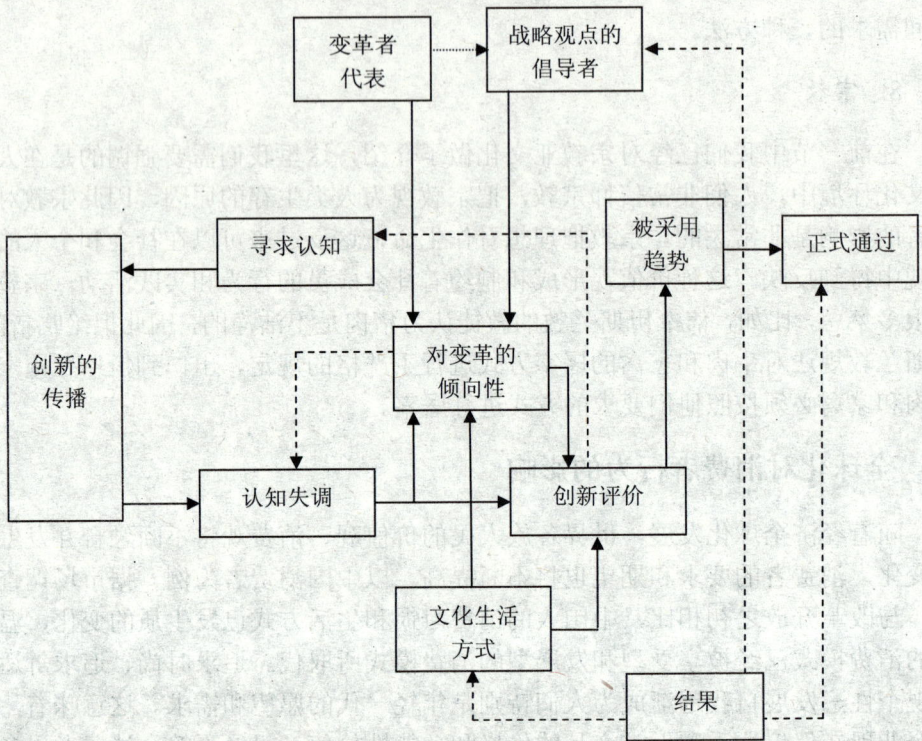

图 15-1　跨文化行为分析

如跨国公司；战略观点的倡导者，如社会中坚人物。其中文化生活方式上的差异又可以用四个主要的文化层面来说明，这些层面包括：个性化程度，如"我"的意识和"我们"的意识；权力差距，如社会平等的程度；不确定性规避程度，如对正式规则制度的需要；大男子主义的程度，如对成就的态度，男人和女人的地位。为了区分文化的差异性，还增加了第五个层面，即长期或短期的侧重性。图 15-2 表明了 12 个国家和地区在这些层面上的地位。

　　跨文化分析能够帮助营销人员制定营销组合。比如，由于美国市场是高度个性化的，因此，促销吸引力应当定于面向个人；又由于美国市场上的权利差距比较小，因此，促销中的模仿应当是非正式的和友好的。在低度个性化的市场，促销重点应放在新产品的社会可接受性上。

　　像图 15-2 这样的模型，考虑所有的变量及其相互关系对制定战略计划是有帮助的。但是，对文化上的差异没有根本性认识，任何分析都不会是全面的。对不同文化的分析必须抛开自己本身的文化。企业在进行跨文化营销过程中最容易犯的错误是按"自我参照准则"来制定营销策略。"自我参照准则"（self - reference

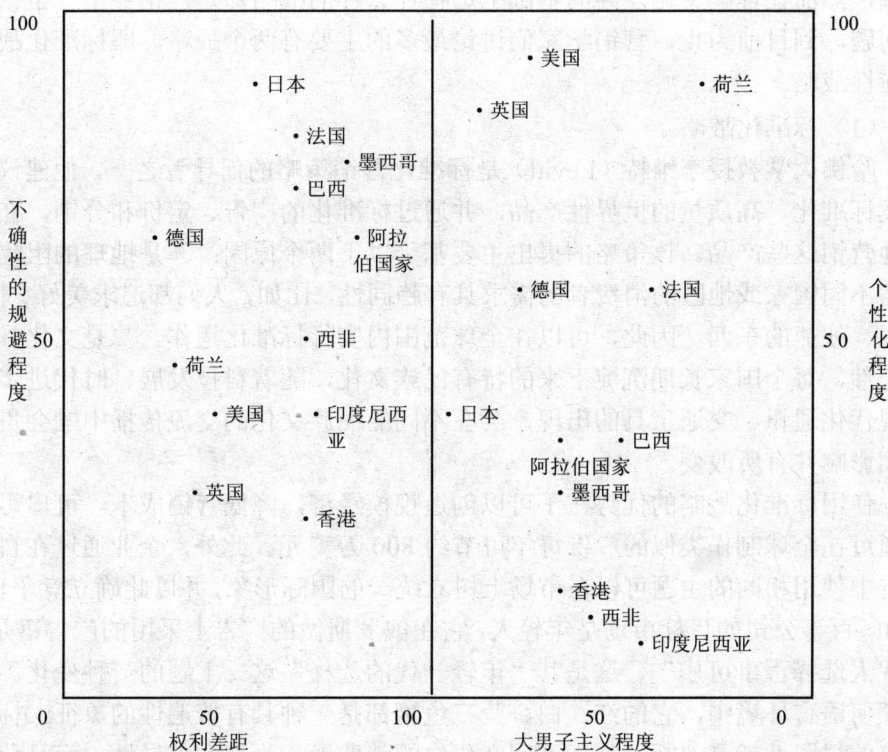

图 15-2　12 个国家和地区的文化层面的定位

criterion，简称 SRC）的概念是美国营销学专家詹姆士·李（James A Lee）在 1966 年的《海外经营中的文化分析》一文中首先提出的，它具体是指："无意识地参照自己的文化价值观。"可以这样解释：只要经营人员一遇到具体情况，他就倾向于用自己的价值观念作为理解这种情况的尺度和标准。我们推荐以下的方法用来减少自我文化价值的影响：第一，确定本国文化特征、习惯及规范；第二，确定国外文化的特征、习惯及规范，并做中性的评价；第三，在问题研究中避开自我参照准则的影响，认真检查自我参照准则是如何使问题复杂化的；第四，在避开自我参照准则影响的条件下，重新确定和解决问题，以达到最好的效果。

　　跨文化分析的过程需要对外界因素所导致的变化及公司本身的变化进行观察。要控制文化优越感，不能认为自己的文化比其他文化都优越。要承认文化优越感的存在并纠正它对经营决策的影响。

四、全球营销的战略选择

1. 跨文化营销战略

　　从上面的分析中我们可以得知，对文化差异的理解程度决定着跨文化营销的成败，然而在理解文化差异的基础上选择什么样的战略却是理论界至今争论不休的问题，到目前为止，营销学家们讨论最多的主要有两个战略，即标准化战略和适应性战略。

（1）标准化战略

哈佛大学教授李维特（Levitt）是标准化营销策略的倡导者之一，他建议企业开发标准化、高质量的世界性产品，并通过标准化的广告、定价和分销，在全球各地营销这些产品。该策略的提出主要基于以下两个原因：一是地理的阻隔并不妨碍不同国家或地区的消费者的需求具有趋同性，比如，人们都追求美好、快乐、卫生、便捷的东西，因此，可以在全球范围内实行标准化运作。二是文化具有可变迁性，每个国家长期沉淀下来的特有民族文化，随着科技发展、时代进步、各种现代化通讯、交通工具的出现，会在不同的民族文化的交流传播中融会贯通、互相影响并有所改变。

使用标准化战略的优势在于可以创造规模经济，降低营销成本。可口可乐公司通过在全球制作类似的广告每年可节约 800 万美元。此外，企业通过在自己的广告中使用相同的主题可以在市场上树立统一的国际形象，并以此确立竞争优势。例如，百事公司的目标市场是年轻人，它在俄罗斯做的广告上采用的广告语是"新一代人选择百事可乐"，这是其"年轻一代的选择"这一主题的一种变化。不管在任何语言环境中，它的红、白、蓝三色罐都是一种具有普遍性的象征。标准化战略的局限性就是忽视了处于不同文化中的消费者行为存在差异性，而且营销组合要素很多，全部实行标准化显然是不现实的。

（2）适应性战略

与标准化营销策略倡导者们的想法相反，许多学者对标准化营销表示质疑，毕竟世界各国和各民族存在差异，这些差异意味着在某一国成功的营销方式不一定会在另一国自动地产生效用，顾客偏好、竞争者、分销渠道和传播媒介可能都不一样，各营销环节必须要进行适应性调整。

企业实行适应性战略的驱动力在于以下六方面。

1）世界市场的异质性。世界市场是一个异质化的市场，基于不同市场间的差异采用针对当地细分市场的更为准确的定位战略，即适应当地市场的战略，可以实现差别优势，并获得准垄断地位和建立价格歧视的条件，以此为基础设定较高的价格，从而抵消在标准化条件下所节约的成本。同时，大规模定制制造技术的出现为跨国企业向每个细分市场（甚至每个单独顾客）设计和生产产品，以较低的制造成本满足个性化的需求提供了可能。另外，在不同的市场，营销组合各变量的效果是不同的。例如，如果电视广告在某个国家的效果比在另外一个国家的效果好的话，则在该国采用较高比例的电视广告是适合的。

2）国际市场竞争激烈。经济全球化的加深使企业之间的竞争日益激烈，谁更了解市场，更能融入市场国的营销环境，谁就在激烈的市场竞争中占据领先地位。

一方面，为迎合不同市场对产品的不同需求，企业通过细分市场，分析营销环境，开发差异化、个性化的产品。另一方面，目标市场现有的品牌也成为企业强有力的竞争对手，促使竞争加剧。20 世纪 80 年代初，可口可乐在中国几乎没有竞争对手。90 年代，中国的健力宝、娃哈哈、椰树等国产品牌都已具有相当的知名度和市场占有率。1999 年可口可乐公司放弃了原有的电视广告，取景东北农村，启用港台偶像做宣传，到 2000 年可口可乐的销售额增加了 24%。

3）贸易壁垒的存在。适应性战略在突破贸易壁垒问题上成效显著。一方面，适应性使产品更具亲和力，使目标市场国的消费者在心理上更易接受，有利于产品迅速进入该国市场；另一方面，适应性可使企业取得"国民待遇"，与本土企业站在同一起跑线上竞争，享受税收及其他一系列优惠政策。

4）各国之间文化不同。不同国家和民族都有自己的文化传统和特点，这些特点导致生产方式、经济体制、政治体制、文化传统、民族特性的多元化。适应性有利于消除本土障碍。例如，法国的轩尼诗公司的 XO 白兰地进入中国市场时，在上海客运码头和五星级花园饭店举行有爵士乐队和时装模特演出的宣传活动，花掉 1200 万美元的宣传费。由此，这种昂贵的酒敲开了中国的大门。文化差异是造成各国消费需求不同的重要因素，在国际营销过程中，企业必须重视文化因素对消费者购买行为的影响。适应性战略使企业迅速融入当地社会，避免因文化差异带来的麻烦。

5）跨文化营销中易产生摩擦。企业在进行跨文化营销过程中，在总部与分支机构之间（在当地有制造和营销机构的情况下）或在总部与分销渠道之间（在出口的情况下）的摩擦会产生隐蔽的成本。这种摩擦会使得营销组合战略的执行多多少少打些折扣，从而增加经营的成本。实行适应性战略可以减少这种摩擦的产生，使组织的运营更加协调，从而降低经营成本。

6）跨文化营销成本高。这是实行适应性战略的最直接因素。充分利用当地市场、技术等资源优势实现生产加工，人才当地化，其运营成本将大大低于产品在本国生产时势产品输出成本还能大大减少外派人员。中国国际海运集装箱集团，在融资成本最低的地区进行融资，在资源价格最低的地区购买资源，既有效地整合了全球资源，又降低了企业运营成本。

2. 进行全球营销要考虑的因素

在企业进行全球营销之前，有七个方面的因素必须予以考虑。对这七个因素或变量的分析为决定是否进入该市场，以及在何种程度上应采用本地化营销策略等提供了必要的背景和基础。

（1）就文化层面而言，某一地域的消费者是同质的还是异质的

营销活动经常是在特定的地域范围内和一定的政治、经济体制下展开的。法律要求和现有的分销渠道常常促使人们以上述方式提问和思考。这里隐含着一个

假设，那就是地理或政治的边界等同于文化的边界。虽然很多人持有这一假设，但遗憾的是该假设经常是不正确的。例如，最近盖洛普一项调查显示，在拉丁美洲，营销策略适宜以大都市这一层级来制定，因为在一国内部存在非常大的差别。加拿大提供了一个更为清楚的例子。虽然加拿大的各个地区在语言上的差异人所共知，但人们仍把加拿大视为一个单一文化市场。研究表明，说法语的加拿大人与说英语的加拿大人在花钱和对快速食品的态度，在饮食以及高档酒、服装、个人护理品、烟草、软饮料、糖果、速溶咖啡的支出上，以及在看电视和收听广播节目的方式上均存在明显的差别。

（2）在某种特定文化下，某一产品能满足何种需要

很多公司在进入新市场的时候，并不完全遵循现代营销观念，而是带着公司的现有产品和技术来评价该市场。需要回答的问题是，现有产品需做何种改进和调整，才能与当地文化相适应？例如，在美国，自行车和摩托车主要是供娱乐之用，而在其他很多国家，它们是一种基本的交通工具。

（3）需要某一产品的群体是否有能力购买

回答这一问题，需要进行初步的人口统计分析，确定有多少人或家庭有能力购买该产品。另外，还要考虑客户采用信贷方式购买、获得政府津贴或购买价格稍低的同类产品的可能性。例如，李维阿根廷公司发起了一项庞大的以旧换新促销活动。消费者将旧的"李维"牌牛仔裤折成2万比索（约7美元）来购取新款牛仔服。

（4）哪些价值观与本产品的购买和使用有关

价值观对拥有、购买、使用、处置产品的影响应当认真予以分析和探究，因为营销策略就是建立在对此分析的基础上。

（5）对产品有哪些政治法律限制？

一国的法律制度对公司市场营销组合策略的制定产生重要的影响。例如，百事可乐挑战可口可乐所做的口味试验广告（即在广告中呈现消费者比较百事可乐与可口可乐口感测试数据）在阿根廷遭禁播，而这一广告在其他很多国家如新加坡、马来西亚、葡萄牙、墨西哥均未受到限制。对市场营销尤其是广告活动的限制在全球范围有日益增强的趋势。中国颁布法律明文禁止比较广告和在广告中使用诸如"第一"、"最好"之类的词汇。Dura cell 由于法律限制不得不撤下其著名的"小兔"广告，而百威在中国市场不能使用其为大家所熟知的标签"啤酒之王"。遗憾的是，全球统一的法规限制尚未出现，各国根据自身法律对营销活动加以限制，由此增加了国际营销的复杂性与成本。

（6）我们能以何种方式传播关于产品的信息

这一问题要求对以下各方面展开调查：有哪些媒体可以利用，以及这些媒体面向哪些受众；产品能满足何种需要；与产品及其使用相联系的价值观；文化中的语言系统与非语言沟通系统。公司促销组合的所有方面（包括包装、非功能性

产品特征、个人推销技术和广告）应当建立在对这些因素的分析之上。惠而普公司在泰国和其他亚洲国家销售的冰箱均采用比较漂亮的颜色。在这些国家的大多数家庭，厨房比较小，冰箱只能放在客厅里，此时，冰箱不只是一件家用电器，而且还是一件类似于家具的装饰品。对美国人而言，广告中的现金返还保证是十分可信的，而大多数拉美人并不相信。相反，广告中声称产品是某一体育比赛中官方指定产品，这在美国鲜有人相信，但这类广告对拉美人的影响却很大。

（7）在该国营销该产品能否引起伦理或道德上的问题

所有营销活动既要从财务上也要从道德层面上予以评价。正如本章开头所讨论的，国际市场营销过程中会提出很多道德问题。道德层面的慎重考虑在第三世界国家营销时尤为重要和复杂。

第三节　社会阶层与消费者行为差异

每一个消费者都处在特定的社会阶层当中。处于不同社会阶层的消费者在社会地位、收入水平、心理需求、甚至体质上都有显著的差异，所以一个人在社会结构中的位置不仅决定了他可以消费多少钱，而且还会影响到他如何消费。本节所探讨的正是社会阶层的特征和构成以及由此产生的消费者行为差异，并对这一理论在营销策略上的应用进行了初步的探索。

一、社会阶层概述

社会阶层是由具有相同或类似社会地位的社会成员组成的相对持久的群体。正是由于社会地位的差别，才使社会成员分成高低有序的层次或阶层。社会阶层是一种普遍存在的社会现象，不论是发达国家还是发展中国家，不论是社会主义国家还是资本主义国家，均存在不同的社会阶层。社会阶层是由包括收入、家庭背景以及职业在内的复杂变量集合所决定的。

1. 社会阶层的特点

（1）社会阶层展示一定的社会地位

一个人的社会阶层是和他的特定的社会地位相联系的。处于较高社会阶层的人，必定是拥有较多的社会资源、在社会生活中具有较高社会地位的人。他们通常会通过各种方式，展现其与其他社会成员相异的方面。社会学家凡勃仑所阐释的炫耀性消费，实际上反映的就是人们显示其较高社会地位的需要与动机。

由于决定社会地位的很多因素如收入、财富不一定是可见的，因此人们需要通过一定的符号将这些不可见的成分有形化。按照凡勃仑的说法，每一社会阶层都会有一些人试图通过炫耀性消费告诉别人他们是谁，处于哪一社会层次。即使在今天，物质产品所蕴含、传递的地位意识在很多文化下仍非常普遍。

（2）社会阶层的多维性

社会阶层并不是单纯由某一个变量如收入或职业所决定，而是由包括这些变量在内的多个因素共同决定。决定社会阶层的因素既有经济层面的因素，也有政治和社会层面的因素。在众多的决定因素中，其中某些因素较另外一些因素起更大的作用。收入常被认为是决定个体处于哪一社会阶层的重要变量，但很多情况下它可能具有误导性。比如，在我国现阶段，出租车司机、城郊菜农的收入比一般的大学教师和工程师高，但从社会地位和所处的社会层级来看，后者显然高于前者。除了收入，职业和住所也是决定社会阶层的重要变量。一些人甚至认为，职业是表明一个人所处社会阶层的最重要的指标，原因是从事某些职业的人更受社会的尊重。

（3）社会阶层的层级性

从最低的地位到最高的地位，社会形成一个地位连续体。不管愿意与否，社会中的每一成员，实际上都处于这一连续体的某一位置上。那些处于较高位置上的人被归入较高层级，反之则被归入较低层级，由此形成高低有序的社会层级结构。社会阶层的这种层级性在封闭的社会里表现得更为明显。

层级性使得消费者在社会交往中，要么将他人视为是与自己同一层次的人，要么将他人视为是比自己更高或更低层次的人。这一点对营销者十分重要。如果消费者认为某种产品主要被同层次或更高层次的人消费，他购买该产品的可能性就会增加；反之，如果消费者认为该产品主要被较低层次的人消费，那么他选择该产品的可能性就会减少。

（4）社会阶层对行为的限定性

大多数人在和自己处于类似水平和层次的人交往时会感到很自在，而在与自己处于不同层次的人交往时会感到拘谨甚至不安。这样，社会交往较多地发生在同一社会阶层之内，而不是不同阶层之间。同一阶层内社会成员的更多的互动，会强化共有的规范与价值观，从而使阶层内成员间的相互影响增强。另一方面，不同阶层之间较少互动，会限制产品、广告和其他营销信息在不同阶层人员间的流动，使得彼此的行为呈现更多的差异性。

（5）社会阶层的同质性

社会阶层的同质性是指同一阶层的社会成员在价值观和行为模式上具有共同点和类似性。这种同质性在很大程度上是由他们的共同的社会经济地位所决定，同时也和他们彼此之间更频繁的互动有关。对营销者来说，同质性意味着处于同一社会阶层的消费者会订阅相同或类似的报纸、观看类似的电视节目、购买类似的产品、到类似的商店购物，这为企业根据社会阶层进行市场细分提供了依据和基础。

（6）社会阶层的流动性

社会阶层的这一特性是指随着时间的推移，同一个体所处的社会阶层会发生变化。这种变化可以朝着两个方向进行：从原来所处的阶层跃升到更高的阶层，或从原来所处阶层跌入较低的阶层。越是开放的社会，社会阶层的流动性表现得越明显；越是封闭的社会，社会成员从一个阶层进入另一个阶层的机会就越小。社会成员在不同阶层之间的流动，主要由两方面促成。一是个人的原因，如个人通过勤奋学习和努力工作，赢得社会的认可和尊重，从而获得更多的社会资源和实现从较低到较高社会阶层的迈进。二是社会条件的变化。如在我国文化大革命时期，知识分子被斥为"臭老九"，社会地位很低，但改革开放以来，随着社会对知识的重视，知识分子的地位不断提高，作为一个群体，它从较低的社会阶层跃升到较高的社会阶层。

2. 社会阶层的构成

（1）职位声望

人们在很大程度上以消费者靠什么养活自己来区分他们在社会中所处的地位。职位声望是评价人们"价值"的一种方式。职位声望的层次划分在时间上趋向于稳定的，并且在不同社会中也是趋于类似的。

一个典型的等级应包括高层专业、商业职位的种类，比如，大公司的首席执行官、物理学家和大学教授；同时还应包括鞋匠、挖沟工人、清洁工人在内的在底层徘徊的工作。由于个人的职位与其业余时间的利用、家庭资源的分配、政治倾向等方面存在高相关性，所以该变量被看作是预测社会阶层的最佳单变量。

（2）收入

财富的分配决定了哪部分人最具有购买力和市场潜力，因此社会科学家以及营销人员对其表现出极大的兴趣。阶层间的财富分配是不平均的。占人口20%的富人控制着全社会80%的财富。不过人均收入并不是一个很好的社会阶层的预测源，而花钱方式更能说明问题。但是，人们需要用金钱来获得用以表明其品味的商品和服务，所以显而易见收入仍然是重要的。

（3）个人成就

个人成就一般指职业上取得的成就，同时它还包括其他非工作上的成绩，比如，对公共事业的支持、对他人的帮助等。一个人除了本职工作之外，有时还承担一些团体的社会工作，这就使他们逐渐按照一定阶层的期望形成自己的行为模式，包括购买模式，从而使他们归属于某一个阶层。

（4）交往

一个人平时与哪些人经常接触、如何待人及互相对待等，都有助于区分某个人所属的社会阶层，而且，经常与某一特定阶层的成员保持密切联系也是维持自己与该阶层关系的一种重要手段。不同阶层成员间的社会交往会受到无形的界限的限制。一个人经常与同阶层人员接触，对产品信息、商店的选择及品牌的挑选等都趋向于与他们保持一致。

（5）价值取向

由于同一阶层内的成员互动更频繁，他们会发展起类似和共同的价值观。这些共同的或阶层所属的价值观一经形成，反过来成为衡量某一个体是否属于该阶层的一项标准。不同社会阶层的人对艺术、对抽象事物的理解、对金钱和生活的看法所存在的不同看法，实际折射的就是价值取向上的差异。

（6）阶层意识

阶层意识是指某一社会阶层的人，意识到自己属于一个具有共同的政治和经济利益的独特群体的程度。人们越具有阶层或群体意识，就越可能组织政治团体、工会来推进和维护其利益。从某种意义上说，一个人所处的社会阶层是由他在多大程度上认为他属于此一阶层所决定。

一般而言，处于较低阶层的个体会意识到社会阶层的现实，但对于具体的阶层差别并不十分敏感。例如，低收入旅游者可能意识到星级宾馆是上层社会成员出入的地方，但如果因五折酬宾而偶然住进这样的宾馆，他或她对出入身边的人在穿着打扮、行为举止等方面与自己存在的差别可能并不特别在意。在他们眼里，星级宾馆不过是设施和服务更好、收费更高的"旅店"而已，地位和阶层的联系在他们的心目中如果有的话，也是比较脆弱的。相反，经常出入高级宾馆的游客，由于其较强的地位与阶层意识，对于星级宾馆这种"来者不拒"的政策可能会颇有微辞。

二、当代中国社会分层情况

中国社会科学院"当代中国社会结构变迁研究"课题组提出了以职业分类为基础，以组织资源、经济资源和文化资源的占有状况为标准来划分社会阶层的理论框架，并依照该框架将我国现阶段社会成员划分为 10 个阶层。

1. 国家与社会管理者阶层

国家与社会管理者阶层指在党政、事业和社会团体机关单位中行使实际的行政管理职权的领导干部，他们是整个社会阶层结构中的主导性阶层，也是改革开放以来的较大获益者之一。

2. 经理人员阶层

经理人员阶层指大中型企业中非业主身份的高中层管理人员。这一阶层的成员支配着大量的经济资源，均具备较高的学历和专业知识水平，也是社会主导阶层之一。这个阶层目前还在发展之中，但在地区之间的分布极不平衡。

3. 私营企业主阶层

私营企业主阶层指拥有一定数量的私人资本或固定资产并进行投资以获取利

润的人，其成员最初来自乡村和城镇社会的较低阶层。私营企业主阶层在社会阶层结构中所占比例约为 0.6%，地区间差距较大；私营经济发达地区可达 3%，而欠发达地区则在 0.3%以下。

4. 专业技术人员阶层

专业技术人员阶层指在各种经济成分的机构（包括国家机关、党群组织、全民事业单位、集体事业单位和各类非公有制经济企业）中专门从事各种专业性工作和科学技术工作的人员，他们是现代工业社会的中等阶层的主干群体。目前，专业技术人员在社会阶层结构中所占比例约为 5.1%，且在经济发展水平不同的地区差异很大。

5. 办事人员阶层

办事人员阶层指协助部门负责人处理日常行政事务的专职办公人员，主要由党政机关中的中低层公务员、各种所有制企事业单位中基层管理人员和非专业性办事人员组成。在目前的中国社会阶层结构中所占比例大约为 4.8%，在城市中其比例则有 10%～15%，而城乡合一的县（市）中，其比例在 2%～6%之间。

6. 个体工商户阶层

个体工商户阶层指拥有较少量私人资本（包括不动产）并投入生产、流通、服务业等经营活动或金融债券市场而且以此为生的人。比如，小业主或个体工商户、自我雇佣者或个体劳动者以及小股民、小股东、出租少量房屋者等。

7. 商业服务业员工阶层

商业服务业员工阶层指在商业和服务行业中从事非专业性的、非体力的和体力的工作人员。由于中国目前商业服务还不发达，所以这一阶层人员的经济状况与产业工人类似。

8. 产业工人阶层

产业工人阶层指在第二产业中从事体力、半体力劳动的生产工人、建筑业工人及相关人员。目前，整个产业工人阶层在社会阶层结构中所占的比例为 22.6%左右，其中农民工占产业工人的 30%左右。

9. 农业劳动者阶层

农业劳动者阶层是目前中国规模最大的一个阶层，是指承包集体所有的耕地，以农（林、牧、渔）业为唯一或主要的职业，并以农（林、牧、渔）业为唯一收入来源或主要收入来源的农民，他们在整个社会阶层结构中所占比例约为 44%。

10. 城乡无业、失业、半失业者阶层

城乡无业、失业、半失业者阶层是特殊历史过渡阶段的产物，是指无固定职业的劳动年龄人群（排除在校学生）。这一阶层目前在整个社会阶层结构中所占比例约为 31%，其中的许多成员处于贫困状态。目前，这一阶层的数量还在继续增加。

从上面的分层情况来看，与现代化的社会阶层结构相比，当前中国社会阶层结构还有很大的差距，但是，自从改革开放以来，中国社会阶层结构正在朝着现代化社会阶层结构演变，所以，可以说，一个现代化社会阶层结构的雏形已在中国形成。

三、不同社会阶层所引起的消费者行为差异

1. 在产品的选择和使用上有差异

在社会各阶层中消费者对于产品的选择和使用存在着很大的差异。处于较低社会阶层的消费者一般收入也较低，而低所得就限制了对住宅、服装和家具等能显示地位与身份的一些产品的购买。上层消费者的住宅区往往环境幽雅，室内装修豪华，购买家具和服装的档次、品味很高；中层消费者一般有很多存款，住宅也相当好，但相当数量的人对装修可能不是很讲究，服装、家具数量不少，高档的可能不多；下层消费者住宅环境一般较差，衣服和家具的投资较少。然而，下层消费者中的部分人员对生产食品、日常用品和某些耐用品的企业仍是颇有吸引力的。

2. 对价格心态的差异

低阶层的消费者倾向于把价格和质量联系到一起，他们认为一定的价格反映一定的商品质量。对于中层和中下层的消费者而言，他们对价格过低的产品总会产生怀疑，认为这必然意味着商品质量的低劣，他们更多追求的是适中的价格。但这并不排斥他们对打折商品感兴趣，特别是他们熟知的商品，或对质量要求不高的产品。而对于上层的消费者，他们评价和选择商品多是依据自己的喜好，注重商品的象征性。对他们而言，购买高价格的商品也是一种身份地位的体现，因此很多时候，价格和质量是可以脱离的。

3. 信息搜寻和处理上的差异

信息搜寻的类型和数量也随着社会阶层的不同而存在差异。低层消费者通常信息来源有限，对误导性和欺骗性信息缺乏甄别能力，出于补偿的目的，他们在购买决策过程中可能更多地依赖亲朋好友提供的信息。中层消费者会比较多的从

媒体上获得各种信息，而且会更主动地从外部搜寻信息。随着社会阶层的上升，消费者获得信息的渠道会日益增多。不仅如此，特定媒体对不同阶层消费者的吸引力和影响力也有很大不同。

4. 购物场所及方式上的差异

人们的社会地位的不同，其购买时所选择的商店也有很大的差别。根据克利夫兰城市的一份调查发现：68％的下层家庭主妇主要在闹市区采购，而中上层的家庭妇女只有33％的人在闹市区采购。一般而言，高阶层的消费者乐于到环境幽雅、品质和服务上乘的商店去购物，因为在这种环境里购物会使他们产生优越感和自信，得到一种心理上的满足；中层消费者比较谨慎，对购物环境有较高的要求，但也常常在折扣店购物；而低阶层的消费者在高档购物场所则容易产生自卑、不自信和不自在的感觉，因而他们通常选择与自己地位相称的商店购物。

对于社会的不同阶层，不仅对商店的选择不一样，而且对是否要到商店去买东西也存在不同的看法。处于高社会阶层的消费者，尤其是其中受教育程度较高的消费者会选择邮购、网上购物等方式，而低阶层的消费者则很少选择这种购物方式。

5. 对媒介选择的差异

在新闻媒介选择方面，各阶层也截然不同。与低阶层消费者相比，高阶层消费者更偏爱报刊杂志，而低阶层的消费者多是信息的被动接受者，因此电视是他们接触的主要媒介。此外，即使是在同一种媒介内，每一阶层的偏好也存在差异，正因为如此，现在的西方国家，不同的报刊杂志、电视节目都有其处于特定社会阶层的目标消费者。

6. 对消费和储蓄倾向的差异

研究认为，社会阶层的层次高低与消费倾向成反比，与储蓄倾向成正比。社会阶层越高，储蓄倾向越大，消费倾向越小；反之，社会阶层越低，则消费倾向越大，储蓄倾向越小。

7. 对购买数量的差异

低阶层的消费者许多时候习惯大批量地购买某些商品，一则可以因为买得多而获得一定的价格优惠或价格折扣；二来可以减少因某些商品涨价所带来的损失；三是可以减少购买次数，降低交易费用。一般而言，大量购买的习惯较少出现在高阶层消费者身上，这是因为他们更多地强调生活质量，比起冰箱里的速冻食品，他们更愿意消费当日鲜活的产品。另外，他们能够承担起让人送货上门的附加服务费，而且他们也无需为了获得那一点儿价格折扣而让自己的房间变成仓库。

8. 对娱乐、休闲方式的差异

高阶层的消费者更多的从事户外活动，这一点在西方表现尤为明显，他们多进行网球、高尔夫球、高山滑雪、海滨游泳等活动。而低阶层的消费者，一方面由于经济条件所限，无法从事那些高消费的娱乐活动；另一方面，由于他们中间大部分人本来就是体力劳动者，所以较少有开展户外活动的需要。此外，高阶层的消费者较少看电视，他们喜欢音乐会、时装表演、歌剧等时尚活动，而低阶层消费者则把电视、通俗小说作为消遣的方式。

四、社会阶层理论在营销策略中的应用

1. 细分市场

不同社会阶层消费者在服装、家具、电器、娱乐产品、金融服务及食品购买上的差异为营销人员细分消费者提供了基础。例如，高阶层消费者在购买电器时强调款式和颜色，而低阶层消费者却更加重视电器的工作性能。在这种情况下，不同的产品品种应适合于不同的社会阶层细分市场。有些公司针对不同社会阶层的不同影响进行了一定的调整。比如，雀巢公司意识到发展中国家的中产阶级正在兴起，因此计划在埃及、印度及巴基斯坦等发展中国家设立制造分厂，以便于向这些国家的中产阶级出售产品。

2. 消费者忠诚

比较而言，高阶层消费者具有更高的品牌忠诚度。这是因为某类商品中的高档品相对较少，而其中那些信誉好、知名度高的品牌就更少，这使得高阶层消费者的选择余地也较少。而对于低阶层的消费者，他们购买多个生产厂家的大众商品，因此，选择的余地也较大，他们可以根据自己不同时期的需要和厂家提供的不同优惠条件来不时的变换口味。对于生产高品位产品的企业来说，使高阶层的消费者感觉自己的购买行为既符合自身的社会地位又保持独特的消费风格。而对于生产大众商品的企业，可以更多的采取优惠策略以吸引低阶层消费者。

3. 对广告的反应

由于社会阶层的不同，消费者的价值观有很大差别，对于信息的反应也不相同。企业必须确定自己的广告所使用的语言和象征便于能够被特定的社会阶层所理解和接受。例如，工薪阶层和低阶层消费者更容易接受真实感很强的广告，尤其是那些展现积极生活态度、坚持不懈地工作和生活、充满精力、解决现实问题地广告。与此相对照，高阶层消费者更青睐于那些微妙的象征手法。有鉴于此，广告商们必须了解各阶层所习惯的语言，针对他们的不同偏好和需要，设计适合

的广告文案和图画。

4. 产品开发

不同阶层的消费者对产品特性和款式的反应都是不同的。有关调查发现，中层消费者对装饰性或现代式电话毫无兴趣，他们想要的仅仅是能正常工作的电话。与之相反，低阶层的消费者则非常看重不同设计、不同颜色的电话。这些表明，如果企业的目标市场是中层消费者，就不应该开发装饰性电话，而如果目标市场是低层消费者，则应该大力开发这一产品。

5. 分销渠道

我们在前面提到，不同阶层的消费者购物时，对商店的选择也有很大的差别。由此可以得知，社会阶层特征可以为产品分销策略提供指导性方针。如果目标市场是低阶层的消费者，那么毗邻这些消费者居住地区的商场就应成为向这些消费者提供产品的主渠道。如果目标市场是上层消费者，那么不但要使产品进入正规高档的百货公司，还可以利用网络进行营销。

第四节　社会角色及参照群体对消费者行为的影响

一、消费者的社会角色定位

1. 社会角色的概念

如果给"社会角色"下一个最一般的定义，那么可以认为，社会角色是指与人们的某种社会地位、身份相一致的一整套权利、义务的规范与行为模式，它是人们对具有特定身份的人的行为期望，它构成社会群体或组织的基础。具体说来，它包括以下四方面涵义：第一，角色是社会地位的外在表现，社会地位是人们在社会关系体系中所处的位置，人的社会关系是多方面的，如血缘关系、地缘关系、业缘关系等，因而人的社会地位也是多方面的。社会中的人无不处在一定的社会地位上，社会地位总要通过角色表现出来，角色是地位的外在的、动态的表现形式，而地位则是角色的内在依据。第二，角色是人们一整套权利、义务的规范和行为模式；第三，角色是人们对于处在特定地位上的人们行为的期待；第四，角色是社会群体或社会组织的基础，社会群体或者社会组织是人与人之间形成的一种特定的社会关系，而这种社会关系的网络就是由社会角色编织而成的，如果失去了这些角色，社会群体与组织也就不复存在。

2. 文化与消费者的角色体现

特定文化环境必然对一定范围内的每一个成员产生直接或者间接的影响，从而形成一种可了解和有着共同特征的社会价值观、生活方式、风俗习惯、审美需求、消费观念等。具体地讲就是：文化为人们提供了看待事物、解决问题的基本观点、方法和标准；使人们建立起是非标准——哪些是该做的，哪些是不该做的。我们也应该看到这种影响是一种潜移默化的作用，而不是立竿见影的。而且，由于现代社会的复杂程度不断提高，它对人的影响变得更加不易让人捉摸。使得企业在把握其消费者的喜好方面，难度相应增加；也使设计师的工作变得更加困难。因此企业和设计师对本土化（特定文化）文化的研究也就变得更加的重要和迫切。

　　作为一个面向终端产品的设计师或者企业，也许你在设计产品时可以不予理会这些，但可以说，你在销售时肯定将面临巨大麻烦。因为大部分有中国文化背景的人，都比较重视家庭伦理，好面子、喜炫耀，重视情感交流和人际关系，而且对美好的祝愿和向往也看得非常重。因此，中国人特别重视各个节日，也形成了很多忌讳和偏好，例如，对不同颜色在不同场合的运用都有着很特殊的要求。这对于一个要占领中国市场的企业和一个要引导中国消费趋势的设计师来讲，使产品设计本土化——研究本土文化，是绝对必要的。

　　我们知道，在设计产品时常用的一个方法就是先确定设计产品的目标群，即对消费群细分，根据消费群设计产品。而文化也存在这一概念，这是值得我们注意的一件事。就我国而言，在大的统一文化背景下，存在着诸多小的有着很大区别的亚文化区域，如岭南文化、上海文化、京派文化等都有着很强的代表性。这一状况对于国内外企业来讲也是必须注意的，不要用一个标准一种形式去通吃天下，而应针对不同亚文化消费者群体的特点采取细分化的本土化策略，这样才更加有利于把握市场，赢得主动。

3. 角色设计的方向

　　我们分析了人（消费者）、文化及人（消费者）和文化的关系，并详细论述了文化对消费者可能造成的影响。那么很显然，产品设计师该做什么也就变得很明确了，就是研究文化，寻求在特定文化背景下形成的，具有普遍意义的消费观、审美观、价值观及处世态度和人际关系、思维方式等，从而应用文化做可以真正满足特定文化下消费者需求的设计。对于隐藏在现象下的本质、精髓这类东西，才是我们设计师研究文化的要旨所在，这比从故纸堆中抄几个纹样，弄几个造型，要有意义得多。

　　从文化对人的影响的归纳，对于设计师在展开设计时，找到角色设计这个方向很有意义。受所在文化环境的影响，消费者之间形成不同的个性心理特征群，从而形成各种不同的角色，如社会角色、家庭角色等。这种不同表现为对产品的不同需求。他们借助产品来满足各自的角色需求，人为地赋予产品以不同的精神功能，也就是不同的产品观。

因此在设计新产品时，一方面要考虑产品的性能、结构等最基本的共性要求和必要条件——功能性；另一方面还要考虑产品的独特个体属性——精神性，使新产品同时具备可满足人们在不同角色转换时的情感要求，这也是使自己产品具有区别同类产品最有价值的手段之一。产品的这种属性不是设计师设计出来的，也不是企业创造的，而是在不同的文化背景影响下，形成的特殊消费观，它是消费者要求的，进一步说是一种文化的产物。

二、消费者选择产品时的角色心理特征

1. 产品充当的角色分类

在一定文化背景下产品主要充当的角色有以下四种。

（1）体现个人高贵身份

充当这种角色的产品，必须能够标明消费者的身份、地位，表现其个人成就，如高档手表、名牌服装、高级轿车、高档手机等。这类产品的设计，要考虑选用贵重的材料、豪华的款式、考究的工艺、一流的质量、稳重的色彩、精美的包装，而且产品的产销量要严格控制，价格要昂贵。

（2）体现年龄特征

在人的生命周期中，要依次经过儿童、青年、中年、老年等阶段。在不同的年龄阶段，人们的生理与心理特征都是不同的，对产品的要求也有所不同。这类产品设计时，就要认真地研究不同年龄段的特殊要求。

（3）满足自尊和自我实现

人类的需求规律表明，当人们的基本物质需要得到满足后，精神上的各种需求会逐渐产生。人们一方面渴望得到他人及社会的承认和尊重；另一方面还要求不断提高自己的能力水平，以求得事业的成功和个人价值的实现。为此，购买装饰品、美容用品、学习用品以及有助于提高某方面技能的专门用品时，人们会刻意寻找和要求有助于增强自尊、社会尊重和自我价值实现的商品。产品在满足这一角色要求时，可发展的空间是很大的，这就要求把相关要素灵活运用到产品设计中，以使产品达到满足人们追求自尊和自我实现等高层次要求。

（4）充当情感的代言者

现代社会，消费者已经不再把产品作为单纯的消费对象。在强调产品实用性的同时，人们越来越注重产品所承载的情感内容，即希望通过产品获得某种情绪感受，满足特定的感情需要，如表达友情、亲情、寄托希望、向往；展示情趣、格调、追求回归自然、返璞归真等。为此，产品在设计时应特别注意文化因素的运用，在人们的习俗、喜好、价值观、民族心理等方面下工夫，寻求可传达感情的载体，并巧妙的转化为设计语言，使产品蕴涵丰富的感情色彩，以满足消费者的感情需要。

2. 切入点的角色意义

消费者行为学属于微观学科，它的切入点是消费者。应该特别指出的是，消费者行为学里所涉及的消费者，与经济学或一般文献中所提到的消费者的内涵与外延是不一样的。很多学者认为接受免费产品和服务，甚至某种理念、思想的人都算是消费者。这就使得消费者行为研究的意义更加广泛，对政府决策也会产生重大影响。如政府提供公共服务，立法加强对消费者的保护，并提升消费者在评价产品和服务上的能力等方面都得益于对消费者的研究。

基于消费者研究内涵的拓宽，企业的营销管理也因此赋予了新的意义。20 世纪 70 年代以前，人们只强调市场营销要以顾客为导向，以顾客满意为最高宗旨，因而是一种纯粹的经济行为。20 世纪 70 年代以后，人们开始关注市场营销的社会、伦理和生态等宏观层面的问题。并认为，企业通过市场营销除了适应环境变化、满足消费需要并实现企业利润以外，还必须主动地遵守社会伦理、维护法律和保护环境。拓宽消费者含义与这种观念和理念的转变是相适应的，并有助于企业实践这种转变，树立良好的社会形象。

此外，还可以从另外一个角度来理解消费者含义的拓宽，即消费者在整个消费行为中的不同角色。比如，当消费者发现哪些需要或需求没有得到满足并决定改变这一状态时，他就成为消费行为的"发起者"。当他有意识或无意识地通过言辞、行为去影响购买决策，实现购买行为和对产品、服务的使用时，就成为"影响者"。当他实际执行选择、采购行为时，就成为"购买者"，当他直接卷入消费或使用产品、服务过程中，就成为"使用者"。可见，研究消费者行为时，如果只顾及其中一种角色是不完全的。但这并不意味着在任何情况下提及消费者都必须涵盖上述所有角色，也并不意味着研究消费者行为时，不可以只选择其中一个或几个角色及行为来进行研究。事实上，"购买者"是消费者中最主要的含义。

市场营销学也属于微观学科，但它的切入点是企业，研究的是企业营销管理。因而，与市场的关系可以表述为市场→企业营销管理，即企业的市场营销管理必须以市场为导向。而消费行为学研究的是消费者行为→市场，即消费者及其各种行为构成的复合整体会影响市场的运行，甚至从某种角度来说，它构成（消费）市场本身。这样，从联系的观点看，这二者的关系可以表述为：消费者及其行为→市场→企业营销管理。市场自然成了联系消费者与企业的中介与纽带。

3. 角色因素对消费者社会地位的影响

一个人在一生中会参加许多群体，如家庭、俱乐部以及各类组织。然而，每个人在各群体中的位置可用角色和地位来确定。角色是周围人对一个人的要求，是指一个人在各种不同场合中应起的作用，每一个角色都将在某种程度上影响一个人的购买行为。

每一角色都伴随着一种地位，这一地位反映了社会对他的总体评价。最高法院法官这个角色要比品牌经理角色地位高；同样，品牌经理角色的地位比一般职员高。人们在购买商品时往往结合自己在社会中所处的地位和角色来考虑。如果公司文化允许摆阔气的话，公司总经理们就会坐奔驰轿车，穿昂贵而考究的定制西服，喝苏格兰骑士王酒。营销人员已经意识到产品成为地位标志的潜力。但是，地位标志会随着不同社会阶层和地理区域而有所变化。例如，在纽约流行的地位标志是慢跑上班，钓鱼和打猎以及男子美容术；芝加哥人的地位标志是通过商品目录购买物品，吃新月型小面包、墨西哥肉饼和在车内安装电话；旧金山人的地位标志是搞空中滑翔，吃新鲜、现做的意大利通心粉和穿艾德衬衫。

三、角色与消费者购买行为的关联集合

1. 超载、冲突与演化

角色超载是指个体超越了时间、金钱和精力所允许的限度而承担太多的角色或承担对个体具有太多要求的角色。比如，一位教师既面临教学、科研、家务的多重压力，同时又担任很多的社会职务或在外兼职。此时，由于其角色集过于庞大，他会感到顾此失彼和出现角色超载。角色超载的直接后果是个体的紧张、压力和角色扮演的不称职。

角色冲突是指角色集中不同的角色由于在某些方面不相容，或人们对同一角色的期待和理解的不同而导致的矛盾和抵触。角色冲突有两种基本类型，一种是角色间的冲突，一种是角色内的冲突。很多现代女性所体验到的那种既要成为事业上的强者又要当贤妻良母的冲突，就是角色间的冲突。

角色演化是指人们对某种角色行为的期待随着时代和社会的发展而发生变化。随着越来越多的女性参加工作和女性在家庭中地位的上升，传统的男、女角色行为已经或正在发生改变。在我国的很多家庭尤其是城市家庭，洗衣做饭、照看小孩、家庭清洁、上街购物等各种家务活动，越来越多地由夫妻共同分担，在有些家庭甚至更多地由丈夫分担。角色演化既给营销者带来机会也提出挑战。例如，妇女角色的转变，使她们同男性一样可以从事剧烈运动，许多公司因此向妇女提供各种运动用品和运动器材；职业女性人数的日益增多，使得方便女性携带和存放衣物的衣袋应运而生；妇女在职业领域的广泛参与，改变了她们的购物方式，许多零售商也因此调整其地理位置和营业时间，以适应这种变化。研究发现，全职家庭主妇视购物为主妇角色的重要组成部分，而承担大部分家庭购物活动的职业女性对此并不认同。显然，在宣传产品和对产品定位的过程中，零售商需要认识到基于角色认同而产生的购物动机上的差别。

2. 转化形成关联

在人的一生中，个人所承担的角色并不是固定不变的。随着生活的变迁和环境的变化，个体会放弃原有的一些角色，获得新的角色和学会从一种角色转换成另外的角色。在此过程中，个体的角色集相应地发生了改变，由此也会引起个体对与角色相关的行为和产品需求的变化。当你大学毕业后，走上工作岗位，你会发现很多原来非常适合你的产品如服装、手表、提包等，很可能需要重新购置。新的角色会在穿着打扮、行为举止等多个方面对你提出新的要求，从而使你感到适合学生角色的那些产品，很多不适用于新的角色。这无疑为企业提供了很好的营销机会。

这样所产生的关联产品集是承担某一角色所需要的一系列产品，这些产品或者有助于角色扮演，或者具有重要的象征意义。例如，与牛仔这一角色相关的靴子，最初具有实用功能。尖型靴头可以使脚快捷而方便地踏进马蹬里；高高的后跟使脚不至于从马蹬中脱离；高靴沿保护骑手的踝部免受荆棘之苦等。今天，虽然城市牛仔已经很少骑马了，但牛仔角色仍然离不开靴子。实际上，靴子在象征意义上与牛仔角色相联系。角色关联产品集规定了哪些产品适合某一角色，哪些产品不适合某一角色。营销者的主要任务，就是确保其产品能满足目标角色的实用或象征性需要，从而使人们认为其产品适用于该角色。计算机制造商强调笔记本电脑为商人所必需，保险公司则强调人寿保险对于扮演父母角色的重要性，这些公司实际上都是力图使自己的产品进入某类角色关联产品集。

四、参照群体对消费者购买行为的影响

1. 参照群体的影响力

一个人的行为受到许多群体的强烈影响。一个人的参照群体是指那些直接（面对面）或间接影响个人看法和行为的群体。参照群体可分为 4 类：一是对个人影响最大的群体，如家庭、朋友、邻居和同事等；二是影响力较次一级的群体，如个人所参加的各种社会团体；三是个人并不直接参加，但影响也很显著的群体，如社会名流、影视明星、体育明星等，这被称为崇拜性群体，这种崇拜性群体的一举一动会成为人们模仿的样板。还有一种群体叫隔离群体，它是一种其价值观和行为被一个人所拒绝接受的群体。营销人员总是试图识别他们的目标顾客的参照群体，并运用参照群体对消费者施加影响，扩大产品销售。

2. 参照群体中消费者的购买行为选择

消费者购买行为的角色发挥在群体中会受到直接或间接的影响。参照群体使一个人受到新的行为和生活方式的影响，还影响个人的态度和自我概念，因为人

们通常希望能迎合群体。此外，参照群体还产生某种趋于一致的压力，它会影响个人的实际产品选择和品牌选择。参照群体影响的水平在各产品和品牌中并非都是相同的。美国科学家亨顿曾要求 200 名消费者具体指出有哪些产品和品牌受别人的影响。亨顿发现，就汽车或彩电而言，参照群体对产品和品牌两方面的选择都影响很大；而对家具和衣服这样一些项目的品牌选择具有很大影响；对啤酒和香烟这样一些项目的产品选择具有很大影响。

参照群体的影响力随产品生命周期的变化而变化。当产品处于初次导入阶段时，消费者的产品购买决策受别人的影响很大。但是，其品牌选择则受别人影响较少。在市场成长阶段，参照群体对产品及品牌选择的影响力都很大。在产品成熟阶段，受别人对品牌选择，而不是对产品选择的影响甚大。在产品衰退阶段。群体对产品选择和品牌选择的影响都较小。

对受到参照群体影响大的产品和品牌制造商来说，必须设法接触有关参照群体中的"意见带头人"。意见带头人分散于社会各阶层，某人在某一产品方面可以是意见带头人，但在其他产品方面也许只是意见的追随者。营销人员力图通过认识并掌握与意见带头人有关的一些个人特征，确定他们阅读的新闻媒体，向他们传递信息等方式来接触意见带头人。对那些受购买者尊敬的人所看得见的产品而言，参照群体的影响较大。参照群体的凝聚力越强，其沟通过程越有效，人们也就越尊敬它，它对人们在产品和品牌选择方面的决策影响就会越大。

第五节 消费者行为中的文化价值观与消费崇拜

一、文化价值观与消费者购买行为

1. 文化价值观对消费者购买行为的影响

价值观是关于理想的最终状态和行为方式的持久信念。它代表着一个社会或群体对理想的最终状态和行为方式的某种共同看法。因此，文化价值观为社会成员提供了关于什么是重要的，什么是正确的，以及人们应追求一个什么最终状态的共同信念。它是人们用于指导其行为、态度和判断的标准，而人们对于特定事物的态度一般也是反映和支持他的价值观的。

对消费者行为影响最为深刻的是文化价值观。文化价值观可分为有关社会成员间关系的价值观、有关环境的价值观、有关自我的价值观三种类型。在不同的文化价值观指导下，人们会有迥异的行为。中国文化有其自身一系列特点和孕育这些特点的核心价值观，如求是务实、先义后利等。这些价值观以及与之相伴随的文化特点在消费者购买的各阶段都会有所体现。

有关人们之间关系的价值观反映的是一个社会关于该社会中个体与群体、个体之间以及群体之间适当关系的看法。这些关系对于营销实践有着重要影响。比如，在自己与他人关系上的价值观：人们在自己与他人之间的关系上，在相对强调个人利益和自我满足，还是相对强调社会利益和满足他人方面，会表现出不同的价值取向。在个人与集体关系上的价值观：不同的社会文化在对待个人与集体关系上会有不同的价值取向。有的社会强调的是团队协作和集体行动，并且往往把成功的荣誉和奖励归于集体而不是个人；相反，有的社会强调的是个人成就和个人价值，荣誉和奖励常常被授予个人而不是集体。还有在竞争与协作关系上的价值观：不同的社会文化对于竞争与协作的态度会有所不同，在有的文化价值观中，人们崇尚竞争，信奉"优胜劣汰"的自然法则，在另一些文化价值观中，人们则倾向于通过协作而取得成功。上述不同方面的价值观往往能从不同的文化对比广告的反应中表现出来。

有关环境的价值观反映的是一个社会关于该社会与其经济、技术以及自然等环境之间关系的看法。这些价值观对于消费者行为也具有重要影响，并最终影响着企业营销策略的选择及其成败。比如，在个人成就与出身关系上的价值观：一个社会在强调个人成就或家庭出身方面的文化差异，将导致这个社会把经济、政治和社会机会平等或不平等地给予不同的个人或集团。在一个个人成就取向的社会里，机会、报酬和具有较高荣誉的社会职位会被更多地提供给那些个人表现和成就突出的人。在这样的社会里，任何社会集团都不具有特权。另一方面，在一个重视家庭出身和家庭背景的社会里，个人的机会往往取决于他的家庭、家庭的社会地位及其所属的社会阶层。

有关自我的价值观反映的是社会各成员的理想生活目标及其实现途径。这些价值观对企业的市场营销具有重要的影响。例如，在一个及时行乐的社会里，消费信贷有着巨大的市场；而在一个崇尚节俭的社会里，消费信贷的推行将是艰难和缓慢的。

在不同的文化氛围下，有不同的礼俗、象征，有不同的关于时间、空间、友谊、契约方面的理解和看法。这些均会极大的影响消费者行为。企业只有了解各种文化环境中上述因素的差异，才可能更加有效的制定广告、促销等方面的策略，才能在多文化的市场上游刃有余。

2. 文化价值观对市场营销管理的启示

对提高生活质量的产品，重点应凸现产品的品质、性能，但对满足第三层次需要的产品，促销不应局限于产品本身，而必须运用各种理论，赋予产品一定的形象与含义，并使之与人们的文化价值观念相一致。

比如，目前全新的生态和谐价值观认为：大自然中的所有组成部分——不仅仅是人，还包括其他物种和物质，都具有与生俱来的价值。人类有义务管理好地球，促进人类和地球的可持续和共同发展。随着这一生态和谐价值观的形成和强化，人们的消费行为也发生了相应改变。最突出的有两点，一是一部分人的物质占有欲减弱，不再是追求更多、更大，而只求通过一定的资源消耗和产品占用，来最大限度地满足自己的需要。这一变化给市场营销管理的启示是，要由过去那种鼓励人们大量购买和消费、人为淘汰"过时"产品来刺激人们的消费欲望的做法，转向给消费者带来"价值"。专家们认为，"价值营销"已应运而生。它的精神实质是，提供能实际使用的产品；给消费者带来比期望的更大的"价值"；加强产品销售服务保证；去掉价格中不合理的费用；告知顾客有关产品的真实信息和事实；企业应与顾客建立良好的关系等。

　　另一方面的变化是，进入 21 世纪，第三代消费群体日渐成为消费主力，他们将更重视个性与独特的感受，感性消费趋势正在上升。随着对新价值的强调，更多不高贵而被低估了的产品从中受益。消费者比以往更加追求简单而内涵丰富的生活，对自然与环保的关心将是一个时髦的话题。人们崇尚"回归自然"，信奉"简单的就是好的"。对接近自然界的产品易于接受，而对附加了太多人工的、科技的因素的产品心存抵触。这表现在产品的各个领域，如服装要求自然的棉麻纤维；化妆品要求由草本植物提炼，具有自然芳香；医药要求成分简单，没有副作用；食物要做到健康、绿色；居室要求营造大自然的气息，环保无污染等。

二、购买行为中的消费崇拜

1. 消费崇拜的指向

　　崇拜性是指对某个品牌的忠实消费者，在消费此类产品时非此类品牌不可。这种类型多见于一些非常成功的大品牌或是老品牌。比如，有些消费者购买乌鸡白凤丸一定要同仁堂的，吃烤鸭自然是非全聚德不可；再比如，有些老板有了钱后必定要买一辆奔驰或是宝马轿车。这种类型的消费者，哪怕其他竞争产品促销力度再大也不会打动他们的心、改变他们的消费选择。这类品牌给予消费者的不仅是产品的物质利益，还附加着极为丰富的精神利益，同仁堂附加的是放心，全聚德附加的是文化，奔驰或宝马附加的是身份，这种精神利益是同类竞争产品所无法动摇或取代的。一位经理在写文章或给客户做方案时永远少不了一支派克笔，原因是他说每次用派克笔写的文章或做的方案都会顺利的发表或得到客户的认可，换了其他笔他就没有这种把握或感觉，这种对品牌的偏好几近到了痴迷的程度。如果把两种利益划分比例，双方至少是对半，甚至在一定程度上精神利益要远高于物质利益。

　　另一方面，随着品牌营销战的日益升温以及价格战等综合因素影响，今天的消费者常常会抛弃某个品牌而转向另一个品牌，品牌忠诚度日渐降低，企业争取和保证消费者忠诚的难度越来越大。

　　而随着网络的兴起和个性消费时代的来临，热情的消费者希望他们所拥有的品牌能够成为一种表现个性的形式。为此，他们常通过品牌网站提出自己的想法和异议，也借助这个平台与更多的同品牌消费者进行互相交流，进而更深一步加强对该品牌的信任和希望。在网络等现代发达通讯工具的帮助下，企业与消费者的关系正逐渐发生深层的改变，力量对比的天平或者更倾向于消费者。很多新生的、融合时尚文化、充满鲜明个性、与网络一起成长的年轻品牌，正欣喜地享受着这种改变带来的利益。甚至有越来越多消费者试图或习惯按照自己的想法改造产品和服务，以参与者甚至主导者而不是单纯消费者的身份与品牌展开对话和交流。而一旦与某个品牌建立了这种关系，他们也将不再与该品牌若即若离，而开始变得更为主动的消费。

2. 消费者重新演绎崇拜心理

　　如今的消费崇拜是一种特定形式的思想观、消费观、生活观。这种思路通过产品、形象、个性、文化等各个方面展开整合的心理攻势，而不是单一的突破。消费者在自己拥有某种产品的某些特权（如话语权、建议权等）的基础上，对产品的忠实有如宗教信徒般，并且有意区别其他品牌的消费群针对所爱品牌而自我设立了一套规定明确、实施严格的价值体系制约，同时将该品牌提供的一系列的满足，包括物质、精神、个性等，自觉向其他消费者推介。同时还建立品牌爱好者网站，积极参加该品牌举办的各种活动，并为自己是某品牌的追随者而感到骄傲等。

　　大多本土品牌依旧完全沉浸于规模效益的发展梦想中，而对与消费者建立独特的品牌崇拜关系毫无紧迫感，这对于它们今后全球化的竞争不能不说是一种隐忧。关于强化消费者品牌崇拜的深刻认识，并非只是年轻品牌或弱小品牌的事，在这个飞速变幻的市场环境里，很多跨国品牌也已经意识到了与消费者建立特殊沟通交流的重要性和利益回报。比如，品牌价值达441亿美元的通用电气（GE）公司，就在其网站上开辟了诸如"GE画笔"之类的大众娱乐互动界面，包括全球最大的广告品牌之一的奥美也采取了类似的界面，登陆这些品牌网站的消费者和客户能够用这种工具随心随意勾画出风格各异、情趣纷呈的图画。这使得品牌更具亲和力和凝聚力，从而招徕更多的追随者。

小　　结

　　本章主要阐述了文化、文化价值观、社会阶层、社会角色对消费者行为的影响。具体包括国际营销中的跨文化因素；社会阶层对消费者行为的影响及企业的营销对策；社会角色及参照群体对消费者行为的影响；消费者行为中的文化和伦理问题；以及文化价值观对消费者行为的影响及对市场营销的启示等。

1）文化是历史的、社会的现象，每一个社会都有与之相适应的社会文化。人类创造了文化，但文化反过来对人类生活的各个方面都产生了深远的影响。文化的定义有广义与狭义之分。广义的文化是指人类社会历史实践过程中所创造的物质财富和精神财富的总和，因此又称为社会文化。狭义的文化是指社会的意识形态，以及与之相适应的制度和组织机构。文化具有习得性、发展性、社会性、民族性、观念性。本节还阐述了中国传统文化及其对中国消费者的影响。中国传统文化包括：注重伦理、重义轻利、群体感强，注重规范以及理性优先。亚文化是某一文化中的细分部分，在它的影响下，人们具有明显不同的行为方式。亚文化的划分纬度有地理、性别、年龄、民族、宗教等。

2）经济全球化使跨国经营成为不可逆转的潮流，然而在不同国家，消费者的购买行为具有很大的差别，这主要是因为文化差异而产生的。语言、价值观、风俗习惯、自我认同、审美观、物质文化、宗教等文化因素都会使消费者的行为产生差异。然而，随着经济全球化发展，世界各族人民的价值观、消费观将不断融合并发生显著变化，消费者的要求和期望也将不断提高。本节还介绍了跨文化分析，以及全球营销中两种战略的选择，即标准化战略和适应性战略。

3）社会阶层是由具有相同或类似社会地位的社会成员组成的相对持久的群体。它的特征包括展示一定的社会地位、多维性、层级性、限定性、同质性、流动性。社会阶层对消费者的影响包括：对产品的选择和使用上的差异、对价格心态的差异、信息搜寻和处理上的差异、购物场所及方式的差异、媒介选择的差异、消费和储蓄的差异、购买数量的差异、休闲、娱乐方式的差异。社会阶层理论可以应用在市场营销的各个方面，包括细分市场、消费者忠诚、对产品的反映、产品开发、分销渠道等。

4）社会角色是指与人们的某种社会地位、身份相一致的一整套权利、义务的规范与行为模式，它是人们对具有特定身份的人的行为期望，它构成社会群体或组织的基础。本节讨论了消费者选择产品时的角色心理特征，以及角色因素对消费者心理的影响。

5）价值观是关于理想的最终状态和行为方式的持久信念。它代表着一个社会或群体对理想的最终状态和行为方式的某种共同看法。对消费者行为影响最为深刻的是文化价值观。文化价值观可分为有关社会成员间关系的价值观，有关环境的价值观，有关自我的价值观三种类型。购买行为中的消费崇拜也是值得企业关注的现象。

思　考　题

1. 文化的特征有哪些？
2. 亚文化的划分纬度有哪些？
3. 试述标准化战略与适应性战略。
4. 论述社会阶层对消费者行为的影响。
5. 论述社会角色对消费者行为的影响。
6. 论述文化价值观与消费者行为的关系。

第十六章　消费者行为与营销组合策略

消费者行为学作为一门应用型学科，研究消费者心理与行为的目的在于通过掌握其特点和内在规律，有效地指导企业的营销实践。因此，消费者行为与市场营销的核心内容——营销组合策略有着极为密切的关系。一定意义上可以说，任何成功的企业，其营销组合策略的制定无一不是建立在适应目标消费者的心理需要基础上的；另一方面，营销组合策略的实施效果也最终要通过消费者的购买行为加以实现。为此，有必要深入具体地研究在新产品开发与推广、价格制定与调整、广告宣传、整合传播、品牌建设、购物环境设计等方面，如何针对消费者心理与行为特点制定有效的策略。

第一节　新产品开发与推广心理策略

不断推出新产品是企业充满活力的标志。但是，并非所有新产品都能在市场上取得成功，其中的关键在于能否使消费者从心理上认可和接受新产品。为此，有必要从心理学的角度研究如何使新产品的设计满足消费者的心理要求，在新产品推向市场的过程中怎样制定正确的心理策略，以便为企业设计和推广新产品提供依据。

一、消费者的新产品购买动机

消费者之所以产生各种购买行为，是由于存在着多种未满足需求。这些需求作用于消费者的主观心理，从而激发其形成各种各样的购买动机，表现出强烈的购买欲望。因此，消费者的购买动机是消费者进行购买活动的直接驱动力，也是一切消费行为的作用基础。从而，对消费者购买动机的调查和研究，已成为企业市场调查研究和产品开发需求分析的不可缺少的内容。消费者的购买动机主要取决于需求的内容和状态，同时与消费者所处的时代、周围环境及个人经历等因素密切相关。从我国目前情况来分析，消费者的新产品购买动机大致有以下几种。

1. 实用性动机

由于目前我国人民的生活水平，特别是中西部地区还是比较低的，所以大部分消费者购买商品的主要动机出自实用。他们在购买商品时比较注重其内在的质量和价格，力求购买质优价廉的商品。但是，随着生活水平的不断提高，人们对产品的外观、样式和包装等外在的要求也日益提高。

2. 求美、求新的个性化动机

爱美是人的一种本性，所以，许多消费者都会出于求美的动机而从事购买活动。特别是年轻人和妇女持有较强的求美求新动机。另外，由于个性的差异性会导致某些消费者购买商品时追求与众不同，从而产生猎奇的购买动机。

3. 情感动机

人皆有感情，人的各种感情也会通过他的购买活动表现出来。消费者购买的商品不仅仅是为了满足自己某个方面的生理需要，还常常为了满足自己的某种感情的需要，特别是在当今物质比较丰富的时代。消费者购买活动的情感动机，不仅体现了其个人的爱、恨、喜、哀等自我的感情，还表现了消费者作为社会的一员，履行其社会义务而产生的责任感、道德感和理智感等。

4. 癖好动机

有的人购买某种商品则是出于其对某种事物的兴趣和爱好。

5. 期望动机

消费者对生活的期望或态度也会诱发某种购买动机，这类购买动机就是我们所说的期望动机。

6. 优越动机

还有一些消费者，购买某些商品的动机是为了显示自己比他人优越。有时消费者的购买动机是模糊的、不清晰的，处在潜意识状态。因此，对于企业来说，不仅要满足消费者的需求，而且要利用各种方式刺激消费者的购买欲望，促使消费者产生各种购买动机。

二、新产品开发的类型

1. 改进型

它是指在原产品基础上采用各种改进技术研制而成的产品。通常是保持原产品的基本用途不变，而在设计、造型、外观、用料等方面部分改进或稍加改变，使该产品的性能、质量有所提高，或者效用有所扩大，能满足消费者更多更高的需求，而价格也不会提高过多，所以易于博得消费者的欢心。

2. 革新型

它是在已有产品的基础上采用新技术、新材料、新工艺等对原有技术进行较大革新而研制成的新产品。这种产品不仅在外部形态上有所创新，而且在原材料、结构、功能上也有较大的创新和发展。这类革新性新产品不仅提高了产品的使用功能与实用效果，而且给消费者带来新的利益与心理上的满足感，有的产品亦可能对原有消费方式带来一定的影响，如全自动洗衣机就使消费者洗衣方式发生较大变化。然而它并不形成全新的消费方式。

3. 全新型

它是指采用新原理、新结构、新材料、新技术等研制成的完全新式的产品。全新型产品与市场上原有的产品没有雷同之处，如数码照相机、可在碟片上录像的新型录像机、不用洗衣粉的洗衣机等。这类新产品的问世使人们的消费方式、生活方式发生一定的变化。例如，电子书包的应用将会改变学生们背着沉重书包去上学的方式。未来书籍、报纸电子化也将在出版业、印刷业掀起一场革命。可以肯定，图书馆、家庭藏书都可以由光碟来代替。科学技术威力无穷，产品革命将不断出现。可以肯定，21 世纪将使人们生活方式、消费方式出现更大的变革。

三、新产品开发必须适合消费需求的变化

新产品的设计创意应注意消费心理与消费方式的新要求、新变化。这些变化大致有以下几个方面。

1. 消费心理的变化

（1）追求流行时尚的心理增强

随着收入水平的提高，我国消费者中已有相当一部分具有追求流行时尚的经济能力。因此在产品开发设计创意时应赋予产品更多的流行时尚的内涵与外在表现，以满足消费者求新求奇、追求时尚的心理需求。设计中应突出"创新"，使产品具有多项新特点：具有新原理、新结构、新构思、新造型、新款式；尽可能采用新材料、新工艺；使产品具有新性能、新特点；使产品具有新用途，能占领新市场。对生命周期短的商品，应及时开发更新的替代产品，及时掌握消费需求动向。

（2）消费者对商品满足地位、威望的心理需求增强

现代社会中人的地位、威望是个人事业成功的重要标志之一，也是某种社会阶层的象征。不同阶层的消费者在购买消费品时常常会考虑到应保持与本阶层成员的地位、威望相协调。目前，这种心理需求在社会、高层人士中十分常见。例如，虽然电子石英表走时的精确程度大大超过机械表，但瑞士的钟表商还在限量手工制作价格昂贵的机械手表。这类手表镶嵌珠宝，有些手表仅仅钻石价格就值百万美元。这些名牌手表堪称富有永恒的价值与魅力，是精美的工艺品和收藏品，从而成为事业成功人士争相购买的对象。某些新产品的设计创新还应考虑使该产品能适应特定专业人士职业、劳动环境、经济收入、消费习惯等方面的特点。

（3）消费者对商品质量、功能的心理需求提高

消费者对商品质量、功能的需求也在不断提高。企业在新产品设计创意时应认真分析消费者有什么感到不方便，需要解决什么问题，是否能用某种产品使消费者的问题得到解决？现有的产品质量、功能是否存在不足？如何来提高质量、增加功能？例如，人们逛街和逛商店时，靠步行很疲劳，国外有人就发明了体积很小、方向灵活、安全可靠的步行机（与自行车完全不一样），可以代替步行。

（4）消费者对商品的个性化、象征意义的心理需求更明显

现代消费者对商品个性化的心理需求愈来愈明显。不同的消费者，个性心理特征不同，对商品心理需求也不同。因此，产品设计创意要能满足人们个性化的心理需求，使产品体现出独特的个性，既表现出产品自身的特色，可供不同消费者选择；又展示出商品的象征性意义，如青春活力、高贵典雅、粗犷豪放、童真童趣等。例如，时装设计既要体现时尚潮流，又要注重销售对象。女装应精巧、雅致、色彩鲜艳；男装应体现阳刚之气，大方、舒展；童装则应有趣味性，造型若与小动物结合，会更受儿童的欢迎。

（5）消费者对商品的艺术魅力、审美的心理需求攀升

现代商品应该是技术与艺术两者完美的结合体。人们购买商品不仅看重其使用价值，也重视商品的艺术价值，希望商品能把环境、生活点缀得更美好，使人们得到更多的精神享受。在产品创意设计时，不仅应使商品的使用功能符合要求，也应注意商品的造型、款式、颜色、装饰等等。美学功能强、艺术气息浓的商品更受消费者的欢迎。

2. 消费习惯的变化

近二十年来，我国城镇居民的消费习惯已发生了极大的变化，出现了多层次、个性化、讲流行、敢消费、善消费等诸多方面的变化；农村生活开始向城市化方向发展，富裕起来的农民逐步摆脱自给自足的生活方式，自给性消费逐步减少，商品性消费逐步增加。这些变化促使商品生命周期相对缩短，对企业开发新产品的速度、品种等都提出了新要求。

3. 消费模式的变化

1）城乡居民的消费结构发生了较大的变化。城镇居民的恩格尔系数不断下降，2004 年已达到 37.7%，农村居民的恩格尔系数也降至 47.2%。城乡居民用于食品的消费比重已有较大幅度的降低，用于其他消费的比重明显增加。

2）城市家庭生活向社会化迈进。随着生活节奏的加快，城市消费者愈来愈多的购买快餐食品、初级加工食品和熟食品、成衣和成套家具等，对商品房需求增加同时希望能有菜单式全装修商品房的供应。老年人中希望到养老院安享晚年的人数也在不断增加。

3）消费者对娱乐、精神产品的需求也在不断增加。

4. 消费决策的变化

市场环境和消费条件的变化也引起了消费决策模式的改变。在高度集中的计划经济体制下，由于人们收入有限及市场供应不足，消费者可以真正自主决策的机会相对较少。而在商品供大于求的现代买方市场条件下，消费者可以根据自身需求进行多样化选择和自主决策。

5. 消费信息的变化

现在消费者获得商品信息无论从质量、数量方面还是来源渠道都比过去有了很大的增加，各类媒体的广告信息给受众们极大的冲击，消费者获得商品信息的途径多、速度快、信息量大、可靠性强、激发力大。消费者为购买商品所需的精力与时间大大减少（包括获得商品信息的时间、购买商品往返在途时间、现场交易时间）。这些变化也提醒企业在产品开发时应加强有关信息的传递。

6. 消费权利的变化

现代市场中，消费者维护自身权益的意识越来越强。因此，企业在新产品开发时必须要使新产品经得起市场的考验，不让技术不成熟、质量不过关、性能有严重缺陷的产品流入市场。

7. 消费风气的变化

近二十年来，广大消费者的消费风气也朝着文明、道德、审美和更加理性化、合理化、科学化的方向转变。

四、基于消费者利益的新产品定位

在开发新产品时，首先要明确该产品可以满足目标消费者的哪些利益，这就要进行新产品的市场定位。在市场定位之前，需要考证一下新产品是属于需要型产品，还是需求型产品；是理性需求的产品，还是感性需求的产品；是需要、需求型，还是需求、欲望型的产品；是靠产品的利益赢取市场，还是靠产品的结果赢取市场。只有对上述方面进行必要的区分，才能对产品做出准确的定位。比如，人们在购买服装的时候已经不是仅仅依照商品的原始效用而产生利益上的需要和需求，因为服装的原始利益需要是"遮羞"，而原始利益需求是"御寒"；现在人们在购买服装时，更多考虑的是产品的款式、面料、品牌、质量等可以表现出结果和欲望的因素，例如，款式、面料和质量追求的是被别人如何欣赏和赞美的结果，而品牌则表现出一种欲望上的满足。所以对于一个全新的服装产品来说，企业更多的应从产品的结果或者欲望方面去考虑如何进行定位。这里阐述的定位方法就是基于新产品所属类型而进行的。

1. 需要型产品的市场定位

需要型产品是可以满足共同利益的产品。一般来说，这一类型产品的市场定位都是很宽泛的，因为需要型产品是满足人们生理或者生活需要的必需用品，但也有不同的区别。需要型产品的定位多以消费者的年龄划分，还有从经济能力上进行划分的。比如，服装、食品等可以分出儿童、成年、老年等。随着生活水平的提高，需要型产品的市场定位已经深入到经济能力和需求方式上来，比如，对保健品、时装、旅游的需求等。这些产品已经不仅仅是满足消费者的基本生活需要，而是满足其高层次需求或者欲望了。在产品日益成熟的今天，如果仍以满足基本需要来进行产品定位，则要求企业具有极为强大的品牌感召力。例如，宝洁公司舒肤佳香皂就定位于满足共性需要的"去污、杀菌"；可口可乐则直接定位于"解渴"。两个世界级企业都将产品定位于共性的需要，因为这一需要面对的消费者群是最大的，但实现共性的产品定位要付出极大的努力并具备强大的实力，非一般小企业所能为。

2. 需求型产品的市场定位

与需要型产品不同，个性利益是需求型产品所服务的部分。每个消费者都存在着不同的个性化需求，这是由于每个人成长和生活环境千差万别，导致人们的个性各不相同，正是这些不同的个性使消费者在习惯和偏好上存在种种差异。了解掌握消费者的个性化、差别化利益是需求型产品定位的关键。因为产生需求个性化差异的基础是消费者的不同个性和偏好，所以在定位时应该考虑年龄性别之外的工作特点和个性的性格。

3. 欲望型产品的市场定位

欲望型产品所满足的是消费者的购买欲望。购买欲望是需要和需求已经形成实质性的购买冲动。当需求的产品中出现一个个性化的新产品时，由于产品没有普及，很多人还没拥有但渴望得到这个产品，这时就产生了欲望。欲望型的产品反映的是消费者的某些心理欲望，而不是因为产品的核心利益引发的需求，因此欲望型的产品利益大多是附加利益，如品牌利益、包装利益、售后服务利益、打折优惠利益、优先享用利益等。除此之外还可以达到消费者的嗜好、自尊心、虚荣心等的心理满足目的。欲望型产品的推广人群定位比较特殊，就是说它不是针对特定人群而是面向更广阔的人群进行定位，因为只有更广阔的人群知晓这个产品，才能对少数人的心理产生作用。换言之，只有更多的消费者了解这个产品或品牌，少数购买者才能获得虚荣心的满足。所以，如何适当选择更大人群是这类产品定位的重要考虑因素。当然，这个扩大了的人群也是要设定范围的。

五、新产品推广的心理策略

新产品定位是找准市场在哪里,而新产品推广则是对定位的具体运作和实现,即把已经定位好的产品在市场上告知和传达出去,尽快获得市场的需求和反馈。

1. 新产品上市的推广是启发需求的主要方式

新产品推广的作用是告知市场企业能给消费者带来的产品利益是什么,让消费者知晓这一利益,并由此产生购买。为此,企业就需要了解这个产品利益是不是消费者已经很了解了。比如,一款手机新品需要进行上市推广,而手机这一大类产品已经处在产品成熟阶段,这时上市的产品已经不需要进行产品利益介绍,而消费者看重的产品利益已经不是产品的需要利益,而是产品所能带来的需求结果,即这个产品是不是适合自己的职业需要,是不是很时尚,是不是自己喜欢的款式或者品牌等。总之,这一阶段的产品利益已经因为消费者需求内容取向的改变,变得更加个性化、更加感性化。

2. 不同市场阶段的新产品推广方式

新产品上市推广要根据该类产品所处的市场阶段采用不同的推广策略和方式,在产品导入阶段、成长阶段或者成熟阶段的推广方式都有很大差异。

（1）市场导入阶段

这个阶段的明显特征是产品的普及率不高,消费者对该产品的认知还处在初级阶段。为此,企业不应该把更多的精力和资源用在产品的品牌宣传上,因为消费者并不关注这个产品是什么品牌,而是更关心这个产品到底是不是自己所需要的。针对这一状况,企业的首要任务是培育市场。为此,这一阶段的推广策略应以产品的功能性告知为主,企业应把更多的资源和精力集中到这方面来。

（2）市场成长阶段

这一阶段的特点是产品的市场普及率急速上升,消费者对该产品已经有足够的认知,开始选择性地购买该产品。面对这种情况,企业需要尽快抢占有利的市场位置,不仅要让消费者知道新产品的存在,还要让消费者知道它的优点。为此,在产品推广时需要明确产品概念,以便和其他产品相互区别,同时为产品品牌在市场上赢得信誉奠定基础。在对产品概念清晰地推广宣传同时,还需要对产品品牌进行有力的传播,以便让消费者将产品概念的认知与产品品牌联系起来。在成长阶段,谁的产品概念和品牌形象清晰,谁就有可能占据市场的很大份额,所以成长阶段要把握的重点是产品概念和品牌形象的凸显。

（3）市场成熟阶段

在市场成熟阶段,由于很多品牌产品已经把市场分割得几乎没有缝隙,新产品的生存空间非常狭小,因此,新产品上市需要特别注意体现产品的个性化利益,其市场推广要有严格的定位。许多情况下，企业都是以产品创新的形式进入这个产品市场的，所谓产品创新就是在产品直接功效利益的基础上增加结果利益、欲望利益等不同的利益因素，如增加消费者的社会认可度，满足其个人偏好等，从而使新产品的利益结构更丰富、更感性、更具时代性，以便引发新一代消费者的追求和喜爱。可见，这一阶段新产品的市场推广目标不是试图改变原有消费者的态度和行为，而是以新消费者为目标群体，通过新消费者的意见和行动影响老一代消费者。

市场成熟阶段新产品的推广策略应当注重个性化的产品利益和与之相对应的新消费者所关注的品牌概念的有机联系。而这种联系在市场推广过程中表现为：更加注重新产品上市时的广告和铺货的时间配合；更加注重新产品在卖场的展示和生动化的作用；更加注重新产品的陈列和卖场的促销组合；更加注重导购的作用和在销售过程中的服务；更加注重引导消费者走入卖场过程中的视觉形象的焦点效果；更加注重产品和品牌在零售终端的同时体现。

总之，新产品在成熟阶段的上市推广是引导性的推广，这种引导是通过视觉、听觉、触觉等多种因素来达成的。因此，应当综合利用多种策略方法进行新产品的市场地位，其中关键是要有一个精准的市场和产品定位。

第二节　价格制定与调整的心理机制

消费者可以拥有一件产品，也可以仅仅拥有产品的使用权，比如，租用一件产品。价格是消费者为获得拥有、使用产品的权利而必须支付的金钱数量。经济学家常常假定，同一产品价格较低时比价格较高时销售更多。然而，价格有时被作为品质信号，产品定价太低，会被认为品质一般或品质很低。高价位产品还提供关于购买者的信息，即表明购买者有能力消费价格昂贵的产品。对于某些消费者来说，高价格恰恰是他们希望拥有的产品特征。所以，确定产品价格，必须了解消费者的心理作用机制。

一、价格感知

消费者对营销策略感知的最重要的领域之一是价格领域。消费者的价格感知直接影响他们对品牌质量的感知，并且经常决定他们的购买行为。公司必须依据消费者的价格感知来建立价格策略。在 20 世纪 80 年代早期，派克金笔基于廉价圆珠笔的高速增长重新定位了它的产品价格，决定从昂贵的、手工制造的高档金笔扩展到低挡廉价的大众笔上，然而结果是灾难性的，因为产品价格与公司的形象不一致。1989 年，借助一场以风格和奢华为号召的广告运动，派克公司又回到了具有优势的、高价格的自来水笔生产上。这次转变使得派克金笔重新赢得人们的尊重。

　　消费者的价格感知看起来也许是一件简单的事，似乎只是消费者根据广告或观察来认定产品价格而已。然而事实并非如此。这是因为：消费者对价格有一定的预期；这些预期也许反映实际价格，也许不反映；消费者经常将价格与产品质量相联系。

　　1. 价格预期

　　在决定是否替换掉一台台式电脑时，某一消费者也许预计用 5000 元买一台类似的电脑。这个价格是消费者的参考价格（也叫做标准价格），是消费者为某个特定产品愿意支付的价格。参考价格是消费者用来比较替代品牌的价格标准或参照框架。

　　一般来说，消费者在考虑购买某产品时没有一个确定的价格点。对于特定产品，他们将接受一个价格范围，称作可接受价格范围。前例中的那个消费者可接受价格范围从低端的 3000 元到高端的 7000 元。其中，低于可接受价格的低端可能会引发消费者对产品质量的疑虑，高于可接受价格的高端则可能不为消费者所考虑。

　　可接受价格范围依据消费者特性和对某品牌的态度而可能有很大的变化。有学者发现当消费者对某产品缺乏知识时，他们对可接受价格范围设定了底限。这些消费者有更低的价格预期，因为他们没有判断质量的基础。

　　预期价格范围是消费者希望在市场上发现的价格范围。这一范围几乎总是比可接受价格范围宽。在我们的例子中，某消费者希望找到定价于 3000～7000 元之间的台式电脑，但高于或低于可接受价格范围的价格似乎不会影响消费者的行为。

　　研究已经发现消费者通常低估实际价格。这就是说，如果消费者对电脑的预期价格范围是 3000～7000 元，实际的价格范围也许是 4000～7500 元。但是当消费者实际进行决策和收集产品信息时，预期和实际价格范围就趋于一致了。

　　2. 实际价格与参考价格

　　营销人员需要重点考虑的一个内容，就是消费者的参考价格与他们在市场上遇到的实际价格之间是怎样的关系。消费者的参考价格极少与实际价格一样。消费者对他们的参考价格与实际价格的不同有什么反应呢？

　　研究人员已在使用同化-差别理论来解释消费者反应。如果实际价格和参考价格的差异在消费者的可接受价格范围之内，同化作用就会发生。假定那位消费者评估了三种电脑品牌，发现台式电脑的定价为 3500 元、3800 元和 4200 元。这些定价都在消费者可接受价格范围内。这位消费者可能会将她的参考价格从 5000 元降到这些品牌之一的实际价格（比如说 4200 元）上作为比较替代品。

　　已经有学者证实了这样一种价格转移。他们发现参考价格与实际价格的不同导致了参考价格向实际价格移动的结果（只要实际价格是可接受的）。如果实际价格不在可接受价格范围内会发生什么情况呢？例如，消费者遇到定价为 7000 元和 7300 元的品牌。在这种情况下，差别作用就可能发生。这就是说，消费者会拒绝定价高于可接受价格范围的品牌。

3. 价格质量关系

对营销人员来说一个重要的问题就是消费者如何感知价格—质量关系。一般来说，当消费者没有掌握充分的产品质量的信息时，他们会将价格作为质量的一种指标，因为这些消费者对产品知之甚少，他们较少愿意参与。相反的，拥有产品特性信息的消费者较少愿意作价格—质量推断，这些消费者更有可能关注产品类别。

如果消费者对价格信息的来源有信心，那么价格也更有可能反映质量。当消费者感到价格信息来源是真实和可信的时候（例如，一位电子工程师评价一种摄像机），他们就更有可能将高价格与高质量相联系。

当消费者相信在替代产品之间存在价格和质量差异时，价格也更可能成为质量的代表，这种变化也考虑到了价格—质量推断。消费者不愿意将较高的质量归于标准化的或只有几种差异的产品。价格范围允许了质量推断。因为产品线比单个品牌更可能有宽的价格范围，因而价格—质量关系更可能是针对产品线而不是针对单个品牌的。类似地，当产品是标准化产品（如盐或汽油）时，消费者将价格视做费用的反映而不是质量的反映。

按照以上观点，如果购买台式电脑的消费者相信各品牌之间存在着显著的价格和质量差异，并且对电脑缺乏知识，他就会趋向于将高价格作为高质量的指标。

二、价格制定的心理依据

制定合理的商品价格，是商品成功地走向市场、取悦消费者的重要前提。在产品定价时，企业通常要考虑三个基本因素，即成本、需求和竞争。但仅仅以这三种因素为依据是不够的。一种商品价格的推出，只有经消费者认可并加以接受，才可称为成功的定价。因此，企业制定商品价格必须以消费者为对象，探求、研究消费者的价格心理，发现制定价格的心理依据，以便制定出让消费者接受的最佳价格。制定价格的心理依据如下。

1. 求新猎奇的"撇脂定价法"

这种定价方法是在新产品进入市场的初期，利用消费者的"求新"、"猎奇"心理，高价投放商品，以期迅速收回成本，获得利润，以后再根据市场销售情况逐步适当降低价格的策略。这种定价方法的英文原意是在鲜牛奶中撇取奶油，先取其精华，后取其一般。先制定高价，利用消费者求新、求美、好奇心理，从市场上赚取利润。当竞争者纷纷出现时，奶油已被撇走，再逐渐降价，这时企业只是赚得的利润少一些罢了。

采用这种策略的好处是：能尽快收回成本，赚取利润；高价可以提高新产品身价，塑造其优质产品的形象；扩大了价格调整的回旋余地，提高了价格的适当能力，增强企业盈利能力。

这种方法也存在不足之处，如一定程度上有损消费者的利益；在新产品尚未被消费者认识之前，不利于开拓市场；而且还会因利润过高迅速吸引竞争者，从而加剧竞争而被迫降低价格。

2. "求实"、"求廉"的渗透定价法

这种定价方法与撇脂定价法相反，即在新产品进入市场初期，迎合消费者"求实"、"求廉"心理，低价投放新产品，给消费者以物美价廉、经济实惠的感觉，从而刺激消费者的购买欲望。待产品打开销路、占领市场后，再逐步提价。

采用这种策略的好处是：能迅速将新产品打入市场，提高市场占有率；物美价廉的商品有利企业树立良好形象；低价薄利的信号不易诱发竞争，便于企业长期占领市场。这种策略的不足之处是本利回收期较长，且价格变动余地小，难以应付在短期内骤然出现的竞争或需求的较大变化。

3. 利用心理错觉的"尾数定价法"

这种方法是指保留价格尾数，采用零头标价，如 9.98 元，而非 10 元。实践证明，消费者更乐于接受尾数价格。他们认为整数是一个概略价格，不十分准确，而尾数价格会给人以精确感和信任感。此外，尾数可使消费者感到价格保留在较低一级的档次，从而减轻心理抵抗。

尾数定价法应用十分广泛。在美国，5 美元以下的商品，习惯以 9 为尾数；5 美元以上的商品，习惯以 95 为尾数。日本的家用电器，习惯以 50，80，90 日元为尾数。我国的许多商品，常以 88、98 为尾数。

尾数定价法对消费者产生的心理效果如下：一是可以使消费者产生便宜的心理错觉。如 198 元一双的鞋要比 200 元一双的鞋好销。二是可使消费者相信企业在科学、认真地定价，制定的价格是合理的、有根据的。三是给消费者一种数字寓意吉祥的感觉，使消费者在心理上得到一定的满足。如"8"在粤语中念"发"，含发财致富之意，以"8"为尾数的价格，会让人产生美好的联想。

但是，尾数定价法并非在任何情况下都适用。例如，在超级市场，消费者并不喜欢标价 0.98 元、1.98 元的商品，宁愿取 1 元、2 元的价格。而对高档商品，消费者更乐意接受整数价格。比如，一架钢琴标价为 8 300 元与标价是 8 300.53 元相比，后者会令消费者产生不可思议的感觉。

4. "求高"、"求方便"的整数定价法

与尾数定价法相反，整数定价法采用合零凑整的方法，制定整数价格。整数价格又称方便价格，适用于某些价格特别高或特别低的商品。对于某些款式新颖、风格独特、价格较高的新产品，采取整数定价，如价值 998 元的定为 1000 元，就可能以"千元货"的面目赋予产品以高贵的形象。而对于某些价值小的小商品，如定价 0.20 元较之 0.19 元，对消费者而言在购买时会更方便。

5. 求名的"声望定价法"

这是利用消费者求名心理，制定高价的策略。一些在市场上久负盛誉的名牌产品可以以高价销售。高价一方面与名牌产品的优良性能、上乘品质相协调；另一方面与产品的形象相匹配。多数消费者购买名牌产品不仅仅看重其一流质量，更看重名牌所蕴含的社会象征意义。从一定意义上来讲，高价格是名牌效应的重要组成部分。消费者经常借高价以显示自己的社会地位。

6. 习惯定价法

即按照消费者的习惯心理制定价格。消费者在长期的购买实践中，对某些经常购买的商品如日用品等，在心目中已形成习惯性的价格标准。不符合其标准的价格则易引起疑虑，从而影响购买。此时，维持习惯价格不变是明智有益的选择。

7. 觉察价值定价法

这种方法以消费者对商品价值的感受以及理解程度作为定价依据。消费者在购买商品时，总会在同类商品之间进行比较，选购那些既能满足消费需要又符合其支付标准的商品。企业应该突出产品的差异性特征，综合运用市场营销组合中的非价格因素来影响消费者，使他们在头脑中形成一种觉察价值观念，然后据此来定价。例如，普通商店出售可口可乐 3.50 元一罐，在五星级饭店，它的价格会成倍地上涨，但消费者却能够接受。这是因为消费者受周围环境的影响而产生了对商品价值判断的错觉。这种定价方法的关键在于正确判断消费者的觉察价值，如果商品价格大大高于其觉察价值，消费者会感到难以接受；相反，如果价格远低于消费者觉察价值，也会影响商品的形象。

8. 分级定价法

这种定价方法是把不同品牌、规格及型号的同一类商品划分为若干个等级，对每个等级的商品制定一种价格，而不是一物一价。这种方法简化了购买过程，便于消费者挑选。不足之处在于等级间的价格差不好把握。若差价过小，消费者会怀疑分级的可信度；差价过大，一部分期望中间价格的消费者会感到不满意。

9. 折让价格

这种方法是指在特定条件下，为鼓励消费者购买，把商品以低于原定价格的优惠价格销给消费者。条件不同，折让价格的形式也不同，主要有下面几种。

1）数量折让价格。根据消费者一次或累计购买的商品数量或金额给予折扣。

2）季节折让价格。为了鼓励消费者在淡季购买季节性商品而给予的价格优惠。

3）新产品推广折让价格。这是为了打开新产品的销路，鼓励消费者积极购买新产品而制定的优惠价格。

10. 处理价格

在商品流通过程中，由于各种原因会出现商品滞销压库或商品品质下降的现象，对这种情况，必须采取处理价格策略。

为了制定合理的处理价格，需要考虑消费者对廉价处理商品的心理反应，以期达到降价的目的。处理商品时，降价幅度要适宜。幅度太小，不足以吸引消费者；幅度太大，容易让人产生疑虑。价格要保持相对稳定，切忌连续波动。若连续降价，消费者会产生等待进一步降价的心理预期而推迟购买。

总之，处理价格的确定既要实事求是，又要注意消费者的心理要求，切实把握好降价幅度和时机。

三、调整价格的心理策略与技巧

经营实践中，商品价格的变动与调整是经常发生的。调价的原因除了是生产经营者自身条件变化以外，还包括市场供求状况、商品价值变动，市场货币价值与货币流通量变动、国际市场价格波动、消费趋向变化等多方面因素的影响。企业在调整商品价格时，既要考虑这些因素的影响，又要考虑消费者对商品调价的心理要求。

1. 消费者对价格调整的心理及行为反应

价格调整可分为两种情况，一种是降低价格，另一种是提高价格。但不论怎样变动，调整价格总会使消费者的利益受到影响。因此，消费者对价格变动的反应十分敏感，这种反应首先通过需求的价格弹性表现出来，需求弹性系数可以表明这种反应的程度。另外，消费者对企业调整价格的动机、目的的理解程度不同，也会作出不同的心理反应。通常情况下，消费者无法直接了解企业调整价格的真实原因，因此，对价格调整的理解不够深入、准确，在心理和行为反应上难免出现偏差。

（1）调低商品价格

调低商品价格，通常有利于消费者，理应激发消费者的购买欲望，促使其大量购买。但在现实生活中，消费者可能会作出与之相反的各种心理和行为反应，具体表现在以下几个方面。

1）从"便宜"联想到"便宜华"，进而再联想到"质量不好"等一系列联想引起心理不安。

2）由"便宜"联想到"便宜货"进而再联想到有损购买者的自尊心和满足感。

3）可能有新产品即将问世，所以降价抛售老产品。

4）降价商品可能是过期商品、残次品或低档品。

5）商品已降价，可能还会继续降，暂且耐心等待，买更便宜的商品。

（2）调高商品价格

调高商品价格，通常对消费者是不利的，按道理会减少需求，抑制消费者的购买欲望。但实际生活中，消费者同样会作出与之相反的各种反应。具体表现在以下几个方面。

1）商品涨价，可能是因其具有特殊的使用价值或优越的性能。

2）商品已经涨价，可能还会继续上涨，将来购买会更吃亏。

3）商品涨价，说明它是热门货，有流行的趋势，应尽早购买。

可见，商品价格的调整引起的心理反应非常复杂。既可能激发消费者的购买欲望，促使需求增加，也可能抑制其购买欲望，使需求减少。因此，调整价格，一定要仔细分析各种因素的影响，准确把握消费者的价格心理，采取行之有效的调价策略，以便达到促进销售、增加利润的目的。

2. 价格调整的心理策略

根据消费者对商品降价和提价的心理与行为反应，企业可以采取相应的降价策略和涨价策略。

（1）降价的心理策略

造成商品降价的原因有诸多方面，如某些商品更新换代造成的陈旧过日子，商品保管不善造成的品质降低，市场行情不明造成的盲目进货，新技术、新科技的应用使成本下降，凡此种种，都可能导致商品降价出售。这里，商品降价是否能促进销售，关键在于商品是否具备降价条件，以及企业是否能及时准确地把握降价时机和幅度。

1）商品降价应具备的条件。要达到预期的降价目的，商品应具备与消费者心理要求相适应的特性：消费者注重商品的实际性能与质量，而很少将所购商品与自身的社会形象联系起来；消费者对商品的质量和性能非常熟悉，如某些日用品和食品，降价后仍对商品保持足够的信任度；能够向消费者充分说明价格降低的理由，并使他们接受；制造厂家和商标品牌信誉度高。消费者只有在以较低的价格买到"好东西"时，才会感到满意。

2）准确地把握降价时机。降价时机选择得好，会大大刺激消费者的购买欲望；选择得不好，则会无人问津而达不到目的。关于降价时机，要视商品和企业的具体情况而定。根据经验应为：对于时尚和新潮商品，进入模仿阶段后期就应降价；对季节性商品，应在换季时降价；对一般商品，进入成熟期的后期就应降价。

还应注意的是，商品降价不能过于频繁，否则会造成消费者对降价不切实际的心理预期或者对商品的正常价格产生不信任感。

3）降价幅度要适宜。降价幅度应足以吸引消费者购买。幅度过小，激发不起消费者的购买欲望；幅度过大，企业可能会亏本经营，或造成消费者对商品品质的怀疑。经验表明，降价10%～30%有利于刺激消费者的购买；超出50%时，消费者的疑虑会显著加强。

（2）商品提价的心理策略

一般而言，商品价格的提高会对消费者利益造成损害。因此，消费者通常对商品提价持消极的心理反应。但在营销实践中，企业经常迫于各种原因而不得不提价，如市场商品供不应求；资源稀缺或劳动力成本上升而造成产品成本提高；开发新市场；经营环节增多，等等。

为使消费者接受上涨的价格，企业应针对不同的提价原因，采取相应的心理策略。包括作好宣传解释工作、组织替代品的销售、提供热情周到的服务、尽量减少消费者的损失等，以求得消费者的谅解和支持。总之，商品提价要充分考虑消费者的心理要求，提价幅度应与消费者对商品的觉察价值基本相符。只有这样，商品提价才会被消费者所接受。

第三节　广告的心理功能与诱导方式

在现代的商战中，广告无孔不入，并发挥着越来越重要的作用。根据美国市场营销协会（AMA）的定义，广告是由特定的广告主通常以付费的方式通过多种传播媒介对商品、服务或观念等信息的非人员介绍及推广。广告是信息传播的一种方式，它既是一门艺术又是一门科学。

广告的目的在于通过信息的传播促使消费者购买产品，帮助商品在消费者心目中留下深刻的印象，达到大量销售的目标。这一目的决定了广告策划和消费心理之间的密切联系。本节就将从消费心理的角度来研究广告的心理功能及诱导方式。

一、广告的心理功能

1. 广告的心理功能

广告的心理功能是指借助信息的传递来产生影响，以唤起消费者对产品的注意，在激发消费欲求的过程中对消费者的心理活动产生的影响和整体心理效应。具体包括：

（1）认识、传播与便利功能

消费者通过广告，认识并习得商品的商标、性能、用途、使用与保养方法等各种知识。借助于不同的广告媒体，可以使信息的传递打破时空范围的限制，广泛渗透到各个消费地区和不同的消费者群体中去。消费者在接收广告信息后，对自己购买行为的思考和选择有了可供参考的资料，使其能够更好地做出判断，加速购买行为的实现。

（2）诱导与激发功能

良好的广告可以唤起消费者美好的联想，改变偏见和消极态度，刺激消费者对广告宣传的商品予以注意，增强对商品的印象，扩大商品在消费者中的影响面和影响力，从而激发积极的购买动机，影响其消费决策和诱导新的消费需求。

（3）促销功能

企业对广告最直接的要求是促销，促销是广告的基本功能。广告的宣传是建立在商家与消费者之间的一个桥梁，通过这个信息的桥梁拉近了商家与消费者之间的距离。消费者对商品形成的了解容易使其产生认同心理，从而形成一种惠顾动机和习惯性购买动机。

（4）社会影响功能

广告消费观念的灌输是一种教育功能，而广告塑造的完美形象会产生审美功能。广告宣传的消费文化、反映的消费思潮以及消费观念，会形成一种时尚为人们所接受。

2．广告的心理学基础

根据认知理论，消费行为是一个信息处理过程。该理论认为，以消费者接受信息为开始，再以最后作出实施购买为结束，整个过程始终与对信息的加工和处理直接相关。"使人注意到你的广告，就等于你的产品推销出去了一半"。广告基本原理中最重要的一环是消费者的信息解码过程。广告所传递的信息，首先要暴露给消费者，通过消费者的知觉选择，可能被拒绝，也可能被接收。当信息被接收后，消费者也不一定去注意，如果消费者对这些信息不感兴趣，就可能视而不见，听而不闻。只有当信息被注意后，才能转入短期记忆，这时，消费者就必须认知信息、了解信息，看信息是否与自己的知识、经验相一致，一致则予以接受，否则就予以拒绝。信息一旦接受，就转入长期记忆，以备取用。当消费者面对某种商品信息时，长期记忆中储存的信息就会与新接受的信息整合起来，并形成对该商品的态度，从而影响购买决定的产生。

消费者在对商品信息处理的基础上，开始从各种备选商品品牌中进行选择比较，并最终制定购买决策。其中广告是如何影响消费者的选择过程，从而促使消费者最终决定购买自己的商品品牌呢？具体体现在以下几个方面。

1）提供需要某项商品的情境与时间。提供或提醒消费者在哪些时间及情境之下应购买某品牌的商品。如果商品是新上市的，或消费者从未尝试购买过的，广告可以鼓励消费者去尝试这种新商品，以建立该商品可以满足某些需要的信念，把需要与商品紧密连接起来。

2）增加某品牌成为候选品牌的机会。增加品牌的"知名度"，让品牌与此类商品的总称紧密地连接起来。

3）提供信息的适当时间、来源及地点。指引消费者去寻找正确的信息，或提醒消费者从记忆中将有关某品牌的信息提取出来使用。

4）提供某品牌在某一个或某几个评选标准上的评价。这是在广告中最常见的一种信息传播。

5）建立重要的评选标准。向消费者建议在购买某一项商品时，应该用什么标准，或指出如何正确使用这些标准来评价商品。

6）提供综合品牌评价信息的方法。任何一个品牌通常都不可能在消费者所采用的所有评选标准上，得到全优的成绩。广告可以向消费者提供一些衡量取舍的原则。

7）提供购买地点、时间及促销的信息。

二、广告的心理机制

广告引发消费者的心理活动过程一般要经历以下几个环节：引起注意（attention）→启发联想（interesting）→刺激需求（desire）→激起购买欲望和行为（action）→使消费者满意（satisfaction）。这一过程即为广告诉求的原理，即AIDAS。

1. 引起注意

注意是心理活动对某特定对象的指向和集中。它表现了人的意识对于客观事物的警觉性和选择性。引起消费者注意的因素主要分为两大类，一是消费者自身的意向，如由于生活需要或是个人兴趣而自觉把注意力集中于某种特定的对象；二是刺激的强弱。

由于引起注意的因素不同，导致消费者对商品的注意方式也有所不同，从而形成两种不同的注意，即有意注意与无意注意。有意注意是一种自觉的、有目的的、必要时还需作出一定意志努力的注意。在消费活动中，有意注意是消费者根据主观上的某种需要把心理活动集中在某种特定对象上的一种心理现象。而无意注意是一种事先没有任何预定目标，也不需做出任何意志努力的注意。

吸引消费者注意的方式有以下几种。

（1）增大刺激强度和频率

根据普通心理学的研究，外界刺激的强度必须达到某一特定数值才能引起人的感觉。因此要引起消费者的注意，首先要使广告的刺激强度达到消费者的视觉和听觉阈限，然后要使这种刺激能在各色刺激中被消费者所注意。具体办法就是在一定的刺激限度之内适当加大刺激强度，增强广告信息对消费者的刺激效果。例如，在广告中采用鲜亮的色彩和强烈的光线、特殊的音乐或是醒目的图案和字体等。

（2）增加刺激的对比和差别

刺激物内部各元素之间的显著对比，往往容易引起注意。在一定限度内，对比越大，所能引起的注意也就会越强烈。这种对比包括画面动静对比、不同色彩的对比、远近对比、光线明暗对比、同一色彩的浓淡对比、音响强弱对比、节奏快慢对比等。如果在广告设计中能有意识地利用对比，就能有效地增强广告的视听与记忆效果，引起消费者对广告内容的注意。

（3）增加刺激物的感染力

增强广告的感染力是广告成功的一个关键要素。广告刺激的强度和各广告元素间的对比度的加大固然是吸引消费者的重要因素，但是如果广告的内容缺乏感染力，难以引起消费者的兴趣，则无法达到预期效果。因此，在广告设计中应有意识地增加其宣传内容的感染力，激发消费者对广告信息的强烈兴趣。

（4）利用精美的广告词

这些广告词要能看起来醒目，读起来上口，听起来新颖，记起来容易。

2. 增强记忆

增强消费者对广告的记忆，是加强广告宣传效果的有效途径。增加消费者对广告的记忆效果，常用的方法有以下几点。

（1）采用直观、形象的方式传递商品信息

根据记忆心理学的研究，人们对直观、具体、形象的材料的记忆效果比对笼统、抽象、思辨的材料的记忆效果好。在进行广告宣传时，可以采用诸如展示、展销、操作使用表演、放映摄影录像等较为直观、形象的方式，以增强消费者对商品整体形象的记忆。

（2）适当的重复和变化

根据记忆的遗忘理论，记忆信息在人脑中的痕迹由于各因素的干扰，会随着时间的流逝而渐渐模糊进而消失淡忘。因此，适当的重复是增强记忆效果、延长记忆作用时间的重要手段。在广告宣传中，有意识地采用重复手段，反复刺激消费者视觉与听觉，极力增强消费者对商品和服务的印象，使消费者更长时间地记住广告信息，是增强广告效果的一种常用方式。

（3）广告设计的语言及方式要便于消费者接收和记忆

切忌冗长啰嗦，使用晦涩难懂的语言和形式，既浪费消费者的时间，又达不到宣传效果。

（4）突出广告主题部分

广告宣传的内容要明确、突出、集中、精练，突出广告的主题部分。此外，还要注意广告主题内容的位置适中、比例恰当，既强调重点突出，又强调整体和谐统一，便于受众的识别、接受和记忆。

3. 激发联想

巧妙利用与商品信息的各种联系来引发消费者的美好联想，也是增强广告效果的一种手段。激发联想的方法有以下几种。

（1）用耐人寻味的相关语言暗示商品的功能

在商品广告或是商标上用一些耐人寻味的双关语或是富有哲理的语言来暗示商品的功能。

（2）通过使用前后的对比画面诱发消费者的购买欲望

在许多情况下，商品的性质、功能和效用是不容易用三言两语说清楚的。这种现象在食品、化妆品、药品及某些特殊的服务商品上表现得尤为明显。因此，为了激发消费者的积极联想，就需用案例，即使用前后的对比情况来比较说明问题。

三、广告的诱导方式

广告不仅是信息传播的工具，还是诱发消费者购买商品的诱因。正确利用广告的诱发功能，使其能激发消费者的购买动机。主要方法有以下几种。

（1）广告信息要有足够的可信度

广告的信息源来自广告媒体、广告中推介人以及做广告的单位等，信息源的良好公众形象会影响和改变人们对商品所持的态度。例如，公众喜爱的名人、社会权威机构、国有大型企业等所做的广告会具有更高的可信度。

（2）紧扣消费需要，促进情感认同

消费者的情感反应，本质上取决于消费者能否从广告信息中获得消费需要的满足，有用的信息会使之产生兴奋和认同。当然，需要是有层次的，如消费者对护肤用品依次关心的是其护肤效果、是否有副作用、产品的质量和价格。积极的情感体验是人类需要中最高层次的精神需要。广告策划中积极的情感体验有助于转化成购买意向，进而促进购买活动的实现。

（3）选择适当的广告媒体

不同的广告媒体对消费者的心理影响是不同的。要增强广告的心理效果就要根据广告宣传的不同内容、不同侧重来选择相应的广告媒体，以求得最佳的表现效果。如图书广告适合报纸、杂志等媒体，服装、鞋帽广告适合电视媒体。

（4）广告设计必须有统一的产品形象和恰当的广告定位

对于相同的产品，消费者往往无法区分其内在的品质差异，借以辨别的往往是附加上去的个性和形象。

（5）出奇制胜

运用广告中的新异原理，利用与众不同的差异性，打破人们习惯的心理定势，用求异的办法赢得人们的关注，往往能获得始料不及的成功。

（6）注重广告道德

广告策略的运用要注意思想性和科学性，杜绝弄虚作假、哗众取宠以及追求低级庸俗、腐朽色情的感官刺激，以防止污染和腐蚀消费者的健康心理。广告如果追求庸俗低级趣味还会破坏企业自身声誉，对企业产生不利影响。同时，要避免不正当竞争广告，贬低别人、抬高自己，或以不正当手段干扰竞争对手的广告实施。商家在广告中信守公平竞争的原则很重要，要树立雍容大度、机智巧妙的大家风范，给公众留下良好的印象，而良好形象本身就是广告宣传的一个重要部分。

第四节　基于消费者的整合营销传播与品牌战略

消费者对品牌的认知、联想、评价等形成了品牌形象。消费者对品牌的印象和形象与企业的产品、营销渠道、价格等营销组合因素有关，与广告、营业推广、公共关系、人员推销等传播因素有关，与品牌的名称、标志、色彩等品牌识别要素有关，还与消费者自身消费产品的经历、体验有关。因此，建立和塑造品牌形象可以从三个方面入手：一是通过营销组合因素，如优质的产品、低廉的价格、强大的销售网络、贴心的服务等；二是通过品牌识别要素，如响亮而易记的品牌名称、富有冲击力和美感的标志、具有识别力的企业（品牌）标准色、包装等；三是通过传播要素，如广告、公共关系、人员推销、营业推广、售点广告等手段和方法。本节重点介绍的就是最后一点，利用整合营销传播进行品牌形象的树立。

一、整合营销传播概述

随着消费者市场地位的不断上升，企业间竞争更加激烈，与此同时，传播媒介也呈现"零细化"的趋势。在这种情况下，营销传播在纷繁的市场上越来越难以吸引消费者的注意，如不进行必要的整合，企业面临的将是代价高昂的重复浪费和无效工作。为了实现传播活动的完整以产生协同效应，20世纪90年代初美国著名学者舒尔茨（Schultz）提出了一种现代营销方法——整合营销传播（IMC）。

整合是指各种营销传播手段的协调。根据美国广告协会的解释是：整合营销传播是一种营销传播策划的概念，承认对于各种传播手段（如广告、直销、销售促进、公共关系）的战略作用予以评价并加以融合的全面策划具有附加值，以产生明确、连贯的最大限度传播影响。简而言之，整合营销传播在于将各种传播手段融合，其目的在于产生最大限度的传播影响。

整合营销传播理论的确立来自实践。随着科学技术尤其是信息技术突飞猛进的发展，产品更新换代加速，生命周期缩短。与此相对应，市场容量扩大，产品供应丰富乃至过剩，一个有利于消费者的买方市场逐渐形成。在买方市场条件下，消费者居于主导和支配地位，企业必须以消费者为中心并与之密切沟通，由此，整合营销传播应运而生。

需要指出的是，在整合营销传播中，营销与传播的交融，重点在于传播，尤其是传播的分层次实现。具体而言，虽然传统营销学强调以消费者为中心，但企业很难做到从研发到销售每个环节都以消费者为中心。为了改变这种情况，使传播收到理想效果，必须由里往外、由窄到宽进行彻底的整合。美国卡罗莱纳大学整合营销传播学项目主任托姆·邓肯教授根据上述原则，设计了整合营销传播四层次模式。第一层次，首先在企业内部精心策划，设计统一形象。也就是一个面孔，一种声音，重点在建立强有力的品牌形象。第二层次，企业向外传播连贯一致的信息，即采用一致的声音和面孔向不同利害关系者传播相应的信息。第三层次，传播扩大为双向传播，旨在与顾客建立长期关系。这里，邓肯教授将擅长吸纳顾客意见的企业比喻为"良好倾听者"。第四层次，通过企业文化延伸传播范围，从社区到国内社会再拓展至世界各国各地区。邓肯教授将传播范围向国际社会延伸的企业，称之为"世界公民"。这些层次揭示了整合营销传播的活动过程：从狭隘封闭的企业独白发展到开放互动的与利害关系者之间的对话，最后从内到外形成渗透到整个组织并驱动企业一切经营活动的企业文化。

综上所述，与传统的营销理论相比，整合营销传播在理论上有四项突破：一是以 4Cs 组合代替了传统的 4Ps 组合，提出了以消费者为本的观点，重视与消费者进行互动的沟通；二是其核心概念从"交换"提升为"传播"，营销功能从告知、说服发展到与消费者进行沟通，强调传播是建立传播者与受众间一致过程的必要手段；三是强调营销手段和传播方式的整合性。整合表现为各种营销传播手段的协调，强调一种营销资源共享的观念和机制；四是整合营销传播给营销理念赋予了战略使命，促使交易营销上升为关系营销，强调企业必须从追求自身利益最大化转向追求各方当事人互惠关系的最大化，为企业的战略发展指明了方向。

二、品牌战略与消费者

根据美国营销协会的界定，品牌是一个名称、术语、标志、象征、设计或是它们的综合体，旨在鉴定一个卖主或一群卖主的商品或服务，并将它们与竞争者的商品与服务区别开来。由此可见，品牌基本特征，一是象征或标志，二是品牌商品及服务与竞争者的商品及服务有着明显的区别。

1.　品牌价值

品牌价值是指品牌名称加到产品上的价值。品牌名称是质量和一致性的象征。之所以说是质量象征是因为品牌名称能在消费者心目中引发各种形象（如使用这种产品的这类人的形象）和联想（如属性、好处、用途等），而这些形象和联想又使该产品以对消费者来说重要的方式和其他竞争品牌区别开来。之所以说是一致性象征是因为品牌名称能告诉消费者，所有此类产品的质量在任何时间都始终如一。例如，提到宝马，人们就会联想到成功的有钱人；提到微软，人们就会想到 Windows 操作系统；提到麦当劳，人们就会想到洁净的环境与快捷的服务。

品牌价值首先是由产品的客观质量或品质决定的，客观质量是品牌价值的内在基础。广告等外在因素虽然可以提升品牌价值，但品牌价值的大小最终还是由产品的客观质量所决定。客观质量高且一致性高的产品其品牌价值就高。客观质量在卖方市场条件下成了决定品牌价值的唯一因素。在买方市场条件下，客观质量虽然也是品牌价值的决定因素，但其唯一性却受到消费者行为因素的影响。这些因素包括消费者预期质量和感知质量。

消费者预期质量是消费者在没接触到产品之前，在提到某产品名称时所联想到的产品质量。预期质量并不是产品的客观质量，而是消费者根据所获得的信息，通过大脑判断所形成的主观质量。受信息源及消费者自身等因素的影响，消费者预期质量是一个不确定的变量。消费者感知质量是消费者在接触（使用）产品之后，通过自身体验对产品的客观质量所做的主观解释，是客观内容和主观形式的统一。即感知的对象和内容是客观的，而感知的方式和结果又是主观的。感知质量受消费者个性、经验、知识和身体状况等主观因素的影响，是不确定的变量。消费者预期质量和感知质量比较的结果就是消费者的满意度。在市场经济条件下，消费者满意度的大小，是决定品牌价值的重要因素。基于此，企业管理者要想在激烈的竞争中维护并提高品牌价值，就必须重视消费者行为因素对品牌价值的影响。产品的客观质量虽然也很重要，但在导入消费者行为后，可被质检部门界定的客观质量也随之成为一个不确定的变量。而且，产品线中一种产品表现差，就能损害消费者对产品线其他产品的质量预期，即使其他产品的质量客观上都很高。消费者在选择和购买商品之前，大多数情况下都要对有关品牌进行考虑，被考虑的品牌构成考虑域。产品的预期质量必须达到一定标准才能进入消费者的品牌考虑域。当产品的预期质量过低，消费者的品牌考虑域中就不会包含此品牌，从而也不会产生相应的选择和购买行为。

2.　品牌价值的衡量

品牌价值应当怎样来衡量？一个简单且直接的方法就是将消费者对没有名称的产品的评价和对加上品牌名称的产品的评价进行比较。在对产品概念或创意进行调查的市场调研早期，这种方法非常有效。例如，可让一群消费者评价一系列新产品的创意，让另一群消费者评价加上品牌名称的相同创意。如果对加上品牌名称的相同创意评价更好，那么品牌名称就增加了品牌价值。如果原有品牌名称增加新产品的价值不大，品牌延伸战略就具有很大风险。而且，消费者对为什么母公司实施品牌延伸的归因对企业来说也很重要。企业想看到的理想归因是，消费者假定企业实施品牌延伸战略是因为产品可从企业独一无二的制造技术受益，而不是因为企业要赶浪头而采取的步其他企业后尘的"盲目模仿"行为。

3. 品牌延伸产品

品牌延伸产品，或者说与一个熟悉的已经在市场上立足的产品共享一个品牌名称的新产品，既有助于提高整体品牌形象，又可能损害整体品牌形象。与母品牌相似而且质量承诺相同的一致性品牌延伸产品，能够对一个已经很强大的品牌形象起支持和促进作用。在很多重要方面与母品牌不相同的不一致性品牌延伸产品，能对一个品牌的整体声誉和形象起很大的破坏作用。现实中可能存在很多不同类型的品牌延伸产品，包括不同形式的同一产品（如同一品牌不同款式的男女时装）；伴生品牌（如高露洁牙刷）；专长共享品牌（如本田割草机受益于本田在小型发动机方面的专长）；属性共享品牌（如 ivory 洗发香波，海尔电器）等。强势品牌名称能使消费者加快接受新品牌并增加消费者对新品牌的接受度，同时也能控制成本，因为强势品牌延伸避免了创立培育新品牌名称所需的支出。但是，品牌延伸战略并不是没有风险，因为共用一个品牌名称的产品在企业经理眼里可能是一致的相互有联系的，而在消费者眼里可能就是不一致或没有联系的。企业经理和消费者并不总是考虑同一个变量，也并不总是以同样的方式权衡不同的变量。另外也应注意一旦产品线中一种产品出现问题对其他产品可能带来的负面影响。

由此可见，在经济全球化的当代世界，企业竞争已从单纯的产品竞争转向品牌竞争，而品牌竞争的实质便是争夺消费者。消费者及其行为忠诚乃是品牌立于不败之地的重要保证。这也是整合营销的一个主要目的。

三、运用整合营销传播理论建立品牌忠诚

1. 进行品牌管理的前提

从前面的分析中可以得知，整合营销传播的受众是消费者，因此，在运用整合营销传播之前，需要对消费者进行了深入研究。一是研究消费者的购物动机，二是研究消费者的行为。在研究整合营销传播学的学者看来，消费者的购买动机包括生理与心理两方面。在生理上，人体自身构成一个自动调节与维持生命的系统，人体为了维持各种器官的正常功能，必须消耗能量；另一方面，人体必须补

充能量，以保持消耗能量与补充能量之间的平衡。口渴与饮水、饥饿与进食，构成了人们的消费动机。同时，人们需要食物与水，亦是为了满足自身的需求。这种需求受到了心理欲望的驱动，从而产生了购物的愿望。

关于消费者，整合营销传播不仅研究其消费动机，更将重点放在研究消费者的行为模式上。最新研究表明，消费者行为可分为两类模式：即消费者加工信息模式与寻找快乐重视经验模式。在消费者加工信息模式中，消费者的行为理智、谨慎，有时甚至是深思熟虑的，他们精打细算，尽量将钱用在刀刃上。第二类模式即寻找快乐重视经验的消费者行为模式，这类消费者行为往往受到兴趣或情绪的支配，他们热情、冲动，有时显得不够理智。研究上述两类消费者行为，其意义在于覆盖目标市场。第一类消费者属于理性消费者。了解他们的特点，便于企业有的放矢地进行传播，以达到预期的目标市场。寻找快乐重视经验的消费者可归入感性消费者范畴。对于他们，产品或品牌不光是纯粹的客观实体，产品或品牌若能刺激情绪，他们便会出于个人爱好或一时冲动而去购买。对于时尚、服装或文化娱乐产业，这一类消费者正是理想的目标市场，只要传播得当，便易于覆盖。

2. 运用整合营销传播的两个原则

运用整合营销传播进行品牌管理时必须坚持两个原则，分别是一致性原则和互动性原则，品牌战略计划的制定、实施和控制都要围绕这两个原则来进行。

（1）一致性原则

一致性对于在传播环境日渐复杂、消费者消费习性和生活形态变化莫测的情况下，其重要性是显而易见的。对于一个品牌来说，整合传播的目标就是向特定的目标受众以一种有效、连贯的方式传达一个清晰、明确并且是一致性的信息。然而要维持品牌传播的一致性，不是一件容易的事情，必须运用一定的理论和方法，才能驾驭品牌信息，进而保证品牌信息传播的一致性。一致性传播的焦点是品牌的核心思想，即品牌识别、品牌定位和品牌个性，这是品牌的本性，是品牌的精髓所在。要保持品牌信息的一致性传播，先得从品牌内部要素做起，即品牌的"思想"。

（2）互动性原则

互动性原则主张为信息传播加入积极而有意义的对话。为激发传播的互动性，企业不仅要在大众、互动的使用选择取得平衡，而且要建立可追踪顾客需求、疑问和对话的资料库，利用数据库来提高传播的互动性。

消费者对产品的认识是一个完整的心理变化与学习过程，单纯依靠一次或两次宣传，或者单纯靠一种广告媒介，是无法实现的。整合营销传播的互动性，是企业从一般的产品诉求宣传转变为对消费者心理进行管理的过程，通过信息加工，实行接触管理，强调在信息传递过程中每一环节都要与消费者进行沟通，同时准确而适当地整合所有营销信息，一致面向顾客，使信息沟通正好与贮存在消费者头脑中的认知相契合，从而有助于消费者建立或强化对品牌的感觉、态度与行为，达到购买公司产品的目的。

因此，赢得消费者心理必须使用整合营销传播，围绕目标消费者群体以及他们对产品的既定感觉，形成纵深的立体促销计划，持续推出一组能够影响其感觉、引导其感觉的信息，提高他们对产品品牌价值的认识。

第五节　购物环境与消费者心理反应

购物环境是指商店的实体环境与销售服务活动氛围。购物环境会对消费者产生一定的心理效应，也就是说商场的内外环境对消费者的购物行为会产生心理影响。它是企业微观环境促成的消费者心理效应，对消费者的具体购买行为有至关重要的影响，是企业竞争的重要手段。本节我们将考察设计有效购物环境的两个决定性因素，即商场布局与商场内部刺激物。

一、商场布局

商店内产品的摆放位置，对于产品和品牌选择有重大影响。显然，一种商品越容易被看到，它被购买的机会就越大。商店布置应有助于引导消费者前往那些高毛利商品所在的地方，因为这些商品很有可能被计划外购买。消费者可能要寻找出来的商品可以放在商店靠里的位置。在很多方面，目录也相当于一个商店。越来越多关于商店布局和设计的方法正被用于目录设计，其目的是引导消费者的通过"路径"和使其获得一种愉快的体验。商店布局不仅能影响商店的客流量，还会影响商店的气氛或环境。这反过来又影响购买者访问和停留于商店时的情绪和意愿，以及消费者对商店质量和形象的评价。更重要的是，在商店中引发的情绪会增加顾客满意度，而这又导致了重复购买和店铺忠诚。

商场布局的种类很多，其中最基本的类型是网络式布局和自由流动布局。

1. 网络式布局

在网络式布局中，全部的柜台和固定装置都被安置在合适的位置，互相呼应，形成一个错综复杂的"迷宫"。在这种布局中，商店柜台如同栅栏一样起到了阻拦顾客流的作用。

在超市中，网络布局可以起到迫使消费者流向商场一侧或后部的作用。消费者到超市一般都购买农产品、肉类和奶制品，而这三种商品在网络布局中都被安排在商场的一侧或是后部。这样的布局设计主要是为了使消费者通过视觉可以接触到更多的商品，从而增大购买的可能性。此外，农产品、肉和奶制品都是典型的高边际利润产品，网络式布局有助于把消费者输导向更赚钱的区域。同样，将消费者经常购买的其他商品置于超市的后部，也可使那些仅仅为了购买这些商品的消费者必须穿过其他商品区。一旦消费者增加了对其他商品的视觉接触，购买的可能性就会提高。

在百货商场和专卖店，网络式布局主要是用以引导消费者沿着主要货道流动。一般说来，商场沿主要货道都布置了畅销商品，引导消费者流向其他滞销商品区。例如，沿货道零星放置一些物美价廉的商品，不仅是为了引导消费者向该货区靠拢，也是对那些在商场内花费大量时间仔细寻购的消费者的奖励。这种措施会激励消费者再次光临，并且仍然沿着相似的路线进行寻购。贵重商品则放置在出入方便的主要货道，以便于那些对价格不敏感的消费者的购买。

2. 自由流动布局

自由流动布局是指商品和固定设施被分组、归类成为一种允许消费者进行无序自由浏览寻购的模式。商品按固定设施和招牌进行归类，使消费者从商场的任意一点，都可以对全部百货商品一览无遗。在精品店、专卖店和服装店中经常使用这种自由流动布局。这种布局对于鼓励休闲的购物和冲动性购买有显著的作用。自由流动布局也有助于商场管理人员将消费者引向不同的大类商品。它可能有助于成套地销售商品，例如，在服装区中的外套、衬衫、领带和鞋，进而扩大总销售额。

3. 两种布局方式的比较

两种布局方式各有利弊。网络式布局的优点集中体现在以下几个方面：一是成本低；二是容易使消费者感到亲切；三是易于保持清洁卫生；四是增加商品与消费者接触的机会；五是使保安工作简化；六是使商场的自服务功能提高。但是它也有自身的一些缺点，例如，整体布局平淡无味，缺乏生气，同时它限制了消费者自由徘徊，限制了装饰格调的创造性，最后这种布局形式还使购物行为变得仓促。

相对于网络式布局，自由流动布局的优点主要体现在：一是允许消费者自由流动和徘徊；二是提高了冲动性购买的可能性；三是提高了商场商品的视觉吸引力；四是提高了适应性。同样，自由流动布局的缺点也是很明显的，有以下几个方面：一是鼓励了消费者无目的的闲逛；二是可能造成混乱；三是浪费了商场的内部空间；四是使清扫卫生变得比较困难；五是提高了成本。

二、商场内部刺激

商场气氛通常受到下列因素的影响：灯光、布局、商品陈列、室内设施、地板、色彩、声音、气味、销售人员的着装与行为、其他顾客的数量、特征和行为。在医院、银行或餐馆等服务业中，气氛被称为"服务景观"。"气氛化"指一种过程，即营销经理利用零售店的物质环境来引导购物者产生特定的情感反应。这种商场气氛成为了影响消费者的内部刺激因素。

图 16-1 描绘了商店气氛影响购物者行为的方式。首先应注意，物质环境与个人特征相互作用，共同决定了反应方式。因此，受青少年喜爱的气氛也许会对年纪大的购物者产生负面影响。其次，商店气氛同时影响着销售人员和顾客，然后他们之间又互相影响。

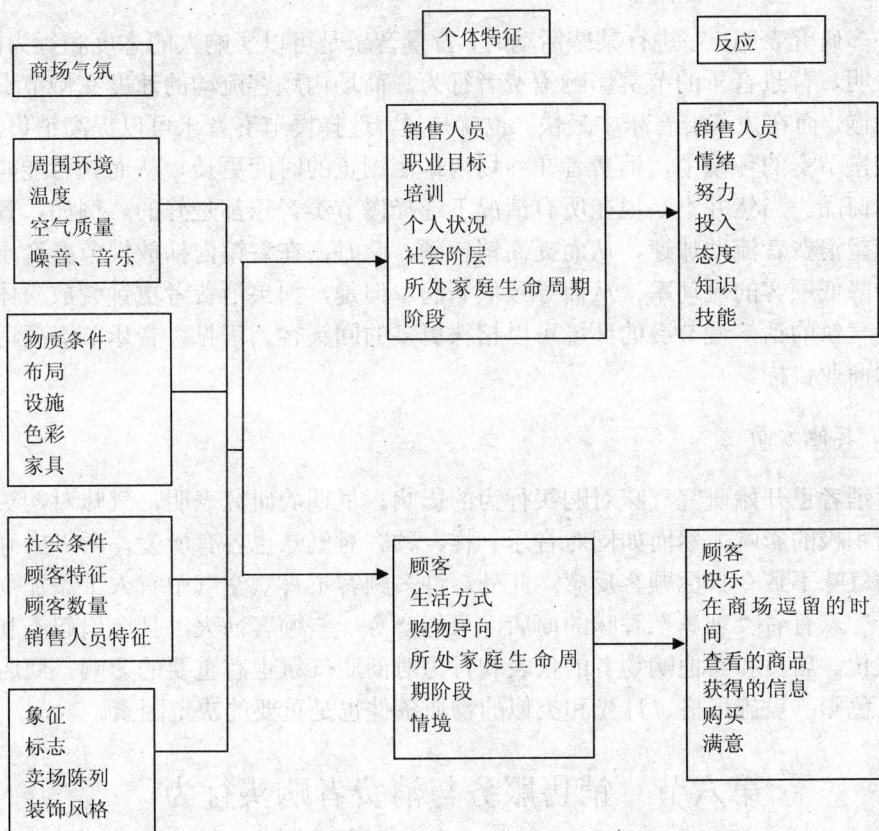

图 16-1 商店气氛对购物者行为方式的影响

商场内部刺激因素很多，在这里我们着重讨论以下几个重要方面：颜色效应、音乐效应以及其他。

1. 颜色效应

许多研究成果都表明，颜色对人类和动物都有多种生理的和心理影响。实验证明，暖色调（红色和黄色）可以引起消费者的注意，但是暖色调环境又使消费者感到不舒服；冷色调（蓝色和绿色）不容易引起消费者的注意，但消费者都认为冷色调环境比较舒服。利用这一研究结果，学者对商场设计提出了以下建议。

暖色调适合用在商场的橱窗和入口处，也可以用在与非计划冲动性购买相联系的购物环境中。在需要审慎购买的环境中，暖色是令人紧张的颜色，可能会使消费者的购物活动不愉快，进而提前终止购物活动。另一方面，在不需要进行长时间思考的环境和冲动性购物环境中，暖色有助于消费者快速做出购买决策。

2. 音乐效应

许多研究表明，在进行某些活动时，背景音乐是可以影响人的态度和行为的。研究表明，背景音乐的节奏影响消费者行为。商场内顾客流动的速度在慢节奏音乐中最慢，而在快节奏音乐中最快。也就是说，选择慢节奏音乐可以提高销售额，因为在慢节奏的环境中，消费者在商场内徘徊浏览的时间更长，从而就可能购买更多的商品。当然并不是说在所有情况下选择慢节奏音乐都是好的。例如，餐馆可能希望消费者流动加速，从而提高销售额。此时，在餐馆内播放慢节奏音乐，可能会降低顾客的流动率，从而导致低利润。但是，如果消费者更钟爱放松休闲的就餐气氛的话，慢节奏的环境可以招徕更多的回头客。可见，音乐节奏要适合特定的商业目标。

3. 其他方面

营销者也开始研究气味对购买行为的影响。早期的研究表明，气味对购买行为有着积极的影响。然而如同对音乐一样，顾客对气味也各有所爱，所以应确保使用的气味不致令目标顾客反感。此外，许多顾客不喜欢空气中有人工添加剂的味道。一家有着"刺鼻"香味的商店，可能会令一些顾客恼火，甚至引起不利的负面宣传。店员和其他购物者的仪表和行为对商店气氛也有重要的影响。商店的设计、色彩、设施风格、灯光和类似的物质条件也是重要的决定因素。

第六节　销售服务与消费者购买行为

销售服务主要是指零售企业营业卖场服务人员对顾客的接待服务。它对于消费者的购买行为具有十分重要的影响。

一、售前、售中、售后与消费者心理

1. 售前服务与消费者心理

所谓售前服务是指商业企业通过精心研究消费者的心理，在消费者未接触商品之前，主动为消费者提供方便措施，提供有关商品信息，引起消费者的注意，激发消费者的购买情绪，刺激需求，帮助消费者了解商品、认知商品，使得一些潜在消费者变成现实的消费者。售前服务的内容十分丰富，其核心就是方便消费者，迎合其心理，及其购买欲望，从而达到销售目的。

2. 售中服务与消费者心理

售中服务就是售货过程中的服务。其核心主要是为消费者提供方便条件和实在的物质服务，主要内容是礼貌热情待客，积极真实地为消费者提供产品情况，代为包装包扎，买卖公平，选择合理的销售、付款方式等。方便周到的售中服务，可以极大地影响消费者地购买心理感受，增强消费者的信赖感，激起购买欲望，促进成交，密切经营者与顾客的关系。

3. 售后服务与消费者心理

售后服务是指营销者在消费者购买商品后为实现商品的应有作用，方便消费者而继续为消费者提供的各项服务工作。如送货上门、安装调试、上门维修、实行退换、供应零部件、咨询解答、技术培训等。售后服务是使商品真正发挥效用的必不可少的服务工作，它不仅能扩大消费者对商品的用途、功能的满意程度，增强消费者的信任感，提高企业信誉，而且可以加强企业与消费者之间的感情联系，畅通商品信息的反馈，是增强企业竞争能力的主要手段。

二、提高以顾客满意为核心的服务技能

针对消费心理，以顾客满意为宗旨的销售服务应该做到以下几方面。

1. 观察分析进店的各类消费者，判断其购买意图

（1）根据消费者的穿着打扮判断其身份和爱好

不同消费者从事不同职业，属于不同团体，有着不同的经济收入。即使是处于同一职业的人，也可能处于不同的地位。例如，一般说来知识分子着装整洁朴素，商业部门的职工则在服饰及生活用品消费上比较前卫等。服务人员可以根据所确定的顾客类型，推断他们选购商品的标准，有针对性地开展销售服务。

（2）善于从消费者的言谈举止，分析判断其个性心理特征

个性对人的言行举止有着直接的影响。如性格外向的消费者可能喜欢与服务人员交往，愿意向服务人员或是其他人询问，对服务程序及环节也较少挑剔。而内向的消费者则很少表露自己的好恶，对营业场所的防卫性比较强，不喜欢和陌生人随意交谈。所以，服务人员在提供服务时不能一概而论，应该对不同的消费者采取不同的方式。

（3）全面观察消费者，确定其购买意图

进入商场的消费者从购买意图上大致分为三种情况。

1）有明确的购买目的。此类消费者进店的脚步比较快，目光会很快就集中在店内的某类商品上，并会主动向服务人员发问。

2）想要买商品但是没有明确目标的消费者。这类消费者进店脚步缓慢，神态自若，对大部分商品全面观赏。此时服务人员要随时注意为顾客服务，但要防止目光紧追顾客，使对方感到不自在，形成紧张戒备的心理。

3）没有购买目的，以逛商场为消遣的消费者。这类消费者休闲式的漫步，随意评价商品。在这种情况下，服务人员不能放弃对他们的关注。有研究证明，有1/3 以上的消费者是在进入商场之后才决定购买商品的。这时，服务人员的推销起了重要的作用。

2．根据消费者的购买目标，展示介绍商品

在销售服务中，不同的展示介绍方法，从不同角度增加了消费者对商品的认知，可以唤起他们的购买兴趣和欲望。常用的介绍方法有以下四种。

1）启发式。这种方法在消费者挑选商品显示出犹豫、疑惑的心理状态时使用较为有效。

2）比较法。比较选择是人们认知事物最常见的分析形式。由于缺少商业经验，许多消费者缺乏客观的选择标准，比较法运用得不科学。这就需要服务人员为顾客提供客观的选择标准，帮助顾客分析各类商品的利弊因素。

3）提供经验数据法。这是通过提供使用经验和相关的数据来证明商品的使用性能的方法。

4）实际操作法。这种方法十分有效，它形式多样，内容广泛，既可以是服务人员操作演示，也可以是顾客自己的实践。如视听、试用、试看、试尝、试穿等，以加强顾客的感观刺激。

三、购买冲突心理分析

在购买活动中消费者与服务人员时常会产生矛盾冲突，这对双方身心都会产生不良的影响。因此，分析冲突产生的原因以及解决的途径也是研究消费者购买行为十分重要的方面。

1．冲突产生的原因

（1）消费者与服务人员双方情绪的影响

消费者或服务人员在购物现场的情绪是能否引起冲突的一个重要因素。情绪是人在认识客观事物时产生的态度体验，它具有起伏波动的特点，并且经常会形成对抗性的变化。人的情绪变化会影响人的言谈举止，所以不管是服务人员还是消费者情绪不佳，或是双方的情绪都处于不良状态时，就很容易形成矛盾冲突。

（2）消费者要求退换商品时，双方的争执导致冲突

消费者要求退换商品是经常发生的事情，现在商家对商品的退换也采取了比较宽松的态度。但还是有一些因素会制约着商品的退换制度。例如，退换商品的

时间限制问题；顾客购买时的商品价格和退换时的不一致；对于商品质地保证完好的标准等。双方认定的标准不同或是缺乏统一的认定标准，都会导致矛盾冲突，特别是当消费者要求商家对商品给消费者带来的人身伤害给予精神赔偿时更是如此。由于牵涉到双方的实际利益，双方心境变化也比较激烈，情绪十分容易波动，此种冲突消除也比较困难。

（3）服务人员不能正确对待顾客的意见所引发的冲突

在购买活动中经常会出现顾客给商家和服务人员提意见的情况。顾客提出的意见形式比较多样，原因也比较复杂。这些意见中可能有善意的批评，也会有自我表现式的反对意见，也可能是带有强烈感情色彩的偏见，甚至有恶意的中伤。对于这些意见，如果服务人员不能正确对待，妥善处理，只是消极拖延或是针锋相对地反驳，则很可能造成矛盾冲突，甚至形成难以收拾的局面。

2. 避免或消除冲突的办法

冲突是商品销售活动中十分消极的影响因素，必须从多方面采取措施，尽量避免或是消除购买行为中的矛盾冲突，使交易行为处于融洽的气氛中，促使购买行为更好地实现。避免或是消除冲突的办法有以下几个。

（1）提高服务人员的自我修养，增强自控能力

修养是一个人的思想道德水准，自制力是一个人控制和支配自己行为的能力。对于服务人员来讲，两者都是不可欠缺的。良好的思想道德修养使服务员热爱本职工作，有端正的服务态度。而自制力的提高则是服务人员在每天面对各种各样的顾客时都能从容应对，处变不惊，并善于缓和紧张的局面，调节顾客的不良情绪，掌握销售服务的主动权。

（2）树立“顾客至上”的营销理念

企业必须使员工能够在内心深处树立“顾客第一”的思想，能够站在顾客的立场上急他们之所急，想他们之所想，能够始终如一地对待顾客。

（3）正确处理消费者各种不同的反对意见

服务人员学会处理消费者反对意见的有效方法，非常有助于消除购买冲突，缓和购买气氛。要处理好反对意见，应注意以下几点。首先，要学会分辨顾客的反对意见是哪一种类型。其次，服务人员在解答顾客的反对意见时要争取主动，不仅经验要丰富，还要善于控制局面。如果服务人员能与顾客相处融洽，赢得顾客的信任，效果是最好的。再次，要掌握在什么时候、什么情况下反驳消费者的不同意见。当消费者提出不同意见时，服务人员不能因为怕得罪顾客而一味迎合。要选择适当的时机，寻找恰当的词汇给予答复。一些反对意见必须马上回答，有些则不需要回答，有的却是延缓回答为好。最后，处理反对意见也要量力而行，对于不清楚或是不知道的问题，不要勉强回答，否则会弄巧成拙，反而使顾客失去了信任。

小　　结

本书的前几章已经对消费者行为的心理机制以及影响消费者行为的因素进行了深入的阐述，本章在此基础上阐述了市场营销组合的制定。

1）新产品的开发和推广。新产品的开发要符合消费者的动机，也就是实用动机、求新求美的个性化动机、情感动机、癖好动机、期望动机、优越动机。新产品开发的类型包括改进型、革新型和全新型。新产品的市场定位要考虑产品的类型，不同类型的产品市场定位也不同。新产品的推广也要考虑产品的类型和市场的发展阶段。

2）价格制定和调整的心理机制。价格是消费者为获得拥有、使用产品的权利而必须支付的金钱数量。消费者的价格感知直接影响他们对品牌质量的感知，并且经常决定他们的购买行为，公司必须依据消费者的价格感知来制定价格策略。价格制定的心理依据有：撇脂定价法、渗透定价法、尾数定价法、整数定价法、声望定价法、习惯定价法、观察价值定价法、分级定价法、折让定价、处理定价。价格调整的心理策略包括降价的心理策略和提价的心里策略。

3）广告的心理功能和诱导方式。根据美国市场营销协会（AMA）的定义，广告是由特定的广告主通常以付费的方式通过多种传播媒介对商品、服务或观念等信息的非人员介绍及推广。广告是信息传播的一种方式，它既是一门艺术又是一门科学。广告的心理功能有：认识传播与便利功能、诱导与激发功能、促销功能、社会影响功能。广告心理机制分为三阶段：引起注意阶段、增强记忆阶段、增加联想阶段。广告的诱导方式有：广告信息要有足够的可信度；紧扣消费需求促进情感认同；选择适当的广告媒体；广告设计必须有统一的产品形象和恰当的广告定位；出奇制胜；注重广告道德。

4）整合营销传播与品牌战略。根据美国广告协会的解释是：整合营销传播"是一种营销传播策划的概念，承认对于各种传播手段（如广告、直接反应、促销、公共关系）的战略作用予以评价并加以融合的全面策划具有附加值，以产生明确、连贯的最大限度传播影响"。消费者对品牌的认知、联想、评价等形成了品牌形象。建立和塑造品牌形象可以从三个方面入手：一是通过营销组合因素，如优质的产品、低廉的价格、强大的销售网络、贴心的服务等；二是通过品牌识别要素，如响亮而易记的品牌名称、富有冲击力和美感的标志、具有识别力的企业（品牌）标准色、包装等；三是通过传播要素，如广告、公共关系、人员推销、营业推广、售点广告等手段和方法。

5）购物环境对消费者心理的影响。商场的布局可以有网络式布局和自由流动式布局。两种布局方式各有利弊。商场的内部刺激主要有颜色效应和声音效应。第六节阐述了销售服务对消费者购买行为的影响。销售服务主要是指零售企业营业卖场服务人员对顾客的接待服务。

思　考　题

1. 论述新产品开发的战略。
2. 论述价格制定的心理机制。
3. 试述广告诱导的心理机制和方式。
4. 什么是整合营销传播？其在品牌战略中的应用有哪些？
5. 比较商场布局两种方法的各自优缺点。
6. 论述购买冲突产生的原因，以及如何消除购买冲突。

第十七章 消费者权益与消费者保护

消费者是企业经营活动的直接对象和利润的重要来源，它的权益应该受到高度重视和保护。一个成功的企业，必然是以消费者需求为出发点、高度尊重消费者权利，充分保护其利益的企业。当今时代，消费者权益保护受到了社会各界的广泛关注。企业在实施消费者关系管理过程中，应该高度重视消费者的权益保护，把保护消费者权益作为消费者关系管理的重要组成部分，从自身角度切实做好消费者权益保护工作。为此，有必要深入了解消费者权益保护的历史，消费者权益保护的内容和现状，消费者权益保护机制的建立以及企业在保护消费者权益方面应担负的责任等。

第一节 消费者权益保护运动的兴起和发展

消费者权益保护运动最早起源于资本主义制度确立之初，其根本原因是由于消费者和生产者（包括经营者）在经济利益固有的内在矛盾性。早期的消费者权益保护是和工人运动结合在一起的。19世纪末期，消费者运动开始从工人运动中分离出来，出现了专门的消费者组织，社会各阶层人士开始关注和参与消费者运动。特别是第二次世界大战以后，消费者保护运动在国际范围内得到了非常迅猛的发展，形成了一股不可抗拒的潮流，到目前为止，西方发达国家已经建立了相当完善的消费者权益保护制度。

一、消费者权益保护运动产生的原因

随着消费者权益被损害的情况不断出现，保护消费者权益的运动也应运而生。可以说，保护消费者运动就是在与损害消费者利益的行为相抗衡的过程中产生和发展起来的。消费者权益保护运动产生和发展的原因具体来看分为以下两个层次。

1. 消费者和生产者经济利益的内在矛盾性

从根本上来说，消费者和生产者（包括经营者）在经济利益上的内在矛盾性是消费者权益保护运动产生的根本原因。下面我们用微观经济学的方法来分析这一原因。

（1）消费者行为

"需求是人的天性"。在经济社会中的消费者行为，其目的就在于最大限度地满足自身的各种物质和文化需要，这种需要是由消费者对各种商品和服务的消费

来满足的。在微观经济学中，我们用"效用"这一概念来衡量消费者需求的满足程度，因此消费者行为的指向也就是实现效用最大化。决定消费者效用最大化行为的因素主要有三个：商品的价格、消费者的货币收入和消费者偏好。

1）商品的价格。在消费者货币收入一定的情况下，并且消费者偏好等其他条件都不变时，商品的价格变动将对消费者的效用产生影响。无论任何商品组合，商品价格下降总会带来消费者总满足水平的增加，而商品的价格上升则正好导致相反的结果，这是消费者追求效用最大化行为的必然结果。

2）消费者的货币收入。在商品价格、消费者偏好等其他条件不变时，消费者的货币收入增加，则消费者的商品消费量和满足水平同时增加；反之，消费者的货币收入减少，则消费者的商品消费量和满足水平同时减少。

3）消费者偏好。消费者偏好对消费者行为的影响是显而易见的，不同的商品给消费者带来的满足程度是不相同的，每一个消费者心中，都有一个关于各种商品的轻重缓急的排列顺序，即偏好顺序，消费者在既定的货币收入和商品价格水平下，为了实现效用最大目标，就是按偏好顺序选择和购买商品的。

决定消费者偏好的主要因素是消费者自身对商品的好恶，其余的诸如购买条件的便利程度、商品位置、服务制度、厂商信誉等也会对消费者的偏好产生一定的影响。

（2）生产者行为

在分析生产者行为时，经济学一般都假定厂商是以利润最大化为目标的，这一假定是合理的。我们这里分析生产者行为，同样也包括经营者，经营者是从事流通活动的经济主体，他们的活动与生产者的活动极为相似，实际上在经济学的概念里，经营者是归于生产者范畴的。利润的定义就是收益减去投入，我们用等式来说明就是：利润=收益－投入。

因此对于生产者来说，其利润最大化行为可以分解为两个方面，其一，在投入固定的情况下，实现收益的最大化；其二，在收益固定的情况下，实现成本的最小化。

1）收益最大化。厂商的收益取决于两个因素，产品的价格和厂商的产量（即厂商的市场占有份额），用公式表示就是：收益=商品价格×商品数量。显然，收益和其两个决定因素都是正相关的，在其他条件不变的情况下，商品价格上涨会带来厂商的收益增加，也就是说会增加厂商获取的利润。商品价格下降会使厂商的收益减少，获取的利润也会相关减少。同理，厂商如果提高了其市场的占有份额，也会增加其利润。只是因为厂商的产量受到其投入和生产技术函数的限制，不可能无限地扩大产量，只能在边际收益与边际成本相等的地方确定其产量。

2）成本最小化。厂商要想获取最大利润，必须尽可能地降低成本，在其他因素都不变的情况下，降低生产成本显然会使厂商的利润增加。但是为了维持正常的产量，厂商不可能无限制地降低成本，他也必须根据边际收益等于边际成本的原则来确定其要素的投入量。

（3）价格调节机制是生产者和消费者在经济利益上内在矛盾冲突的根源

市场是商品经济的核心，而市场是通过价格调节机制来影响生产者和消费者行为的，决定价格调节机制的基础是市场供求规律。对于这一规律单个生产者和消费者都是无法控制的，他们都只是价格调节机制的接受者，而不是制定者。

然而，经过前面的消费者行为和生产者行为分析，我们可以发现，价格变动对他们经济利益的影响是完全逆反的：价格上涨，消费者的效用水平下降，而生产者的利润水平提高；价格下跌，消费者的效用水平增加，而生产者的利润水平降低。所以说，在商品经济条件下，生产者和消费者在经济利益上存在着内在的矛盾冲突，这一矛盾冲突正是价格机制调节的必然结果。

2. 消费者与生产者内在利益冲突的市场表现

从实际情况看，市场地位的不平等性使经济利益上的内在冲突转化为生产者或经营者侵害消费者权利和利益具备了现实的可能性。

事实上，从理论上说，在市场中参与经济活动的主体——生产者（包括经营者）和消费者的地位是完全平等的。但从经济结构来看，他们的市场地位实际上是不平等的，消费者往往处于一种劣势的地位，而生产者处于一种优势地位。

（1）现代社会产销方式的复杂化和多元化带来的信息不对等造成消费者权益被侵害

在市场经济条件下，消费品市场上的交易双方当事人，即作为商品供应者的生产及销售厂商与作为需求方的消费者，经常处于由于信息来源的不对称造成的不对等地位。这种不对等使得消费者在商品的质量、性能、技术寿命以及真实效用等方面的信息获取上，明显处于劣势。特别是信息时代，科学技术的迅猛发展推动了新产品的大量涌现，层出不穷。相应地，消费者知识滞后的情况更加突出，特别在了解新产品、掌握新技术方面的能力，更是明显逊于生产厂商。具体表现在以下几方面。

1）不断调整发展的科学技术使商品生产流程日益技术化，如采用流水作业、批量生产、设备的现代化等，这在一定程度上提高了商品的技术含量。然而这种商品生产的技术化、专业化和系统化，使消费者无法辨识所购商品的技术含量、工艺水平以及是否具有缺陷。

2）商品功能复杂化。现代社会的科学技术日新月异，商品的结构日趋复杂，用途和功能日益广泛。消费者仅凭自身知识和技能无法认识和了解商品的性能、特点和用途，也无法正确、安全地使用商品。有些制造商对有关安全事项的说明简单、模糊，加上诱导性广告的使用，损害消费者权益的侵权事故层出不穷。

3）商品产销方式的多层次化。现代社会化大生产的拓展，社会分工的精细，使商品的产销经过制造商、准制造商、进口商、批发商、销售商、零售商、购买者以及其他相关消费者等多个环节，消费者与制造商的距离越拉越大，两者直接交易的年代已经一去不复返。产销方式的多层化不仅延长了消费者获取商品的时间，增加影响商品质量的因素，提高产品责任事故的发生率，而且大大提升了商品价格，增大消费者鉴别、判断商品缺陷环节的难度。

4）产品流通的国际化。不断加速的国际经济一体化进程促使国际民商事交往日益纷繁复杂，各国资本、产品和劳工早已瞄准了外国的市场，跨国交易日趋增多。各国产品潮水般涌入国际市场，不同国家和地区的产品又汇集于一国，这虽然给消费者提供了更多的选择机会，但也扩大了产品和服务的损害所涉范围。加之各国消费保护立法的差异和单边贸易保护主义倾向，一旦发生产品服务纠纷，消费者利益很难得到保障。

（2）消费者本身固有的弱势

1）消费者的依赖性。在国际市场经济中，消费者所需要的商品和服务都依靠制造商、销售商提供，消费者对商品和服务的选择、鉴别、使用和消费也依赖于制造商、销售商的商标、广告、使用说明、注意事项以及对商品和服务的等级、安全、卫生等作的承诺与保证等。由于自身知识的非专业性和零散性，消费者一般无法辨别这些消费信息或信息源的真伪，容易受骗上当。

2）消费者在与生产者或经营者的交易活动中，处于一种"经济弱势"地位。首先，由于消费者在购买使用商品过程中，通常表现为分散的、个体的行为，而对其权益造成损害的厂商大多具有完整的组织机构和相应的经济实力，因而在组织形式和力量对比上，二者所处地位也十分悬殊。其次，在购买过程中的消费者承担的风险及利益的特殊性。例如，在商品交易中，消费者中为满足个人生活需要而购买了商品或接受了服务，在支付货币后却不能马上获取利益，必须实际使用或接受服务后才能实现其利益。如果这些商品或服务本身具有缺陷或不合理危险，消费者就难逃人身或财产受损的厄运。但制造商、销售商的经济利益在交易后因获得货币而即时实现，因为货币对任何人都没有直接危害。最后，受经济能力所限，单个消费者几乎无力承担一旦权益受损时的高额维权成本。

3）消费者法律意识薄弱。消费者天然具有分散性、无组织性，欠缺自我保护意识和法律意识等共同弱点。大多数消费者在商品交易中受骗上当，甚至财产和人身权利受损，也不愿诉诸法律，真是"哑巴吃黄连，有苦说不出"。尤其是中国消费者受传统文化观念的影响较深，信奉"克己"、"和为贵"等观念，反映到消费上，即使买了伪劣产品也自认倒霉，不愿举报、起诉或诉诸舆论；消费者本应被视为上帝，但在"官商"面前却往往底气不足，自惭形秽，当企业为他们解决了产品质量问题时，往往视为企业的恩赐，并不认为这是他们的权利。从而导致我国消费者法律意识淡薄，怕打官司，耻于上法庭，加之我国"赢了官司输了钱"的法律制度，消费者遇到纠纷能忍则忍，从而纵容了不法企业的违法行为。

二、消费者权益保护运动兴起和发展的过程

1. 西方消费者权益保护运动

西方现代资本主义的发展，推动了大公司的发展。面对大公司的生产与营销优势，消费者在价格上、质量上与生产经营者讨价还价的情况逐渐消失，取而代之的是垄断组织倚仗经济、技术实力和对销售手段的控制，将自己的意志强加于消费者，使消费者陷入了一种极不公平的处境。在这种情况下，消费者被迫组织起来与生产营销组织进行斗争，形成了当今波及整个世界的消费者运动。

纵观西方消费者运动的历史，大致可分为三个阶段，每个阶段的特点都与当时社会生产力发展水平和社会营销观念直接相关。

（1）萌芽阶段

18 世纪至 19 世纪后期为萌芽阶段。在这个阶段，企业的中心问题是如何提高产量，降低成本，企业一般都生产品种比较单一的产品来满足市场需求，整个市场上的需求基本上是被动的，消费者没有多大的选择余地。

1756 年，英国王室法庭首席法官曼斯尔德提出："买者付完整价金，应该获得完美商品。"这使他成为第一个明确阐述"消费者保护"思想的人。

这个阶段的特征是与生产力水平和销售水平提高相适应，消费者的保护意识处于萌芽阶段[1]。

（2）组织化阶段

19 世纪后期至 20 世纪 70 年代，企业在市场经济激烈的竞争中，为求生存而竞相采用新技术以提高劳动生产率和降低成本，市场从供不应求转变成供过于求。企业开始认识到，只有消费者的需要才是保持和推动企业生存发展的动力，营销观念开始从生产者导向向消费者导向转变，虽然这个转变是初步的，但却是一种革命性的转变。虽然有不少企业家采取"强力推销"或"高压推销"的政策，但企业家们已经认识到了消费者的需要就是企业的生存机会。

在这个阶段，一些国家为了规范市场秩序而制定了一些法律，如面包法，根据配料不同，规定了各种面包的标准价格，这个法律主要限制产销一体化的面包商的利润，另外还把面包成本价格、市场价格以及包装、容器、计量单位等纳入法律约束之中。

最引人注目的是美国消费者运动的兴起，它的特点是兴起的时间较早，组织化程度高。1891 年，美国成立了第一个旨在保护消费者权益的组织，即纽约市消费者协会。1898 年，一些地方性组织结合为第一个全国联盟，即全国消费者同盟（consumer federation American）。到 1903 年，该组织已发展到在全美 20 个州有

1）彭华民. 消费社会学. 南开大学出版社，1996

64 个分支。1906 年 1 月，尼普顿·辛克莱在《丛林》（中译名为《屠场》）的纪实小说中，对芝加哥一个屠宰工厂中的恶劣工作条件和令人作呕的食品加工过程作了无情揭露，直接将消费者权益保护运动推向了高潮。1928 年，美国成立了世界上第一个消费者教育机构，并出版《消费者纪要》；1936 年，又成立了消费者联盟（consumer union of United States）并发行期刊《消费者月刊》；1961 年，主办《消费者报道》，每期发行数百万份。这使得 20 世纪中叶以后的美国消费者保护运动成燎原之势，并导致了美国各级政府中消费者保护机构的设置。仅联邦政府涉及消费者保护的机构就有 30 多个，如联邦贸易委员会（FTC）、食品药物管理局（FOA）、消费者商品委员会（CPSE）等。各州也根据自身情况设立了诸如消费者事务部（dept of consumer affairs）、消费者反欺诈团体(consumer fraud unit)等专门机构。

在欧洲各国中，联邦德国是消费者权益保护运动最活跃的国家。德国的垄断经济后来居上，但消费者影响市场的能力非常有限，因此，19 世纪末德国涌现出大批消费者自助组织，以保护自己的正当权益。20 世纪中叶以后，消费者的最大损失来自广告等传媒的信息失真，从而产生了声势浩大的消费者运动和更多的消费者组织。这些组织虽是私营性质，但大部分都接受联邦政府或州政府的资助。联邦政府以及州政府资助的消费者组织主要有消费者协会、消费者保护协会、消费者研究所、商品测试基金等，各州都有消费中心和消费者顾问处，向消费者提供咨询意见。

日本的消费者运动是在二次世界大战后才兴起的。二次大战结束后，商品奇缺导致了价格昂贵而且质量低劣，供应的火柴根本擦不着。于是家庭主妇们组织起来，于 1948 年 9 月召开了一次"清除劣质火柴大会"，这次大会标志着日本主妇协会的诞生，也标志着日本消费者运动的开始。1956 年，日本召开了一个全国消费者团体联络会议，通过了《消费者宣言》，消费者运动进入一个新的时期。1969 年，全国网络的日本消费者联盟成立[1]。

在消费者运动的冲击下，企业也认识到了消费者运动的意义，以支持消费者组织的活动为前提，寻求消费者的共识与支持。比如，日本企业采取了诸如设立研究消费者问题的专门组织、积极预防和解决纠纷等措施。另外，在这个阶段，许多国家也制定了一系列保护消费者权益法，如美国相继通过了《肉类卫生法》、《危险物品法》、《真实信贷法》等；日本颁布了《访问销售法》、《分期付款销售法》。

在新的消费者运动浪潮中，消费者的社会观念开始重于经济观念，消费者运动开始走向成熟。具有划时代意义的是，1960 年，国际消费者联合组织成立。国际消费者联合组织是各国消费者的国际机构，由美国、澳大利亚、英国、比利时、

1）刘毅灯. 国际消费者保护法律制度研究. 中国方正出版社，2005

荷兰等国家酝酿发起，1995 年成员已达到 50 多个国家的 120 多个组织，其总部设在荷兰海牙。

这个阶段的显著特征是运动范围的国际化，国际性组织的成立使各国消费者组织的沟通加强；消费者权益保护的制度化，各国相关法律相继出台；消费者的社会观念开始重于经济观念，认识到环境保护也是消费者权益保护的一项内容；企业从与消费者的对立转向与消费者组织合作，企业在这种合作中开拓市场。

（3）国际化阶段

20 世纪 70 年代至今，不少企业家、理论家都提出了现代企业的行为应该是努力做到满足社会发展、消费者需求、企业发展和职工利益四个方面的新理论。在企业与消费者的关系上，企业家们力图协调两者的关系，通过满足顾客需求来实现社会利益的满足，同时实现企业自身目标。

国际消费者联合组织促使《保护消费者准则》在联合国通过，使消费者权益的保护规范国际化，这是该阶段具有代表意义的事件。为了所有国家的消费者保证其在社会交换中取得无害产品和优质服务，同时促进经济和社会能够按照公正、公平的原则持续发展，国际消费者联合组织很早就拟定了一部对世界各国都都具有指导意义的保护消费者准则，该文件已在联合国获得通过。终于，在 1985 年 4 月 9 日，联合国大会通过了《保护消费者准则》，该准则为更好的保护消费者权益提供了合法依据。

这个阶段的特点是消费者权益保护标准的国际化，消费者组织蓬勃发展，尤其如中国这样的发展中国家迅速形成了遍及全国的消费者保护组织网络，从而使消费者运动的组织化达到更高水平；消费者信息化加强；生产者与营销者从与消费者的消极合作转向积极合作，消费者运动表现出有消费者、政府、生产者和经营者共同参与的社会性特点。

2. 中国的消费者权益保护运动

中国的消费者运动于中国经济从计划经济向市场经济转轨变型的 20 世纪 80 年代兴起，它和西方国家兴起的消费者运动不仅在时间上有所不同，而且运动的发展也有自己的独特之处。

（1）迅速的组织化过程

中国的消费者运动与西方国家的消费者运动相比其组织化过程迅速，在 10 年左右的时间里，我国的消费者权益保护组织网络建成，并且与国际消费者保护组织建立了广泛的联系。

1983 年 5 月，河北省新乐县针对当时市场上损害消费者权益现象日益突出的问题，成立了中国第一个县级消费者协会。1984 年 12 月 26 日，全国性的组织——中国消费者协会在北京成立。中国消费者协会的成立，标志着在全国范围内有组织的保护消费者运动正式拉开了帷幕。自此以后，专门从事保护消费者权益工作的各级消费者协会蓬勃发展。目前，在全国已基本形成了保护消费者的社会监督服务网络，使消费者权益有了重要的组织保护。

中国消费者协会一经成立就受到了国际消费者联盟组织的关注。目前，中国消费者协会已经同世界上的其他许多国家和地区的消费者组织建立了工作联系。

（2）迅速的制度化过程

中国消费者运动与西方的消费者运动相比，制度化过程短，在 10 多年的时间里建立的法律法规使中国消费者权益保护有了有效的法律保护手段。通过立法和司法监督，用法律保护消费者是最有效的手段。20 世纪 80 年代以来，我国制定了一系列有效保护消费者权益内容的法律法规，如民法通则、产品质量法、食品卫生法、药品管理法、商标法、计量法、标准化法、环境保护法，等等，这些法律法规都是有关司法执法部门和消费者协会展开保护消费者工作的重要依据，在保护消费者权益的过程中起到了重要作用。

1993 年 10 月 31 日，八届人大常委会第四次会议一致通过了涉及我国所有消费者切身利益的《中华人民共和国消费者权益保护法》，它的制定和颁布是我国保护消费者运动史上的一个重要里程碑，它使我国形成了一个以保护消费者权益的基本法律为主体，其他法律法规相配合的较为完整的保护消费者权益的法律体系。

（3）国家参与运动过程

中国消费者运动与西方消费者运动相比的一个重要特点就是国家参与程度较高，行政监督使消费者权益保护运动得以顺利发展。大多数西方国家的消费者运动是以民间性为特点，行政监督作用间接。近些年来，我国各级人民政府的工商行政管理、技术监督、卫生监督、进出口商品检验、物价管理、环境保护等部门，都依照有关法律法规的规定，在各自的职责范围内，卓有成效地展开了大量保护消费者权益的工作，成为消费者运动的积极参与者。

我国的工商行政管理部门作为国家综合性的经济监督和行政执法机关，是保护消费者权益的主要行政执法部门，通过加强企业登记管理、市场监督管理、经济合同管理、个体经营经济管理和经济监督检查等各项保护措施，保护合法经营，制止非法经营和各种不正当竞争手段，特别是对直接损害消费者利益的制造假冒伪劣商品、进行虚假广告宣传等扰乱市场的不法行为，给予坚决查处。

技术监督部门作为国家统一管理和组织协调全国标准化、计量和质量监督工作的职能部门，直接保护了消费者的合法权益，为确保产品质量和消费者的健康、安全，制定了一系列产品质量和卫生、安全标准，通过监督检查产品技术标准的贯彻执行情况，建立产品监督检验网，加强产品质量认证工作，强化对产品质量的监督，促进产品质量的提高。

卫生部门在大力发展医疗卫生事业的同时，努力对加强社会各行业及有关消费品的卫生监督管理，先后制定了 80 多个国家级食品管理办法、规定和规范；建立和完善了各级食品监督检验机构。

价格管理部门把保护消费者权益作为物价工作的重要原则，加强市场经济条件下的价格管理，对商品和服务项目实行明码标价，对居民基本生活必需品和服务项目价格实行监审；强化价格监督检查，从物价方面保护了消费者的合法权益。

另外，我国进出口商品检验部门认真加强对进口商品的检验和管理，同时还联合工商行政管理、消费者协会等部门查获了大量假冒伪劣商品，打击了损害消费者利益的不法行为。

近年来，各行业的各级行政主管部门都将保护消费者的合法权益作为自己的重要责任，不仅积极参与各地消费者协会开展的活动，还通过加强对经营者的管理和教育，维护消费者的权益[1]。

（4）舆论参与运动过程

中国消费者运动与西方消费者运动相比的另一大特点是，舆论监督与组织化、制度化、国家参与同步进行。

中国消费者协会成立之时，就创办了《中国消费者报》，该报作为我国唯一一张全国性的、以广大消费者为读者对象的报纸，不仅为维护消费者的合法权益作出了重要贡献，还努力宣传各种消费知识，在引导消费者合理消费和提高消费者自我保护意识方面发挥了积极作用。

从 1986 年开始的每年的国际消费者权益日，全国各级消费者协会，通过街头宣传、咨询服务、散发宣传资料、举办展览、专题讲座和消费知识竞赛，广泛而深入的进行大规模的宣传。

中国的 3·15 文化就是这种舆论监督的一个特色产物。20 年来，在以《中国消费者报》为核心的媒体推动下，作为保护消费者权益代名词的 3·15 文化已经家喻户晓，它表现了《消费者权益保护法》的精神实质。这里的中国 3·15 文化，是指近 20 年来，建立在保护消费者权益实践基础上，在人们头脑中所生成的以 3·15 文化为代表的维权认识和理念以及由此所形成的相应社会风尚的统称。它的内容构成包括以下 8 个方面。

1）消费者权利的观念和意识。经过 20 年保护消费者权益的熏陶，人们现在已经有了新的维权意识，而且现在还有很多维权的活动。

2）市场经济是消费者主权经济的观念和意识。在市场经济条件下消费者的选择决定经营者及其经营的商品和服务的命运，为此，经营者必须按照消费者的愿望进行生产。

3）对商品和服务进行社会监督的观念和意识。对商品和服务进行社会监督，在许多消费者那里已经成为一种自觉行为。

4）依法保护和依法维权的观念和意识。从保护消费者权益的立法到法律法规的贯彻实施，在全社会人们的心目中，已经较好地形成了保护消费者权益的法制

1）中国消费者运动十年编写组. 中国消费者运动十年. 中国统计出版社，1995

文化氛围。

　　5）科学、合理、健康消费的观念和意识。科学、合理、健康消费的观念和意识已在人们的头脑中扎根，成为一种主导的社会意识形态。

　　6）保护消费者权益是全社会共同责任的观念和意识。全社会都来关心、重视、支持做好保护消费者权益工作，已经成为一种氛围。

　　7）消费者协会组织独特的服务观念和意识。主要包括两个方面，一是服务消费者，二是服务国家的经济发展和社会进步。

　　8）保护消费者权益国际合作的观念和意识。这说明，在经济全球化的条件下，在保护消费者权益方面，国人已经有了非常高的国际合作的观念和意识。

　　中国 3·15 文化的核心实际上就是维护消费者合法权益。对损害消费者合法权益的行为进行舆论监督的法律地位的确定，实际上就是确立了舆论监督在中国3·15 文化的形成和发展过程中所处的地位。

第二节　消费者权利

　　消费者权利的内容源于消费者运动和法律对消费者的保护。所以，对消费者权利的内容的规定也是随着消费者运动发展的历史不断改变的。下面从西方和中国自身消费者权利内容的产生和演变进行阐述。

一、西方国家对消费者权利内容的规定

　　在自由竞争的资本主义阶段，也就是消费者运动的萌芽及之前的阶段，国家对社会经济生活奉行不干预的政策，消费者与经营者的关系，被认为具有对等性和互换性，即经营者在经济地位上并不占有显著优势地位。消费者对商品或者服务的选择具有充分的自由，消费者与经营者的关系由基于当事人地位绝对平等基础上制定的民商法进行调整。消费者作为交易当事人其享有的权利义务根据契约自由原则，按照一般交易习惯来确定。当时，按照这一原则确定当事人的权利和义务，在一般情况下并不会导致损害消费者的结果，由法律直接规定消费者的权益不仅没有迫切的必要性，而且会造成对契约自由原则的破坏，影响市场的自由竞争，阻碍经济的发展。

　　从 19 世纪末期资本主义开始进入垄断阶段，即消费者运动的组织化阶段。社会经济生活发生了深刻的变化，大公司、大企业或者大的垄断集团出现，消费者与经营者相比已沦为被剥削之弱者。而此时又没有实力可与之对抗的消费者组织，不能借团体力量与经营者组织相抗衡，以致沦为经济上的从属者，任由经营者宰割。消费者地位的恶化，引发了消费者自发或有组织地进行旨在保护自己的权益，改善其地位的社会运动，即消费者运动（第一节已经对这一过程进行了详细叙述）。

在消费者运动的过程中，基于对"消费者是弱者"的认识，人们进一步提出了"消费者主权"和"消费者权利"的主张。日本消费者团体联络会于1956年成立，次年发表了具有历史意义的《消费者宣言》，《宣言》声明："我们高声宣言，唯消费者大众才是主权者；我们宣誓：结合全体消费者的力量为保卫这一权利，为实现流通过程的明朗化和合理化而奋斗！"消费者权利的概念最初是由美国总统肯尼迪提出的。1962年3月15日，肯尼迪总统向美国国会提出了一份《关于保护消费者利益的国情咨文》，其中表述了消费者具有四项权利：第一，获得安全商品的权利；第二，知悉商品真实情况的权利；第三，自由选择商品的权利；第四，国际消费者组织将每年3月15日定为"世界消费者权益日"。1969年美国总统尼克松又提出了消费者具有索赔权，这五项权利，被公认为消费者的五项基本人权。1968年日本首先制定《保护消费者基本法》，规定了对消费者多种权利进行保护的措施，从而使消费者权利成为受法律保护的不得为其他任何人随意剥夺的法定权利。继日本之后，许多国家都通过消费者保护法对消费者的权利作了明确的规定。

二、我国消费者权利的内容

从第一节的内容中可以得知，中国对消费者权利内容的规定，是在改革开放之后随着消费者运动的发展不断完善的。

我国改革开放以来，在建立社会主义市场经济的过程中，也不可避免地出现了损害消费者利益的现象。从目前看，损害消费者利益问题主要表现为：商品质量问题、假冒商品与商品计量问题、价格问题、虚假广告及标识、服务质量及商品售后服务、商品污染等各个方面的问题。我国1993年通过的《消费者权益保护法》对消费者权利作了以下规定。

1. 消费者权利的特点

首先，消费者权利具有下列特点。

1）消费者权利以消费者特定的身份为基础。消费者权利具有鲜明的人身特点，是与消费者的人身紧密联系着的，消费者权利是消费者所享有的权利。从另一个方面来讲，只有在以消费者的身份购买、使用商品或者接受服务时，才能享有这些权利。

2）消费者权利具有法律规定性。

3）消费者权利是特别赋予居于弱者地位的消费者的权利。

2. 消费者的九大权利

其次，明确赋予消费者九大权利。

　　1) 消费者享有人身和财产安全不受侵犯的权利，即安全权。即指消费者在购买使用经营者的商品或者接受经营者的服务时所享有的人身和财产安全不受损害的权利。具体包括两方面的内容：一是消费者的人身安全权；二是消费者的财产安全权。人身安全权又包括消费者的生命安全权和健康安全权。消费者财产安全权指消费者购买、使用商品、接受服务时，其财产不受损失的权利。

　　2) 消费者享有知悉其购买、使用的商品或者接受服务的真实情况的权利，即知情权。所谓"知悉"，包括以下两层含义：一是消费者在不明了的情况下有权主动询问，了解其所购买、使用商品的真实情况。二是向消费者提供的商品或服务应当真实地记载或说明有关商品或服务的情况，不经询问便可使消费者一目了然。所谓"真实"，也同样包含以下两层含义：一是全面、正确地介绍有关某商品或服务的情况，既不避实就虚，也不编造谎言。二是诚实可信，不带任何欺诈情节。

　　3) 消费者享有自主选择商品或接受服务的权利，即选择权。选择权作为消费者的一项重要权利，民法上的自愿原则是该项权利的法理基础。所谓自主，是指消费者的消费行为不受来自各方面的干扰，自己决定自己的事情。

　　4) 消费者享有公平交易的权利，即公平交易权。公平交易的核心，是消费者以一定数量的货币换得同等价值的商品或者服务。另外，它还包括消费者在交易过程中是否出于自愿，有没有受到强制和歧视，其消费心理是否能够得到满足等。

　　5) 消费者在受到人身、财产损害时，依法享有获得赔偿的权利，即求偿权，又称索赔权。指消费者在购买、使用商品或者接受服务的过程中非因自己的故意或者过失而使得人身、财产遭受损害时，向生产经营者提出请求，由生产经营者予以一定补偿的权利。

　　6) 消费者依法享有成立维护自身合法权益的社会团体的权利，即结社权。这是消费者的为了维护自身的合法权益而依法组织社会团体的权利。

　　7) 消费者享有获得有关消费和消费者权益保护方面知识的权利，即接受教育权。指消费者享有获得消费和消费者权益保护方面的知识，以及获得所需商品或者服务的有关知识和使用技能的权利。

　　8) 消费者享有人格尊严、民族风俗习惯得到尊重的权利，即受尊重权。任何消费者在购买、使用商品或接受服务时，其人格尊严、民族风俗习惯都应受到尊重。

　　9) 消费者享有对商品和服务以及保护消费者权益工作进行监督的权利。消费者的监督权，是指消费者享有对商品和服务以及保护消费者权益的工作进行监督的权利，消费者有权检举、控告侵害消费者权益的行为和国家机关及其工作人员在保护消费者权益工作中的违法失职行为，有对保护消费者权益工作提出批评、建议的权利。

　　法律中规定的消费者权利就是消费者在购买、使用商品或接受服务时，依法享有的受法律保护的利益。为了充分保护消费者的利益，现代国家将这些权利法定化，充分体现了法律对消费者特殊保护的立场。

第三节　消费者权益保护机制的建立

消费者运动兴起与发展的历史表明，保护消费者权益是现代社会发展的必然趋势。可以说，消费者保护是促进市场经济健康发展的必然要求。发达国家的经验表明，要使消费者的合法权益真正得到保障，必须建立健全的消费者权益社会保护机制，包括道德约束机制、政策导向机制、法律制约机制、公平竞争机制、自我保护机制、群体援助机制、舆论监督机制、协同自律机制等，以此来保证消费者权益保护的组织化、法制化、社会化和常规化。而上述保护机制不但涉及到政治、经济、法律、文化、科技等各方面的社会因素，还要求消费者、生产者、经营者和政府等各个社会主体共同参与。所以说，消费者保护在现代社会是一个全方面、多层次的系统工程，建立完善的消费者权益保护机制必须从多个方面考量。下面，结合各国消费者运动的实践，从两个层次来探讨消费者权益保护机制的建立。

一、从个体层次上来看消费者权益保护机制的建立

1. 提高社会公众的整体道德水平，建立保护消费者权益的道德约束机制

从社会意识层面看，对消费者权益的保护首先是道德水平问题。任何肆意损害消费者利益的行为，都是道德品质极端低下的表现。而个别厂家、商店或小商贩的道德水平，不可能脱离社会公众的整体道德水平状况孤立存在。正如随地吐痰与社会文明程度直接相关一样，当一个社会没有牢固确立起诚实守信、尊重他人的主流道德规范时，假冒伪劣猖獗，坑蒙拐骗盛行，也就不足为怪了。

一些市场经济发达国家之所以较少发生损害消费者利益的现象，原因之一就是由于社会公众的整体道德水平达到一定高度，重视个人价值、他人利益，诚实守信，已经成为全社会大多数成员共同遵从的道德准则。体现在经济活动中，则表现为把消费者视为上帝和衣食父母，千方百计维护而不是损害消费者利益的意识已经深入人心，成为大多数经济活动参与者自觉遵守的经营理念和行为准则。与此同时，消费者也把自身权益受到尊重和保护，视为天经地义、理所当然的事情，当然，这一境界的实现是经过与不道德行为的长期斗争而逐步确立的。

可见，社会公众的整体道德水平是企业经营道德水平的基础。要从根本上杜绝损害消费者权益的现象，首先要改善和提高社会公众整体道德状况，形成人人讲道德、讲文明的社会风气，使坑蒙欺骗、不守信用、损人利己的人和事受到全社会的指责和唾弃，由此形成强有力的道德约束机制，推动所有商品生产者和销售者自觉信守遵从。这是从根本上杜绝损害消费者利益的行为发生和泛滥的长久之计。

2. 消费者要强化主体意识，形成消费者权益的自我保护机制

"从来就没有什么救世主，全靠我们自己救自己"。国际歌倡导的无产者依靠自身力量谋求解放的精神，同样适用于今天的消费者。消费者在保护消费者权益活动中是被保护对象，但不应完全处于被动地位。特别是在买方市场占主导地位的现代市场经济条件下，消费者更应当成为保护自身权益的主体力量。

消费者运动发展的经验表明，保护消费者权益的最有效、最经济、最方便，同时也最有力、最持久的力量来自于消费者自身。这里包括消费者的自重、自觉、自立与自强。

所谓自重，是指消费者对自身享有的合法权益应有清醒认识和足够的重视，把它视为与生命权、公民权等基本人权同等重要的权利。消费者对自身权益的自重是赢得人和社会尊重的基础。

所谓自觉，是指消费者的维权意识和行动应当由自发、消极、被动，变为自觉、积极、主动。不应等到自身利益受到损害时，才表示不满，寻求保护，而是应利用各种机会和场合，随时发出声音，为重视消费者权益积极呼吁，对危害消费者权益的萌芽予以抨击、遏制。

所谓自立和自强，是要增强自身的维权能力，一方面要善于利用行政、法律、舆论、民间组织等各种途径和手段进行自我保护，挽回损失；另一方面，还要尽可能多地掌握有关法律、商品及消费方法等方面的知识，提高自己的鉴别力和斗争力，千方百计地在与生产经营者的博弈中获取更多的顾客让渡价值或消费者剩余，在厂商所承诺的范围内得到最佳的产品质量和服务，增进自身乃至全社会的福利。

与上述要求相比，现阶段我国消费者的维权意识和维权能力尚有较大差距。具体表现在以下两方面。

（1）消费者权利观念薄弱

在谈及假冒伪劣现象时，美国驻华使馆的一位官员指出，"美国消费者不可能购买假产品，他们希望假货与自己没有一点关系。因为他们知道，假货的生产厂商做贼心虚，不会提供厂名、生产日期和使用期限以及售后服务等，便宜的假货是没有任何质量保证的"。所以，消费者应十分明确，他们不仅仅是在买某个公司的产品，而是在买公司的信誉、服务保证和质量标准。

相比之下，我国相当多的消费者的权益观念淡薄，对自身应享有的权益内容不甚了了，或了解而不去坚持，甚至自动放弃。由于假冒商品充斥市场，侵权行为相当普遍，人们权益受到侵害时，往往见怪不怪，以为是司空见惯之事，以致知假买假、明知故买的心理和行为屡见不鲜。

（2）自我保护意识淡薄

一些发达国家的消费者自觉地把自己尊为上帝，利益受损后寸步不让。1998

年 10 月，美国 3 名患癌的烟民集体起诉烟草公司，联邦法院作出的裁决为，烟草公司为 3 名患者造成人身伤害，须付给他们总额 1270 万美元的损失赔偿。2000年 4 月，美国一名女医生正式向美国服装业巨头——耐克公司提出诉讼索赔 100万美元，理由是因耐克运动鞋设计有缺陷导致她慢跑时摔倒，造成关节部位永久性损伤。

与之相比，我国消费者显得过于宽容。据中消协统计，目前我国消费者每年的平均投诉率仅为 1/3000 左右。虽然 1999 年投诉件数首次超过 70 万件，但英国消费者协会 1997 年接到的投诉就超过了 70 万件，而其总人口只有 6000 万。与之相比，我们的投诉率仅为英国的 1/20。实际上，英国的市场环境相当规范，商品和服务质量堪称优良，其投诉率之所以远高于我国，是由于消费者具有很强的自我保护意识。而我国虽然绝大多数消费者都有过利益受损的经历，但许多人仍受"屈死不告状"的传统思想影响，形成"吃哑巴亏"、"自认倒霉"的习性，不愿为"生活小事"而斤斤计较、惹闲气，从而自动放弃了投诉的权力。

由于过去受到计划经济和短缺经济的长期束缚，我国消费者长时间以来一直处于弱者地位，无论在意识或行为能力上都属于弱势群体。所以当前的首要任务，是帮助消费者树立保护自身权益的自觉意识，同时强化自我保护的行为能力。这就需要通过多种形式开展和加强消费者教育，不仅要使其对应有权益有清醒认识，而且要尽可能多地掌握法律、商品以及消费方法方面的知识，要敢于并且善于通过行政、法律、舆论等多种途径和手段同损害消费者权益的行为作斗争。

不仅如此，消费者也应唤起社会良知和道德心，自觉承担起公民应尽的义务，把打假作为义不容辞的社会责任。大量存在的自私和贪婪是假冒行为孳生的温床，最终会导致整个社会的良知泯灭和道德缺失。而良好的市场秩序和健康的社会环境不是单纯依靠加强立法、严格执法可以确立的，它需要每个消费者的自我道德约束和主动参与。

可喜的是，随着市场经济趋于成熟，我国消费者的自我保护意识正在不断加强。据统计，近年来我国消费者每年投诉量均在 70 万件左右，投诉范围与结构有较大变化，发展型和享受型尤其含服务类的消费投诉比重继续上升，生存型消费投诉比例下降。曾经在消费生活中占有举足轻重地位的"老三件"、服装鞋帽等已经基本退出占据投诉"关注点"的历史舞台，取而代之的手机、汽车、计算机、互联网、短信等产品和留学中介、教育培训等的投诉增幅较大。2005 年投诉增幅居前八位的商品分别是空调类产品、移动电话、农机类产品、医疗辅助用品、厨房电器及相关产品、计算机、保健食品和装修建材。投诉增幅居前八位的服务分别是互联网、销售、电信、公用事业、农用生产技术、保险、房屋装修、洗衣业。

3. 消费者团体要不断壮大自我，强化消费者权益的群体援助机制

就法律意义而言，消费者与生产经营者是平等的，但在消费实践中，前者往

往处于弱者地位。正是由于二者在力量对比上十分悬殊，许多消费者为维护自身权益而与不法厂商抗争时，常常因投诉成本过高或对手过于强大，而处于劣势地位，很难取胜。要改变这种状况，需要消费者自己组织起来，结成强大的团体力量，共同与不法厂商相抗衡。

自 1960 年美国、英国、澳大利亚、比利时和荷兰 5 国发起成立国际消费者联盟以来，世界各国的消费者组织蓬勃发展起来。目前，全世界近百个国家的成千上万个消费者团体在保护本国消费者权益方面发挥着巨大的作用。例如，在德国，联邦一级就有消费者协会、消费者保护协会、消费者研究所、全德汽车俱乐部等组织。此外，每个州都设有消费者中心和消费者顾问处，专门为权益受损的消费者提供支持和帮助。

在美国，消费者利益受到损害后，大多数消费者权益组织会同时使用几种方式统一众多消费者的认识，进行集体行动。在早期，最强有力的方式是通过集体抵制某种产品实现维权。以后，消费者或通过发表演讲或写信或通过诉讼来保护自己的权益。如果有成千上万人写信给他们的代表同时抱怨某一种产品，无疑会对政府和企业造成压力，政府会很快作出反馈。

在我国，中国消费者协会是维护消费者权益的主要社团组织。经过 10 余年的发展，中消协及分支机构已遍及全国各地，在维护消费者权益方面发挥了巨大作用。据统计，全国各级消协 2005 年全国共受理消费者投诉 703822 件，解决 672964 件，解决率达 95.6%，为消费者挽回经济损失 68643 万元，接待消费者来访和咨询 809 万余人次。但就总体而言，我国消费者组织的功能、形式较单一，仍有一定的局限性。

今后，应逐步扩大消费者组织的职能范围，同时鼓励发展多种形式的消费者利益集团，如消费者志愿维权组织、行业性消费者组织、消费者仲裁机构、消费者俱乐部、消费者代表等，形成纵横交错、遍布各地和各行各业的消费者组织网络，充分发挥其维护消费者权益的代言人、监督者和调节者的作用，使每个消费者在权益受损时，随时可以得到强有力的支持和帮助。

二、从社会层次上来看消费者权益保护机制的建立

1. 政府部门要加强消费政策指导和行政管理，建立强有力的政策导向机制

（1）政府要制定保护消费者的消费政策

消费政策是政府制定的关于引导消费和调节消费者与商品生产者及销售者之间利益关系的原则和导向。政府在制定消费政策时，应当毫不犹豫地站在处于弱势地位的消费者的立场上，即消费政策首先应当是保护消费者的政策。有关政策内容应包括，维护市场秩序与公平，坚决打击假冒伪劣，反对谋求暴利与强买强卖，杜绝乱收费现象，破除市场垄断和交易壁垒，鼓励优胜劣汰，通过政策措施

降低交易费用，监督厂商保证产品质量及完善售后服务等。

　　值得指出的是，我国政府在"十一五"规划中已明确提出，要进一步扩大国内需求，调整投资和消费的关系，增强消费对经济增长的拉动作用。要将扩大内需、刺激消费作为今后国民经济发展的一项长期战略方针。这意味着扩张消费的政策将作为保证国民经济持续、稳定、健康发展的基本战略措施，成为中长期的重要政策导向。但是扩张消费的政策措施不能仅仅停留在鼓励人们花钱上。开展消费信贷、降低储蓄利率、征收利息税，也只是刺激消费的部分外在条件。就我国当前的现实状况而言，创造良好的消费环境，是鼓励消费者主动消费、自愿消费、放心消费，从而实现消费扩张的重要环节和长久之计。而构造良好消费环境的先决条件，是使消费者的合法权益得到切实保证。

　　必须假定，每个消费者的消费行为都是建立在趋利避害基础上的理性行为。没有人会在假冒伪劣猖獗、自身权益得不到合法保护的条件下，去努力花钱、扩张消费。当处于弱势地位的消费者不能得到社会的充分保护，以致权益受到损害时，人们的自然选择就是趋向于自我保护。而自我保护的最简单办法就是紧紧地看好自己的钱袋子，减少、延迟乃至压缩消费。所以，为保证扩大内需的中长期战略的有效实施，保护消费者权益应成为我国政府制定宏观消费政策的重要导向。

　　（2）政府要承担起相关的行政管理职能

　　这是西方发达国家的通行做法。例如，法国政府专门设有"竞争、消费与不公平竞争手段管理局"，大约有 500 名工作人员专门从事打击假货、假广告、乱收费、不公平竞争、诈骗等与消费者权益有关的工作。除这一中央部门外，法国的各个省和地区也都设有相同的地方管理局。法国政府还设有一个叫作"国家竞争与价格理事会"的机构，主要负责打击企业间的非法默契。此外，法国海关承担起阻止国外假货进入法国的主要职责，对购买国外假货者课以 5 倍于真品售价的重罚。通过上述一整套机构体系的严格约束，法国政府得以为消费者营造一个拒制假货存活的良好环境。

　　我国目前尚没有设立保护消费者权益的专门政府机构，有关职能由工商行政管理部门和非政府机构的中国消费者协会负责行使。随着保护消费者权益问题的日益突出，国家应进一步完善现有机构的职能，同时，适时考虑设置专职机构，以求建立包括制定政策和执行政策在内的完整的政策导向机制，把保护消费者的消费政策落到实处。

　　2. 法律部门要健全法律法规，加大执法力度，形成强有力的法律制约机制

　　依靠立法和执法形成强有力的法律制约机制，是市场经济成熟国家保护消费者权益的共同做法，也是对损害消费者利益的不法行为的最有效约束。国家法律部门在建立保护消费者权益的法律约束机制方面具有特殊作用，因而应当责无旁贷地承担起这一重任。

1) 立法为保障消费者权益提供法律依据和框架，完善立法是打假和维权的基础。日本早在 1968 年就颁布了《保护消费者权益基本法》，对消费者的自我保护、防止哄抬物价和抑制膨胀等问题作了详细的规定。此后，为维护市场秩序和公平竞争，日本政府又相继颁布了《不正当竞争防止法》、《产品责任法》等，从而成为较早通过系统立法保护消费者权益的国家之一。又如澳大利亚设有《交易准则法》、《版权法》、《商标法》和《价格监督法》等一系列联邦立法，以及地方各级政府的相应立法，将各类商业活动纳入依法经营的轨道。完善的法律体系为营造强有力的法律约束机制奠定了坚实基础。

2) 值得指出的是，完善立法只能为保护消费者权益提供法律依据，而只有通过严格的执法才能有效遏制侵害消费者利益的行为发生。发达国家的经验证明，必须加入执法力度，对违法者施以重罚，否则难以杜绝不正当经营行为。例如，日本的《不正当竞争防止法》制定了相当严厉的惩罚标准，根据惩罚对象的不同，对自然人最高罚款达 300 万日元，对法人最高罚款达 1 亿日元。据统计，1960～1975 年因违反《不正当竞争防止法》而被起诉的法人达 3000 多家，其中多数后来倒闭、转产或被兼并。到 20 世纪 80 年代末，不正当竞争行为在日本已几近杜绝。

我国近年来在建立健全保护消费者权益的立法方面取得了长足进展，有关部门已经相继制定和颁布了《消费者权益保护法》、《产品质量法》、《反不正当竞争法》、《食品卫生法》、《药品管理法》、《商标法》、《广告管理条例》等一系列法律法规，为打击假冒伪劣现象、维护消费者权益提供了重要的法律构架。但比较而言，我国现行法律仍存在漏洞和冲突，对损害消费者权益行为的惩治力度不足以产生警示和禁止效果，对制假售假等违法活动的定性仍然模糊不清，条文过于原则而缺乏可操作性，违法者逃避制裁的漏洞依然不少。

更严重的问题在于执法。由于立案标准含糊、行政移送司法缺乏强制性规定、现行诉讼法对采取临时性措施规定的限制较大等原因，给司法人员的执法带来很大难度，导致对侵权违法现象的执法无法深入。一些违法分子对执法部门的处罚不予理会，执法者常常无可奈何；而由于定性和自由裁量度的宽泛，给某些执法人员太多的"依法"不作为的理由，一些执法部门不受理被侵权者的赔偿要求，或对赔偿额度讨价还价。执法不严，导致假冒伪劣商品屡禁不止，侵害消费者利益的现象不断发生。

可喜的是，国家新颁布的《刑法》对假冒行为作出了新的规定，销售假冒伪劣产品金额达 5 万元人民币的，即触犯刑法，可处两年以下有期徒刑或拘役，并处或单处销售金额 50% 以上、两倍以下的罚金。如果生产销售假药致人死亡或对人体健康造成特别严重危害的，最高可判处死刑，并可没收财产。2000 年 7 月新修改的《产品质量法》，对生产者、销售者的产品质量责任和义务、损害赔偿、惩罚等，作了更明确的规定，同时加大了对违法者的法律制裁力度。

上述法律规定为严惩假冒行为、保护消费者权益提供了有力武器。借鉴发达国家经验，司法部门今后应进一步加大执法力度。可制定统一的《打假条例》，并建立统一的专业化执法队伍，对制售假冒产品的厂商施重典，或课以重罚直至倾家荡产，或追究其刑事责任，以此强化法律的威慑力量，使欲制假售假者不敢轻易以身试法。

3. 市场管理部门要全力维护市场秩序，建立高效有序的公平竞争机制

市场管理部门是维护市场秩序、建立市场公正的组织保障系统，也是落实国家有关政策、法律法规的监督管理者和具体执行者。在市场活动中，市场管理部门应承担起打击制假售假行为、平抑不公平交易、保护消费者权益的主要职责。

我国的工商管理部门是承担市场管理职能的主要机构。在打击假冒行为、维护守法企业和消费者权益方面，全国工商管理机关发挥了巨大作用。根据国家工商管理局公布的数字，2005 年全年，全国工商行政管理机关共查处制售假冒伪劣商品案件 116 331 件，其中立案查处案件 95 036 件，案件总值 14.82 亿元，罚没金额 5.88 亿元，吊销营业执照 1240 户，停业整顿 1721 户，捣毁窝点 2302 个，移送司法机关 111 件。

工商部门与企业联手打假，不仅提高了工商机关的办案效率，而且提高了企业维护自身权益的意识和参与打假维权行动的积极性，增强了打假维权的合力，有力地打击了制售假冒伪劣产品的违法活动。一些成员企业通过联手打假，逐步夺回了被假冒伪劣商品占领的部分市场，经济效益明显上升。例如，河北省旭日升集团公司与全国 16 个省市的工商行政管理机关密切配合，共查处假冒伪劣旭日升牌饮料价值人民币 870 万多元，产品市场占有率较以往上升 20%，销售收入上升 30%。实践证明，工商机关与企业联手打假是我国现阶段打击假冒侵权的一种有效手段。目前，列入全国工商行政管理机关打假维权协作网络的企业已达 200多家。

4. 媒体要充分发挥传播和导向功能，形成辐射广泛的舆论监督机制

纵观历史，消费者运动在美国产生伊始，就始终与新闻媒体并肩作战。一大批具有高度社会责任感、努力追求公平正义的新闻记者，利用报纸、广播、电视等舆论工具对不法奸商的丑行口诛笔伐，推动了全社会保护消费者权益意识的觉醒，同时也迫使企业纷纷由"象牙之塔"走向"玻璃之屋"，对自身不法行为有所收敛。

当今时代，随着信息、网络技术的超速发展，媒体在信息传播、舆论导向、社会监督方面的巨大作用已远远超过以往任何一个历史时期。为此，建立维护消费者权益的舆论监督机制，更应高度重视和充分发挥媒体的作用。一方面，媒体应通过舆论工具，主动担负起消费者进行教育、宣传、引导的职责；另一方面，

应充分行使媒体的社会监督职能，对肆意损害消费者利益的行为予以无情揭露和曝光，使违法者受到强烈的舆论指责和公众压力，陷于人人喊打、无处藏身的境地。

我国近年来，新闻媒体在舆论宣传、大造声势、揭露不法行为、为消费者伸张正义方面发挥了极其重要的作用。今后应进一步向系统化、持续化、深入化方向发展。此外，应利用媒体的特殊地位，充分发挥其在促进政府、企业、消费者之间沟通，加强社会各界联系方面的特殊作用，使之成为各种维权力量的凝结剂。

5. 企业要成为打假、维权的重要有生力量，形成企业维权的协同自律机制

应当强调指出的是，在打击假冒伪劣、建立维护消费者权益的社会监督机制方面，还应特别注意发挥企业的作用，使企业不仅仅作为监督的对象，而且成为社会监督的重要生力军。实际上，不法厂商制售假冒伪劣产品不仅直接侵犯和剥夺了消费者的权益，同时也是对被假冒企业及产品声誉的损害和经济利益的剥夺。从长远和社会整体角度看，损害消费者利益的企业，其自身利益最终也将受到损害。为此，有远见的企业应当自觉主动地加入到维护消费者权益的行列中，成为对制假行为进行监督和斗争的重要有生力量。

西方国家的实践证明，企业把打击假冒现象和维护消费者权益纳入经营管理日程，不仅会有效地约束自身行为，而且可以在推动全社会监督和协同行动方面发挥特殊作用。例如，法国制造商于1872年即自发成立了制造商联合会，至今已拥有的会员包括800家著名厂商和50个行业协会。该联合会在保护产品商标等知识产权、与政府及其他国家对话、配合警察、海关和司法部门打假等方面发挥了强有力的作用。

澳大利亚建有保护消费者权益的完整体系，其最重要的特色是政府、企业和消费者齐抓共管，形成合力。其中由企业组成的行业协会下设仲裁机构，专门负责调解企业与消费者的纠纷。这些机构有权裁决企业停止出售假冒伪劣产品的活动，对消费者做出赔偿。其活动经费基本上来自企业的缴纳金。而企业为保护自身的商业利益，通常肯花大价钱打假，并自觉遵守仲裁机构的裁决。因为澳大利亚国内市场狭小，企业如拒绝改正制假售假、侵犯消费者权益的错误，就无法在市场上立足。

市场经济是信用经济。信用是建立公平有序的市场秩序、保障消费者合法权益的基础。而企业作为商品生产者和销售者，其信用意识高低，是否遵守诚实守信的原则，直接决定着市场的信用水平。注重信用意识的企业，必定是一个对消费者负责的企业。在西方发达国家，市场经济已经成熟，讲究信用蔚然成风。企业家都把信誉当作自己的生命，努力通过良好的信誉和较高的信用等级来体现自身的形象和价值。因此，将消费者视为"上帝"，千方百计争取消费者的满意和好感，而不敢轻易以身试法，以丧失信誉为代价损害消费者利益，已成为企业普遍

的自觉行为。

在我国，长期以来企业一直不被视为保护消费者权益的主体。行业协会等企业组织在打假和维权中的特殊作用未受到应有重视，以致许多企业缺乏自律意识，成为假冒侵权等行为屡禁不止的源头。可喜的是，这一状况正在逐步扭转，愈来愈多的企业已经认识到企业自身利益与消费者利益一荣俱荣、一损俱损的相关关系，自觉地组织起来，加入到打假、维权的行列中来。

第四节　政府、企业、消费者的共同责任

随着消费者运动的蓬勃发展，人们对于政府、企业、消费者三者利益的息息相关性已经有了深入的认识，甚至认为"消费者利益的本质是社会公众利益"。然而在实践中，将这一观念落到实处，真正成为全社会共同遵循的行为准则却还有很长一段路要走。而不在这一根本观念上取得共识，消费者权益就不可能真正得到保障，上节提到的建立健全消费者权益保护机制中的公众参与也就无从谈起。

一、消费者利益就是政府利益

1. 消费者利益与政府利益的密切联系

从宏观层面看，消费者利益的充分实现已成为国民经济平稳运行和持续发展的关键因素。在现代市场经济条件下，一国国民经济的增长取决于投资、出口和消费的拉动。其中，消费是拉动经济增长的最根本动力。消费受阻或消费滞后，都有可能造成市场需求不足、商品积压、生产过剩、供求结构失衡，从而导致经济增长放缓甚至停滞。我国自 1998 年以来出现持续近两年之久的消费低迷，曾严重抑制了市场的有效需求，给国民经济的正常运行带来极大压力。

消费需求不受抑制的重要条件之一，是消费者利益的充分实现。由于消费是由消费者个人支配的高度自主的行为活动，而消费者决定消费什么、消费多少的直接动因是利益驱动。这种利益驱动表现为物质和精神需求的满足，所得与所消费的比较，以及应有权益的实现。当自身利益不能充分实现甚至受到损害时，消费者有天然的权力决定减少消费或者终止消费，而当减少或终止消费成为大多数消费者的普遍行为时，消费对国民经济的抑制作用就发生了。所以，就宏观意义看，消费者利益的充分实现是社会经济稳定运行的基本条件和重要保障。

2. 对消费者利益和国家利益关系的认识误区

长期以来，我们一直被告知，国家利益是伟大的、至高无上的，而个人利益是渺小的、微不足道的。就性质而言，消费者利益是以个体为单位的消费者个人利益，国家利益则是国家和全社会的整体利益。当个人利益与国家利益发生冲突

时，个人要无条件服从国家利益。推而广之，消费者利益这种特定的个人利益与国家利益相比，也是次要的无足轻重的。因而，消费者利益受损绝不能与国家利益受到侵害相提并论。正是受这种观念束缚，不仅全社会对保护消费者权益未能予以足够重视，就连消费者自身也不敢理直气壮地捍卫自身利益。在这种情况下，消费者的"上帝"身份被虚置了，其在市场中的主导地位实际上处于缺失状态。

然而，消费者的个人利益真的低于国家利益，甚至无足轻重吗？我们首先来看何为国家，何为国家利益。古希腊学者亚里士多德提出，国家是最高最广泛的一种社会团体，国家的目的是谋求最高最广泛的"善业"。现代学者则普遍认为，国家是全民的、谋求人们共同利益的社会组织。由上述关于国家性质的解释可以看出，国家并非是凌驾于社会公众之上的统治工具，也不是单纯的一个阶级压迫另一个阶级的权力机器。国家应当是社会公众的代表者和组织者，国家的宗旨是谋求全社会公众的"最高最广泛"的共同利益。由此，可以进一步推导出，国家利益应当是全社会公众利益的集合和代表，不存在所谓高于公众利益之上的国家利益。而社会公众是由无数个单独的个人组成的，社会公众的共同利益也是由无数个独立的个人利益集合而成。因此可以说，个人利益构成国家利益的基础，国家利益的本质是个人利益的共同实现。二者之间绝不是对立关系，而是一荣俱荣、一损俱损的相关关系。由于消费者是等同于全人口的最广泛的公众群体，所有消费者的个人利益的总和等同于全社会公众的共同利益，从这一意义上来说，我们甚至可以大胆地划一条延伸线，直接喊出"消费者利益就是国家利益"。这才是我们长期以来不愿正视的问题的本质和症结所在。

实践证明，在市场经济中，没有独立于消费者利益的国家利益，也没独立于消费者利益之外的国家利益，更不能以国家利益作代消费者利益。国家前总理朱镕基在论及直接关乎消费者利益的产品质量问题时曾多次指出："产品质量代表着一个国家的形象，一个民族的精神。要发展经济，要提高经济增长的质量和效益，产品质量是关键。"在谈到对消费者利益损害最大的假冒伪劣现象时，朱总理更加痛切地说到："放任假冒伪劣，国家就没有希望。"这一论断实际上已经把消费者利益提升到与国家利益等同的位置，指出了损害消费者利益就是损害国家利益。

然而令人遗憾的是，至今仍有许多政府官员、企业经营者未能认识或不愿承认这一点。究其原因，首先是由于过去长时期受极左思想的束缚，人们习惯于把个人利益与国家利益和集体利益绝对对立起来，以抑制、牺牲个人利益，服从和奉献于国家、集体利益，作为最高道德标准和理想信条。其次，当由政府代表国家行使管理职能，特别是政府具体化为某个部门、某一地方政府，并由某些官员掌管时，国家利益极易转化为部门利益、地方利益或少数人利益。这些利益集团往往打着国家利益的幌子，利用手中的权力维护其既得利益。此时，所谓的"国家利益"被理所当然地置于消费者利益之上，甚至成为剥夺消费者利益的冠冕堂皇的理由。再次，某些国有企业和行业，离开政府保护和行政垄断无法生存，为维持其垄断地位和垄断利益，他们俨然以国家利益代表者自居，用维护国家利益来掩饰其对消费者利益的剥夺。

更令人惊讶的是，我国有许多消费者在对自身利益的认识上也存在严重误区。众所周知，本来意义上的消费，是消费者用货币购买商品或服务，以满足自己的物质和精神需要的行为活动，其天然动机就是利己的。以尽可能少的货币购买尽可能多并且质量好的商品或服务，追求实现自身利益最大化，也是出于本能的，具有天然合理性。然而，恰恰在这一天然合理的基本出发点上，许多消费者彻底地迷失了。

长期受"个人利益服从国家利益"主流意识形态灌输教育的结果，使消费者不愿正视个人在市场活动中的主导地位，不敢大胆争取应有的消费权力和利益，更毋庸谈在合理限度内追求自身利益的最大化。

基于上述原因，消费者主体意识在我国整体地迷失了，消费者的权益被极大忽略甚至践踏。这一状况与西方发达国家真正意义上的"消费者至上"形成明显反差。

二、消费者利益就是企业利益

1. 消费者利益与企业利益的内在密切联系

消费者利益的充分实现是企业生存和发展的基础。盈利是企业的生存之本。而在买方市场条件下，企业能否实现盈利完全取决于产品的市场销售。作为产品最终购买者和使用者的消费者，对企业的产品是否满意，是否愿意购买，直接决定着产品能否完成"惊险的一跃"。倘若没有实现"惊险的一跃"，"最终摔坏的将不是商品，而是商品生产者"。这一市场经济的铁律决定了企业必须奉消费者为"上帝"，以实现消费者的利益为最大利益，在充分满足消费者利益的前提下，谋取企业自身利益。

在上述利益关系支配下，最大限度地实现消费者利益，就成为现代企业的努力方向。消费者要求以尽可能低廉的价格得到尽可能多的优质产品和服务，企业就要千方百计降低生产成本，提高产品质量，向市场提供物美价廉的商品与服务。唯有如此产品的价值才能充分实现，企业投入的各项资源才能转化为经济效益。也唯有如此，企业才能进入投入、产出、盈利的良性循环。

消费者的利益在于消费需求的满足，而企业的利益在于盈利目标的实现。在市场经济条件下，二者非但不相互对立，反而有着天然的耦合性。企业只有提供适销对路、物美价廉的商品，充分满足消费者的需求，才能实现产品价值和预期盈利。因此，企业利益的实现程度取决于消费者利益的实现程度，企业利益的最大化只能建立在消费者利益最大化的基础之上，而不是相反。二者之间的利益关系如此直接而清晰，以至于大多数企业都能接受正确的经营理念，愿意奉消费者为自己的"上帝"。

2. 现实中消费者利益与企业利益的冲突

尽管在前面我们曾经提到企业与消费者之间存在天然的利益冲突，然而从上述论述以及当代社会环境的巨大变化看来，我们寻求的应该是两者的共赢，而非针锋相对。在管理学和营销学的理论中，已经有许多论述提出企业只有从消费者的需要和利益出发，才能获得发展。企业的活动应该围绕顾客满意为核心。

但在我国的市场环境中，现实与意愿的差距似乎过于巨大了。实际状况是，消费者利益至上非但远远没有得到体现，甚至恰恰相反，当消费者利益与企业利益发生冲突时，多数企业的做法往往是牺牲消费者利益以维护企业利益。实践中，消费者利益受到损害的现象比比皆是，就印证了这一点。

原因何在？答案是企业未能摆正二者关系，真正将消费者利益置于企业利益之上。追求利润最大化是企业的本能，本来无可厚非。但因利润驱动而不择手段，或以企业"自律"、"同盟"等违法手段操纵市场价格，或借垄断地位高价掠取垄断利润，或寻求行政保护阻隔市场，或借民族情感诱导消费者姑息低质高价，就改变了问题的性质，成为对消费者利益的漠视和掠夺。然而，上帝是公平的。消费者在遭受掠夺的同时，企业赖以生存和发展的基础也受到严重侵蚀。其结果是，市场萎缩，消费不振，企业成长缓慢，低效者长期低效，幼稚者永远幼稚。可见，企业与消费者之间博弈的结果，要么双赢，要么双输，没有第三条路。

实践证明，在市场经济条件下，消费者利益就是企业利益。这是企业与消费者关系的真谛。真正确立这一信念并努力实践之，是现代企业的立足之本。

综上所述，我们可以进一步得出结论，消费者利益的本质是社会公众利益。这是由于就广义而言，无论国家抑或企业都是社会公众的某种组织形式，代表着全部公众或部分公众的利益。消费者作为等同于全人口的最大公众群体，其利益既涵盖国家利益和企业利益，又宽泛于后二者。因此，更接近本质的定义应为：消费者利益就是社会公众利益。在当今社会，企业和政府也不得不充分考虑消费者利益。

小　　结

本章重点围绕消费者权益和消费者保护问题进行了系统阐述。具体包括消费者权益保护运动的兴起和发展，消费者权利的内容，消费者权益保护机制的建立，政府、企业、消费者的共同责任等。

1）尽管从经济学的分析来看，消费者与生产者处于一种平等的市场地位。但在现实中，由于消费者固有的弱势和现代社会产销方式的复杂化和多元化，消费者权益被侵害的现象出现得愈来愈频繁。相应地，18世纪至19世纪后期西方社会开始出现旨在保护消费者权益的消费者保护运动的萌芽，而在随后的市场竞争的逐渐激烈化中，消费者保护运动也逐渐完善，经历了组织化阶段和国家化阶段。中国消费者运动的出现是在改革开放以后，但由于国际消费者组织的帮助和政府的支持，消费者运动的发展十分迅速。

2）消费者权益在不同国家、不同时间有不同的具体内容。在国内提及消费者权益的内容时，一般指我国 1993 年通过的《消费者权益保护法》中的规定，具体包括以下九条：消费者享有人身和财产安全不受侵犯的权利；消费者享有知悉其购买、使用的商品或者接受服务的真实情况的权利；消费者享有自主选择商品或接受服务的权利；消费者享有公平交易的权利；消费者在受到人身、财产损害时，依法享有获得赔偿的权利；消费者依法享有成立维护自身合法权益的社会团体的权利；消费者享有获得有关消费和消费者权益保护方面知识的权利；消费者享有人格尊严、民族风俗习惯得到尊重的权利；消费者享有对商品和服务以及保护消费者权益工作进行监督的权利。

3）建立消费者保护机制是市场经济发展和整个社会发展的必然要求。它的具体内容包括个体层次和社会层次两个方面。从个体层次来看，第一，提高社会公众的整体道德水平，建立保护消费者权益的道德约束机制；第二，消费者要强化主体意识，形成消费者权益的自我保护机制；第三，消费者团体要不断壮大自我，强化消费者权益的群体援助机制。从社会层次来看，第一，政府部门要加强消费政策指导和行政管理，建立强有力的政策导向机制；第二，法律部门要健全法律法规，加大执法力度，形成强有力的法律制约机制；第三，市场管理部门要全力维护市场秩序，建立高效有序的公平竞争机制；第四，媒体要充分发挥传播和导向功能，形成辐射广泛的舆论监督机制；最后，企业要成为打假、维权的重要有生力量，形成企业维权的协同自律机制。

4）保护消费者权益是政府、企业、消费者的共同责任。消费者的利益本质上就是社会公众利益，这不仅表现在消费者利益与政府利益的关系上，还表现在消费者利益与企业利益的密切相关性。首先，消费对国家经济发展的重要性决定了消费者利益与国家利益的密切关系，因为消费是拉动经济增长的最根本动力。而消费者利益的充分实现正要求消费需求不受抑制，所以消费者利益与政府利益的一致性是国民经济持续协调发展的重要基础。其次，消费者利益的充分实现是企业生存和发展的前提条件。从企业本身利润的实现环节来看，满足消费者需求，企业才能使投入的各种资源转化为经济效益，从而满足自身利益。此外，随着市场竞争的日益激烈，企业只有重视消费者利益，将顾客满意作为追求目标，才有可能在竞争中生存发展。

思 考 题

1. 试分析消费者相对于生产者来说，在市场地位中处于劣势的原因。
2. 消费者权益包括哪些内容？
3. 建立消费者权益保护机制应该包括哪些方面？
4. 试论证："消费者利益就是社会公众利益"。

第十八章　消费者关系和消费者危机

关系营销作为现代营销的新领域，其关注焦点是与利益相关者建立良好的关系。消费者关系是企业在现代经济活动中必须要关注的利益相关者关系的一种，与消费者建立良好互动的关系对企业开展营销活动具有重要意义。为此，企业应正确理解关系营销的特点，以及与交易营销的区别，掌握对消费者开展关系营销应当采取的具体策略和准则。另一方面，企业在现代市场环境中面临着越来越多的不确定因素，因此危机的产生也是不可避免的。企业所面临危机中的一种就是消费者危机。消费者危机是破坏性最强的危机之一，现代企业必须加强消费者危机管理。要树立强烈的危机意识，建立企业的危机预警机制，制定危机管理计划，加强危机处理，开展危机处理后的评价等。

第一节　消费者关系和关系营销

一、消费者关系

1. 消费者关系的涵义

消费者关系是指企业通过其产品和服务同现实的或者潜在的消费者之间所结成的社会联系。它是企业在与消费者进行产品或服务的交易、购买、销售等活动时形成的。消费者是企业产品销售或服务的对象，他们的消费活动为企业带来收入和利润，对企业的生存发展具有至关重要的作用，因此，现代企业的营销活动必须以消费者为中心。正是在这种意义上，消费者关系成为企业所有关系中的中心和重点。

消费者作为社会的一员，必然会有思想、情感、信息等交流沟通的需求。这就使得企业有可能通过加强沟通交流与消费者建立关系。例如，销售人员在销售产品时常常与消费者进行语言的交流，以消除其疑虑，促成购买实现。在一些营销活动中，销售人员即使没有和消费者有直接的接触，消费者关系仍然存在。例如，企业可以通过广告，公共关系活动与消费者建立联系，即建立消费者关系的媒介不仅可以是推销人员、产品，还可以是广告、公关活动、品牌等。

一定意义上，消费者关系的实质是企业与消费者建立情感联系，通过企业的产品或服务满足消费者的需求，创造、传递和提升消费者的顾客价值。消费者的需求不仅包括物质上的效用需求，也包括情感需求。企业通过公共关系活动、广告、品牌等多种途径和方式满足消费者的情感需求，进而可以增强消费者对企业产品效用的满足程度。企业与消费者之间联系紧密，融洽和谐，交流密切，可以提升消费者关系的层次，营造出对企业产品忠诚的消费者。

企业建立良好消费者关系的作用体现在以下几个方面。

（1）降低成本，增加收益

开拓一位新顾客的成本要比保留一位老顾客的成本大得多。通过建立良好的消费者关系，企业可以向现有顾客重复销售增加收益，减少新顾客开发成本。

（2）更好地了解市场需求

通过加强与消费者的交流沟通，可以更清楚地了解消费者的真实需求，开发其所需要的产品。

（3）形成竞争优势

消费者关系可以将企业和消费者紧密的联系在一起，使得消费者对企业的产品品牌形成偏好和忠诚，从而抗拒竞争对手的争夺，使企业获得竞争优势。

建立消费者关系的目的在于，在消费者心目中形成对企业及其产品与服务的良好印象，扩大企业产品即品牌对消费者的影响力和吸引力，提升企业的竞争力，使企业和消费者获得双赢。

2. 消费者关系的层次

良好消费者关系的建立不是一蹴而就的。企业的消费者关系推进通常要经历一个过程。在这一过程中，消费者关系状态会表现出不同的水平。我们可以从企业建立，保持、强化消费者关系的过程中来划分消费者关系的层次水平。即知晓阶段、交易阶段、偏好阶段、忠诚阶段。如图18-1所示。

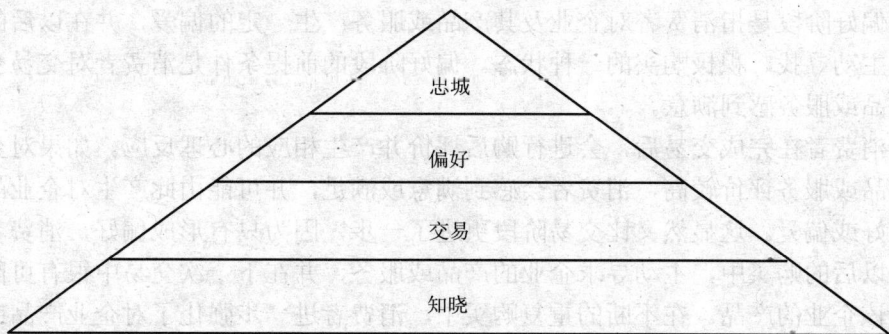

图 18-1　消费者关系层次

（1）知晓阶段

知晓阶段是指消费者能够或者已经获得有关企业及其产品与服务的有关信息，从而知晓企业及其产品与服务的各种情况。消费者知晓是消费者关系中最初步的层次，也是企业建立消费者关系的基础。商业活动中，消费者能够及时得到企业及其产品与服务的各种信息是十分重要的。

　　通常，消费者的购买决策过程要经历识别需要、收集信息、分析选择、决定购买、购后评价等五个阶段。在这一过程中，消费者在作出消费决策时所获得的信息对其决策有很大的影响，因此，企业要想建立良好的消费者关系，必须首先保证企业产品或服务的质量可靠，并在此基础上将正确真实的信息传递给消费者，确保消费者作出正确的选择。另外，企业将有关正确的消息传递给消费者，还可以帮助消费者认知并理解企业的形象。企业与消费者双方的了解、信任是建立消费者关系的基础。消费者只有对企业及其产品和服务有了充分的了解，才有可能与之建立进一步的关系。因此，建立良好消费者关系的第一步就是使消费者知晓企业各方面的信息，为建立消费者信心奠定基础。因此，企业需要通过各种渠道和媒介将有关信息传递给消费者，为下一层次的推进打下基础。

　　（2）交易阶段

　　交易阶段是指消费者在充分了解企业及其产品与服务的有关信息的基础上，与企业达成交易，完成销售，其核心是交易的完成。完成交易意味着消费者已经从知晓到认可企业的产品或服务，对企业产生信心，认同。这比前一阶段进了一步，因为消费者打消了对企业产品或服务的顾虑，愿意接纳或购买。伴随着交易的完成，消费者和企业产生了某种联系。这种联系是基于消费者在购买使用产品时所产生的心理变化。因为消费者获得了某方面的效用，满足了生理或心理的需要，这会使他对生产该产品的或提供服务的企业也产生了某种好感。在这一阶段中，消费者与企业的联系将会更加紧密。但仅仅完成交易还不足以建立起牢固的消费者关系，消费者关系还需要推进到下一层次，即偏好阶段。

　　（3）偏好阶段

　　偏好阶段是指消费者对企业及其产品或服务产生一定的偏爱，并在以后的购买中主动寻找、积极购买的一种状态。偏好阶段的前提条件是消费者对交易获得的产品或服务感到满意。

　　消费者在完成交易后，会进行购后评价并产生相应的心理反应。如果对企业的产品或服务评价较高，消费者会感到满意或满足，并可能由此产生对企业的产品偏好或偏爱。这显然又比交易阶段更进了一步，因为只有形成偏好，消费者才会在以后的购买中，主动寻求企业的产品或服务，并在下一次交易中很有可能仍选择该企业的产品。在不断的重复购买中，消费者进一步强化了对企业产品或服务的信任和好感，从而为建立稳定的消费者关系奠定了坚实基础。因此，与知晓阶段和交易阶段相比，偏好阶段更能体现出企业与消费者之间深层次的交往状态。

　　为促进偏好的形成，企业应当采取一定的营销措施强化或提升顾客的满意程度，例如，提供全方位的售后服务，消除消费者购后可能会出现的问题，免费提供技术升级等，从而使消费者不仅对产品满意，而且进一步延伸到企业本身，对企业的行为、形象都持赞赏认同的态度。在此基础上，消费者形成对企业及其产品和服务的偏好就比较容易了。

（4）忠诚阶段

所谓消费者忠诚，是指消费者在较长的一段时间内，主动放弃多种可供选择的对象，而只对某一企业及其特定的产品和服务表现出重复选择、购买的一种强烈的感情色彩的倾向。

消费者忠诚与消费者偏好的区别在于，处于忠诚阶段的消费者会主动放弃其他可以选择的产品或服务，而只选择他所中意的对象；而偏好阶段的消费者如果有其他更好的选择或者无法得到他所喜爱的产品或服务，仍有可能会改变选择。因此，消费者忠诚比消费者偏好处于更高的层次，也是消费者关系中的最高层次。

消费者忠诚是企业与消费者之间的一种极好的关系状态，它反映出企业与消费者利益的高度一致、情感的高度相容等。忠诚作为一种态度倾向具有一定的稳定性。一个企业赢得了忠诚的消费者，实际上就是赢得了企业产品和服务的基本消费者队伍，也就是赢得了企业生存和发展的最重要的合作者和支持者。国外所揭示的一条统计规律表明，一个企业营业额的 80%往往来自于占顾客总量 20%的那些经常惠顾企业的人，即忠诚顾客。企业必须继续加强与消费者的信息交流和情感沟通，努力塑造值得消费者长期信赖的企业形象，真诚地对待消费者。唯有如此，才有可能真正达到赢得消费者忠诚的消费者关系的最高层次和境界。

二、关系营销

1. 关系营销概述

所谓关系营销，是把营销活动看成是一个企业与消费者、供应商、分销商、竞争者、政府机构及其他公众建立、保持并加强关系，通过互利交换及共同履行诺言发生互动作用，使有关各方实现各自利益的有机系统。其核心是建立和发展与这些公众的良好关系。

（1）关系营销与交易营销的区别

与关系营销相对应的是交易营销，两者之间的区别有以下五点。

1）交易营销关注的是一次性交易，关系营销关注的是与顾客的长期关系。

2）交易营销很少强调顾客服务，而关系营销则十分重视顾客服务，希望通过顾客服务提高顾客满意度，培育忠诚的顾客。

3）交易营销对顾客只有少量的承诺，关系营销则有充分的顾客承诺。

4）交易营销认为产品质量只是生产部门所关心的事情，而关系营销则认为质量是所有部门都应该关心的事情。

5）交易营销不太关注与顾客的长期联系，关系营销的核心就在于发展与顾客的长期、稳定关系。而且进一步地，关系营销不仅将注意力放在发展和维持与顾客的关系，而且扩大了营销的视野，它涉及到企业与其所有利益相关者间所发生的所有关系。两者的对比可以通过下表看出来。

表 18-1　关系营销和交易营销的对比

关系营销	交易营销
长期保持顾客	一次性交易
十分重视顾客服务	很少强调顾客服务
对顾客充分的承诺	对顾客少量的承诺
质量是所有部门关心的	质量是生产部门关心的
长期、稳定的顾客关系	很少关注与顾客的关系

（2）关系营销的特点

关系营销的特点有以下几个方面[1]。

1）双向沟通。在关系营销中，沟通应该是双向而非单向的。只有广泛的信息交流和信息共享，才可能使企业赢得各个利益相关者的支持与合作。

2）合作双赢。一般而言，关系有两种基本状态，即对立和合作。只有通过合作才能实现协同，因此合作是"双赢"的基础。即关系营销旨在通过合作增加关系各方的利益，而不是通过损害其中一方或多方的利益来增加其他各方的利益。关系能否得到稳定和发展，情感因素也起着重要作用。因此关系营销不只是要实现物质利益的互惠，还必须让参与各方能从关系中获得情感需求的满足。

3）控制。关系营销要求建立专门的部门，用以跟踪顾客、分销商、供应商及营销系统中其他参与者的态度，由此了解关系的动态变化，及时采取措施消除关系中的不稳定因素和不利于关系各方利益共同增长的因素。此外，通过有效的信息反馈，也有利于企业及时改进产品和服务，更好地满足市场的需求。

2. 关系营销的核心内容

关系营销的市场模型概括了关系营销的市场活动范围。在"关系营销"概念里，一个企业必须处理好与下面六个子市场的关系。

（1）供应商市场

任何一个企业都不可能独自解决自己生产所需的所有资源。因此企业在经营中必须与其供应商打交道，这包括了人员、资金、设备、原材料等方面。企业必须要与供应商建立良好的关系，因为这决定了企业获得外部资源的速度、质量等方面。

（2）内部市场

内部营销是指把员工看作是企业的内部市场。任何一家企业，要想让外部顾客满意，首先就必须使内部员工满意。只有对工作感到满意的员工，才能以更高的效率为外部顾客提供优质的服务，让外部顾客感到满意，创造更好的效益。

1）郭国庆. 市场营销学通论. 第二版. 北京：国人民大学出版社，2003，81

（3）竞争者市场

企业在竞争者市场上，开展关系营销主要是针对与企业可以进行优势互补的其他企业合作或者进一步地结成战略联盟。以实现资源的共享，提高竞争力，现代企业的竞争呈现出"合作竞争"的状态。在竞争中取得双赢是最好的选择。

（4）分销商市场

在现代市场中，企业不可能也不会控制住分销商市场，因此，与下游的零售商和经销商建立良好的关系对于企业产品的成功销售至关重要。而且目前的趋势是零售商和经销商的实力日益强大。因此企业对其开展关系营销就显得尤为必要。

（5）消费者市场

消费者是企业存在和发展的基础。企业的产品或服务只有通过与消费者的交易才能实现其价值。企业的生产、流通、销售才能联系在一起，企业经营才能持续进行。而且企业不仅要争取新的顾客，还必须关注留住老顾客，培育和发展顾客忠诚，因为争取新顾客所需的成本费用是保持老顾客 6 倍。如果把企业内部市场关系营销作为关系营销的基础，那么消费者关系营销是关系营销的核心和重点。企业的一切营销活动都应当围绕着消费者的需求来进行。

（6）影响者市场

金融机构、新闻媒体、政府部门、企业所在的社区，以及社会团体也对企业的生产和经营产生重要的影响。他们既可以间接影响企业也可以直接影响企业的经营。因此，现代的企业应当十分关注这一公众市场，采取一定的以公共关系为主要手段的营销策略来改善与他们的关系，为企业的经营创造良好宽松的外部环境。

3. 消费者市场关系营销策略

（1）市场细分

市场细分是关系营销的必要准备。由于消费者之间存在着不同需求和差异性，因而可以根据某些变量进行市场细分，如按照人口分布、心理状态、生活方式等变量细分出不同的消费者群。各消费者细分市场通常表现出某些共同的需求、偏好或行为特征。企业可以有针对性的开发或提供产品或服务来满足特定消费者群的需求，从而为建立良好的消费者关系奠定基础。

（2）关系营销策略

主要有以下几点。

1）经常与消费者保持接触沟通，与消费者建立起的稳定联系。

2）对于经常购买的消费者实施奖励，增加消费者的重复购买频率。

3）注意保持现有的消费者，这样可以使企业以较小的成本来获得较大的收益。

4）实施客户关系管理（CRM），首先是获取有价值的消费者，分析其具体需求，制定有针对性的营销计划，开发满足其需要的产品，并通过一定的渠道和促销手段让消费者便利地得到这种利益。在保持现有顾客的同时，通过关系营销使消费者成为一个忠诚顾客。

4. 消费者关系营销的具体实施步骤

1）筛选出有价值的消费者，并与之建立关系。

2）对筛选出的顾客派关系经理全权负责，明确职责范围。

3）分别制定各个顾客营销工作计划，经常与关系对象沟通，了解他们的需求，提供所需的服务，提高顾客的满意度。

4）进行反馈和追踪，测定长期需求，了解顾客兴趣，培育忠诚顾客。

5. 消费者关系营销的准则

1）共存共荣——双方获利。

2）互相尊重——和谐一致，富有人情味。

3）诚恳守信——坦诚相待。

4）目标明确——合作关系建立前有明确目标。

5）长期合作——不基于短期优势，基于长期机会。

6）经常沟通——及时解决问题，消除误会。

7）共同决策——不强加于人，双方自愿。

6. 关系营销的层次

贝瑞和帕拉苏拉曼（Parasuran）归纳了三种创造顾客价值的关系营销层次，即一级关系营销、二级关系营销和三级关系营销。

1）一级关系营销。一级关系营销在顾客市场中经常被称作频繁市场营销或频率市场营销。这是最低层次的关系营销，它维持顾客关系的主要手段是利用价格刺激来增加目标市场顾客的财务利益。随着企业营销观念从交易导向转变为以发展顾客关系为中心，一些促使顾客重复购买并保持顾客忠诚的战略计划应运而生，频繁市场营销计划即是其中的一例。所谓频繁市场营销计划，是指对那些频繁购买以及按稳定数量进行购买的顾客给予财务奖励的营销计划。

2）二级关系营销。关系营销的第二种方法，既增加目标顾客的财务利益，同时也增加他们的社会利益。在这种情况下，营销在建立关系方面优于价格刺激，营销人员可以通过了解单个顾客的需要和愿望，并使服务个性化和人格化，来增加企业与顾客的社会联系。因而，二级关系营销把人与人之间的营销和企业与人之间的营销结合起来。二级关系营销的主要表现形式是建立顾客组织，以某种方式如会员制俱乐部将顾客纳入到企业的特定组织中，使企业与顾客保持更为紧密的联系，实现对顾客的有效控制。

3）三级关系营销。第三种方法是增加结构纽带，与此同时附加财务利益和社会利益。结构性联系要求提供这样的服务：它对关系客户有价值，但不能通过其他来源得到。这些服务通常以技术为基础，并被设计成一个传送系统，而不是仅仅依靠个人建立关系的行为。良好的结构性关系将提高客户转向竞争者的机会成本，同时也将增加客户脱离竞争者而转向本企业的利益。特别是当面临激烈的价格竞争时，结构性联系能为扩大现有的消费者关系提供非价格动力，因为无论是财务性联系还是社会性联系都只能支撑较小的价格变动。当面对较大的价格差别时，交易双方难以维持低层次的销售关系，只有通过提供买方需要的技术服务和援助等深层次联系才能吸引客户。特别是在产业市场上，由于产业服务通常是技术性组合，成本高、困难大，很难由顾客自己解决，这些特点有利于建立关系双方的结构性合作。

第二节 消费者危机

一、消费者危机及其特点

1. 危机的定义

要想对危机下一个全面而准确的定义是比较困难的。因为危机事件涉及到许多不同的情况，很难将其概括。有人认为，只有中国的汉字能圆满地表达出危机的内涵，即"危险与机遇"。首先我们可以通过表 8-2 来回顾一下许多学者从不同角度对危机的理解。

表 18-2　不同学者对危机的理解

赫尔曼（Hermann）	危机是指一种情境状态，在这种形势中，其决策主体的根本目标受到威胁且作出决策的反应时间很有限，其发生也出乎决策主体的意料之外
福斯特（Forster）	危机具有四个显著特征，即急需快速作出决策、严重缺乏必要的训练有素的员工、相关物资资料紧缺、处理时间有限
罗森塔尔（Roster）	危机对一个社会系统的基本价值和行为架构产生严重威胁，并且在时间性和不确定性很强的情况下必须对其作出关键性决策的事件
巴顿（Barton）	危机是一个会引起潜在负面影响的具有不确定性的事件，这种事件及其后果可能对组织及其员工、产品、资产和声誉造成巨大的伤害
班克思（Banks）	危机是对一个组织、公司及其产品或名声等产生潜在的负面影响的事故
里宾杰（Lerbinger）	对于企业未来的获利性、成长乃至生存发生潜在威胁的事件。一个事件发展为危机，必须具备以下 3 个特征：其一，该事件对企业造成威胁，管理者确信该威胁会阻碍企业目标的实现；其二，如果企业没有采取行动，局面会恶化且无法挽回；其三，该事件具有突发性

从以上有关学者对危机的定义来看，我们可以把危机定义为一种使企业的声誉或经济利益遭受严重损失或将面临严重损失威胁的突发事件。当然危机所涉及到的内容不仅仅只是在商业领域。在政治领域、生活、学习等各个方面都会产生危机。这里，我们只把范围限定在企业的危机。

危机可以在很短时间内波及很广的社会层面，对企业或品牌会产生强烈的负面影响。虽然在某些时候，危机的产生是可以预料到的。但更多的时候企业无法预料到危机会在什么时间、以什么形式出现，以及它的发生对企业经营会带来多大的影响。

（1）危机与紧急事件、突发事件的比较

紧急事件强调对事件处理的时间紧迫。而突发事件强调事件发生的不可预测性。这两者都不能等同于危机。有一个很形象的例子可以说明二者之间的区别：一个工厂里的水龙头坏了，如果仅仅导致会议时间被拖延，那就是事故；但如果由此造成工厂停产，甚至引起倒闭，那就成为了危机。也就是说，事故影响较小，是对企业的局部破坏；而危机则影响较大，会对企业造成根本性的毁坏。

（2）危机与风险的比较

所谓风险（risk）是指发生不利事件的可能性。风险总是会存在的，而且在商业领域一般是"高风险会带来高回报"。有些人会主动追求风险，但不会有人愿意发生危机。只有对风险防范不力，而且造成的危害程度较大时，我们才可以说发生了危机。也就是说，从逻辑上讲，风险存在是危机发生的必要条件，而并非充分条件。通过对风险进行有效的评估和管理是可以防范危机发生的。企业如果对各种风险置之不理，或者虽然认识到了风险，却仍不采取一定的措施，那么今天的风险就会变成明天的危机。

2. 企业危机的种类

现代企业在经营过程中，所面对的不确定性因素越来越多，而且企业所能控制的因素只占很少的一部分。因此，企业就极有可能面对危机的产生。依据产生企业危机的来源可以把企业的危机分为以下几种。

（1）外部因素导致的危机

1）自然灾害引起的危机。由于自然灾害的发生使企业的生产或销售活动出现一定的困难。自然灾害不仅可能对企业本身，也会对企业所服务的消费者的生活造成一定的困境。而这种危机往往破坏力极强，是难以避免的。因此，企业只能未雨绸缪，采取一定的预防措施，力争把损失降到最低。

2）经济因素引起的危机。由于经济环境的变化，例如，经济的衰退或下降，导致整个社会的需求下降，从而使企业的经营遇到困难；或者经济本身并没有衰退，但是消费者对企业的产品需求发生了变化，同样也会对企业的经营造成不利影响，对于这种因素引发的危机，企业同样难以控制，而只能适应或作出调整来应对危机。

3）法律、政治因素导致的危机。当与企业有关的国家法律、法令与政策出台时，由于了解不及时或理解不到位，企业可能会有意或无意的触犯法律，从而引起危机；由于政治环境的变化，例如，战争爆发、政权更替以及政治动乱带来的影响，也会打乱企业的正常生产经营。

4）公众误解导致的危机。现代社会信息泛滥，消费者接受大量的信息，甚至对这些信息不加区别，或由于某些原因对企业的产品或服务产生误解，而由于某些媒体不负责任，未加辨别进行宣传或报道会对消费者造成误导，给企业的生产经营活动造成恶劣影响。

5）行业竞争对手策划的危机。在市场经济中，同行业中企业间的竞争是不可避免的。如果竞争是健康的，将有利于社会发展、企业的强大，同时也能使消费者获得更多更好的利益。但在现实中，有些竞争对手采取不正当的手段，利用某些公关或广告公司恶意中伤别的企业，有时不明真相的媒体也起到了推波助澜的作用。

6）社会环境的变化。社会环境的变化包括人口，文化等方面的因素。例如，实行计划生育政策，在我国大中城市中婴儿出生数量下降，一些生产婴幼儿产品的企业市场会面临萎缩。又如，由于西方文化的进入，我国消费者对于一些西方时尚产品产生强烈需求，从而影响了我国企业一些传统产品的销路。

（2）内部因素导致的危机

内部因素导致的危机主要表现在以下五方面。

1）产品（服务）因素导致的危机。由于产品质量或产品安全等问题使得企业面临着消费者的质疑，或拒绝购买其产品或服务。企业的收入和利润同时下降，经营难以维持。这是现实社会中企业最常出现的一种危机形式。例如，2001年中央电视台披露了一个惊天丑闻：南京冠生园食品厂"使用陈馅做新月饼"，南京冠生园因此陷入极大困境，企业的信誉扫地，并波及到其他地区的"冠生园"月饼厂家，究其原因就是由于产品质量和安全问题导致的。

2）人力资源危机。所谓人力资源危机是企业在人力资源管理中出现问题所导致的危机，例如，企业的一位高层主管被竞争对手挖走，造成一些业务工作无人负责，而且许多商业机密有可能被竞争对手窃取，从而对企业造成不利影响。又如，企业因节约开支进行裁员而引起员工不满、人心波动等一系列问题。

3）财务危机。财务危机是指企业出现财务问题而使经营陷入困境。企业的经营离不开资金流动，一旦资金运转出现问题，对企业的影响将是致命的。2003年，安然公司就是因为现金流量不足，通过修改报表来增加利润，最终遭到了破产的命运。

4）领导人危机。企业领导人因为触犯法律或者违反行业规范而致使企业经营无法继续。领导人对于企业而言是关键性的资源，一旦领导人出现问题，企业有可能因此陷入危机。

5）企业信誉危机。企业无法兑现承诺，将会使消费者或顾客产生质疑，影响到企业的信誉和形象。现代市场经济是需要诚信的经济，信誉是企业重要的无形资产，而一旦丧失信誉，将很难轻易恢复。

3. 消费者危机的特点

消费者危机的特点主要表现在以下四方面。

（1）突发性

即企业消费者危机在某个时间、地点上突然发生。如果危机的产生是渐进式的，企业就有足够的时间采取措施，危机的破坏性也会大大降低。但许多情况下，危机发生前并无征兆，呈现突然爆发的特点。此时企业往往因缺乏准备而猝不及防。

（2）破坏性

前述种种危机一旦发生，消费者将对企业及产品失去信心，不去购买企业的产品或服务，或者使企业的信誉损失殆尽。南京冠生园即由于月饼陈馅所产生的危机而导致破产。由于危机常具有"出其不意，攻其不备"的特点，不论什么性质和规模的危机，都必然不同程度地给企业造成破坏、混乱和恐慌。而且由于时间及信息有限，危机发生时往往容易出现决策失误，从而带来无可估量的损失。不仅如此，危机往往具有连带效应，会引发一系列的冲击，从而扩大损失和危害。对于企业来说，危机不仅会破坏正常的经营秩序，更严重的是会破坏企业持续发展的基础，威胁企业的未来发展。但是我们也可以看到，如果企业针对危机采取有效的措施，将危机的影响控制到最低程度，并且运用公关手段转变公众态度，有时可以起到转危为安，甚至是促进市场销售或树立新形象的效果。

（3）紧迫性

消费者危机一旦发生，就要求企业马上采取措施来消除危机。对企业来说，危机一旦爆发，其破坏性的能量会迅速释放，并呈快速蔓延之势，如果不能及时控制，危机就会急剧恶化，使企业遭受更大损失。而且由于危机的连锁反应以及新闻媒介的快速传播，如果给公众留下反应迟缓、漠视公众利益的形象，势必会失去公众的同情、理解和支持，损害品牌的美誉度和忠诚度。因此，对于危机处理，可供做出正确决策的时间是极其有限的，而这也正是对决策者最严峻的考验。如果企业不能及时采取措施，那么危机的破坏性会随着时间的流逝而变得越强烈，对企业的损害也越大。因此，危机的紧迫性要求企业必须采取果断的措施加以应对。

（4）关注性

消费者危机一经产生，必然会通过某种途径得以展现。进入信息时代后，危机的信息传播比危机本身发展要快得多。媒体对危机来说，就像大火借了东风一样。现代信息传播渠道的多样化、时效的高速化、范围的全球化，会使企业危机情境迅速公开化，成为公众关注的焦点，成为各种媒体热炒的素材。然而也有的企业善于利用危机的关注性特点，借机为企业做宣传，使企业的知名度迅速上升。

二、消费者危机产生的原因及其后果

现代企业在经营活动中面临的不确定因素太多，企业又无法一一将其控制住，因此任何一个环节的无心之失或小的细节问题都有可能引发危机，对企业的生存发展造成致命的影响。"蝴蝶效应"就可以充分说明这种情况。不同环节出现的问题会导致不同的危机，如人员危机、诚信危机、消费者危机、产品危机等。下面主要分析一下消费者危机产生的原因及其后果。

1. 消费者危机产生的原因

消费者危机的成因可以从消费者群体心理的角度来分析。

现实社会中，对企业产生巨大影响的大都是消费者群体，因为单个消费者的力量是有限的，对企业做出的负面反应所涉及范围也是有限的。如果只是某一个消费者对企业的产品或服务感到不满意，企业只需要采取一些补救措施就可以解决问题，而不一定酿发危机。我们所讲的消费者危机应当是对企业的生产经营活动或形象造成灾难性的影响，它的影响范围广，破坏性强，企业需要对此高度关注。

那么消费者群体是如何对危机发生反应，从而引起较大影响的呢？我们可以从消费者群体的心理和行为特性进行探讨。

现实中，由于内部因素和外部因素的共同作用，某些具有共同特性的消费者形成了特定的消费者群体。消费者群体一旦形成，必然表现出某些相同或相似的消费需求、价值观念、生活方式和购买习惯。当出现某种可能导致危机的问题时，该群体的各个消费者有可能对某一事件作出相同的、集中的、剧烈的反应，这就使得危机发生的可能性大大增加。

首先，随着市场成熟度的提高和现代信息网络技术的发展，各种商业信息来源极大丰富，以至造成信息过剩，泛滥成灾。而消费者由于自身能力或时间限制等多方面因素的影响，不可能也不愿意去对所收集到的消息进行一一分辨，因此，消费者只能有选择性地采用某些信息。而且由于某些媒体的宣传报道失真或企业提供虚假信息，可能会使消费者产生误解，由此引发危机。

再者，若企业所提供的产品或服务本身出现问题，消费者可能会选择投诉。而企业未能予以足够的重视，针对投诉的处理过于简单，消费者可能会因此感到不满，进而诉诸于消费者利益保护组织如中消协，或者诉诸于大众媒体，甚至诉诸于法律部门。而一旦消费者将产品的问题从个人范围扩大到社会范围，会形成倍增效应，使影响程度和波及范围迅速扩大，从而形成危机。

还有，消费者群体具有模仿心理和从众行为。处于群体中的每个个体几乎都会受到群体的感染。当群体中的某个成员存在对某种产品或服务的不信任和抵触情绪时，通过群体内部的沟通和相互影响，会在其他成员心目中形成不好的印象，使其他消费者对企业的产品或服务持怀疑态度。而且一般情况下，消费者不愿意再对印象不佳的产品进行深入研究，他们在这种情况下宁愿去听从信息传播者、媒体、专家的意见。为了规避风险，消费者选择了从众，即改变个人意见而追随群体大多数人的意见，拒绝购买这种产品或服务。由此，企业面临的一场危机就不可避免。

2. 消费者危机的后果

消费者危机一旦发生，将会给企业带来严重后果。这里将消费者危机的后果按照其影响程度分为以下五个层面。

（1）产品或服务层面

这是消费者危机最底层面的影响后果，表现为由于产品或服务的质量或安全等问题，使得产品或服务被有关部门禁止销售，消费者不再购买产品。例如，中美史克发生"PPA事件"后，卫生部发出通知，禁止康泰克在中国市场销售。消费者也不敢再购买康泰克，他们宁愿选择听从国家有关部门和专家的意见。应该说，这是比较浅层次的后果，影响范围只波及到了产品层面，破坏性有限。但如果企业对此不加以注意，危机的影响程度和范围会逐步加深。

（2）品牌层面

这是危机后果的第二个层面，企业面临的危机已经从产品扩展到品牌层面。品牌的实质是企业产品在消费者心目中的一种印象、感觉。品牌在消费者心目中树立起良好形象极为不易，但消费者危机对品牌的破坏却易如反掌。2001年，中央电视台曝光的南京冠生园的"陈馅月饼"风波，使得"冠生园"这一知名品牌在消费者心目中的形象迅速贬值，同时还使"冠生园"品牌的其他地方厂家受到牵连。

（3）信誉层面

在企业产品和品牌已经受到消费者质疑的情况下，极易引发信誉层面的危机。这一层面的危机已经从产品品牌扩大到企业的信誉，因为消费者很难再相信处于危机中的企业，而企业一旦在市场中失去了信誉将很难立足。前几年，在美国发生的安然破产丑闻，使得为安然公司作审计业务的全球五大会计师事务所之一的安达信面临着严重的信誉危机。人们不再相信该会计师事务所会公正地披露会计信息，而怀疑他们与企业勾结在一起，制造虚假报表来欺骗公众

（4）企业层面

危机的后果如果发展到企业层面，意味着危机对企业产生全面影响，企业的生产经营活动已经无法正常进行。在这种情况下危机的影响范围已不仅仅限于某

一个方面，最有可能出现的情况就是面临破产的危险。南京冠生园发生"陈馅月饼"事件之后，产品的市场销售中断，生产线停产，企业很快陷入破产的境地。

（5）行业层面

如果危机所波及的范围涉及到行业这一层面，就说明消费者对于特定行业普遍存在不信任的态度。该行业可能因为消费者需求的变化而面临市场的萎缩。行业中的每一个企业都会受到危机的影响。比如南京冠生园在发生"陈馅月饼"事件之后，媒体曝光说"整个行业都是这样做的"，使得消费者对月饼行业的信任度大大降低，月饼的销售一度出现严重下滑。

第三节　加强消费者危机管理

1. 我国企业危机管理的现状

在我们身边经常可以听说"恒升笔记本电脑事件"、"三菱帕杰罗事件"、"中美史克康泰克的 PPA 事件"等危机事件。可见，企业危机不是我们很陌生的事情，它随时随地都可能发生，而且下一次就可能发生在自己企业身上。据有关资料显示：在中国，45.2％的企业处于一般危机状态，40.4％的企业处于中度危机状态，14.4％的企业处于高度危机状态。我国企业对此要有清醒的认识，要树立危机意识，加强危机管理。

究竟企业存在哪些危机？有多少企业拥有良好的危机意识？他们能否有效防范危机？《职业》杂志联合中国人力资源开发网、中青在线、中华企管网共同进行"2005 企业危机管理调查"，以深入了解中国企业的危机管理现状。调查结果显示了如下四种管理现状。

（1）四成人不懂危机管理，四成人没有危机概念

近两年国内外的危机事件不断发生，使人们对危机的预防意识和应对经验不断增加。调查数据显示，50.4％的调查对象表示听说过"危机管理"这个词，25.07％的人对危机管理不太清楚，24.53％的人对危机管理则根本没有概念。将关系到单位和个人前途的危险事件看作危机的含意的人，占 42.32％；有 35.58％的人认为危机就是突发事件，还有 22.1％的人误将"难以解决的问题"当作了危机。

（2）约有 95％的人会在第一时间做出危机应对

如何才能有效地将危险化解为机会？在调查对象中，有半数人认为，有效预防危机应该先进行危机预防的培训与教育；25.33％的人有未雨绸缪意识，认为应该针对可能发生的危机做出预案；24.67％的人认为增强危机意识更重要。

数据显示，有 31.33％的调查对象接受过危机公关的管理培训，18.96％的人自学了如何职业化地应对危机；11.61％的人参加过应对危机的短训班，3.68％的人听过专门的讲座。但有 17.99％的人表示没有机会和条件学习如何面对危机，

16.05%的人没有想过是否需要参加相关培训，还有 0.39%的人认为没有必要参加危机应对的培训。

但具有危机意识，并且经过了专业培训也未必能在突发事情面前化险为夷。如果真的遭遇危机，调查对象能否做出正确的反应？在"遇到危机，应该采取的第一个应对措施是什么"一题中，有 40.27%的人主张通过稳定组织内部，对外公关来最大限度地减小危机的负面影响；23.89%的人会尽快了解具体情况；31.41%的人会迅速研究并启动应急预案；只有 4.43%的人采取回避和冷处理的方式。专家称，回避态度最不可取，无论表态认错还是采取补救措施，总之，要争取在第一时间内有所行动。

（3）46.4%的企业危机集中在企业的产品和服务上

当前，我国企业比较容易发生诸如产品、服务、国际贸易纷争、内部公共关系、企业高管行为出轨等危机。本次调查显示，约占 46.4%的人认为，所在单位、组织当前存在最大的危机是产品、服务危机；认为由于人的问题为企业带来危机的占了 49.09%。此外，我国企业大多和政府关系良好，只有 4.5%的人认为存在与政府关系方面的危机。

关于人的危机中，认为企业高管"出轨"给企业带来危机的，约占 20.32%；发愁企业没有接班人，并表示很可能导致重大危机的，占 19.24%；认为员工流动性大，集体跳槽容易造成危机的，占 9.53%。

时刻警惕可能存在的危机并有针对性地建立了危机预案，才是企业公关的成熟做法。在本次调查中，有 37.93%的人表示自己所在企业、组织建立了应对预案和专门的公关部门；17.42%的人表示自己的企业、组织不存在任何危机；高达 44.65%的人表示不了解具体情况。

（4）危急关头，超过半数的人选择舍企业而去

如果所在的企业、组织真的遭遇危机，究竟谁应该负起危机公关责任，谁来处理难题？对此，众人各执一词。28.3%的人认为应该由企业专门的机构，如公关部门负责，这样更专业，更有助于危机的转化，利于问题解决。25.94%的人认为，企业高管、组织领导责无旁贷，并且高层具有决策权力，能够随时做出决定。23.11%的人表示，谁的事谁负责，哪个部门犯下的错就该由哪个部门"摆平"，他们更熟悉情况，而且也不应该因为危机而影响到其他部门的正常运作。

另外，还有 22.64%的人认为每位员工都有义务处理企业危机。不过对于普通员工来说，如果事件非常重大，而责任又没有落到他们的头上，专家不建议个人针对危机去做什么，最好还是交给领导和公关部门等来处理会更妥当。

企业遭遇危机，不仅可以暴露企业产品、服务存在的问题，而且还能暴露企业的管理问题。当企业遭遇影响重大的危机时，大多数的员工会怎么做？在本次调查中，33.33%的人表示会积极地帮企业出谋划策，尽自己所能；15.19%的人表示人微言轻，什么都不做。此外，有 20.51%的人比较明智，表示在企业、组织的

危急关头会根据现实情况做出选择，如果企业不能重振声威则考虑更换工作；30.97%的人选择了未雨绸缪，积极寻求跳槽机会。

2. 危机管理的原则

企业的危机管理原则主要有以下五个。

1）危机管理必须是具体的、可以操作的，不应该有任何含糊之辞。

2）危机管理必须要做到由企业的最高主管负责，只有这样才能把企业的资源有效地整合起来，集中企业的全部力量去应对危机，否则在对危机进行管理时就会遇到很多困难。

3）灵活性原则。危机管理计划必须保证其灵活性、通用性和前瞻性。由于企业所处的环境瞬息万变，加之危机发生时的情形充满未知，因此，危机管理计划不能过于僵化和教条。不要把重点放在细节上，不要把精力放在描述特定的危机事件，从而确保企业在遭遇不可预知的紧急状况时，能够在遵循总体原则的前提下，采取针对性的策略和方法。

4）全员参与原则。危机管理计划的制定应该是应该是决策者、管理者及执行者全员参与的、精诚合作的结晶。没有决策者的重视，或者执行者的积极响应，危机管理计划只会成为摆设。因此，应促使危机管理计划的实施者对计划了如指掌，从而在思想上、认识上有机地统一起来，完美地将危机管理计划付诸实施。

5）及时性原则。这是由危机的紧迫性特点所决定的。企业应在危机发生后，马上启动危机管理方案，评估危机可能产生的后果，并做好应对准备工作，搜集各方面对此的言论。基本立场的确认、"官方"声明的拟定等相关措施亦应协调到位。

3. 危机管理的策略

（1）危机的预防——未雨绸缪

其实绝大多数的危机是可以预防的，而这一点却往往在现实的企业管理中被忽略了。作好危机的预防，不仅可以使危机所造成的损失降到最低，而且费用也是最小的。

1）强化企业的危机意识。危机意识不仅要存在于企业的管理者的观念中，企业的普通员工也要有危机观念。微软公司原总裁比尔·盖茨的一句名言是"微软离破产永远只有18个月。"作为在行业中占有优势领先地位的微软公司尚且如此，我们可以感觉到危机意识在微软的管理工作中的地位。企业应当把这种意识融入到企业文化之中。虽然发生危机是小概率事件，而一旦发生了，企业所遭受的损失是很大的。因此，必须强化企业员工的危机意识，做到有备无患。一定意义上，那种认为企业不会发生危机的观念就是企业目前存在的最大危机。

2）加强对产品的管理。在企业所经历的消费者危机中，有很大一部分是因为产品的质量或者安全问题所导致的。在现实中，"PPA 事件"、"三菱帕杰罗事件"所导致的消费者危机都与产品的质量或安全有关。因为即使产品有一点点细微的问题，对不幸购买了该产品的用户来说，所遭受的损失将会是百分之一百的。顾客要求企业提供售后服务而得不到满足时，顾客就会通过诉诸媒体、消费者协会或法律等途径来解决这一问题。而这样做的结果会使公众的关注度大大上升，进而引起众多潜在顾客对该企业和产品出现质疑，产生不满情绪，有时还会成为竞争对手抢占市场的突破口。

3）加强营销措施，做好售后服务。消费者危机的产生和企业的营销工作效果密切相关。企业的产品从制造出来一直到销售给用户并提供售后服务的过程中，其间的每一个环节都有可能会出现问题，而一点点细微的问题对于消费者而言都有可能会引起强烈的不满，进而导致消费者危机。

4）加强企业的信誉管理。力求在公众心目中树立良好的企业形象。良好的企业形象既有助于平时的产品销售，而且在企业一旦遭遇危机时，较高的信誉又很容易使人们相信企业的宣传，它可以告诉公众：这是一个有诚信的企业，是值得相信的。这样即使出现危机，企业凭借以前的信誉基础也能相对比较容易地应对危机。

5）改善企业的公共关系管理。现在国内企业越来越意识到公共关系的重要性，但在运用公共关系时还存在不少误区。一些企业抱有功利态度，只有到了某一方面出现问题时才想到要去做公关工作。而且公关工作很不系统，往往只是为了某种单一目的而采取公关措施。在这种情况下，一旦出现不可预料的危机事件，企业的公关工作就显得很吃力。实际上，企业在管理中运用公共关系正是为了应对将来可能发生的危机。

（2）建立企业的危机预警机制

首先，企业从高层领导到一线员工都必须对企业的经营活动进行自觉的审视和反思，反思的重点是企业的业务流程，寻找企业的业务流程中存在的弱点和劣势。寻找到之后便要对症下药，克服企业存在的弱点，改进企业的劣势。

其次，要经常与企业的各个利益相关者沟通。定期地（如一年或半年一次）或在特定的时期（如上市前或新产品上市时）向企业员工、供应商、分销商、消费者、影响公众发放问卷调查，虚心听取他们的意见和建议，对企业可能出现的危机采取预防措施。

此外，还要将所搜集来的信息进行整理和分析，并以此为依据来识别企业最脆弱的方面，降低危机发生的可能性，提高危机预警的准确性。对危机的分析包括：分析危机发生的频率；危机发生后产生的影响；危机管理的难度；危机引起的公众关注度等。

通过对危机准确的分析，可以判断危机的紧迫程度、危险等级等。企业通过这种危机的自我诊断，从不同层面、不同角度进行检查分析，及时采取必要措施予以防范，可以从根本上减少乃至消除发生危机的诱因。

（3）制定危机管理计划

首先，必须建立危机管理小组，由危机管理小组制定或审核危机管理指南及危机处理方案，并处理危机险情。一旦危机发生，及时遏制、减少危机对企业造成的危害；拟定危机管理计划，在事前对可能发生的潜在危机预先研究讨论，制定出应变的行动准则；开展员工危机管理教育和培训，增强员工危机管理的意识和技能，使员工具备较强的心理承受能力。同时，提高管理小组的快速反应能力，并检测危机管理计划是否科学、可行。

其次，要为危机管理小组配备适当的人员，因为任何一个组织要发挥作用都要通过人来实现。企业最高领导要亲自挂帅；小组其他成员应包括企业主要部门的负责人。危机管理小组的人员应该包括：法律顾问、人力资源经理、公共关系经理、财务经理、质量部门经理、企业主要分支机构负责人、负责生产的经理、市场部经理、企业顾问等。

再次，危机管理计划的制定应建立在对信息收集和整理的基础上，危机管理小组的成员应充分了解企业内部及外部的信息，并及时与其他成员和部门进行沟通。同时对利益相关者（如政府部门、行业协会以及紧急服务部门等）各方加强联系。企业如果没有系统地收集危机管理计划所需要的信息，就会在制定危机管理计划时顾此失彼，出现漏洞。要分清楚危机的轻重缓急，主次优劣。危机的到来会伴随着一系列问题的发生。企业危机管理计划要对危机管理的目标进行优先排序，在计划中准备好备选方案，包括对于主要危机应该如何处理，对于次要危机应当如何应付等。

此外，要制定危机管理的预算。危机管理计划的制定必须以企业的人力、物力、财力资源为基础，企业不能只想应当做什么，不应当做什么，应该基于对企业的现实能力清楚认识基础上。否则企业的危机管理计划没有任何现实意义，不能起到应有的作用。

最后，企业的危机管理计划应定期进行检查及更新。制定好危机管理计划后，不能认为万事大吉，从此不再对计划进行修改。由于市场环境瞬息万变，企业制定的计划很可能过一段时间后就不适应形势发展的需要了，因此，对危机管理计划定期检查、修正就显得很有必要了。

（4）危机处理

以上谈到的都是在危机尚未出现时，企业所做的未雨绸缪的准备。如果危机事件已经发生，企业就必须要反应迅速，认真对待，制定详细的危机管理应对措施，并加以有效实施。所谓危机处理，就是指企业面对与消费者或大众有关的危机时，采取相应的态度、措施应对危机的整个过程。

首先，企业在遇到危机时，要立即调查情况，收集有关的资料，资料要尽可能详尽，以便制定危机应对方案来控制事态的发展。危机管理小组人员对危机状况要做全面的分析，了解其产生的原因、发展状况及趋势、事件的对外扩散渠道和范围等，并评估危机可能导致的后果。

其次，尽快把危机真相向消费者、新闻媒体和社会公众做出客观全面的解释。公布真相后，有利于吸引社会的关注，以杜绝消费者的各种无端猜疑和流言的产生，而置之不理，文过饰非，则终将自食其果，不利于平息风波。面对消费者和其他社会公众一定要坚持公开透明的原则，消费者可以接受企业犯错误，但很难接受企业的欺骗。公开危机真相，向消费者和其他公众表明企业的诚意，主动检讨自己的不足，承担责任，这样就有可能将事件的不利影响降低至最小程度，甚至将危机事件演化为树立企业形象、赢得消费者的一次契机。

针对由于产品或服务的直接受害者，要做好善后处理工作。由于企业的原因导致消费者或社会公众的利益受到损失时，企业就必须承担起责任，在第一时间向受害者公开道歉以示诚意，并且给予相应的物质补偿。对于存在问题的产品应该立即采取产品召回，虽然这会使企业遭受一定的损失，但可以在其他消费者和公众的心目中树立企业坚持消费者利益第一的形象。

以上是企业在危机中所采取的应对性措施，带有一定的防御性质。除此之外，企业在危机的冲击中还应当采取主动的攻势。

第一，依靠权威机构发表意见。在很多情况下，具备公证性和权威性的机构出具的权威意见往往会赢得社会公众的充分信任，这对企业危机的处理能够起到决定性的作用。消费者危机产生的很大原因是因为产品存在问题，而有些问题的产生和企业的产品质量或安全并没有直接关系，但由于消费者的信心已经受到打击，因此权威机构的意见有助于消费者重新树立起对产品的信心。

第二，积极开展公关工作，注意和企业内部员工、媒体、消费者、政府等部门的沟通。在企业的所有沟通对象中，企业员工是最复杂也是最敏感的。他们关心自己的工作、前途，进而关心企业的前途和命运。当危机来临时，他们担心企业效益下降、裁员乃至破产，他们会怀着公心加私心敏感地关注着危机的发生状况，而且他们还会成为一些媒体、机构或竞争对手挖掘信息的目标。另外，能得到员工的支持也是克服危机的关键。否则，一旦后院起火，就无异于火上浇油。因此，及时恰当地与员工沟通是很重要的。

与员工沟通的首要工作是稳定军心，以免耽误了危机以外领域的正常工作，企业的日常经营要继续下去，否则企业给人的感觉就真的是被危机给击溃了。在与员工沟通时要设身处地地为员工着想，要善待员工。危机发生时，企业应尽量避免裁员。一方面裁员会分散危机处理的精力，另一方面裁员会给人以"企业不行了"的感觉，会严重影响投资者、分销商、供应商的信心。中美史克在康泰克危机发生后，很快宣布不裁员，许多员工感动得流了泪，表示一定要与企业共渡难关。

消费者对于企业的重要性不言而喻，企业在发生危机时就应该主动告诉消费者真相。因为即使企业不说，消费者也可以通过其他渠道得到危机的信息。而在这种情况下，消费者得知的信息有可能是不规范的甚至是错误的，同时消费者会认为企业不重视他们，也会产生企业不负责任的想法。显然，这样的结果对企业有害无益。相反，如果消费者能从企业直接获得有关危机的信息，不仅可以感受到企业对消费者的尊重，还会减少受流言蜚语的不利影响。

在与媒体沟通时要清醒的意识到：许多危机，如果没有传播，可能就不会成为真正的危机。必须清楚，媒体对企业发生的危机永远都会感兴趣，这是由媒体的行业特点和记者的职业特点决定的。那些出现危机的企业试图躲避媒体实在是自欺欺人。所以在企业发生危机时，必须做好与媒体的沟通工作，这在一定程度上将是最重要的沟通。与媒体沟通工作做得好还有利于危机的化解。媒体报道既可能产生副作用，也会有好的积极作用。许多企业出现危机后，重新在公众中树立了良好的形象，依靠的就是媒体的传播。需要注意的是，对所有媒体要口径一致，否则不同媒体报道的不同内容会带来令人烦恼的争论和猜疑。

第四，企业除了对外采取公关攻势之外，还要加强对产品或服务的改进，及时推出新的产品或服务，这样不仅可以避免竞争对手抢占企业的原有市场，维持企业的经营，而且可以通过这一实际工作向社会大众传播信息：企业没有被击溃！从而在消费者心目中逐渐恢复企业的形象。

（5）危机处理后的评价

企业在危机结束之后，不能认为一切就此结束了。企业应该从危机中汲取经验教训，以便在下一次危机来临时准备得更加充分，处理得更加完美。为此，要评估在危机发生后，企业所采取的每一措施是否存在不足或失误的地方，企业还应该探寻危机发生的起源，分析危机的发生是不是可以避免？如果不能避免，那么危机造成的损失是否可以比现在小？同时，企业还应当尽快从危机中恢复过来，使各项工作恢复到正常状态。

危机过后的评价工作主要有以下四方面。

1）从危机中得到哪些经验和教训？这是值得企业所有的人特别是管理者认真反思的。

2）做出适当的调整。包括人员调整；组织机构调整；供应商和分销商的调整等。通过在危机中的表现，企业可以检验员工和各级管理者的能力和对企业的忠诚度，找到调整的新依据。能够发现企业组织机构哪些是合理的，哪些是不合理的，对不合理的地方做出适当调整。要对那些靠不住的供应商和分销渠道做出调整，当然还包括对产品结构调整和企业战略调整等。

3）对相关人员进行奖赏。对于导致危机发生的主要责任人，必须予以惩罚。如果不给责任人以应有的惩罚，那么他们就会对危机没有切肤之痛，这样很可能会为下一次危机的出现埋下祸根。对于在危机中表现突出的员工要给以奖励，激励他们更好地为企业工作，当下一次危机出现的时候，他们就是企业最可依靠的力量。

4）采取一切营销手段，尽快恢复企业的声誉。只有声誉恢复了，企业才真正渡过了危机。

4. 危机管理中应注意的事项

1）要注意保持信息渠道通畅和信息的及时传递，在危机发生时，最重要的是要"报忧不报喜"，只有这样企业才能全面了解危机的状况、影响范围、严重程度，为采取处理措施提供依据。在危机中传递信息，速度和真实性是最重要的。

此外，在实施危机管理时，除了正式信息渠道以外，最高决策者还应当特别注意非正式信息渠道，甚至包括私人渠道，这是危机管理的一条重要经验和基本技巧。

2）危机管理要避免惯性思维，提高应变能力。在处理危机时，如果仍按照常规的思维方式处理问题往往于事无补。危机管理时的重大决策必须灵活应变，因地制宜。在危机管理中既要充分借鉴成功的经验，也要根据危机的实际情况，尤其要借助新技术、新信息和新思维，进行大胆创新，切忌墨守成规，固步自封。

3）在处理危机过程中切忌目光短浅。应该以系统全面的观点处理危机。企业在进行危机事件处理时应该动员企业的各个部门和全体员工，使每个员工认识到危机管理不仅是危机管理小组的工作，也是与企业中的每个人休戚相关的。对危机的管理也不要因为某一部门或业务出现了问题而只关注该部门或业务，因为企业的各部门和业务都是紧密相关的。危机管理小组要全面审视企业的各项活动，找出对危机有重要影响的部门或业务活动，进行重点改进。要将企业的危机管理和日常活动结合起来，而不应该把两者剥离。

4）要注意到危机的突发性及无章可循和变数多的特点。危机管理是一种策略性极强的决策，也是一种无章可循的非程序化决策，这种决策在很大程度上需要决策者的主观判断。一方面，领导者的权威、经验和能力以及感觉都是他人无法取代的；另一方面，在整合资源方面，领导者具有显著的优势和能力，能够在短时间内将企业内外各方面资源有效整合在一起。因此，危机管理中要求集权化。集权化的实质就是要在企业内部建立起一个职责清晰、权责明确的危机管理机构。危机的集权管理有利于从整体上把握企业面临的全部危机，从而将危机策略与经营策略统一起来。危机发生的时候，人们需要有人站出来领导，人们需要的是指示和命令：告诉我发生了什么，告诉我应该怎么做。

但值得注意的是，为了提高危机管理的效率和水平，不同领域的危机应由不同的部门来负责，即危机的分散管理。危机的分散管理有利于各相关部门集中力量将各类危机控制好。但不同的危机管理部门最终都应直接向高层危机主管负责，即实现危机的集中管理。

5）在与公众沟通交流时，要采取积极主动、坦诚的态度。发生危机时，企业要主动与公众联系，要让公众反过来向企业寻求信息。一般情况下，企业在出现危机时是比较被动的，但这不妨碍企业采取主动行为。积极主动的行为不仅能反映出企业负责的态度和解决问题的诚意，还能避免其被媒体及公众牵着鼻子走。

企业不要试图在公众和媒体前掩饰事实真相，更不要撒谎，对未知的事实不要妄加推测，也不要吞吞吐吐，特别是坏消息，尽量一次性发布完。要自始至终以坦诚的姿态应对危机，因为这样，更容易获得公众的理解和同情。

6）企业全体员工上下"口径必须一致"。危机一旦爆发，企业应在最短的时间内对危机的起因、可能的发展趋势及影响程度作出评估，并参照企业一贯秉承的价值观，明确自己的"核心立场"。企业在处理危机时必须坚持的立场是植根于企业价值观与社会责任感的，这是企业得到社会尊重的根基。在危机处理的过程中，企业的各个部门都不能偏离这一立场。换句话说，对"核心立场"的坚持应贯穿危机事件处理的始终。

企业对外的宣传要指定发言人，统一口径来向外界发布有关危机的信息和企业的应对措施。由于媒体和有关方面会通过发言人以外的其他人（如普通职工）来了解情况、搜集信息。因此，企业一方面要采取措施尽可能地减少非正规渠道披露信息的可能性，另一方面要提前在企业内部统一口径，以免出现不必要的分歧。

小　　结

本章主要阐述了消费者关系营销和消费者危机管理等内容。与消费者的关系是企业在现代经济活动中必须要关注的利益相关者关系的一种，与消费者建立良好的互动关系对企业开展营销活动具有重要意义。

1）消费者关系具有四个阶段，分别是知晓阶段、交易阶段、偏好阶段、忠诚阶段。它们是层层递进的，上一层的关系阶段是下一层次的基础，各层次之间既有联系又相互区别，每一个阶段都具有各自的特点。企业在建立消费者关系时必须要经历这四个阶段。

2）关系营销作为现代营销理论的新领域，其关注焦点是与利益相关者建立良好的关系。消费者关系是关系营销的一个重要方面。企业要正确理解关系营销的特点，及其与交易营销的区别，掌握对消费者开展关系营销应当采取的具体策略和准则。贝瑞和帕拉苏拉曼关于关系营销层次的有关论述，对企业开展消费者关系营销具有指导和借鉴作用。

3）企业在现代市场环境中面临着越来越多的不确定因素，因此，危机的产生也是不可避免的。企业所面临的危机中有一种就是消费者危机。消费者危机具有突发性、紧迫性、破坏性、关注性的特点，其产生原因也有特殊性。消费者危机对企业的影响可以分为五个不同的方面，在危机发生后要了解其影响属于哪一个方面，并且要防止因消费者危机后果的进一步加深而对企业造成更大的损失。

　　4）企业必须要对消费者危机进行管理，因为在企业所有的危机中，消费者危机对企业的破坏性最强。企业一旦失去了消费者，就无法经营下去，而我国企业的危机管理现状仍然不容乐观。因此，加强企业的危机管理势在必行。在进行危机管理时要注意五个原则。在对消费者危机进行管理时的主要策略和步骤是：树立强烈的危机意识；建立企业的危机预警机制；制定危机管理计划；危机处理；危机处理后的评价等。

　　5）在对危机进行管理时一定要注意几个事项：保持信息渠道通畅和信息的及时传递；避免惯性思维；处理危机过程中切忌目光短浅；注意危机的突发性、无章可循和变数多的特点；在与公众的沟通交流时，要采取积极主动的态度；企业全体员工上下"口径必须一致"等。

思　考　题

1. 消费者关系分哪几个阶段？
2. 关系营销的定义、特点和核心内容是什么？
3. 简述消费者关系营销策略。
4. 企业危机有哪些基本类型？
5. 论述消费者危机产生的原因和后果。
6. 危机管理的基本原则是什么？
7. 危机管理的策略有哪些？
8. 为某企业制定一个消费者危机管理的具体方案。

参 考 文 献

常永吉，张雅君，张波．2004．整合营销传播战略在我国企业中的运用．经济论坛，(24)

陈兆祥．2005．购物环境与促销策略漫谈．商场现代化，(7)

方世杰．1990．消费者行为与营销策略．书泉出版社

付国群．2002．消费者行为学．北京：高等教育出版社

龚振．1996．论销售服务的类型和作用．财贸研究，(2)

郭爱民，那阳燕，齐永珍．1998．论现代销售服务．机械管理开发，(4)

郭国庆．2003．市场营销学通论．北京：中国人民大学出版社，(2)

郝朝晖．1997．谈销售服务与消费者心理．商业研究，(4)

江林，由蕾．2002．当代销售服务新动向．经济经纬，(4)

江林．1997．消费者心理与行为．北京：中国人民大学出版社

孔维民，欧阳文珍．1994．广告心理战的依据及原则．淮北煤师院学报，(3)

李品媛．2000．消费者行为学．沈阳：东北财经大学出版社

李忠宽．2003．品牌形象的整合传播策略．管理科学，(4)

刘晖．2002．论产品策略与价格策略与公众消费心理．辽宁经济，(7)

陆红梅，张广宇．2004．认知失调理论在达成软广告心理效应中的应用．苏州教育学院学报，(9)

罗瑞雪．1998．浅析情感诉求广告的心理策略．中国包装工业，(12)

马本和，赵忠山．2004．广告的心理效应分析及其应用．齐齐哈尔大学学报，(1)

马非，刘东明．2004．基于消费者行为的企业品牌管理．商业时代·理论，(36)

欧阳康．1998．浅谈广告的心理机制及其应用．探求，(2)

潘玮．2002．试论广告诉求的心理效果．江西广播电视大学学报，(4)

宋文平．1998．广告的心理制约因素初探．理论与当代，(7)

王桂宏．2001．论消费者心理的差异性及对广告的心理种类．广播大学学报，(4)

王润如．1997．浅谈购物环境的促销功能．吉林商业高专学报，(2)

吴臻，俞健力．1991．消费者行为学——对企业营销策略的启示．成都：四川人民出版社

许雄．2000．奇商战中的广告心理探析．重庆工业学院学报，(8)

衣龙新，胡佳青．2003．西方国家购物中心发展经验及对我国的启示．北京市财贸管理干部学院学报，(3)

钟传优．2004．整合营销传播应以品牌为中心．经济论坛，(21)

[美] J．保罗·彼德、杰里·C．奥尔森．2000．消费者行为与营销战略．韩德昌译．沈阳：东北财经大学出版社

[美] 德尔·I．霍金斯、罗格·J．贝斯特，肯尼思·A．科尼．2001．消费者行为学．符国群等译．北京：机械工业出版社

[美] 迈克尔·R．所罗门著，张硕阳．2002．消费者行为——购买、拥有与存在．尤丹蓉等译．北京：经济科学出版社

[英] 戈登·R．福克斯奥尔著，杨锡勇．1992．消费者行为学——应用指南．邵蔚林译．北京：机械工业出版社